鼓楼年鉴

石头城 金陵邑 清凉山 幕府山 鼓楼 阅江楼 静海寺 天妃宫 龙江宝船厂 仪凤门 挹江门 清凉门
崇正书院 惜阴书院 颜鲁公祠 随园 扫叶楼 乌龙潭 海国图志 矿路学堂 江南水师学堂 汇文书院
金陵大学 大马路 南洋劝业会 和记洋行 扬子饭店 金陵协和神学院 道胜堂 基督教百年堂 中山码头
中山大道 颐和 …… 大学
河海大学 南京 …… 洞
狮岭雄观 化龙 …… 楼
阅江楼 静海寺 …… 公祠
随园 扫叶楼 乌龙潭 海国图志 矿路学堂 江南水师学堂 汇文书院 金陵大学 大马路 南洋劝业会
和记洋行 扬子饭店 金陵协和神学院 道胜堂 基督教百年堂 中山码头 中山大道 颐和路民国公馆区
渡江胜利纪念碑 南京长江大桥 金陵饭店 紫峰大厦 南京大学 河海大学 南京师范大学 南京艺术学院

2017

GULOU ALMANAC

南京市鼓楼区地方志编纂委员会办公室

方志出版社
Publishing House of Local Records

图书在版编目（CIP）数据

鼓楼年鉴. 2017 / 南京市鼓楼区地方志编纂委员会办公室编.
—北京：方志出版社，2017. 9
ISBN 978-7-5144-2568-0

Ⅰ.①鼓… Ⅱ.①南… Ⅲ.①区（城市）—南京—2017—年鉴
Ⅳ. ①Z525.34

中国版本图书馆CIP数据核字（2017）第245036号

鼓楼年鉴（2017）

编　　者：南京市鼓楼区地方志编纂委员会办公室
责任编辑：徐　宏
出 版 人：冀祥德
出 版 者：方 志 出 版 社
地址　北京市朝阳区潘家园东里9号（国家方志馆4层）
邮编　100021
网址　http://www.fzph.org
发　　行：方志出版社发行中心
电话（010）67110500
经　　销：各地新华书店
印　　刷：南京顺和印刷有限责任公司
开　　本：889 x 1194　1/16
印　　张：24
字　　数：896千字
版　　次：2017年10月第1版　2017年10月第1次印刷
印　　数：001 ~ 650册
ISBN 978-7-5144-2568-0　定价：180.00元

《鼓楼年鉴》编纂委员会

名誉主任：张一新

主　　任：刘　军

副 主 任：董　伟　沈吉鸿　丁健生　赵小华　贾　慧　梁春燕　童晓佳　张　凯　翁俊军　许扬汶　陈　平　高军玲　冯　泉　倪一如　蔡双根

委　　员：唐伯才　郭　磊　梁卫国　李增平　陈福泉　尚东明　谢秋平　李国蓉　张云霞　王　蔚　肖大明

《鼓楼年鉴》编辑部

名誉主编：董　伟　蔡双根

主　　编：王　蔚　肖大明

副 主 编：肖　兴　乔咏梅

审　　读：李金春

文字统纂：李　琳

编　　辑：沈　楠　丁　枚　王燕君　贺银垠

编　　务：陈　鹏　祁金燕　程　晨

装帧设计：南京宁润艺术文化有限公司

《鼓楼年鉴》主审

张一新　南京市人大常委会副主任、中共鼓楼区委书记
刘　军　中共南京市鼓楼区委副书记、区政府区长
董　伟　中共南京市鼓楼区委副书记
沈吉鸿　中共南京市鼓楼区委常委、区政府常务副区长
丁健生　中共南京市鼓楼区委常委、统战部部长
赵小华　中共南京市鼓楼区委常委、区纪委书记
贾　慧　中共南京市鼓楼区委常委、组织部部长
梁春燕　中共南京市鼓楼区委常委、宣传部部长
童晓佳　中共南京市鼓楼区委常委、区政府副区长
张　凯　中共南京市鼓楼区委常委、政法委书记
翁俊军　中共南京市鼓楼区委常委、区人武部政委
许扬汶　中共南京市鼓楼区委常委、区政府党组成员
陈　平　南京市鼓楼区人民政府副区长
高军玲　南京市鼓楼区人民政府副区长
冯　泉　南京市鼓楼区人民政府副区长
倪一如　南京市鼓楼区人民政府副区长
蔡双根　南京市鼓楼区人民政府副区长
唐伯才　中共南京市鼓楼区委办公室主任、研究室主任
梁卫国　南京市鼓楼区人民政府党组成员、政府办公室主任

南京市鼓楼区行政区划图

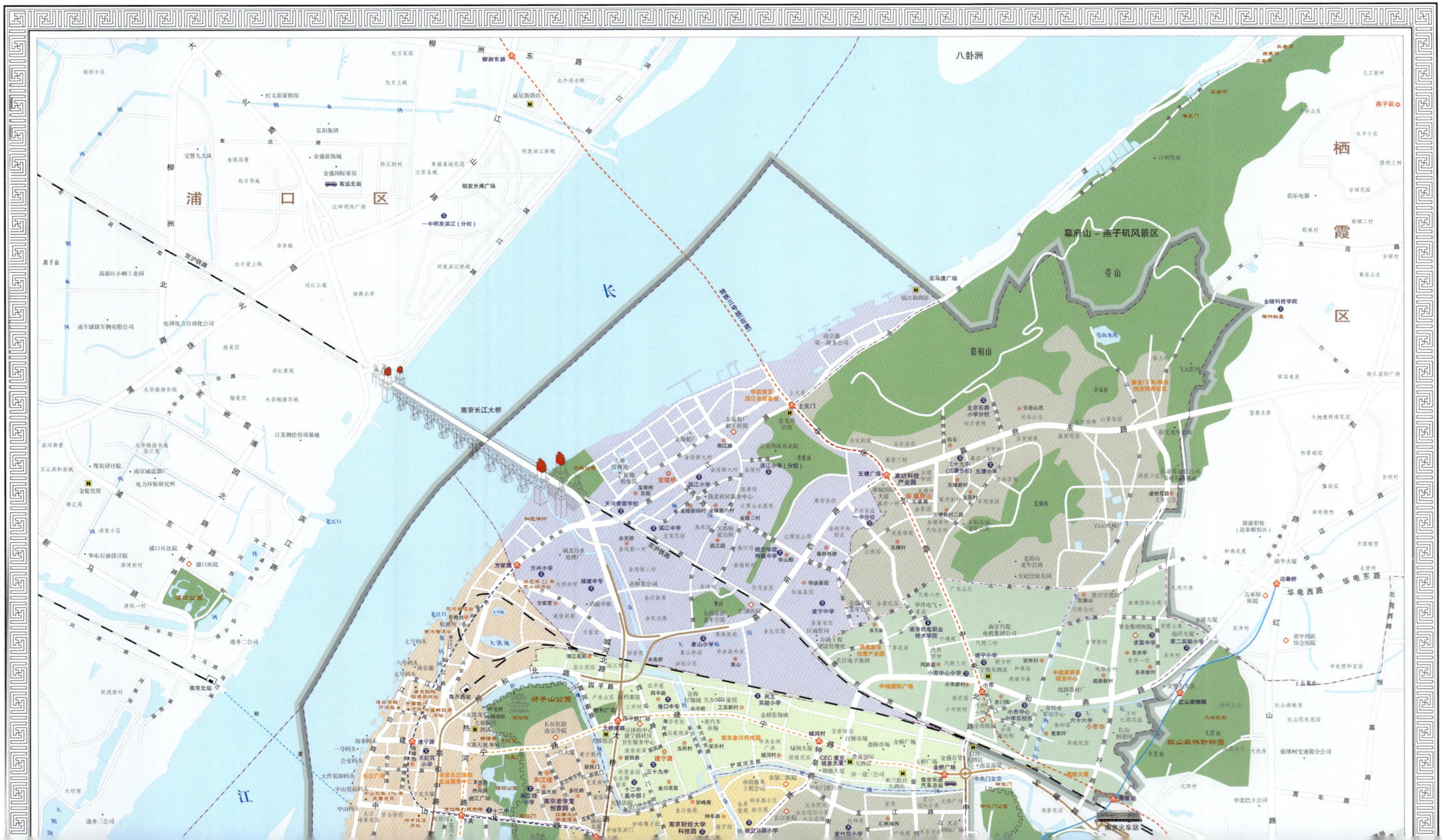

南京市鼓楼区民政局、住建局　监制
南京市测绘勘察研究院　编制

2014年1月

编辑说明

一、《鼓楼年鉴（2017）》以马克思列宁主义、毛泽东思想、邓小平理论、“三个代表”重要思想、科学发展观，习近平新时代中国特色社会主义思想为指导，全面贯彻党的十九大和习近平总书记系列重要讲话精神，系统记述 2016 年鼓楼行政区域内自然、政治、经济、文化、社会等方面发展的主要情况，特别是记录鼓楼人民在区委、区政府的正确领导下，争创首善之区、建设幸福鼓楼的重要足迹，以及在发展中遇到的新情况、新问题。为各级党政机关、研究部门和社会各界人士及中外投资者了解、研究、建设鼓楼，提供参考依据和信息资料，也为地方志续修积累资料，是汇集区情资料的综合性地方年鉴。

二、为充分体现鼓楼特色，《鼓楼年鉴（2017）》的框架设计作了调整，全刊设 18 个类目：特载、专记、区情概览、都市建设、产业板块、服务业、经济管理、教育、科技、文化、公共服务、社会治理、机关团体、街道社区、人物、大事记、附录、索引。

三、《鼓楼年鉴》采用分类编辑法，设类目、分目、条目三个层次，部分分目下设副分目。2017 卷有类目 18 个、彩图 28 版、随文图片 125 张、表格 62 张。

四、本卷年鉴主题彩页共分为：鼓楼要闻、两学一做、基层民主、幸福鼓楼·经济、幸福鼓楼·人文、幸福鼓楼·民生、大美鼓楼七个部分。

五、《鼓楼年鉴（2017）》所刊载的文字内容和数据，由全区各部门、各街道、各单位提供，并经主管领导审定。统计资料数据使用法定计量单位，其中主要数据由鼓楼区统计局提供，其他数据由各部门提供，数据时间截至 2016 年 12 月 31 日。所用统计数据，由于统计的来源、口径、方式、方法和时间的不同而有一定差异，引用时以区统计局数据为准。全文中，凡直书月、日而未写年份的均为 2016 年。一些首次出现的内容，时间表述上作适当的上溯，个别材料时间作下延。

六、《鼓楼年鉴（2017）》的编纂工作得到全区各部门、各街道、各单位及驻区有关单位的大力支持，广大编纂人员为年鉴撰稿、编辑、校对付出了辛勤的劳动，在此深表谢意。同时欢迎社会各界提出改进意见，以便提高编纂质量。

11月29日，全国人大常委会副委员长、全国妇联主席沈跃跃（前排左二）率全国妇联调研组视察调研江东街道睿城社区综合服务中心

2月2日，省长石泰峰视察苏果超市清凉门店节日市场供应情况

4月26日，江苏省委常委、南京市委书记黄莉新视察第九届中国留学人员南京国际交流与合作大会鼓楼区展台

7月7日，省委常委、市委书记黄莉新视察区长江堤防树人学校段防汛抢险工作

6月28日，市长缪瑞林调研区养老工作

7月31日，中国共产党南京市鼓楼区第二次代表大会闭幕

1月5日，区第二届人民代表大会第一次会议召开

9月12日，区现代产业投资推介会重大项目签约

4月23日，区举行颐和路社区将军馆、宁海路街道海洋国防教育馆开馆仪式

7月13日，省委常委、市委书记黄莉新参加小市街道东井新村社区“两学一做”主题党日活动

2016年，阅江楼街道举办“两学一做”主题演讲比赛

8月16日，区纪委、区委宣传部、区委党校在下关大厦联办《准则》《条例》知识竞赛

11月24日，省人大常委会副主任赵鹏（左三）、市人大常委会副主任李琦（左四）在石榴园选区察看投票选举工作

7月13日，江东街道工委第三选举单位党员在宝船社区投票选举区第二次党代会代表

9月26日，宁海路街道颐和路社区在省老干部活动中心举行党委换届选举

12月10日，热河南路街道小桃园社区举行换届选举

9月1日，第十二届中国（南京）软博会鼓楼专场在江东软件城国际服务外包大厦举行

1月19日，“2016江苏新媒体创客联盟・创客峰会”在模范路智梦园举办，图为获奖团队颁奖典礼

5月14日，互联网＋众创论坛暨3S杯全国大学生物联网技术与应用“三创”大赛决赛开幕式在南京邮电大学物联网国家大学科技园区举行

5月16日，2016全国物联网技术协同创新成果发布与技术转移校企双向行活动在南京邮电大学举行

4月21日，区政协主席王隆京指导石头城社区妇女儿童工作

1月20日，区民政局、区文化局、湖南路街道联办地区军民迎新春联谊会

4 月 1 日，"桃源印象" 文艺演出暨系列文化惠民活动开幕式在小桃园公园举行

12 月 13 日，南京大屠杀死难者清凉山丛葬地纪念南京大屠杀死难者公祭活动

4月29日，2016年南京妈祖文化旅游节在阅江楼景区天妃宫启幕

5月1日，区文化局主办、区文化馆承办，白云亭公益剧坊系列演出——省话剧院音乐儿童剧《老虎断案》

6月5日，江苏广播百名主播诵经典·端午诗会走进静海寺纪念馆

11月19日　区委宣传部、区文化局主办，区文化馆与十三个街道承办的鼓楼区第二届“嗨起来”广场舞大赛在静海寺广场举行

1月10日，公安鼓楼分局在清凉门大街举办“110”宣传周活动

1月29日，区慈善协会在下关大厦开展首批“情暖寒冬·织爱行动·向鼓楼环卫职工捐赠围巾”活动

3月3日，区教育局承办南京市小学教学工作会议

5月6日，区残联、区文化局举办第26次"全国助残日"暨鼓楼区"爱在金陵"残疾人文艺汇演

6月3日，区环保局在石头城公园举办2016年6·5环境日主题活动

6月19日，区疾控中心、中大医院联合开展霍乱疫情应急处置模拟演练

9月23日，区市场监督管理局在和会街开展节前餐饮市场检查

11月14日，区民政局主办、小市街道联合南京电视台《公益栏目》、老年周报共办“情系夕阳、幸福鼓楼”敬老助老送服务进社区活动

鼓楼之巅

张春燕/摄

扬子饭店旧址 胡明礼/摄

渡江丰碑 王昆远/摄

石头城赛龙舟 杨 静/摄

颐和桐风 李文超/摄

岁月叠加　　张　弘/摄

总　目

Main Contents

目　录

特　载

专　记

区情概览

都市建设

产业板块

服务业

经济管理

教　育

科　技

文 化

公共服务

机关团体

街道社区

人　　物

大 事 记

附　　录

索　引

Contents

Culture

Public Service

Social Governance

Government Agencies and Organizations

Subdistrict Community

Figures

Chronological Events

Appendix

Index

鼓楼年鉴 2017

特载

Special Reports

开启新征程　实现新跨越
为争创首善之区建设幸福鼓楼而努力奋斗

——在中国共产党南京市鼓楼区第二次代表大会上的报告

区委书记　张一新

（2016年7月29日）

同志们：

现在，我代表中国共产党南京市鼓楼区第一届委员会向大会作报告。

这次大会的主要任务是：回顾总结区第一次党代会以来的工作，明确今后五年发展的指导思想、奋斗目标和工作任务，选举中国共产党南京市鼓楼区第二届委员会和中国共产党南京市鼓楼区第二届纪律检查委员会，动员全区各级党组织、全体党员和广大干部群众，在新起点上开启新征程，实现新跨越，为争创首善之区、建设幸福鼓楼而努力奋斗。

一、鼓楼科学发展抒写崭新篇章

第一次党代会以来，面对崭新的发展形势和发展使命，区委在省、市委的正确领导下，团结带领全区干部群众，上下一心、攻坚克难，开创了中心城区融合发展、转型发展、跨越发展的新篇章，在鼓楼发展史册上留下了浓墨重彩的一页。我区先后荣获全国和谐社区建设示范城区、全国社会工作服务示范地区、全国科技进步考核先进区、2016－2020年全国科普示范县（市、区）、全国法治县（市、区）创建先进单位、“六五”普法全国先进区、全国关心下一代工作先进集体等多项荣誉。

我们勇担使命、积极作为，两区融合圆满完成。面对区划调整的历史使命，我们按照中央和省、市部署，高效有序完成机构组建、干部调配和职能整合等工作，圆满实现新区平稳过渡、大局稳定。在新起点上谋篇布局，确定了“争创首善之区、建设幸福鼓楼”发展思路和“五个走在前列”的总目标，科学编制区“十三五”规划、苏南现代化建设示范区鼓楼区规划和三年推进计划，形成了积极可行的战略体系，成为引领全区干部群众团结奋进的新航标。经过三年的融合发展，基本实现了空间重构、资源重组、品质重塑，区域综合实力和竞争力显著增强，区划调整红利惠及更多百姓。

我们应对挑战、负重攀登，经济发展高位稳进。在国际金融危机持续影响、外部经济环境总体偏紧的情况下，我们始终坚持发展第一要务不动摇，顶住压力、保持定力，主动适应和引领经济发展新常态，经济发展稳中向好、稳中有进。2015年，全区地区生产总值突破千亿大关，达到1011.81亿元，比2013年增加220.37亿元；完成一般公共预算收入87.9亿元，比2013年增加12.9亿元；完成全社会固定资产投资278.07亿元，比2013年增加48.28亿元，年均增长10%；实现社会消费品零售总额797.6亿元，比2013年增加166.06亿元，年均增长12.4%；服务业增加值占GDP比重由2013年的90%提高到91.5%。大力发展总部经济、楼宇经济，全区亿元楼宇达12幢，市、区两级认定总部企业达34家。做大做强软件信息、文化旅游、商务商贸、航运服务等重点产业，高新技术产业产值达342亿元，产业竞争力持续提升。深入实施创新驱动战略，加强与驻区高校全方位深度合作，着力打造模范路科技创新街区、环南艺文化创意产业功能区，全区各类园区达44个，南京邮电大学物联网科技园跻身国家级大学科技园，累计引进“领军型科技创业人才”336人，培养科技创业家26人，集聚“千人计划”专家23人，区域创新活力显著增强。

我们精致建设、精细管理，城区面貌明显改善。坚持规划引领，完成《鼓楼区总体规划（2013－2030）》编制工作，全面推进老城、河西、滨江、铁北片区建设。滨江片区全面进入建设阶段，滨江风光带鼓楼示范段、宝船公园段、世茂滨江段、滨江商务区段全面竣工，片区的城市形态已见雏形。道路通行功能提档升级，南通路等近20条市政道路竣工通车，有效改善了市民的出行条件。紧紧围绕青奥会和国家公祭日活动保障任务，以前所未有的工作力度，深化环境综合整治，美化城区生态环境，全面展示了新鼓楼的良好形象。在河西片区9.6平方公里范围、64条道路周边共计实施514项改造工程，片区环境面貌脱胎换骨。完成27处城中村、危旧房地块的征收改造，拆迁面积达64万平方米，惠及居民3612户。完成明华新村等65个共191万平方米的老旧小区整治出新，完成和燕路等11条主次干道和203条街巷的环境综合整治。深入推进城市管理精细化、网格化、长效化，持续加强水环境、大气环境及噪声治理，清淤疏浚并治理中保河等13条黑臭河道，新增绿地面积16.2万平方米，生态环境质量稳步提升。

*我们以人为本、共建和谐，发展成果普惠共享。*新增财力的三分之二以上用于民生事业，实现原两区民生政策全面融合并轨，全区百姓充分享受区划调整红利。新增城镇就业11.3万人，其中大学学历以上人员占比达66.9%，实现再就业5.8万人，培育自主创业者1.1万人，创业带动就业7.6万人，城镇登记失业率稳定控制在2.2%以下。城镇居民人均可支配收入三年年均增长9%，2015年突破5万元。基本建成覆盖广、受惠多的社会保障和帮扶救助体系，城镇基本养老、失业、医疗保险覆盖率均保持在98%以上，社会救助"一门受理、协同办理"经验在全国推广。大力推进保障房建设，竣工交付保障房104万平方米。发布了全国首个区级老龄事业发展白皮书，全区登记养老床位数7373张，每千名老人拥有床位40张，医养融合型床位比例达到100%。深入推进教育均衡发展、优质发展，创成江苏省学前教育改革发展示范区、国家义务教育发展基本均衡区，开办名校(园)分校(园)11所，组建并完善8个中、小学教育集团，优质教育资源覆盖面大幅攀升，中高考成绩持续保持全市领先。深化医药卫生体制改革，在全省率先成立医联体，建成凤凰、江东、热河南路(阅江楼)、幕府山4个社区卫生服务中心，推进分级诊疗，实施"2210"特色发展计划①。大力实施文化惠民工程，白云亭文化艺术中心建成开放，全区每万人拥有公共文化设施面积超1200平方米。构建"10分钟体育健身圈"，创成"江苏省公共体育服务体系示范区"。持续实施社区"微幸福"工程，成功打造30多个特色社区。

*我们团结协作、合力兴区，社会大局和谐稳定。*区人大常委会、区政协在推进全区经济、政治、文化、社会和生态文明建设中发挥了重要作用，各民主党派、工商联和广大无党派人士为鼓楼经济社会发展做出了积极贡献。民族、宗教、侨务、对台、残联、红十字、关心下一代工作进一步加强，工、青、妇等工作走在全省前列。坚持军民融合发展，实现全省双拥模范区"八连冠"，成功打造颐和路社区将军馆、宁海路街道海洋国防教育馆等一批特色品牌。大力培育和践行社会主义核心价值观，文明城市创建扎实推进，社会文明程度普遍提高。深入推进区域新媒体平台建设，"鼓楼微讯"跻身全国政务微博排行榜百强行列。全面推进综合改革工程，全区6大类36项改革工作稳步实施，社会治理体制综合改革等改革试点工作成效明显，获批全国社区治理和服务实验区、江苏省现代社区治理创新实验区，社区协商"六化"模式获"全国社区治理十大创新成果"提名奖。平安法治系列创建持续深化，社会稳定风险评估、领导包案等矛盾化解机制不断健全，人民群众公共安全感显著提升。

*我们从严治党、正风肃纪，党的建设不断加强。*坚持党要管党、从严治党，党的执政能力和先进性建设持续深化。广泛开展党的十八大和十八届三中、四中、五中全会精神学习教育活动，严格贯彻落实中央八项规定精神，深入开展党的群众路线教育实践活动、"三严三实"专题教育，有序推进"两学一做"学习教育，"四风"积弊得到有效整治。从严规范管理干部，对干部全面进行德的正反双向测评，正处职干部、正科职干部、社区书记脱产培训率达100%，学习型党组织建设迈出坚实步伐，区委荣获"全省学习型党组织、学习型领导班子建设工作示范点"和"全省学习型党组织先进单位"荣誉称号。完成32个薄弱基层党组织整顿工作，成立全市首家区级社会组织党委、街道社会组织党总支，省、市、区共有977个党组织2.1万名党员到社区报到开展志愿服务活动。认真落实"四项承诺"，打造了"96180"民意直通车热线品牌，快速解决了一批群众关注的热点难点问题，机关作风建设满意率逐年提升。坚决落实"两个责任"，认真抓好中央和省委巡视反馈意见整改，从严执行领导干部重要事项报告制度，教育、制度、监督并重的惩治和预防腐败体系更加完善。始终保持惩治腐败高压态势，三年共查办各类违规违纪案件157件，其中大要案87件，追缴违纪款共计778万元，形成了风清气正的良好环境。

同志们，抚今追昔，饮水思源。今天的成绩和进步，归功于省委、市委的正确领导，归功于全体党员干部群众的团结奋斗，归功于原两区历届区委打下的良好基础，归功于老同志的关心帮助和社会各界的支持配合。在此，我代表中国共产党南京市鼓楼区第一届委员会，向全区广大党员、干部、群众，向老领导、老同志，向各民主党派、人民团体和社会各界人士，向驻区单位和部队，向所有关心、支持、帮助鼓楼建设发展的朋友们，表示衷心的感谢！

奋斗充满艰辛，经验值得总结。回顾三年来走过的不平凡历程，我们深深体会到：

*必须始终坚持首善标准，负重攀登敢为人先。*我们始终坚持"争当首善、争做第一"的信念，坚持"五个走在前列"的目标定位和战略思维，跳出南京、放眼全国寻找标杆，保持锐意进取、奋发有为的精神状态，推动了各项工作向更强能级、更高层次发展。

*必须始终坚持加快发展，优化路径深化转型。*我们始终坚持发展第一要务，整体把握鼓楼发展的阶段特征和禀赋特点，立足服务业为主导的产业优势，坚持高端取向、项目带动，不断优化产业结构，服务业总量和质量同步提升，迈出了从"服务业大区"向"服务业强区"转变的坚实步伐。

*必须始终坚持解放思想，开拓思路创新实践。*我们始终

坚持以思想解放引领工作创新，从发展实际出发，不断解放思想、开拓创新，向科技要活力，向创新要动力，成功应对复杂的经济形势，经济社会保持了又好又快发展。

*必须始终坚持执政为民，以人为本造福百姓。*我们始终从广大人民根本利益出发谋发展、促发展，紧紧围绕"幸福鼓楼"建设目标，扎实推进各项民心工程，着力解决与人民生活息息相关的民生问题，不断提高人民的生活水平和幸福感、获得感。

*必须始终坚持总揽全局，凝心聚力融合共进。*我们始终以"争创首善之区、建设幸福鼓楼"的共同理想，统一新区各方面的思想和行动，深入推进原两区干部融合、工作融合、思想融合，形成全区上下团结协作、合力攻坚的生动局面，充分释放出区划调整的集成优势和乘数效应。

在肯定成绩的同时，我们也清醒认识到，当前鼓楼发展还存在一些亟待解决的困难和问题。主要表现在：经济发展面临多种因素制约，自主创新、加快发展还不够；城市形态二元特征依然存在，薄弱地区环境"脏乱差"现象亟待改变；民生工作与群众日益增长的新期待还有差距，发展成果的惠及面还需进一步扩大；转型期引发的社会矛盾增多，给区域稳定和社会治理带来巨大挑战；少数干部干事创业积极性有待提升，基层组织和党员队伍建设仍需加强，党风廉政建设和反腐败斗争任重而道远。在今后的工作中，我们必须直面问题，采取有效措施，切实加以解决。

二、与时俱进描绘鼓楼新蓝图

今后五年，是鼓楼主动适应和引领经济发展新常态的关键时期，也是鼓楼全面建成更高水平小康社会、探索开启基本实现现代化建设新征程的攻坚时期。

从发展基础看，鼓楼历史文化底蕴深厚、区位交通条件优越、科教人才资源丰富、自然山水基底良好，具有与经济社会创新、快速发展高度契合的资源条件。从发展阶段看，经过"十二五"时期的充分发展，我区经济发展方式加速转变，综合实力显著增强，各项事业长足进步，已经迈入新的发展阶段。从发展环境看，随着"一带一路""长江经济带"等一系列国家重大战略的全面实施，供给侧结构性改革的全面推进，南京"四个城市""五型经济"建设的全面展开，我区独特的资源优势将更加凸显，完全有能力、有条件在率先发展上有更大作为。从发展后劲看，近年来，我区在产业提升、平台打造、招商引资、文化引领、队伍建设等方面做了大量基础性工作，服务主导、高端引领的内生动力进一步增强，文化与科技创新的政策效应持续显现，区域发展后劲不断积聚。

新使命呼唤新作为，新常态呼唤新动力。今后五年全区工作的指导思想是：高举中国特色社会主义伟大旗帜，以马克思列宁主义、毛泽东思想、邓小平理论、"三个代表"重要思想、科学发展观为指导，全面贯彻党的十八大和十八届三中、四中、五中全会精神，深入贯彻习近平总书记系列重要讲话特别是视察江苏重要讲话精神，坚定践行省市委系列部署要求，坚持"争创首善之区、建设幸福鼓楼"发展思路，坚持"创新发展核心区、古都特色风貌区、滨江发展示范区、生活宜居样板区"发展定位，保护老城、提升河西、开发滨江、改造铁北，全面提升发展、建设、管理、稳定、党建工作水平，率先全面建成更高水平小康社会，探索开启基本实现现代化建设新征程。

"争创首善之区、建设幸福鼓楼"是鼓楼一以贯之的发展思路，饱含着省市对鼓楼的殷切期望，体现了鼓楼率先领先的高远追求，呼应了全区人民对幸福生活的美好向往，得到了全区广大干部群众和社会各界的广泛认同，必须毫不动摇地传承好、发扬好。同时，"争创首善之区、建设幸福鼓楼"又是一个随着客观条件和发展形势变化而不断提升的动态目标，需要与时俱进优化内涵。新时期，我们要立足中心城区的产业、政治中心的保障、核心城区的管理、首善之区的服务，打造经济强、百姓富、环境美、社会文明程度高的崭新鼓楼。

争创首善之区、建设幸福鼓楼，必须坚持"四区定位"：

——*创新发展核心区*，就是切实把创新驱动作为区域经济发展的新引擎，发展经济新形态，构建产业新体系，培育发展新动能，服务型经济更加发达，总部更加集聚，产业体系更加完善，高端人才荟萃，创新创业活力充分迸发。到2020年，地区生产总值达1500亿元，公共财政预算收入突破126亿元，固定资产投资5年累计达1200亿元，服务业占GDP比重达93.3%，全社会研发经费支出占GDP比重达3.5%，科技进步贡献率达66%，国家大学科技园贡献度进一步提升，创新驱动发展的特征更加显著。

——*古都特色风貌区*，就是以科学的历史观为指导，大力实施古都遗存保护工程，挖掘、整合石头城文化、明文化、民国文化等区域特色文化资源，有机串联历史遗存、城市格局和现代文明，积极发展文化事业与文化产业，历史文化资源整合利用水平显著提升，文化旅游活动丰富活跃，古代文明与现代文明交相辉映。到2020年，鼓楼成为南京古都特色风貌核心展示区，文化产业增加值占GDP比重达10%，旅游总收入突破300亿元，形成一批在全国有重要影响的文化、旅游品牌。

——*滨江发展示范区*，就是充分发挥滨江城区优势，全力打造滨江总部楼宇经济带，大力保护滨江历史文化遗存，扮靓滨江自然风光带，把滨江商务区建设成为全国中心城市的复兴范例、南京长江时代的城市名片、鼓楼现代产业的发展高地、市民安居生活的品质家园，把鼓楼建设成为全市、全省乃至全国滨江发展的典范和长江经济带重要节点区域。

——生活宜居样板区，就是科学规划，精致建设、精细管理，实施生态环境保护与治理，促进居民收入和家庭财产普遍增加，优化社会保障体系，完善社会治理，提升公共服务水平，人民安居乐业，生活幸福美满，“学有优教、劳有多得、病有良医、老有颐养、住有宜居”的民生“五有”目标初步实现。到2020年，各功能片区定位明确、互补共进，危旧房片区和黑臭河道基本消除；居民人均可支配收入达到7.5万元，每千名老人拥有养老床位数达50张，公共安全感达92%，法治建设满意度超过90%，和谐社区建设达标率达95%以上。

贯彻落实上述发展思路、发展定位，必须着力把握好四个方面的要求：

更加突出“争创首善、争做第一”的目标追求。坚持把“首善”的要求、“第一”的标准贯穿于全区工作的各领域、全过程，以省会城市中心城区应有的政治意识、服务意识和责任意识，打造与区域地位相称的产业体系，实施与区域地位相称的建设管理，提供与区域地位相称的服务保障，科学发展争第一、环境品质争第一、服务保障争第一，努力走在南京科学发展最前列，走在江苏科学发展最前列，走在全国同类城区最前列，全面提高鼓楼的首位度。

更加突出“负重攀登、敢为人先”的鼓楼精神。“惟改革者进，惟创新者强，惟改革创新者胜”。改革创新决定着鼓楼的未来，决定着鼓楼以什么姿态和能力参与未来竞争。要继续发扬“负重攀登、敢为人先”的精神，敢闯敢试，坚决破除一切妨碍科学发展的思想观念和体制机制弊端，形成用新观念研究新情况、用新思路落实新任务、用新办法解决新问题、用新举措开创新局面的生动景象。

更加突出“自主创新、科学发展”的正确路径。每个事物发展都有自身独特的规律，每个城区发展同样有自身独特的规律。我们要明察国内外大势，立足自身实际，摸清鼓楼发展规律，创新发展理念，构建运作模式，明确工作方法，并将其贯穿于全区经济社会发展的各领域、全过程，走出一条属于鼓楼自己的“自主创新、科学发展”之路，推动鼓楼各项事业取得新的显著成效。

更加突出“三服务”的优良传统。“服务就是竞争力、环境就是生产力”。要始终不渝为全区老百姓服务，为省委省政府、省市机关服务，为驻区部队、院校、企事业单位服务，将“三服务”的承诺落到具体的工作和执行上。同时，全力以赴为项目服务，满腔热情为人才服务，切实提高服务效率，提升服务能力和水平。

根据以上发展思路、发展定位和工作要求，今后五年我们要着重抓好五个方面的工作：

（一）打造创新驱动新引擎

创新是一个国家和民族进步的灵魂，是引领一个区域发展的强大动力。要主动对接国家创新型城市、中国智能制造名城建设，更加充分地发挥科教资源优势，引育创新创业人才，突出企业创新主体地位，完善创新创业机制，推动大众创业万众创新。

引育创新创业人才。积极对接国家“千人计划”和省“双创计划”，以及“创业南京”等重点人才工程，依托鼓楼引才品牌，集聚一批开创技术新路径、商业新模式和产业新质态的创业领军人物。加大对已落户人才跟踪服务、定期考核、动态监管的力度，培育人才创办企业上市，提升人才创办企业税收贡献度。统筹推进人才队伍建设，完善人才分类指导、定向扶持等机制，充分激发各类人才的创造活力。

突出企业创新主体地位。产业发展以企业为主，企业发展以创新为主。积极引导创新资源向企业集聚，加快推进大中型企业研发机构全覆盖。支持新兴产业中的关联企业组建产业联盟，协同实施知识产权战略、技术标准战略、市场开发战略，提升技术层次和产业规模。充分发挥政府引导和政策扶持作用，大力实施“科技企业培育百千万工程”和科技企业“小升高”计划，建立覆盖企业初创、成长、发展等不同阶段的政策支持体系，培育壮大创新型企业群体。

完善创新创业机制。进一步完善政府为引导、市场为导向、高校科研院所为依托、金融单位为支撑的政产学研金“五位一体”的协同创新机制，逐步突破创新主体之间的壁垒，建设大学科技园，促进高校院所科研成果就地转化，建立多方主体之间互动合作、互助互利的新机制。深化市场监管体制改革和商事制度改革，服务创新创业，不断激发市场活力。

（二）厚植产业发展新优势

产业是区域经济发展的基础，构建符合自身实际的产业体系是中心城区发展的必由之路。要主动对接南京中国现代服务业名城、中国软件名城建设，加快构建以高端商贸商务业为主导，以软件互联网产业、文化旅游产业为支撑的产业体系，不断提升区域产业竞争力。

着力做强商贸商务业。坚持整体规划、联动发展，提升改造传统商贸业，大力发展精品商贸、特色商业和商务服务业，依托新街口—湖南路商贸商务区、河西商贸区、中央门商贸区，全力打造商贸商务服务业示范区。重塑新街口—湖南路商贸商务区。加快建设湖南路地下商业街、湖北路城市综合体、湖南路现代服务业总部城、玄武饭店二期等高端商业载体，实施中山路—中央路沿线楼宇品质提升。发挥金陵饭店亚太商务楼、紫峰大厦等高端载体示范作用，进一步提升商务服务业层次。提升河西商贸区。依托中海环宇城、苏宁清江广场、龙江新城市广场等大型商业综合体，积极引进国际品牌，发展新型商业业态，满足居民购物、餐饮、娱乐、休闲等复合型消费需求，实现商贸区扩容提质。改造中央门商贸区。加快金桥、玉桥等老牌商贸市场升级改造，推进中储国际广场建设，打造大宗商品和智慧物流电子交易平台，发展电子商务，努力使鼓楼成为全市高品质商贸消费集聚地、商务办公首选地。

加快发展软件互联网产业。以江东软件城、模范路科技创新街区、幕府山新产业区为核心，整合全区软件互联网产业资源和载体，大力发展云计算、物联网、电子商务、大数据等软件互联网产业。依托江东软件城，重点发展高端软件与信息服务业。以苏宁慧谷、艾志集团科技中心、越洋国际商务中心等产业载体为重点，完善公共服务配套，提升招商能级，积极培育引进一批知识导向型企业和科技创业人才团队，力争在高端软件研发与应用、移动互联网、大型实时数据库等领域抢占先机；支持亚信科技、南大苏富特、联创集团等龙头软件企业持续、快速发展，努力打造“中国(南京)软件名城”的重要园区。依托模范路科技创新街区，重点发展电子信息产业。充分发挥区域科教人才优势，推动科研院所、高校和企业共建联合实验室、工程中心、科研基地和产业技术研究院，促进成果就地转化，打造国内有影响的电子信息产业集聚区。依托幕府山新产业区，重点发展信息技术产业。围绕东南大学国家大学科技园(下关)，聚焦信息技术服务、信息安全和智能交通技术等细分领域，集聚相关企业，打造活力彰显的新技术产业集聚区。

培育壮大区域特色产业。做精文化旅游产业，加快“环南艺文化创意产业功能区”建设，打造文化创意众创空间，推动文化创意企业集聚化、规模化发展，提升产业附加值；挖掘旅游资源，依托鼓楼滨江风光带、外秦淮河风光带、清凉山等自然山水资源，以及明城墙、民国建筑群等历史文化遗存，建设开放式城市景区。做大健康服务产业，整合优质医疗资源，加快建设五台山生物医疗孵化园，打造高端特色医疗业、健康管理和养生休闲等产业体系，完善和延伸健康服务产业链。做实航运服务产业，加快建设长江航运物流服务中心，整合航运行政管理和服务平台，集聚优质航运服务企业，着力打造南京高端航运物流服务产业核心发展区。做特金融服务产业，推进鼓楼—山西路金融服务带提档升级，引导金融资源集聚，全力促成苏宁银行落户鼓楼；依托紫金信托公司、江苏省再保融资租赁公司，集聚更多非银行金融机构，大力发展非银行类金融服务业。做优智力服务产业，充分整合资源，通过培育、引进、扶持等综合手段，大力发展会计、审计、律师等服务业，打造鼓楼区服务业发展新亮点。

全力提升总部经济能级。立足主城中心区优势，毫不动摇发展总部经济，支持和服务苏宁集团、博西家电等区内总部企业做大做强；大力引进跨国公司地区总部和国内大企业区域性总部，吸引企业国际采购中心、财务结算中心、技术研发中心等功能性机构入驻，不断提升总部经济的规模与层次。坚持抓大扶小，落实相关政策，扶持中小微企业发展，培育发展后劲。

(三)构建城市建设管理新格局

统筹好城市建设、管理，是党委政府的基本职能。要深入落实中央城市工作会议精神，精致建设，精细管理，精心治理，不断提升鼓楼的建设品质和管理水平。

高起点建设。未来五年是鼓楼大开发、大建设时期，必须按照“集约、智慧、人本”的要求，统筹推进道路、停车等基础设施建设、老旧小区出新、危旧房改造等各项工作，努力建设有历史记忆、地域特色和时代特征的现代化城区。在做好全区整体规划建设的同时，更加突出重点片区建设。加快滨江片区开发，加强历史保留建筑保护利用，实现滨江风光带鼓楼段涵碧楼至长江大桥全线贯通；建设高品质载体，加快高档住宅项目开发，完善公共服务配套，精心打造“南京外滩”。加速铁北地区城市更新改造，高起点规划设计，形成“一带一轴多组团”的发展格局；坚持“科学的、理性的、专业的、市场的”运作思路，吸引社会资本参加，大力推进窑上村等25个地块拆迁征收，加快金陵船厂等企业搬迁步伐，实施危旧房改造，完善区域路网体系，优化生态景观，建设配套设施，打造鼓楼北部宜居宜业新城区。

高标准管理。城市管理事关地区形象，事关民生福祉，是城区工作的永恒主题。必须立足鼓楼城市形态二元并存实际，研究实施分类管理，坚决管出一个“干净整洁”的美丽鼓楼。进一步完善环卫管理体制，提升环卫保洁水平和环卫工作效能。深入开展环境综合整治，治理乱搭乱建、乱停乱放、乱贴乱挂等突出问题，营造良好生活环境。全面提升综合养护水平，继续对沿街建筑立面及路灯、绿化、交通护栏等道路配套设施进行出新，美化干道景观。坚持市场化运作的改革方向，进一步建立健全责任体系、组织体系和工作网络，不断提升城市管理网格化、精细化、长效化水平。

高质量治理。以生态文明理念为引领，以改善环境质量为核心，集中力量打好总量减排、污染治理、生态建设三大战役，让鼓楼天更蓝、水更清、地更绿。推进节能减排。突出绿色低碳产业发展，力争完成一批工业企业搬迁，大力推广楼宇低碳技术，推进城区低碳交通，建设低碳社区。开展污染治理。加大环境监管力度，控制扬尘污染、餐饮油烟污染，全面改善空气质量；加强排水达标区建设，全面完成清江东沟等一批黑臭河道综合整治，着力改善外秦淮河、金川河流域水环境。推进生态建设。实施绿地游园建设及广场提档升级工程，完善绿地系统布局，提升绿地数量和质量，建设以老虎山、象山公园为重点的开放式、体验式城市山林休闲公园，提升居民生活品质。

（四）实现民生福祉新提升

坚持以人民为中心的发展思想，建立优质均衡的公共服务体系，坚决完成为民办实事项目，深入实施“微幸福”工程，不断提升人民群众幸福感和满意度。

增强社会保障能力。实施更加积极的就业政策，统筹做好各类群体的就业工作。继续扩大社会保险的覆盖面，健全社会保险、社会福利、社会救助、社会优抚、社会慈善相互衔接的保障体系，确保综合保障水平继续走在全国同类城区前列。

提升教育现代化水平。深入推进各类教育优质发展，省优质幼儿园比例达90%以上，达到省定办学标准的义务教育学校比例超过90%，高中教育质量持续保持全市领先。全面启动“三优”工程、深化“三名”建设，打造一支高素质教师队伍。加快人的现代化培养步伐，不断增强学生自主学习能力和自我发展能力。进一步优化教育资源布局，新建名校（园）办分校（园）15所以上，实现优质教育资源全覆盖，努力打造“江苏领先、全国一流的高水平现代化教育强区”。

优化健康服务。积极深化医药卫生体制改革，全面扩大家庭医生制度覆盖面，形成“条块结合、就近转诊、联建共享、特色发展”的区域卫生协调发展模式。充分发挥“四大医联体”作用，继续推进“2210”特色发展计划。积极开展全民健身活动，提升群众身体素质，建设健康鼓楼。

繁荣文化事业。加强社会主义核心价值观宣传实践，开展文明城市创建，提升群众文明素质。优化公共文化设施布局，以白云亭文化艺术中心为引领，以高校、专业院团等驻区文化资源为依托，大力开展“幸福鼓楼”社区文化艺术节、“书香鼓楼”全民阅读系列文化活动；着力打造“话说鼓楼”幸福社区讲堂、“白云亭公益剧坊”等文化品牌。加大非物质文化遗产资源的挖掘、利用力度，推动龙江船厂遗址参与海上丝绸之路申遗，推进妈祖文化研究与开发，重点保护好鼓楼—清凉山历史城区、颐和路、大马路等历史文化街区，进一步增强鼓楼文化影响力。

创新养老模式。积极应对人口老龄化挑战，以养老服务体系提升、医养融合全面覆盖、社会力量广泛参与、产业规模显著扩大、市场运行充满活力为目标，构建低端有保障、中端有调节、高端有市场的养老服务新格局，不断满足日益增长的养老服务需求。

（五）迈上社会治理新台阶

以社区建设为重点，创新社会治理，最大限度激发社会活力、最大限度增加和谐因素、最大限度化解社会矛盾，确保社会和谐稳定。

完善社会治理模式。深入推进社会管理创新综合试点，健全党委领导、政府负责、社会协同、公众参与的社会管理格局。完善民意诉求处理机制，提高“12345”政务服务热线的群众满意率。提高基层治理水平。推进人力物力财力等资源向街道倾斜，增强街道的协调能力、专业化治理能力和“属地统筹”能力。瞄准社区需求端，推进社区公共服务供给侧改革，探索完善“1+N+X”社区协商模式[②]，大力培育、扶持社会组织，提供多元、专业、优质的社会服务。依托区、街、社区“两中心一基地”[③]，创新社区治理人才培育模式，实现“区培、街引、社用”良性循环。推进平安城区建设。完善社会治安防控体系，加大重点地区综合治理力度，做好流动人口和特殊人群的管理服务。强化互联网管理，营造和谐有序的网络环境。综合运用法律的力量、智慧的力量和意志的力量，切实解决一批信访积案。大力开展国家食品安全城市创建，确保食品、药品、特种设备安全；加强安全生产与消防检查，强化重点领域、重点行业和重大危险源的动态监管与应急处置，保障人民群众生命财产安全。

同志们，“争创首善之区、建设幸福鼓楼”是一项系统工程，不仅需要我们在经济社会发展上用心着力，更需要我们在改革与法治上狠下功夫。要打好全面深化改革攻坚战。坚决破除各方面体制机制弊端，突出问题导向、精准发力，聚焦鼓楼总体目标定位和发展战略，立足城区特色，大胆创新探索。深化行政管理体制改革，加快转变政府职能，进一步简政放权，着力构建现代化的政府治理体系。推进供给侧结构性改革，去产能、去库存、去杠杆、降成本、补短板，着力解决当前经济社会发展中的结构性矛盾，提高投资有效性，优化供给结构。深化科技体制改革，着力提升各类载体功能，形成区域核心竞争力。深化文化体制改革，将市场机制作为切入点和着力点，推动政府部门由办文化向管文化转变，促进文化事业全面繁荣、文化产业特色发展。深化社会体制改革，推进服务管理网格化，发展社会组织，打造具有鼓楼特色的现代社会发展模式。要全面推进依法治区。大力开展法治宣传教育，扎实推进“七五”普法工作，增强公职人员特别是领导干部尊法学法守法用法观念，提高依法办事能力；引导群众依法行使权利、表达诉求、解决纠纷。推进政府部门机构、职能、权限、程序和责任法定化，做到法定职责必须为、法无授权不可为。严格公正司法，尊重司法规律，完善对权利的司法保障、对权力的司法监督，提升全区法治化水平。

三、坚定不移推进全面从严治党

贯彻落实中央关于全面从严治党的要求，按照习总书记在中国共产党成立95周年大会的讲话精神，不忘初心、继续前进，永远保持建党时中国共产党人的奋斗精神，永远保持对人民的赤子之心，突出“六个强化”，抓好“基础、管理、教育、阵地、活动、队伍、检查、领导”八个关键，以党的建设成效为事业发展提供坚强保障。

强化思想政治建设。坚持把思想建党放在首位，抓好理论武装，深入学习领会习近平总书记系列重要讲话特别是视察江苏重要讲话精神，巩固群众路线教育实践活动成果，践行“三严三实”要求，扎实开展“两学一做”学习教育，坚定党员干部理想信念，提升党员干部精神追求。强化党(工)委意识形态工作责任制，树立正确的思想舆论导向。严明纪律规矩，坚决贯彻执行党的路线方针政策，决不打折扣、做选择、搞变通；严肃党内政治生活，经常性开展批评和自我批评，增强党内政治生活的政治性、原则性。

强化干部队伍建设。坚持德才兼备、以德为先的正确用人导向，牢固树立“品德比什么都重要”的思想，始终坚持公道正派用干部，始终坚持用好干部和用对干部，始终坚持为鼓楼事业和长远发展用干部，切实在困难多、矛盾大的工作一线考察、培养和使用干部，真正让肯干事、会干事、干成事、不出事的好干部充分涌现、各尽其能、才尽其用。更加重视正向激励，努力建立科学的奖惩机制和容错机制，充分激发广大干部干事创业的积极性和主动性。强化干部教育培训，坚持党校姓党原则，整合培训资源，突出组织需要，兼顾干部需求，全力打造高素质干部队伍。

强化基层党组织和党员队伍建设。基层党组织建设是党建工作的“细胞”工程。要紧扣“阵地”与“活动”两个关键，“抓两核、带两头”[4]，强化社区、机关、国有企事业单位等基层党组织建设，加大“两新”组织党建工作力度，深入整顿软弱涣散基层党组织，巩固和健全区域化党建工作。全面掌握各级党组织党员的比例、结构、状态、优劣、战斗力、纯洁性、廉洁性等情况，强化管理，及时处置不合格党员，推动各领域党员立足岗位发挥作用。突出基层党组织服务功能，深化在职党员到社区报到制度，积极探索基层党组织服务改革、服务发展、服务民生、服务群众、服务党员的有效途径。

强化党风廉政建设。围绕贯彻《中国共产党廉洁自律准则》《中国共产党纪律处分条例》和《中国共产党问责条例》，严肃处理“两个责任”落实不力典型案件，确保压力和责任传导到位。坚持问题导向，用好监督执纪“四种形态”[5]，加强对违反中央、省市区委作风建设规定行为的执纪问责，严肃处理顶风违纪、隐形变异的“四风”问题。始终保持惩治腐败的高压态势，聚焦“人、财、物、权”等重要岗位和征地拆迁、工程建设、国有(集体)资产管理等重点领域，扎紧织密制度笼子，让权力在阳光下运行。强化作风建设，创新工作标准，创建综合评价体系，严肃查处少数党员干部在工作中不负责任、不敢担当、不愿作为等行为。

强化管党治党责任。坚持把抓好党建作为最大政绩，担负全面从严治党的政治责任，明确党建工作职责，坚持党建工作与经济社会发展同谋划、同部署、同推进。强化党建制度建设，健全民主集中制，坚持制度管人管事管权，加快建立健全内容协调、程序严密、配套完善、有效管用的规范制度体系。注重以改革精神推进党建创新，深入探索制度治党的途径和方式，全面提升党建科学化水平。

强化党的领导。充分发挥区委总揽全局、协调各方的作用，强化党代表大会和全委会对全局性、战略性问题的决策职能，加强新形势下常委会自身建设，健全充分反映民意、集中各方智慧的科学民主决策机制。坚持和完善人民代表大会制度，认真落实《关于加强全区人大工作和建设的实施意见》，支持区人大常委会依法行使职权，不断提高全区人大工作和建设水平。支持人民政协充分发挥协商民主的重要作用，构建程序合理、环节完整的协商民主体系，推进我区协商民主广泛多层制度化发展；加强党对统一战线和群团工作的领导，认真做好人大、政府、政协等换届工作，广泛凝聚社会各界智慧和力量，推进社会主义民主政治建设。加强国防教育、国防动员和后备力量建设，推动军民融合向深度发展。

同志们，鼓楼的发展站在了新的历史起点上，蓝图催人奋进，使命重于泰山。让我们紧密团结在以习近平同志为总书记的党中央周围，在省市委的正确领导下，团结带领全区广大党员干部群众，万众一心，奋发有为，努力开启新征程，实现新跨越，为争创首善之区、建设幸福鼓楼而努力奋斗，以优异成绩向建党一百周年献礼！

名词解释

1.“2210”特色发展计划：建设两个全科医学中心、两个集聚(全区放射诊疗中心、检验检测中心)、十个慢病特色诊疗中心。

2.“1+N+X”社区协商模式：“1”指社区两委，即涉及社区公共事务和居民切身利益的事项，在社区党组织领导、社区居委会主导下开展协商；“N”即居委会下设的若干工作委员会；“X”即利益相关方，包括基层政府及其派出机关、社区居委会、驻区企事业单位、社区社会组织、社区社团、小区业委会、物业服务企业、社区居民、非户籍居民代表，以及相关的党代表、人大代表、政协委员等。专业性、技术性较强的事项，邀请有关专家学者、专业技术人员、第三方机构、法律顾问等进行论证评估。

3.两中心一基地：区、街社会服务发展中心和社区社会组织孵化基地。

4.抓两核、带两头：“两核”，是指党组织和党组织的班长；“两头”是指广大基层党员和党员干部。

5.监督执纪“四种形态”：党内关系要正常化，批评和自我批评要经常开展，让咬耳扯袖、红脸出汗成为常态；党纪轻处分和组织处理要成为大多数；对严重违纪的重处分、作出重大职务调整应当是少数；而严重违纪涉嫌违法立案审查的只能是极少数。

聚力创新争创首善之区　聚焦富民建设幸福鼓楼 高水平全面建成小康社会

——在区委二届二次全体(扩大)会议上的报告

区委书记　张一新

(2016年12月26日)

这次全会的主要任务是，深入贯彻党的十八届六中全会和中央经济工作会议精神，全面落实省、市、区党代会和省委、市委全会精神，回顾总结2016年全区工作，研究部署2017年主要任务，动员全区各级党组织、全体党员和广大干部群众，聚力创新，争创首善之区，聚焦富民，建设幸福鼓楼，为高水平全面建成小康社会而努力奋斗。

下面，我代表区委常委会向全会报告工作。

一、2016年工作回顾

2016年是“十三五”发展的开局之年，是省、市、区党代会胜利召开之年，在鼓楼发展史上具有承前启后的重要意义。一年来，区委常委会在省市委的坚强领导下，团结带领全区干部群众解放思想，转变理念，提高标准，改进方法，找准路径，注重实效，科学地干、理性地干、负责地干、有效地干，圆满完成了全区各项主要目标任务，逐步找到并走出了一条“自主创新、科学发展”之路。

科学发展的能力进一步增强。转变发展理念，注重创新驱动、内生增长，积极推进供给侧结构性改革，调整完善经济工作体制机制，确定商务商贸、软件互联网、文化旅游三大重点产业，展开新布局、实施新举措，经济社会实现又好又快发展。预计全年完成地区生产总值1115亿元，增长9%，其中服务业增加值1030亿元，增长10%，占地区生产总值比重达92%；实现一般公共预算收入93.8亿元，增长8.2%；完成固定资产投资245亿元；完成社会消费品零售总额875亿元，增长10%。

经济发展质效稳步提升。总部楼宇经济势头良好。全区规模楼宇税收达54.1亿元，增长11%，新增亿元楼宇1栋、特色楼宇2栋，新增市认定总部企业1家。博西家电、全信传输等企业的楼宇定制顺利签约。重点产业快速增长。预计商务商贸业全年实现税收(全口径)60亿元，增长25%；软件互联网产业全年预计实现税收6.33亿元；文化产业增加值占GDP比重达6.9%，环南艺文化创意产业功能区被评为省级文化产业示范园区。重大项目扩容提质。积极参加南京留交会、软博会和金洽会，赴深圳举办鼓楼软件互联网产业招商说明会等活动，多措并举提高招商的层次质量，预计全年新增到账千万元以上大项目150个，实际到账注册资金约42亿元。全区在手推进的142个重大项目基本达到或超过时序进度，达市年度目标的120%。开放型经济水平进一步提升。预计新增实际使用外资3.2亿美元，完成外贸出口总额30.5亿美元，分别完成服务外包执行额、离岸执行额22.6亿美元、12.1亿美元。

创新驱动发展能力持续增强。强化企业创新主体地位。通过“育苗造林”与“移植大树”，进一步壮大科技型企业集群，全年预计新增高新技术企业20家，总数达百家。积极培育创新人才。自主培养国家“万人计划”专家4人，在全市行政区中位列第一，入选省“333工程”30人，入选省“双创计划”9人。全力打造创新平台。鼓楼科创特区、下关科创特区等重大项目建设加快推进，建成科技众创空间24家，成功组建鼓楼区众创空间联盟，初步形成了以众创空间为载体的新型创新创业生态系统。大力加强产学研合作，进一步密切与高校、园区及企业的联系，全年新增产学研合作项目50个，南京大学等8个大学科技园载体面积达57.22万平方米，入园企业达825家。

“干净整洁”的城市面貌初步显现。优化功能布局。统筹推进老城、河西、滨江、铁北四大片区建设，加大铁北地区整体改造力度，提升滨江开发品质，加快消除城市面貌二元结构。全面提升城市功能形象。建成华胜路等一批道路，高质高效完成北京西路综合整治工程，受到省市领导及社会各界高度肯定。完成五佰村等8个棚户区改造，完成凤凰西街57号等83个老旧小区整治工程。深入开展环境综合整治，重点治理乱搭、乱建、乱停、乱放、乱贴、乱挂等“六乱”现象，彻底改变部分区域“脏乱差”形象。创新城市管理模式。完成主次干道、窗口地区存量广告市场化工作，对环卫、市政管养进行公开招标试点，逐步推广管养分离、市场运作、政府监管的市场化模式。切实加大生态保护力度。完成大庙沟等流域86个排水达标区建设，严格落实“河长制”，大力整治清江河等13条黑臭河道，健全环境监管网络，不折不扣办理中央环保督办件。

民生社会事业优质均衡发展。始终坚持以人民为中心的发展思想，大力保障和改善民生，不断提高鼓楼百姓的幸福感和获得感。坚持就业惠民创业富民。预计全年新增城镇就业人数3.25万人，培育自主创业3330人，城镇登记失业率控制在2.08%，人均可支配收入达5.48万元，增长8.5%。强化社保兜底。全面开展社会保险扩面征缴，探索精准社会救助，积极开展保障房建设，社会保障能力进一步增强。优质均衡发展文教事业。教育现代化发展水平继续提升，集团化办学、名校办分校等工作稳步推进，优质教育资源进一步放大，芳草园小学凤凰校区、二十九中幕府山初级中学交付使用。名优教师群体进一步扩大，骨干教师交流比例达15%，教育教学质量在省、市继续保持领先。统筹区、街、社三级文化资源，发挥“幸福鼓楼”社区文化艺术节、“书香鼓楼”全民阅读、“白云亭公益剧坊”等品牌特色，组织开展各类文化活动2100场，文化惠民达120万人次。积极开展群众体育运动，精心组织参加南京市第21届运动会并取得优异成绩。积极完善医疗、养老服务体系。全面对接公立医院改革，不断深化“医联体”建设，完善分级诊疗，基层医疗卫生服务水平持续提升。在全省率先实施“适老化改造”工程，启动养老服务标准化建设，新增养老床位820张。

民主法治建设扎实有效。民主政治稳步推进。支持区人大常委会、区政协依法履行职能，圆满完成人大代表换届选举和政协委员推荐协商工作。强化新形势下爱国统一战线工作，宁海路街道仙霞路社区、鼓楼国家大学科技园分别荣获2016年度“全国社区侨务工作明星社区”“全国社区（园区）侨务工作示范单位”荣誉称号。执法司法有效开展。加大食品药品、安全生产等监管力度，确保人民群众生命财产安全。支持人民法院、人民检察院开展司法改革，完善司法权运行机制。维稳处突迅速有力。圆满完成“G20”峰会等敏感节点安保维稳任务，实现了全国“两会”期间进京非访“零登记”。胜利完成汛期抗洪抢险任务，快速有效应对长江堤防树人学校段渗漏险情。群团组织焕发活力。区妇联获评省“三八”红旗集体，鼓楼区青少年之家获批中央首批全国示范性青少年综合服务平台。双拥共建特色明显。扎实推进军地融合发展，颐和路社区将军馆和宁海路街道海洋国防教育馆新馆正式开馆，受到社会各界一致好评。综合改革全面深化。对照市委年度改革要点，明确了全区6大类36项130条具体改革事项，统筹协调推进，确保鼓楼的改革始终与上级部署要求同频共振。“社区协商鼓楼模式”获中国社区治理创新成果提名奖、江苏省基层社会化治理十大创新成果奖第一名。

全面从严治党有力推进。强化思想政治建设。认真贯彻党的十八届六中全会和省市党代会精神，精心组织开展区委中心组学习，切实增强党员干部“四个意识”，更加紧密地团结在以习近平同志为核心的党中央周围。扎实开展“两学一做”学习教育，做好规定动作，做精自选动作，确保取得实效。不断加强干部队伍建设。圆满完成区委换届任务，积极开展干部调配工作，选优配强领导班子；突出干部教育培训实效，统筹推进主体班次和各条口专项培训，全年参训人数达5000人次。全面加强基层党组织建设。扎实开展基层组织规范化建设，严格落实党建工作责任制，完成社区党组织换届选举。切实强化廉政建设。认真落实党风廉政建设“两个责任”，用好执纪监督“四种形态”，查处违反八项规定精神案件32件，处理党员干部32人；始终保持反腐高压态势，严守纪律红线，查办各类违规违纪案件134件，其中大要案24件。

成绩来之不易，奋斗充满艰辛。这些成绩的取得，是省市委正确领导的结果，是全区上下团结一致、共同奋斗的结果，是社会各界大力支持、和衷共济的结果。在此，我谨代表中共鼓楼区委向全区广大党员、干部、群众，向社会各界人士，向全体老领导、老同志和所有为鼓楼建设发展作出贡献的同志们，表示衷心的感谢并致以崇高的敬意！

在看到成绩的同时，我们也清醒地认识到发展中不全面、不协调、不可持续的问题依然存在。我们面临着经济增长乏力和产业业态低端的双重挑战，面临着资源环境约束加剧和商贸科教资源转化不足的双重难题，面临着城市综合功能不强和城市形态二元并存的双重不足，面临着发展理念不够先进和体制机制不够科学的双重问题。对此，我们将在今后的工作中认真予以研究，切实加以解决。

二、深入学习贯彻党的十八届六中全会及省市党代会精神，坚定不移推进全面从严治党

党的十八届六中全会是在我国进入全面建成小康社会决胜阶段召开的一次十分重要的会议。全会专题研究全面从严治党问题，就新形势下加强党的建设作出重大部署，进一步完善了“四个全面”战略布局，为全党全军全国各族人民指明了前进方向和奋斗路径。全会正式确立了习近平同志在全党的核心地位，深入回答了立党兴党、管党治党的一系列重大理论和现实问题，制定了新形势下党内政治生活的若干准则，修订了党内监督条例，取得了重大的政治成

12 月 26 日,区委二届二次全体(扩大)会议召开

果、思想成果、制度成果,释放了全面从严治党最强音,充分体现了以习近平同志为核心的党中央全面从严治党一抓到底的坚强决心和政治担当。省十三次党代会提出了“两聚一高”的鲜明发展主题,并要求全省各级党组织切实强化管党治党责任,把全面从严治党落实到党的建设各方面。市十四次党代会提出了“一个建成、六个显著”的奋斗目标,并要求全市各级党组织把全面从严治党落到实处,深入推进党的建设新的伟大工程,着力营造风清气正的良好政治生态。

全区各级党组织和广大党员干部要把认真学习、广泛宣传、全面贯彻党的十八届六中全会精神和省市党代会精神作为当前重大的政治任务,务必学深学透,切实把思想和行动统一到中央和省市委的决策部署上来,坚定不移推进全面从严治党。

1.强化思想建党。紧密结合新时期广大党员干部的思想实际,始终把思想政治建设放在各项建设首位,加强学习教育和党性锻炼,做到对党忠诚、为党工作、向党负责。坚持开展党委(党组)中心组学习,建立健全定期政治学习制度,以党章党规为遵循,自觉遵守党的政治纪律和政治规矩,切实增强政治意识、大局意识、核心意识、看齐意识,坚决维护以习近平同志为核心的党中央权威,做到党中央提倡的坚决响应、党中央决定的坚决执行、党中央禁止的坚决不做。

2.严肃党内政治生活。认真执行《关于新形势下党内政治生活的若干准则》,着力增强党内政治生活的政治性、时代性、原则性、战斗性,突出用好组织生活这个经常性手段,用好批评和自我批评这个有力武器,开展严肃认真、积极健康的思想斗争,让党内生活真正成为党员干部加强党性锻炼、提高党性修养的大熔炉。

3.加强党内监督。切实贯彻《中国共产党党内监督条例》,认真做好对党政“一把手”、新提任领导干部和即将离任领导干部的监督,严格落实约谈、诫勉谈话等制度。全面开展区级党委巡察工作,突出政治巡察,着力发现问题,督促整改落实,履行管党治党责任,严格遵守党章党规党纪。

4.大力加强干部队伍建设。深化干部人事制度改革,坚持德才兼备、以德为先,善于发现、科学培养、合理使用干部,着力打造一支信念坚定、为民服务、勤政务实、敢于担当、清正廉洁的干部队伍。遵循干部成长规律,加大干部培养力度,强化干部一线锻炼,完善干部交流机制,为年轻干部提供锻炼平台、多岗交流机会。大力选用工作面前敢为人先、雷厉风行的人,考验面前敢于亮剑、挺身而出的人,矛盾面前敢于担当、善于突破的人,树立正确选人用人导向。

5.全面筑牢党的基层基础。基层基础是党的工作和全部战斗力的基础,必须把抓基层打基础作为长远之计和固本之策,推动党的基层组织全面进步、全面过硬。深化党建创新项目化管理,努力培育一批基层党建工作创新成果。进一步规范党员教育管理,严格执行发展党员计划,落实党员教育培训工作规划要求,巩固党员组织关系排查工作成效。

6.深化反腐倡廉建设。牢固树立作风建设永远在路上的思想，严管严查、久久为功，让勤廉之风渗入每一处"神经末梢"。坚持纪严于法、挺纪在前，突出抓早抓小，用活监督执纪"四种形态"。坚持零容忍的态度不变、猛药去疴的决心不减、刮骨疗伤的勇气不泄、严厉惩处的尺度不松，既要严肃查处发生在重要岗位中的案件，又要加大对群众身边腐败现象的查处力度，始终保持反腐高压态势。

7.积极营造干事创业的良好氛围。大力弘扬求真务实作风，靠实招展示能力，靠实干成就事业。坚持严格管理与关心爱护干部相结合，坚持政治上激励、工作上支持、待遇上保障、心理上关怀相统一，积极探索建立容错纠错机制，为敢于担当的干部担当、为敢于负责的干部负责，将"风清气正、干事创业"写在鼓楼干部队伍的旗帜上。

三、科学谋划、统筹推进鼓楼2017年工作

党的十八届六中全会、中央经济工作会议和省市党代会精神，是争创首善之区、建设幸福鼓楼，高水平全面建成小康社会的重要遵循，为我们指明了前进方向。我们要准确把握、深刻领会，融会贯通、真学力行，把"稳中求进"的总基调、供给侧结构性改革、"两聚一高" 的总体要求、"一个建成、六个显著"的目标任务，落到更加具体的时间、空间和项目上，落到更加完善的体制、政策和方法上，科学发展、正确发展、理性发展，推动各项工作再上新台阶。

明年全区工作的指导思想是：深入贯彻习近平总书记系列重要讲话特别是视察江苏重要讲话精神，全面落实党的十八届六中全会、中央经济工作会议及省市党代会精神，紧紧围绕"五位一体"总体布局和"四个全面"战略布局，坚持稳中求进的工作总基调，深入践行新发展理念，以创新为引领，以三大重点产业为支撑，以四大片区建设为重点，以人民幸福为追求，以党的建设为保障，聚力创新、争创首善之区，聚焦富民、建设幸福鼓楼，为高水平全面建成小康社会而努力奋斗。

明年全区工作的主要目标是，地区生产总值增长10%，服务业增加值增长11%，服务业增加值占地区生产总值比重达93%以上，一般公共财政预算收入增长12%，全社会固定资产投资达280亿元，社会消费品零售总额增长11%，城镇居民人均可支配收入增长8.5%，城镇登记失业率控制在2.7%以内，力争区域总体发展水平和重点工作走在全市、全省乃至全国前列。

完成上述目标任务、做好明年工作，必须做到"四个更加注重"：

必须更加注重解放思想、转变观念。思路决定出路，格局决定结局。全区党员干部要跳出鼓楼看鼓楼，放眼古今，放眼中外，用开放的理念、全球的视野和战略的眼光谋划鼓楼工作。彻底摒弃行政的、计划的、经验的陈旧思维，确立科学的、法治的、市场的、专业的理性思维，找到并走出一条"自主创新、科学发展"的鼓楼之路，彻底摆脱"顺水淌""望天收"的自然增长方式。

必须更加注重抬高标杆、提升标准。"法乎其上，得乎其中；法乎其中，得乎其下"。全区党员干部要瞄准北京西城、上海黄浦、深圳福田等先进城区，大力发扬"负重攀登、敢为人先"的鼓楼精神，以首善的标准、首善的要求统筹推进经济社会发展各项工作，立志超越、奋起直追，全面提升鼓楼首位度。

必须更加注重优化路径、改进方法。好的做事方法是决定事业成功的关键。全区党员干部要带着头脑干事、选对方法创业，学会思考、学会做事、学会算账、学会运作，把"想干"的真诚意愿，转化为"会干"的能力方法，实现为"干成"的显著成效，科学理性、负责高效地推进工作。

必须更加注重求真务实、讲求实效。空谈误国，实干兴邦。全区党员干部要大力弘扬求真务实作风，讲真话、办实事，脚踏实地、真抓实干，实实在在地提升总部楼宇单位面积税收贡献度，实实在在地改变城区面貌，实实在在地充实居民钱袋子，实实在在地提高人民群众获得感和幸福感。

完成上述目标任务、做好明年工作，必须统筹推进六项重点工作：

1.聚力创新，打造创新创业天堂。创新是引领一个地区、一个民族、一个国家发展的第一动力。必须将创新摆在发展全局的核心位置，进一步完善区域创新体系，着力推进思想理念创新、体制机制创新、政策方法创新、市场主体创新、政府服务创新。

加大科技创新投入。发挥好财政资金的撬动作用，积极引导金融资源和社会资本向关键创新领域聚集，形成政府资金、金融资本、社会资本多方投入的新格局，培育有竞争力的创新集群。持续优化政策环境，健全完善政策举措，积极构建有利于促进创新的制度框架和政策体系，打通科技创新和经济社会发展之间的通道，营造良好的创新生态。

加强产学研协同创新。强化企业的创新主体地位和主导作用，大力推动产学研紧密结合，研究制定区级科技成果转化专项资金管理办法，积极推进区域校企合作系列计划，落实一批高新技术产业化项目，推动跨领域跨行业协同创新。深化与高校、科研院所合作共建，持续开展"校企双向行"品牌活动，加快推动南京审计大学、中国药科大学等驻区高校组建大学科技园。

精准引育创新人才。全面落实"创业南京"英才计划，实施更加积极的创新人才培育和引进政策，强化精准聚才理念，加强各类人才培养，充分挖掘区内人才资源，吸引更多

海内外人才特别是高端人才到鼓楼创新创业。力争全年培育创新型企业家3人，引进市级高层次创业人才14人，以人才优势增创发展优势。

加快创新平台建设。积极推进苏富特二期、苏宁慧谷、联创大厦、中国（南京）电力自动化产业园、金川科技园等项目建设，依托模范路、鼓楼、下关3个科技创业特别社区，着力培育现代通信、新型光电、新材料等6大产业集群。大力推进众创空间提档升级，积极发挥南邮"E联U盟"和"U+"两个国家级众创空间的示范引领作用，引入国内知名创业服务平台，提升众创空间品牌效应。

抓创新就是抓发展，谋创新就是谋未来。我们一定要高擎创新的火炬，抢抓创新发展的历史机遇，努力把科教人才优势转化为现实发展优势，让全社会的创新活力竞相迸发，让创新真正成为引领鼓楼科学发展的第一动力。

2.突出重点，推动产业转型升级。坚持有所为、有所不为，聚焦最有条件、最具优势的领域，握紧拳头、集中发力，全力建设商务商贸新中心、软件互联网产业新中心、文化旅游新中心，着力打造千亿级产业集群、百亿级支柱企业、十亿级总部楼宇。

聚力发展重点产业。重塑湖南路商圈、提升河西商圈、改造中央门商圈，全力打造商务商贸服务业示范区。重点加大湖南路现代服务业总部城、湖南路地下商业街、湖北路吾悦广场等重大项目推进力度，引入国际顶级的商业企业，打造国际顶级的商业高端集聚区，重振湖南路雄风，让"钻石地段产生钻石效益"。抓好中央门商圈产业转型，加快推进中储电子商务区建设。以江东软件城、模范路科技创新街区、幕府山新产业区为依托，加大产业集群招商力度，大力发展大数据、云计算、物联网、移动通信等产业，力争软件和信息服务业收入达到178亿元。全力推进"环南艺文化创意产业功能区"升级改造，加快南京艺术学院文化创意产业园等项目建设，促进文化旅游产业健康快速发展。

大力发展总部楼宇经济。坚持"扶持一批、改造一批、盘活一批"，推进新街口、湖南路等重点区域老旧楼宇品质提升、功能提升、特色提升和效益提升，新增亿元楼宇1栋、特色楼宇2栋，努力打造10亿元级的高端顶尖楼宇。突出主导产业集聚和重点项目招商，办好软博会、金洽会等重大招商活动，加快引进行业龙头企业或总部型企业，新增市认定总部企业1家以上。

培育壮大特色产业。加快建设长江航运物流服务中心，整合航运行政管理和服务平台，集聚优质航运服务企业，做实航运服务产业。推进鼓楼-山西路金融服务带提档升级，引导金融资源集聚，全力促成苏宁银行落户鼓楼，做特金融服务产业。充分整合资源，通过培育、引进、扶持等综合手段，大力发展会计、审计、律师等服务业，做优智力服务产业。整合优质医疗资源，加快建设五台山生物医疗孵化园，做大健康服务产业。

3.强化建管，提升区域环境品质。鼓楼山水城林融为一体，历史文化与现代文明交相辉映，人居环境优越。我们要坚持人民城市为人民，充分认识和遵循城市建设管理规律，全面提升宜居宜业水平。

突出重点片区建设。按照"分类实施、分片推进"的总思路，保护老城、提升河西、开发滨江、改造铁北。有序开展老城修补与有机更新，精心保护利用历史文化资源，挖掘提升历史文化价值，建成精美的开放的历史文化街区。强化基础设施建设，完善公共配套，持续提升河西片区功能品质。加快铁路南京西站搬迁步伐，高品质建设深业滨江半岛、龙湖春江紫宸、中冶盛世滨江、恒大滨江商业综合体等重点项目，重塑滨江形象。对铁北片区实施颠覆式改造，完成起重机械厂、安怀村汽轮电机厂周边地块等土地挂牌出让工作，落实区域空间规划，优化片区路网体系，建设商务商贸载体，打造鼓楼北部新城区。

完善城市基础设施功能。加快现代综合交通体系建设，续建水西门大街西段等道路，开工建设湖南路0405地块道路，新建一批公共自行车站点。完成东井二村等6个棚户区改造项目，逐步消除城中村、危旧房。完成挹景楼等71个小区的二次供水设施改造工程，保障居民用水安全。开展涌泉里等104个老旧小区的出新改造工程，全面改善居民居住环境。

加强生态环境保护。牢固树立"既要金山银山又要绿水青山"的理念，尊重自然、顺应自然、保护自然，以更高标准、更严要求持续改善生态环境。深入推进水环境治理，大力整治外金川河、城北护城河等12条黑臭河道，切实改善河道水环境。完成307个片区的排水达标创建，同步对440个存量片区进行整改。继续实施"蓝天行动"，严格控制城市扬尘污染与机动车尾气污染，着力改善大气环境质量。大力实施"增绿"工程，完成老虎山东侧等6个绿地建设，不断提高全区绿化覆盖率。

提升城市综合管理水平。深入推进环境综合整治行动计划，创成宁海路片区、新街口—湖南路片区两个示范片区，确保"一路两片"区域达到同类城区先进水平。建设一批精细化管理执法整治示范街巷（路），以点带面，打造干净整洁、绿化美化的市容环境。加强城市治理标准化建设，推动社会工作网格化与城市治理网格化有机融合，建立健全长效机制，稳步提升城市综合管理的质量和水平。

4.聚焦富民，不断增强群众幸福感和获得感。高水平全面建成小康社会，最直接、最根本的是提高广大老百姓的富裕程度与生活质量。必须千方百计加快富民步伐，下大力气解决好群众最关心最直接最现实的利益问题，让群众得到更多实惠。

以更加丰厚的收入夯实“百姓富”基础。深入推进居民收入倍增计划，进一步拓宽就业、创业、投资、社保、帮扶“五大增收渠道”，更加关注“大多数”和“末尾数”群体增收，持续扩大中等收入者比重，鼓励引导群众勤劳致富、创业致富，确保全区居民人均可支配收入较快增长。

以更加优质均衡的公共服务提升“百姓富”质量。公共服务事业不进则退，慢进也是退。我们要在高平台的基础上，积极进取，继续前进。深入推进教育现代化建设，深化教育集团化办学，加大优质教育资源向滨江、铁北等地区辐射力度，加快实施“三优三名”工程，努力打造“江苏最好、全国首善”的教育强区。深入培育和践行社会主义核心价值观，加强公益性文化事业建设，积极开展全民健身和群众性体育活动，实现每万人拥有公共文化设施面积1400平方米，进一步提升公共文化服务水平。不断加强文化遗产和档案记忆的保护与利用，推进龙江船厂遗址“海上丝绸之路”申遗工作。深化医药卫生综合改革，建设紧密型“医联体”，不断满足群众对优质就医资源的需求。努力构建“低端有保障、中端有调节、高端有市场”的社会化养老服务体系。加大社会组织培育扶持力度，推进社会工作人才队伍和品牌建设。

以更加完善的社会保障筑牢“百姓富”底线。增强社会保障能力，继续扩大社会保险覆盖面，健全社会保险、社会福利、社会救助、社会优抚、社会慈善相互衔接的保障体系，实现社会保障精准化服务，确保社会保障水平继续走在全国同类城区前列。

人民群众对美好生活的向往，是我们继续奋斗的不竭动力。我们一定要始终把人民放在心中的最高位置，矢志不渝抓好事关群众切身利益的每一项工作，让全区人民生活得更加幸福安康！

5.强化民主法治建设，促进社会和谐稳定。大力发扬社会主义民主，自觉运用法治思维和法治方式创新社会治理，巩固发展和谐稳定大局。

加强民主政治建设。不断加强和改进党的领导，充分发挥党委总揽全局、协调各方的领导核心作用。支持区人大常委会加强自身建设、依法履行职能，保障人大代表充分行使职权。支持区政协积极探索基层协商民主的有效形式，切实履行政治协商、民主监督、参政议政职能。巩固和发展最广泛的爱国统一战线，积极推进楼宇、园区和文化统战工作取得新突破。深化双拥共建，努力争创省双拥模范区“九连冠”。完善基层群众自治机制，实现政府管理和基层自治良性互动。

深入推进依法治区。深化法治政府建设，强化行政执法监督力度，防范各类法律风险，推动政府工作在法治轨道上有序运行。深入推进司法体制改革，完善司法权运行机制，确保人民法院、人民检察院依法独立公正行使审判权、检察权。深入推进“七五普法”工作，在全社会弘扬学法、尊法、守法、用法的良好风气。

维护社会和谐稳定。综合运用智慧的力量、法治的力量、意志的力量、感情的力量化解信访积案，努力做到减存量、零增量。深化综治和平安创建工作，打造立体化、现代化社会治安防控体系。做好敏感时期安保和重大社情掌控工作，强化安全生产和食品药品监管，巩固和谐稳定的社会局面。完善调解、仲裁、诉讼等多元矛盾化解机制，引导社会组织、社会力量参与化解矛盾纠纷。

6.深化改革攻坚，推动改革向纵深发展。认真贯彻中央、省市委改革要求，聚焦区情特征，加强组织推动、上下衔接、责任落实、督查问效，当好改革的促进派、实干家、攻坚者，以改革创新的方法，进一步释放区域创新发展活力。

统筹推进各项改革。咬住改革目标，以有力有效的措施推进上级改革部署落到实处。统筹谋划、有序推进，明确各级各部门改革主体责任，确保上级改革任务和区级改革创新协同配套、整体实施。紧盯重点、分类推进，聚焦供给侧结构性改革关键任务，落实经济体制和生态文明体制、政治体制、文化体制、社会体制、党的建设制度、党的纪律检查体制等六大领域改革重点任务，确保全面衔接、坚决执行。

绘制鼓楼改革样本。把准改革脉搏，培育特色亮点，以关键创新带动改革突破。深化园区运作体制改革，科学划定园区与所在行政管理单元的责权利边界，构建科学、合理、高效、责权利清晰的园区运作体制。在行政管理架构下构建混合所有制平台公司，实现企业化、市场化、专业化、社会化运作，不断完善“财政注资、运作项目、形成资产、覆盖贷款、良性循环”的运作模式。深化国资管理体制改革，以混合所有制改革作为国企改革的重要突破口，积极推进非国有资本参与国有企业改革，以市场化方式推动国有资本合理流动优化配置。深化街道管理体制改革，完善街道运行机制，推进人力物力财力等资源向街道倾斜，重点强化街道的协调能力、专业化治理能力和属地统筹能力。深化城市管理体制改革，按照“条块结合、以块为主”的原则，进一步提升街道在城市管理中的基础地位、统筹职能和保障作用，全面推进市政、园林绿化、环卫保洁、空地停车场等公共资源市场化工作，规范运行模式。深化社会领域改革，推进全国社区治理和服务创新实验区、医患纠纷矛盾调解、人民陪审员等改革试点工作，探索富有鼓楼特色的创新治理之路。

同志们，心远地阔，则不惧风雨兼程；风清气正，则必能行稳致远。让我们紧密团结在以习近平同志为核心的党中央周围，以党的十八届六中全会、中央经济工作会议和省市党代会精神为指引，聚力创新、争创首善之区，聚焦富民、建设幸福鼓楼，为高水平全面建成小康社会而努力奋斗！

政府工作报告

——在区第二届人民代表大会第一次会议上

区人民政府区长　刘　军

（2017年1月5日）

各位代表：

现在，我代表区人民政府，向大会作政府工作报告，请予审议，并请各位政协委员和其他列席会议的同志提出意见。

一、2016年工作情况

2016年是"十三五"开局之年，也是鼓楼发展进程中承前启后的重要一年。这一年，我们在市委市政府和区委的正确领导下，在区人大常委会、区政协的监督支持下，围绕"争创首善之区、建设幸福鼓楼"的奋斗目标，深入践行新发展理念，统筹做好稳增长、促改革、调结构、惠民生、防风险各项工作，较好地完成了全年主要目标任务，实现了"十三五"良好开局。

（一）坚持转型升级，经济发展实现稳中有进。预计全年完成地区生产总值1115亿元，增长9%，其中服务业增加值1030亿元，增长10%；完成一般公共预算收入94.12亿元，增长8.7%；预计完成社会消费品零售总额875亿元，增幅10%；完成全社会固定资产投资245亿元。转型升级步伐提速，服务业增加值占地区生产总值比重达92.3%，新增亿元楼宇1幢、特色楼宇2幢，规模楼宇税收增幅高于全区税收增幅2个百分点，商务商贸业税收增幅达25%，软件互联网产业实现税收6.3亿元，文化产业增加值占GDP比重达6.9%。重大项目进展顺利，滨江片区下关长江国际航运物流服务中心及深业、证大、龙湖、中冶、恒大等项目加快建设，中储电子商务区、中能建南京能源科技产业园等产业载体有序推进，博西家电、华讯方舟等重点企业楼宇定制顺利签约，湖南路0405片、梅家塘及增补等地块成功挂牌。招商工作成效明显，成功举办软件互联网产业深圳招商说明会、总部经济香港推介会，积极参加南京软博会、金洽会，与美国旧金山湾区、澳大利亚珀斯开展国际合作，引进紫金融资租赁等地区性总部、行业龙头企业10家，新增到账千万元以上大项目150个、注册资本42亿元。开放型经济水平进一步提升，预计实际利用外资3.2亿美元，完成外贸出口总额30.5亿美元，完成服务外包执行额22.6亿美元、离岸执行额12.1亿美元。

（二）坚持创新驱动，科技创新创业步伐加快。加快推进载体平台打造，下关紫博项目主体完工，鼓楼、模范路科创特区建设进展顺利，金川科技园二期实现竣工，南邮"E联U盟"和智梦园"U+"获批国家级众创空间，模范路科技创新街区和环南艺文化创意产业功能区两个众创空间示范区建设取得初步成效。强化企业创新主体地位，壮大科技型企业集群，新增高新技术企业20家，引进科技型企业432家，自主培养国家"万人计划"专家4人，入选省"双创计划"人才9人、省"333工程"人才30人，新培育创新型企业家2人。加大科技成果转化力度，新增产学研合作项目50个、市级以上工程技术研究中心6家，新增孵化器在孵企业92家、毕业企业11家，新增发明专利授权量1225件，顺利通过国家知识产权强县工程试点考核验收。落实金融扶持中小企业发展政策，新增股权投资机构5家、科技创业投资6.6亿元，苏银科技、运时数据等16家企业成功挂牌。

（三）坚持建管并重，区域环境品质不断优化。制定环境综合整治三年行动计划，启动"五路三片"先行示范区整治，北京西路整治提升工程得到社会各界充分肯定，宁海路—颐和路、湖南路—傅厚岗、华侨路—慈悲社3个片区整治取得积极成效，草场门大街整治即将竣工。顺利完成中央环保督查迎查工作，通过问题清单整改推动环保监管水平提升。完成黄家圩北延一期、二板桥路、华胜路等一批道路建设，大唐北路、哈尔滨路等项目加紧推进，安怀东路拓宽改造工程基本完成征收。以五佰村项目为重点的棚户区改造顺利推进，全年共拆除房屋面积20.1万平方米。完成13条黑臭河道整治任务，建设排水达标区86个，清江河、中保河、清江东沟3条河道基本达到国家考核标准。全力组织实施81个老旧小区出新、101个小区二次供水设施改造，新建宁夏路南侧等一批绿地，完成8个地质灾害隐患点治理。紧盯乱搭、乱

与会代表聆听政府工作报告

建、乱停、乱放、乱贴、乱挂“六乱”现象开展专项整治，圆满完成国家卫生城市复审任务。积极推进城市治理标准化建设，完成2条市级示范道路、2个示范社区创建任务，建成运行13个街道数字城管二级平台，有序推进户外广告市场化工作，开展环卫、市政管养公开招标试点，区域整体环境进一步改善。

（四）坚持民生为先，人民生活水平稳步提高。持续加大民生投入力度，为民办实事项目全面完成。预计全区新增城镇就业3.32万人，培育自主创业3330人，为农民工提供岗位1.25万个，城镇登记失业率控制在2.1%以内，城镇居民人均可支配收入达5.48万元、增长8.5%。全面开展社会保险扩面征缴，探索精准社会救助，发放各类救助资金1.3亿元。教育现代化发展水平继续提升，二十九中幕府山初级中学、芳草园小学凤凰校区等4所学校建成交付，鼓楼实验中学、实验小学秋季正式开学，新增特级教师5人，中高考再创佳绩。推动凤凰老年慢性病防治中心、华侨路心血管病防治中心等5个社区卫生服务中心特色化建设，为5万户居民签约家庭医生，重点人群家庭责任医生签约率达75%。在全省率先实施“适老化改造”工程，养老机构医疗服务实现全覆盖，新增机构养老床位820张。全面实施两孩政策，妇女儿童十件实事得到有效落实。实施市民文明素质提升行动，加快龙江船厂遗址“海上丝绸之路”申遗及提升改造工程，白云亭公益剧坊成为文化品牌，开展各类群众文化活动2100余场。积极组织参加南京市第21届运动会，金牌总数和总分均列全市第一。颐和路社区将军馆、宁海路街道海洋国防教育馆新馆正式开馆，实现全省双拥模范区“八连冠”。

（五）坚持共治共享，社会治理能力有效提升。深入推进全国社区治理和服务创新试验区建设，社区协商“六化”模式获得中国社区治理创新成果提名奖、省基层社会化治理十大创新成果奖。完善社区服务功能，新建湖南路、中央门、宝塔桥3个街道社区综合服务中心，顺利完成第六届社区居委会换届选举工作，社区居站体制改革取得阶段性成效。健全安全生产责任体系，强化源头监管，深入开展各行业、各领域安全大检查、大整治，妥善处置和会街爆燃事故，成功应对长江大堤树人学校段汛期渗漏险情。强化矛盾纠纷和信访积案化解，全年信访总量同比下降28.1%。全面落实治安防范措施，初步建成工人新村等54个智能科技防范小区，在老旧小区大力推广并安装单元防盗门1000扇，社会治安满意率达96%。

（六）坚持廉洁高效，政府自身建设持续加强。深入推进依法行政，深化行政审批制度改革，加大政府信息公开力度，依法、科学、民主决策水平进一步提高。健全完善政务服务体系，落实“马上就办”和“限时办结”清单，加强政务热线办理流程标准化建设，全年办理群众诉求9.22万件，按时办结率99.8%。完善建议提案信息系统建设，320件省、市、区人大代表建议和政协提案全部办结，满意率达99.4%。深入开展"两学一做"学习教育，继续抓好群众路线教育实践活动、"三严三实"专题教育整改方案落实，严格贯彻执行中央、省市作风建设规定，加大对重要节日、重点场所、敏感领域的监督力度，加强公务用车管理，规范公务接待活动，"四风"问题整治得到进一步巩固。依法加大审计力度，从严开展财政预算执行、政府投资、经济责任、专项资金等审计，强化审计发现问题的整改，切实提高审计监督效能。

二、本届政府工作回顾

各位代表，新区成立以来，我们团结依靠全区人民，抢抓区划调整的重大历史机遇，解放思想，奋力拼搏，经济社会发展取得了新成绩，获得"全国科技进步考核先进区""全国和谐社区建设示范城区""全国社会工作服务示范地区""国家义务教育发展基本均衡区""全国法治区创建先进单位""全国'六五'普法中期先进区""全国残疾人工作先进单位"等国家级荣誉，全面实现了区一届人大确定的各项目标，谱写了中心城区融合发展、转型发展、跨越发展的新篇章。

过去的四年，是综合经济实力稳步提升的四年。我们坚持发展第一要务不动摇，积极应对复杂形势，经济发展稳中向好、稳中有进。地区生产总值2015年跃上千亿元台阶，年均增长10.3%。服务业增加值总量规模居全省各区之首，占地区生产总值比重达92.3%，四年提高4.1个百分点。一般公共预算收入由75.1亿元稳步提高到94.12亿元。社会消费品零售总额每年保持10%以上增长幅度，累计实现固定资产投资1007亿元、实际利用外资13.5亿美元。苏宁慧谷、中海环宇城、华宏家纺城一期等一批重大项目建成并投入使用，全区亿元楼宇达13幢，市、区两级认定总部企业达35家，商务商贸、软件信息、文化旅游、智力服务等重点产业加快发展。深入实施创新驱动战略，南京邮电大学物联网科技园跻身国家级大学科技园，省级以上大学科技园达到7家，新增孵化器面积32.4万平方米，建成众创空间24家，高新技术企业总数达102家，上市挂牌企业达30家。配合驻区单位引进诺贝尔奖获得者1人，四年累计培养"千人计划""万人计划"专家8人，引进省"双创计划"人才25人、市"领军型科技创业人才"248人，培育科技创业家13人，区域创新活力显著增强。

过去的四年，是区域环境面貌日益改善的四年。我们坚持规划引领，完成《鼓楼区总体规划（2013—2030）》编制，全面推进老城、河西、滨江、铁北片区建设。滨江片区进入全面建设阶段，滨江风光带北河口水厂—长江大桥段全线贯通。围绕亚青会、青奥会、国家公祭日活动保障，深化环境综合整治，在河西片区9.6平方公里范围、64条道路周边共计实施514项改造工程，片区环境面貌脱胎换骨。新建、改造清凉门大街西段、燕江路、淮滨路等20条市政道路，新增公共自行车站点229处、自行车9800辆，新增停车泊位1.05万个。完成31处棚户区征收改造，拆除房屋建筑面积78.3万平方米，惠及居民5342户。累计出新老旧小区106个、243万平方米，实施135个小区二次供水设施改造，完成11条主次干道和203条街巷的环境综合整治，累计拆除违建52.9万平方米。不断推进城市管理精细化、网格化、长效化，持续加强水环境、大气环境及噪声治理，建成排水达标区687个、1853公顷，生活垃圾分类收集覆盖率达80%，新增绿地面积16.2万平方米，生态环境质量稳步提升。

过去的四年，是人民生活水平持续提高的四年。我们坚持民生为本，每年新增财力三分之二以上用于民生事业，民生政策全面融合并轨，全区百姓充分享受区划调整红利。城镇登记失业率稳定控制在2.2%以下，城镇居民人均可支配收入年均增长8.8%，城镇基本养老、失业、医疗保险覆盖率均保持在98%以上，残疾人养老保险、医疗保险实现全覆盖，社会救助"一门受理、协同办理"经验在全国推广，累计发放低保救助2.8亿元，竣工交付保障房104万平方米。树人学校、科睿小学等13所学校投入使用，新增办学面积21.2万平方米，组建并完善8个中小学教育集团，开办名校分校、分园9所，义务教育阶段教师轮岗交流比例达15%，中高考成绩持续保持全市领先，创成江苏省学前教育改革发展示范区。建成幕府山等4个社区卫生服务中心，与驻区三级医院共建"医联体"，获评"'十二五'江苏省人口协调发展先进区"，凤凰生命安全体验馆成为中国红十字会品牌。发布全国首个区级老龄事业发展白皮书，每千名老人拥有床位46张，医养融合型床位比例达100%。白云亭文化艺术中心建成开放，全区每万人拥有公共文化设施面积达1300平方米。完成扬子饭店等一批历史建筑修缮改造，区旅游咨询服务中心建成使用，天妃妈祖庙会影响日益广泛。全力构建"10分钟体育健身圈"，建成"江苏省公共体育服务体系示范区"。完成全区资料长编主体编撰，创成"江苏省4A数字档案馆"。深入推进平安鼓楼建设，深化巡逻体制改革，新增高清治安监控点位6118个，安装单元防盗门4000扇，刑事警情逐年下降。民族宗教、侨台事务、人防、妇女儿童等各项事业都取得了新的成绩。

过去的四年，是政府自身建设不断加强的四年。我们全面执行区人大常委会的各项决议，坚持重大事项报告制度；支持区政协更好地履行政治协商、民主监督和参政议政职能，重大决策、重点工作事先主动征求意见，四年共办结省、市、区人大代表议案和建议649件、政协提案937件。全面深化综合改革，公布了93项行政审批事项、2459项行政权力事项清单，23个部门131个服务事项进驻行政服务大厅；圆满完成"多证联办""三证合一、一照一码"商事制度改革；加快推进街道社区管理体制改革，建成江东街道睿城等7个综合社区服务中心，在13个街道打造便民服务中心，全面推进社区减负。认真落实"四项承诺"，打造"96180"民意直通车热线品牌，"鼓楼微讯"荣获"全国十大基层政务机构微博"。认真贯彻落实中央八项规定，严格"三公"经费支出，开展行政事业单位国有资产清查、公有房屋清理整治等专项行动，推动部门预决算公开，186家单位实行了国库集中支付，依法加强财政审计、政府投资审计、领导干部经济责任审计。认真抓好中央和省委巡视反馈意见整改，干部工作作风明显改进、廉政勤政意识明显增强。

参会人员研读会议材料

各位代表，这些成绩的取得是在区委的坚强领导下，在区人大常委会、区政协和社会各界的大力支持下，全区人民共同奋斗的结果。在此，我谨代表区人民政府，向全区干部群众，向人大代表、政协委员和离退休老同志，向各民主党派、工商联和无党派人士，向驻区单位干部职工，向所有关心、支持鼓楼发展的各界人士和朋友们，表示衷心的感谢和崇高的敬意！

总结四年工作，我们深刻体会到：

必须始终坚持首善幸福的不懈追求。我们始终坚持"争创首善之区、建设幸福鼓楼"的目标追求，发扬"负重攀登、敢为人先"的鼓楼精神，坚持高起点谋划、高标准推进，加快空间重构、资源重组、品质重塑，全力打造各项工作品牌，推动各项事业向更强能级、更高层次发展。

必须始终坚持转型创新的发展路径。我们始终坚持发展第一要务，准确把握鼓楼发展的阶段特征和禀赋优势，以服务型经济和创新型经济为主导，坚持高端取向、创新驱动、转型发展，推动特色优势产业加快集聚，充分激发社会创新活力，经济发展质效有力提升，区域竞争力不断增强。

必须始终坚持务实为民的优良作风。我们始终以提升百姓福祉为己任，以群众需求为根本出发点，秉承"三服务"的优良传统，不断强化服务型政府建设，扎实为民办好实事，全力推进民生事业，努力实现更高水平的优质均衡目标，使广大群众共建共享改革发展成果。

必须始终坚持统筹兼顾的大局意识。我们始终着眼大局，统筹推动综合改革、转型创新、和谐稳定各项工作，妥善处理好重点突破与协调均衡、发展速度与质量效益、局部利益与整体利益的关系，形成全区上下团结协作、合力攻坚的生动局面，实现经济社会持续健康发展。

在肯定成绩、总结经验的同时，我们也清醒地认识到，发展中不全面、不协调的问题依然存在。经济发展面临多种因素制约，经济增长后劲不足，区域资源优势没有得到充分发挥；城市形态二元特征依然存在，生态环境治理压力较大，薄弱地区环境面貌有待改善；民生工作与群众日益增长的需求尚有差距，发展成果的惠及面仍需进一步扩大；转型期引发的社会矛盾增多，区域稳定和社会治理的任务依然繁重。对此，我们一定要高度重视，采取有效措施，切实加以解决。

三、今后五年的主要任务

各位代表，今后五年是鼓楼主动适应、把握、引领经济发展新常态的关键时期，也是鼓楼全面建成更高水平小康社会、探索开启基本实现现代化建设新征程的攻坚时期。党的十八届六中全会、中央经济工作会议以及省第十三次党代会、市第十四次党代会为鼓楼新一轮发展指明了方向，区第二次党代会绘就了"争创首善之区、建设幸福鼓楼"的宏伟蓝图，对政府工作提出了新的更高要求。面对新形势、新任务，我们要始终增强政治意识、大局意识、核心意识和看齐意识，准确把握发展大势，满怀信心迎接挑战，千方百计抓住机遇，在更高的平台上创造崭新业绩。

按照中央和省、市、区委系列部署和区“十三五”规划安排，新一届政府今后五年的总体思路是：深入贯彻习近平总书记系列重要讲话特别是视察江苏重要讲话精神，紧紧围绕“五位一体”总体布局和“四个全面”战略布局，深入践行“五大发展理念”，坚持稳中求进的工作总基调，更加注重创新驱动、高端发展、生态建设、文化引领、民生优先，聚力创新争创首善之区、聚焦富民建设幸福鼓楼，高水平全面建成小康社会，探索开启基本实现现代化建设新征程。

——更加注重创新驱动，加快发展动能转换。深入落实“大众创业、万众创新”国家战略，主动融入苏南国家自主创新示范区建设，加快打造幕府绿色小镇等创新载体，全力集聚人才、技术、资本等各类创新要素，完善区域自主创新体系，努力把科教人才优势转化为现实发展优势，让创新真正成为引领鼓楼科学发展的第一动力。到2021年，发明专利年授权量超过1675件，全社会科技研发经费支出占GDP比重达3.5%以上，科技创业孵化面积达42.4万平方米，经认定的高新技术企业、创新型企业达130家。

——更加注重高端发展，优化经济结构质量。深入推进供给侧结构性改革，全面提升经济发展质量效益，加快集聚高端产业资源和要素，构筑以总部楼宇经济为支撑，以商务商贸、软件互联网、文化旅游为重点，以智力服务、健康服务、航运服务、金融服务为特色的现代产业体系。到2021年，全区力争实现地区生产总值1650亿元，服务业增加值1540亿元，一般公共预算收入136亿元，社会消费品零售总额1400亿元，商务商贸、软件互联网、文化旅游业收入年均增长分别达15%、20%、15%以上。

——更加注重生态建设，提升城市功能品质。按照“保护老城、提升河西、开发滨江、改造铁北”的思路，全力推动滨江开发建设和铁北全面改造，深入落实城市品质提升、环境综合整治等行动计划，实施“两减六治三提升”专项行动，加大基础设施和生态环境建设力度，全面提升城市治理水平，打造干净、整洁、绿化、美化的城市环境，增强城区承载力和服务能力。到2021年，新建或改扩建道路50条以上，全区绿化覆盖率稳定在35%左右，危旧房片区、黑臭河道基本消除，空气环境更加优良，公众对环境的满意率持续提升。

——更加注重文化引领，彰显鼓楼特色品位。大力实施古都遗存保护工程，充分挖掘、整合石头城文化、明文化、民国文化等区域特色文化资源；全面优化文化产业空间功能布局，推动文化与相关产业融合发展，构建以文化创意和设计服务为核心的现代文创产业体系；完善公共文化服务体系，进一步提升文化事业发展水平。到2021年，文化产业增加值占GDP比重达10%，旅游收入突破300亿元，每万人拥有公共文化设施面积不少于1600平方米，古都特色风貌进一步展示。

——更加注重民生优先，提高居民幸福指数。坚持以人民为中心的发展思想，千方百计加快富民步伐，不断完善社会救助体系、扩大社会保障覆盖面，形成更加完善的社会保障体系；深入推进各类教育优质均衡发展，努力打造江苏最好、全国首善的高水平现代化教育强区；积极深化医药卫生体制改革，全面实施“2210”特色发展计划；大力发展养老服务，构建“低端有保障、中端有调节、高端有市场”的社会化养老服务体系；深入推进社区治理创新，完善源头预防、矛盾纠纷排查和调处机制，健全社会治安防控体系，努力创造安居乐业的社会环境。到2021年，居民人均可支配收入达8万元，累计扶持大学生创业2500人，每千名老人拥有养老床位数达50张，危害性较大的地质灾害隐患点基本消除，和谐社区建设达标率达95%以上。

四、2017年政府工作的主要任务

今年是全面贯彻党的十八届六中全会和省、市、区党代会精神的推进之年，也是全面实施“十三五”规划的关键之年。我们要全面落实好中央和省市系列会议精神，按照区委二届二次全会确定的思路和目标，以创新为引领，以三大重点产业为支撑，以四大片区建设为重点，以人民幸福为追求，更加注重解放思想、转变观念，更加注重抬高标杆、提升标准，更加注重优化路径、改进方法，更加注重求真务实、讲求实效，推动全区各项工作再上新台阶。今年全区国民经济和社会发展的主要预期目标为：

——地区生产总值增长9%左右，其中服务业增加值增长10%左右，服务业增加值占地区生产总值比重达92.5%以上；

——一般公共预算收入增长8%、过百亿，税收收入增长9%；

——社会消费品零售总额增长10%；

——全社会固定资产投资完成260亿元；

——城镇居民人均可支配收入增长8.5%；

——城镇登记失业率控制在2.7%以内。

围绕上述目标，着重推进6项重点工作：

(一)深入推动科技创新创业

把创新作为引领发展的第一动力，充分发挥鼓楼科教人才资源优势，完善创新创业体系，持续增强创新驱动发展的能力。

加快推动创新平台建设。加快建设鼓楼科创特区、模范路科技创新街区、幕府绿色小镇等创新载体，积极推进南邮科创中心、南京科技广场二期等项目建设，实现紫博项目竣工交付。加快推动南京审计大学、中国药科大学等驻区高校组建大学科技园，依托南京邮电大学物联网科技园打造“南京物联网谷”。发挥好两个国家级众创空间示范引领作用，引入国内知名创业服务平台，推动全区众创空间提档升级，市级以上众创空间创成比例达70%以上。

加快促进科技成果转化。持续开展“校企双向行”等品牌活动，提升产学研合作实效，确保落地产学研合作项目50个。实施科技企业孵化器“跃升”“孵鹰”计划，在大健康、信息通讯、创意设计、物联网、电子商务等领域引导建设专业孵化器，确保新增孵化器在孵企业90家、毕业企业10家。完善科技创新服务体系，出台促进科技成果转移转化专项资金管理办法，推动科技贷款风险补偿工作，引导设立创投基金，力争新增科技贷款3.8亿元，确保科技创业投资增长15%以上。建设国际科技资源链接中心，设立企业家技术联盟，建立1—2个国外大学和科研院所技术转移联络点。推进省知识产权战略区域示范工作，加快建设知识产权服务业集聚区，年发明专利授权量1300件以上。

加快引育市场创新主体。有效落实“创业南京”英才计划，加快科技型企业和人才引进培育，引进科技型企业400家以上，力争新认定高新技术企业和创新型企业8家、科技创业企业80家，培育创新型企业家3人，引进市级高层次创业人才14人。推进江苏省高端人才公寓建设，完善科技公共服务平台功能，打造“鼓楼区科技人才之家”，强化对已落户人才跟踪服务、定期考核、动态评估。

（二）全力提升经济发展质效

聚焦最有条件、最有优势的领域，握紧拳头、集中发力，全力建设商务商贸新中心、软件互联网产业新中心、文化旅游新中心，不断提升鼓楼经济发展实力。

聚焦重点产业发展。加快湖南路商圈品质重塑，提升河西商圈服务能级，实施中央门商圈升级改造，推进中储智慧物流产业集聚区建设，全力打造商务商贸服务业示范区，确保商务商贸业收入增长15%以上。出台加快软件互联网等产业发展的政策意见，重点依托江东软件城、模范路科技创新街区、幕府山新产业区，整合全区园区资源，确保软件互联网产业收入增长20%以上。全力推进“环南艺文化创意产业功能区”规划建设，加快南京艺术学院文化创意产业园、虎踞北路100号等文化创意产业项目建设，实施全域旅游品牌提升计划，实现文化创意和旅游产业收入增长15%以上。

培育壮大特色产业。加快建设长江航运物流服务中心，整合航运行政管理和服务平台，集聚优质航运服务企业，进一步做实航运服务产业。推进鼓楼—山西路金融服务带提档升级，引导金融资源集聚，全力促成苏宁银行落户鼓楼，推动金融服务产业特色化发展。充分整合资源，通过培育、引进、扶持等综合手段，大力发展会计、审计、律师等服务业，做优智力服务产业。整合优质医疗资源，加快建设五台山生物医疗孵化园，做大健康服务产业。

提升总部楼宇经济。加快推进总部楼宇向高端化发展，提升新街口、湖南路等重点区域老旧楼宇品质，创新楼宇服务管理模式，新增亿元楼宇1幢、特色楼宇2幢，努力打造10亿元级的高端顶尖楼宇。坚持引育并举，不断提升总部经济能级，新增地区性总部或行业龙头企业10家、市认定总部企业1家以上。完善银企对接合作平台，推动企业在各类资本市场上市挂牌，新增上市挂牌企业10家，努力为总部和中小企业发展提供更加优质的服务。

加快重大项目推进。完善重大项目建设“绿色通道”，健全挂钩联系、联动推进、跟踪督办机制，推动湖南路现代服务业总部城开工建设，湖北路吾悦广场建成，绿地缤纷商业广场交付使用，中储电子商务区一期实现主体封顶，中能建南京能源科技产业园、湖南路地下商业街、华能南京滨江总部基地、华宏家纺城二期等重大项目建设取得良好进展。突出主导产业和重点项目招商，办好软博会、金洽会等重大招商活动，结合商办载体去库存，加快引进符合鼓楼区产业导向的优质项目，确保新增实际到账千万元以上大项目130个，实际到账注册资金42亿元。

（三）着力改善城市环境品质

坚持规划引领，统筹建管并举，推进区域协调发展，突出生态环境建设，努力打造环境优美的现代化城区。

不断推动区域协调发展。全面推进滨江建设，全力协调铁路南京西站加快搬迁，加速土地整理挂牌和基础设施建设，建成开放火车主题公园，初步展示滨江的优美形象。完善铁北地区城市规划设计，制定铁北全面改造计划，加快铁北地区改造步伐。开展老城保护行动，加快颐和路民国建筑群保护利用，提升社会公共服务功能，彰显老城历史文化。巩固河西地区建设管理成效，不断完善公共配套设施，持续提升河西地区功能品质。

加快完善基础设施功能。新开工公共路一期等3条道路，完成红山南路西延等8条道路建设、中央北路等5条干道整治，推动鼓楼商业学校地下停车场等4个停车设施建设，新增停车泊位1000个，新增公共自行车1000辆。完成东井二村等6个棚户区改造，开展104个老旧小区出新，实施71个小区二次供水设施改造，加快文景花园三期、金达花园二期保障房建设，完成金燕路西侧及金陵村象山保障房项目征收，启动既有住宅增设电梯试点工作。加强低效用地开发利用，推动电台村、起重机械厂等地块挂牌出让。

全力深化环境综合整治。深入推进环境综合整治行动计划，高标准实施管家桥、华侨路等4条主次干道整治，完成宁海路—颐和路、湖南路—傅厚岗等4个环境综合整治示范片区建设，整治提升14条城市支路及薄弱街巷环境。开展外金川河、张王庙沟等12条河道整治，实现金川河入江断面水质达标。启动广州路沿线紫府铭居等7个小区、清凉山公园等20个片区雨污分流，完成外金川河等16个流域、307个排水达标区建设，同步对440个存量片区进行整改管养。严格环保执法，严控城市扬尘与机动车尾气污染，加大医疗废弃物、危险废物规范处置，开展全国第二次污染源普查。大力实施"增绿"工程，完成老虎山东侧等6个绿地游园建设。

着力提升城市治理水平。围绕干净、整洁目标，突出"十无"标准，全力提升城市长效常态管理水平。加强城市治理标准化建设，创建精细化管理执法整治示范街巷30条、示范道路30条，确保主次干道环卫作业机扫率达85%以上，全面提升市容环境。进一步理顺城市管理体制机制，完成"智慧城管"平台建设，实施城市管理综合执法。强化垃圾分类回收管理服务，创建垃圾分类示范小区80个以上。实施夜景亮化工程，对全区68处夜景亮化设施进行升级改造。加强老旧小区管理创新，建立违建管控网格化责任体系，确保新搭违建拆除率100%。

（四）切实持续增进民生福祉

千方百计加快富民步伐，做好保障和改善民生各项工作，落实好各项富民政策，使发展成果更多、更公平惠及全体鼓楼居民。

加强社会保障体系建设。持续做好高校毕业生、困难人员、退役军人等群体就业工作，实施专项就业帮扶举措，确保新增城镇就业人数2.7万人以上、大学生创业620人、创业带动就业不少于1.7万人。扩大社会保障范围，稳步推进机关事业单位养老保险制度改革，企业退休人员社区管理服务率达96%。健全物价上涨价格联动补贴机制，继续执行低保标准增长机制。实施残疾人"小康家电计划"和"助行工程"，建成中央门"红十字博爱家园"。全面落实优抚安置政策，扎实推进"十三五"妇女儿童规划落实和双拥办实事工作。

深化鼓楼教育品牌优势。加大教育现代化推进力度，加快优质教育资源向滨江、铁北地区覆盖，促进教育优质均衡发展。全面实施学前一年基本免费教育，提升中小学教育质量，义务教育阶段入学率、巩固率保持100%，高中阶段教育毛入学率达99%。深化教育集团化办学，培养、选拔、引进名特优教师100人，校际骨干教师交流比例达15%。加快推进天妃宫小学异地重建、方兴小学扩建、世茂滨江配套中小学、商业学校三期等项目建设，进一步夯实教育现代化发展基础。

提升健康养老服务水平。促进区域卫生资源整合融合，不断深化紧密型"医联体"建设，新建影像诊断、医学检验2个集聚中心，打造3个社区慢性病防治中心，为20万居民签约家庭医生。完善社会化养老服务体系，积极引入社会力量承办社区养老服务站，新建1个AAAA级社区居家养老服务中心，不断提升养老服务品质和内涵。全面开展社区养老服务设施配套达标工程，实现每百户15平方米配套标准，努力打造"15分钟养老服务圈"。

大力发展公共文化事业。开展"德行鼓楼"公民道德实践系列活动，提高"文明鼓楼"志愿服务水平。推动街道示范文化站、标准化社区文化活动室建设，实现每万人拥有公共文化设施面积1400平方米。发挥好白云亭文化艺术中心龙头作用，办好鼓楼区社区艺术学校，举办"幸福鼓楼"社区文化艺术节等系列活动，全年开展各类文化活动2200场以上。推进龙江船厂遗址"海上丝绸之路"申遗，完成展览中心改造和遗址周边环境整治。加快推进区档案馆新馆建设，加强档案记忆的保护利用。实施全民科学素质行动计划纲要，推动公民科学素质逐步提升。开展国民体质测试，更换、新建40套全民健身器材。

（五）全面提高社会治理水平

坚持以创新为引领，不断完善社会治理体系，提高社会治理水平，切实保障居民生活安宁、城市运行安全。

深化和谐社区建设。深入推进全国社区治理和服务创新实验区工作，巩固社区协商建设成效。继续加大特色社区和薄弱社区改造建设力度，全面提升街道综合社区服务中心功能。推进社区居站体制改革，深化"微网格、微治理"，提升社区服务信息化水平，不断加强城市和谐社区建设。创新公益创投和社区服务方式，加大政府购买公共服务力度，强化社会组织培育，创成一批省级社会组织示范品牌。

加大安全监管力度。强化食品药品安全的全程管控，实施无证无照餐饮企业专项整治，扎实推进国家食品安全城市创建。继续推进农贸市场提档升级，提升全区农贸市场建设管理水平，新建农副产品平价直销站4家。严格落实安全生产监管职责，深入开展重点行业领域专项整治，开展6个小区40台老旧电梯安全预诊预警，完成老虎山东侧等3个山体地质灾害治理，确保不发生重大安全事故。

全力维护平安稳定。全面构建立体化、现代化社会治安防控体系，完善街面警务站工作机制，强化治安重点地区和治安突出问题整治，推进平安社区与群防群治基层建设，在150个老旧开放小区继续推行技防建设，安装1000套电动车定位系统。坚持源头预防、动态化解，扎实开展社会稳定风险评估，有效防范和处置非法集资及互联网金融风险，强化信访积案化解，加大法律援助力度，社会矛盾纠纷调解成功率达95%以上。

（六）不断加强政府自身建设

以改革创新精神，全面加强和改进政府自身建设，坚持科学理政、依法行政、廉洁从政，努力打造务实、高效、廉洁政府。

加大依法行政力度。认真执行区人大常委会的决议和决定，主动接受法律监督和工作监督，及时向人大报告工作。主动接受政协民主监督，支持政协参政议政。认真听取各民主党派、各人民团体和各界人士的意见建议，自觉接受群众监督和社会舆论监督。深化法治政府建设，全面落实法治建设实施规划，实施清单管理机制，建立鼓楼区政府行政复议受理中心，确保行政复议依法受理率达100%。全面推进“七五”普法规划实施，进一步把社会主义核心价值观融入法治建设全过程。完善“南京鼓楼”门户网站功能，加大政府信息公开力度。进一步强化政务热线办理力度，落实首问责任制，以严格问责倒逼执行力的提升。

提升政府行政效能。深化行政审批制度改革，简化企业住所登记手续和办事流程，推行电子营业执照和全程电子化登记管理，实施先照后证企业许可事项“告知+承诺”制度，为企业营造更便捷、更宽松的市场环境。推进街道便民服务中心建设，提高全区政务服务水平，落实好为部分中小微企业免费提供代账等措施。推进区属国有企业管理体制改革，提升国资国企服务发展的能力。完善规范透明的预算体系，进一步细化编制科目，除涉密部门外，所有使用财政资金的部门均向社会公开部门预决算。健全完善全过程预算绩效管理体系，强化采购预算管理，完善政府采购配套制度。继续强化政府债务管理，积极化解存量债务，防范债务风险。

弘扬务实担当精神。始终把提升执行力作为政府自身建设的重要内容，强化目标导向，完善绩效考核，严格督查问责，加大对中心工作、民生实事、重大项目的督办力度，确保各项决策部署落实到位。建立健全激励和容错纠错机制，倡导钉钉子精神和“马上就办”工作作风，弘扬遇事能上、难事能扛、干事能成的拼搏精神，努力营造敢于担当、积极作为的干事创业氛围。

加强廉政作风建设。深化党的群众路线教育实践活动和“三严三实”专题教育、“两学一做”学习教育成果，严格贯彻执行中央、省市作风建设规定。以规范权力运行为重点，从行政审批、行政执法、工程建设、国有资产管理等重点领域、重点部门、重点环节入手，建立健全规范有效的廉政风险防控机制。认真落实党风廉政建设责任制，厉行勤俭节约，严控“三公”经费支出，抓好财政专项资金审计和审计调查，继续深化领导干部经济责任审计，严肃查处违纪违法案件，始终保持全区上下风清气正。

各位代表，鼓楼的经济社会发展已进入一个新的发展阶段。蓝图绘就，目标明确，历史赋予我们神圣使命，时代呼唤我们开拓奋进。让我们在市委市政府和区委的正确领导下，在区人大常委会、政协的监督支持下，凝聚各方面的智慧和力量，进一步解放思想，励精图治，扎实工作，以经济社会发展的优异成绩迎接党的十九大胜利召开，为“争创首善之区、建设幸福鼓楼”做出新的更大贡献！

鼓楼年鉴 2017

专记

Major Events

"十二五"圆满收官

"首善之区　幸福鼓楼"的黄金五年

编者按

"十二五"圆满收官、"十三五"稳健起步。

刚刚过去的5年中,"首善之区、幸福鼓楼"的现实模样,越来越清晰地呈现在全市人民面前。

这五年,是鼓楼综合实力提升最快、转型发展成效最大、人民群众得到实惠最多的时期之一。面对错综复杂的宏观经济环境和艰巨繁重的改革发展稳定任务,鼓楼区圆满完成"十二五"规划确定的主要目标和任务,创造了全区发展的又一个黄金期。

这五年,鼓楼与全市同步,借力区划调整,推动空间重构、资源重组、品质重塑,区域经济持续健康发展,城市环境品质大幅提升,重大赛事保障任务圆满完成,居民生活水平日益提高,城区现代化步伐加快,经济社会发展取得新成效。

数读"十二五"

GDP突破千亿元大关　综合经济实力显著增强

过去5年,是鼓楼经济实现跨越发展的5年,地区生产总值超过千亿,地方一般预算收入、社会消费品零售总额5年实现翻番。

在保持经济合理增长的同时,突出增量培育、存量优化,鼓楼区在"十二五"期间实现了经济规模的持续扩张、综合实力的稳步提升,经济发展在新常态下表现出较好的韧性。

1010亿元

全区去年预计实现地区生产总值1010亿元,突破千亿大关,位居主城第一、全市第二,比"十一五"末增加505亿元,年均增长11.4%;

财政总收入达151.4亿元,比"十一五"末增长48.6亿元,年均增长8.05%,一般公共预算收入达87.9亿元,比"十一五"末增加34.8亿元,年均增长10.59%;

全社会固定资产投资累计完成1179.2亿元,比"十一五"累计完成增加474.9亿元,年均增长8.3%;

社会消费品零售总额达800亿元,比"十一五"末增加369.96亿元,年均增长13.2%;

城镇居民人均可支配收入由"十一五"末的29449元提高到2015年的50550元,增长71.7%,年均增长11.4%。

区域功能布局不断优化
各项社会事业全面进步

过去5年,是鼓楼区域功能布局不断优化的5年。老城、河西、滨江、铁北四大功能片区建设全面推进,道路、河道、滨江岸线等基础设施不断完善,城市管理水平持续提升,生活环境更加宜居,生态环境不断优化,城市功能品质显著提升。

过去5年,是鼓楼社会事业全面进步的5年。教育、文化、卫生、体育等发展水平继续走在全市前列,新增就业持续增加,社会保障体系全面覆盖,群众性精神文明创建富有成效,人民群众的幸福感和获得感不断提升。

过去5年,是鼓楼综合改革取得重大进展的5年。区划调整平稳完成,综合改革深入推进,财税体制、科技创新体制、街道管理体制、国有资产管理体制、城市管理体制改革等取得初步成效,为鼓楼"十三五"乃至更长时期的发展奠定了坚实基础。

镜头一　关键词　区划调整

坚持融合发展　区划调整释放乘数效应

2013年3月28日,注定是永远载入史册的一天,原鼓楼、下关两区在这一天正式合并,新鼓楼站在了"争创首善之区,建设幸福鼓楼"的新起点上。两区融合,改革先行,重构空间,重组资源,重塑品质,最终的目的是让老百姓享受区划调整带来的一系列"红利"。

家住小市村的沈女士一家是低保户,2012年儿子被查出患有系统性红斑狼疮,沈女士只好辞去工作照顾儿子,丈夫是下岗工人,本来收入不高的家庭顿时陷入危机。两区尚未合并时,沈女士一家每月能拿到600元左右的救助金,可儿子生病已花掉医药费30多万元，两区合并后出台的新救助政策缓解了沈女士一家的燃眉之急。她感激地说，新政策实施后，儿子一年约6万块钱的药费，她家自己承担的只有1万元左右。

据了解，原鼓楼区和原下关区有60多项政策差异，其中一半在民政，涉及3万多人，如果一次性拉平，需投入数千万元。根据两区融合方案，民政各项政策就高不就低。其中待遇差距较大、涉及人数较多的，会用3年时间慢慢拉平。区民政局相关负责人表示，很多原计划3年时间拉平的保障政策目前已经提前完成。

两区融合发展，还体现在教育等优质民生资源的均衡发展上。天妃宫小学和阅江楼小学合并，成立新的天妃宫小学；赤壁路小学和山西路小学合并，成立新的赤壁路小学；郑和小学和天妃宫小学分校合并，成立南师附中树人学校附属小学……两区合并后，新鼓楼实施名优校(园)办分校(园)5所，合并学校6所，在原教育集团的基础上组建并完善7大教育集团，南北8对(16所)中、小学校组建校际结对联盟等，全区优化布局调整共涉及40余所学校。

"十二五"期间，鼓楼区抢抓区划调整重大改革契机，迅速行动、精心组织，从规划融合入手，编制了《鼓楼区城市总体规划》《苏南现代化建设示范区鼓楼区规划及三年行动计划》，实现了经济社会发展规划与空间规划的融合，优化了"两轴两带四片"的空间布局，确立了七大产业功能板块的发展格局，明确了"3+4+3"的产业选择，成为新区推动发展的行动指南。

镜头二　关键词　文化惠民

打造文化强区　将优质文化资源惠及于民

带着读小学的儿子到24小时阅览室进行亲子阅读，约闺蜜一起在精致小剧场看场话剧……最近这一年多，家住热河南路的汪婷成了家门口白云亭文化艺术中心的常客。

这里，早已不再是老下关时期买卖声不绝于耳的农贸市场，前年9月底，"变身"成为集展览馆、文化馆、图书馆及相关文化服务、高端文化艺术欣赏为一体，全省一流的综合性文化艺术中心。

这座建筑面积超过2.5万平方米、外观造型如同书卷的文化艺术中心，拥有南京最美的坡道图书馆、24小时自助阅览室、精致小剧场，如今每场公益演出都一票难求、座无虚席。

在鼓楼和下关两区合并之前，这一地块的利用曾有过无数次的讨论和规划设想。作为政府划拨的商业用地，进行商业开发可谓"钱"途无量，而变成公共文化艺术中心，每年还需要往里砸大几百万元的管理投入。

鼓楼区领导不算"经济账"。他们认为，文化是城市的形象和名片，其可以通过聚集人群、拉动消费、推动产业发展，带来巨大的经济效应，是城区经济调优调精的智慧选择。"一个地区的文明、幸福，并不是从鳞次栉比的高楼中呈现，而是从市民享受到的富足文化中显现。"相关区领导如是说。

"十二五"期间，作为全市文化资源大区的鼓楼一直致力于打造文化资源强区，并将文化发展的成果惠及于民。仅刚刚过去的2015年，全区就组织开展各类文化、科普活动2000余场次，打造了"白云亭公益剧坊"等文化品牌。建成体育主题公园，推动驻区高校体育设施向市民免费开放，并圆满完成"幕府善跑"、南京国际马拉松等赛事服务保障，创成"江苏省公共体育服务体系示范区"。

镜头三　关键词　"2+N"众创空间

实施创新驱动战略　鼓楼渐成众创乐土

在寸土寸金的主城区鼓楼，4公里长的模范马路，堪称是江苏最大、全国少有的智力密集区，聚集了南京工业大学、中国药科大学、南京邮电学院等多所高校。

正对南邮南大门的一幢白色建筑上，"国家物联网大学科技园"几个大字在几公里开外就能看到。这栋15层的建筑楼内集聚着各类科技创业企业140多家，正在排队等着进驻的还有近20家。马路另一侧，近在咫尺的南京工业大学国家大学科技园内，两幢双子楼也已入驻了70多家科技型企业，大部分企业负责人都是南工大的教授。

同时，模范马路两侧还集聚着南自总厂、十四研究所、长江机器集团等一批院所、大企。长江机器集团的老厂房早已变身长江科技园，汇集了朗讯、欣网视讯等70多家科技创新企业。

高校、院所的集聚地历来就是创业者的乐园，如果政府再"扶上马送一程"，创新创业的蓬勃景象便随地可见。

近年来，鼓楼区通过与高校、大所、大企合作，出台一系列优惠政策推动一批众创空间建设，建成一批公共服务和技术服务平台，仅模范马路32万产业载体面积就已集聚3000多家企业。

"十二五"期间，鼓楼区持续深入实施创新驱动战略，不断优化科技创业创新格局，瞄准"北有中关村，南有模范路"这一更高目标，出台了《鼓楼区关于加快发展众创空间推进大众创业创新的实施方案》，明确了"2+N"的众创空间建设格局，模范路科技创新街区、环南艺文化创意产业功能区两个众创空间示范区建设已初显成效。

去年,全区有星火众创工厂等8家众创空间建成运营,“南京鼓楼科技园联盟”正式组建,完成44个园区的空间和产业规划,新引进科技型企业410家,新增产学研合作项目52个,实现高新技术产业产值342亿元。

镜头四　关键词　“环南艺”功能区

放大资源禀赋　文化创意产业“风生水起”

在鼓楼区科技创新资源聚集的模范马路向北左拐,便是方寸可以丈量的环南艺文化创意产业功能区众创空间。依附南艺人才、资源等优势,如今仅南艺师生创办的企业就有300多家,各类文创园就已有7个。

从去年起,鼓楼区围绕南京艺术学院规划了“环南艺文化创意产业功能区”,大力发展文化创意产业。根据规划,这片功能区南到石头城公园,北到模范西路,西到秦淮河沿岸,东到虎踞北路,面积1.3平方公里,分布影视、创意设计、培训、字画艺术品和新媒体五大类文化企业。

按规划,未来这里将形成“1+7+1”的产业格局,其中两个“1”分别指南京艺术学院和江苏省国画院,“7”指已形成和正在规划建设的水木秦淮文化产业街区、南京留学生文化产业创业园、英发比高影视产业园、南京艺术学院文化艺术产业园、石榴财智文化产业基地等等。据不完全统计,目前,仅水木秦淮文化产业街区就已有330家企业入驻,其中90%是文化类相关企业。其中,仅面积较小的留创园自2012年开园以来已有的39家入驻企业中,27家为文化类企业。

据了解,去年下半年,根据文化部在全国建设一批文化产业功能区示范区的工作部署,依据全市文化产业功能区布局和建设规划的整体方案安排,鼓楼在分析研究区域资源禀赋的基础上,提出规划建设“环南艺文化创意产业功能区”建设的战略构想。6月发文命名“环南艺文化创意产业功能区”为南京市文化产业园区,9月正式授牌。

与此同时,一批文创产业载体在鼓楼“风生水起”。鼓楼文化产业发展中心改造完成,已完成招商;水木秦淮街区出新改造、南艺文化创意产业园、英发比高影视文化产业园等重大项目按目标进度正在有序推进。预计去年全区完成文化产业增加值占GDP比重6.6%,文化创意产业营业收入160亿元。

镜头五　关键词　滨江风光带

坚持建管并举　城市功能品质得到明显提升

誉为“南京外滩”的鼓楼滨江岸线,这两年美翻了。曾经逼仄、破乱不堪的棚户区早已不见踪迹,中山码头至长江大桥段,赏心阅目的江景如今一览无余。亲水又迷人的滨江风光带鼓楼段这两年已经成为周边市民的休闲新去处。

城市品质的重塑一直是幸福鼓楼建设的重要抓手。除了“南京外滩”的建设,随着中山北路沿线民国建筑及周边环境整治,大马路历史街区内的江苏邮政管理局旧址、南京招商局旧址、中国银行南京分行旧址等建筑得到修缮,将单个民国建筑串联成片,成为全市厚重的历史与现代文明融合的标志性地段。

“十二五”期间,滨江风光带(北河口水厂—长江大桥段)、明城墙风光带(鼓楼段)实现全线贯通。此外,鼓楼区新建、改造了纬一路、江东北路、城西干道等快速化道路以及清凉门大街西段、燕江路、淮滨路等一批城市道路,实施了11条主次干道、203条街巷的整治,全区绿地面积达16.2平方公里。同时,还完成了686公里的雨污水管道、83公里污水支管建设,实施了南十里长沟、中保河等13条黑臭河道的治理。

镜头六　关键词　颐和路12片区

优化城市功能布局　全力打造生态宜居环境

“一条颐和路、半部民国史。”上世纪50年代曾在颐和路一带居住过的著名作家张守仁称这里是“中国最美的街道!”

近年来,鼓楼区按照“修旧如旧”的原则,对颐和路民国公馆12片区进行了修缮,使之成为一处鲜活的“民国历史文化展示中心”。目前列入保护范围的颐和路公馆区,占地37.8万平方米,有各国使馆、名人旧居等民国建筑225处,共划分为12个片区,现有26栋花园洋房,张笃伦、陈布雷、熊斌、薛岳等民国名人的旧居都位于此。其中部分被做成了精致的民国风别墅酒店和餐饮休闲配套,吸引了大量各国游客前来光顾。

颐和路民国风情休闲旅游街区未来还有望与中山北路民国建筑群互动。同时,颐和路11片区也开始进入改造阶段,这里将建设海洋国防教育馆和将军馆。这样一来,围绕“颐和公馆”品牌,鼓楼将展示“游中山陵、逛总统府、住颐和公馆”的城市新名片。

鼓楼区在“十二五”期间,不断优化城市功能布局,全力打造生态宜居环境,围绕亚青会、青奥会、国家公祭仪式等重大活动的环境保障,启动并加快实施水佐岗片区等7个危旧房改造项目,完成长江新村5号等6个小区出新、861幢住宅楼道亮化,实施旭日景城、盛景园等8个小区二次供水设施改造。不断完善交通基础设施,完成燕江路、红山南路西延东段、模范马路拓宽改造等项目，新建丁家桥等一批停车场。同时加大环境治理力度，开展扬尘管控、渣土运输和大气污染专项整治，大庙沟、二仙沟、南十里长沟一支流等河道整治加快推进，44个排水达标区建设全面完成。

镜头七　关键词　医联体

坚持民生导向　社会和谐发展基础更加坚实

大医院人满为患，输液、做B超要排队两三个小时，相隔一条街，市民家门口的社区医院却门庭冷落……从去年12月份起，这样的情况在鼓楼区得到有效改善。省人民医院、鼓楼医院、中大医院和南医大二附院四大三级医院分别与鼓楼的12家社区卫生服务中心结对。根据协议，三级医院每周安排不少于3名专家在社区卫生服务中心坐诊，开通信息平台，实现专家门诊、辅助检查预约。

“组建医联体，不仅是让老百姓在社区医院看到大医院专家这么简单，而是让更多专家去带动基层医务人员的医疗水平，建立老百姓对社区医院的信任。”鼓楼医院院长韩光曙表示，通过医联体建设，还可以让社区医生了解上级医院的运行状态，根据患者真正需要发挥参谋作用，帮忙推荐适合的医生，减少此前老百姓就医过程中“看的专家不对号，再重新换号就诊”的种种难题。率先与南医大二附院结成“医联体”的幕府山社区卫生服务中心负责人公丕裕介绍，去年社区卫生服务中心门诊量比2014年增加了40%，居民更加信任家门口的社区医院，“医联体”功不可没。

民生福祉，始终是鼓楼全区工作的重中之重。除了“医联体”让百姓共享优质医疗资源，近年来鼓楼区还紧紧把握群众需求和社会关切，持续加大投入力度，统筹解决各类民生问题，不断提高群众生活水平。

“十二五”期间，南师附中树人学校、科睿小学、复兴小学等一批学校，幕府山、江东、凤凰、热河南路等社区卫生服务中心，社会福利院(北院)、军休管理服务中心、残疾人康复和托养中心等重点民生工程建成使用；开建白云雅居等15个保障房项目，施工面积达129万平方米，竣工交付104万平方米。全区还投入社会救助资金5亿多元，较“十一五”增加60%，民生政策基本实现并轨，全区新增就业约13万人。

镜头八　关键词　综合服务中心

打造特色社区　社区治理创新取得新成效

在洒满阳光的廊台下看看报下下棋；在绿树红花映衬、四季常在的屋顶花园散步休闲；在明净舒朗的餐厅花6.5元钱吃一顿美美的午餐；在花花绿绿的童趣世界陪着娃娃撒欢，在书香满屋的书房内喝着醇香的咖啡看书放松……在鼓楼区江东街道睿城社区综合服务中心内，牙牙学语的孩童到满头银发的老者，每个人都可以寻找到属于自己的温馨、惬意空间。

去年10月正式投用的江东街道睿城社区服务中心，建筑面积6902平方米，主要服务苏宁睿城小区和佳和园小区3738户居民及江东软件园内近400家企业，同时辐射带动江东地区5.95平方公里内的社会公共服务、生活服务和公益服务，是目前全市最大的综合服务中心。在这里，几十项服务由20多个专业社会组织来提供。这20多个社会组织的日常运营管理，是由一家社会组织通过竞标后进行总负责，社区被真正解放出来专心做群众工作，实现了“民管民，社管社”。这里也是鼓楼重点打造的特色社区之一。

区民政局局长吴更新介绍，街道综合服务中心全由“社会组织”当管家，“探索社会化事‘外包’，合理划分了政府、市场、社会与居民的职能责任边界，激活了社会各方面的力量，让专业的人做专业的事，政府由买岗转向买项目，这样可以腾出更多精力做好民生服务。”

“减负”后的社区转向政策咨询、服务向导、了解民情、反映诉求和组织开展公益慈善服务、居民自我服务，面向特殊人群开展上门和代办服务。“行政事务交出去后，就可以一门心思想着怎么把居民‘团在一起’，居民满意了，社区也和谐了。”一社区负责人坦言。

去年，鼓楼区共建成江东、小市、幕府山、宁海社区综合服务中心，新打造苏宁睿城等13个特色社区，省级和谐社区建设达标率达99%，创成“全国和谐社区建设示范城区”、“江苏省现代社区治理创新实验区”，并被民政部批准为“全国社区治理和服务创新实验区”。

源自《南京日报》 2016年1月14日　A06版

“十三五”蓝图绘就

争首善　当表率　建设“强富美高”新鼓楼

编者按

“十三五”大幕开启，“首善之区、幸福鼓楼”站在新5年发展的新起点上。

未来5年，是鼓楼建成更高水平小康社会、探索开启基本现代化建设新征程的关键时期。“一带一路”“长江经济带”等一系列重大国家战略和深化改革的红利将逐步显现，经济社会发展将更加健康稳健。南京顺应国家发展要求，提出建设“四个城市”、发展“五型经济”，为鼓楼今后的发展指明了方向。

拥有独特的滨江区位优势、雄厚的科技创新基础，在“十二五”精耕厚植的基础上，鼓楼在“十三五”期间，将进一步契合国家发展战略，根据省、市确定的发展目标，奋力“争首善、当表率”，努力绘就“强富美高”新鼓楼的崭新篇章。

“十三五”发展思路

践行五大发展理念，打造“创新发展核心区、滨江发展示范区、生活宜居样板区、古都特色风貌区”

以习近平总书记视察江苏重要讲话精神为引领，紧紧围绕“四个全面”战略布局，牢固树立创新、协调、绿色、开放、共享发展理念，牢记“两个率先”光荣使命，全面对接“四个城市”“五型经济”，更加注重提质增效、更加注重共建共享、更加注重优质均衡、更加注重多元共治、更加注重从严治党，着力打造“创新发展核心区、滨江发展示范区、生活宜居样板区、古都特色风貌区”，为“争创首善之区、建设幸福鼓楼”而努力奋斗。

“十三五”目标预期

确保率先全面建成更高水平小康社会

经济强　经济保持中高速增长，产业迈向中高端水平，地区生产总值年均增长9%左右，到2020年达到1500亿元，服务业增加值达1400亿元，占地区生产总值比重达93.3%。进一步提高科技创新能力和活力，全社会研发经费支出占地区生产总值比重达3.5%，科技进步贡献率提高到66%。

百姓富　人民生活水平和质量普遍提高，居民人均可支配收入与全区经济同步增长，年均增长9%左右，到2020年达7.5万元。社会就业更加充分，城镇登记失业率控制在2.7%以内。教育率先实现现代化，新增劳动人口平均受教育年限达到16年。形成更加公平更可持续的社会保障制度，基本社会保险覆盖率达到98%以上。

环境美　生态环境和宜居程度明显改善，城镇绿化覆盖率达35%，规模以上工业能耗总量控制在2.8万吨标煤以内，空气质量达到二级标准的天数比例达64%。

社会文明程度高　社会文明程度和社会治理能力显著提高，公众安全感保持在92%以上，每万人拥有社会组织达20个，和谐社区建设达标率和城镇居委会依法自治达标率均达95%以上。

“十三五”五大任务

任务一　完善创新驱动体系
到2020年，建成各类科技园区50个

全面落实苏南自主创新示范区建设要求，把创新创业摆在发展全局的核心位置，进一步优化创新发展环境，激发创新创业活力，更大力度推动大众创业、万众创新，加快众创空间建设和特色园区发展，推动校地合作、协同创新，培育和集聚科技创新专业人才，构建南京科技创新核心区，强化创新创业对经济社会发展的引领作用。

到2020年，鼓楼将建设完成各类科技园区50个，总占地3平方公里。

“十三五”期间，力争引进5名科技顶尖专家到鼓楼创业或建立新型产业技术研究机构；培育12—20名具备高成长性和广阔市场前景、对鼓楼区产业发展起到引领作用的创新型企业家；引进200—300名带团队、带技术、带资金在鼓楼区创业的高层次创业人才。

任务二 构建新型产业体系
重点发展八大产业，构建七大产业功能板块

坚持把调整优化产业结构作为经济发展的中心环节，加强供给侧结构性改革，释放新需求、创造新供给，全面构建以商务商贸、航运服务、文化旅游、软件信息、智力服务、健康服务、金融服务、房地产等八个产业为主体的产业体系，着力发展总部楼宇经济，着力提升产业功能板块承载力，促进高端化、集约型发展。

在发展总部楼宇经济方面，鼓楼明确“十三五”期间将打造20幢亿元楼宇。同时，鼓楼还明确了下关滨江商务区、江东软件城（南京国际服务外包产业园）、新街口—湖南路商务商贸区、模范路科技创新街区、环南艺文化创意产业功能区及历史文化街区、中央门商贸区、幕府山新产业区七大产业功能板块“十三五”发展目标，以进一步提高其经济承载力和产业贡献度。

任务三 完善城市建管体系
着力打造“两轴两带四片区”，重点建设滨江、铁北

立足于完善功能、提升品质，鼓楼“十三五”城市建设将着力打造“两轴两带四片区”，重点建设滨江片区和铁北片区。其中，“两轴”即中山北路民国历史文化轴、中山路—中央路—中央北路商务商贸轴；“两带” 即滨江风光带和环明城墙风光带；“四片”分别以明城墙、秦淮河、铁路为界，为老城更新片、河西提升片、滨江开发片、铁北改造片。

滨江片区建设到2020年，将有一批重要载体建设项目基本落成，快速路、主干道和支路组成的路网体系基本形成，优质住宅项目分批交付入住，该片区将建成全国旧城复兴范例、南京重要城市名片和市民生态品质家园。铁北片区到2020年，将基本建成承启老城、辐射江北的滨江活力发展区、生活宜居样板区、产城融合新空间。

任务四 健全公共服务体系
保基本、兜底线、提水平，发展成果惠及全区人民

树立共享发展理念，把促进社会公平正义，增加百姓福祉作为出发点和落脚点，坚持保基本、兜底线、提水平，建设教育现代化强区、完善医疗卫生服务体系、打造公共文化特色、提高养老服务水平、增强社会保障能力、促进人的全面发展，加快构建安全、稳定、高效的社会保障安全网，让发展成果更多更公平地惠及全区人民。

优化教育资源配置方面，“十三五”期间鼓楼将新建、改扩建中小学、幼儿园约30所，完善教育集团办学机制，力促优质教育资源全区覆盖。将加强三级医院对基层医疗卫生机构的扶持，建设“四大医联体”，全面实施“2210”基层卫生特色发展工程。在公共文化发展方面，到2020年，全区每个街道将有文化示范站，每万人拥有公共文化设施面积不少于1600平方米。

任务五 完善城市治理体系
到2020年，全区社会组织总数达2500个以上

以创新社会治理、加强基层建设为根本，以共建共享为核心，以社区文化价值认同为着力点，提高基层治理水平，培育和发展社会组织，完善网格化治理模式，推进平安城区建设，完善社会诚信体系，进一步激发社会活力，打造文明祥和、民主自治、促进发展的社会共同体。

在提高基层治理水平方面，鼓楼将进一步拓展街道“六中心”职能。以“社区协商主体多元化、协商平台多样化、协商内容清单化、协商程序规范化、协商活动常态化、协商成果效能化”为目标，探索“1+N+X”社区协商模式，推进全国社区治理和服务创新实验区、省级现代社区治理创新实验区创建工作，打造社区民主建设的鼓楼模式。到2020年，全区社会组织总数达到2500个以上。

决战开局之年

2016 鼓楼人将享这些民生利好

2016年是全面建成小康社会决胜阶段的开局之年，是深化改革开放、聚力转型创新的攻坚之年，也是鼓楼区划调整红利集中释放、城市能级扩张提升的关键之年。

悠悠万事，民生为先。围绕人民群众关心的热点难点问题，鼓楼区今年将进一步加大民生建设力度，提高公共服务能力和共享水平，让全体鼓楼百姓共享更多民生利好。

关键词 收入
GDP增长9%左右、居民收入增长8.5%

根据鼓楼区两会确立的目标，今年全区经济和社会发展的主要目标预期为：GDP增长9%左右，服务业增加值增长10%，税收收入增长9%，一般公共预算收入增长8%，全社会固定资产投资完成240亿元，社会消费品零售总额增长10%；城镇居民人均可支配收入增长8.5%，努力实现经济发展质量和效益更高，城市功能品质整体提升，社会治理体系逐步健全，鼓楼特色首位度和核心竞争力更加突出。

关键词 教育名校
办分校3所，推进学前一年基本免费教育

今年，鼓楼将进一步优化教育资源整合与布局调整，加快启动29中高中部建设，建成华宏A中学、科睿小学（二

期)、中海凤凰熙岸配套小学及幼儿园等项目,世茂九年一贯制学校、方兴小学改扩建、实验幼儿园改扩建项目启动建设,南京商业学校郭家山校区、鼓楼区第二实验小学扩建项目启动征收。

扩大优质教育资源向薄弱地区辐射,完善集团化办学模式,新成立教育集团1个,实施名校办分校3所。推进学前一年基本免费教育,新增1—2所省、市优质标准幼儿园。加强教师队伍建设,推进义务教育学校校长、教师流动制度化、常态化,培养、选拔、引进名特优教师200人。扶持民办教育发展,开办民办校2所。

关键词　健康
为5万户居民签约家庭医生,社区居家养老服务全覆盖

加速打造五台山健康服务集聚区,推动南京中医药服务贸易发展促进中心建设。全面对接公立医院医药价格综合改革,强化医联体功能,继续打造"2210"特色化服务,推进湖南路、中央门等社区卫生服务中心建设,为5万户居民签约家庭医生。

积极做好全面二孩政策落实,提升人口服务管理水平,人口和家庭公共服务体系覆盖率95%以上。推进养老服务融合发展,鼓励养老机构"开门办院",试点"小区养老",建设区域性综合养老服务中心,社区居家养老服务覆盖率达100%,养老机构医疗服务覆盖率达100%。完成残疾人托养服务规范国家标准制定。

关键词　文化
建设石头城遗址公园、白云亭文化艺术中心二期等

依法保护好历史文化街区及重要近现代建筑,配合实施石头城遗址公园建设,有序推进鼓楼公园整体修缮及老庙地块文物保护,采取多元化措施保护利用乐业村、颐和路11片区等民国建筑,完成全国第一次可移动文物普查公布工作。

不断完善公共文化服务体系,推进白云亭文化艺术中心二期(区档案馆)建设,举办"幸福鼓楼"社区文化艺术节等文化、科普活动2000场以上,文化惠民100万人次以上。启动阅江楼风景区扩容及AAAAA创建前期筹备工作,完善提升区旅游咨询服务中心功能。广泛开展全民健身活动,新建、更新健身路径16套。完成第二次全国地名普查工作。

源自《南京日报》 2016年1月18日 A13版

鼓楼区"两学一做"学习教育纪实

根据省市"两学一做"学习教育重点任务安排,区委组织部紧扣时间节点要求,组织全区各级党组织开展学习讨论,以知促行边学边做,创新形式载体,务实方式方法,基本情况如下:

主要做法

一、紧扣鼓楼区情,迅速动员部署。立足鼓楼实际,细化制定《关于在鼓楼区党员中开展"学党章党规、学系列讲话,做合格党员"学习教育的实施方案》《鼓楼区支部书记"两学一做"学习教育职责任务清单》,在"争优创先"上,强调进一步运用机关社区党组织结对共建、"四项承诺" 制度、"96180" 民意直通车等群众路线教育实践活动以来的先进经验做法;在"家风建设"上,提出将家规、家风建设要求融入鼓楼区对干部"德"的双向考评体系这个特色做法。区委第一时间召开全区动员部署会议传达中央、省市会议精神,正处级以上干部、社区党组织书记、部分两新党组织书记等450余人参加,对"两学一做"学习教育工作进行周密部署。

二、丰富形式内容,推进学习深度。采取分层分类指导的方式,针对不同党员群体优化学习路径,丰富学习形式,提升学习成效。针对基层党支部书记,邀请专家教授就基层党组织书记如何抓好"两学一做"学习教育进行专题讲解,全区近1000名基层党组织负责人在两个分会场通过视频会议方式参加学习。针对普通党员,通过开展专题大讨论、知识竞赛等方式,开展线上线下互动学习,鼓励社区党组织党委利用社区微信群开展网络大讨论,通过动漫形象解析"两学一做"知识要点,与区纪委、区委宣传部等联合开展"鼓楼杯"《准则》《条例》暨两学一做"知识竞赛活动;为进一步了解基层党员对"两学一做"的理解认真,增强党员干部"四个意识",提升服务水平,在全区党员中开展"两学一做"学习教育主题征文活动和网页讨论"我要发言"活动。

三、创新活动载体,突出实践特色。巧用"欣新向荣"鼓楼党建微信公众号,开展各类专题推送活动和网络互动活动,解决青年党员"工学矛盾";深入推进"三比三争"活动,引导党员亮身份、履承诺、争一流,明确典型引领作用,在全区各级党组织中继续开展微党课,鼓励党员讲身边的故事,突出以小见大、寓先进于平凡之中,展示鼓楼党员先锋形

象。为进一步抓好典型扩大宣传效果，继续对“繁星闪耀－鼓楼党员微故事”“党员活动示范日”进行征集和推送，征集繁星党员微故事366篇，报送市委组织部30篇，入选市“繁星党员微故事”10篇、“党员活动日”4篇。

四、严格督查落实，确保整改到位。结合党(工)委具体情况，全区4个督导组，专门抽调从事党建工作时间长、经验丰富的工委书记、正处职领导干部担任督导组组长，在督导党工委的基础上，重点督导苏宁控股集团党委、宏图三胞集团、金盛集团以及大地建设集团4家规模以上非公企业党组织。5月份以来，先后3次对全区基层党支部进行了随机抽查，督查297家党支部。各督导组严格按照检查清单，采取听取汇报、个别访谈、随机抽查、查阅资料、现场观摩等方式，重点检查基层党支部学习教育开展情况。对督查中发现的问题，各督察组要求支部立行立改，对好的经验做法，形成通报，向其他党组织进行推广。

主要特色

一、组建多支宣讲队伍，按需送党课进基层。结合区域优势，组建以老将军代表为主体的“将军宣讲团”、以省市委党校及高校教授为主体的“专家讲师团”、以区委党校教师为主体的“优秀党课进基层”宣讲团等三支队伍深入基层宣讲。了解街道、社区以及驻区企事业单位的宣讲需求，打造主题宣讲菜单，根据需求联系老师上党课，做到按单“点菜”与“私人定制”相结合。鼓励基层党组织通过微党课、座谈会、经验分享会等形式集中学习，邀请基层先进典型代表、在职党员到社区报到代表、社区党员代表等现身说法，分享感悟体会和身边故事。中央电视台《新闻联播》对鼓楼区成立“将军宣讲团”特色做法进行报道。

二、整合区域红色资源，现场教学独具一格。充分挖掘和有效发挥红色资源的教育价值和育人功能，将渡江胜利纪念馆、颐和路社区将军馆、宁海路海洋国防教育馆和丁山红色电影馆等挂牌为党员干部党性教育基地，同时结合社区特色资源，盘活青岛路社区“青春驿站”、金陵饭店楼宇社区等党员活动阵地，宝船社区“希望来吧”等阵地，打造一批开放式党组织活动阵地，为区域内各级各类党员提供多样化、开放式的学习教育平台，方便党员群众就近学。

三、分层分类因材施教，确保学习教育全覆盖。按照“因地因岗制宜、灵活主动安排”的原则，确保党员学习教育全覆盖。针对流动党员，开展“红色导航·一站到家”行动，公开各基层党工委具体地址、办公电话，明确流动党员接待及参与学习教育流程，为海安县等流动党员集体学习提供场地，实现流出地与流入地共同管理。对常年卧病在床、行动不便的党员，通过远程网络视频，送学上门等方式，共同参与学习讨论；针对工学矛盾较大的在职党员，充分利用QQ群，微信群等互联网平台推送学习内容，开展互动学习。

四、打造“互联网+”学习平台，运用新媒体开展党员教育。充分整合鼓楼优势区域资源和新媒体资源搭建“互联网＋”的新型学习平台。开辟鼓楼“两学一做”学习教育专题网站，传达上级重要精神，借助“鼓楼微讯”微信、微博平台以及各党组织公众账号，推出每日“十分钟”专栏，推送党章党规、系列讲话和重要理论观点等学习资讯，在网上推出手绘鼓楼“开放式党组织活动阵地”地图，使鼓楼区党性教育基地、党员活动阵地、党员志愿服务阵地的活动内容即刻可查。（向张飏）

2016年鼓楼区综合改革纪实

鼓楼区年度改革工作

2016年，在区委全面深化改革领导小组的领导下，全区上下认真贯彻中央、省市委深化改革要求，聚焦“首善之区、幸福鼓楼”，立足区情谋划改革，奋发有为推进改革。

精心谋划改革

区委高度重视改革，把深化改革与“两学一做”结合起来，写入党代会报告、全会报告，召开深化改革推进大会、区委理论学习中心组学习报告会，多次召开常委会，审议改革议题，部署改革工作，确保鼓楼改革始终与上级部署同频共振。全年，区委区政府下发政府职能转变和机构改革、供给侧改革、行政审批制度改革等22个文件，制定下发6大类36项130条《改革工作要点》，涉及44个职能部门和13个街道。

强力推进改革

中共鼓楼区委全面深化改革领导小组办公室（简称区改革办）按照区委要求，对照年度任务菜单，开展专题督查，召开联络员会议，提炼发掘典型经验，强力推进改革，在全区传递改革压力、营造良好氛围。各专项小组、牵头责任单位、协同责任单位按照区委深改组要求，强化责任担当，全力以赴抓实施。全年130条改革事项中，完成116项，4项需要上级布置，8项在区走程序、并结转到2017年，2项暂缓实施，完成率89.2%。

培育亮点改革

鼓楼区被市委确定为社会治理体制综合改革试点区，3个国家级试点（全国社区治理和服务创新试验区、人民陪审员制度改革、财产刑执行检察改革）、2个省级试点（江苏省社区治理创新实验区、医患纠纷矛盾调解机制试点改革）、1个市级试点（社区平安建设）。全区自主性改革探索取得较好进展：城管执法、停车管理、环卫保洁、市政养护“四位一体”城市综合治理实现全覆盖，4个空地停车场、7处商业性户外广告完成市场化改革；全省首个纪检监察机关“集中派驻信息管理系统”上线运行。“智慧检察”系统建设、人民陪审员制度、为民办实事人民自主选择3个改革案例（《自主创新“智慧检察”系统，提升检察工作实效》《鼓楼区人民法院人民陪审员制度改革试点探索》《从“政府配餐”到“百姓点菜”，让实事项目更实在》）入选《2016年南京全面深化改革攻坚探索实录》。

（区委改革办）

2016年鼓楼区承接国家、省市改革试点进展情况

表1

层级	名　称	批复主体	时间	取得成果、获得奖项及荣誉	备注
国家级	全国社区治理和服务创新实验区	民政部	2015年7月至2018年7月。2016年继续推进	以“构建社区协商体系，深化社区居民自治”为主题，积极开展实验实践，形成“理事制、邀约制、云协商”等一批特色成果，积极探索社区协商“六化”模式获民政部“2015年度中国社会治理十大创新案例”提名（第13名）、江苏省基层社会化治理十大创新成果奖（第1名）、南京市社会治理创新十佳案例（第3名）	全国第三批，共40家，其中南京3家
国家级	人民陪审员制度	最高人民法院、司法部	2015年5月至2017年5月。2016年继续推进	受到最高人民法院中期评估肯定；人民陪审员均衡参审以及陪审工作信息化运用等做法，被最高院《司法决策参考》刊发推广；与国家法官学院撰写的《人民陪审员履职读本》正式出版；英国代表团在伦敦刑事法庭原高级法官罗杰·夏伯带领下到院考察；参与央视人民陪审员公益广告的制作；入选《2016年南京全面深化改革攻坚探索实录》	全国50家试点单位，其中南京2家
国家级	财产刑执行检察	最高人民检察院	2015年4月开始，继续推进	财产刑执结率大幅上升，财产刑执行难的问题在一定程度上得到缓解。《刑事案件财产刑执行协作办法》被省检察院吸收进全省检察机关财产刑执行检察工作机制，在全国检察机关财产刑执行检察试点工作会议上作专题介绍	全省4家
省级	江苏省社区治理创新实验区	省民政厅	2014年9月至2017年9月。2016年继续推进	通过优化整合社区公共服务站，建立社区公共服务中心站，引进社会组织“管家”实行专业化管理服务，实现社区服务的社会化、专业化，切实减轻社区负担，实现社区居委会“返本、赋能、归位”。幕府山街道云谷山庄社区建立社区事务受理服务站，推进全科社工，通过政府购买方式承接80余项社区行政事务。省民政厅在无锡召开推进会，鼓楼区作为优秀代表交流发言	全省首批唯一

续表 1

层级	名　称	批复主体	时间	取得成果、获得奖项及荣誉	备注
省级	医患纠纷调解	省政府	2015 年 4 月开始，继续推进	初步形成破解医患纠纷人民调解队伍人才缺乏、医疗责任保险理赔运行不畅、区级医患纠纷调解难度较大三大问题的思路和制度，初步形成以人民调解为平台、政府职能部门切实履职、保险监管协同、社会广泛参与的工作格局；工作经验入选《2015 年江苏基层改革案例精选》	全省 2 家
市级	深入推进社区平安建设试点	市委政法委	2016 年 2 月开始，继续推进	全区 80%的社区达到“五有五无”创建标准，初步实现社区平安建设软硬件齐升、社区管理服务双优、平安稳定局面共保的总体目标	南京 2 家

2016 年鼓楼区重点改革任务完成情况

表 2

序号	具体改革事项	完成情况
一、深化行政管理体制改革（经济体制和生态文明体制改革小组；牵头责任单位：区编办；联络员单位：区发改局）		
1	进一步推进简政放权、放管结合、优化服务，规范权力事项管理，加强权力清单标准化建设，完善权力清单动态管理机制，出台《鼓楼区行政权力事项清单动态管理办法》	正在推进
2	全面落实改革部署，建立部门责任清单，公布“四单一图一机制”	
二、深化国资管理体制改革（经济体制和生态文明体制改革小组；牵头责任单位：区国资办；联络员单位：区发改局）		
3	实施国有企业分类管理，分类推进国有企业改革	正在推进
4	落实深化国企改革实施意见，增强监管企业活力和提高效率	
5	发展混合所有制经济，引入非国有资本参与国有企业改革	
6	健全公司法人治理结构，实行与社会主义市场经济相适应的企业薪酬分配制度	
7	完善国有资产管理体制，以管资本为主推进机构职能转变	完成
三、深化财税管理体制改革（经济体制和生态文明体制改革小组；牵头责任单位：区财政局；联络员单位：区发改局）		
8	完善政府债务管理，健全“借、用、还”相统一的政府举债融资管理机制	完成
9	加强全口径预算管理，健全跨年度预算平衡机制，探索中期财政管理机制	
10	建立跨部门协调机制，避免资金重复分配	
11	推进预算绩效管理，加强政府采购预算管理，完善政府采购和政府购买服务项目预算编制	
12	稳妥推进预决算信息公开	
13	清理规范重点支出与财政收入增幅或生产总值挂钩事项	
14	落实税制改革，做好企业所得税存量税源清理及汇算清缴工作	
15	深化征管改革，完善税源管理事项及业务制度规程。参与省局、市局“互联网+税务”“大数据治税”“电子税务局”建设工作	
16	加大对国地税办税流程的梳理和整合，围绕联合服务、联合征管、信息共享等方面确定年度合作重点，深化国地税工作事项的融合	
四、深化行政审批制度改革（经济体制和生态文明体制改革小组；牵头责任单位：区编办；联络员单位：区发改局）		
17	梳理创业创新行政审批服务事项、流程，制定完整简洁的服务标准和操作指南	完成
18	探索“告知+承诺”制度，完善操作流程，加强事中事后监督	
19	加快推进部门间信息共享和业务协同	

续表2

序号	具体改革事项	完成情况
五、深化价格市场化改革(经济体制和生态文明体制改革小组;牵头责任单位:区物价局;联络员单位:区发改局)		
20	清理和规范涉企行政事业性收费,完善行政事业性收费目录;清理和规范经营服务性收费,完善实行政府制定价格的经营服务性收费目录;对清单范围内的收费实行收费情况年度报告制度	完成
六、深化商事制度改革(经济体制和生态文明体制改革小组;牵头责任单位:区市场监管局;联络员单位:区发改局)		
21	全面落实"三证合一、一照一码"登记制度改革工作,积极推进电子营业执照,落实《放宽市场主体住所(经营场所)登记条件的实施意见》,探索企业名称登记制度改革,建立网上名称自助查询系统,落实"先照后证"改革	完成
七、深化金融管理体制改革(经济体制和生态文明体制改革小组;牵头责任单位:区发改局(金融办);联络员单位:区发改局)		
22	建立激励机制,引导和支持科技金融、消费金融、社区金融发展	完成
23	建立金融稳定协调机制,以及金融突发事件应急预案和应急处置机制,协调配合有关部门防范、监测、化解和处置金融风险,维护区域金融稳定与安全	
24	贯彻落实市、区扶持政策,建立服务企业上市工作联席会议制度,推动优质企业上市	
八、深化科技体制改革(经济体制和生态文明体制改革小组;牵头责任单位:区科技局;联络员单位:区发改局)		
25	出台《鼓楼区实施创新驱动战略,建设科技创新核心区的意见》《鼓楼区众创空间备案管理办法(试行)》,成立区众创空间联盟,建设中小微科技企业综合服务平台	完成
26	推进国家知识产权强县工程试点和江苏省实施知识产权战略示范工作,出台《鼓楼区知识产权服务业集聚发展试验区资金扶持办法(试行)》,南京(鼓楼)知识产权服务业集聚发展试验区建设初见成效	
九、推进开放型经济体制改革(经济体制和生态文明体制改革小组;牵头责任单位:区商务局;联络员单位:区发改局)		
27	加快推进外贸转型升级,培育以品牌、技术、质量、服务为核心的外贸竞争新优势,支持拥有专利认证、知识产权和知名品牌的外贸企业提升国际市场竞争力	完成
28	加快培育外贸新兴业态,培育外贸综合服务平台,推动跨境电子商务发展	
29	促进开放型企业参与"一带一路"沿线国家投资、贸易、服务外包、工程承包和基础设施建设,带动装备、材料、产品、标准、技术、服务"走出去"	
30	积极搭建政企合作平台,实现省市区属企业海外项目资源共享,共同提高国际市场竞争优势	
十、深化城市管理体制改革(经济体制和生态文明体制改革小组;牵头责任单位:区城管局(水务局);联络员单位:区发改局)		
31	按照"条块结合、以块为主",进一步提升街道在城市管理中的基础地位、统筹职能和保障作用,健全权责利相统一、相匹配的区街城管工作体系	完成
32	全面推广城市综合治理模式,新组建铁北、新湖综合治理中队,完成覆盖全区的城市综合治理中队组建工作	
33	全面推进市政、园林绿化、环卫保洁、空地停车场、商业性户外广告设置等公共资源市场化工作,规范运行模式	
34	落实《鼓楼区城市治理协勤队员管理办法(暂行)》,进一步加强城管协勤队员管理,实行统一招聘,统一调配使用,规范管理	
十一、巩固和发展和谐政党关系(政治体制改革小组;牵头责任单位:区委统战部;联络员单位:区委统战部)		
35	贯彻落实区委《关于加强社会主义协商民主建设的实施意见》,进一步明确政党协商内容,规范协商形式,完善协商程序,提高协商质量	完成
36	探索政党协商在基层的工作新路径,深化街道工委、社区党组织与各民主党派基层组织开展结对共建工作,指导推动机关有关部门与各民主党派、工商联开展对口联系工作	
十二、加强人大工作实践创新(政治体制改革小组;牵头责任单位:区人大机关;联络员单位:区委统战部)		
37	进一步健全完善专门委员会、工作机构、办事机构(含街道人大工委)设置和人员配备	完成
38	强化对预算绩效管理、计划执行、政府债务和重大投资项目等方面的审查和监督,推进政府组成部门决算全公开	
39	制定出台审计查出问题整改工作监督办法,进一步规范专题询问、执法检查等监督方式,优化工作程序,积极推进对专项议题询问、满意度测评的常态化	
40	加强规范性文件备案审查工作,适时修订完善工作制度	
41	推行"代表联系卡"制度,实行代表履职承诺、履职手册、履职报告"三公开"	

续表 2

序号	具体改革事项	完成情况
十三、推进政协协商民主体系建设(政治体制改革小组;牵头责任单位:区政协机关;联络员单位:区委统战部)		
42	完善政协协商议政规则,建立政协主席会、常委会和专委会履职的新机制	完成
43	探索专题协商、对口协商、界别协商和提案办理协商的新形式	
44	推进街道政协工委"协商民主在基层"的新形式,进一步增强政协履职的针对性和实效性	
十四、推进基层民主体系建设(政治体制改革小组;牵头责任单位:区民政局;联络员单位:区委统战部)		
45	加强社会组织监督管理,完善社会组织年检制度,实施等级评估,引导社会组织完善民主管理机制	完成
46	不断完善小区(院落)自治制度,细化自治单元,推行"微治理"	
47	深化社区减负和三社联动,深入推进鼓楼社区协商的"六化"模式实践	
48	完成社区协商示范点建设,研究制定《社区协商的基本规则》,对社区协商开展情况进行阶段性评估	
十五、推进文化综合执法改革(文化体制改革小组;牵头责任单位:区文化局;联络员单位:区委宣传部)		
49	组建文化综合执法大队,完善执法机构人员编制、职责权限相适应的组织保障体系	正在推进
50	完善信息通报、联席会议、联合执法、区域协作以及行政执法与刑事司法相衔接等长效工作机制	完成
十六、创新公共文化服务体系(文化体制改革小组;牵头责任单位:区文化局;联络员单位:区委宣传部)		
51	统筹整合区域公共文化资源,扩大公共文化设施免费开放范围	完成
52	推进基本公共文化服务标准化、均等化,实现白云亭文化艺术中心与街道、社区公共文化服务设施的资源整合和互联互通,推动街道综合性文化服务中心建设	
十七、探索公益类文化事业单位建立法人治理结构(文化体制改革小组;牵头责任单位:区委宣传部;联络员单位:区委宣传部)		
53	在市统一部署下,推动图书馆、文化馆等组建理事会,吸纳有关方面代表、专业人士、各界群众参与管理,健全决策、执行和监督机制,实行政事分开、管办分离	正在推进
十八、完善文创产业体系建设(文化体制改革小组;牵头责任单位:区文创办;联络员单位:区委宣传部)		
54	打造环南艺文化创意产业功能区"1+N"众创空间体系	完成
55	有效运营文化创意产业"公共服务平台""展示推广平台""创业创新平台",综合提升"鼓楼文化产业发展中心"管理水平	
56	推进鼓楼文创企业协会实质运行	
十九、继续完善互联网运用和管理体制(文化体制改革小组;牵头责任单位:区委宣传部;联络员单位:区委宣传部)		
57	发挥好区网络管理联席会议的作用,强化研判与协作机制,建立网络舆情快报、专报、简报及研究报告制度	完成
58	加强@鼓楼微讯和微信公众平台建设和管理,对全区部门和社区政务微博进行规范管理	
二十、深入推进依法行政(社会体制改革小组;牵头责任单位:区法制办;联络员单位:区委政法委)		
59	推动区行政复议委员会实体化运作,全年委员会审理案件占总数30%以上	完成
60	制定《鼓楼区行政机关行政应诉工作规则》和《鼓楼区行政机关负责人出庭应诉办法》,重点对部门负责人出庭应诉情况加强监管,严格落实出庭应诉的有关规定	
61	落实重大行政执法决定法制审查制度,加强对重大行政许可、行政强制、行政征收等执法决定的备案审查	
二十一、推进司法体制改革(社会体制改革小组;牵头责任单位:区委政法委;联络员单位:区委政法委)		
62	积极落实以司法责任制为核心的改革,逐步建立健全人员分类管理制度、人员职业保障制度、司法责任制、人财物统一管理制度	完成
63	扩大刑事案件速裁程序试点范围,推进以审判为中心的诉讼制度改革;积极探索"繁简分流"机制,提高简易纠纷案件的审判效率	
64	推进人民陪审员制度改革试点,探索人民陪审员事实审和大合议制模式	
65	探索刑事执行检察改革,推进"财产刑执行检察"试点,大力推进财产刑执行监督;探索推进公益诉讼改革,重点围绕生态环境和国土资源保护、食品药品安全领域开展公益诉讼试点工作	

续表 2

序号	具体改革事项	完成情况
二十二、推进政法人才队伍建设(社会体制改革小组;牵头责任单位:区委政法委;联络员单位:区委政法委)		
66	按照上级部署,适时启动法官、检察官官员额制改革	完成
67	开展公安机关执法勤务警员和警务技术职务序列改革,规范警辅人员管理机制	
68	进一步加强律师事务所管理、南京市律师协会鼓楼工作站建设	
二十三、推进社会信用体系建设(社会体制改革小组;牵头责任单位:区发改局(信用办、金融办、经信局);联络员单位:区委政法委)		
69	制定出台《加快鼓楼区社会信用体系建设的实施意见》《鼓楼区全面推进诚信体系建设任务分解方案(2015-2017)》	完成
70	加快鼓楼区社会信用体系大数据平台建设,建立覆盖全区的"企业公共信用基础数据库"和"个人公共信用基础数据库"	完成
二十四、推进社会治安防控体系创新(社会体制改革小组;牵头责任单位:区委政法委、公安分局;联络员单位:区委政法委)		
71	深化社区平安建设,建设升级版立体化现代化社会治安防控体系	完成
72	探索在实战型情报指挥中心、治安巡逻防控机制、打击犯罪工作机制等方面的创新	
73	进一步健全社区矫正制度	
74	顺应新媒体发展潮流,推进法治宣传创新	
75	运用网上信息系统,分类处理群众信访诉求	
76	发挥好区法学会职能作用	
二十五、加强社会治理基础制度建设(社会体制改革小组;牵头责任单位:区委社建工委、区民政局、区政务办;联络员单位:区委政法委)		
77	完善社区治理工作联席会议制度,继续推进街道"去机关化"、社区"去行政化"改革,严格社区事务准入制度,优化整合社区公共服务站,建设综合型社区服务中心	完成
78	深化街道办事处机构改革,完善街道便民服务中心和社区服务站运行机制,全面推行全科政务服务	
79	探索社工多层次发展通道,推行"全科社工"服务,继续探索社区公共服务外包	
80	加强街道职能强化的体制机制研究,探索街道服务管理标准和内容	
二十六、深化医疗卫生计生体制改革(社会体制改革小组;牵头责任单位:区卫计局;联络员单位:区委政法委)		
81	全面推进医疗联合体建设,落实分级诊疗制度	完成
82	扩大家庭医生制度覆盖面,实现社区全科医生团队全覆盖	
83	建立健全与"全面两孩"政策相适应的计划生育服务管理新机制,简化计划生育行政审批流程,规范基层计划生育事项受理	
84	完善基本药物制度,调整全区基本药物目录,扩大基层药品配备使用	
85	完善绩效工资分配制度	
86	完成区级卫生信息平台建设,完善基层卫生综合信息系统	
87	大力发展健康服务业,探索健康服务业支持性措施,鼓励医学专家开办个体医疗机构,鼓励社会资本投资有规模、有品牌的医疗机构,对"不营业"和服务行为不规范的医疗机构实施强制退出措施	
二十七、推进教育体制改革(社会体制改革小组;牵头责任单位:区教育局;联络员单位:区委政法委)		
88	进一步优化教育资源整合与布局调整,新增名校(园)办分(园)校 4 所	完成
89	利用社会力量兴办民办惠民幼儿园,探索由政府向民办惠民幼儿园购买服务	
90	扶持民办义务教育发展,开办民办初中、小学各 1 所	
91	完善《鼓楼区推进义务教育学校教师和校长流动的意见》,稳步推进教师(校长)校际间流动,义务教育阶段教师年交流量超过 15%	
92	落实国家及省市招生考试制度改革	

续表 2

序号	具体改革事项	完成情况
二十八、推进就业体制改革(社会体制改革小组;牵头责任单位:区人社局;联络员单位:区委政法委)		
93	实施“青年大学生创业引领计划”“创业助推行动”	完成
94	修订创业扶持政策,推进创业载体建设,遴选资助大学生优秀创业项目,组织“创业专家服务团”开展活动	
二十九、完善社会救助制度(社会体制改革小组;牵头责任单位:区民政局;联络员单位:区委政法委)		
95	贯彻落实新修订的《南京市临时救助办法》《南京市医疗救助办法》,增强社会救助“保托底”功能	完成
96	深入开展“救急难”综合试点	
97	实施“精准救助”	完成
三十、深化党的组织制度改革(党的建设制度改革小组;联络员单位:区委组织部)		
98	严格执行市委关于贯彻中央加强和改进党内政治生活有关规定、县以上党的国家机关党员领导干部民主生活会的若干规定的实施办法	完成
99	落实《中国共产党党组工作条例(试行)》,根据市委统一部署组织开展党组清理规范工作	
三十一、进一步规范干部人事制度(党的建设制度改革小组;牵头责任单位:区委组织部;联络员单位:区委组织部)		
100	改进后备干部遴选方式,健全培养锻炼、适时使用、定期调整、有进有出的后备干部管理机制	完成
101	完善干部选拔任用监督机制,全面推行干部选拔任用全程纪实,严格执行职数预审制度	
102	从严规范管理干部,修订完善区管干部任职前听取纪检机关意见的办法	
103	落实领导干部个人有关事项报告制度,严格执行市委关于加强“三责联审”结果运用暂行办法及纪律处分和组织处理相关规定工作办法	
104	完善干部激励保障机制,实施街道公务员职务与职级并行	
三十二、深化党的基层组织制度改革(党的建设制度改革小组;牵头责任单位:区委组织部;联络员单位:区委组织部)		
105	落实市委基层党建全面进步全面过硬“1+3+7”文件,统筹推进各领域基层党组织建设	完成
106	研究制定加强非公有制企业、社会组织党建工作的具体意见,试行非公有制企业党组织书记特殊津贴制度	正在推进
107	贯彻中组部规范基层党组织设置及其隶属关系的指导意见,研究制定鼓楼区实施方案	完成
108	建立健全党内激励关怀帮扶机制,改进党内表彰工作	
三十三、深化人才发展机制改革(党的建设制度改革小组;牵头责任单位:区委组织部(人才办);联络员单位:区委组织部)		
109	落实“创业南京”人才计划,研究制定区级配套政策和相关实施细则,优化人才项目评审、政府资金管理和目标考核等制度	完成
110	制定鼓楼区“十三五”人才发展规划,统筹抓好各类人才队伍建设	正在推进
111	落实市关于高新技术企业等机构柔性引才的若干政策,强化产业载体和创新型企业引才育才主体地位	完成
112	建立健全人才发展绩效评估制度,定期开展人才企业评估工作,建立完善人才企业数据库管理系统	
113	研究制定加强人才服务工作的意见,探索多元服务模式,积极引进、培育市场服务主体,推动鼓楼区人才服务中介机构的产业化发展	
三十四、完善权力制约和监督机制(纪律检查体制改革小组;牵头责任单位:区纪委;联络员单位:区纪委)		
114	深化《关于落实党风廉政建设党委主体责任纪委监督责任的实施细则》的各项举措,巩固区、街党组织落实主体责任成果,制定加强系统下属单位监督办法	完成
115	完善鼓楼特色的党风廉政建设“三三制”推进模式,构建以“定责、明责、巡责、述责、查责、问责”六责为一体的落实体系	
116	完善党风廉政建设责任制监督检查机制,改进党风廉政建设责任制考核指标体系	
117	建立行政败诉案件责任追究机制	暂缓实施
118	完善“鼓楼区派驻监督管理信息化平台”建设	完成

续表2

序号	具体改革事项	完成情况
119	在市纪委领导下，探索区纪委对同级党委的监督工作	正在推进
120	全面推进纪工委委员制度，加强对党（工）委的监督	
121	制定巡查工作方案，开展巡查工作	完成
三十五、强化纪检监察组织建设（纪律检查体制改革小组；牵头责任单位：区纪委；联络员单位：区纪委）		
122	结合换届工作，进一步优化区纪委及常委会结构，完善纪委委员职责	正在推进
123	正式出台《南京市鼓楼区纪工委书记提名考察办法》，制定《鼓楼区案件线索管理工作规范》，完善案件管理线索与信访线索对接处置机制	完成
124	完善鼓楼区纪检监察干部监督管理制度	
125	完善派驻监督工作，在党政机关机构改革中确保派驻监督全覆盖	
三十六、深化党风廉政建设制度（纪律检查体制改革小组；牵头责任单位：区委办、区纪委；联络员单位：区纪委）		
126	认真落实省委巡视整改方案，按时间节点做好整改工作	完成
127	进一步完善惩治和预防腐败方面的制度建设，开展2013-2017五年规划评估工作	
128	加强两个责任问责追究，坚持“一案双查”健全干部选拔任用监督和责任追究机制	部分事项暂缓实施
129	贯彻执行《中国共产党廉洁自律准则》和《中国共产党纪律处分条例》，把握运用好批评教育、组织处理、纪律处分、立案审查等监督执纪“四种形态”，建立正反典型通报机制	完成
130	建立党风廉政建设和反腐败工作评估机制，开展群众满意度评价工作	

备注：全年130项改革事项中，完成116项，12项“正在推进”（其中，4项需要上级布置，8项在区走程序并结转到2017年），2项暂缓实施，完成率89.2%

阅江怀古　　　　（季仁洲　摄）

鼓楼年鉴 2017

区情概览

Survey of the District

基本情况

【地理位置】 鼓楼区位于长江下游南岸、南京城西北部，是南京市中心城区之一，也是江苏省委、省人大常委会、省政府、省政协机关所在地，拥有南京主城11公里黄金长江岸线。东以中央路、中山路、窑上村十字街为界，分别与玄武区、栖霞区为邻；南以汉中路、汉中门大街、集庆门大街西段（西至清河路，东至燕山路北段）为界，分别与秦淮区、建邺区接壤；西、北以长江为界与浦口区相望。区域面积54.18平方公里。

【自然环境】 鼓楼区是山峦环绕，湖川相依，山、水、城、林浑然一体的中心城区，有龙蟠虎踞之雄，依山带水之胜。秦淮河、金川河穿境而流，清凉山、狮子山、幕府山雄踞其中，明城墙傍山环绕，11公里长江黄金岸线新姿绵延，鼓楼岗、五台山将秦淮河冲积平原和金川河冲积平原南北分开。

鼓楼区地处中纬度大陆东岸，因受地理环境影响，形成春温、夏热、秋暖、冬寒四季变化明显及冬夏时日长、春秋时日短的气候特征。

春季 大致始于3月下旬或4月上旬，到5月下旬或6月上旬结束，平均历时60～70天。

特点：气温逐渐升高，降水比冬季增加；春季除有霜外，连阴雨天气较多，有“清明时节雨纷纷”之说，有时会出现“倒春寒”（2月份的气温偏高，3～4月间的气温反而偏低）的反常天气。

夏季 大致从6月上、中旬到9月中旬，历时100天左右，明显分为初夏的梅雨天气和盛夏的伏旱天气。“梅雨季节”因湿度大、温度高，衣服、家具等易受潮发霉。

特点：降水丰富，相对湿度大；气压偏低，云量多，日照少；地区风力较弱，时有暴雨发生。7～8月间，梅雨结束后便进入盛夏天气。若此时受太平洋副热带高压脊的直接控制，便出现晴热高湿少雨的时期，即伏旱天气。

秋季 夏冬的过度季节，大致从9月中旬到11月中旬，历时60天左右。

特点：此时冬季风爆发，从地面置换夏季风。因高空的副热带高压南撤相对缓慢，形成低层冷高压上面叠加着副热带高压，出现持久的“秋高气爽”的好天气。天高云淡、风和日丽，温湿宜人。“秋老虎”是南京城区气候的一大特点。“秋老虎”天气是指9月份进入秋季后气温有时一反常态，出现持续的高温天气，最高气温可达34～35℃以上，民间把这种天气现象俗称“秋老虎”。另一类常见的“秋老虎”天气是指夏季高温后，秋季又接着高温天气，往往是伏旱连秋旱。秋季也有连阴雨天气。深秋季节，由于受强冷空气影响，会出现寒潮及早霜。秋季的降水量较夏季明显减少，占年降水量的20%左右。

冬季 从11月中旬到翌年的3月下旬或4月上旬为冬季，历时4个多月。

特点：受冷空气控制，寒冷而干燥。寒潮侵袭下的冬季，平均每隔7～10天就有一次受寒潮或冷空气的影响过程。特冷天气都出现在大寒潮影响之后。受寒潮或冷空气的侵袭，也有冷冬月与暖冬月之分。按市区月平均温度距平值划分小于-1.5℃为冷冬月，大于1.5℃为暖冬月。冬季降水占年降水量的11.7%。

【建置沿革】 鼓楼区历史源远流长，是南京城区开发较早的地区之一，五六千年前就有多处原始村落存在。周显王三十六年（前333），楚威王熊商在石头山置金陵邑，此为鼓楼区境第一个行政建置，也是南京城区建置之始。秦始皇嬴政三十七年（前210），金陵邑改为秣陵县，增设江乘县，现区境北部属江乘县、南部属秣陵县。西汉至唐代，区境隶属名称、地界划分多有变更。五代杨吴天祐十四年（917）至清末，区境均为江宁、上元两县管辖。明初，筑南京城墙，区境主体部分圈入内城，其余部分也在外廓之内。

民国元年（1912）1月，中华民国临时政府废上元、江宁两县，建南京府，为国都。区境属南京府［民国2年（1913），改称江宁县，为江苏省省会］。

民国16年（1927）4月，国民政府定都南京，改江宁城区为南京市，区境属南京市。

民国22年（1933）3月，南京市分划自治区，城区设8个行政区。今区境时为第六区、第七区，是建区之始。

民国26年（1937）12月，侵华日军占领南京后，区境受日伪管辖，分属第四区、第五区。民国31年（1942）4月，汪伪南京特别直辖市重新划分城区为6个区，以北极阁、华侨路、清凉山一线，沿定淮门、挹江门、金川门至玄武门城墙，划为“城区自治实验区”（为今区境部分）。

民国34年（1945），抗日战争胜利后，恢复原第六区、第七区建制，为今区境主体。

1949年4月，南京解放。1950年6月15日，第六、第七区调整为新五区、新六区（后习惯称为第五区、第六区）。新五区范围：自中央门、玄武门至新街口，自新街口至汉中门，沿城墙至挹江门，自挹江门沿城墙、护城河至中央门。新六区范围：南沿定淮门外明城墙，经挹江门、兴中门、钟阜门、新民门、金川门至黑龙江路西，折北宝塔桥西至长江中心线；南至新河二村至长江中心线。

1955年8月3日，第五区、第六区分别更名为鼓楼区和下关区。第五区设挹江门、三牌楼、中央门、水佐岗、丁家桥、鼓楼、阴阳营、上海路、沈举人巷9个街道办事处，第六区设三汊河、宝善街、二板桥、商埠街、热河路、车站、四所村、宝塔桥、三汊河水上9个办事处，作为区人民委员会的派出机构。

1967年3月，鼓楼区改称延安区，下关区改称东方红区。

1973年11月12日，延安区革命委员会、东方红区革命委员会分别更名为鼓楼区革命委员会和下关区革命委员会。

1980年9月、10月，下关区革命委员会、鼓楼区革命委员会先后撤销，相应成立下关区人民政府、鼓楼区人民政府。

1995年4月，南京市区划调整，鼓楼区区域四至：东起中央门沿中央路、中山路至新街口，与玄武区为邻；南自新街口沿汉中路、凤凰西街、江东北路到螺丝桥大街，与建邺区相连；西自螺丝桥大街沿长江堤岸到划子村渡口，与雨花台区的江心洲隔江（夹江）相望；北自划子村渡口沿定淮门大街过秦淮河沿城墙至挹江门，再沿中山北路，过大桥南路沿金川河、护城河到中央门，与下关区接壤。下关区区域四至：东以窑上村十字街为界与栖霞区相连，东南与玄武区接壤，南以定淮门大街为界与鼓楼区毗邻，西、北以长江为界，与浦口区相望。

2002年10月22日，宁委发〔2002〕45号文，将建邺区莫愁湖街道办事处汉中门大街以北地区及其建制划归鼓楼区管辖；汉中门大街以南部分划归建邺区南湖街道办事处管辖。

2007年3月1日，经省、市政府批准，将建邺区兴隆街道江东村委会划归鼓楼区管理。两区此段行政区域界线走向为：自汉中门大街中心线与清河路交汇处起，折向西南沿清河大街中心线至规划的集庆门大街中心线，折向东沿规划的集庆门大街西段中心线至规划的燕山路北段中心线，折向北沿规划的燕山路北段中心线至汉中门大街中心线。

2013年2月19日，根据《国务院关于同意江苏省调整南京市部分行政区划的批复》(国函〔2013〕24号)，鼓楼区、下关区合并设立新的鼓楼区。

（区地方志办）

【行政区划】 鼓楼区人民政府辖13个街道办事处。辖区内有120个社区居民委员会。

【人口】 2016年，全区在册户籍314488户924870人。其中，男性461218人、女性463652人，性别比为0.9948：1。全年出生人口7906人，出生率8.55‰；死亡人口4991人，死亡率5.40‰；人口自然增长率3.15‰。省外迁入5534人，省内移入7391人；迁往省外6004人，迁往省内8134人。

（公安鼓楼分局）

2016年鼓楼区社区居委会一览表

表3

社区	地址	社区	地址
华侨路街道(7个社区居委会)			
慈悲社	明华新村14号	龙蟠里	虎踞路38号
广州路	广州路41号	清凉山	虎踞路3号4楼
五台山	上海路21号五台花园1幢101室	石头城	石头城新村40号
虎踞关	虎踞关36号		
宁海路街道(9个社区居委会)			
颐和路	琅琊路11号	康藏路	康藏路4号
天津新村	虎踞北路18号天津新村7幢	三步两桥	水佐岗32巷
古林	定淮门6号	仙霞路	匡芦路17号
北京西路	虎踞北路4号	山西路	四卫头45号
苏州路	玉泉路6号		
湖南路街道(8个社区居委会)			
裴家桥	裴西村6号	青岛路	汉口路47号204室
丁家桥	湖南路8号	南秀村	金银街17号
傅厚岗	高云岭34号	云南路	渊声巷41号
马台街	天福园28号	大方巷	五条巷14号
中央门街道(12个社区居委会)			
观音里	观音里8号	三牌楼	三牌楼大街110-1号

续表 3

社　区	地　　址	社　区	地　　址
颂德里	三牌楼大街 111 号	青石村	青石村 89 号
紫竹林	长江新村 7-1 号	劝业路	新模范马路 7 号
将军庙	新模范马路 9 号 21 幢 26 室	新门口	东瓜圃桥 9 号 102 室
天正和鸣	中央路 389 号凤凰和鸣苑 2 幢 101 室	工人新村	工人新村 82 号
汇林绿洲	黑龙江路 17 号	模范马路	狗耳巷 22-1 号
挹江门街道(9 个社区居委会)			
丁山	察哈尔路 108 号	钟阜路	福建路 8-13 号
戴家巷	戴家巷 16 号	妙峰庵	铁路北街 284 号
察哈尔路	回龙桥 8 号	回龙桥	校门口 25 号 101 室
鲁迅园	中山北 283 号	模范西路	古平岗 22 号
福建路	洪庙巷 21 号(西侧)		
江东街道(9 个社区居委会)			
清河新寓	清江路 39 号	聚福园	漓江路 6 号
睿城社区	润江路 1 号	宝船	草场门大街 168 号宁工新寓 48 幢 102 室
长阳花园	清凉门大街 298 号	宝地园	龙江花园车站旁
银城花园	银城花园小区 86 号 3 楼	腾飞园	腾飞园 17 幢
江滨新寓	江滨新寓 31-2 号		
凤凰街道(12 个社区居委会)			
莫愁新寓	莫愁新寓胜棋里 17 幢	华阳佳园	清凉门大街 113 号
凤凰二村	凤凰二村 10 幢	凤凰花园	福安园 28 号
凤凰街	凤凰庄 9-102 号	苏城苑	湛江路 98 号苏城北苑 11-2
凤凰西街	凤凰西街 275-1 号	蓝天园	蓝天园 19 号
西城岚湾	清凉门大街 8 号-西城岚湾 3 幢	白云园	白云园 50 号
教工新村	教工新村 34-2 号	凤凰熙岸	凤凰东街 6 号
热河南路街道(9 个社区居委会)			
小桃园	姜家园 46 号	清江花苑	郑淮路 9 号
姜圩路	姜圩路 60 号	新和园	新河一村 11 号
二板桥	二板桥 414 号	新河村	郑和南路 88 号
晏公庙	热河南路 221 号	三汊河	迎江园 7 幢
白云亭	二板桥 572 号		
阅江楼街道(8 个社区居委会)			
多伦路	盐仓桥 26 号	热河路	热河路 50 号阅江广场 4 楼
盐大街	盐西街 22 号	商埠街	公共路 14 号
新民门	建宁新村 31 号	唐山路	中山北路 607 号 1 幢 3 单元 101 室
东炮台	东炮台街 69 号天妃宫寄宿学校	世茂滨江	南通路 89 号 3 号楼一楼
建宁路街道(8 个社区居委会)			
城河村	建宁路 25 号巷内	五所村	五所村 20 号
工农新村	建宁路 84 号	新民路	江沿村 76 号

续表 3

社　区	地　　址	社　区	地　　址
安乐村	安乐村 117 号	金川花苑	金川门外 18 号
四平路	四平苑 78 号	滨江花园	滨江花园西园 25 号旁
宝塔桥街道(12 个社区居委会)			
方家营	方家营 800 号南堡新寓内	水关桥	金陵新二村 62 幢
宝塔桥东街	金陵新九村 27 幢 1 单元 101 室	燕江路	金陵新八村 2 幢-1
金陵新四村	金陵新四村 15 号	象山	幕府西路 103 号
金陵新六村	金陵新七村 33 幢-1	恒盛嘉园	幕府西路 55 号恒盛嘉园 29 幢
金陵二村	宝燕南路 10 号	幕府西路	幕府西路 33 号金域中央 21 幢
燕江园	燕归园 18 号	依山郡	幕府西路 88 号
小市街道(9 个社区居委会)			
东井新村	小市村 32 号	东门街	东门街 24-70 号
线路新村	和燕路 63 号、安怀村 330 号	河路道	汽轮三村 1 号,中储地产内 102、103 室
东井亭	东井亭 100 号	小市新村	小市新村 451 号
安怀村	安怀村 44 幢前	黄家圩	小市街 88 号、黄家圩 48 号
张王庙	张王庙 200 号		
幕府山街道(8 个社区居委会)			
五塘新村二段	五塘新村 25 幢旁	北崮山	汽轮七村 8 幢
五塘新村一段	五塘新村 40 幢旁	五佰村	五塘新村新网点 4 号
盛世花园	云谷山庄小区 40 幢	五塘村	五塘村 89 号
云谷山庄	云谷山庄小区 40 幢	白云	旭日景城小区 17 幢

(区民政局)

经济社会发展

经济建设

【经济指标完成情况】 2016年,鼓楼区实现地区生产总值(GDP)1123.03亿元,同比增长9%,其中服务业增加值1038.11亿元,同比增长10.1%,占GDP比重92.44%;实现公共财政预算收入94.12亿元,增长8.7%;城镇居民人均可支配收入5.48万元,增长8.4%;社会消费品零售总额884.8亿元,增长10.3%;完成全社会固定资产投资251.44亿元,增长-9.2%;引进注册资本千万元以上大项目150个,总注册资本金42亿元;实际利用外资3.2亿美元,服务外包执行额22.59亿美元,其中服务外包离岸执行额12.23亿美元;软件和信息服务业收入74.49亿元;旅游总收入173亿元,同比增长15.3%。

【重点产业培育】 2016年,鼓楼区新增亿元楼宇1幢、特色楼宇2幢,新增市认定总部企业1家,规模楼宇税收增幅高于全区税收增幅2%,博西家电、华讯方舟等重点企业楼宇定制签约,苏银科技、运时数据等16家企业成功挂牌。举办软件互联网产业深圳招商说明会、总部经济香港推介会,参加南京软博会、金洽会,与美国旧金山湾区、澳大利亚珀斯开展国际合作,引进紫金融资租赁等地区性总部、行业龙头企业10家,新增到账千万元以上大项目150个、注册资本42亿元,实际利用外资3.2亿美元。

【科技创新创业】 2016年,鼓楼区推进载体平台打造,下关紫博项目主体完工,鼓楼、模范路科创特区建设进展顺利,金川科技园二期竣工,南邮"E联U盟"和智梦园"U+"获批国家级众创空间,模范路科技创新街区和环南艺文化创意产业功能区两个众创空间示范区建设取得初步成效。全年新增高新技术企业20家,引进科技型企业432家,自主培养国家"万人计划"专家4人,入选省"双创计划"人才9人、省"333工程"人才30人,新培育创新型企业家2人。新增产学研合作项目50个、市级以上工程技术研究中心6家,新增孵化器在孵企业92家、毕业企业11家，新增发明专利授权量1225件，通过国家知识产权强县工程试点考核验收。落实金融扶持中小企业发展政策，新增股权投资机构5家、科技创业投资6.6亿元。（区政府办）

政治建设

【党的建设】 2016年，中共鼓楼区委贯彻党的十八届六中全会和省市党代会精神，组织开展区委中心组学习，增强党员干部"四个意识"。开展"两学一做"学习教育，做好规定动作，做精自选动作。完成区委换届任务，开展干部调配工作，选优配强领导班子；突出干部教育培训实效，统筹推进主体班次和各条口专项培训，全年参训人数5000人次。开展基层组织规范化建设，落实党建工作责任制，完成社区党组织换届选举。落实党风廉政建设"两个责任"，用好执纪监督"四种形态"，全年查处违反八项规定精神案件32件，处理党员干部32人；查办各类违规违纪案件134件，其中大要案24件。

（区委办）

【人民代表大会制度建设】 2016年，鼓楼区人大常委会围绕全区工作大局，举行常委会会议12次，听取和审议"一府两院"专项工作报告15项，开展执法检查和视察调研22次，作出决议、决定18项，发出审议意见书9份，备案审查规范性文件3件，对《南京市少数民族权益保护条例》实施情况开展监督和执法检查，制定完善1项常委会工作制度；办结建议98件，建议办结率、回复率100%；任免国家工作人员129人次（其中任命70名，免职59名）。举行区人大代表换届选举，产生区第二届人民代表大会代表376名。（区人大办）

【政府自身建设】 2016年，鼓楼区推进经济发展工作格局、行政管理体制、国资管理等六大类改革措施，130项具体改革事项完成116项，2项暂缓实施。完善政务服务体系，落实"马上就办"和"限时办结"清单，加强政务热线办理流程标准化建设，全年办理群众诉求9.22万件，按时办结率99.8%。完善建议提案信息系统建设，320件省、市、区人大代表建议和政协提案全部办结，满意率99.4%。依法加大审计力度，从严开展财政预算执行、政府投资、经济责任、专项资金等审计项目181个。

（区政府办）

【政治协商制度建设】 2016年，政协鼓楼区委员会针对区域经济社会发展、推进深化改革、为民办实事落实情况、提案办理情况等方面走进机关、走进企业、走进社区、走进重点工程，开展视察调研活动。组织驻区的全国及省、市、区四级政协委员，走进社区开展民主协商活动23次。完成《加快鼓楼铁北片区改造建设》调研报告，完成理论研究论文20余篇，收集上报社情民意信息229篇，被市级以上政协采用46篇，连续4年反映社情民意信息工作走在全市政协系统前列。收到委员提案225件，立案201件，全部办结，满意率99.5%。（区政协办）

【法治和平安建设】 2016年，鼓楼区建成工人新村等54个智能科技防范小区，安装单元防盗门1000扇。全年立刑事案件1.07万起，同比下降0.03%，其中八大类案件148起，破案137起，破案率92.6%；侵财案件9994起，同比下降1.1%。入室盗窃、盗窃非机动车破案率分别为23.1%、20.4%。区人民法院受理各类案件2.09万件（其中含旧存3266件），办结1.63万件，同比分别增长12.99%和11.02%，结收案比92.03%；审结各类案件1.8万件，同比增长21%。区人民检察院办理审查逮捕案件621件886人，审查起诉案件923件1208人。公安鼓楼分局日均接警1180起，完成南京马拉松、G20峰会、省市区党代会等重大活动、赛事、节日安保154场，各级警卫、上级交办任务136起。是年，鼓楼区被评为2011～2015年全省普法工作先进区、省"平安县（市、区）"、市"法治南京建设先进单位"。（区委政法委）

【爱国统一战线】 2016年，鼓楼区强化新形势下爱国统一战线工作，统筹推进各领域统战工作，提升多党合作事业水平，推进统一战线服务民生；加大党外人士队伍建设培养力度，加强党外知识分子工作，营造民族和睦宗教和谐大局；创新非公有制经济领域统战举措，拓展港澳台海外统战工作。区委统战部引导全区统一战线成员继续开展"坚持和发展中国特色社会主义"学习实践活动，举办"鼓楼区统一战线学习贯彻中央统战工作会议精神培训班"。组织非公有制经济人士开展以"诚信守法、坚定信心"为主题的理想信念教育实践活动和井冈山培训班；选调党外干部参加南京市第17期党外中青年骨干培训班。将统一战线法律服务团扩编更名为"同心·律师服务团"，做好党外知识分子和新的社会阶层人士统战工作。举办宗教界教职人员第二期法治化建设暨全国宗教工作会议精神学习培训班，组织基督教三自爱国会组织各宗教活动场所主要教职人员赴江西上饶集中营参观学习。举办"南京鼓楼—珀斯企业交流洽谈会"；开办"鼓楼区企业家大讲堂"，成立"鼓楼区华侨华人创新创业服务中心"，打造"新媒体从业人员之家"，组织中央媒体记者团报道丁山社区侨务工作特色做法，进行详细了解跟踪。是年，区委统战部获2013~2015年度南京市文明单位、2016年度全市统战宣传工作先进单位称号，宁海路街道仙霞路社区、鼓楼国家大学科技园分别获2016年度"全国社区侨务工作明星社区""全国社区（园区）侨务工作示范单位"称号。（区委统战部）

文化建设

【文化产业】 2016年，鼓楼区文化产业发展中心完成招商工作，“三个平台”（创新创业，公共服务，展示推广）及相关建设全部完成，入驻9家企业。全年组织近40家重点文创企业参与2016年度省文化产业专项资金申报、市级文化产业发展专项资金申报、省级现代化服务业（新闻出版广播影视）发展专项资金申报、省级现代服务业（文化）发展专项资金申报，5家企业获得专项资金。完成2015年度鼓楼区文化产业绩效考核，获市一等奖。2家企业获第三届金梧桐奖南京文化创意企业十佳，2件产品入选创意设计奖。鼓楼区文化产业及相关产业税收4.47亿元，文化产业增加值占GDP比重6.9%。（区文创办）

【文化事业】 2016年，鼓楼区实施市民文明素质提升行动，加快龙江船厂遗址“海上丝绸之路”申遗及提升改造工程，白云亭公益剧坊成为文化品牌，开展各类文艺演出、展览、讲座等文化活动2200场。组织参加南京市第21届运动会，金牌总数和总分均列全市第一。颐和路社区将军馆、宁海路街道海洋国防教育馆新馆正式开馆，实现全省双拥模范区“八连冠”。（区政府办）

社会建设

【民生发展】 2016年，鼓楼区全面开展社会保险扩面征缴，探索精准社会救助，发放各类救助资金1.3亿元。全年新增城镇就业3.32万人，培育自主创业3330人，为农民工提供岗位1.25万个，城镇登记失业率控制在2.1%以内，城镇居民人均可支配收入5.48万元、增长8.4%。基本养老保险和基本医疗保险覆盖率98%以上。在全省率先实施“适老化改造”工程，养老机构医疗服务实现全覆盖，新增机构养老床位820张。全面实施两孩政策，妇女儿童十件实事得到落实。

【社会事业】 2016年，鼓楼区加强教育基础设施建设，南京市第二十九中幕府山初级中学、芳草园小学凤凰校区等4所学校建成交付，鼓楼实验中学、实验小学秋季正式开学，新增特级教师5人。名优教师群体进一步扩大，骨干教师交流比例15%，教育教学质量在省市继续保持领先。推动凤凰老年慢性病防治中心、华侨路心血管病防治中心等5个社区卫生服务中心特色化建设，为5万户居民签约家庭医生，重点人群家庭责任医生签约率75%。（区政府办）

【社会建设与管理】 2016年，鼓楼区制定《鼓楼区2016年社会建设工作目标》（鼓委发〔2016〕67号）等文件，将各项指标分解落实到相关部门和街道。召开专题工作会议，部署民生幸福建设满意度测评迎查工作。编印《鼓楼区2015年度社会建设创新案例选编》；编印《向人民汇报——鼓楼区2016年民生幸福建设“大事记”》，每个社区发放100本。组织申报南京市“社会建设创新项目”。区民政局“社区协商‘六化’模式”、热河南路街道“‘有一说一’工作室”获“南京市社会建设创新十佳案例”；区司法局“医患纠纷人民调解体制机制创新试点工作”、华侨路街道虎踞关社区“虎踞党园社区党建创新”获“南京市社会建设创新优秀案例”。组织开展鼓楼区社会建设创新成果评审，评出“鼓楼好人节”等40个创新成果。开展“互联网+改革”之百家街道（社区）书记访谈活动，小市、阅江楼、华侨路、江东、热河南路5个街道工委负责人在访谈现场，与网友及居民代表零距离交流。至年底，全区社会建设工作目标完成。鼓楼区民生幸福建设满意度测评综合得分84.99分，完成年初既定目标。完善社区服务功能，新建湖南路、中央门、宝塔桥3个街道社区综合服务中心，完成第六届社区居委会换届选举工作，社区居站体制改革取得阶段性成效。健全安全生产责任体系，强化源头监管，深入开展各行业、各领域安全大检查、大整治，妥善处置和会街爆燃事故，应对长江大堤树人学校段汛期渗漏险情。强化矛盾纠纷和信访积案化解，全年信访总量同比下降28.1%。（刘传递）

生态文明建设

【基础设施环境】 2016年，鼓楼区制定环境综合整治三年行动计划，启动“五路三片”先行示范区整治。完成北京西路综合整治工程，完成黄家圩北延一期、二板桥路、华胜路等一批道路建设，大唐北路、哈尔滨路等项目有序推进，安怀东路拓宽改造工程基本完成征收。宁海路—颐和路、湖南路—傅厚岗、华侨路—慈悲社3个片区整治取得成效，草场门大街整治有序进行。完成五佰村等8个棚户区改造，拆除房屋面积20.1万平方米。完成13条黑臭河道整治任务，建设排水达标区86个，清江河、中保河、清江东沟3条河道基本达到国家考核标准。组织实施81个老旧小区出新、101个小区二次供水设施改造工程，新建宁夏路南侧等一批绿地，完成8个地质灾害隐患点治理。

【市容卫生环境】 2016年，鼓楼区开展“六乱”（乱搭、乱建、乱停、乱放、乱贴、乱挂）现象专项整治，完成国家卫生城市复审任务。推进城市治理标准化建设，完成2条市级示范道路、2个示范社区创建任务，建成运行13个街道数字城管二级平台，推进户外广告市场化工作，开展环卫、市政管养公开招标试点，区域整体环境进一步改善。完成主次干道、窗口地区存量广告市场化工作，对环卫、市政管养进行公开招标试点，逐步推广管养分离、市场运作、政府监管的市场化模式。全年开展各类专项整治1730次，拆除违规广告牌、破损店招、镂空字543处，对违规行为处罚424起；规范倚门出摊行为9085次，取缔占道经营流动摊点9600余处，取缔违章夜市排挡384处，查处夜间违规洗车点23处，查处占道经营机动车辆80余台，查处违章占道施工作业43起(次)，查处占道堆放物品113起(次)，查处渣土类违法行为125起，整治自发早菜市摊点56个(次)；开展联合整治104次。

【生产生活环境】 2016年，鼓楼区完成中央环保督查迎查工作，通过问题清单整改推动环保监管水平提升。加强扬尘污染管控，实行空气质量日报，全年降尘量均值每平方公里4.31吨/月，比2015年同期下降18%，达到年度考核目标；PM2.5和PM10主要污染物浓度较2015年有所下降，其中PM2.5年均浓度为每立方米49微克，比2015年同期下降15%。完成65家餐饮油烟治理。开展8家一类汽车维修企业污染整治，完成市下达的2543辆“黄标车”淘汰任务。整治清江河等13条黑臭河。审批建设项目70个，环保“三同时”(建设项目的污染治理设施必须与主体工程同时设计、同时施工、同时投产)执行合格率100%。全区60家危险废物产生单位全部实施网上申报，转移处置工业危险废物1426吨，集中转移处置医疗废物3612吨，医疗废物集中处置率100%。完成98家企业环保信用等级评定，完成14家二级以上医院和5家省级以上重点实验室环境信息公开。“双随机”(随机确定被检查对象、随机确定检察人员)检查100家次，查处各类环境违法案件69件，受理各类污染举报投诉4796件，接处中央环保督察53件，全部办结。开展“关爱母亲河我们在行动”等环保宣传活动8场次，拉萨路小学创成省级绿色学校。至年底，新增绿地4.6万平方米（其中公园绿地2.64万平方米），栽植乔木3998株、灌木2.25万平方米、草花17万盆。区内绿地面积1630.4万平方米（其中公园绿地456.36万平方米），绿化覆盖率34.6%，绿地32.04%，人均公园绿地面积4.83平方米。是年，银城大厦、银城广场、银城五台山花园小区、银城聚泽园小区、中海凤凰熙岸小区5家单位（小区）获2016年度市级园林式单位（居住区）称号，江苏省委办公厅机关后勤服务中心、江苏省委党校、省军区第一干休所、中保瑞园小区、天正桃源小区5家单位(居住区)通过市级园林式单位(居住区)复核。 （区政府办）

组织机构及负责人

中国共产党
南京市鼓楼区委员会

书　　记：杨学鹏(5月17日免)
　　　　　张一新(6月20日任)
副 书 记：刘　军(1月12日任)
　　　　　陆　敏(7月8日免)
　　　　　董　伟(7月8日任)
常　　委：董　伟
　　　　　吴勇强（1月12日免）
　　　　　沈吉鸿
　　　　　冯雯兰(4月5日免)
　　　　　丁健生
　　　　　谈　健(2015年12月20日免)
　　　　　周文中(7月8日免)
　　　　　赵小华(4月5日任)
　　　　　陶顺生(7月8日免)
　　　　　郭明雁(7月8日免)
　　　　　吴蒙龙(7月8日免)
　　　　　贾　慧(7月8日任)
　　　　　梁春燕(7月8日任)
　　　　　童晓佳(7月8日任)
　　　　　张　凯(7月8日任)
　　　　　翁俊军(7月8日任)
　　　　　许扬汶(12月18日任)

南京市鼓楼区人民代表
大会常务委员会

主　　任：王根宝
党组书记：王根宝(7月19日免)
　　　　　陆　敏(7月19日任)
党组副书记：华　峰
副 主 任：华　峰　刘　人
　　　　　蓝绍森　张克勤
　　　　　张晓燕　朱　滨
　　　　　沈文娟(兼任)

南京市鼓楼区人民政府

区　　长：曹路宝(1月13日免)
　　　　　刘　军(1月16日任)
党组书记：曹路宝(2月1日免)
　　　　　刘　军(2月1日任)
党组副书记：吴勇强(2月1日免)
　　　　　周文中(4月9日任，7月19日免)
　　　　　沈吉鸿(7月19日任)
常务副区长：吴勇强(1月12日免)
　　　　　周文中(4月9日任，7月19日免)
　　　　　沈吉鸿(7月19日免)
副 区 长：周文中(12月26日免)
　　　　　郭明雁(12月26日免)
　　　　　费丽明　王　红
　　　　　梁春燕(12月26日免)
　　　　　童晓佳
　　　　　张　凯(12月26日免)
　　　　　陈　平
　　　　　高军玲(12月29日任)
　　　　　冯　泉(12月29日任)
正 区 级：王　堡(8月31日退休)
　　　　　史先荣(4月29日退休)
　　　　　华　峰
副巡视员：任　刚(3月23日退休)
　　　　　萧泰迅(7月31日退休)
　　　　　卞书明(4月29日退休)
　　　　　张发轩　耿效华
副 区 级：车道正

颜浩淳(1 月 31 日退休)
徐　丽

中国人民政治协商会议南京市鼓楼区委员会

主　　席:王隆京
党组书记:王隆京(7 月 19 日免)
周文中(7 月 19 日任)
党组副书记:刘晓青(1 月 5 日免)
副 主 席:刘晓青(1 月 8 日免)
田跃初(1 月 8 日免)
周越古　王开琳
张尊建(兼任)
杨秀英(兼任)
沈桂明(兼任)
甘卫华(兼任)

中国共产党南京市鼓楼区纪律检查委员会

书　　记:冯雯兰(4 月 5 日免)
赵小华(4 月 5 日任)
常务副书记:朱建宁(10 月免)
副 书 记:巢伟平
贾　红(6 月免)
孙　宁(3 月免)
邵　玮(7 月任)
常　　委:李银忠(7 月免)
王荣辉(7 月免)
毛文波　刘红军
张顺富　石　琳

南京市鼓楼区人民法院

院　　长:衡　阳
党组书记:衡　阳
党组副书记:盛　皓(正处职,12 月免)
邓向东(正处职)
副 院 长:盛　皓(12 月免)
邓向东　谈雪萍
徐　华　李仁军
孙展虹　彭　静
王　东
机关党委书记:曹桂福(副处职)
政治处主任:夏　雯
审委会专职委员:赵重菊(副处职,12 月免)
纪步超(副处职)
调 研 员:俞本美
正 处 级:何　蓉
副调研员:赵重菊(12 月任)
吴　苹　张梦青
罗　辑　傅春亮
谷　平
耿玉梅(12 月任)

执行局

民事执行局局长:李　宁(副处职)
行政执行局局长:张瑞强(副处级)

南京市鼓楼区人民检察院

检 察 长:杨建萍(12 月 18 日免)
朱　赫(12 月 29 日任)
党组书记:杨建萍(12 月 28 日免)
朱　赫(12 月 28 日任)
党组副书记:吴　艳(正处职)
副检察长:吴　艳
梅　琨(正处职)
黄　清(正处级)
徐明明(正处级)
王洪生(12 月免)
曹莉莉　曹　立
纪检组长:罗　玮(9 月免)
政治处主任:胡　俊
检委会专职委员:罗　玮(9 月任)
吴德彪(副处职)
正 处 级:刘　红
副调研员:王洪生(12 月任)
马遇鸣　杨　利
李　华
高润秋(12 月任)
副 处 级:姬　玲

反贪污贿赂局

局　　长:赵　培(副处职)

反渎职侵权局

局　　长:姚　旭(副处职)

职务犯罪预防局

局　　长:顾丽娟(副处级)

中国共产党南京市鼓楼区人民武装部委员会

第一书记:杨学鹏(5 月 17 日免)
张一新(6 月 20 日任)
书　　记:翁俊军
副 书 记:吴蒙龙(7 月 8 日免)

中国共产党南京市鼓楼区委工作部门

区委办公室

主　　任:王　前(5 月免)
唐伯才(5 月任)
副 主 任:白清泉(5 月免兼)
吴惠锋(10 月兼任)
马　蓉(正处职)
纪明敏(10 月任)
调 研 员:邵世芳(12 月任)

研究室

根据《关于同意调整鼓楼区委部分机构的批复》(宁编办字〔2016〕19 号),设立区委研究室,为区委工作机构,区委全面深化改革领导小组办公室、区委社会建设工作委员会与其一个机构、三块牌子。

主　　任:白清泉(5 月免)
唐伯才(10 月兼任)
副 主 任:黄书田(10 月免)
牛维祥(10 月任)
吴　宏(10 月任)

社会建设工作委员会

书　　记:张　永(1 月免)
副 书 记:王　影(1 月免兼)

机要局

局　　　长：邵世芳（副处职，12 月免）

保密委员会办公室

主　　　任：邵世芳（12 月免兼）

信访局

局　　　长：周德刚（10 月免）
　　　　　　蔡　新（10 月任）
督 查 专 员：周云宁（正处职）
　　　　　　岑继白（正处职）
副　局　长：蔡　新（正处级，10 月免）
　　　　　　胡一挺（12 月免）
　　　　　　兰朋明　曲战平
　　　　　　倪立业　丁朗如
调　研　员：张晓春
正　处　级：贝维纲
副 调 研 员：胡一挺（12 月任）
　　　　　　潘桂明
　　　　　　汪鸿刚（10 月任）
　　　　　　宋海鸥（12 月任）

督察办

主　　　任：吴惠锋
副　主　任：钱　军（12 月免）
副　处　级：李　松

组织部

部　　　长：谈　健（2015 年 12 月 20 日免）
　　　　　　贾　慧（7 月 8 日任）
常务副部长：陈福泉
副　部　长：刘　迎　徐金龙
　　　　　　张　莉

新经济、新社会组织工委

书　　　记：刘　迎（兼任）

组织员办公室

主　　　任：徐金龙（兼任）
副　主　任：白　扬　俞栋铭

党代会代表联络办公室

副　主　任：刘　迎（兼任）

人才工作办公室

主　　　任：张　莉（兼任）

直属工委

副　书　记：夏莉荔
纪工委书记：夏莉荔（兼任）

党史工作办公室

主　　　任：金　群
副　主　任：胡峻敏
调　研　员：梁学勤（提前离岗退养）
副　处　级：潘良霞

老干部局

局　　　长：汪　华（1 月免）
　　　　　　郑卫琴（1 月任）
党总支书记：赵志祥（正处职）
副　局　长：张玉良
调　研　员：范成平（提前离岗退养，8 月退休）
正　处　级：胡　琼
副 调 研 员：郑志芬（12 月任）
　　　　　　唐永良
　　　　　　李笑梅（3 月退休）
　　　　　　杜加好（12 月任）

关心下一代工作委员会

副 秘 书 长：盛文煊
　　　　　　郑志芬（12 月免）

宣传部

部　　　长：董　伟（7 月 8 日免）
　　　　　　梁春燕（7 月 8 日任）
常务副部长：陈　华
副　部　长：范利云（1 月免）
　　　　　　张媛媛（10 月任）
　　　　　　曹　波　燕丽萍
　　　　　　王　玮　冯智勇
副 调 研 员：李世保

精神文明建设委员会办公室

主　　　任：范利云（1 月免兼）
　　　　　　张媛媛（10 月兼任）
调　研　员：叶扣林

文化创意产业发展服务办公室

主　　　任：曹　波（兼任）
党总支书记：康世强（正处职）
副　主　任：祝　瑞（1 月任）
　　　　　　杨　春

统战部

部　　　长：丁健生
常务副部长：张晓艳
副　部　长：张　敏　厉东芳
　　　　　　廖建华（12 月免）
调　研　员：笪远甦
　　　　　　张春满（提前离岗退养，4 月退休）
正　处　级：杨书明
副 调 研 员：王永康
　　　　　　童　萍（12 月任）

台湾工作办公室

主　　　任：厉东芳（兼任）

工商业联合会

党 组 书 记：张　敏（兼任）
专职副主席：牛维祥（10 月免）

政法委员会

根据《中共南京市鼓楼区委政法委员会主要职责内设机构和人员编制规定》（鼓委办发〔2016〕33 号文），增设区法学会，列入群团机关序列，由区委有关领导联系，区委政法委代管。

书　　　记：陶顺生（7 月 8 日免）
　　　　　　张　凯（7 月 8 日任）
副　书　记：郭　磊（1 月任，10 月免）
　　　　　　李向红（10 月任）
　　　　　　丁高奎（1 月免）
　　　　　　谈国苹
正　处　级：李长鸣　沈志宏
副 调 研 员：胡贻友（10 月免）
　　　　　　马文广
　　　　　　吴迎宁（提前离岗退养）
　　　　　　张其林　姚冬梅
　　　　　　胡　萍

综治办公室

主　　任：郭　磊（1月兼任，10月免兼）
　　　　　李向红（10月兼任）
副 主 任：谈国华（兼任）
　　　　　刘宗亮（12月免）
　　　　　许诗保
调 研 员：刘宗亮（12月任）
副 处 级：汪必扬（12月退休）

依法治理办公室

副 主 任：丁高奎（1月免兼）

维稳办

主　　任：刘建元
副 主 任：赖宁生　芮有干

国家安全办公室

主　　任：邱林祥
副 主 任：缪　慧（正处职）
　　　　　杨丽莉　徐　健

法学会

专职副会长：胡贻友（10月任）

610办公室

主　　任：丁高奎（10月任）
副 主 任：丁高奎（1月任，主持工作，10月免）
　　　　　杜宏程　朱　军
　　　　　钱绍杰
正 处 级：程东晓　丁元东
副调研员：董世峰
　　　　　钱凤宝（提前离岗退养，3月退休）
　　　　　范吉刚（提前离岗退养）

机构编制委员会办公室

主　　任：肖锋力
副 主 任：王红丽
　　　　　马举国（10月任）
副调研员：曲新宁（3月退休）
副 处 级：吴雅文

机关工委

书　　记：赵金玉
副 书 记：谢春生（正处职）
　　　　　卢陵燕　孟国华
纪工委书记：卢陵燕（兼任）
正 处 级：章丕红
　　　　　徐晓武（12月退休）
副调研员：吴从康

党　校

常务副校长：单友方（1月任）
副 校 长：李　翔　周宏丽
调 研 员：刘凤珍
正 处 级：王天喜　王友谊
　　　　　夏　远
　　　　　于德江（3月退休）
副调研员：高　滢　高发生
　　　　　曹　英　杨文林
　　　　　黄　宁（12月任）

开发工委

书　　记：姜　勇

老龄工作委员会办公室

主　　任：喻宁艳（兼任）

南京市鼓楼区人民代表大会常务委员会办公室和各委员会

根据《南京市鼓楼区人大机构设置方案》（宁委〔2016〕329号文），鼓楼区人大设专门委员会2个，分别是区人大法制委员会、区人大财政经济委员会；区人大常委会办事机构2个，分别是区人大常委会办公室、区人大常委会研究室；区人大常委会工作机构6个，分别是区人大常委会教育科学文化卫生委员会、区人大常委会环境资源城市建设委员会、区人大常委会民族宗教侨务台湾事务委员会、区人大常委会人事代表联络委员会、区人大常委会内务司法工作委员会（与区人大法制委员会合署办公）、区人大常委会预算工作委员会（与区人大财政经济委员会合署办公）。

区人大专门委员会

法制委员会

主任委员人选：潘永吉（10月任）

财政经济委员会

主任委员人选：黄　迎（10月任）

区人大常委会办事机构

办公室

主　　任：姜宏斌（10月免）
　　　　　郭　磊（10月任）
副 主 任：唐　坚
　　　　　盛　捷（12月免兼）
　　　　　曾晓慧　肖朝晖
　　　　　花　放（12月任。10月任信访办公室副主任，12月免）
调 研 员：王鸣清（12月免）
正 处 级：汪振宇
　　　　　沈伟进（1月任）
副调研员：陈海青（12月退休）
副 处 级：赵莉蓉

研究室

主　　任：盛　捷（12月任）

区人大常委会工作机构

教育科学文化卫生委员会

主　　任：徐　军（12月任）

环境资源城市建设委员会

主　　任：李国栋（12月任）
副 主 任：张庆信（12月任。10月任环境资源城乡建设工作委员会副主任，12月免）

民族宗教侨务台湾事务委员会

主　　任：吴玉萍（12月任。10月任民族宗教侨台事务工作委员会主任，12月免）

人事代表联络委员会

主　　任：唐　坚（12月任）

副　主　任：龚雪奎(12月任)

内务司法工作委员会

主　　任：谈国富

副　主　任：葛龙军

预算工作委员会

主　　任：张　珂(10月任)

南京市鼓楼区人民政府工作部门

2016年1月，根据《中共南京市鼓楼区委、南京市鼓楼区人民政府关于南京市鼓楼区人民政府职能转变和机构改革的实施意见》(鼓委发〔2016〕29号)的规定，按照"精简、统一、效能"要求，围绕市场监管体制改革、城市交通和水务一体化改革、行政执法体制改革以及我区先行先试改革等重点任务，优化政府机构，将职责功能相近、业务范围趋同、相互关联度高的部门和职责相对集中，交由一个部门管理，提高行政效率，降低行政成本。整合区卫生局、区人口和计划生育局，组建区卫生和计划生育局；整合区工商分局、质监分局和食品药品监督管理局，组建区市场监督管理局，挂区食品药品监督管理局、区食品药品安全委员会办公室牌子；组建区建设房产和交通局，挂区房屋征收管理办公室牌子；组建区金融发展办公室；整合原区商务局、区投资促进局，重新组建区商务局；区政府法制办公室由区政府办公室挂牌机构调整为单独设置；区政府国有资产监督管理办公室由区财政局挂牌机构调整为单独设置；区发展和改革局挂牌的区经济和信息化办公室更名为区经济和信息化局；区政府办公室挂区机关事务管理局牌子；区城市管理局挂区水务局牌子；区民族宗教事务局单独设置，列政府工作部门序列；区政务服务管理办公室由区政府办公室挂牌机构调整为单独设置，为区政府派出机构，挂区政务服务中心牌子。

政府办公室

主　　任：林　建

副　主　任：周德刚(10月免兼)
周　彤(1月免兼)
王　丽(1月免兼)
郑卫琴(1月免兼)
黄书田(10月兼任)
高　峰(1月免)
佘　静
石红珍(10月免)
戚晓菁(10月任)
张明华(10月任)

调　研　员：崔玉超(提前离岗退养，3月退休)

副调研员：徐久根(1月退休)
戴　华
李锦荣(12月任)

外事办公室

主　　任：郑卫琴(1月免)
黄书田(10月任)

副　主　任：佘　静(兼任)

机关事务管理局

局　　长：林　建(1月兼任)

事业单位登记管理局

局　　长：王红丽(兼任)

发展和改革局

局　　长：周瀚生

副　局　长：于　宁(正处职，10月免)
张　珂(10月免)
邓少华
陆丽君(10月免)
段　艳

正　处　级：凌乔木

副调研员：张成先　王葆华
杨政平
刘鄂兰(12月任)

经济和信息化局

局　　长：吴　翔(1月任)

副　局　长：尹鸿汉(1月任)

建设房产和交通局

局　　长：徐淮舟(1月任)

工委书记：徐晓华(1月任)

工委副书记：徐淮舟(1月兼任)

纪工委书记：徐晓华(1月兼任)

副　局　长：徐晓华(1月兼任)
胥亚林(1月任)
胡　敏(1月任)
初　伟(1月任)
蔡连瑞(1月任)
睢建波(1月任)
刘　园(1月任)
夏敬录(1月任)

调　研　员：胥亚林(1月兼任)

正　处　级：吴　超(1月任)

副调研员：沈代仲(1月任)
陈　军(12月退休)
俞开武(1月任)
王一军(1月任)
齐永利(1月退休)
张金枝(12月任)

副　处　级：梅仁明

乌龙谭公园

主任、书记：吴　林(副处级)

房屋征收管理办公室

主　　任：梁卫国

工委书记：李向红(10月免)

工委副书记：梁卫国(兼任)

纪工委书记：李向红(1月兼任，10月免兼)

副　主　任：李向红(10月免兼)
丰小兵　殷位栋
何云鸿

正　处　级：施国平

副调研员：顾玉明　张永利

科学技术局

局　　长：向　卫

副　局　长：许安秀(12月免)
宋振宇(兼任)　洪东其
郑　浩　杜　敏

调　研　员：许安秀(12月任)
李智辉　端　军

副调研员:张雪男　汤　立
刘布克
赵长河(3月退休)

知识产权局

局　　长:许安秀(12月免兼)

电子政务办公室

主　　任:宋振宇
副主任:吴宝兴(12月免)
蒲云尧
调研员:吴宝兴(12月任)

教育局

局　　长:蔡双根
工委书记:柴　耘
工委副书记:蔡双根(兼任)
纪工委书记:柴　耘(1月兼任)
副局长:周　斌(正处职)
谈雅萍(正处职)
陈春保　肖大明
周东镇
调研员:王　强(提前离岗退养)
正处级:储　红　张俊生
副调研员:申　云(12月退休)
曹小平

教育督导室

主　　任:谈雅萍
副主任:邬向飞(正校职)
闵志萍(正校职)
王　颖
督　　学:高绪荣(兼任,11月退休)
郑　雁(兼任)
闻建华(副校级)
李　斌(副校级)

监察局

局　　长:巢伟平(兼任)
副局长:周　彤(1月免兼)
邵　玮(兼任)　石　琳

民政局

局　　长:吴更新
工委书记:喻宁艳
工委副书记:吴更新(兼任)
梁桂英(12月免)
纪工委书记:梁桂英(12月免兼)
喻宁艳(12月兼任)
副局长:王　影　李秀文
周自堂(10月免)
陈　昕(10月任)
调研员:商应征(提前离岗退养,1月退休)
许银虎
梁桂英(12月任)
正处级:徐士锦　蔡　伟
副调研员:吴赛法　郑　标
王福姐　周　宁
王晓阳(12月任)
副处级:汪　宁　吴晓清

司法局

局　　长:武　刚
党委书记:凌　志(10月任)
纪工委书记:凌　志(10月兼任)
副局长:王　平(正处级)
刘　磊
袁受美(12月免)
王建明
调研员:杨庆勇
正处级:张建国　陈家宽
姚启明(9月退休)
副调研员:范永军
陈浩林(11月退休)
程祝聪
储建安(12月任)

财政局

局　　长:许小卫(5月免)
尚东明(5月任)
副局长:田伟民(1月免兼)
刘晓晖(正处职,3月免)
王绮明(正处职,12月免)
周小明(正处职,10月免)
丁学农　吴海林
李　娟
赵颖洁(10月任)
调研员:王绮明(12月任)
副调研员:王秀芬(12月任)
副处级:张红萍

人力资源和社会保障局

局　　长:张国强
工委书记:王　辉(10月免)
工委副书记:张国强(兼任)
副局长:宋建忠　樊学燕
朱煜明
方立清(12月免)
吴乾雄　冷　明
调研员:方立清(12月任)
正处级:赵福生　王　岩
汤文艺　陶万虎
樊晋安
副调研员:钱永华　龚华东
张正罡(12月任)

公务员局

局　　长:王　辉(10月免兼)
副局长:宋建忠(兼任)

环境保护局

局　　长:潘永吉(10月免)
王　辉(10月任)
工委书记:巢　璐
工委副书记:潘永吉(10月免兼)
王　辉(10月兼任)
纪工委书记:巢　璐(兼任)
副局长:巢　璐(兼任)
郑树良(12月免)
刘玉龙　谢　蕾
调研员:郑树良(12月任)
正处级:吴海军(9月退休)
陈康娟　卞爱平
李　力
副调研员:俞寿生　倪　坚
金礼明

审计局

局　　长:尚东明(1月免)
田伟民(1月任)
副局长:刘龙伟　王海峰
丁玲晔
正处级:周恩情
副调研员:吴德南

统计局

局　　长：谢秋平
副 局 长：赵　欣　赵　园
　　　　　吉　添
副调研员：夏　岩　李明福

物价局

局　　长：张长青
副 局 长：刘　莉（10 月任）
　　　　　卢　英　李金锤
调 研 员：姚　彤（10 月任）
　　　　　满在理（10 月任）
　　　　　张　雯
正 处 级：王雪琴
副调研员：胡志堂　胡新春
　　　　　王祖礼（提前离岗退养，12 月退休）
　　　　　戴淑堂（6 月退休）
　　　　　梁　晨
　　　　　陈春翃（12 月任）

市场监督管理局

局　　长：丁卫泽
工委副书记：丁卫泽（兼任）
　　　　　董永平（正处职）
纪工委书记：陈卫彬（正处级）
副 局 长：王宗源（5 月免）
　　　　　李长浩（12 月免）
　　　　　杨克明　薛春华
　　　　　吴馨南（12 月免）
　　　　　史学广（12 月免）
　　　　　闫俊仁　吴　俊
　　　　　汪盛齐　戴恩庆
调 研 员：胡　华
　　　　　李长浩（12 月任）
　　　　　吴馨南（12 月任）
正 处 级：丁铁武　丁昌盛
副调研员：史学广（12 月任）
　　　　　巢卫东　周林华
　　　　　李灯余
　　　　　周在峰（7 月免）
　　　　　徐建宁
　　　　　褚燕萍　丁　梅
　　　　　许成庄（12 月任）
　　　　　曾庆宁（12 月任）

食品药品监督管理局

局　　长：王宗源（5 月免兼）

安全生产监督管理局

局　　长：王　伟
副 局 长：叶　红　周建平
　　　　　陈　峰（12 月任）
调 研 员：马　进
正 处 级：龚　颖　季习平
副调研员：王志慧（9 月退休）
　　　　　相朱尧（7 月退休）
　　　　　杨万名

金融发展办公室

主　　任：周小明（10 月任）
副 主 任：陆丽君（10 月任）

城市管理局（城市管理行政执法局）

局　　长：徐桓峰
工委书记：李国民
工委副书记：徐桓峰（兼任）
纪工委书记：李国民（1 月兼任）
副 局 长：李国民（兼任）
　　　　　祝建华（12 月免）
　　　　　张　俊　王永仁
　　　　　张立安　张守虎
　　　　　尤习明
　　　　　吴蒙龙（12 月任）
调 研 员：王阶义（提前离岗退养，9 月退休）
　　　　　祝建华（12 月任）
正 处 级：苏有林　臧宝陵
　　　　　吴建宁　彭如志
　　　　　于根宝　田富合
副调研员：张庆友　朱建平
　　　　　蒋　勤（6 月退休）
　　　　　孙宏伟
　　　　　周乃之（12 月任）
副 处 级：王亚芳（5 月退休）

水务局

局　　长：徐桓峰（1 月兼任）

商务局

局　　长：李　艳（1 月任）
工委书记：陈庆贵（1 月任）
纪工委书记：陈庆贵（1 月兼任）
副 局 长：陈庆贵（1 月兼任）
　　　　　徐松林（1 月任）
　　　　　祝　瑞（1 月免）
　　　　　曹　琳（1 月任）
　　　　　唐　娜（1 月任）
　　　　　田　园（1 月任）
　　　　　张　兵（1 月任）
　　　　　徐国富（1 月任）
　　　　　周晓慧（1 月任）
　　　　　张鸣明（1 月任）
正 处 级：陈技明　李　军
　　　　　高建军
副调研员：李自来（1 月任）
　　　　　周修忠（1 月任）
　　　　　庞文静（1 月任）
　　　　　严有德（1 月任）
　　　　　郑天寿（1 月任）
　　　　　杨　莉（1 月任）
　　　　　成宝根（1 月任）
　　　　　季进德（12 月任）

旅游局

局　　长：李　民
副 局 长：张立军　张红麟
正 处 级：耿　旻
副调研员：刘中华
副 处 级：王振荣

文化局

局　　长：李国蓉
党委书记：张　永（1 月任）
党委副书记：任明璋
纪工委书记：任明璋（10 月免兼）
　　　　　张　永（10 月兼任）
副 局 长：张　乐（正处职，10 月免）
　　　　　任明璋（10 月任）
　　　　　张　骏　管　磊
调 研 员：张国防（提前离岗退养）
　　　　　吴永康（提前离岗退养，6 月退休）
正 处 级：刘传俊（1 月退休）
　　　　　姜东林　孙　威
　　　　　朱冬梅

副调研员:乐开安(提前离岗退养,11月退休)
张殿亮

卫生和计划生育局

局长:唐伯才(1月任,5月免)
王宗源(5月任)
工委书记:徐昕(1月任)
工委副书记:唐伯才(1月兼任,5月免兼)
王宗源(5月兼任)
纪工委书记:徐昕(1月兼任)
副局长:傅豫梅(1月任,10月免)
宋志坚(1月任)
安冬梅(1月任)
庄永忠(1月任)
调研员:董莎莉(提前离岗退养,7月退休)
正处级:陈玉林
副处级:施秀红
副调研员:王晓凤(提前离岗退养)
郑金玲(1月任)
陶新梅(1月任)
严世增(1月任)
杨永斌(1月任)
蒋燕民(1月任)
汪鸿刚(1月任,10月免)
陶建华(1月任)
戴正凤(12月任)

爱国卫生运动委员会

主任委员:梁春燕
副主任委员:唐伯才　佘静
李晓明(3月免兼)
安冬梅(3月兼任)
办公室主任:李晓明(3月免兼)
安冬梅(3月兼任)

民族宗教事务局

局长:廖建华(1月兼任,12月免兼)
副局长:方立中(1月任)
调研员:廖建华(12月任)

台湾事务办公室

主任:厉东芳(兼任)

侨务办公室

主任:厉东芳(兼任)

人民防空办公室

主任:夏建权
正处职:黄京奇
副主任:任国健(12月免)
资京义　茆长林
调研员:任国健(12月任)
正处级:杭军(1月退休)
王信奎(12月退休)
副调研员:胡全夫
王晓苏(5月退休)
成苏建

法制办公室

主任:王丽(1月任)
副主任:俞忠东(1月任)
正处级:鲁昌贵

国有资产监督管理办公室

主任:田伟民(1月免)
尚东明(1月任,5月免)
陶相中(5月任)
党委书记:徐劲松(1月任)
党委副书记:蔡文明(1月任)
纪工委书记:蔡文明(1月兼任)
副主任:喻泳宇(1月任)
梁璟(1月任)

国税局

局长:陈雁青
党组书记:陈雁青
副局长:张建国　徐健
严维国
纪检组长:邹勇
副调研员:李昌华

地税分局

局长:马学民
副局长:尤克
周斌(12月免)
陈卓兵　周妍
调研员:周斌(12月任)
副调研员:吴兵　夏莉
潘祥云　柳峰
颜月平　鲁世君

公安分局

局长:车道正
政委:吕丹(3月免)
薛宏森(3月任)
副局长:黄伟(3月免)
梁卫国(11月免)
黄玉辉(8月免)
陈矿(3月任)
陈辉(12月任)
黄祥胜(7月任)
监察室主任:谢凯
调研员:王先进　郭传真
黄梁　朱明
杨卫民(6月任)
彭兴明(6月任)

体育局

局长:徐磊(1月免)
杨杨(1月任)
党总支书记:徐磊(正处职,1月任)
副局长:李万红　张海燕
袁春
正处级:刘云　李宝金
副调研员:娄小枫　黄振球
尹保顺(12月任)

档案局(馆)

局长:张云霞
副局长:史丽宁
吴向松(10月任)
正处级:肖崇厚
副调研员:彭辉　徐梅
陈胜国(12月任)
馆长:赵琳
副馆长:史丽宁(兼任)

地方志编纂委员会办公室

主任:王蔚
副主任:肖兴
副调研员:陈鹏　祁金燕

南京市鼓楼区人民政府派出机构

根据江苏省编办《关于南京市部分省级园区管理机构规格的批复》(苏编办复〔2015〕216号文),鼓楼科技创业特别社区管理委员会(党工委)更名为南京鼓楼国家大学科技园管理委员会(党工委)。南京鼓楼国家大学科技园管理委员会(党工委)、南京市下关滨江商务区管理委员会(党工委)机构规格为市副局级,内设机构规格为正处级。

南京鼓楼国家大学科技园管理委员会

党工委书记:许小卫(4月26日任)
副　书　记:滕献忠(5月9日兼任)
　　　　　　姜　涛(1月任)
主　　　任:郭明雁(1月5日兼任,5月9日免兼)
　　　　　　滕献忠(4月26日任)
副　主　任:徐　丽(1月5日兼任)
　　　　　　何　建(1月任,5月免)
纪工委书记:姜　涛(1月兼任)
综合处处长:沈晓蕾(1月任)
副　处　长:阚加力(1月任)
　　　　　　杨晓芳(1月任)
　　　　　　朱晓萍(1月任)

鼓楼科创特区管理办公室
　主　　任:吴素芹(1月任)
下关科创特区管理办公室
　主　　任:薛超美(1月任)
　副　主　任:左文芳(1月任)
模范路科创特区管理办公室
　主　　任:田洪昊(1月任)
　副　主　任:李远航(1月任,2月去世)
高校园区联络处
　处　　长:周新萍(1月任,10月免)
　　　　　　周　兵(10月任)
　副　处　长:张玉琦(1月任)
　副调研员:李柯柯(1月任)
发展规划处处长:闫　刚(10月任)
　副处长:闫　刚(1月任,10月免)

南京市下关滨江商务区管理委员会

党工委书记:王　前(4月26日任)
副　书　记:何　建(5月9日兼任)
主　　　任:沈吉鸿(5月9日免兼)
　　　　　　何　建(4月26日任)
南京市下关滨江指挥部
　指挥长助理:滕献忠(5月免)
　副　主　任:滕献忠(5月免兼)
综合处处　长:李　辉
　副处长:石　群(正处职)
　　　　　　蔡　健(1月任)
发展规划处处　长:刘之浩
　副处长:梁　冬
建设管理处处　长:刘公勤
　副处长:禹克荣
招商与产业发展处
　处　　长:金学春(5月免)
　副　处　长:曹　宁
滨江风光带建设管理办公室
　主　　任:孙建武(1月任)
　副　主　任:孙建武(1月免)
　副调研员:童　珑　宋　鉴
历史文化街区保护利用管理办公室
　主　　任:卢怀道(10月任)
　副　主　任:卢怀道(10月免)
政务服务管理办公室
　主　　任:周　彤(1月任)
　副　主　任:徐　方(1月任)
　　　　　　滕云峰(1月任)
　副调研员:陈俊伟(1月任)

湖南路山西路地区管理委员会

主　　　任:曹　伟
工委书记:邹汉宁
纪工委书记:邹汉宁(1月兼任)
副　主　任:张兴月
　　　　　　吴玉萍(10月免)
正　处　级:王桂荣
副调研员:施广金(提前离岗退养,7月退休)
　　　　　　刘新忠
　　　　　　鲍跃华(12月任)

中央门商贸区管理委员会

主　　　任:林海滨
工委书记:尹伟勋
工委副书记:林海滨(兼任)　周筝宁
纪工委书记:周筝宁(兼任)
副　主　任:周筝宁(兼任)　张　阳
　　　　　　李　康
副　处　级:兰敦华

阅江楼风景区管理委员会

主　　　任:韩剑峰(10月免)
工委书记:程宗清
工委副书记:韩剑峰(10月免兼)
纪工委书记:程宗清(兼任)
副　主　任:曹　军　王富强
　　　　　　刘　翔　孙学全
　　　　　　李建国　卞广宏
　　　　　　王　韬
正　处　级:邱　民

中国人民政治协商会议南京市鼓楼区委员会工作部门

根据《中共南京市委、南京市人民政府关于印发〈南京市鼓楼区党政机构设置方案〉的通知》(宁委〔2013〕154号)、《中共南京市委关于印发〈南京市鼓楼区人大、政协机构设置方案〉的通知》(宁委〔2013〕158号)的规定,区政协机关设办公室(研究室)和6个专门委员会。

秘　书　长:李增平
副秘书长:万贵祥(正处)
　　　　　　吴　超(正处职,1月免)
　　　　　　满在理(正处职,10月免)
　　　　　　李晶晶(正处,12月任)
　　　　　　范利云(正处,12月任)
　　　　　　彭广军(正处职)

办公室

主　　　任:万贵祥(12月免兼)
　　　　　　李增平(12月兼任)
副　主　任:谌　菲　刘　坤
正　处　级:陈　卫
副调研员:汤印河

研究室

主　　任：李增平（12月兼任）

提案委员会

主　　任：王卫东
副 主 任：沈　燕

经济科技委员会

主　　任：顾　铭
副 主 任：韩正宏（10月任）

人口资源环境（城市建设）委员会

主　　任：韩剑峰（10月任）
副 主 任：高　庆

教卫文体（文史）委员会

主　　任：罗　瑛（12月任）
副 主 任：周丽平（12月任。10月任教卫文体委员会副主任，12月免）

社会法制（民族宗教）委员会

主　　任：凌　志（10月免）
　　　　　周德刚（10月任）
副 主 任：杨建国

委员工作委员会

主　　任：沈伟进（1月免）
　　　　　周颖秋（10月任）

中国共产党南京市鼓楼区纪律检查委员会工作部门

根据市编办《关于区级党委巡察办和巡察组设置有关事项的》的通知，明确：区级设立区委巡察工作领导小组办公室，设在区纪委，核定办公室主任1名、副主任1名。设立4个巡察组，组长从区管正职领导干部中优选，各巡察组可设副组长1名，由区管副职专职担任。

办公室

主　　任：张顺富

纪检监察干部管理监督室

主　　任：王荣辉（12月免）

宣传教育室

主　　任：桂　峰

党风政风监督室

主　　任：刘红军（12月免）

信访室

主　　任：薛金通（5月免）

案件监督管理室

主　　任：毛文波

纪检监察一室

主　　任：施　武（10月免）

纪检监察二室

主　　任：顾　扬

案件审理室

主　　任：李银忠（10月免）

区政府纠正行业不正之风办公室

主　　任：李　璐（10月免）
正处级纪检员：熊　斌
副处级干部：叶　凯
调 研 员：王鸣清（12月任）
正 处 级：孙　宁　王红军
　　　　　汪家圣（1月任）
　　　　　梁　华　高　明
副调研员：黄忠欢（提前离岗退养，10月免）
　　　　　王荣辉（12月任）
　　　　　刘向宇
　　　　　昌国银（提前离岗退养，5月退休）
　　　　　孟　群　王建庭
　　　　　成春荣
副 处 级：龚锡民　张和生

区纪委、监察局纪检监察工作室

区纪委、监察局纪监工作一室

副 主 任：江国兴（12月免）
　　　　　朱爱冬（10月免）

区纪委、监察局纪监工作二室

主　　任：姜　倩
副 主 任：花伟星（10月免）

区纪委、监察局纪监工作三室

主　　任：任志刚
副 主 任：徐　靖

区纪委、监察局纪监工作四室

主　　任：汪家圣（1月免）
　　　　　李银忠（10月任）
副 主 任：姜　涛

区委巡察办公室

主　　任：朱建宁（12月任）
副 主 任：刘红军（12月任）

区委巡察一组

副 组 长：江国兴（12月任）

区委巡察二组

副 组 长：袁受美（12月任）

区委巡察三组

副 组 长：徐　辉（12月任）

区委巡察四组

副 组 长：钱　军（12月任）

南京市鼓楼区各群众团体

总工会

主　　席：陶顺生（1月兼任）
常务副主席：吴霁宁
副 主 席：王以华（正处职）
　　　　　汪　华（正处职，1月任）
　　　　　王祝山
正 处 级：陈靖秋　张伟明
　　　　　汤海鸿　戴　华
副调研员：刘建永（提前离岗退养）
　　　　　林　江　王致鸣
　　　　　许亚琳（12月任）

团　委

书　　记：樊向前（10月免）

邵　睿(10月任)
副　书　记:邵　睿(10月免)
蔡　健(1月免)
陈　昕(10月免)
戴　石(6月任)
肖　晓(10月任)

妇女联合会

主　　席:祁　敏
副　主　席:卢羽红　卢是玥
吴兆兰(兼任)
调　研　员:王小菲
正　处　级:赵　虹　刘　洁
余　浚
副调研员:辛桂兰(12月任)

残疾人联合会执行理事会

理　事　长:王燕萍(12月免)
副理事长:毛惠英　毕　兵
调　研　员:王燕萍(12月任)
副调研员:张爱芬

红十字会

常务副会长:陈　珺
副　会　长:薛文友
副　处　级:孙春风
夏金平(提前离岗退养,11月退休)

科　协

主　　席:金　晔
专职副主席:许启明　刘晨平

南京市鼓楼区各街道

华侨路街道

工委书记:王　媛
工委副书记:疏新生(10月免兼)
樊向前(10月兼任)
孙焰艳(10月免)
胡　宇
纪工委书记:胡　宇(10月免兼)
李　璐(10月任)
人大工委主任:邵　娟(1月免)
孙焰艳(10月任)
办事处主任:疏新生(10月免)
樊向前(10月任)
办事处副主任:孙焰艳(10月免兼)
马兴松　徐祥华
费晓晴(10月任)
周　勇(兼任)
政协工委主任:袁　榕
人武部部长:郑爱华(1月免)
王海兵(10月任)
综治办主任:周　勇
统战委员:董　芳(副处级,10月任)
正　处　级:邵　娟(1月任)
副调研员:朱宝明
王圣明(9月退休)
王树富　梁继红
程沂蒙　李贞梅
副　处　级:孙广明
郑爱华(1月任)

宁海路街道

工委书记:倪一如
工委副书记:陶相中(5月免兼)
白清泉(5月兼任)
唐　涛(10月免)
罗有进
纪工委书记:唐　涛(10月免兼)
华　岚(10月任)
人大工委主任:唐　涛(10月任)
办事处主任:陶相中(5月免)
白清泉(5月任)
办事处副主任:华　岚(10月免)
傅　越　程国庆
李雅婕
朱元海(兼任)
政协工委主任:王冬丽
人武部部长:唐　坤(10月兼任)
综治办主任:朱元海
统战委员:唐　坤
正　处　级:陈　凯(7月退休)
曹爱萍　于爱珍
石治国(2月退休)
副调研员:何亚斌　宋春芳
陈建申
副　处　级:郑建英
李成明(11月退休)

湖南路街道

工委书记:李本武
工委副书记:陈爱华(5月免兼)
仇建军(5月兼任)
冯　磊　朱　江
徐晓红(10月免)
纪工委书记:朱　江(10月免兼)
梁全民(10月任)
人大工委主任:白建栋
办事处主任:陈爱华(5月免)
仇建军(5月任)
办事处副主任:冯　磊(兼任)
许燕青
梁全民(10月免)
苏　治　陈铭谊(兼任)
政协工委主任:刘翠萍(10月免)
徐晓红(10月任)
人武部部长:朱加庆(10月任)
综治办主任:陈铭谊
统战委员:周汝干(副处级)
调　研　员:刘翠萍(10月任)
正　处　级:张新霞　孙淮宁
副调研员:成志方　安宗钊
张庆信(10月免)
李正见(12月任)
副　处　级:郑长林

中央门街道

工委书记:翁晓泳
工委副书记:李志平(10月免兼)
周新萍(10月兼任)
史　国
纪工委书记:徐兴国(10月兼任)
人大工委主任:刘晓军(10月任)
办事处主任:李志平(10月免)
周新萍(10月任)
办事处副主任:张　红　吴志强
李亚舒　沈　涛
王传辉(兼任)
政协工委主任:孙　仲
人武部部长:章荣保(10月任)
综治办主任:王传辉
统战委员:曹　杰(副处级)
调　研　员:徐兴国
正　处　级:潘京潮　李玉生

副调研员：杨明玉（9月退休）
章荣保（10月免）
袁黎光　胡向阳
封祺翔　吴长青
曾庆贵（12月任）
副处级：秦余珠　杨　健

挹江门街道

工委书记：郭　磊（1月免）
石　英（5月任）
工委副书记：闫　航（兼任）
王可可（10月免）
肖　立
纪工委书记：肖　立（10月免兼）
张　健（10月任）
人大工委主任：马巧令
办事处主任：闫　航
办事处副主任：张　健（10月免）
刘开福（10月免）
匡　猛　易从霞
张国庆（10月任）
王文炜（兼任）
政协工委主任：刘开福（10月任）
人武部部长：王永国
综治办主任：王文炜
统战委员：叶　芸（副处级）
正处级：刘尊坤
顾理明（9月退休）
副调研员：乔增斌
易永春（提前离岗退养，7月退休）
李春阳　唐吉林
赵守江　陈海滨
宋晓军（12月任）
副处级：岳梦吟

江东街道

工委书记：陈海涛
工委副书记：倪　锐（兼任）
孙良毅（10月免）
王英俊（10月任，12月免）
纪工委书记：孙良毅（10月免兼）
林　莉（10月任）
人大工委主任：杨　宸（10月任）
办事处主任：倪　锐
办事处副主任：刘　莉（10月免）
王　伟
王英俊（10月免）
王爱兵
林　莉（10月免）
陶善满（10月任）
桂健民（兼任）
政协工委主任：孙良毅（10月任）
人武部部长：黄永刚
综治办主任：桂健民
统战委员：何国安（副处级）
调研员：刘　艳
王英俊（12月任）
正处级：武业胜　张跃进
副调研员：王和平（提前离岗退养，1月退休）
顾国民　黄年俊
王忠云
刘汉桃（12月退休）
丁永清（12月任）
副处级：李春宁

凤凰街道

工委书记：周颖秋（10月免）
李志平（10月任）
工委副书记：周　兵（10月免兼）
梁　平（10月兼任）
王　辉
李　军（10月免）
石红珍（10月任）
纪工委书记：王　辉（10月免兼）
朱爱冬（10月任）
人大工委主任：汤忠胜（1月任）
办事处主任：周　兵（10月免）
梁　平（10月任）
办事处副主任：王　征　吴海明
赵铁军　陈　峻
秦　岷（5月免兼）
陈从邦（5月兼任）
政协工委主任：李　军（10月任）
人武部部长：朱成亮（10月任）
综治办主任：秦　岷（5月免）
陈从邦（5月任）
统战委员：章蔷丽（副处级）
调研员：张　军
正处级：郑　峰　倪慧敏
马　平
汪明法（4月退休）
黄建新
副调研员：毛建卿（3月去世）
石尧明　姚　敏
唐为民　刘　兰（12月任）

热河南路街道

工委书记：石　英（5月免）
陈爱华（5月任）
工委副书记：倪娅红（兼任）
王启伦
纪工委书记：王启伦（10月免兼）
杨锡强（10月任）
人大工委主任：刘国青（10月任）
人大工委副主任：束长青
办事处主任：倪娅红
办事处副主任：刘国青（10月免）
李亚萍　张雯娟
汪立斌
杨锡强（10月免）
王　艺（10月任）
李　强（兼任）
政协工委主任：刘宝港
人武部部长：汪立斌（10月兼任）
综治办主任：李　强
统战委员：汪立斌（10月兼任）
正处级：徐亚坤　钱扬义（6月退休）
薛玉虎
副调研员：王　宁　耿希民（1月退休）
周海东（12月任）

阅江楼街道

工委书记：刘东生
工委副书记：成　静（10月免兼）
王可可（10月兼任）
王宁平（1月任）
纪工委书记：王宁平（1月兼任，10月免兼）
隋　芳（10月任）
人大工委主任：陈　兵（10月免）
傅豫梅（10月任）
办事处主任：成　静（10月免）
王可可（10月任）
办事处副主任：王宁平（1月免）

范宇容　浦　健
隋　芳(10月免)
马志忠　李金国(10月任)
鄢　剑(10月任)
朱永梅(7月免兼)
刘安胜(7月兼任)
政协工委主任:王宁平(10月兼任)
政协工委副主任:曹　兵
人武部部长:徐　祥
综治办主任:朱永梅(7月免)
刘安胜(7月任)
统战委员:曹　兵(兼任)
调研员:邵统明　陈　兵(10月任)
正处级:黄　民
副调研员:刘建东　袁　倩
杨家坤　孙银圣
王青梅(12月任)
金　鹏(12月任)
副处级:费厚忠(8月退休)
黄翠凤

建宁路街道

工委书记:刘晓军(10月免)
成　静(10月任)
工委副书记:吕　扬(兼任)
许　杰(10月免)
刘　雅(10月任)
纪工委书记:许　杰(10月免兼)
韩永红(10月任)
人大工委主任:刘晓军(10月免兼)
许　杰(10月任)
办事处主任:吕　扬
办事处副主任:张　斌
刘　雅(10月免)
许正兵
赵颖洁(10月免)
李晓明(1月任)
戴红军
俞同辉(兼任)
政协工委主任:胡文军
政协工委副主任:杨秋明
人武部部长:杨秋明(兼任)
综治办主任:俞同辉
统战委员:杨秋明(兼任)
副调研员:陈信如
陈占江(11月免)　苏道良
魏　新　殷　俊(12月任)
副处级:郑　静

宝塔桥街道

工委书记:杨　宸(10月免)
疏新生(10月任)
工委副书记:阙晶晶(兼任)
田志荣(10月免)
王庭梅(10月任)
纪工委书记:田志荣(10月免兼)
施　武(10月任)
人大工委主任:杨　宸(10月免兼)
田志荣(10月任)
人大工委副主任:高云燕
办事处主任:阙晶晶
办事处副主任:姚志江　吴恒林
徐志鸿
王庭梅(10月免)
徐　辉(12月免)
洪　亮　曹成建(兼任)
政协工委主任:王祥果
人武部部长:徐志鸿(10月兼任)
综治办主任:曹成建
统战委员:徐志鸿(10月兼任)
正处级:周远洋(10月退休)
张放鸣　黄晓庭
副调研员:蔡东飞　何　红(12月任)
副处级:王军炎(11月退休)

小市街道

工委书记:吕燮纲
工委副书记:仇建军(5月免兼)
金学春(5月兼任)
程立鹏
纪工委书记:程立鹏(10月免兼)
花伟星(10月任)
人大工委主任:陈方方
人大工委副主任:朱国祥
办事处主任:仇建军(5月免)
金学春(5月任)
办事处副主任:梁　平(10月免)
尹雪莲
吴向松(10月免)
李　文
朱照兵(10月任)
万　伟(10月任)
诸抡顺(兼任)
政协工委主任:康　强
人武部部长:王　亚(10月任)
综治办主任:诸抡顺
统战委员:王　亚(10月兼任)
调研员:王新民
副调研员:孟庆玲(提前离岗退养)
裘贤富　肖祥华
于丰喜
郭明兰(1月退休)
潘日波(12月任)

幕府山街道

工委书记:赵　耀
工委副书记:张媛媛(10月免兼)
周　刚　姜晓薏(10月任)
纪工委书记:周　刚(10月免兼)
徐　楠(10月任)
人大工委主任:汤忠胜(1月免)
周自堂(10月任)
人大工委副主任:彭　健(10月免)
办事处主任:张媛媛(10月免)
周　刚(10月任)
办事处副主任:王采喜
徐　楠(10月免)
姜晓薏(10月免)
陈　晨　张开生
狄文兵(10月任)
吴　涌(兼任)
政协工委主任:周　捷
人武部部长:王采喜(10月兼任)
综治办主任:吴　涌
统战委员:王采喜(10月兼任)
正处级:徐正华
副调研员:彭　健(10月任)
张　俊　严云龙
景雪森
刘世勇(12月任)
副处级:张道明

(张　治)

鼓楼年鉴 2017

都市建设

Urban Construction

城市更新

【概况】 2016年，鼓楼区继续推进《鼓楼区铁北片区城市设计整合及控详修编》《鼓楼区滨江片区控制性详细规划修编》等4个控详修编工作，其中2个取得市政府批复。规划审批案件25件，建筑面积2444.88平方米。完成黄家圩北沿一期路段建设，新兴路西延一期现场围挡及建设华胜路、二板桥路，验收红山南路西延道路东段并移交。审查2016年第一批居民住宅二次供水设施改造工程、河西北部地区水环境整治工程、鼓楼区第四批片区污水收集系统建设工程等初步设计项目26件；审核批复钟阜北路拓宽改造工程、阅江楼街道世茂滨江新城小区二次供水设施改造工程等概算16件。办理施工许可32件。监管房屋建筑、市政园林工程项目105个，完成竣工验收备案项目17个。完成中央北路干道整治工程，纬一路—燕江路段西半幅路面施工，同步实施树木移植和电力施工；完成石头城路南艺后街等7处洪涝地质灾害治理；完成年内第一批次23处小区二次供水设施改造；出新83个老旧小区房屋580幢，建筑面积165.54万平方米；完成全市电梯整治计划（分4批，计51台）收尾工作，完成既有住宅增设电梯——建宁路街道佳乐福新寓（大桥南路18号）1-2幢，并交付使用；铺设江东街道片区雨污分流管道约15公里；完成大庙沟流域幕府佳园、建宁中学等6个片区排水达标区建设。至年底，新增绿地4.6万平方米（其中公园绿地2.64万平方米），栽植乔木3998株、灌木2.25万平方米、草花17万盆。区内绿地面积1630.4万平方米，（其中公园绿地456.36万平方米），绿化覆盖率34.6%，绿地率32.04%，人均公共绿地面积4.83平方米。是年，房屋租赁代征税收1.35亿元，新增房屋租赁登记备案227家，完成个人不动产租赁税收代征2330万元，新增登记备案379家。全年设计服务业全口径税收1.7亿元，营业收入28.3亿元。

【工程质量监管】 2016年，鼓楼区落实住建部《工程质量治理两年行动方案》和省市部门相关要求，推行开工前质量安全承诺和竣工后永久性标牌制度。全年开出质量类整改通知书156份、安全类整改通知书102份、停工通知书6份；行政处罚11件，罚款金额266万元。区质监站监管房屋建筑、市政园林工程项目106个，其中市政园林类14项，房建类92项，建筑面积约116万平方米，造价约23亿元，完成竣工验收备案项目17个，监管项目中获省级文明工地6个、市级文明工地9个。（石根林）

区域规划

【规划审批】 2016年，鼓楼区规划审批案件25件，建筑面积2444.88平方米，其中临时规划许可证20件，建筑面积1738.81平方米，永久规划许可证（个人）5件，建筑面积706.07平方米。

【控详修编】 2016年，鼓楼区继续推进《鼓楼区铁北片区城市设计整合及控详修编》《鼓楼区中央门片区控制性详细规划》《鼓楼区滨江片区控制性详细规划修编》《南京老城片区控制性详细规划修编（鼓楼片区）》控制性详细规划修编工作。11月15日，《鼓楼区铁北片区城市设计整合及控详修编》《鼓楼区中央门片区控制性详细规划》取得市政府批复；《鼓楼区滨江片区控制性详细规划修编》完成专家评审会；《南京老城片区控制性详细规划修编（鼓楼片区）》完成专家评审公示、市级部门联审、规划局局长办公会等流程。

【项目规划研究】 2016年，鼓楼区开展重点片区城市设计研究，完成《山西路广场东北地段整体更新城市设计及控详调整》《南京西流湾民国片区整治》《乐业村—凤颐村片区民国建筑群及周边地块城市设计》《国民政府最高法院、立法院、监察院、侨务委员会招待所及周边地块城市设计》。《山西路广场东北地段整体更新城市设计及控详调整》规划范围，位于湖南路商业中心核心地段，山西路广场东北区域，东至马台街，西至中山北路，南至湖南路，北至虹桥路，面积23公顷。《南京西流湾民国片区整治》规划范围，以西流湾串联的西流湾8号建筑、中山北路178号丙楼民国建筑、土耳其驻中华民国大使馆旧址、蓝文蔚旧居、西流湾6-1号徐恩曾旧居在内地区，面积1.5公顷。《乐业村—凤颐村片区民国建筑群及周边地块城市设计》项目范围，东南至云南路，西至中山北路，北至湖南路，面积20.93公顷。是年，该项目完成测绘。开展《国民政府最高法院、立法院、监察院、侨务委员会招待所及周边地块城市设计》项目规划研究，对中山北路原国民政府最高法院、立法院、监察院、侨务委员会招待所3组近现代建筑调研、测绘。是年，该项目测绘完成。（张笑雪）

市政建设

【安怀东路东段建成使用】 安怀东路东起鼓楼栖霞区界，西至安怀村路，长约880米，规划红线宽24米。总投资约3800万元（区城建资金）。项目分段施工，以规划黄家圩路为界。6月，道路东段380米建成使用。承建单位：南京同力建设集团股份有限公司。

【二板桥路拓宽整治工程竣工】 11月底，二板桥路拓宽整治工程竣工。该工程南起白云亭路，北至中山北路，全长约1090米，规划路幅16米，总投资7335万元（区城建资金），其中征收费用2070万元，建设费用5265万元，南京第二道路排水工程有限责任公司承建。道路分段施工，10月底，北段（中山北路至新兴路）完工并验收移交；11月底，南段（新兴路至白云亭路）建成竣工。

【黄家圩路北延工程竣工】 黄家圩路北延工程含黄家圩路和文景花园路。其中，黄家圩路北起幕府东路，南至空军仓库北侧围墙，全长822米，规划路幅40米；文景花园路东起黄家圩路，西至绿苑小区西侧现状道路，全长约270米，规划路幅24米。总投资4800万元（无征收，市城建资金）。12月底，黄家圩路全线竣工；文景花园路完成东段。该工程由南京雨花园林绿化工程有限公司承建。

【翠庭路一期建设工程竣工】 12月，翠庭路一期建设工程（含张王庙沟拓宽）竣工。工程由锦润建设集团有限公司承建，含道路建设及河道整治。道路工程南起幕府南路至北祥路，长约300米，规划路幅20米；河道整治长约270米，设计上口宽8米，两侧绿化宽3米～15米。总投资约2200万元（不含征收，区城建资金）。2月，项目开工；7月中旬，河道整治完成；12月底，道路建成。

【华胜路建成】 12月，华胜路建成使用。道路建设南起幕府东路，北至幕府山南麓，长约380米，规划红线宽42米，道路西侧绿地宽29米。投资约2500万元（区城建资金）。南京第二道路排水工程有限责任公司承建。

【中央北路干道整治】 中央北路干道整治工程南起和燕路，北至燕江路（含路口），长约2800米，分南北2段实施道路整治出新，南京第二道路排水工程有限责任公司承建。项目投资2.79亿元（区城建资金统筹安排，市城建资金补贴），其中建设费用1.19亿元，征收费用0.96亿元，杆管线迁移或下地费用0.64亿元。12月底，北段整治完成，南段因电力及引水管未实施，道路整治暂未施工。

【北京西路草场门大街环境综合整治】 北京西路环境综合整治工程东起鼓楼广场，西至虎踞北路，全长2.4公里。整治内容涉及道路病害处理、路面出新、排水优化、绿化升级、监控、路灯、交通等附属设施提档等。投资估算1.2亿元，（市城建资金）。2016年，改造出新车行道6万平方米，新铺人行道1.68万平方米，杆管线下地2.4公里，更新路灯195盏，优化交叉口信号灯6个，兼并优化道路沿线老旧及不合理杆管68根；在道路侧分带保留法桐及银杏等乔木，对中下层植物提档升级，种植灌木及花草9000余平方米；对各主要路口侧分带岛头专项设计，设置岛头花境，达到沿线绿化、彩化、美化效果。至年底，主体建设完工。南京第二道路排水工程有限责任公司承建。

环境综合整治后的北京西路

【内金川河主流河道综合整治工程完工】 12月，鼓楼区完成内金川河主流河道综合整治工程河道清淤及截流井施工，并通过河道清淤分段验收。内金川河主流河道自中央路至金川河泵站，全长2860米，整治内容包括清淤、截流系统改造、挡墙及景观提升等。南京金固建设（集团）有限公司承建。

【河西河道综合整治工程完工】 12月，河西河道综合整治工程完工。工程涉及中保河、龙江河等10条河道，完成清淤及部分截流井施工，通过河道清淤分段验收。整治涵盖截流管道及截流池改造、河道敞口段及暗涵段清淤、河底护底改造、河道景观生态修复等工作。南京第二道路排水工程有限责任公司承建。

【大庙沟河道综合整治工程主体完工】 12月，大庙沟河道综合整治工程主体完工。大庙沟河道东起恒盛嘉园小区，西至大庙沟泵站前池。整治工程清除淤泥3200立方米，铺设引水管道1300米。南京第二道路排水工程有限责任公司承建。

【二仙沟河道综合整治工程完工】 12月，二仙沟河道综合整治工程完工。二仙沟河道东起金燕路，西至金陵乡泵站。整治工程包括清除淤泥1.2万立方米，建成闸门井2座、会流井及提升泵房各1座，新建污水管道440米。南京金道市政工程有限公司承建。

【排水达标区建设】 2016年，鼓楼区完成大庙沟等15个片区排水达标任务，其中6个片区取得监督意见和竣工备案表。鼓楼河西北部第三批片区雨污分流工程涉及31个居民小区及企事业单位，全年完成管道建设3.5万米，其中望江新寓、东宝嘉景园等11个小区完成排水达标实体考核，其余完成排水达标实体考核准备。鼓楼河西北部第四批片区雨污分流工程实施范围为河西北部地区定淮门大街、长江夹江、闽江路及江东路合围而成区域，涉及居民小区30个、企事业单位20家，流域面积190万平方米，投资1.9亿元（市区城建配套资金），其中21个小区及企事业单位列入年内实施计划。至年底，完成管道建设3.3万米，同步完成道路、绿化恢复及系统切换，完成固定投资额8300万元。完成原下关第四、第五批片区雨污分流，完成中央北路沿线门面房、部分独幢居民楼及五百新寓、盛景园、五塘村1号楼、上元里173号～177号居民小区管道建设，建成管道约3500米；原下关区河西北部地区片区雨污分流工程建成。所建小区全部完成排水达标区验收。

2016年鼓楼区排水达标区建设一览表

表4

序号	排水区名称	排水区类别	所属街道	面积（万平方米）
1	漓江雅苑	实体工程完工	江东	0.93
2	闻涛公寓	实体工程完工	江东	2.32
3	江滨新寓	实体工程完工	江东	2.27
4	银城街小区	实体工程完工	江东	1.10
5	华贸大厦	实体工程完工	江东	0.50
6	银城花园北片	实体工程完工	江东	3.91
7	银城花园南片	实体工程完工	江东	1.40
8	南京市银城小学	实体工程完工	江东	1.31
9	江苏省消防总队医院	实体工程完工	江东	0.27
10	银城街50号	实体工程完工	江东	0.35
11	宝船厂遗址公园南公交枢纽站	实体工程完工	江东	0.71
12	高教新村	实体工程完工	江东	2.30
13	金湾花园	实体工程完工	江东	1.31
14	华保新寓	实体工程完工	江东	4.60
15	江景园	实体工程完工	江东	2.19

【二次供水设施改造工程】 2016年，“品质鼓楼”建设指挥部立项，23处二次供水设施改造立项金额6552万元，合同金额4819万元。按市政府2015年〔90〕号文规定，资金由市水务集团、市财政、产权单位各承担三分之一（不足部分由区财政给付）。该工程由市水务集团承包。至年底，改造全部完成。

2016年鼓楼区第一批次二次供水设施改造一览表

表5

序号	小区名称或地点	所属街道	序号	小区名称或地点	所属街道
1	圆梦园（定淮门大街2号）	热河南路	12	华侨路37号	华侨路
	碧波园（定淮门大街2号）		13	鑫宏花园	凤凰
	嘉和园（定淮门大街2号）		14	力联大厦	
2	新河一村新和园		15	龙凤花园54栋-59栋	
3	宁和新寓	中央门	16	芳草园3号	
4	镇江路51号		17	城市假日01栋-03栋	
5	白云新寓1栋-7栋	幕府山		城市假日04栋-09栋	

续表5

序号	小区名称或地点	所属街道	序号	小区名称或地点	所属街道
6	黄坊村1号	幕府山	18	海德卫城	江东
7	江山大厦(山西路140号-146号)	宁海路	19	聚福园	
8	华侨路81号	华侨路	20	东宝路29号	
9	虎踞路86号		21	江景园	
10	五台山1号		22	华宝新寓	
11	广州路258号		23	典雅居大厦	

【地质灾害治理】 4月28日，鼓楼区启动石头城路南艺后街90号～100号、石头城路南艺后街81号～84号、八字山公园四望亭北侧滑坡点、宝燕南路江雁依山郡西侧山体滑坡、鼓楼区下关看守所边坡、古林公园定淮门6号边坡、古林公园儿童乐园小火车沿线7处洪涝地质灾害治理。工程立项投资2300万元（含城建资金和市财政补助）。主要实施包括削坡、挡土墙、锚杆、格构梁、抗滑桩、截排水、挂网客土喷播和植生袋绿化等。11月工程竣工，11月30日通过市国土局专家验收。该工程由南京龙创房地产开发有限公司实施。 （张笑雪）

园林绿化

【概况】 2016年，鼓楼区新增绿地4.6万平方米（其中公园绿地2.64万平方米），栽植乔木3998株、灌木2.25万平方米、草花17万盆。区内绿地面积1630.4万平方米，（其中公园绿地456.36万平方米），绿化覆盖率34.6%，绿地率32.04%，人均公园绿地面积4.83平方米。是年，鼓楼区银城大厦、银城广场、银城五台山花园小区、银城聚泽园小区、中海凤凰熙岸小区6家单位（小区）获2016年度市级园林式单位（居住区）称号，省委办公厅机关后勤服务中心、省委党校、省军区第一干休所、中保瑞园小区、天正桃源小区5家单位（居住区）通过市级园林式单位（居住区）复核。

【绿化绿地建设】 1月，纬一路外绿化完工。该工程位于幕府东路金帆北苑门口，面积约3200平方米，投资200万元（区城建资金）。9月，宁夏路街头绿地建设完工。该项目位于宁夏路与水佐岗路交叉口西南角，东至省级机关事务管理局，西南面为现状住宅，用地面积约1350平方米，投资110万元（区城建资金）。2项工程均由南京新厦市政建设项目有限公司承建。

【义务植树】 3月12日，区委书记杨学鹏率区四套班子领导到古林公园，与区机关干部群众一起义务植树，种植广玉兰、垂丝海棠等各类树木200余株。同月，区绿化委员会办公室、挹江门街道在铁路北街广场以“同种一片绿树，共建美好南京”为主题，承办纪念全民义务植树活动35周年绿化宣传活动，开展绿化政策、法规宣传，绿化知识普及以及全市绿化成果展示，举办美化环境绿化社区黑板报展、群众插花比赛、艺术团文艺表演，植树赏绿，踏青健身活动和古树名木认养活动，100多人参加。植树节期间，全区开展广场绿化宣传7场，植树活动6场，栽植行道树及乔木920株。

【古树名木管理与保护】 4月，市绿化园林局组织开展古树名木认养活动，区绿化委员会办公室从全区145株古树名木中筛选出21株对外认养，与14位认养人签署认养协议。5月，认养牌、认养证书发放到认养人手中；重点巡查长势较弱几株古树名木，对南京中医药大学黄杨（编号312）安装防护栏、警示牌；对南京大学雪松（编号027）树叶和枝干枯萎情况进行复壮。10月，市绿化园林局、市绿委办召开专家论证会，对丝棉木（编号503）死亡实施鉴定，并由古树名木责任单位负责砍伐清运。 （张笑雪）

房产管理

【房屋安全管理】 1～4月，鼓楼区完成房屋租赁代征税收1.35亿元，新增房屋租赁登记备案227家，同比增加25.11%。5月1日起，实施“营改增”。全年完成个人不动产租赁税收代征2330万元，新增登记备案379家。发放各类房屋租赁安全宣传单3万余份。通过上门、电话巡访和短信平台等方式宣传落实房屋租赁安全管理，签订“南京市出租户综合管理责任书”并录入南京市房屋租赁管理系统8000多件，流动人口房屋租赁登记备案率100%。完成公房监管、危房消险、房屋拆改投诉处理、房屋装修改造行政许可等工作。在险房监管中，确认危房66栋，建筑面积8.49万平方米。排查疑似危房60栋，专家确认疑似危房14栋，建筑面积8214平方米。全年受理来电投诉328件、

“12345”“96180”政府热线工单1606件、房屋结构变动行政许可案件15件。设置行政许可便民服务窗口，受理与初审合格率100%。

【老旧小区电梯整治】 2016年，鼓楼区继续推进老旧电梯整治（分4批，计51台）收尾工作。增设建宁路街道佳乐福新寓（大桥南路18号）1–2幢住宅电梯1台（经费自筹），前期申请由业主筹办。12月1日开工，年底交付使用，由瑞典CIBES（西柏思）中国分公司苏州店施工。

2016年鼓楼区老旧电梯整治收尾工作表

表6

申报时间	数量(台)	小区名称	整治形式	台数	进度	街道	电梯厂家
2012年	1	清溪园	更新	1	投入使用	凤凰	江苏富继电梯工程有限公司
2013年	35	五台花园	大修	8	投入使用	华侨路	通力电梯有限公司
		芳草园高层(高校)	大修	3	投入使用	凤凰	永大电梯有限公司
		芳草园高层	大修	4	调整大修	凤凰	溧阳申菱电梯工程有限公司
		汉中路266号	更新	2	投入使用	华侨路	爱登堡电梯有限公司
		龙全花园	更新	2	投入使用	湖南路	
		开元新寓	更新	2	投入使用	中央门	
		苏州路17号公寓	更新	3	投入使用	宁海路	
		华侨公寓	更新	2	投入使用	华侨路	江苏富继电梯工程有限公司
		南秀大厦	更新	2	投入使用	华侨路	
		青云巷27号	更新	2	投入使用	湖南路	
		萨家湾24–27号	更新	2	投入使用	挹江门	
		华富大厦	更新	3	投入使用	中央门	
2014年	15	上海路9、12号	更新	2	投入使用	华侨路	
		广州路223号	更新	1	投入使用	华侨路	
		大铜银巷16号	更新	2	投入使用	华侨路	
		古平岗24号	更新	2	投入使用	挹江门	
		中南园	更新	3	投入使用	中央门	
		萨家湾10、15号	更新	2	投入使用	挹江门	
		百合果园	更新	2	投入使用	热河南路	
		四平苑1台	大修	1	投入使用	建宁路	西子奥的斯电梯公司
汇总	51						

【老旧小区出新】 2016年，鼓楼区投资3.59亿元，出新老旧小区83个，出新房屋580幢，建筑面积165.54万平方米。拆除违章建筑，翻修、拓宽道路，增设停车位，整修车棚；整治大门、路灯、内楼道及陈旧、破损的外立面，完善物防设施，安装监控，落实长效管理。至年底，完成小区出新任务。

（张笑雪）

住房保障

【保障性用房建设】 2016年，鼓楼区保障房竣工11.7万平方米，新增安置房源774套。在建保障房白云雅居项目8月交付安置，竣工面积6万平方米，新增安置房源384套。该项目受拆迁影响，进行分期建设，2014年8月交付安置9幢，2015年1月交付安置7幢。文景花园二期项目12月竣工交付，竣工面积5.7万平方米，新增安置房源390套。文景花园三期项目受前期规划调整等影响，8月开工，至年底，实施桩基支护施工。金达花园二期10～16号楼，3月开工，至年底，完成桩基工程，实施土石方工程开挖。

【保障性用房管理】 2016年，鼓楼区抓好“两房”(经济适用房和中低价商品房)申购受理、供应安置。受理、审核并录入被征收家庭申购经济适用住房613件、中低价商品房75件、产权置换房2150件、共有产权保障房59件。组织被征收家庭选房1483套，其中经济适用住房95套、中低价商品房304套、产权置换房1084套。低收入住房保障新增366户，公共租赁住房申请家庭新增964户，806户公共租赁住房申购家庭选取花岗、岱山、丁家庄等房源，并与市安居集团公司对接办理入住手续；共有产权保障房申请家庭新增506户，479户家庭选取岱山共有产权保障房。全年鼓楼区组织6次经济适用住房选房活动，1285户家庭选取岱山经济适用住房，159户经济适用房申请家庭因未年审及未联系上等原因暂未分配房源。全区中低收入住房保障在保家庭1765户，其中公共租赁房504户，租赁补贴1102户，经济适用住房159户。

【租赁补贴发放管理】 2016年，鼓楼区租赁补贴发放1.69万户次，申请租赁补贴1820万元。通过年审和审计署审计，全区租赁补贴因享受保障房、购房及收入超标等原因清退1945户。通过追缴，69户家庭退回多享受租赁补贴62.14万元至专项账户。 (张笑雪)

建设专项管理

【客车厂地块挂牌出让】 3月，客车厂地块由招商局地产(南京)有限公司摘牌，成交价48.2亿元。地块东至姜家园，南至察哈尔路，西至热河南路，北至南京市第五十二中学。出让面积6.27万平方米，规划用地性质为商住混合用地，综合容积率2.57。

【湖南路0405地块挂牌出让】 9月，湖南路0405地块由南京绿地国际商务中心有限公司摘牌，成交价80.6亿元。地块东至丁家桥路，南至湖南路，西至中山北路，北至马台街。出让面积3.94万平方米，规划用地性质为商办、商住混合用地，综合容积率7.45，可建地上建筑面积29.34万平方米。

【梅家塘及增补地块挂牌出让】 12月，梅家塘及增补地块由中海地产集团有限公司摘牌，成交价17.5亿元。地块东至热河南路，南至南惠路，西至郑和中路，北至南京复兴置业有限公司。出让面积2.12万平方米，规划用地性质为商办混合用地，综合容积率6.5，可建地上建筑面积16.22万平方米。

【建宁路8号地块挂牌出让】 12月，建宁路8号地块由南京金名城置业有限公司摘牌，成交价4.3亿元。地块东至南京玉桥商业集团有限公司，南至南京金属物流集团有限公司，西至上海铁路局，北至沪宁城际铁路。出让面积1.34万平方米，规划用地性质为商办混合用地，综合容积率6.5，可建地上建筑面积8.71万平方米。

【工程标段管理】 2016年，鼓楼区监管标段256个，中标价格39.5亿元。其中，公开招标189个标段(勘察设计1个标段，施工106个标段，监理82个标段)，施工明标明投42个标段，非国资直接发包24个标段，邀请招标1个标段。

【工程初步设计审查】 2016年，鼓楼区完成南京国际服务外包产业园B02～B03地块项目、NO.2010G32地块08-08地块项目、江边路一号地(NO.2010G32)内08-16、08-29地块项目、江边路一号地(NO.2010G32)08-25地块项目、蔡家巷地块(NO.2014G01)项目、江边路一号地(NO.2010G32)内08-17、08-23地块民用建筑与政府投资城建项目初步设计审查6件。审查热河南路街道百合果园和清江西苑、江东街道辰龙广场等11个小区，建宁路街道明城大厦等4个小区，宝塔桥街道幕府佳园、凤凰街道名城世纪园等8个小区，湖南路街道天福园等6个小区，幕府山街道美景雅苑和白云新寓、华侨路街道五台花园等3个小区，小市街道金基翠城和泰和园小区、中央门街道福建路23号中南园等8个小区，宁海路街道仙霞路15号等19个小区，挹江门街道花香季雨等10个小区，阅江楼街道世茂滨江新城小区等第一批居民住宅二次供水设施改造工程，河西北部地区水环境整治工程，鼓楼区第四批片区污水收集系统建设工程，地铁一号线玄武门站与金茂广场地下连接通道建设工程等初步设计工程26件。审核批复政府投资城建项目钟阜北路拓宽改造、阅江楼街道世茂滨江新城小区二次供水设施改造等16件工程概算。

2016年鼓楼区城市基础设施施工项目管理一览表

表7

序号	项目名称	申报单位	申报时间	审核时间
1	NO.2007G29地块项目	南京新城创置房地产开发有限公司	1月8日	1月11日
2	中保河西段清淤整治工程	南京新厦市政建设项目管理有限公司	2月15日	2月17日
3	金大江酒店员工宿舍	南京金大江酒店有限公司	2月23日	2月25日

续表7

序号	项目名称	申报单位	申报时间	审核时间
4	扬子江大道人行过街天桥(汉中门大街、草场门大街段)建设工程	南京新厦市政建设项目管理有限公司	3月17日	3月22日
5	宁海中学美术课程基地教学用房项目	鼓楼区教育局	3月24日	3月28日
6	江边路一号地 (NO.2010G32)05-01 地块项目(01-05及地下室)	南京龙江湾置业有限公司	3月25日	3月28日
7	安怀东路建设工程	南京新厦市政建设项目管理有限公司	3月31日	4月5日
8	中央北路(和燕路—江燕路段)道路整治工程	南京新厦市政建设项目管理有限公司	3月31日	4月6日
9	南京市住建委片区雨污分流改造工程	南京新厦市政建设项目管理有限公司	4月18日	4月20日
10	江边路以西3号地(NO.2010G33)滨江项目1-10地块	南京临江老城改造建设投资有限公司	4月26日	4月27日
11	江边路一号地(NO.2010G32)内08-16地块项目工程	南京临江御景房地产开发有限公司	5月25日	5月30日
12	经济适用住房项目(二期)	南京三五零三投资发展有限公司	5月26日	5月31日
13	田家炳中学人防工程桩基、土建及水电安装(含消防)总承包工程	南京市人民防空办公室	5月30日	5月31日
14	江苏省省级机关实验幼儿园(原赤壁路小学虹桥校区)迁建工程改造2#楼	鼓楼区教育局、省级机关实验幼儿园	6月29日	7月5日
15	江边路一号地 (NO.2010G32)09-07 地块项目a#、c#、d#栋及地下室	南京五道口置业有限公司	7月7日	7月11日
16	江边路以西3号地 (NO.2010G33) 方家营项目02-18、02-23地块	南京临江老城改造建设投资有限公司	7月27日	7月29日
17	城河路高架隔音屏障设置工程	南京新厦房产开发有限公司	7月29日	8月4日
18	南京金茂汇苹果直营店装修工程	苹果贸易(上海)有限公司	8月12日	8月16日
19	江苏绿建大厦工程幕墙工程	南京绿建投资管理有限公司	8月22日	8月25日
20	河西北部地区水环境整治工程——鼓楼区第四批片区潜水收集系统建设工程	南京新厦市政建设项目管理有限公司	9月5日	9月8日
21	热河南路NO.2015G34地块	南京海欣房产开发有限公司	9月13日	9月13日
22	江边路一号地 (NO.2010G32)08-06 地块7#、8#楼及地下车库工程	南京金名城置业有限公司	9月13日	9月18日
23	地铁1号线玄武门站与金茂广场地下连接通道建设项目	南京国际集团股份有限公司	9月29日	10月8日
24	江边路一号地(NO.2010G32)09-07地块项目B#楼	南京五道口置业有限公司	10月10日	10月13日
25	虎踞路40号和区人力资源服务中心片区雨污分流改造工程	南京新厦市政建设项目管理有限公司	10月17日	10月18日
26	星汉大厦商业经营及办公场所装饰项目	扬子江投资发展集团有限责任公司	10月19日	10月24日
27	华胜路建设工程	南京新厦市政建设项目管理有限公司	10月21日	10月24日
28	江边路一号地 (2010G32)08-06 地块9#楼及地下车库工程	南京金名城职业有限公司	10月24日	10月31日
29	南京市三牌楼小学改扩建及抗震加固工程项目	鼓楼区教育局	10月27日	11月8日
30	NO.2015G11地块项目(A地块)	葛洲坝南京置业有限公司	11月18日	11月22日
31	老水关桥拆建工程	南京龙创房地产开发有限公司	11月29日	12月2日
32	南京NO.2014G34项目-C地块工程	南京宁华世纪置业有限公司	11月28日	12月1日

【棚户区改造】 2016年，鼓楼区贯彻《南京市棚户区改造和老旧小区整治行动计划》文件精神，制定《鼓楼区2016年城市环境综合整治清单》《2016年鼓楼区棚户区新开工项目清单》，实施区域内棚户区改造，涉及考核计划项目8个，占地面积25.17万平方米，涉及房屋建筑面积16.61万平方米，居民2171户、工企单位25家。至年底，8个城中村危旧房项目中，完成征收项目3个，其余5个项目进入征收扫尾阶段。

（石根林）

征收管理

【概况】 2016年，鼓楼区实施房屋征收拆迁项目10个，涉及住户1731户、工企单位28家，被征收用地面积25.28万平方米，被征收拆迁房屋面积11.48万平方米。全年签约住户1707户、工企单位17家，4个项目完成全部征收工作。运用南京市"e路平安征收信息系统"、征收办门户网站、政务微博等平台，定期更新房屋征收项目进展情况；征收方案、征收政策、工作流程、补偿标准以及评估机构选定、安置房源等情况全部上墙公示。开展征收政策业务培训10场，674人次参培；悬挂横幅250余条，编印《征收项目便民手册》和"致被征收群众一封信"2000余套，为被征收人解答疑惑1500人次，省市新闻媒体宣传1次。接处各类信访225件次，其中群访9批次、个访216次；接处"12345"工单796件、"96180"热线及省市区长信箱工单435件，件件落实。

【伍佰村危旧房改造项目征收】 3月，鼓楼区启动伍佰村地块征收工作。项目性质为危旧房改造，项目征收决定号"宁鼓府征字〔2016〕第1号"。房屋征收范围东至五百新寓，南至五塘新村南汽三村小区，西至五塘小学，北至幕府东路。征收项目面积8.41万平方米、房屋建筑面积7.36万平方米。用地单位为区政府。至年底，完成98.62%征收任务。

【红山南路西延项目征收】 6月，鼓楼区启动红山南路西延地块征收拆迁工作。项目性质为道路建设，项目征收决定号"宁鼓府征字〔2016〕第2号"。房屋征收范围东至十里长沟等，南至宁沪铁路等，西至中央路等，北至东门街等。征收项目面积2.08万平方米、房屋建筑面积0.68万平方米，被征收住户175户、工企单位6家。用地单位为区政府。至年底，完成96.13%征收任务。

（王繁均）

【铁古庙7号—59号地块危旧房改造项目征收完成】 7月，鼓楼区启动铁古庙7号—59号地块征收拆迁工作。项目性质为危旧房改造，项目征收决定号"宁鼓府征字〔2016〕第3号"。房屋征收范围东至中储南京分公司围墙，南至幕府南路，西至铁古庙小区，北至规划的郭家山路。征收项目面积1053.1平方米、房屋建筑面积965.06平方米，被征收住户13户。规划为商用居住。用地单位为区建设房产交通局。至年底，完成全部征收任务。（王繁均　石根林）

【中央北路（和燕路—燕江路段）道路整治项目征收】 7月，鼓楼区启动中央北路(和燕路—燕江路段)道路整治工程征收拆迁工作。项目性质为道路建设，项目征收决定号"宁鼓府征字〔2016〕第4号"。房屋征收范围南起和燕路，北至燕江路(含交叉路口)，全长约2800米，路幅宽40米。征收项目面积11.33万平方米、房屋建筑面积2529.78平方米，被征收住户1户、工企单位4家。用地单位为南京新厦市政建设项目管理有限公司。至年底，完成40%征收任务。

（王繁均）

【童家巷5号—9号地块项目完成征收】 9月，鼓楼区启动童家巷5号—9号地块征收拆迁工作。项目性质为危旧房改造，项目征收决定号"宁鼓府征字〔2016〕第5号"。房屋征收范围东至玄武饭店，西、南至省军区房屋，北至童家巷11号住宅楼。征收项目面积661.69平方米、房屋建筑面积542.76平方米，被征收住户13户。规划为建基层社区中心。用地单位为区建设房产交通局。至年底，完成全部征收任务。

【童家巷塘湾6号—25号地块项目完成征收】 9月，鼓楼区启动童家巷塘湾6号—25号地块征收拆迁工作。项目性质为危旧房改造，项目征收决定号"宁鼓府征字〔2016〕第6号"。房屋征收范围东至童家巷11号，西、南至省军区房屋，北至童家巷。征收项目面积1794.3平方米、房屋建筑面积1377.2平方米，被征收住户29户。规划为军事用地。用地单位为区建设房产交通局。至年底，完成全部征收任务。

（王繁均　石根林）

【金碧路建设工程项目征收】 9月，鼓楼区启动金碧路建设工程项目征收拆迁工作。项目性质为道路建设，房屋征收决定号"宁鼓府征字〔2016〕第7号"。房屋征收范围东起中央北路，西至规划翠庭路三期与现状孙家洼路相接，全长340米。征收项目面积1.46万平方米、房屋建筑面积586.39平方米，被征收工企单位1家。用地单位为南京市新厦建设投资有限公司。

【大庙沟河道综合整治项目完成征收】 10月，鼓楼区启动大庙沟河道综合整治征收拆迁工作。项目性质为水环境整治，项目征收决定号"宁鼓府征字〔2016〕第8号"。房屋征收范围东起幕府南路，西至金川河，长约1200米，流域汇水面积0.47平方公里。征收用地面积4492.89平方米、房屋建筑面积3179.86平方米，被征收住户22户、工企单位1家，用地单位为区政府。至年底，完成全部征收任务。

【二仙沟河道综合整治工程项目征收】 10月，鼓楼区启动二仙沟河道综合整治工程征收工作。项目性质为水环境整治，项目征收决定号“宁鼓府征字〔2016〕第9号”。房屋征收范围东起金燕路，西至金川河，长约1030米，流域汇水面积1.28平方公里。征收项目用地面积2035.31平方米、房屋建筑面积2482.51平方米，被征收住户8户、工企单位4家。用地单位为区政府。至年底，完成58.33%征收任务。

【鼓楼区第二实验小学改扩建项目征收】 11月，鼓楼区启动第二实验小学改扩建征收工作。项目性质为教育规划用地，项目征收决定号“宁鼓府征字〔2016〕第10号”。房屋征收范围位于中央门外东井村三号第二实验小学及北侧东井二村教育规划用地。征收项目面积9981.69平方米、房屋建筑面积1.28万平方米，被征收住户249户。用地单位为区教育局。至年底，完成99.2%征收任务。 （王繁均）

【起重机械厂地块征收】 2016年，起重机械厂地块征收工作进入扫尾阶段。项目位于线路器材厂铁路专线以东、北崮山路东延以南、复地项目工程区以西、安怀东路以北，项目面积7.18万平方米。征收住宅面积3.84万平方米、居民699户；非住宅面积1.49万平方米、工企单位5家。至年底，签约居民682户、工企单位2家，走司法程序17户，约谈工企单位3家。地块规划为二类居住、小学用地。该项目于2014年10月启动。

【水佐岗地块征收】 2016年，水佐岗地块征收工作进入扫尾阶段。项目范围东至水佐岗，南至宁夏路18号小区，西至省工商局家属院，北至水佑岗。征收项目面积2.13万平方米，涉及房屋建筑面积1000平方米、居民8户、工企单位1家。至年底，走司法程序1户，约谈工企单位1家。规划为市政配套设施用地。

【五佰村地块征收】 2016年，五佰村地块征收项目进入扫尾阶段。项目范围五塘小学以东，幕府东路以南，五佰新寓以西，五塘新村南汽三村小区以北。征收项目面积7.36万平方米、居民1221户；非住宅面积1.3万平方米、工企单位12家。至年底，实际完成住宅征收7.28万平方米、居民1208户；非住宅征收0.87万平方米、工企单位8家。规划为二类居住、幼儿园和消防用地。该项目于2014年7月启动。

【安怀村汽轮电机厂地块征收】 至2016年年底，安怀村汽轮电机厂地块征收工作进入扫尾阶段。项目范围东至安怀路，南至南京市机械中等专业学校，西、北至汽轮电机厂。征收项目面积0.96万平方米、居民170户；非住宅面积0.54万平方米、工企单位3家。实际完成住宅征收0.95万平方米，居民169户。地块为二类居住用地。该项目于2015年2月启动。

【老虎山东侧地块征收】 2016年，老虎山东侧地块征收工作进入扫尾阶段。项目范围东至中央北路，南至上元里小区，西至老虎山，北至上元里83号。征收住宅面积0.26万平方米、居民32户；非住宅面积0.25万平方米、工企单位2家。至年底，老虎山东侧剩余2户居民仍在商谈，约谈工企单位2家。规划为绿地和变电站建设用地。项目于2015年11月启动。 （石根林）

土地管理

【概况】 2016年，国土鼓楼分局办理建设项目预审32宗，涉及土地面积54.48公顷；受理、办理改变用地条件补交土地出让金案件11宗，结案8宗，涉及土地出让金1.49亿元。解决原下关区银燕路批而未供用地历史遗留问题，推进8宗地块闲置土地处置工作。

起重机械厂征收前

起重机械厂征收后

完成9宗地块交地手续，涉及面积45.22公顷。推进5宗地块低效用地再开发进程，落实辖区97宗工业用地基本情况调查，全面了解掌握2000～2015年251宗经营性用地基本情况，为建立全市经营性用地供后监管系统奠定基础。是年，国土鼓楼分局“国土工作站”列入全市社会建设创新案例评比，该局获市“书香机关”建设示范点；《廉洁奉公守土为民》微电影获市纪委“钟山清风”杯廉政公益大赛优秀奖。

【土地规划管理】 2016年，鼓楼区配合南京市国土资源局(以下简称市局)编制《市“十三五”国土资源保护与利用规划》，推进辖区土地利用总体规划调整完善，抓好与“十三五”国民经济发展规划等各类行业规划与土地利用总体规划衔接，保障产业转型升级、基础设施、民生改善、生态环境建设等各类用地需求。确保城市开发边界划定、建设用地规模等符合要求，以幕府绿色小镇建设为契机，争取用地指标。保障中储一期、南京港总部基地等16个重大项目，提供“绿色通道”，缩短办理周期。为滨江1号地块涉及的8个项目17个分地块规划条件调整补办出让手续，调整滨江3号地块容积率、完善配建酒店式公寓涉及6幅地块补充协议拟定和用地手续，跟踪建设进度，完善相关申报手续，保障项目推进。了解鸿泰江东路地块、蔡家巷地下空间、昆仑沃华公司建宁路61号地块、古南都饭店地块具体状况，配合市区整体规划方案，调整办理需求，拟定汇报议题及内容、出让审批表，补充出让合同，按要求完善用地手续，提高用地效益。

【耕地保护】 2016年，鼓楼区落实耕地保护相关制度，开展征地程序履行情况“回头看”自查工作。全年耕地日常巡查26次，辖区没有发生非法占用耕地现象。协调推进五塘村0.65公顷农用地转用报批前期工作，协助滨江公司(五塘村)解决历史遗留问题，避免因土地补偿费分配引发矛盾和纠纷，推进南京市2016年度农用地转用和土地征收第一批次实施方案，农用地转用报批手续按程序组卷报批1件。落实宁政发〔2015〕124号文件要求，做好新老政策衔接工作。对2015年报批的下关科技创业特别社区项目和下关中等专业学校异地复建项目完成批后实施，被征地农民社保手续办理完毕，被征地人员进保率100%。

【地籍管理】 2016年，鼓楼区实地调查、核对2个变更图斑情况，并按要求填报相关报表上交市局。重新确认幕府山街道五塘村余家山北侧撤组剩余土地。配合市局做好关于北京西路21号土地权属争议调查调解工作。全年办理收回注销国有土地使用权公告1件。

【土地利用管理】 2016年，鼓楼区做好下关科技创业特别社区科研用地02-05、02-06地块挂牌前期工作，推进01-11地块、02-08地块取得规划设计要点和勘测定界。协助相关部门组织好97宗产业用地基本情况调查并建立数据库。梳理鼓楼区涉及的2014年第7批次村镇建设用地下关特别社区征而未供地块、第14批次村镇建设用地下关中等专科学校征而未供地块，涉及土地面积2.05公顷。协调、督促相关用地单位完善供地手续，妥善解决原下关区银燕路批而未供土地遗留问题。至年底，鼓楼区2008～2014年度批准用地中征而未供土地整改率100%，2009～2013年度督察局专项督察清单中闲置土地处置完成率100%，新增闲置土地处置率100%。强化土地供后监管，严格执行土地利用动态巡查工作制度；规范建设用地跟踪管理系统操作，做好辖区38宗建设用地跟踪、调查管理。配合国家土地督查南京局做好闲置土地处置整改工作，年度闲置土地处置推进程度、处置率均在50%以上。协调鼓楼区城镇低效用地专项规划、年度计划编制及报批工作。是年，计划完成实施4宗、面积12.47公顷，旧城改造地块通过计划和编制方案2宗；办理2015年遗留北京西路72号地块供地手续，评估地价。对辖区2000～2015年247块经营性建设项目用地进行系统化调查和数据录入，为市局建立经营性用地供后监管系统奠定基础。实现已供项目巡查率和信息录入率100%。以市局名义草拟回复市政府办公厅鼓楼区铁古庙地块“以大带小”项目函、中央门商务管委会办理土地证复函等公文11次。全年征收土地年租金234.23万元，超额完成目标任务。

【地质环境管理】 2016年，鼓楼区履行地质灾害防治组织、协调、指导和监督职能，开展地质灾害巡查210次，撤离受威胁群众80余人次，完成9个地灾隐患点应急调查与2个隐患点应急消险工作；完成3个隐患点应急监测和8个隐患点治理项目，安装2个无线预警仪，设置10个水平位移监测点和2个深层水平位移监测点，落实地灾防治工作要求，确保地灾防治“零伤亡”目标。制定发布年度防治方案，制作发放明白卡42份、避险卡312份、预案表42份，做好汛前排查、汛中巡查、汛后复查工作，邀请专家核查3处新增地质灾害隐患点。调整市财政下达2016年补助地质灾害治理项目二期资金265万元。上报2017年市政补助地质灾害治理项目4个，市局和财政预下达2017年补助一期资金375万元。督促区政府加大老虎山特大型地质灾害治理项目进度，下达部、省专项资金补助。按照省厅和市局要求，向区建设局了解进展情况，协调做好下拨600万元部、省财政补助资金使用说明，再次申请拨付余下600万元部、省财政补助资金请示工作。

【国土执法监察】 2016年，鼓楼区开展国土执法监察，重点执法巡查幕府山街道、宝塔桥街道、江东门地块，并做好巡查台账。全年巡查220次，合法性审查16件，没有发现国土资源违法用地行为。参加年度卫片执法检查工作培训1场7人次，核对下发图斑数据5个，分局年度无疑似图斑。制定《国土资源执法巡查网格化管理的实施办法》，按照"两级政府、三级管理、四级网络"要求，提升辖区国土资源执法巡查管理科学化水平，建立辖区、街道、社区、管理单元四位一体巡查管理网格化新格局，形成自上而下、由点及面的巡查管理联动机制。落实局领导周三接待日制度，每月接待群众不少于4次，并做好登记。协助市局做好南大苏富特公司执法检查、锋尚国际用地问题前期调查取证等工作，梳理辖区涉土信访件，参与处理3503厂、汪国宝信访诉求联合接访工作。全年接待群众咨询80次，处理答复"12345"工单13件。

【国土法制宣传】 2016年，鼓楼区排查地质灾害隐患点、危险点工作，宣传地质灾害防治知识，开展"4·22"世界地球日和"6·25"土地日宣传活动，发放专刊、挂图等主题宣传品800多份、《地灾防治手册》《不动产登记知识手册》《法制知识手册》等1000余份。组织分局全体人员学习相关政策法规，业务培训70余人；参加"万人学法"法律知识竞赛23人，参加并通过全省行政复议应诉人员资格考试1人。上报市法学会关于辖区土地管理相关课题选题建议1条。 （陈　燕）

城市治理

【概况】 2016年，鼓楼区开展黑臭河道整治，清淤河道13条9.95万立方米；完成截流设施建设10处。201个公共空间通过标准化验收，完成其他类管理单元720个。投入650万元，完成26座旱厕维修和升级改造工作，拆除6座旱厕。完成龙园中转站和娄子巷中转站维修改造以及桥东街20号、中山北路206号等4座公厕改造工程。完成42个垃圾分类示范小区创建任务。办理城管行政违法案件1.4万件，办案总数在南京市城管系统排名第一。建立交管、城管共管以及街道属地化管理模式，推进户外广告市场化运作，完成新街口等窗口地区以及虎踞路等主干道广告设施拍卖任务。加大市政设施巡查养护工作力度，完善长效化管理机制，实施14小时（7:00～21:00）不间断巡查执法。严格把控占道经营、倚门出摊等市考核失分点，长效治理考核成绩在全市城区组考核排名保持前三位。

【国家卫生城市复审迎查】 7月，鼓楼区实施国家卫生城市复审迎查环境卫生专项集中整治。取缔人力车、大板车73辆，改造改装电动收运车60辆，新购密闭电动收运车255辆，清理卫生死角5589处，清运杂物和建筑垃圾9.36万吨，更换垃圾桶5530只，安装新果皮箱606只。取缔旱厕32处，开展占道经营、农贸市场周边市容环境以及背街小巷等专项整治活动26次。派发督查整改各类市容环境问题2148件，接办市区督办问题菜单260件，不属职能范围转办其他责任部门（单位）35件。

【黑臭河道整治】 2016年，鼓楼区从"拆、截、清、修、引、测、管"七个方面，对辖区内清江河、大庙沟、二仙沟、内金川河主流、中保河、中保北河、龙江河、龙江东河、清江沟、清江东沟、清江南沟、清江北沟、里圩河13条河道，实施征收拆违、截污纳管、河道清淤、生态修复、引水补水、截污设施建设等13个类别整治。是年，清淤河道13条9.95万立方米，完成截流设施建设10处，拆除违建147处、7198.41平方米，整治排污口111处，整治排水户385家，优化引水补水系统，铺设引水管道2260米。设置高清监控探头35个，办理排水许可证147张。

【城市治理标准化建设】 2016年，鼓楼区与13个街道、2个管委会签订城市治理目标责任状，组建市政设施、园林绿化、环卫保洁、执法保障、河道整治、综合督查6个专项小组现场督办，保障城市治理标准化年度目标任务完成。全区77条城市道路、53条街巷、18个市民广场、8条河道、8个公园景区、24个经营市场、13个老旧小区计201个公共空间通过标准化验收，超额完成市下达180个公共空间管理单元验收任务，完成率111.7%。颐和路社区将军馆、河海大学、北京银行华侨路支行等720个其他类管理单元通过标准化验收，超额完成市下达600个其他类管理单元创建任务，完成率120%。 （李元枚）

市容管理

【市容执法管理】 2016年，鼓楼区办理城管行政违法案件1.4万件，其中简易程序案件1.15万件，一般程序案件2543件，办案总数在南京市城管系统排名第一。拆除违法建筑935处2.81万平方米。结合国家卫生城市迎复审工作，开展各类专项整治1730次，拆除违规广告牌、破损店招、镂空字543处，对违规行为处罚424起；规范倚门出摊行为9085次，取缔占道经营流动摊点9600余处，取缔违章夜市排档384处，查处夜间违规洗车点23处，查处占道经营机动车辆80余台，查处违章占道施工作业43起（次），查处占道堆放物品113起（次），查处渣土类违法行为125起。整治自发早菜市摊点56个（次），开展联合整治104次。

【14小时巡查执法落实】 11月14日起，鼓楼区实施14小时（7:00～21:00）巡查执法。各街道每天组织20名人员，由街道值班干部、中队负责人带队，组

成集中执法队，在街道辖区开展14小时不间断巡查执法。至年底，有3.67万人次参与巡查执法。依托区城管大队机动巡查中队、龙江治理中队，成立40人应急整治队伍，对油烟扰民、机动车占道经营、乱停乱放等重难点问题集中执法12次，处理油烟扰民、机动车占道经营、乱停乱放83件。区城管局牵头督查，每天分3个时间段督查各街道巡查执法情况，下发督查通报47期。

【街巷道路停车管理】 2016年，鼓楼区建立交管、城管共管以及街道属地化管理模式。街道会同交警开展背街支巷违停贴单，做好机动车车辆违停整治和僵尸车清理工作。年内，全区违停贴单12.94万张，清拖车辆526台次。投资近20万元，通过安装告示牌、统一收费员服装、配备肩灯及指挥棒等措施，推进并完成四川路、龙园西路、南通路、双燕路、幕旭东路等10个停车文明示范岗创建任务。

【停车智能化管理】 2016年，鼓楼区在华侨路街道所辖宁海路、慈悲社、干河沿街等10条路段道路泊位进行地磁试点，安装地磁335块，结合POS机对停车收费进行监督管理；接管宁夏路10号地下停车场333个泊位，投资98万元建设智慧停车管理系统，实现视频免取卡、车位引导、停车诱导、反向寻车等功能，监控和安保无死角，创新试点无人收费。

【示范路、示范社区创建】 2016年，鼓楼区按照创建标准，加大管养投入，集中整理改造示范路、示范社区涉及的道路、管线、交通、环卫、标牌、停车等硬件设施；整理维修道路沿线建筑外墙、门窗护栏、立面附着物等；加大违章建筑拆除力度，修补提升绿化景观以及推进社区垃圾分类管理，加强环卫保洁和执法管理等措施，推进示范道路和示范社区创建工作。北京西路、黄家圩路、山西路3条道路通过市环境综合整治指挥部验收，被命名为“南京市市级城市管理示范路”；睿城、北京西路、颐和路、苏城苑、西城岚湾5个社区被命名为“南京市市级城市管理示范社区”。

【户外广告市场化运作】 2016年，鼓楼区完成《鼓楼区户外广告设置管理控制性规划》编制工作。对新增违法广告（含楼顶镂空字等）行政执法，拆除违规广告牌342处1.76万平方米，整治店招标牌、镂空字322处。完成新街口、湖南路、中央门等窗口地区及虎踞路、广州路、定淮门大街等主干道7处22块广告设施拍卖任务，成交金额114.6万元。（李元枚）

市政管养

【市政设施维护】 2016年，鼓楼区完成新模范马路、钟阜路、福建路、广州路等道路维护，维修车道7.51万平方米、人行道3.25万平方米、路牙9814米、路沿9449米，桥梁养护9座，热再生车辆修复沥青路面1983平方米。补栽乔木1043株、花灌木26.38万株，补铺草坪地被3.88万平方米，行道树修剪、抹芽6.85万株，去除钉挂物、枯枝、下垂枝2.74万处，清理枯枝958车；花卉布置59万盆，树池覆盖鹅卵石约200吨。小桃园广场、仪凤广场、郭家山广场等盖播黑麦草草籽约500斤。垃圾清理2073吨。绞拉干管449.45公里，疏通支管207.27公里，清查井4.45万座次，清雨水井5.61万座次，清出水口412座，更换检查井盖框344座，更换雨水井盖框438座，清运淤泥1.15万立方米。河道岸坡清扫967.7万平方米，清捞垃圾2561.98万平方米，外运垃圾1.27万立方米，河道巡查4.42万公里。

【防汛常态管理】 2016年，鼓楼区完善全区防汛预案，贮备防汛物资，对石头城等4处积淹水片区实施工程性改造；提前开展汛前检查，筛选15个点位作为一级防控目标，定人、定点、定时、定装备，汛期24小时值班，专人不间断巡查堤防，应急突击人员随时待命。汛期，采取人工助排、泵机强排、搭建养水盆等措施，处理广州路建委门前、龙园中路草场门下等20处积淹水。长江堤防树人中学、大兴码头等9处渗水，投入抢险人员8500余人次、机械200台班、黄土150车、编织袋13.5万条、麻袋7.75万条、碎石1030吨、细砂438吨、土工布833平方米，有效化解险情，保障市民生命财产安全。是年，鼓楼区城市管理局（水务局）获市委市政府“南京市2016年防汛抗洪有功集体”称号，2人获“南京市2016年防汛抗洪有功个人”称号。

【清洗工作】 2016年，鼓楼区投入4.7万元，清理湛江路、凤凰西街及北圩路部分路段卷帘门146处、软墙面“牛皮癣”172.98平方米；采用防粘贴新型材料涂刷，清理小广告9.46万处，清理规范公共信息栏1887处，清理非法集资小广告1231处，商停号码200个。投入资金41.42万元，会同13个街道，发动4346人次参与，保障清癣示范小区达标验收。（李元枚）

环卫保洁

【垃圾分类】 2016年，鼓楼区制定《2016年度鼓楼区垃圾分类工作实施意见》《鼓楼区垃圾分类工作考核暂行办法》，建立垃圾分类责任体系，超额完成市下达新增30个垃圾分类示范小区创建任务。至年底，全区有垃圾分类示范小区60个（含2015年垃圾分类示范小区18个）。投入建设资金近20万元，在全市率先建成鼓楼区大件垃圾贮存分拣中心并投入使用。垃圾分拣中心位于区城管局（幕府南路228号）南150米，面积约1500平方米，由南京志达环保有限公司按合同约定运行管理。

【环卫设施改造】 2016年，鼓楼区投入650万元，完成二板桥566号旁、凤凰西街263号、小市村82号等26座旱厕维修和升级改造；拆除伍佰村62号、华严岗部队仓库等6座旱厕，其中在原宝塔桥金陵村148号旱厕处设置移动公厕2座，改变该处苍蝇蚊虫乱飞、粪便裸露外溢状况。完成龙园中转站和娄子巷中转站维修改造以及桥东街20号、16路公交车站、中山北路206号、二板桥等4座公厕改造工程。

【全天候保洁试点】 2016年，鼓楼区对北京西路、宁海路片区，慈悲社、沈举人巷片区，傅厚岗片区卫生保洁工作落实24小时保洁试点：早晨5:00～22:00大面积清扫，22:00～5:00皮卡车巡回保洁。华侨路、宁海路、湖南路3个保洁分公司固定配有1辆高压清洗车，每日7:30～15:30，全方位清洗北京西路、宁海路片区，慈悲社、沈举人巷片区，傅厚岗片区内主次干道、街巷、人行道、慢车道及路边果皮箱等环卫设施，由原来每周一清洗升级至每天一清洗，提高清洁率。其中北京西路、宁海路片区取消所有垃圾中转压缩点，车辆全部改为三轮电瓶翻桶车，实行垃圾直收直运模式，杂物垃圾实行全天不间断收集。主要道路、街巷增加2台小型机扫车，全面清扫道路卫生死角积灰、垃圾，达到垃圾随扔随清、随产随运，路面随脏随洗的目标，提升重点片区环卫保洁作业水平。 （李元枚）

环境保护

【概况】 2016年，鼓楼区开展中央环保督察、水源地保护、餐饮油烟污染整治等专项行动，改善区域环境质量。加强扬尘污染管控，实行空气质量日报，全年降尘量均值每平方公里4.31吨/月，同比下降18%，达到年度考核目标；PM2.5和PM10主要污染物浓度都较2015年有所下降，其中PM2.5年均浓度为每立方米49微克，同比下降15%。完成65家餐饮油烟治理。开展8家一类汽车维修企业污染整治，完成市下达的2543辆“黄标车”淘汰任务。整治清江河等13条黑臭河。审批建设项目70个，环保“三同时”（建设项目的污染治理设施必须与主体工程同时设计、同时施工、同时投产）执行合格率100%。全区60家危险废物产生单位全部实施网上申报，转移处置工业危险废物1426吨，集中转移处置医疗废物3612吨，医疗废物集中处置率100%。完成98家企业环保信用等级评定，完成14家二级以上医院和5家省级以上重点实验室环境信息公开。“双随机”（随机确定被检查对象、随机确定检察人员）检查100家次，查处各类环境违法案件69件，受理各类污染举报投诉4796件，接处中央环保督察53件，全部办结。开展“关爱母亲河　我们在行动”等环保宣传活动8场次，拉萨路小学创成省级绿色学校。

【环保投诉处理】 2016年，鼓楼区环境保护局（简称区环保局）实行24小时值班和周三局长接待日制度，定期“回头看”，落实专人包件。全年受理各类污染举报投诉4796件，其中“12345”批转投诉4109件、“96180”热线投诉167件（其中包含市长信件）、“12369”电话投诉442件、市局批转1件、自接40件、其他投诉41件。“12369”满意率90.2%，办结率99%。收到中央环保督察工单53件，办结53件，办结率100%。

【专项执法】 2016年，区环保局与街道、社区联动，开展水源地保护、扬尘防控、环境安全隐患排查、餐饮油烟整治、违法违规建设项目清理、重点信访查办及挂牌督办、医药生产等重点单位环保核查等专项执法检查，实施“双随机”工作方式，出动执法人员4450人次，检查企事业单位1430家次，查处各类环境违法案件69件，罚款194.6万元，征收排污费840万元。完成G20杭州峰会、南京国际马拉松赛、国家公祭日等重大活动环境保障。做好冬春季节大气质量保障和重污染天气应急管控工作，利用QQ群、“企信通”短信平台，向各部门、街道转发管控信息与工作要求，加强金陵船厂等重点监管企业现场督查，落实管控方案。完成依法行政和环境执法责任制目标年度任务。

（李　婷）

环境监测与质量

【概况】 2016年，鼓楼区环保监测站通过江苏省质监局组织的实验室资质认定复评审。现场监督监测辖区重点污染企业50余家次，信访监测31家次。中央环保督查期间，连续7天夜间监测南京紫峰能源有限公司。出具各类监测报告89份，其中噪声28份、水质45份、国控源16份，获各类监测数据5429个。

【空气环境质量】 2016年，鼓楼区空气质量总体保持稳定趋好。空气环境质量优良率64%，优良天数达228天，比2015年空气质量有所改善，污染指数达二级水平（良、黄色），PM2.5和PM10主要污染物浓度较2015年有所下降，其中PM2.5下降15%左右。全区7个降尘点，降尘月均值4.31吨/月·平方公里，优于全市降尘控制目标（6.0吨/月·平方公里），同比下降18%。全年降水110场，其中酸雨16场，酸雨频率14%，同比基本持平。

2016年鼓楼区空气质量综合统计表(国控点)

表8

监测点位(综合)	污染物浓度及空气质量分指数(IAQI)						空气污染指数
	二氧化硫(毫克/升)	二氧化氮(毫克/升)	PM10(毫克/升)	一氧化碳(毫克/升)	臭氧8小时(毫克/升)	PM2.5(毫克/升)	
	浓度	浓度	浓度	浓度	浓度	浓度	
平均值	0.020	0.049	0.086	1.110	0.106	0.048	82
标准限值	0.060	0.040	0.070	4.000	0.160	0.035	
评价	达标	超标	超标	达标	达标	超标	二级

【水环境质量】 2016年，鼓楼区加大黑臭河道治理力度，黑臭河道综合整治工程略有成效，黑臭河道评价为轻度黑臭。按要求频次对8个地表水例行监测断面进行采样分析，地表水环境质量平稳趋好，但达标率仍处于较低水平，主要超标项目为氨氮和总磷。是年，对列入整治名单的12条黑臭河道(36个断面)开展例行监测，城区水体黑臭现象依然存在，仍需进一步治理。

【声环境质量】 2016年，鼓楼区功能区噪声设定裴西村7号(2类)、西康路33号(1类)、姜家园22号(2类)、建宁路52号(4a类)4个点位，每季度监测一次。年度达标率60%，与2015年相比有所下降，未达考核目标。区域环境噪声按市中心站相关规定进行网格布点，全区有23个噪声监测点位，5月进行监测。是年，区域环境噪声均值54.3分贝，交通噪声均值67.8分贝，均达到考核目标。

(李　婷)

2016年鼓楼区功能区噪声监测情况表

表9

监测时间	达标率(%)	超标点位
一季度	50	裴西村、西康路、姜家园、建宁路
二季度	25	裴西村、西康路、姜家园、建宁路
三季度	88	建宁路
四季度	75	建宁路、姜家园
全年平均值	60	

备注:1.功能区噪声每季度监测一次。

2.达标率统计以白天(LD)和夜间(LN)为准。

环境整治与创建

【水环境综合整治】 2016年，鼓楼区结合征收拆违、截污纳管等专项工作，整治清江河、清江东沟、中保河等13条黑臭河。整治入河排口111个、沿岸排水户136家、雨污分流排水户238家，拆除河道蓝线范围内违建147处7198.41平方米，清理外运河道垃圾1.42万立方米，新设引水补水管网2260米，优化引水补水系统，改善水质。落实“河长制”管理，在清江东沟、中保河沿线商家密集区域安装高清探头35个，实时监控商户排水情况。完成86个片区排水达标区创建，其中拆迁地块类17个片区、工程措施类57个片区、排水行为规范类12个片区。启动加油站储油罐防渗漏整治工作。

【餐饮油烟污染整治】 2016年，鼓楼区完成江东北路井水小厨、虎踞关咱家小院、鼓楼医院北院食堂等65家餐饮油烟污染治理。运用油烟在线监控平台，实时监控大型餐饮油烟净化设施运行状况，检查规模以上餐饮单位75家次、油烟净化器139台套。查处南京新纪元大酒店等3家餐饮业未正常使用油烟净化设备违法行为。油烟治理设施投运率由年初65%上升到78%。

【挥发性有机物治理】 2016年，区环保局启动机动车维修、包装印刷行业

VOC(挥发性有机污染物)污染整治工作，完成南京新港汽车维修服务有限公司等8家一类汽车维修企业污染整治。对加油站现场检查,全区22个在用加油站油气回收装置运行正常。推进黄标车淘汰工作，区环保局与公安鼓楼分局、交警五大队、交警六大队及13个街道配合,完成市下达淘汰“黄标车”2543辆任务。

【生态文明宣传教育】 2016年，鼓楼区以“地球日”“世界环境日”“科普宣传周”等为载体,举办宣传活动,宣传生态文明。邀请省环保厅专家为驻区企业、大专院校负责人作新颁布《中华人民共和国大气污染防治法》专题讲座。组织街道环保志愿者开展保护金川河水环境的步行实践。在石头城遗址公园举办“关爱母亲河·我们在行动”纪念“6·5”世界环境日主题广场活动;开展为期3个月的“生态文明建设宣传一条街”宣传,向社会发出“践行绿色生活,争当环保先锋”倡议,设计印制《水污染防治计划》《践行绿色生活》《保护水环境》等系列宣传海报1200张,制作“关注空气质量”“环境教育促进办法”环保扇3000把、环保生活用品700份，向辖区13个街道120个社区发放,制作“践行绿色生活·共建美丽鼓楼”环保板报展架21幅。评定98家企业环保信用等级，完成14家二级以上医院和5家省级以上重点实验室环境信息公开。落实《环境教育促进办法》,开展绿色学校创建活动,组织绿色学校参加2016年国际环境小记者项目新闻作品大赛国内选拔赛，三牌楼小学《绿色出行从我做起,三牌楼小学在行动》获11～14岁年龄组文章类作品最高奖，芳草园小学《我不想戴口罩》获照片类作品一等奖，琅琊路小学《爱护环境让世界更美好》获视频类作品二等奖；拉萨路小学获第13届江苏美境行动优秀方案奖，并创建成省级绿色学校。 （李　婷）

环境监管

【环保源头监管】 2016年,鼓楼区现场检查污染源490家次，检查水污染治理设施38台(套)次,水污染治理设施正常运转率达97%以上。完成市督办件4件。落实“双随机”检查制度，加强事中事后监管。206家污染源纳入随机抽查对象，其中工业企业17家、规模以上餐饮33家、二甲以上医院20家、大学6所、干洗店80家、汽修厂50家。建立污染源日常监管动态信息库,抽查主体为区大队执法监察人员,全年现场检查人员10人,抽查各类污染源102家次。强化水源地环境保护管理,对北河口水源保护区每日一查、每周一报,实行电子巡更、视频监控,确保供水安全,北河口水厂水源保护区水质达标率100%。审批建设项目70个,环保“三同时”执行合格率100%。

【节能减排监管】 2016年，鼓楼区加强对城北污水处理厂及工业企业等重点减排单位监管，确保污染防治设施运行正常，及时上报环境统计分析报告。完成化学需氧量、氨氮、二氧化硫、氮氧化物减排年度任务，全年规模以上工业企业能耗总量为1.26万吨标煤,同比下降19.69%。东南大学附属中大医院、金陵船厂、南京汽轮动力设备有限公司3家单位通过清洁生产审核验收，南医大二附院东院通过清洁生产审核中期评估。

【危险废物处置管控】 2016年，鼓楼区编印《鼓楼区医疗废物管理指南》《汽车机动车行业危险废物管理指南》等宣传资料300多册分发给企业,召开6次专题会议和培训,受训260人次。全区60家工业企业开展网上申报。完成11家新企业辐射安全许可证预审工作,9家单位辐射安全许可证换证。开展危险废物环境管理培训380人次,现场检查60家次。全年处置医疗废物3612吨,安全转移其他危险废物596批次1426吨，危险废物规范化抽查合格率100%,处置单位无害化集中处置率100%。

【扬尘污染管控】 2016年，鼓楼区建立24小时值班和巡查制度。区环保局牵头,与区城管局、区住建局和街道联合执法,处理扬尘信访投诉103件,扬尘立案10件。开展建筑工地专项检查1560次,扣押渣土“黑车”35辆,下达限期整改通知书220份，查处施工扬尘、渣土运输违法案件125件,渣土车密闭化运输率100%。完成中山北路、中央路等10条路段精细化保洁试点,由原来每周一清洗升级为每天一清洗,道路机扫作业率90%以上。

（李　婷）

产业板块

Industrial Functional Areas

下关滨江商务区

【概况】 2016年，南京下关滨江商务区管理委员会(简称滨江管委会)完成税收20.27亿元,同比增长13%;新引进注册资金千万元以上大项目22个,完成全年任务138%;引进区域性总部或行业龙头企业2家,实际到账注册资金15.5亿元,完成全年任务258%;完成固定资产投资78.3亿元，完成全年任务142%。完成限上社会消费品零售总额32.65亿元,同比增长39%。新增标准以上服务业单位8家,完成标准以上服务业增加值56.21亿元,同比增长10%;超额完成全年规模楼宇税收收入增长11%的目标。航运业完成公共预算收入8255万元,同比增长58%,完成全年任务130%。下关长江国际航运物流服务集聚区完成投资9.7亿元,达目标进度110%。至年底,区域内原有产业,尤其是工业、仓储、农副产品批发等低端传统产业逐步迁出,航运服务产业、高端商务商贸产业和文化旅游休闲产业等新的服务业要素逐步集聚。

【南京海事局签约入驻】 8月17日,南京海事局安置入驻南京长江国际航运物流服务中心签约仪式在滨江商务区举行。区委常委、常务副区长沈吉鸿,滨江管委会主任何建，南京海事局局长兼党组书记张奇南，南京海事局副局长张副林出席签约仪式。南京海事局入驻将带动各类航运要素进一步集聚南京长江国际航运物流服务中心。

【长江国际航运物流中心一期封顶】 11月，长江国际航运物流中心一期封顶，永宁街地块1号至4号楼完成主体验收,土建施工完成,进行暖通、消防、幕墙、电梯、智能化、通信、亮化和室内装修等工作,办理室外给水、雨污水、市政电网接入等综合管网规划审批及施工手续。商埠街地块桩基完成总量90%。南京港集团项目办结北楼(08-08地块)规划许可证,南楼规划许可启动办理，完成土方开挖外运和基坑砖胎膜、防水、保护层施工;北楼地下室底板施工完成。全年引入国网江苏省电力公司、中集凯通物流发展有限公司、南京银行、南京海事局4家大型企业及机构；航运中心一期意向去化率80%。至年底,集聚区入驻南京海事局、中国船级南京分社、长江南京航道局、南京海事法庭、南京船舶交易所、南京市航运管理处等机构16家、企业39家,整体入驻率86%。

【滨江地块运作】 2016年，滨江管委会推动滨江1号、3号地块土地动迁扫尾及交付工作。至年底,1号地块完成土地交付,具备全面建设条件。围绕2号地块动迁,下关管委会与上海铁路局继续沟通对接,尧化门新建货场项目施工进度过半,牵涉西站地区机辆单位搬迁的郭家山机辆设施项目进入前期手续报批,铁路联合办公用房载体项目完成选址;与市财政、规划及国土部门紧密对接,提请市政府进一步明确滨江2号地块土地开发运作模式及有关政策，为2号地块开发出让奠定基础。

【基础配套建设】 2016年，滨江管委会结合开发进度，加紧市政基础配套建设,完成方家营、哈尔滨路北段等4条道路建设,方家营北街、龙江桥路西段等3条道路开工，累计道路开工长2.3公里。启动方兴小学改扩建工程,进入工程桩施工。完成公共路、哈尔滨路地下管廊施工图设计；推进鲜鱼巷110千伏变电站和方家营开关站建设前期工作,各项配套设施有序推进。

【重点项目建设】 2016年，滨江管委会承接市区重大项目21个，占全区23.6%。年内实现龙湖一期2个组团竣工,深业集团有限公司、上海证大房地产有限公司、中冶置业集团有限公司、广州恒大集团、世茂集团5家房地产开发项目部分主体封顶，长江航运中心一期永宁街、南京港二期分别进行设备安装和土方外运，全年商务区竣工面积26万平方米。3月,位于原下关电厂地块恒大滨江商业综合体、南京港(集团)总部大楼二期异地复建等一批高端商务商贸项目开工。全年,管委会新开工面积105万平方米。华能南京滨江总部基地、深业滨江创新总部基地、证大滨江大拇指广场等项目按建设进度推进。铁路西站迁建完成年度投资5亿元,占全年目标100%;新建尧化门货场工程:位于南京经济技术开发区,占地65.64公顷,总投资13.31亿元,6月1日,路基、桩基、暗涵、房建等施工全面展开,年底实施管线迁移工作。

【滨江岸线建设】 鼓楼区滨江风光带南起涵碧楼、北至五马渡,全长12.2公里。其中,宝船厂遗址公园段南起宝船厂北至恒渡口1330米,2014年青奥会前建成并对市民开放；南起涵碧楼北至宝船厂北河口水厂部分，建设时在水厂取水口位置造一座长124米、高4米大型钢结构防护罩，美观的同时保护取水口安全。2016年,滨江管委会继续推进滨江岸线后续配套建设，滨江风光带商务区段建成7座驿站、10座公厕、5台自助售货机，试验段水利用房全部对市民开放,满足市民、游客观光旅游需求。加强风光带物业养护长效管理,完成汛期防汛任务。同时,完成滨江风光带大桥公园至金陵船厂段可行性研究。至年底,滨江风光带北河口水厂—长江大桥段全线贯通。

(王　欣)

部分合作开发企业

【上海证大房地产有限公司】 上海证大房地产有限公司(简称证大房产)创

立于1994年，是全国知名房地产企业，专注城市综合体项目、区域型商业项目和高端住宅开发，同时开展酒店投资及经营、物业租赁、管理及代建业务。证大房产以上海、南京为核心，项目集中于长三角经济发达地区，海外拓展澳洲、南非等市场，企业在南京拥有证大大拇指广场、证大喜玛拉雅中心、证大九间堂等3个项目。证大滨江大拇指广场项目位于下关滨江商务区，包括永宁街高端商住区和大马路特色历史商业街区，17幅地块、用地15万平方米，建筑面积81万平方米，收购总价65亿元。至2016年年底，项目一期售罄。

【恒大地产集团江苏公司】 恒大地产集团江苏公司成立于2007年，陆续进入南京、淮安、镇江、宿迁、丹阳、连云港、常州、扬州、徐州等省内主要城市。2015年9月，公司通过股权转让方式获取下关滨江商务区9幅地块，总占地面积6.4万平方米，规划地上建筑面积45.4万平方米，拟建设集公寓、办公、商业、文化娱乐等多种业态于一体城市综合项目。2016年，项目18幢、19幢售罄。

【中冶置业集团有限公司】 中冶置业集团有限公司(简称中冶置业)是中国中冶独资大型国有房地产开发企业，业务涵盖房地产开发、酒店管理、物业管理、资产运营等多层次，专业化经营房地产，是中冶房地产业务核心，企业拥有国家一级房地产开发资质。2010年，中冶置业与南京市签署共同开发下关滨江合作协议，并取得1号、3号地块开发权。2013年，中冶退出1号地块，继续推动3号地块开发，主要打造低密度住宅、商务办公、综合商业、酒店式公寓等项目。2016年，项目一期实现销售30亿元。 (王　欣)

【南京长江国际航运中心开发建设有限公司】 (参见第125页，“经济管理”类目同名条目) (王　欣　许　杰)

江东软件城

【概况】 江东软件城(简称园区)位于南京市河西新城区北部地区，东起燕山路，南起集庆门大街，西至清河路，北至汉中门大街。占地面积1.16平方公里，建筑面积375万平方米，地上建筑面积266万平方米，其中研发办公面积145万平方米、商业配套面积44万平方米、人才公寓面积77万平方米，绿地率40.6%，是南京唯一以服务外包为集聚特色的园区和鼓楼区七大产业功能板块之一。园区先后被认定为中国服务外包基地城市示范区、国家级国际科技合作基地、省级现代服务业集聚区、省软件和信息服务产业园、省建筑节能与绿色建筑示范区、省级和市级重点投资计划项目、市级科技企业孵化器、高标准建设中国软件名城先进单位、南京市总部楼宇。

2016年，园区完成税收7.8亿元，同比增长7%；完成公共预算收入3.67亿元，同比增长3%。完成社会固定资产投资12亿元。软件和信息服务业收入60.97亿元，服务外包执行额5.82亿元，离岸服务外包执行额3.51亿美元。至年底，园区入驻南京华讯方舟通信设备有限公司、南京凯盛国际工程有限公司、国电江苏能源销售有限公司、南京华胜天成信息技术有限公司、江苏海隆软件技术有限公司、巨星生物科技(江苏)有限公司、南京全信传输科技股份有限公司、大千生态景观股份有限公司、南京苏夏工程设计有限公司、南京国图信息产业有限公司等680家重点软件企业、服务外包企业、总部基地及研发中心。其中，高端软件与信息服务业和服务外包产业类占53%以上，服务外包产业占22%，节能环保技术与服务类占12%，生物医药研发类占10%，其他占3%。列入中国软件百强企业5家、2016首届中国软件和信息技术服务综合竞争力百强企业5家，上市企业12家，进入辅导运作上市企业14家，经认证“双软”(软件企业认定和软件产品登记)企业17家，通过CMMI3 (Capability Maturity Model Integration软件能力成熟度集成模型)级以上企业5家，预备申报1家，高新技术企业18家，就业人员1.65万人。是年，园区被评为“2013～2015年度市级文明单位”。

【知识产权保护沙龙活动举行】 4月25日，“法润南京·德法同行”软件和信息技术产业知识产权保护沙龙活动，在南京国际服务外包大厦举行。沙龙由南京知识产权保护战略联盟、市人

4月25日，鼓楼区知识产权保护沙龙活动在江东软件城举行

民检察院、市知识产权局、市司法局、市律师协会和江东软件城联合举办，市知识产权保护联盟和市区两级检察机关以及律师行业，园区软件及信息技术企业知识产权保护实务和园区重点企业研发人员等60余人参加。活动中，市人民检察院党组副书记、副检察长陆晓敏介绍全市检察机关知识产权保护工作开展情况，与会人员研讨软件和信息技术产业企业知识产权保护难点问题及解决途径。活动为业内人士搭建学术交流平台，园区企业通过沙龙活动了解企业知识产权保护重要性和必要性，强化日常工作中知识产权保护意识。

【人才引进】 5月31日，园区在规定时间内完成2015年下半年"321"领军型人才项目6人工商注册和社保手续。全年，园区组织35人申报"创业南京"(高层次创业人才引进计划)，32人通过区资格审查、13人通过技术评审、4人最终通过区级评审，3人通过市级终审。园区重点企业巨鲨公司董事长王卫被列入中国"万人计划"。科盟众创空间、华讯方舟军民融合众创空间被认定为省级众创空间。

【国家大学科技园商务楼宇定制签约】 6月16日，南京鼓楼国家大学科技园商务楼宇定制签约仪式在江东软件城举行。市委常委、区委书记杨学鹏，区领导刘军、沈吉鸿、周文中、郭明雁、许小卫、滕献忠，相关部门负责人及签约企业代表出席。签订楼宇定制协议的企业为博西家用电器投资(中国)有限公司、华讯方舟科技有限公司、南京全信传输科技股份有限公司和江苏大千投资发展有限公司，签约总面积近10万平方米。其中，签约企业博西家用电器集团是欧洲最大的家电产品制造商，博西中国投资有限公司于2010年10月28日在鼓楼区成立，成为博西家电在全球重要生产基地、研发基地之一和亚太地区的数据中心，是全市首家跨国公司地区总部。

【缪瑞林到江东软件城调研】 8月26日，南京市市长缪瑞林到江东软件城内南京显示科技有限公司调研企业知识产权现状。缪瑞林一行参观巨鲨医疗展厅，了解企业医用专业显示器、DR、数字一体化手术室等一系列产品。缪瑞林肯定企业文化和综合实力以及知识产权在企业发展过程中的重要作用，询问企业现状和发展趋势，针对公司发展过程中急需解决的企业新上项目及人才引进问题，要求相关部门给予大力支持，积极帮助企业解决，为企业发展创造良好环境，促进企业健康发展。市委办公厅、市经信委、市发改委、市科委及鼓楼区领导、巨鲨医疗集团有限公司董事长王卫陪同参观。

【第12届软博会鼓楼区专场活动】 (参见第110页，"服务业"类目同名条目)

【南京晟邦物流有限公司入驻】 10月31日，南京晟邦物流有限公司入驻江东软件城签字仪式在南京国际服务外包大厦负一楼举行。南京鼓楼国家大学科技园党工委书记许小卫、管委会主任滕献忠出席并发言。会上，南京晟邦物流有限公司总经理王成代表入驻园区企业发言。

南京晟邦物流有限公司专营电商物流后期配送和代收货款（COD）业务，是华东、华北、华南、华中、西南地区代收货款和配送网络全境覆盖无盲区专业配送公司；是天猫商超、当当网、酒仙网、聚美优品、中粮我买网、飞牛网、拼好货商城、巧虎、闪电购等电商在华东、华北、华南、华中、西南地区主要配送代理商。

【项目建设】 2016年，鼓楼科技创业特别社区、江苏绿建大厦、B02/B03地块金盛研发中心等项目建设有序推进。其中，鼓楼科技创业特别社区按时序进度开展地下室底板施工及土方开挖运输、支撑施工、降水、监测等工程；江苏绿建大厦完成主体封顶及结构验收工作；南京国际服务外包产业园总部集群（B02/B03地块金盛研发中心项目基础施工)完成主体封顶及结构验收。至年底，园区建成载体面积158万平方米，在建载体面积58万平方米，规划建设载体面积159万平方米。其中，地上建成面积117万平方米(研发占72万平方米)、在建面积45万平方米、规划待建面积104万平方米。

10月31日，南京晟邦物流有限公司入驻江东软件城

【招商引资】 2016年，园区新增到账千万元以上大项目24个，实际到账注册资金8.16亿元，其中引进注册资金超过亿元优质税源项目7个；新增总部企业2家（国电江苏能源销售有限公司、江苏纽普兰气体输送有限公司）、科技企业80家；新增科技大项目10个；引进健康服务企业8家，千万元大项目1家；新增标准以上服务业单位3家，增加值8.2亿元，比2015年增长10.4%；新增产学研合作项目5个，成功申报高新技术企业1家；新增孵化器在孵企业18家，毕业2家。

链接：

2016年新引进注册资金超过亿元优质税源项目：

1．中国建筑总公司旗下的中建基础设施交通设计建设有限公司，注册资金3亿元；

2．南京紫金融资租赁有限公司，注册资金3亿元，是鼓楼区年内引进的重点外商投资企业，其中外资占比30%；

3．国电江苏能源销售有限公司，注册资金2亿元；

4．华泰紫金在园区设立30亿元规模大健康产业股权投资基金相关公司和合伙企业；

5．365地产家居网在园区设立3亿元规模股权投资基金相关公司和合伙企业；

6．南京思诺斯置业有限公司，注册资金2.2亿元。 （徐惠子）

部分在驻园区企业

【大千生态景观股份有限公司】 大千生态景观股份有限公司位于集慧路18号联创科技大厦A栋15层，是专门从事生态园林工程施工、生态景观设计、苗木种植生产、园林景观养护的综合性生态园林企业，拥有全国城市园林绿化一级、风景园林工程设计甲级、市政公用工程施工总承包二级、旅游规划设计乙级等多项专业资质。至2016年年底，公司完成南京青奥文化体育公园、南京市浦口新城滨江风光带、扬中滨江公园、潘安湖湿地公园等数百项国家、省市级重点生态景观项目设计和施工，多个项目获中国风景园林学会、北京市园林绿化企业协会、江苏省住房和城乡建设厅、江苏省风景园林协会等组织和机构嘉奖，曾获2014～2015年度国家级“守合同重信用”企业、江苏省优质工程奖“扬子杯”、2013～2015年度市级文明单位荣誉。公司通过ISO 9001质量管理体系、ISO 14001环境管理体系、OHSAS 18001职业健康安全管理体系一体化认证，“大千”被认定为江苏省著名商标。

2016年，公司作为社会资本方与洪泽县人民政府指定机构共同投资成立江苏洪泽湖旅游发展有限公司，全面实施洪泽湖生态环境提升工程美丽蒋坝PPP（Public-Private-Partnership），是指政府与私人组织之间，为了合作建设城市基础设施项目；或是为了提供某种公共物品和服务，以特许权协议为基础，彼此之间形成一种伙伴式合作关系，并通过签署合同明确双方权利和义务，以确保合作顺利完成，最终使合作各方达到比预期单独行动更为有利结果）项目建设和运营。该项目是江苏省PPP试点项目，也是国家级PPP示范项目。是年，公司实现税收1634万元。 （蒋 琨）

【江苏省再保融资租赁有限公司】 江苏省再保融资租赁有限公司位于汉中门大街301号南京国际服务外包产业园。公司成立于2010年，注册资金4.28亿元，系省信用再担保公司国有控股中外合资融资租赁企业。公司致力于为客户提供专业服务，经营范围包括：融资租赁业务、租赁业务、租赁财产残值处理及维修、租赁交易咨询等，同时开拓通道业务、合同能源管理等创新业务。业务范围：医疗、工业制造、教育、公用事业等。2016年，公司实现税收3087万元，获省信用再担保先进集体称号。 （马一郡）

【南京苏夏工程设计有限公司】 南京苏夏工程设计有限公司位于清江南路19号南大苏富特科技创新园一号楼6楼，注册资金5000万元，是以专有技术为基础、设计服务为特点的专业性设计及总承包公司。擅长设计、咨询、EPC(Engineering Procurement Construction是指公司受业主委托，按照合同约定对工程建设项目设计、采购、施工、试运行等实行全过程或若干阶段承包)总承包及工程管理、研发生产销售。至2016年年底，公司拥有：住房和城乡建设部市政行业(热力工程)专业甲级设计资质证书(A132010830)、化工石化医药行业(化工工程)专业乙级设计资质证书(A232010837)，国家发展和改革委员会市政公用工程（燃气热力)、化工专业丙级工程咨询资质证书(工咨丙11120140008)，国家质量监督检验检疫总局GB（国家标准)1级、GB2级、GC1级、GC2级、GC3级、GD1级、GD2级特种设备压力管道设计许可证书(TS1810571-2019)，方圆标志集团质量管理体系认证证书(00214Q15844R2M)、环境管理体系认证证书(00214E22143ROM)、职业健康安全管理体系认证证书(00214S11660ROM)。公司自主发明“长输热网方法”“纯凝机组实施电热联产的供热系统改造方法”“低能耗输送蒸汽管系统”等30多项专利被国家知识产权局批准为国家级发明专利。公司有员工400人，技术人员占85%以上。其中高级职称56人、中级职称95人，特种设备设计资格持证人员25人，各类注册人员32人。2016年，公司实现税收767万元。是年，公司被评为全国勘察设计先进单位和优秀企业，张家港华兴电力有限公司热网工程获2016年全国设计行业优质工程奖，凤翔县集中供热站、供热管网工程获2016年全国优秀市政公用工程设计奖。

（王国兴）

【巨星生物科技(江苏)有限公司】 巨星生物科技(江苏)有限公司位于汉中门大街301号南京国际服务外包大厦AB座7楼，是致力于为用户提供创新、经济和个性化体外医疗诊断解决方案的专业公司，同时为客户提供投资与合作，技术服务与管理咨询等增值服务。公司为用户提供：瑞士Roche生化、免疫、前处理系列，PCR（聚合酶链式反应，是一种用于放大扩增特定的DNA片段分子生物学技术）、床边诊断等系列产品；美国碧迪（BD）流式细胞仪系统，全自动微生物培养系统，全自动细菌鉴定/药敏系统等产品。

至2016年年底，公司营销和服务网络覆盖江苏、安徽两省，并与100多家医疗、科研机构建立合作关系。是年，公司实现税收5721万元。被评为南京市消费者协会诚信单位、企业信用评价AAA级信用单位。

（李　刚）

【南京国图信息产业有限公司】 南京国图信息产业有限公司位于集慧路18号联创科技大厦A座。公司成立于2001年，专业从事国土资源、不动产、水利水资源、税务、农业等领域GIS（地理信息系统）与电子政务软件、数据工程、测绘工程、地图服务及规划设计等业务，是集技术研发、数据生产、技术咨询、人才培养于一体的高新技术企业和民营科技企业。有职工500余人，中高级职称近百人，专业研发团队200余人，拥有南京市地理信息应用工程技术研究中心、企业研究生工作站。公司研发的空间地理信息管理和行业应用软件分别获省科技厅成果转换项目资金、省经济和信息化委员会发展引导资金扶持，拥有100多项自主知识产权。至2016年年底，公司通过软件企业、高新技术企业、创新型企业、民营科技企业等认证，通过权威机构ISO 9001、ISO 27001、CMMI3级体系认证，获国家测绘甲级资质、土地规划甲级资质等认证。第二次土地调查系列软件“农村土地调查数据库管理系统”“城镇地籍管理信息系统”“农村土地调查数据库变更软件”均第一批通过国务院第二次全国土地调查领导小组办公室测评。曾获省测绘科学技术进步奖、省国土资源科学技术奖、省国土资源科技创新奖、地理信息科技进步奖、国土资源科学技术奖等奖项。2016年，公司实现税收1192万元。是年，获全国优秀测绘工程奖，被授予省优秀研究生工作站称号。

（赵　燕）

【南京华讯方舟通信设备有限公司】 南京华讯方舟通信设备有限公司位于汉中门大街301号南京国际服务外包产业园，是华讯方舟股份有限公司旗下一家致力于推进国家与军队信息化建设的高新技术企业。公司成立于2013年，注册资金4.18亿元。公司以无线通信产业、智慧产业为研发主线，其中无线通信产业包含信息终端系统、微波毫米波卫星通信系统、智能自组网通信系统、特种芯片和卫星载荷等产品；智慧产业包含军用仿真系统、光波导头载显示设备、智慧物联、大数据平台、信息安全等产品。同时拓展机动应急通信系统等军民两用业务。公司与南京航空航天大学共同建有特种通讯博士工作站，用以公司研发人才队伍培养，增强公司技术研发力量。公司先后通过GJB9001B-2009质量管理体系、国家三级保密资格、三级信息系统集成及服务、GB/T19001-2008质量管理体系和GB/T18001-2011职业健康安全管理体系等认证；被认定为省“守合同重信用”企业、省信用贯标企业、信用管理示范企业，江苏省众创空间、A级纳税信用等级、AAA级信用等级等；多项产品获ISCCC认证、CCC认证，以及产品销售许可证；取得42项软件著作权、6项发明专利、2项实用新型专利和2项外观设计专利、7个软件产品证书，同时担任国家信息安全联盟理事长单位。

2016年，公司实现税收超过亿元，有科研人员400余人，其中博士、硕士200多人，被认定为国家级高新技术企业。

（蓝江凤）

新街口—湖南路商务商贸区

【概况】 新街口—湖南路商务商贸区（简称新湖功能区），东至中央路、中山路，南起汉中路，西沿江苏路、山西路、西桥、中山北路、云南路、上海路，北至虹桥、天福园、童家巷，面积约3平方公里。以中山路—中央路为轴，以新街口、鼓楼、山西路、玄武门为核心，形成“商旅文融合、夜市经济、体验经济、电商经济联动发展”为特色的四个商业主题区发展格局。新湖功能区以总部经济和楼宇经济为主要业态，重点发展高端商务商贸、智力服务、文化旅游及科技创新产业。至2016年年底，新湖功能区成为以高端商务、现代商贸等产业为主导，高端品牌和跨国总部集聚、高端商务和现代商贸引领的现代CBD集聚区和南京市高端现代服务业集中区，是支撑鼓楼区发展的重要增长极。

南京湖南路山西路地区管理委员会（简称湖南路管委会）为新湖功能区建管主体和责任单位。2016年，新湖功能区完成税收56.05亿元，同比增长17%；公共财政预算收入28.66亿元，同比增长28%。完成固定资产投资17.3亿元，目标完成率115.5%；限额以上社会消费品零售总额1422亿元，同比增长8.4%；标准以上服务业收入190.4亿元，同比增长10.3%；新增标准以上服务业单位41家，超目标12家。年内申报自主品牌3家。完成市、区政协提案2件，按期满意办结。接政府热线“12345”工单242件，核实退单45件，办结率100%，综合满意率91.2%。湖南路街区受理各类消费投诉举报1589起（其中成功调解1521件、立案2件，其余均为无理诉求或自行和解），办结率100%，为消费者挽回经济损失62万元，消费者满意率97%。新增中山路99号高端商务商贸特色楼宇1幢。至年底，新湖功能区有规模楼宇40幢，完成税收32亿元，同比增长15%。是年，湖南路管委会、江苏凤凰国际文化中心先后被市委市政府授予2013～2015年度市级文明单位标兵，被省精神文明建设指导委员会授予2013～2015年度省级文明单位。

【新湖板块楼宇经济工作座谈会】 1月22日，新湖板块楼宇经济工作座谈会召开。副区长童晓佳，区商务局，华侨路、宁海路、湖南路3个街道及相对应的市场监管分局负责人，以及新湖板块40幢规模商务楼宇代表30人参加。会议总结新湖板块2015年楼宇经济工作，部署2016年工作；3家亿元楼宇代表作招商招租、物业管理、服务业主经验介绍；参会楼宇负责人就入驻企业管理、配合区相关职能部门和街道做好楼宇安全和服务企业工作进行交流。

【消防演习】 5月23日，湖南路管委会联合鼓楼区消防大队在山西路银河国际广场开展消防演习。银河国际广场物业服务中心、苏宁环球购物中心、湖南路商场、浦发银行、八佰伴商场、索菲特酒店6家企业，部分写字楼业主、酒店员工、乐购仕5～6楼餐饮外租户等300多人参加。演习重点提高写字楼整体火灾防控水平、业主消防安全意识和增强业主初始火灾扑救能力，有效预防火灾和最大限度减少危害，增强写字楼业主及员工防范意识和使用灭火器材、设备能力，提高应对突发事件能力。

【招商引资】 2016年，湖南路管委会跟踪湖南路地下商业街项目招商代理公司招标进展、意向客商商谈进展以及招商策划方案编制情况，提前介入湖南路地下商业街、湖北路吾悦广场等新建载体项目招商工作，确保招商引进企业业态定位符合板块总体布局，并实现属地化纳税管理。管委会先后10余次对接东方大唐公司招商团队，深入研究湖南路地下商业街业态定位和招商工作方案，并与方案设计方——第一太平戴维斯公司沟通，确保业态方案设计合理。组织山东日韩自贸区、澳大利亚江苏工商联合总会、温哥华江苏商会等负责人与东方大唐公司对接洽谈，提前启动招商前期准备工作。吾悦广场项目商管公司成立后，湖南路管委会第一时间与项目开发商——新城控股集团南京分公司对接，了解租金方案和招商方案设计进展情况；了解项目业态定位、招商计划，及时提出意见建议。同时，主动为辖区地块推介客商，在绿地集团拍得0405地块后，促成上海联合电影院线有限责任公司华东区拓展总监邵海凌与南京国资绿地金融中心有限公司招商运营总监王潇会面，就早期介入设计影院项目洽谈。对马台街城市集市、中央奥莱城、凤凰广场协助做好招商发布工作；协助新引进注册资本10亿元的南京立华置业有限公司办理证照和购置办公用房；组织召开老旧楼宇改造和空置楼宇招商定期推介会，打造互动交流平台。至年底，新湖功能区新增到账千万元以上大项目241个，目标完成率133%。新增地区性总部或行业龙头项目1个，吸收实际到账注册资金8.5亿元，目标完成率106%；新增创业投资额7755万元，目标完成率240%。引进健康服务企业25家，目标完成率100%，其中10家投资金额在1000万元以上，目标完成率1000%。

【人才引进】 2016年是“创业南京”开局之年，湖南路管委会通过安排专家为人才进行模拟答辩和技术指导、协助人才修改项目PPT、在生活上尽可能帮助等形式，为人才项目提供服务。年内，新湖功能区先后组团参加在深圳召开的第14届中国国际人才交流大会、在上海召开的第四届中国（上海）国际技术进出口交易会、在广州召开的第18届中国留学人员广州科技交流会，参加“2016大连海外学子创业周”活动等，推介南京市“创业南京”政策和鼓楼区区位优势、总体业态规划、人才扶持优惠政策，重点对接大量人才团队，并确定跟踪服务其中5个优秀人才团队，引进其参加2018年“创业南京”人才选拔。新湖功能区3名“创业南京”人才项目进入综合评审——金达宇公司“百思拓科技互联网求职辅导平台”项目、南京鸿林能源科技有限公司“基于催化酶催化燃烧技术的绿色环保超低硫生物柴油”项目以及南京畅表信息科技有限公司“畅表移动商业智能云平台”项目，1名人才完成综合答辩。至年底，新湖功能区服务保障人才创新创业目标完成率100%，引进科技型创业人才1名，目标完成率100%。“创业南京”人才何柱通过区、市级评审，落户智梦园。

【人才培训】 2016年，新湖功能区举办各类人才业务培训10多次，参加市“金洽会”鼓楼区专场活动、人才楼宇专场活动等20多次。走访楼宇物业80余家、100余次，帮助企业办理“三证”（工商营业执照、组织机构代码证和税务登记证），协调解决矛盾和困难，对接“321人才”，邀请专家对所有人才进行计划书及PPT辅导12次，1对1配合人才模拟答辩等。协助人才企业落户，选择苗圃，开办公司及办理“三证”等。

【转引税和稳企固税】 2016年，湖南路管委会与湖南路街道、区国地税等部门联合做好转引税工作，走访苏宁云商集团股份有限公司、凤凰集团有限公司、南京盘龙广告文化有限公司、江苏远洋运输有限公司、南京利丰英和商贸有限公司、南京大学、南京联郡餐饮管理有限公司等各类企事业单位纳税户200多家，实现江苏凤凰出版传媒集团财务有限公司税务关系落户鼓楼。7月，大惠企业发展有限公司所属南京联郡餐饮管理有限公司实行"营改增"政策后，将增值税汇总到鼓楼总部缴纳；南京贯发建筑劳务有限公司将分散在各项目所在地"营改增"增值税集中到鼓楼区缴纳，超过上年税收规模。管委会稳企固税工作方面，帮助新联电子有限公司推广"智能配用电监测及管理系统"。全年，新湖功能区居间协调，成功签约和达成合作协议商务楼宇近10个，成为区域产业链招商成功案例。同时，对有迁出意向的亚士德科技有限公司、瑞声科技有限公司等企业，保持定期沟通，争取税源不流失。

【消防安全专项整治】 2016年，新湖功能区开展危险化学品安全和餐饮场所燃气安全专项整治。地毯式排查辖区危险化学品企业、施工工地现场及"九小"〔小商店、小学校(含幼儿园、社会培训机构)、小医院(含诊所)、小餐馆、小旅馆、小棋牌室、小歌舞厅、小网吧、小美容(含洗浴、足浴)〕场所和小生产加工作坊，全年排查施工工地2家、企事业单位和"九小"行业346家，查出安全生产、消防一般安全隐患53处，现场整改47处；及时指出现场不能整改问题6处；排查出陈华勇火锅店等问题单位6家，发现餐饮行业煤气包与灶具距离不符合消防要求、餐饮店煤气包(钢瓶)组较多、在用餐区使用煤气包、无灭火器等消防安全隐患。督促南京东方大唐置业有限公司加大施工工地安全措施和完善应急机制，开出湖北路83号楼存在消防安全隐患问题限期整改通知，经复查基本整改到位。该区全年未发生重大安全生产和消防隐患。

【安全生产联合监管】 2016年，湖南路地区有市区重点项目建设3个，以及沿街商家门头店招装修施工等作业场所多家，窗口地区监管工作任务艰巨。湖南路管委会先后8次组织并协同区安监、消防、公安、城管等职能部门，排查和整治湖南路地区地下商业街项目建设工地和门头店招装修施工单位安全隐患，按照工程施工有关规定，督查指导煤气管道、用电、用水施工，发现和消除重大安全生产隐患5次，及时督促整改并给予处罚。

（鲍跃华）

湖南路商圈

【概况】 湖南路商圈位于南京市城区西北部，东至中央路，中连云南北路、丁家桥、狮子桥、马台街、湖北路，西起中山北路，西连山西路，全长1100米，路幅30米。至2016年年底，全街区有大中型商场5家，各类商贸单位264家，其中经营服装79家、餐饮77家、金融17家、美容美发5家、珠宝首饰4家、鞋帽箱包9家、眼镜5家、休闲娱乐12家、宾馆13家、书店1家、其余42家，名牌、精品、专卖店占70%以上。全街区商贸营业面积38.57万平方米，就业约1万人。

【湖南路地下商业街工程建设专题协调会】 2月22日，区政府和市建委联合召开湖南路地下商业街工程建设专题协调会，听取南京东方大唐置业有限公司、江苏土力建设工程有限公司、中铁二十四局集团安徽工程有限公司、上海建浩工程顾问有限公司等单位工程基本情况、实时进度和下一步工期安排汇报。会上，副区长童晓佳围绕确保5月15日恢复湖南路路面交通等提出要求。

【"正版正货"示范街区复核通过】 5月23日，市知识产权局、市工商局和市出版局联合复核认定湖南路商业街"正版正货"承诺街区。湖南路地区创建"正版正货"承诺街区工作，从湖南路一线向新湖板块一片拓展，在巩固湖南路重点商家创建成果同时，向中山北路、山西路等商业综合体延伸，开展系列"正版正货"培训和制度、队伍建设。考核组认为，湖南路商业街在"正版正货"示范街区管理过程中，宣传到位，各商业主体知识产权保护意识明显提高，确认复核通过。

【马台街99号城市集市开业】 9月14日，位于湖南路商圈马台街99号城市集市开业。该商业综合体经营面积3万平方米，经营商品10万余种，负一层为"街坊里"超市，一楼是品牌餐饮，二楼为零售，三楼、四楼主要是儿童培训、电影院等，是一个汇聚时尚、潮流、文化、休闲、娱乐、购物、社交、美食的城市综合体。该集市采取"社区+商业地产产品"商业经营创新模式，成为未来社区型商业主流；"超市+影院"模式，受到消费者好评。

【商圈市容管理】 2016年，湖南路地区开展综合执法20多次，专项整治倚门开店、流动摊贩、盲流乞讨、沿街拉客以及乱发宣传单、乱扔杂物、乱张贴、乱停车等不文明行为和不规范现象。全年，地区城市执法管理中队依据一般程序查处案件39起，依据简易程序查处案件240起，罚款2.46万元；处理市区两级平台举报工单370余起；违停贴单5610张。取缔、整治流动摊点50余次、倚门出摊20起、"门前三包"10起、工地管理不规范6起；取缔散发小广告180多次，治理各类"三乱"(乱张贴、乱刻画、乱涂写)160多处,清洗保洁140起,清理街区卫生死角30多处;清理街区废旧非机动车20多辆,指路问路服务170次;规范办理湖南路商圈店家门头出新改造60多家。

【湖南路地下商业街项目建设】 湖南路地下商业街项目西起中山北路,东至中央路,连通地铁1号及5号线,全长1030米,宽32米,占地面积4.55万平方米,地下主体建筑面积约9万平方米,将打造地下2层结构商业街。总投资18亿元。2015年11月,湖南路道路全封闭施工。2016年,项目进入全面围挡施工阶段。8月31日,道路南侧自西向东单幅车道机动车恢复通行。至年底,完成桩基地连墙工程100%(461/461块)、首层顶板工程74.4%(3.01/4.05万平方米)、负一层土方开挖外运量45%(8.54/1.9万立方米),北侧道路恢复施工。是年,完成固定资产投资6.2亿元。

【湖北路商业综合体项目建设】 新城创置湖北路商业综合体(原南京毛麻集团第二毛纺厂地块)项目位于湖北路51号,东至湖北路,西临中山北路,南至规划路,北至乐业路。2015年8月开工建设,总投资8亿元,建筑容积率:≤3.12%,建筑密度:≤52%,绿化率:20%,建筑高度:≤33米,拟建地下3层(其中1~2层为商业、超市,3层为停车)、地上7层商业楼,有精品超市、零售、精品服饰、儿童娱乐、餐饮、电影院等业态。至2016年年底,完成地下室2区、4区B1板结构砼浇筑,地下室B1板全部施工,2区、4区主体封顶,1区、3区6层主体结构砼浇筑。全年完成固定资产投资6.15亿元。

【绿地南京湖南路商业综合体项目】 绿地南京湖南路商业综合体项目位于中山北路和湖南路交叉口,总投资160亿元,建设周期5年。该项目建筑面积50.64万平方米,其中地上建筑面积29.32万平方米、地下21.32万平方米(含公园及道路地下)。地上开发用地分A、B、C区域,其中A区地块用地面积8317.99平方米,建筑限高120米;B区地块用地面积1.53万平方米,建筑限高150米;C区地块用地面积1.58万平方米,建筑限高100米。至2016年年底,C地块岩土勘测工作启动。

(鲍跃华)

部分在驻企业

【苏宁云商股份集团有限公司】 苏宁云商股份集团有限公司位于山西路8号金山大厦。是商务部重点培养的“全国15家大型商业企业集团”之一,位列全球2000大企业中国零售业第一、中国民营企业500强年营业收入第二、中国企业500强第39位,品牌价值956.86亿元,员工突破18万人。2016年第一季度,该集团位居中国上市零售企业百强榜首。经营商品涵盖传统家电、消费电子、百货、日用品、图书、虚拟产品等综合品类,线下实体门店1600多家,线上苏宁易购位居国内B2C(商对客电子商务模式)前三名,线上线下融合发展引领零售发展新趋势。8月,全国工商联发布“2016中国民营企业500强”榜单,苏宁控股以3502.88亿元年营业收入名列第二。

【博西家用电器(中国)有限公司】 博西家用电器(中国)有限公司大中华区总部位于中山路75号。在中国境内投资成立7家公司,建立滁州、无锡和南京3个生产基地,拥有1个全球研发中心及亚太数据交换中心。2016年,博西家电首度获“亚太杰出雇主”称号,并再度荣膺“中国杰出雇主”。

【江苏凤凰传媒出版集团有限公司】 (参见第96页,“历史文化街区”分目同名条目)

【南京新联创业园管理有限公司】 南京新联创业园管理有限公司位于马台街70号,园区占地面积1.4万平方米,科技企业用房面积1.8万平方米。由南京新联电子设备有限公司投资,南京大学—鼓楼高校国家大学科技园提供政策扶持、园区管理及综合服务,为高新技术研发与高新企业提供创业平台孵化基地。该公司为民营企业,主要经营房地产、建筑、建材、工程等行业,有员工1000多人。区内建有停车场、宾馆、商务中心、大小会议中心、员工餐厅、娱乐场所等配套设施,提供宽带网络、内线电话等现代企业办公设备,以及标准化物业管理。进入园区企业享受企业工商注册、税务登记“代办式”等配套服务,并按照现代企业制度自主运作。2016年6月13日,其关联企业南京新联智慧能源服务有限公司在鼓楼区成立,公司创新商业模式,发展新业务——智慧能源云平台,线上为客户提供水、电、气、热等能源监测服务,线下对接用户需求,提供配电房监测系统、配电运维系统、需求侧管理系统三大基础业务及空调管理、园区抄表、需求响应、能源管理、光伏监测等增值业务系统。

【平安银行股份有限公司南京分行】 平安银行股份有限公司南京分行位于山西路128号和泰大厦,总行设在深圳。经营范围包括许可经营项目:办理人民币存款、贷款、结算业务等。

2016年,平安银行开启智能化零售银行转型,提升“互联网+金融”竞争力。在商业模式上,该行零售转型围绕“515”(通过一个智能主账户,使集团客户迁徙、外部合作获客、公私业务联动、百万大军推介、银行直接获客等5个渠道和银行信用卡、消费贷款、理财产品、银保产品、房贷产品等5类银行产品相连接)核心商业模式,提升客户承接和服务能力,综合体验“一个客户,一个账户,多个产品,一站式服务”

金融模式。12月9日，由金融时报社主办、中国社科院金融研究所提供学术支持及数据分析的“2016中国金融机构金牌榜·金龙奖”在京揭晓，平安银行连续3年获“年度最佳股份制银行”大奖，并蝉联“年度十佳互联网金融创新银行”奖项；获年度卓越零售银行、卓越手机银行和卓越财富管理银行等奖项。

【江苏五星电器有限公司】 江苏五星电器有限公司位于中山北路241号华侨大厦。为专业从事家用电器经营全国性家电零售企业，是中国家电零售市场前三强企业。至2016年年底，公司开设专业化连锁卖场近200家，遍及全国50余个大中城市。2016联商网大会暨全球零售创新峰会上，五星电器获2016中国零售商业琅琊榜最具竞争力专业连锁企业称号。

【紫金信托有限责任公司】 紫金信托有限责任公司（简称紫金信托）位于中山北路2号紫峰大厦30层、31层。前身为南京市信托投资公司，成立于1992年，是受中国银行业监督管理委员会监管的非银行金融机构，注册资本24.53亿元，净资产超过30亿元。公司控股股东为国资全资设立的南京紫金投资集团有限责任公司。2016年，在中国信托业协会发布的信托行业评级初评中，紫金信托获最高评级A级，并先后获年度最佳稳健增长信托公司、金融创新奖、最佳收益表现信托公司、年度影响力品牌等荣誉。 （熊　耀）

【南京湖南路商场有限公司】 南京湖南路商场有限公司（简称商场）位于湖南路255号，以服饰为主要经营商品。2016年，该商场受湖南路封路施工影响，整体经营下滑，商场增加经营少儿服饰类商品，在1楼增设3家婴幼儿用品专柜，压缩男装类服饰，效益初步显现。 （蒋　奋）

【南京山西路百货大楼有限责任公司】 南京山西路百货大楼有限责任公司（简称山百）位于中山北路107号，国家AAA级信用单位、全国商业大型二类企业，中国百货商业协会成员单位。

2016年，有经营面积1万余平方米，沿街铺面100余米。经营品种3万余种，年营业额2亿多元。确立“百姓精品店”经营定位和与之配套经营战略，与肯德基、中国电信、“南北和”火锅等餐饮品牌联手，打造湖南路商圈门类优势地位，开展“卡友聚”“西裤节”“珠宝节”“年终钜惠”等主题活动；尝试新媒体营销和直复式营销模式，发展微信会员，走进周边社区便民服务，得到消费者欢迎。是年，山百被授予江苏省商贸流通服务业诚实守信示范企业、守合同重信用企业、社区百货专家、价格诚信单位等称号。 （仲玲玲）

【南京苏宁环球购物中心】 南京苏宁环球购物中心（简称中心）位于湖南路18号，隶属于江苏苏宁环球集团有限公司，经营面积3万多平方米，集购物、休闲、餐饮、娱乐等多种经营业态为一体。2016年，中心为打造多元化的大型SHOPPINGMALL（销品茂），整合品牌资源，将原有1～6层百货业态压缩为1～5层，经营方向调整为时尚、休闲、青春；原6层主推美食餐饮业。是年，中心被授予南京市“三信三优”诚信单位称号。 （王　芳）

【南京狮子楼大酒店】 南京狮子楼大酒店位于狮子桥39-1号，地处湖南路狮子桥美食街，是美食街第一家餐饮特级店，素有“京苏菜肴第一楼”美称。该酒店菜肴属京苏菜系，拥有狮子头系列、马齿苋烧老鸭等传统特色菜肴。至2016年年底，酒店有在职服务人员30多人，营业面积2000多平方米，大厅内有100多个餐位。年内，酒店举办长江江鲜美食节等营销活动，全年实现销售额1300万元，获中国饭店协会“中国名宴”奖。 （王泽霞）

模范马路科技创新街区

【概况】 模范马路科技创新街区（简称街区）东至中央路（包括南京财经大学福建路校区），南起童家巷、虹桥，西沿护城河、秦淮河，北至黑龙江路、察哈尔路，街区全长3.9公里，核心区域总面积4.2平方公里。街区以电子信息技术、生物医药、节能环保、创意设计为导向，依托园区、重点科研院所，利用高校和企业资源，集合人才链、技术链、资本链、产业链，提升街区创新要素聚集、创新引领、品牌示范、服务辐射作用；成为创新创业人才集聚区、产学研结合示范区、高端技术研发核心区、科技创新服务平台密集区等国内有影响力的创新园区。街区内有南京工业大学、南京邮电大学、东南大学医学院、中国药科大学、南京艺术学院、南京财经大学、江苏省委党校、江苏开放大学8所高等院校，有国电南京自动化股份有限公司、南瑞集团公司（国网电力科学研究院）、中国电子科技集团公司第十四研究所、南京六九零二科技有限公司、南京汽车集团有限公司、南京三乐电子信息产业集团有限公司、南京康尼电子科技有限公司、南京测绘仪器厂、南京长江电子信息产业集团有限公司9家著名科研院所和大型企业，有南京工业大学、南京邮电大学国家大学科技园和南京财经大学省级大学科技园；有1个国家级协同创新中心、4个省级协同创新中心和1个省级拟培育协同创新中心；42个国家级、省部级重点实验室和工程中心，主要集中在节能环保、生物研发、电子信息产业方面。

2016年，街区完成公共预算收入6.66亿元，同比增长62%；税收12.21亿元，同比增长73%；完成信息化与软件业务收入40.66亿元。年内，街区重点打造模范马路众创示范空间南京YOUNGSPACE青创空间和南京创客孵化中心，构建以众创空间为载体的新型创新创业生态系统，实现产业链、创新链、资金链紧密结合，街区创业要素集聚、创新引领、品牌示范、服务辐射水平得到提升。至年底，街区建成众创空间11家（其中国家级2家、省级2家、市级3家、区级4家），总面积2万平方米，在孵企业近400家。是年，模范马路科技创新服务业集聚区被评为省级现代服务业集聚区、南京市现代服务业集聚区先进单位。

【江苏新媒体创客联盟·创客峰会】 1月19日，区科技局、南京鼓楼国家大学科技园管委会、区文化创意产业办公室、模范路科创特别社区管理办公室、U+众创空间、现代快报NYC创客部落在智梦园联合主办江苏新媒体创客联盟·创客峰会。峰会主题“连接一切改变”。通过行业嘉宾主题演讲、新媒体创客大赛、创客项目投融资合作等形式，促进“互联网+”新媒体、创客企业间信息交流与合作，发挥政府、社会、创客自身优势，推动互联网经济创新创业发展，促进“互联网+”产业跨界融合。鼓楼区及相关部门领导、省“双创”人才、“互联网+”新媒体创新型企业家、传媒领域专家、部分传媒企业、创投机构和新媒体创客代表近150人出席。峰会上，举行省级众创空间“U+”众创空间揭牌仪式和“U+”众创空间江苏新媒体创客联盟创业导师聘任仪式，区委常委、副区长郭明雁，省人才创新创业促进会秘书长陶雨生共同为“U+”众创空间揭牌并为创业导师颁发聘任证书。峰会邀请南京出版传媒集团总经理、南京文化产业协会秘书长项晓宁，南京市科技创业家联合会会长、诚迈科技股份有限公司董事长王继平等5位行业嘉宾作主题演讲。6家创客团队和8个参赛项目参加新媒体创客大赛，共同演绎和畅谈“互联网+”与新媒体，江苏省“双创”评审专家、科技部“万人计划”评审专家、新媒体创客大赛评委、江苏高登创业投资有限公司执行总裁张春林点评参赛项目。最终，闲侠、考仕通、美形美秀3个团队分获一等奖、二等奖和三等奖。

链接：

江苏新媒体创客联盟，由省内百家互联网新媒体公司、知名传统媒体集团旗下新媒体、名人自媒体组成，以“众筹、分享”为宗旨，倡导“万物互联”。

【未来支付——POS+开发者联盟大会】 4月19日，鼓楼区人才创业创新促进会主办，“U+”众创空间、拉卡拉商务服务有限公司承办的POS+开发者联盟大会在智梦园举行。大会邀请南京软件开发商、工程师、移动支付领域专家、投资机构和银行代表等50余人，围绕“创新支付、引领未来”主题，以主题演讲、互动分享、项目合作等形式，针对创新资金、技术、运营上的短板在极大程度上限制发展进行交流和探讨。

【“青年YOU创杯”创业创意大赛】 4月26日，鼓楼区众创空间工作推进会暨“青年YOU创杯” 创业创意大赛在南财科技园举行，市科委党组成员、纪检组长陈丽君，团市委副书记吕璟，南京财经大学副校长俞安平，区委副书记陆敏，区委常委、副区长郭明雁等领导，驻区高校院所、科技园区、区众创空间及入驻企业、青年创业人才、投融资机构、知识产权代理机构、区部门街道代表240多人参加。推进会上，陈丽君、俞安平、郭明雁分别致辞；会议推介鼓楼区众创空间发展政策举措；举行南京市知识产权服务业集聚区授牌、南京市青创梦想创业孵化基地授牌、区众创空间联盟揭牌仪式，并为16家新获区备案的众创空间授牌。

同期举行“青年YOU创杯”创业创意大赛总决赛，从前期45个报名项目筛选出来参加决赛的12个项目分别进行路演，最终评选出大赛一等奖、二等奖、三等奖。大赛期间，举办未来场景——移动互联、健康产业、Amaker平台优秀项目路演暨智能机器人大赛3个场专场活动。

【承办全国物联网技术与应用大会暨ICT创新创业主题论坛】 5月17日，是第48届“世界电信和信息社会日”。全国物联网技术与应用大会暨ICT创新创业主题论坛由省物联网技术与应用协同创新中心、鼓楼区政府、中国通信学会物联网委员会、中国通信学会

4月26日，区众创空间工作推进会暨“青年YOU创杯”创业创意大赛在南财科技园举行

学术工作委员会、南京邮电大学物联网国家大学科技园等联合承办。全国教育、科技、产业、管理以及非政府机构等各界代表500余人参加。大会组织4个主题报告、6个专题报告、1个圆桌高层论坛和7个专题分论坛、54篇学术报告，展示物联网技术与应用协同创新成果，以及大众创业、万众创新新型科技产业态势前景。会议期间，举行第二届3S杯全国大学生物联网技术与应用“三创”大赛颁奖仪式；分别邀请中国工程院院士和中国科学院院士作《大数据及其相关新兴技术》《“互联网+”时代的物联网产业发展》主题报告；区科技局局长向卫等来自高等学校、科研院所、有关企业和政府主管部门8位嘉宾应邀参加圆桌论坛，听取6个专题报告；举办ICT创新创业、网络空间服务安全、智慧交通与现代物流、绿色生态与农业矿山、泛在健康服务与技术、智慧城市与智能制造、智慧家庭与休闲旅游7个“物联网技术与应用”专题论坛。

5月26日，创客孵化器发布会在模范路科技创新街区南邮大厦召开

【创客孵化器(南京)落户】 5月26日，由科技孵化器Makebator与鼓楼区政府共同打造的创客孵化器(南京)落户模范马路科技创新街区南邮大厦。区委常委、副区长、鼓楼国家大学科技园管委会主任郭明雁，区科技局局长向卫，区人才办、大学科技园管委会及高校园区联络处、模范路管理办公室相关负责人等出席创客孵化器发布会。

创客孵化器(南京)联合北京创客孵化器资源，结合南京地方产业特色，为高校学生提供原型实现、工业设计、硬件研发、生产供应链等深度产业链服务，并在各环节配有创业导师，助青年创业创新。区政府为创客孵化器(南京)提供1200平方米办公场所，免租金3年，并根据考核指标，每年给予运营补贴。

经过3个月运营，该创客平台实现创新与创业相结合、线上与线下相结合、孵化与投资相结合，为创业创新者提供工作空间、网络空间、社交空间和资源共享空间。9月，创客孵化器(南京)被纳入南京市级众创空间备案。

【Youth Space青创空间启动】 6月16日，Youth Space青创空间“在青创——预见未来”发布会在南邮大厦举行。区委书记杨学鹏、区长刘军，南京邮电大学党委常委、副校长王宗荣以及青创空间负责人张康黎等领导出席。会上，刘军、王宗荣、张康黎分别致辞，青创空间王薇简要介绍空间项目，杨学鹏为青创空间授牌，张康黎为荣誉导师颁发聘书，入驻单位与青创空间签署合作协议，Youth Space青创空间正式启动。该空间位于南邮大厦1～2层，由市民营青年企业家联合会会员企业家众筹，成立众创空间运营公司，提供创业指导、项目孵化、实战培训、天使投资、导师帮扶等全案创业服务。南京市青年民营企业家联合会汇聚近200家优质民营企业的产业资源和创新资源，聚集物联网、智能制造、创意设计及其他TMT相关产业，搭建业务众包平台，引进股权众筹机制，建立线上孵化平台，形成云办公、云路演、云服务、云众筹等孵化模式。青创空间为入驻企业打造一个“线上+线下”一体化全要素供给以及全流程加速创业孵化器，全面激发科技人才创新创业活力，推动区域经济进入全民创新创业新时代，形成独具特色产业区域化、行业集聚化、运作市场化、配套专业化众创空间。

【万谷·京东云智慧产业园项目落户】 9月12日，南京“软博会”期间，总投资2.77亿元的万谷·京东云智慧产业园项目落户模范马路科技创新街区。该园区位于水佐岗与水佑岗交汇处原南京三乐电子信息产业(集团)有限公司所在地，北依模范马路、东靠城西干道，建筑面积5万平方米，由南京万谷产业园集团与京东集团联手打造，通过京东云服务平台实现真正意义上的智慧园区。园区以互联网、创意设计、金融、新兴产业、外包服务为主要业态，建成后可吸引约200家企业入驻，提供4000余个就业岗位。

【2家企业获批国家级众创空间】 9月22日，南京邮电大学物联网科技园“E联U盟”创客驿站和智梦园“U+”众创空间入选国家级众创空间，成为第三批国家级众创空间和鼓楼区首批国家级众创空间。

南京邮电大学“E联U盟”创客驿

站　位于南京新模范路66号南京邮电大学三牌楼校区，是物联网国家大学科技园重要组成部分，是根植“物联网国家大学科技园”和“国家高校学生科技创业实习基地”，依托南京邮电大学通信技术研究所创新资源和团队科研力量打造的专业化众创空间。创建以来，聚焦公益性、专业性、科研性和示范性，以打造物联网领域全国一流创新创业孵化平台为目标，形成具有物联网行业特色的“倒三角模式”引导机制、“四步育苗”服务机制和“三链融合”发展机制。2015年7月获批江苏省互联网众创园，2016年9月获批国家级众创空间。至年底，累计培育创新项目280多个，孵化创业企业68家；在孵项目或企业获国家及省市创新创业奖励40余项；入驻企业135家，其中学生创业团队66家。

智梦园U+众创空间　位于古平岗4号智梦园C座二层，创建于2015年，由南京模范马路科技创新园区与南京快拼信息科技有限公司共建，以“020创业孵化+创业投资+创业教育”孵化融合发展新模式，打造“产业聚焦+资源协同+股权众筹”“互联网+”众创空间。2015年12月获批江苏省众创空间认定以及奖励，2016年9月获批国家级众创空间。至年底，引进海内外创业孵化项目21个，组建以中国旅美科协专家、“国家千人计划”、江苏省“双创”人才、互联网行业高管领衔的南京创客空间合伙人“私董会”，为创业团队提供专业产业链服务，促进创业者能力成长和业务发展。

链接：

国家级众创空间是科技部根据《国务院办公厅关于发展众创空间推进大众创新创业的指导意见》等文件要求，在各地科技管理部门推荐基础上，对模式新颖、服务专业、成绩突出、运营良好的众创空间进行审核认定，通过认定众创空间将纳入国家级科技企业孵化器管理服务体系。国家级众创空间评选除对众创空间基本服务设施、投资基金、创业导师服务机制有明确要求外，更看重众创空间专业性，能够高效配置和集成各类创新要素实现精准孵化。

【4个高端创业项目落户】　10月17日，全国大众创业万众创新活动周期间，鼓楼区在第二届深圳国际创客周举办鼓楼专场活动，国内首个Magic模式医疗互联网平台“美容大师”等4个高端创业项目现场签约入驻鼓楼区，其中Magic模式医疗互联网平台“美容大师”项目签约入驻智梦园“U+”众创空间；致力于智慧社区家庭生活的“一家”APP项目，签约落户模范马路科技创新街区Youth Space空间；2个深圳创客带来的空气净化瓶和猫耳机项目，签约落户模范马路科技创新街区南京创客孵化中心。推介活动以“鼓楼发布”为主题，整体推介区创新创业大环境，驻区东南大学国家大学科技园、南京工业大学国家大学科技园、南京邮电大学物联网国家大学科技园、南京财经大学科技园以及多家众创空间分别进行专题推介。

【鼓楼科创空间挂牌】　10月18日，在2016江苏省大众创业万众创新活动周鼓楼专场上，鼓楼科创空间挂牌成立。科创空间位于铁路北街南京财经大学现代服务业科技园，总面积2500平方米。科创空间以实物、图片和先进科技手段，集中展示入驻企业最新专利技术产品和科研成果；通过投融资、专家库和创业顾问导师团队、科技创业培训、国际资源链接和技术创新环节服务等5个模块建设，为入驻企业和人才提供创业集成服务。至年底，贝才禾兑网络科技南京有限公司等首批企业签约入驻。

【参展南京第八届“文交会”】　10月28～30日，第八届中国南京文化创意产业交易会在南京国际展览中心举办。鼓楼区有6家参展企业，涉及出版、美术、工艺品、院校、园区、功能区等内容，设置环南艺文化创意产业功能区、江苏鼎艺国际文化创意产业有限公司、南京福佑艺术设计有限公司、南京艺术学院艺术设计院、江苏宁谊万花实业有限公司、南京新华丰制版有限公司、模范路创意设计集聚区展区。模范马路科技创新街区以“展文创企业风采，领创意街区步伐”为主题，分3个模块展示模范马路科技创新街区、街区众创空间、文创类在孵企业基本情况及近期发展成效。组织街区4家文创企业及3家众创空间参展，布展面积36

10月18日，鼓楼区科创空间揭牌仪式在南京财经大学现代服务业科技园举行

平方米，展板7块。参展期间，接待客户100余人，2000多人到场参观。

【Youth Space·青创空间杯江苏省科协青年会员创新创业大赛互联网赛区决赛】 11月18日，Youth Space·青创空间杯江苏省科协青年会员创新创业大赛互联网赛区决赛在青创空间举行，鼓楼区科技园管委会、区科技局、区人社局、区委宣传部、团区委、江苏省科协科技干部进修学院、南京大学高新技术学院、南京理工大学、南京邮电大学、南京财经大学、南京工业大学国家大学科技园等相关负责人和江苏省电子学会院士贲德出席，来自全省各地23个项目及其选手参加比赛。大赛持续4个小时，评委对参赛项目提出指导意见，并根据选手现场表现，综合考察选手实践总结、实践业绩、运营策划、领导管理、人际交往、组织协调、临场应变等能力，进行打分与合议。最终评出一等奖1名(肿瘤精准医疗的信息化服务平台开发项目)、二等奖3名、三等奖5名。

【产业载体建设】 2016年，街区完成固定资产投资总额12.3亿元。建成南京工业大学国家大学科技园、南京邮电大学物联网国家大学科技园、长江科技园、江苏建筑工程创意设计产业园、智梦园、熊猫新兴软件园、智慧谷动漫软件园、工大虹桥校区改造、南京财经大学省级大学科技园、南邮科技综合楼，三乐电子微波器件研发大楼等载体11个，实际使用载体面积47.4万平方米。在建南京工业大学科技广场二期、新城市广场虹桥中心(二期)、天将大厦、金茂二期、南邮蔡家巷科创中心、模范路科技创业特别社区载体6个，在建载体面积121.68万平方米。

【招商引资】 2016年，街区新增到账千万元以上大项目18个，实际到账注册资本6.7亿元；新增科技企业81家，其中科技大项目9个。新增地区性总部或行业龙头项目1个(江苏恒德东汇投资集团有限公司)。新增标准以上服务企业8家，合计110家，标准以上服务业增加值增长10.2%。11幢楼宇税收收入5.63亿元，同比增长11%。新增特色楼宇1幢(南邮科技园区一期)，电子信息产业集聚50%。全年引进健康服务业企业8家，其中投资1000万元以上企业1家。完成产学研项目5个，申报高新企业2家(待认定)，新增在孵企业20家，毕业企业2家。

【人才集聚】 2016年，街区3人入选省“五个一”青年文化人才计划，3人入选区级“创业南京”人才计划；1人获全国首届“双创”(创新、创业)大赛金奖，1人获南京市青年创业大赛三等奖；1人入选创新型企业家。4家人才企业销售超过千万元，1家人才企业税收超过百万元。创新型企业家许伟创办的南京车易淘网络信息技术有限公司获得4轮风险投资，累计资金1.4亿元。至年底，街区有两院院士14人、国家“千人计划”专家8人、省“双创计划”人才43人、南京“人才计划”6人、南京“领军型科技创业人才”65人、科技创业家3人、创新型企业家1人、“创业南京”高层次创业人才3人。

部分在驻园区及众创空间

【南京工业大学国家大学科技园】 南京工业大学国家大学科技园(简称南工科技园)是南京工业大学加速科技成果向生产力转化，促进产、学、研合作，建设“综合性、研究型、全球化”大学的重要基地。园区遵循“政府引导、市场运作、资源共享、服务开放”的原则，依托学校学科、科研、人才优势，结合社会资源，开展产学研合作，推进技术转移和成果转化、高新技术企业孵化、战略性新兴产业培育及创新创业人才培养，服务区域经济发展，致力于打造“基础设施、信息网络、投融资服务、技术平台”四大平台，为入园企业提供人性化、完善增值服务。南工科技园是各类科技型、初创型中小企业孵化基地。南工科技园先后被授予国家大学科技园、南京市科技成果转化产业基地和南京青年创业实践基地等称号。

南工科技园主园区地处南京工业大学模范马路校区，位于模范马路创新街区核心地带，包括建成使用的8万平方米科技创新大楼、5.4万平方米配套人才公寓，在建科技研发及服务大楼C座、D座8.5万平方米，为科技园核心服务区。至2016年年底，有140余家科技型企业入驻。入驻企业涉及生物医药、化工、能源及交通、新材料及材料设备、环境、机电一体化、建筑、创意等领域，全年实现税收6476元，一般公共预算收入3060万元。

【南京邮电大学物联网国家大学科技园】 南京邮电大学物联网国家大学科技园由南京邮电大学和鼓楼区政府联合共建，2010年7月挂牌成立，2014年9月被认定为国家大学科技园。物联网科技园主要依托南京邮电大学三牌楼校区建设，占地3.33公顷。南京邮电大学主导成立的“江苏南邮物联网科技园有限公司”是科技园企业化运作主体，正式投入使用面积6万平方米。该园以发展物联网产业为特色，重点推动物联网科技成果转化和产业化，集聚推动物联网产业发展的政产学研等优势资源。园区先后获批物联网国家大学科技园、国家高校学生科技创业实习基地、国家技术转移示范机构、全国科普教育基地(物联网)等各级各类公共服务平台20余个；建有教育部泛在网络健康服务工程研究中心、教育部宽带无线通信技术工程研究中心等科研平台。是全国通信学会物联网委员会挂靠单位、江苏省物联网技术与应用协同创新中心牵头高校。至2016年年底，园区引进企业124家，其中物联网产业核心企业超过20家，带动120多个物联网相关项目落户鼓楼区，初步形成知识产权、产业孵化、应用示范、人才培养四大基地和技术创新、产业集聚、服务经营、市场交易四大平台。是年，实现税收2348万元，一般公共预算收入1364万元。

【南京财经大学科技园】 南京财经大学科技园坐落于福建路校区沿铁路北街道路东侧，是经省教育厅、科技厅批准筹建的省级大学科技园，2009年7月成立。科技园依托市区政府关于模范马路科技创新园区建设优惠政策和南京财经大学人才和学科优势，立足现代服务业产业定位，突出与学校优势学科相适应的现代服务业体系建设，围绕商务服务业、金融产品研发、文化创意、食品安全与粮油品质控制，以及中介咨询与高端培训等领域，打造现代服务业产品研发基地、企业孵化基地、人才培训与集聚基地、产业辐射基地，以及现代服务业理论成果创新交流基地。

南京财经大学科技园一期选址铁路北街128号，建筑面积6.5万平方米，于2015年12月28日正式开园。园区定位于引进与孵化相结合，服务与推广相统一，逐步凝聚和培育自身优势，计划经过3～5年建设，成为以现代服务业为特色的大学科技园。2016年，南京财经大学科技园引进企业44家，实现税收574.6万元，一般公共预算收入301万元。

【智梦园】 智梦园位于古平岗4号，占地3.67公顷，总建筑面积4.7万平方米，有4幢楼宇。2012年被南京市科委认定为市科技企业孵化器。园区属于旧楼改造项目，2010年1月鼓楼区政府协议承租中国电子科技集团公司第十四研究所地块，由南京市模范马路科技创新园区有限公司负责运营管理。园区定位为海归人才集聚区、高端服务平台集中区、战略性新兴产业培育区。建有创新创业孵化器2.2万平方米、创新企业加速器1.5万平方米、总部基地及园区配套设施1万平方米。2012年6月26日，智梦园作为南京（模范路）科技创新特别社区先导区正式开园，以电子信息、生物医药、节能环保和创意设计为主导产业。以搭建科技创新服务平台作为创新体系建设的重要内容，为科技企业创业发展提供绿色通道。园区建设有模范马路创新馆、“创业支点”综合服务平台、“U+”众创空间等公共服务平台。至2016年年底，园区引进企业148家，实现税收9485万元，一般公共预算收入4568万元。

【长江科技园】 长江科技园位于芦席营97号及南昌路40号，东靠中央路和许府巷地铁站，南邻新模范马路和玄武湖隧道，占地4.6公顷，总规划建筑面积26万平方米，其中可用建筑面积6万平方米，建设总投资约4亿元。2003年5月经市政府批准成立，由南京长江电子信息产业集团有限公司投资兴办，鼓楼区政府政策支持，南京大学—鼓楼高校国家大学科技园提供综合服务平台，三方合作共建。以电子信息、软件和IC集成电路研发、生产作为主要发展方向的都市型高新技术园区和现代科技服务业集聚区。科技园提供办公楼宇，并利用长江电子集团部分生产场地、贴片加工线、精密加工及检测设备，为入驻企业提供办公、研发、加工、装配等综合配套服务。吸引餐饮、咨询、融资、保洁入驻园区以及周围原有酒店、宾馆、居民小区等社会服务资源，为入园企业提供服务。吸引电子信息企业、软件和IC集成电路等高新技术企业或项目入驻科技园，从而形成电子信息技术、软件和IC集成电路企业孵化基地。

园区先后获江苏省现代服务业集聚区、南京市都市产业园、南京市小企业创业基地称号。至2016年年底，入驻企业90余家，其中包括上海贝尔、南京朗讯、宽连十方、欣网视讯等一批软件企业、研发中心和高新技术企业。实现税收11637万元，一般公共预算收入5877万元。

【南京工业大学劝业公社】 南京工业大学劝业公社位于南京工业大学的大学生创业示范园内，由江苏标志性创客公司“8天在线”为主投资和运营，依托高校优势，加强与学校产学研互动，采取“1+3+N”体系，整合完善“创业苗圃—孵化器—加速器”孵化链条。南工劝业公社专注于互联网、智能设备、新材料、节能环保等领域创新企业孵化与服务，构建以“政府引导、市场主导，企业为主体、高校为内核”众创空间建设和运营新机制、新模式，打造南京地区特色鲜明创客中心。2015年获批江苏省互联网众创园、江苏省众创空间。至2016年年底，在孵项目18个，在孵企业41家。

【财智128众创空间】 财智128众创空间位于南京财经大学铁路北街128号教A楼4楼整层及科技楼南北2栋楼的部分楼层，总面积8000余平方米。是全省首个以“现代服务业”为产业特色和定位的大学科技园。该众创空间依托南京财经大学财经、管理、社科类人才资源和学科优势，致力于电子商务、文化创意等领域创业服务，将各类创业团队、天使投资、创业服务机构聚集于此，共同打造以创新创业为主题的线上线下社区；引导一批具有投资能力与丰富市场经验企业家、高级职业经理人，以其自身社会影响力与人脉资源指导与跟进创业团队，实行滚动发展，为入园项目提供苗圃服务、孵化服务、加速服务、毕业服务。 （徐春芳）

中央门商贸区

【概况】 中央门商贸区东至中央路、中央北路，南起城北护城河，西沿金川河，北至沪宁铁路—规划中的北祥路—中储原南京公司边界，面积1.6平方公里，其中钟阜路以东地区为商贸区核心发展区域。商贸区产业以商贸市场为主，商务办公、交通运输产业具有一定基础。商贸区内有金桥市场、玉桥商业广场、金盛国际家居广场、金盛百货中央门店、鑫桥市场、金桥装饰城、金海灯饰城、华东美博城8家大中型市场，有各类经营户6500余家，营业面积近50万平方米。集聚南京长客集团、南京朗驰集团有限公司、铁路西站货场、南京交运集团物流有限公司、南京联运有限责任公司等一批客货运企业。商务办公主要包括建宁路沿线南京中电熊猫信息产业集团有限公司、亚都大厦、电子大厦、朗驰大厦、南京长客集团等办公楼宇，主要用于自身办公外，并出租用于商贸和物流服务配套。

2016年，中央门商贸区实现公共收入1.58亿元，同比增长6%，完成全年任务92%。年度新增注册1000万元以上企业15家，实际到账注册资金5.16亿元。全年限额以上社会消费品零售总额增长18.6%；限额以上企业新增2家。标准以上服务业增加值增加10%，标准以上服务业单位新增9家。规模楼宇税收增长70%。软件和信息服务业收入完成7.1亿元。引进健康服务业企业15家。固定资产投资完成16.8亿元。引进人才1人。

【重点招商项目推介会】 4月22日，重点招商项目推介会在中央门商贸区举办，会议邀请招商地产、恒大集团、金轮地产等9家地产商，宁波商会、莆田商会等4家在宁商会，以及戴德梁行、高力国际等4家中介机构17家单位参会。会议介绍中央门商贸区功能板块空间及产业规划，推介建宁路8号地块、花样年喜年中心、中储电子商务二期、金川科技园等重点招商项目。会后组织客商实地考察建宁路8号、喜年中心等重点载体。

【企业大走访活动】 5月20日至6月22日，中央门商贸区管委会开展企业集中大走访活动，实地调研区域内55家企业发展状况。走访调研活动采取分头并进方式，组织70余人次分路、分阶段走访玉桥市场、金桥市场、中电熊猫贸易公司等税收排名前50家企业和小规模企业。走访活动由主要领导走访重点企业，同时经济组逐家走访其他企业。活动中，召开座谈会10场，向企业宣讲政策、核对经济数据，交流企业经营状况、存在困难，听取企业对政府经济工作意见和建议，共同探讨振兴经济对策。通过走访，管委会掌握房地产企业尾盘销售情况，摸清商业地产空置租赁情况，了解到传统产业经营状况；帮助企业完成工商注册地变更、自主品牌申报以及解决项目周边道路建设等问题。

【建宁路8号地块完成挂牌】 12月16日，建宁路8号地块被南京金名城置业有限公司以4.3亿元底价竞得。该地块位于西站货场以东、玉桥三期以西、现状铁路以南、规划建宁北路以北，占地面积2.21万平方米。根据初步规划，该地块可用地面积1.34万平方米，性质为商办混合用地，建筑高度≤100米，建筑密度≤50%，容积率≤6.5%，规划建筑按原规范配建停车位，并配建400多个社会停车位，功能定位为商业办公及配套停车场。

【招商引资】 2016年，中央门商贸区招商中心与鼓楼区相关职能部门及各企业加强联系，为区域企业提供招商平台。组织参与深圳、成都等地招商活动4次，邀请驻辖区企业和新客商参加市“金洽会”鼓楼专场活动。其中与区商务局联合举办鼓楼区重点项目招商推介会中央门专场，邀请参会客商21家，重点推介辖区中储电子商务中心二期、喜年中心、金川科技园、建宁路8号地块招商项目。全年引进千万元以上大项目16个，实际到账资金5.05亿元，完成年度招商任务157.81%。其中，引进亿元以上项目2个，占项目总数12.5%；引进2000万元以上项目6个，占项目总数37.5%。

【安全生产管理】 2016年，中央门商贸区管委会先后与驻区11家企业负责人签订《安全生产承诺书》，与区政府签订《2016年度安全生产目标管理责任书》。年内，组织驻区企业开展安全生产大检查、全国第15个“安全生产月”、夏季高温及汛期安全生产大检查、餐饮场所燃气安全专项普查及整治活动；以企业自查、互查形式，配合区安监部门督查并委托第三方验收，完成商贸区危化品专项整治任务。

【综治平安建设】 2016年，中央门商贸区管委会与区政府签订《中央门商贸区管委会2016年度社会治安综合治理和平安建设工作责任书》，起草并通过《中央门商贸区2016年度综治平安建设工作计划》。3月，由平安志愿者协会与中央门商贸区管委会联合成立中央门商贸区平安志愿者工作站，金桥市场、玉桥市场、鑫桥市场等11家大型商场共同派员介入。该工作站旨在通过组织引领商贸区内商贸企业，开展有组织、有计划、有针对性志愿服务工作，共同维护中央门商贸区整体市场经营秩序、治安秩序、交通秩序，维护经营者与消费者切身利益。年内，该工作站先后组织驻区5家企业15名平安志愿者支援先锋广场，清除地下车库200辆长期无人认领废旧非机动车；组

11月9日，商贸区驻区企业玉桥市场开展消防演练活动

织驻区各企业平安志愿者参加单位内部安全生产应急演练，举办各种形式消防安全知识培训，参培志愿者达200余人次以上；组织驻区各企业平安志愿者成立应急小分队，100余人次参加夏季抢险排涝。10月27日，中央门商贸区管委会组织召开2016年度中央门商贸区平安志愿者骨干培训会议，参加培训30余人。是年，中央门商贸区管委会1人获市级优秀平安志愿者称号；驻区企业中获市级平安志愿者优秀组织1个，3人入选南京市平安志愿者最美风采录。

【中储电子商务区建设】 省重点项目中储电子商务区建设分一期、二期施工，其中一期（喜年中心）位于中央门外河路道1号原中储钢材市场北区，规划占地面积8.5万平方米，建设用地面积5.6万平方米，容积率3.6，规划建筑面积约30万平方米，9栋建筑构成，功能布局主要为商业、商业办公、loft、soho等。至2016年年底，B1、B2幢竣工验收完成，B3、B4幢5层结构施工，B5幢14层结构施工，B6幢13层结构施工，A1、A2幢正负零结构施工，B3、B6幢开盘销售。二期地块项目位于小市街道张王庙路以西、北祥路以南、幕府南路以北，占地面积7.98万平方米，规划可出让用地面积6.34万平方米，用地性质为商业办公、住宅混合用地，容积率3.7，住宅面积不超过地上总建筑面积50%，地块内配建占地不小于3800平方米幼儿园1所，配建不少于1万平方米社区服务用房，建成后无偿移交给政府。至2016年年底，项目用地规划许可证、土地证等前期手续办理完成，规划许可证批复拟上报市政府专题研究会同意。二期项目进入土方外运、试桩、土地平整等施工前期准备，项目售楼处建成并对外开放。

（彭　涛　王　军）

部分在驻企业

【南京玉桥商业集团有限公司】 南京玉桥商业集团有限公司（简称玉桥集团）成立于1999年9月，隶属于南京市交通集团，是集投资、租赁、购物、娱乐、餐饮为一体的新型商贸企业。

玉桥集团投资经营主要项目为玉桥商业广场，为一次规划分三期建设实施。一期、二期项目分别于1999年和2004年竣工并投入运营。玉桥三期（B座）建筑面积8.3万平方米，由1栋9层6.8万平方米商业楼和1栋5层1.5万平方米综合楼组成，拥有完善的配套设施和服务体系。玉桥商业广场整体定位为亲子休闲、生活娱乐为主的社区型体验式购物中心。2016年，玉桥集团实现税收1033万元，同比增长22%。12月16日，玉桥商业广场B座亲子体验馆开业。

【南京金桥市场管理有限公司】 南京金桥市场管理有限公司（简称金桥公司）系南京金鹰国际集团有限公司与金典（香港）有限公司共同投资企业，注册资金2.71亿元，地处建宁路12号，占地面积6万平方米，下辖金桥市场、金桥装饰城，投资参股金桥灯饰市场。经营业务涉及市场租赁、电子商务、停车场管理、仓储管理等多个领域。其前身为南京市商业储运公司，成立于1955年，2004年改制后成为金鹰国际集团下属公司。

金桥公司旗下有金桥市场、金桥装饰城，两大市场总经营面积13.7万平方米，经营业主3000多户，从业人员1万多人，年交易额60亿元，税收超过5000万元，名列全国亿元以上工业品综合市场第13位。批零兼营日用工业品和装饰材料18大类10万多种商品，辐射南京市及周边10多个省市地区，拥有华东、苏皖、南京地区数百家总代理、总经销商及面积数千平方米的“精品皮具”“针织内衣”“文化用品”“五金电器”等代理中心，为华东乃至全国有较大影响的国家级中心批发市场。

2016年，金桥公司实现税收1198万元，同比增长27%。6月，通过南京市工商行政管理局2015年度“守合同重信用”企业再认定复查。是年，“金桥市场”获省、市著名商标，有效期2016～2018年。

【南京中电熊猫信息产业集团有限公司】 南京中电熊猫信息产业集团有限公司位于建宁路16号和18号，始创于1936年，被誉为中国电子工业的摇篮，连续20年位列中国电子信息百强企业前列，“熊猫-PANDA”是国内电子行业第一个"中国驰名商标"。建有4个国家级工程技术研究中心、1个博士后工作站、10个新产品开发研究所。主导产业涉及现代通信、数字视音频、软件信息服务、智能电子、电子制造等行业领域。下设中国电子物资苏浙公司和南京中电熊猫现代服务产业有限公司。2016年，公司现代服务产业园一期第二批5栋建筑实现主体封顶，一期第一批2栋库房出租率95%。全年完成限额以上消费品零售总额29.1亿元，同比增长47.7%。

【中储南京智慧物流科技有限公司】 中储南京智慧物流科技有限公司（简称中储智慧公司）位于中央北路河路道1号，为央企控股混合所有制企业，大股东为国资委下属诚通集团二级子公司中储发展股份有限公司。成立于2014年7月，在岗员工247人。2015年4月，中储智慧公司组建研发团队开发物流"互联网+"产品"中储智运物流电商平台"，通过保证金、实名认证、物流保险等多项机制，确保每笔业务真实性与安全性，所有业务通过平台进行交易和结算，实现信息流、业务流、资金流统一运作与管理，帮助货主企业降低物流运输成本，增加车主运力资源利用效率与产生效益。2016年，平台交易金额20.98亿元。

（彭　涛　王　军）

幕府山新产业区

【概况】 幕府山新产业区东起幕府山与栖霞区交界处，南沿幕府东路—幕府西路一线，西至京沪铁路线，北至长江，占地面积6.8平方公里。重点建设幕府山和老虎山生态片区、下关科创特区组团、上元门商务组团和五塘广场商贸组团，形成"两山三组团"产业发展格局，引领功能板块范围内产业结构调整和发展方式转变，实现特色产业集中、优质企业集聚、功能品质提升。

2016年，下关科创特区（简称特区）实现税收1.01亿元，同比增长28%；新增到账1000万元以上大项目22个，实际到账注册资金5.6亿元；实现信息化和软件业务收入7.06亿元、服务外包执行额3.59亿美元（其中离岸执行额1.8亿美金）。完成专利申请128件，其中发明专利31件、专利授权63件。年内，特区启动窑上村旧城改造项目国有四期居民征收工作，搬迁率97.5%；与南京飞元实业有限公司达成征收补偿协议，与2家企业初步达成部分土地征收意向。自2012年启动红线范围内居民户和工企单位征收拆迁以来，至2016年年底，拆除房屋建筑面积22万平方米，一期科技载体紫博地块基本竣工，220千伏高压杆线下地工程、圣游路等6条道路建设进度提速。2016年南京软博会期间，特区瀚霖院咖啡获市级众创空间认定，特区和南京飞元实业有限公司就02-06地块签订合作协议。第九届"中国留学人员南京国际交流与合作大会"期间，近百名海外人才代表赴特区参观考察，走访众创空间星火众创工厂。是年，特区获南京市科学技术委员会（简称市科委）年度科技企业孵化器绩效评价良好认定。

【首善鼓楼和谐劳动关系交流会】 3月30日，特区企业服务部邀请区人力资源和社会保障局（简称区人社局），举办"2016年首善鼓楼和谐劳动关系进园区"培训会，园区30余家企业代表参培。培训会介绍就业创业政策、社会保险经办、劳动保障维权、员工申诉与劳动争议处理、工伤保险认定等内容，并为企业解答实际工作中劳动法律法规疑难问题。

【第九届"中国留学人员南京国际交流与合作大会"代表参观特区】 4月26日，100多位参加第九届"中国留学人员南京国际交流与合作大会"鼓楼专场活动的海内外人才代表，到特区参观考察省级"众创空间"——星火众创工厂，特区管理办公室副主任左文芳接待并讲解。该厂于2015年6月由南京领军型科技创业人才孙刚联合特区共同打造，是一个完全开放、公平的创客平台，依托政府资源，汇聚各领域资深专家和企业，致力于人才发掘和创业扶持，从创客发觉、孵化、成长到壮大全系列一体化服务体系；通过市场机制化、专业服务化和资本化途径，为众多创业者提供一个低成本、便利化、全要素、开放式新型创业服务平台。

【征收补偿】 7月，窑上村旧城改造项目国有四期居民征收工作启动。至年底，79个权证户有77个签约搬迁，搬迁率97.5%，拆除房屋建筑面积7507平方米。工企单位搬迁中，特区与南京飞元实业有限公司达成征收补偿协议，该公司名下3幅土地移交征收办拆除；同时，特区与江苏省核工业二七二地质大队就征收补偿方式基本达成一致意见；与南京物资回收公司就征收补偿金额达成初步意向。

【银企交流会】 7月22日，特区联合南京银行、工商银行南京分行、南京裕厚永投资管理有限公司等金融机构开展银企对接交流活动，围绕信用评级、企业贷款、个人贷款、信用贷款、不动产评估、企业上市辅导、资产证券化、融资租赁等展开。园区10余家企业、30余人参加活动。

【中央统战工作领导小组第五调研检查组到特区调研】 9月26日，中央统战部常务副部长张裔炯率中央统战工作领导小组第五调研检查组到特区考察调研，参观星火众创工厂。2016年年初，星火众创工厂正式挂牌"鼓楼区华侨华人创新创业服务中心"，是该区海外创业重要联络点之一。调研组了解星火众创工厂建立与发展过程，针对华人华侨归国创业进园区工作座谈，并与园区归国创业科技企业代表、星火在孵项目负责人及星火众创工厂工作人员交流。调研组肯定星火众创工厂搭建华人华侨归国创业平台工作，勉励该厂继续发挥自身优势，将创业服务做得更好。省政协副主席、省委统战部部长王雪非，省工商联、市委统战部等相关部门领导及区委书记张一新等陪同调研。

【特色小镇建设启动】 10月，特区以"幕府绿色小镇"名义申报特色小镇，经市特色小镇建设工作联席会议审核和市领导同意，幕府绿色小镇入选特色小镇培育名单，成为鼓楼区第一批市级特色培育小镇。幕府绿色小镇位于鼓楼区东北部，南至规划白云路—幕府东路一线，北至长江，东至鼓楼区区界，西至中央北路，规划用地面积2.84平方公里，计划采用"政府出资、社会运营"模式，以新一代信息技术产业为主导产业，重点推进新型显示技术、物联网、高端软件产业，着力发展与生态环境相适应的绿色产业体系。小镇将总体形成"一核一廊四片"功能布局结构（科技创新发展核，绿色生态走廊，科技创新、生态游览、长江文化、活力休闲4个主题片区）。至年底，完成小镇核心区建设项目规划12个，涵盖近期计划总投资48亿元。启动建设产业载体、旅游健康、配套服务和基础设施等。

幕府绿色小镇——下关特区综合部

【土地运作】 2016年，特区推进科研用地挂牌前期手续，全面完成02-05、02-06两幅科研用地挂牌前期手续，具备挂牌条件，其中02-06地块与南京飞元实业有限公司签订《土地挂牌托底协议》；02-08地块取得市科委、市规划局、区发改委、区环保局4部门初审意见、设计要点及勘测定界报告；02-10地块、02-11地块取得4部门初审意见。加快办理商办用地前期手续，完成03-08地块除文物勘探外全部前期手续。

【一期科技载体建设】 2016年，特区重点推进紫博地块（01-07地块和01-10地块）建设，建筑面积5.87万平方米，可招商载体面积3.55万平方米。至年底，紫博地块基本竣工，外墙装饰及门窗安装基本结束，地平回填、室内装饰按交付条件基本完成。全年完成固定资产投资3.01亿元。同时推进220千伏高压杆线下地工程，完成施工图设计和规划许可报送工作；推进圣游路等5条道路建设，完成施工图设计和地质勘查工作。

【招商引才】 至2016年年底，特区一期科技载体有可用招商载体3.65万平方米，完成招商3.5万平方米，招商入住95.8%。引进企业348家，其中科技型企业181家，千万元以上大项目81个；引进"321"人才创办企业38家，其中国家"千人计划"特聘专家创办企业2家、"南京市科技创业家"创办企业2家。年内，科技载体新注册企业102家，其中科技型企业40家，实现税收1.01亿元，同比增长28%。是年，特区入选"创业南京"高层次创业人才1名。

【星火众创工厂建设】 2016年，特区星火众创工厂被市科委评为全市众创空间绩效工作"良好等次"；8月获市级众创空间认定，年底进入国家级众创空间申报。年初，区华侨华人创新创业服务中心落户星火众创工厂。年内，星火众创工厂举办人工智能微论坛、法国海外留学人员创业协会（ACEE）项目展示会等各类政策宣讲会。至年底，有瀚霖院咖啡等7家孵化企业入驻办公。 （赵 景）

部分在驻企业

【南京紫台星河电子有限公司】 南京紫台星河电子有限公司（简称紫台公司）位于特区A5栋，注册资金1000万元。主营温度检测、机电一体化设备、计算机检测和自动控制系统开发、生产和销售业务，产品覆盖铁路、煤炭、冶金、石油和国防等行业。至2016年年底，拥有6项产品专利，产品通过

ISO9001：2008国际质量体系认证，被认定为江苏省高新技术企业。紫台星河是高速动车组CRH1、CRH5、CRH3A轴温系统、城轨、地铁轴温报警系统生产供应商，也是四方庞巴迪(BST)高档列车和青藏列车轴温报警装置唯一供应商。紫台公司产品轴温报警器先后出口伊朗、巴基斯坦、哈萨克斯坦、蒙古、朝鲜、阿根廷等国家。全年收入4500万元，完成税收441万元。

【江苏四新科技应用研究所股份有限公司】 江苏四新科技应用研究所股份有限公司（简称四新科技）位于特区A22栋，注册资金2000万元。主营消泡剂系列产品研发、生产和销售，是国家级高新技术企业。至2016年年底，该公司获发明专利53项、PCT（专利合作条约）发明专利3项，是中国消泡剂行业国家标准和行业标准主导制定单位。实现销售收入1.5亿元、税收794万元。是年，四新科技获江苏省民营科技企业称号；"日化消泡剂的研究与产业化"项目入选鼓楼区科技计划。

【江苏尤特斯新技术有限公司】 江苏尤特斯新技术有限公司位于特区A5栋，注册资金1000万元，高新技术企业。主营智能交通系统电子设备、通信设备的研发、生产、销售及相关安防服务，拥有自主商标"UTIS"。其研发的创新产品移动式缉查布控仪，广泛应用于稽查"黑名单"车辆、涉刑事案件车辆和人员、渣土车辆；抓拍取证高速公路货车占道；执法取证城市交通占用公交专用车道等。2016年11月，该公司成为江苏股权交易中心"科技创新板"之首。拥有高新技术产品认定4项，相关产品获专利6项，被评为省民营科技型企业和省科技型中小企业。

历史文化街区（文化创意产业）

【概况】 鼓楼区历史文化街区主要指中山北路（鼓楼至中山码头）两侧、北京西路两侧、石头城文化产业带、滨江历史文化带为主的历史建筑和文化遗产及人文景观所构成的遗存遗产风貌片区。按照鼓楼区产业定位原则，形成"一轴两带多片区"，分步骤阶梯式并行推进。

2016年，鼓楼区历史文化街区完成税收4.47亿元，文化产业增加值占GDP比重6.9%。年内，先后组织近40家重点文创企业参与2016年度省文化产业专项资金申报、市级文化产业发展专项资金申报、省级现代化服务业（新闻出版广播影视）发展专项资金申报、省级现代服务业（文化）发展专项资金申报，5家企业获专项资金。完成2015年度鼓楼区文化产业绩效考核，获全市一等奖。2家企业获第三届金梧桐奖南京文化创意企业十佳，2件产品入选创意设计奖。

鼓楼文化产业发展中心完成招商工作，"三个平台"（创新创业，公共服务，展示推广）及相关建设全部完成，入驻9家企业；推进水木秦淮街区升级改造、环南艺文化创意产业园、英发比高影视文化产业园等重大项目，投入使用载体面积超额完成。人大代表、政协委员建议（提案）办结率100%。

链接：

一轴——中山北路民国历史文化轴

六大节点：1．挹江门—中山码头：旅游休闲功能节点。2．萨家湾/双门楼—挹江门：船舶电子设计及文化休闲服务功能节点。3．和会街—萨家湾/双门楼：文化创意总部集聚办公功能节点。4．金川河—和会街：旅游服务/文化创意产业设计功能节点。5．云南北路/云南路—金川河：文化创意休闲功能节点。6．鼓楼—云南北路/云南路：民国风情金融办公功能节点。

"两带"——滨江风光带、石头城文化产业带

1．滨江风光带：(1)明代宝船段(2)民国下关商埠段(3)近现代上元门工业遗存段；2．石头城文化产业带（石头城—挹江门）。

【环南艺文化创意产业功能区建设】 2月24日，鼓楼区文化创意产业发展服务办公室（简称区文创办）邀请南京艺术学院、南京留学生文化创业孵化园、中舞网、国艺堂等单位，共同研讨"环南艺文化创意产业功能区众创空间"2016年度布局运行计划，确立eFabLab南艺创客空间、南艺下午茶、艺术码头、V—sharing、众舞坊、乐创81等"一核六点"众创空间运作体系及推进举措。11月，"功能区"获"江苏省重点文化产业示范园区"称号。

【英发比高影视文化产业园项目】 英发比高影视文化产业园项目位于虎踞北路100号地块。2月25日，市政府《关于南京老城控制性详细规划Mca010-25规划管理单元（虎踞北路100号地块）图则的批复》（简称《图则》）（宁政复〔2016〕37号），原则同意《图则》确定的地块规划用地性质、用地面积、容积率、建筑密度、建筑高度、绿地率等规划控制指标。4月11日，区发改局下发虎踞北路100号地块棚户区改造项目备案通知书，同意区文创办实施对该地块棚户区改造项目。5月25日，市规划局《关于虎踞北路100号地块征收规划意见的复函》同意该地块列入棚户区改造项目。6月8日，区文创办与英发集团、南京机电产业集团达成共识：南京英发天虹电子有限公司、南京机电产业（集团）有限公司同意由鼓楼区政府对上述地块进行收储

或征收；地块历史遗留问题由南京英发天虹电子有限公司负责解决；南京英发天虹电子有限公司、南京机电产业(集团)有限公司同意即刻委托有资质的专业评估公司进行评估，并根据评估价格在合理范围内办理相关收储或征收手续。6月21日，市国土资源信息中心出具虎踞北路100号地块建设项目用地勘测定界成果报告；6月23日，签发虎踞北路100号地块建设用地勘测定界图。7月7日，北京仁达房地产评估有限公司(该评估公司是由机电产业集团认可的名录库内公司)完成南京机电产业(集团)有限公司权属土地及建筑征收补偿金额评估。11月22日，南京市规划局核发该地块工程规划条件。至年底，完成《老城控制性详细规划——鼓楼下关片Mca010-25规划管理单元图则及城市设计图则》的批前公示工作。区法制办对收储协议及托底协议进行法律条款审查。

【文化创意产业协会成立】 3月29日，鼓楼区文化创意产业协会成立。该协会由驻区25家重点文创企业发起，以聚合文创资源、融汇产业商机、长足推进鼓楼文创产业繁荣发展为出发点，在为驻区文创企业提供全方位服务的同时，围绕创业链实施众创空间建设、创业企业孵育等行动，发挥市场配置资源决定性作用和协会提供公共服务职能作用，为全区创新创业者提供工作、网络、社交和资源共享空间。市委常委、宣传部部长徐宁，省文化厅及市文广新局相关负责人，区委书记杨学鹏，区委区政府等有关领导，南京艺术学院、南京报业集团等社会各界嘉宾、各成员单位领导及鼓楼文创协会会员单位170人参会。

【鼓楼·南艺校企对接会】 5月26日，鼓楼·南艺校企对接会暨“环南艺”众创空间校园专场活动在南京艺术学院南艺下午茶举办，活动包含校企对接项目路演、校园招聘成功展示等项目。其间，江苏金泓文化发展有限公司总裁翟优及江苏麦秋文化传媒有限公司行政人事总监王雅玲进行项目路演。12家企业参加，提供100多个岗位，达成近百个就业或实习意向。

【领导调研】 7月28日，省委宣传部副部长、对外宣传办公室主任、省政府新闻办主任司锦泉一行参观调研鼓楼区文化产业发展中心公共服务平台，实地走访入驻企业江苏麦秋文化传媒有限公司。司锦泉肯定鼓楼区文创产业平台建设工作，并就政企联动合作、打造产业发展品牌等座谈研讨。区委常委、宣传部部长梁春燕陪同调研座谈。

3月29日，鼓楼区召开文创协会成立大会

8月3日，市委宣传部副部长潘谷平带领市文化发展专项资金考察组对鼓楼区江苏福佑艺术设计有限公司进行项目评审实地考察，区委常委、宣传部部长梁春燕、区文创办负责人陪同考察。考察组听取企业申报项目实施情况以及下一步发展计划汇报，对鼓楼区文创企业发展前景寄予厚望。

【留学生创新创业分享会】 10月22日，留学生创新创业分享会在星火众创工厂举办。活动由星火众创工厂、就业邦主办，鼓楼文创协会协办，旨在为留学生分析创业状况，使留学生全面认识社会现状，促其合理规划，增强归国留学生创业竞争力，并提供一个交流学习的平台，在创业道路上走向成功。协会秘书长张国华、协会成员南京百灵岛视听技术有限公司商务拓展经理王欣悦分别推介创新创业经验并与留学生交流讨论。

【参展中国南京文化创意产业交易会】

(参见第87页，“模范马路科技创新街区”分目“参展南京第八届‘文交会’”条目)

【文化创意产业校企交流会】 11月3日，“计划复制—原创作品展暨校企交流会”在南艺下午茶举办，活动由鼓楼区文创协会与南艺艺术设计院合办。参展作品延续文交会上南艺艺术设计院展览内容，展示设计、数媒、广告、美术等多种类型学生毕业产品，20家企业参加。企业家参观南艺设计学院实验工厂，观摩学生将材料转化为产品的过程，并提出想法和建议。企业家在工业设计学院与院校领导、学生代表就参观感想以及学生作品如何落地、院校与企业如何在人才供需关系上合作进行交流。

【文创企业专项扶持资金】 2016年，鼓楼区组织30多家重点文创企业参与

2016年度省文化产业专项资金申报，3家企业获资金；组织23家企业参与2016年度市级文化产业发展专项资金申报，1家企业获资金。组织11家重点文创企业参与2016年度省级现代化服务业（新闻出版广播影视）发展专项资金申报，南京东南文化交流有限公司、南京先锋图书文化传播有限公司获省级新闻出版类扶持资金50万元；江苏鼎艺国际文化创意产业有限公司获省级文化类扶持资金80万元。江苏福佑艺术设计有限公司、乐创81石城文化创业园分别获市级专项扶持资金50万元、80万元。

【江苏福佑艺术设计获奖】 2016年，江苏福佑艺术设计有限公司创始人与设计总监马聪作品《ECHO》（守候回声）多功能茶具获红点奖最佳设计奖；马聪设计、邹英姿制作的手工双面绣组合台屏《似水·流连》获全国工艺品交易会暨2016“金凤凰”创新产品设计奖金奖；马聪、胡碧林、薛金娣创作的《云兮·水兮》手工双面绣落地屏风获深圳文博会工艺美术文化创意奖金奖；马聪、邹英姿创作的《似水·流连》获江苏省民间工艺美术作品奖银奖；马聪、赵天逸设计的嘉兴永欣希尔顿逸林酒店获“永隆·星空间杯”江苏省室内设计、陈设设计银奖。（陈奕奕）

部分在驻园区及文创企业

【南京艺术金陵文化创意产业园】 南京艺术金陵文化创意产业园位于鼓楼区大铜银巷17号，前身为金陵协和神学院。园区占地面积2万平方米，建筑面积1.2万平方米，9座独立的建筑分布在园区内，建筑独特，历史悠久，具有浓厚的宗教艺术底蕴。生态环境优美，人文景观丰富，绿化覆盖率50%。园区从2013年12月开园以来，引进国内外著名媒介代理机构和文化创意企业，其中包括世界大型传媒集团WPP旗下的奥美集团新媒体研究中心、原江苏卫视《非诚勿扰》《一站到底》《最强大脑》栏目主创人员创立的公司、世界顶级施坦威钢琴展示中心等。园区产业定位以广告设计为主，兼具文化创意研究、高端文化服务平台功能。2016年，园区入驻企业23家，其中文化创意企业占71%，利税超过4500万元。

【石榴财智中心文化产业基地】 石榴财智中心文化产业基地是南京市文化产业园鼓楼环南艺文化创意产业集聚区的重要组成部分。项目一期位于石头城6号，改建后建筑面积2.95万平方米，19栋商务办公楼，绿化率达40%。项目落成后引入大量高端设计研发类企业，成为鼓楼区乃至南京市顶级的创意产业集中地。项目二期位于石头城5号，总建筑面积约7000平方米。该地块将被打造成文化创意产业园区，以设计类、创意型企业为主要服务对象，集文化办公、展览展示、拍卖交易、交流发布为一体的高端文化商务园区。2016年，入园企业32家，其中文化创意企业占72%。

【留学生文化创业孵化园】 留学生文化创业孵化园是南京市文化产业园鼓楼环南艺文化创意产业集聚区的重要组成部分，位于鼓楼区草场门大街石头城69号和77号，总规划建筑面积1.4万平方米，分两期开发运营。依托南京大学、南京师范大学等大学资源，发展文化产业；通过营造宽松的创业环境，提供优质服务，吸引海外学子创业，帮助企业渡过初创风险，是留学人员回国施展才华的平台、优质文化资源对接转化的基地。2016年，园区入驻企业37家，其中文化创意企业占71%。园区通过产业集聚的方式，以点带面，逐步成为鼓楼区文创产业发展的重要支撑和骨干力量。（陈奕奕）

【江苏凤凰传媒出版集团有限公司】 江苏凤凰传媒出版集团有限公司位于湖南路1号凤凰广场A楼26层，是中国出版业乃至文化产业唯一资产和销售收入超百亿元文化企业和出版产业集团，连续7年名列全国新闻出版业总体经济规模和实力评估第一。集团产业领域主要涉及出版、发行、印务、影视、文化酒店、文化地产、金融投资、艺术品经营等板块。2014年并购美国出版国际公司，完成中国出版业最大规模收购案；2015年新设凤凰美国投资公司，建设海外文化促进中心。集团控有凤凰传媒、凤凰股份、法普罗、新广联4家上市公司，其中凤凰传媒为文化传媒板块样本公司，拥有9家出版社、1家都市类日报，其中6家出版单位为国家一级出版社。集团与海外30多个国家和地区出版机构保持合作，在英国、美国、加拿大、智利、澳大利亚和新加坡均设有分支机构。2016年，集团营业收入超过230亿元，综合出版能力以及出版能力成长性位列全国第一。

（鲍跃华）

鼓楼年鉴 2017

服务业

Service Industry

综　述

【概况】 2016年，鼓楼区服务业经济呈现规模以上服务业企业拉动全区经济发展效应增强、服务业经济转型调整特征明显、龙头企业对服务业经济支撑作用较强、新增规模以上服务业企业拉动服务业经济效应逐步显现、服务业企业吸纳就业能力进一步增强等特点。年初，区委区政府修改完善《鼓楼区现代服务业集聚区发展实施意见（2016～2020）》（征求意见稿），组织上报江苏南大苏富特科技股份有限公司基于Power架构电子文件云平台系统研发与产业化、中储南京智慧物流科技有限公司中储智慧物流运输电子商务平台、国药控股江苏有限公司药品配送一体化创新3个项目，作为2016年江苏省现代服务业发展专项引导资金项目，其中国药控股江苏有限公司项目申请成功。组织苏宁云商集团股份有限公司等12个项目，申报国家大数据发展重大工程和“互联网+”重大工程中央预算内投资项目；江苏天智互联科技股份有限公司、南京新金陵饭店有限公司申报2016年度南京市总部企业。华能滨江现代物流产业园总部基地、南京红山创意工厂产业园等省市服务业集聚区按年度目标任务推进。年内，全区完成地区生产总值1123.03亿元，同比增长9%，其中服务业增加值1038.11亿元，占地区生产总值（GDP）比重92.3%，同比增长10.1%。区委区政府利用南京“软博会”鼓楼专场活动契机，与100多家企业对接洽谈，促进驻区高校信息技术、云计算、物联网、北斗导航等“互联网+”相关领域100多项最新科研创新成果转化。组织苏宁云商集团、南大苏富特集团、南京讯优智超软件科技有限公司等51家企业89个项目，申报省市软件信息化专项扶持资金，其中省级专项资金总额600万元。至年底，全区软件和信息服务业企业1410家，产业总税收4.03亿元，同比增长67%，其中公共收入1.97亿元，同比增长53%。新增亿元楼宇1幢、特色楼宇2幢，规模楼宇税收同比增长高于全区税收同比增长2个百分点。商务商贸业税收同比增长25%，软件互联网产业实现税收6.3亿元，文化产业增加值占GDP比重6.9%。重大项目进展顺利，滨江片区下关长江国际航运物流服务中心及深业、证大、龙湖、中冶、恒大等项目加快建设，有序推进中储电子商务区、中能建南京能源科技产业园等产业载体建设，博西家电、华讯方舟等重点企业楼宇定制签约，湖南路0405片、梅家塘及增补地块等成功挂牌。招商工作成效明显，成功举办软件互联网产业深圳招商说明会、总部经济香港推介会，参加南京“软博会”“金洽会”，与美国旧金山湾区、澳大利亚珀斯开展国际合作，引进紫金融资租赁等地区性总部、行业龙头企业10家，新增到账千万元以上大项目150个、注册资本42亿元。南京“金洽会”期间，成立区国际商务合作中心、商业综合体联合会、楼宇经济发展战略联盟三大交流合作平台，推动区域现代产业发展。开放型经济水平进一步提升，实际利用外资3.2亿美元，完成外贸出口总额39.54亿美元，完成服务外包执行额22.59亿美元、离岸执行额12.23亿美元。

加快“鼓楼区综合金融服务平台”（简称金融平台）建设，综合运用大数据技术，整合行业及企业信息，链接政府、中小企业、金融服务机构三方资源，以信息共享与服务为手段，为小微企业提供快捷融资服务。至年底，完成金融平台建设思路、架构、实施方法和步骤，待修改完善并予以实施。建立健全常态化监管机制，强化区内融资性担保公司、小额贷款公司有效监管和服务。区内9家融资性担保公司在保余额40.4亿元，区内4家小额贷款公司累计发放贷款40.3亿元，在贷余额3.4亿元。利用资本市场服务中小微企业发展，重点推进企业上市挂牌服务工作，多渠道推动企业启动上市挂牌。全区有8家企业在“新三板”挂牌，15家企业在地方股权交易中心挂牌，338家企业处于上市、挂牌不同阶段。新增股权投资机构5家，新增科技创业投资6.6亿元。

【现代产业投资推介会】 9月12日，第27届中国南京金秋经贸洽谈会（简称“金洽会”）期间，鼓楼区举办“开放、互联、创新、共享”主题现代产业投资推介会。市人大常委会主任陈绍泽，市发改委、经信委、科委、商务局、贸促会、工商联等部门领导，张一新、刘军、王根宝、王隆京等区四套班子领导以及区招商顾问、外资企业（机构）、国有企业、民营企业、中介机构等海内外客商，区有关部门、产业功能板块、街道领导400余人出席。会上，区长刘军介绍鼓楼区现代产业发展情况并推介投资发展环境；同期举行鼓楼区国际商务合作服务中心成立、楼宇经济发展战略联盟启动、商业综合体联合会成立等仪式。“金洽会”期间，平安普惠金融服务平台、香港衍丰连锁儿童中医健康、凤凰绿色数据中心、十竹斋艺术品拍卖平台、富德利家电子商务等23个现代产业重大项目在市区专场活动中集中签约，总投资额170亿元。其中，市级签约项目3个、区级签约项目20个。20个区级项目与商务商贸、软件信息（服务外包）、金融服务、文化创意等现代产业相关。主题活动结束后，鼓楼区国际商务合作服务中心与有关客商进行项目对接。 （孟　晖）

【服务业集聚区】 至2016年年底，鼓楼区8家省市级现代服务业集聚区（2家省级、6家市级）规划建设面积468万平方米，其中建成载体面积180万平方米、在建载体面积108万平方米，投入使用载体面积123万平方米。8家现代服务业集聚区累计入驻企业3621家，带动就业人员6.44万人，同比分别增长10%和10.7%；实现营业收入246亿元，完成税收17亿元，同比分别增长3.7%、11.3%；新增规模企业75家，同比增长21%。

【服务业经济转型调整】 2016年，鼓楼区服务业转型发展过程中，加快落实“三去一降一补”（去产能、去库存、去杠杆，降成本，补短板）任务，服务型经济呈现强劲增长态势，年初起逐月增速均达2位数。在房地产政策影响下，物业管理和房地产中介业同比增长42.5%；受“互联网+”政策带动，信息传输计算机软件业加速增长，增速比上年同期提升25个百分点；受益于业务升级扩充，租赁和商务服务业、居民服务修理和其他服务业均实现不同程度增长；交通运输业受龙头企业业务调整影响，增长速度有不同程度回落。全年，该区率先转型行业在经济复苏前期实现加速增长；转型调整行业维持降速转型态势，下降势头减缓；各行业在率先发展和转型汰劣中逐步完成拉动经济“增长极”交替，实现产业结构动态调整。 （统计局）

【服务外包】 2016年，鼓楼区完成服务外包执行额22.59亿美元，完成市目标100.4%，其中服务外包离岸执行额12.23亿美元，完成市目标102%。对外承包劳务营业额15.75亿美元，完成市目标100%。从产业结构看，信息技术外包（ITO）执行额16.4亿美元，同比增长28%，占全区服务外包执行额70%，在全区服务外包产业中占主导地位；知识流程外包（KPO）执行额4.1亿美元，同比增长30%，出现较大幅度增长。年底，在区“服务外包业务管理和统计系统”内注册企业475家，产生服务外包统计数据161家，其中执行额1000万美元以上骨干企业78家，产生服务外包执行额18.1亿元，占全区执行额80%。 （蒋星鹏）

总部（楼宇）经济

【概况】 2016年，鼓楼区新增市区级认定总部企业各1家。全区有市区级认定总部企业35家。从认定层级区分，市级认定总部企业21家、区级认定总部企业14家；从企业性质区分，国有性质总部企业16家、民营性质总部企业19家；从资金来源区分，外资总部企业4家、内资总部企业31家。全年建成使用规模商务楼宇95幢，建筑面积519万平方米，楼宇日均租金每平方米2.7元，楼宇内入驻企业4000多家，楼宇单位面积贡献度1259元/平方米（按照建筑面积统计）。年底，全区有亿元楼宇15幢，楼宇税收总额65.37亿元，占全区总税收的39.38%；在建及储备类楼宇项目38个，建筑面积约700万平方米。是年，鼓楼区楼宇经济发展战略联盟成立，该区蝉联中国楼宇经济“十大活力城区”，并首次成为“2016中国楼宇经济研究实践基地”。 （孟 晖 蒋星鹏）

2016年鼓楼区市级和区级总部企业一览表

表10

序号	认定类型	认定时间(年)	企业名称
1	市级	2012	苏宁电器集团有限公司
2	市级	2012	国电江苏电力有限公司
3	市级	2012	南京金陵饭店集团有限公司
4	市级	2012	苏宁环球集团有限公司
5	市级	2012	江苏省对外经贸股份有限公司
6	市级	2012	江苏凤凰出版传媒集团有限公司
7	市级	2012	江苏金浦集团有限公司
8	市级	2012	江苏省电力公司
9	市级	2012	东华汽车实业有限公司
10	市级	2012	江苏五星电器有限公司
11	市级	2012	博西家用电器投资(中国)有限公司
12	市级	2012	富登投资信用担保有限公司
13	市级	2012	南京港(集团)有限公司
15	市级	2012	中国长江航运集团南京油运股份有限公司

续表10

序号	认定类型	认定时间(年)	企业名称
14	市级	2013	江苏省食品集团有限公司
16	市级	2013	南京长江油运公司
17	市级	2013	新华日报社
18	市级	2014	苏宁云商集团股份有限公司
19	市级	2014	江苏双楼建设集团有限公司
20	市级	2015	亚信科技(南京)有限公司
21	市级	2016	南京新联创业园管理有限公司
22	区级	2014	博西家用电器(中国)有限公司
23	区级	2014	紫金信托有限责任公司
24	区级	2014	南京汽轮电机(集团)有限责任公司
25	区级	2014	江苏南京长途汽车客运集团有限责任公司
26	区级	2014	南京苏逸实业有限公司
27	区级	2014	南京国资绿地金融中心有限公司
28	区级	2014	南京大惠企业发展有限公司
29	区级	2014	江苏省电力设计院
30	区级	2014	中国铁通集团有限公司江苏分公司
31	区级	2014	南京国际集团股份有限公司
32	区级	2014	江苏省再保融资租赁有限公司
33	区级	2014	南京瑞迪建设科技有限公司
34	区级	2015	江苏天智互联科技有限公司
35	区级	2016	南京我爱我家房屋租赁置换有限公司

【楼宇经济发展战略联盟成立】 9月12日，南京“金洽会”鼓楼专场活动中，鼓楼区楼宇经济发展战略联盟（简称联盟）成立。联盟由戴德梁行物业顾问有限公司(简称戴德梁行)、第一太平戴维斯中国公司（简称第一太平戴维斯)、高力国际物业服务(简称高力国际)、仲量联行房地产及资本管理(简称仲量联行)、世邦魏理仕物业管理(中国)有限公司(简称世邦魏理仕)国际房地产顾问五大行（中介机构),及华能南京滨江总部基地、中储物流电子商务创新园、证大大拇指广场、苏宁慧谷、紫峰大厦等重点楼宇代表组成。联盟旨在搭建楼宇、中介机构和政府三方合作平台，通过政府引导，借助世界五大行专业力量和楼宇自主管理能力，促成楼宇产业规划、品质招商及运营管理等方面合作；以市场手段促进市场繁荣，以经济方式推进经济发展，以专业运营力量和管理模式全面提升…

9月12日，鼓楼区成立楼宇经济发展战略联盟

楼宇产业定位策划、招商引企、运营管理等质量和效率。

【楼宇经济工作推进会召开】 10月28日,鼓楼区在中海大厦召开楼宇经济工作推进会，全区重点规模楼宇业主、驻区戴德梁行等五大中介机构相关负责人以及政府相关部门领导约80人出席会议,共同就鼓楼区楼宇经济发展瓶颈和走向进行研讨和交流。会上,区商务局副局长、楼宇办副主任唐娜作主题演讲，介绍鼓楼区楼宇经济发展概况,宣讲鼓楼区楼宇经济发展各类政策配套和支持;颐和商厦业主代表介绍老旧楼宇改造工程实施推进经验和做法;戴德梁行、第一太平戴维斯、高力国际、仲量联行、世邦魏理仕等世界知名房地产中介机构分别在会上作有关楼宇经济发展研究报告,分享楼宇经济发展成功案例,表达与该区楼宇业主和相关部门就楼宇招商、楼宇规划、楼宇改造等领域开展合作愿望;新街口—湖南路商务商贸区介绍板块楼宇经济发展成果和存在问题,推介区域内重点推进的项目资源,向与会中介机构和楼宇管理单位发出合作邀约;江苏建科节能技术有限公司开展业务推广,普及建筑节能技术和理念,从技术层面指出楼宇智能化发展趋势和途径。

【亿元特色楼宇】 2016年，鼓楼区因地制宜细化亿元、特色楼宇打造方案。区商务局与市场监管局、各产业功能板块、街道协作配合,开展异地经营企业、省属纳税企业税源转化工作,规范楼宇经营秩序，提高楼宇企业注册率和属地纳税率。年内,全区认定亚太商务楼等3幢楼宇为亿元楼宇、苏宁环球大厦等4幢楼宇为特色楼宇,认定南京油运大厦等3幢楼宇享受亿元楼宇税源提升项政策支持。

【全新楼宇经济信息管理系统开发】 2016年,鼓楼区运用互联网思维,构筑“互联网+楼宇经济”全新发展与管理模式，以现代化管理手段提升楼宇经济发展水平与能级。整合既有楼宇经济信息网、鼓楼楼宇APP、投资鼓楼微信和楼宇信息管理服务系统等信息平台,丰富与完善数据统计分析、招商展示推送、政策宣传发布、企业管理服务、互动交流合作等功能,通过信息系统后台数据分析以及网络平台推送、展示和互动等功能无缝对接，形成资源共享、动态管理“数字楼宇”管理新形态。 (蒋星鹏)

部分总部楼宇选介

【苏宁慧谷中心】 苏宁慧谷中心位于集庆门大街268号,是新江东鼓楼科技园板块中央科技区CID核心主体和苏宁睿城中科技办公项目，建筑面积99.26万平方米,计划投资78亿元。由10幢150米～300米高摩天楼组成,集总部办公、服务外包、科技研发为一体。2016年,E07、E08 2幢楼全面投入使用,入驻企业近150家,E07幢成为亿元楼宇。至年底,苏宁慧谷中心共引进国家电网公司、鼓楼科技、百年人寿保险股份有限公司、新华人寿保险股份有限公司、国电江苏电力有限公司、中国广核集团有限公司、中国建筑一局(集团)有限公司、南京大唐电力集团有限公司、美国凯悦酒店集团等600余家国内外知名企业入驻，初步形成涵盖研发、装饰、设计、建设、科技、金融、投资、贸易、媒体、策划、法律、咨询等上下游和全产业链企业集群。同时,结合鼓楼区外向型经济整体定位，引进国际移动办公公司雷格斯服务式办公室入驻，探索和打造互联网化新型办公模式。

【紫峰大厦】 紫峰大厦坐落于中山北路2号(中央路9号),位于鼓楼广场西北角,地处南京城区心脏地段。大厦于2005年5月底开工建设,2010年9月底竣工，由美国SOM设计事务所设计，南京国资绿地金融中心有限公司和南京绿地国际商务中心有限公司共同合作开发建设。项目用地面积1.87万平方米,建筑面积24.54万平方米,地上地下合计89层、高450米,为江苏第一高楼。其商业裙楼以奢侈品商业和高档餐饮、娱乐休闲CLUB等商业形态为主,集商业、办公、酒店、会议、休闲、展览、观光旅游等多功能为一体。至2016年年底，入驻南京国资绿地金融中心有限公司等世界500强企业以及华能国际电力股份有限公司江苏分公司等中国500强企业138家。

【金陵饭店亚太商务楼】 金陵饭店亚太商务楼位于汉中路2号,楼高242米,建筑面积17.29万平方米，地上57层,地下3层,AAAAA级智能甲级写字楼,配备550个停车位、14部高速客用电梯以及智能化暖通空调系统和电力设施。至2016年年底,入驻企业82家,并先后被评为特色楼宇、亿元楼宇。

(蒋星鹏)

金融服务

【概况】 2016年，鼓楼区完成金融业增加值106.88亿元,同比增长16%,占全区GDP比重9.5%，占全市金融业增加值8.6%。金融业实现税收10亿元,占全区税收总量(142.53亿元)7.02%,完成公共财政收入5.84亿元,占全区公共财政收入总量(79.2亿元)7.37%。组织实施“深化金融管理体制改革”和“推进社会信用体系建设”，建立激励机制,引导和支持科技金融、消费金融、社区金融发展;市区共同出资设立“小微企业应急互助基金”,开展“小微金融直通车”等系列活动,建立企业申请快速审批流程,缩短审批时间,服务小微企业短期资金需求。落实金融扶持中小企业发展政策，新增股权投资机构5

家、科技创业投资6.6亿元。江苏苏银信息科技有限公司、江苏运时数据软件有限公司等16家企业成功挂牌〔“新三板”（全国中小企业股份转让系统）、江苏省股权交易中心等〕。至年底，该区有挂牌企业13家、地方股权交易中心挂牌企业19家。全区有金融机构594家，其中银行网点283家、证券机构分公司及营业部50家，保险及保险代理、保险经纪公司88家，投资机构104家、担保公司20家、典当公司11家、期货4家、融资租赁公司4家、小贷公司4家、信托公司1家、其他金融类公司25家。

10月18日，双创周鼓楼专场中小微企业融资对接会

【中小微企业贷款扶持基金设立】 4月，区委区政府制定《鼓楼区中小微企业贷款扶持基金管理办法》，设立2000万元贷款扶持基金，银行小微企业贷款基准利率以上部分，给予利率补贴；小微企业贷款发生风险，政府承担部分代偿责任等，鼓励各类金融、担保机构扩大对辖区小微企业支持。年内新增单笔500万元以下贷款23笔、6720万元。

2016年鼓楼区小额贷款公司一览表

表11

序号	名　称	性质	地　址
1	南京市四方科技小额贷款有限公司	科技	新模范马路5号南京工业大学科技园B幢1801
2	南京市金浦科技小额贷款有限公司	科技	马台街99号5楼
3	南京市瀚华科技小额贷款有限公司	科技	汉中路2号亚太商务楼28楼
4	南京市下关区润信农村小额贷款有限公司	农村	五塘村129号众悦产业元A座3楼

2016年鼓楼区融资性担保公司一览表

表12

序　号	名　称	地　址
1	平安普惠融资性担保有限公司	汉中路2号亚太商务楼13楼B、C单元
2	富登投资信用担保有限公司	中央路201号金茂广场南塔楼21楼
3	富登投资信用担保有限公司南京分公司	中央路201号金茂广场南塔楼21楼
4	瀚华担保股份有限公司江苏分公司	汉中路2号亚太商务楼28楼
5	江苏经纬投资担保有限公司	广州路37号江苏科技大厦20楼
6	南京甬商投资担保有限责任公司	沈举人巷19号华辰大厦9楼
7	江苏亿人担保有限公司	管家桥87号501~506室
8	江苏徽商担保股份有限公司	管家桥9号华新大厦6楼
9	南京源昌投资担保发展有限公司	建宁路263号
10	江苏广源投资担保有限公司	中央北路五塘村129号众悦产业园A座4楼

【6家企业挂牌】 8月12日，鼓楼区江苏九澍机电科技有限公司、南京九辩软件科技有限公司、江苏广源投资担保有限公司、南京壹捌陆伍信息科技有限公司、南京云白信息科技有限公司、南京国之鑫科技有限公司在江苏

股权交易中心集中挂牌。江苏股权交易中心作为江苏省拟上市企业培育基地，通过挂牌，企业可以得到更多专业金融中介服务和关注，有利于企业实现往"新三板"转板或境内外公开发行上市长远目标。年内，辖区中小企业借力资本市场，通过上市融资打通资金瓶颈，加快转型升级，谋求跨越发展。

【中小微企业融资对接会】 10月18日，鼓楼区中小微企业融资对接会在南京财经大学产业园举办，辖区科创企业、拟上市挂牌企业等中小微企业代表，中国银行、江苏股权交易中心、杭州银行、南京中源创业投资有限公司、江苏连拓投资管理有限公司等投融资机构50余人参加。会上，南京青衿信息科技有限公司、南京中凯光电科技股份有限公司等20家拟融资企业介绍自身发展情况及融资需求，中国银行、江苏股权交易中心、杭州银行3家投融资机构代表介绍各自融资服务方向，并解答企业需求。

【资本市场利用】 2016年，鼓楼区重点推进企业上市挂牌服务工作，强化政策宣传和协调服务，采取建立拟上市企业绿色通道、举办上市业务培训、协调解决拟上市企业需求等措施，推动企业上市挂牌准备工作。组织拟上市挂牌企业参加税务、法律知识培训2次，拟融资企业参加金融机构对接活动5次。年内，全区有8家企业在"新三板"挂牌，15家企业在地方股权交易中心挂牌，8家企业在深圳证券交易所、上海证券交易所、香港证券交易所上市；33家处于上市、挂牌不同阶段的企业获区级财政补贴1020万元。

【小微企业资金周转】 2016年，市区共同出资设立"小微企业应急互助基金"，及时安排500万元区级引导资金，通过"小微金融直通车"等系列活动推广。建立企业申请快速审批流程，提前建立准入名单，将原规定时间为1个月审批时间缩短为5个工作日。服务小微企业短期资金需求，帮助小微企业"先还后贷"贷款资金周转，全年帮助辖区企业应急周转资金3760万元，在全市各区(县)中排名第二。

【科技创业投资同比增长25%】 2016年，驻区南京商络电子股份有限公司、南京金陵春酒业有限公司、南京海纳医药科技股份有限公司、南京海克医疗设备有限公司等科技创业企业累计吸引股权投资7.16亿元，同比增长25%。

【打击非法集资】 2016年，鼓楼区金融办、市场监管局、公安鼓楼分局等32个部门和13个街道组成处置非法集资工作小组，开展为期3个月及春节期间打击非法集资重点宣传工作，印刷海报5000份，利用电子屏、横幅、官方微信、官方微博等载体，宣传处置非法集资工作。组织筛查重点楼宇，排查涉嫌非法集资企业，落实属地责任；核查企业重点，掌握企业动态，防范风险扩散；开展互联网金融风险专项整治，全面筛查企业614家和重点核查企业20家。组织工商、城管、街道做好广告清理及店面铭牌清理工作，制止街头发放广告行为，重点上门检查铭牌中含有"财富""资本"等关键词企业。是年，全区未发生原发性大规模涉嫌非法集资案件。

【地方金融组织发展】 2016年，鼓楼区建立健全地方金融组织常态化监管机制，利用网络监管系统、现场检查等手段，强化担保公司、小贷公司监管，发挥地方金融服务支持实体经济作用。年内，全市融资性担保机构年检中，该区9家融资性担保公司中4家获B级以上评级，瀚华担保股份有限公司江苏分公司被评为为全市唯一一家A级融资性担保公司。至年底，全区有平安普惠融资担保有限公司、瀚华担保股份有限公司江苏分公司等融资性担保公司10家，占全市融资性担保公司总数（30家）1/3，担保业务余额151.88亿元，在保余额40.4亿元。其中，小额贷款公司4家，累计发放贷款40.3亿元，当年发放贷款7.48亿元，在贷余额3.4亿元。是年，区内融资性担保机构、小额贷款公司获市级融资性担保业务补助专项资金1472.4万元、省级财政促进金融业创新发展专项引导资金296万元。 （吴昕蔚）

部分驻区金融企业选介

【平安普惠融资担保有限公司】 平安普惠融资担保有限公司(简称平安普惠)成立于2007年，为融资性担保机构，主营中小微企业及个人融资担保业务，注册地址南京市汉中路2号亚太商务楼13层B、C单元，注册资本金5.53亿美元，2015年被融熠有限公司收购。2016年，该公司不断开拓新业务模式，优化存量中小企业业务，发展新中小微企业业务，选择高成长、高盈利且可接触终端销售者行业，并通过互联网渠道获取客户资源，与大数据平台合作，降低风险，业务量增长到700亿元。是年，公司在鼓楼区纳税4.4亿元。

【南京市瀚华科技小额贷款公司】 南京市瀚华科技小额贷款公司（简称瀚华科贷）成立于2014年10月29日，落户江东软件城，注册资金3亿元。瀚华科贷主发起人为瀚华金控股股份有限公司，在香港H股成功上市，拥有融资担保和小额贷款两大微型金融服务品牌，旗下拥有9家小额贷款公司，合计注册资本金25亿元，在金融支持小微企业方面具有领先优势。瀚华科贷以"小额、分散、信用无抵押"经营理念，扶持鼓楼区300万元以下小微经济体、个体工商户，助推该区小微经济体和科技企业发展。

【瀚华担保股份有限公司江苏分公司】 瀚华担保股份有限公司江苏分公司（简称瀚华分公司）于2010年8月在南京设立，为瀚华担保股份有限公司在江苏省内第一家分支机构。经营范围：为全省区域从事融资性担保、履约担保、财产保全担保及法律、法规没有限制的其他担保和再担保业务，以及财务顾问、资产管理、投资咨询业务。在省内开展许可经营担保业务，并作为主办担保机构加入江苏省信用再担保体系。公司注册资本35亿元，净资产38亿元，获资本市场AA+、信贷市场AAA-信用评级。2012年获南京市唯一一家“2012年度江苏省级再担保体系建设先进单位”称号。连续3年获（2012～2014）南京十佳融资性担保公司”称号。2014年获江苏省2013年度融资性担保机构合规经营60佳；2015年获江苏省2014年度融资性担保机构合规经营30佳；2016年成为全市唯一一家在担保公司许可证年检中获A级担保公司。

2016年，瀚华分公司新增担保业务19.7亿元，在保余额12.35亿元，担保业务收入2881万元，净利润753万元。至年底，公司累计担保业务72.5亿元，服务中小企业762家。

【江苏交易场所登记结算有限公司】 江苏交易场所登记结算有限公司（简称江苏结算）成立于2014年1月，经省政府金融工作办公室批准设立，是国内第一家专注于各类交易场所登记结算的专业机构，注册资金1.66亿元。江苏交易场所登记结算体系项目被列为省委省政府全面深化改革领导小组2014年工作要点、重点推进项目，被纳入江苏省“十三五”规划纲要；获江苏省互联网金融2015年度十大创新奖、市政府2016年度金融创新奖。

2014年11月，江苏结算完成登记结算体系基础建设，系统1.0版本投入试运行，成为国内首个实际投入运转，专门为大宗商品、权益类交易场所提供服务登记结算系统。江苏结算为交易场所提供统一登记结算服务，有助于保证客户资金安全，防范和控制自身风险，提高交易与结算效率；交易场所通过与登记结算系统对接，实现交易体系中登记、交易、结算3项业务分离，减少硬件及网络重复建设和投入，避免资源浪费，节约运营成本；监管部门利用风控分析系统全面及时地掌握交易数据并实施风险监控，防范各种违规行为，提升行业整体公信力。至2016年年底，登记结算系统运行26个月，接入交易场所23家，合作银行15家，登记投资者355万户，保证金总量突破40亿元（峰值时超过160亿元），累计结算金额15.58万亿元，结算笔数超过5.7亿笔，在全国场外交易场所结算行业遥遥领先。在江苏省金融办和宁夏金融局推动下，江苏结算携手宁夏国投共同组建宁夏登记结算中心有限公司开业，实现江苏结算业务模式输出、走出去发展第一步。 （夏　璇）

商贸流通

【概况】 2016年，鼓楼区完成社会消费品零售总额884.8亿元，同比增长10.3%，同比增长全市排名第五；增量87.2亿元，全市排名第二，对全市增长贡献度位于全市前列。其中，限额以上企业完成社会消费品零售总额429.3亿元，同比增长9.2%。年内，全区36家（重点电子商务企业30家）纳入江苏省电子商务统计平台。全年完成电子商务交易额26.14亿元，同比增长38.4%。实现外贸出口29.54亿美元，达市目标进度83.2%。完成服务外包执行额22.59亿美元，达市商务目标进度100.4%；完成离岸执行额12.23亿美元，达市商务目标进度104.5%。完成对外承包工程营业额15.75亿美元，达市商务目标进度100%；协议境外投资9.26亿美元，达市商务目标进度124.1%。是年，辖区2家农贸市场被评为市级示范市场，4家农贸市场被评为市级达标市场。

【区商务局重新组建】 1月，根据鼓委办发〔2016〕35号文件精神，整合鼓楼区原商务局、原投资促进局职责，划入重新组建的区商务局。该局承担统筹推进内外贸融合以及现代服务业发展、统筹协调投资促进和楼宇经济发展责任。中共南京市鼓楼区委商务工作委员会（简称区委商务工委）为区委派出机构，与区商务局合署办公。区商务局（区委商务工委）设11个内设机构。机关行政编制36人，设局长（兼工委书记）1人、副书记1人、副局长4人；科级领导职数14人，其中正科长11人、副科长3人。

【商业综合体联合会成立】 9月12日，鼓楼区商业综合体联合会成立。该联合会由龙江新城市、新城市虹桥中心、金轮新天地、紫峰广场、金茂广场、中海环宇城、苏宁环球、苏宁清江、茂悦港、绿地缤纷广场、金盛国际广场、花样年12家商业综合体共同发起成立，区政府商务主管部门作为支持和协助单位，鼓励和支持全区各类商业地产管理机构、零售商场、品牌运营机构及咨询服务机构参与。通过沙龙、研讨会、交流会、现场会、专家讲座、发展论坛等多种形式，共同探讨商业发展，提升综合体管理水平。在机会成熟时，推出综合体星级评定、研发评估标准，并撰写各种调研报告，向政府部门反映诉求，解决共性问题。

【3家企业获首批江苏省商贸物流示范企业称号】 2016年，区商务局从全区近百家物流企业中考核筛选出国药控

股江苏有限公司、中储南京智慧物流科技有限公司、江苏宏坤供应链管理有限公司并推荐申报省级示范企业。8月，经过省商务厅等部门专家评审和网络公示，3家企业获首批江苏省商贸物流示范企业称号。评审期间，全省有86家企业参与申报，最终26家企业获批准。 （蒋星鹏）

【烟草专卖】 2016年，南京市烟草专卖局二分局（分公司）销售各类卷烟3.29万箱；卷烟销售结构162.49元/条，同比增长4.11%；省内卷烟销售1.49万箱，占比45.46%；重点品牌卷烟销售2.99万箱，占比91%；细支卷烟销售2378箱，占比7.23%；含低焦卷烟销售4311箱，同比增长3%。出动执法人员2044人次，出动车辆476台次，查获涉烟违法案件311起（通过情报信息线索查获万元以上案件17起，同比上升178%），其中万元以上案件20起（5万元以上案件6起），受到省烟草专卖局嘉奖2次。破获1起部级督办网络案件，被国家烟草专卖局通报表彰。查获各类违法违规卷烟1.26万条，累计总案值3369.69万元，拘留17人，逮捕8人。接待处理咨询投诉168起，处理满意率100%。研制“零包卷烟数据采集工具”，7～11月户均采集时间较上半年平均提升6.9分钟/户。年内，分局全员上岗持证率100%。完成学术论文9篇，其中两篇论文分获省市局二等奖和三等奖。该局职工张顺同“中国手语在烟草的推广与应用”课件获中国烟草学会教育培训专业委员会网络课件竞赛“专家推荐奖”。 （王珩骞）

市场建设

【南京都市圈物流标准化联盟成立】 4月8日，南京都市圈物流标准化联盟发起人会议在中储南京物流有限公司滨江物流中心召开。联盟由中储南京物流有限公司（中储南京智慧物流科技有限公司）、江苏省质量和标准化研究院、江苏六维物流设备实业有限公司、孩子王儿童用品(中国)有限公司、江苏苏宁物流有限公司、南京合运物流发展有限公司、淮安市翔和翎物流有限公司、淮安民贸物流有限公司、安徽共生物流科技有限公司、芜湖宏春木业集团有限公司、芜湖市物流行业协会、南京现代服务业联合会12家企业联合发起，市区商务局、市质量技术监督局负责具体指导。联盟旨在加强通过标准化建设推动区域物流一体化发展，围绕智慧物流、城市共同配送、商贸物流标准化、内贸流通体制改革等重点领域和关键环节，在标准制定、标准体系完善等方面开展工作，推动资源要素畅快流动，降低企业综合物流成本，在长三角物流一体化发展中起到示范效应；依托该联盟平台，对接国家及省经济社会发展需要，聚焦都市圈共同发展主题，推动都市圈物流标准化工作。会议确认组建南京都市圈物流标准化联盟，并研究通过《南京都市圈物流标准化联盟章程》，12家理事单位签订《南京都市圈物流标准化联盟协议书》。会上，中储南京物流有限公司与中储南京智慧物流科技有限公司共同被推选为南京都市圈物流标准化联盟首届理事长单位。4月20日，南京都市圈物流标准化联盟成立。

【农贸市场建设管理】 2016年，鼓楼区全面协调宁工菜场回迁工作，年底完成市场改造和经营户回迁安置。解决戴家巷、谷云和苏宁天玺3家农贸市场关闭问题，处理并处置沅江路菜场突发情况。处理“12345”“96180”平台投诉工单，并妥善解决相关问题。做好市场日常监测、肉菜追溯系统监控、农残检测工作。区商务部门组织全区农贸市场参加绿色市场创建，经过宣传发动、申报、自审、初评、互评、终审等程序，鼓楼街农贸市场、金大农贸市场被评为市级示范市场，沅江路农贸市场、蓝天农贸市场、绿恒农贸市场、定淮门农贸市场被评为市级达标市场。

2016年鼓楼区绿色市场农贸市场基本情况表

表13

序号	名称	地点	营业面积(平方米)	开业时间	类型	摊位数(个)	
						总摊位	其中：蔬菜摊位
1	金大农贸市场	幕府西路57号	1000	2005年10月	室内	27	12
2	鼓楼街农贸市场	鼓楼街11号	1400	1999年12月	室内	86	36
3	定淮门农贸菜场	古平岗2号	200	2003年5月	室内	16	3
4	绿恒农贸市场	宁工新寓200号	2600	2009年10月	室内	108	48
5	沅江路农贸市场	沅江路62-7号	2800	2014年5月	室内	120	40
6	蓝天农贸市场	二板桥500号	3200	2014年1月	室内	130	52

【市场运行监测】 2016年，纳入鼓楼区市场运行监测系统样本企业202家，市场运行监测及应急保供企业数据报送率100%。其中，商务部重点流通企业监测系统21家、商务部生活必需品市场监测系统4家、商务部重要生产资料市场监测系统4家、商务部商贸流通业行业统计信息平台23家、南京市应急商品管理系统6家、南京市消费市场快速反应系统143家。是年，龙江新城市广场、玉桥商业广场2家城市商业综合体监测分析进一步扩展。

【肉菜追溯系统监控】 2016年，鼓楼区有肉菜追溯考核节点46个，其中农贸市场节点39个、批发配送节点3个、超市和团购单位4个，发放电子溯源秤1608台。年度全市肉菜流通追溯体系考核中，全区考核达标节点38个，总体达标率82.6%；完成金大菜场、鼓楼街菜场、郑和南路菜场3个节点达标示范单位创建，完成率100%。驻区南京肉类批发交易市场在商务部考核中连续进入全国同类市场前三名，其中二季度排名全国第一。

【再生资源管理】 2016年，鼓楼区开展再生资源回收站点业务指导和安全生产管理工作，重点物资回收站点进行“七统一”(统一外观、统一标志、统一收购价格、统一计量工具、统一管理制度、统一着装、统一车辆)升级改造，并确定江苏纸联铁路北街楚宜回收站、江苏纸联宝船社区安宜回收站、江苏纸联清河社区回收站、江苏纸联傅佐路回收站、江苏纸联凤凰西街回收站为全市再生资源社区回收站示范点。 (蒋星鹏)

电子商务

【概况】 2016年，鼓楼区商务部门组织江苏缤葡电子商务有限公司、中储南京智慧物流科技有限公司、南京欣网互联网络科技有限公司、江苏金桥国际旅行社有限公司、南京侠客行网络技术有限公司、南京创客汇网络信息技术有限公司6家企业参加“2016年南京市电子商务专项项目”申报，其中南京创客汇网络信息技术有限公司申报成功，获专项补助资金30万元。组织南京财经大学科技园和南京聚力医药科技有限公司、江苏五星电器有限公司、江苏宏坤供应链管理有限公司、江苏中博通途有限公司、南京侠客行网络科技有限公司、江苏缤葡电子商务有限公司、中储南京智慧物流科技有限公司、南京欣网互联网络科技有限公司、南京创客汇网络信息技术有限公司参加“2016～2017年度南京市电子商务示范园区、示范企业”申报，其中南京财经大学科技园、江苏五星电器有限公司、江苏宏坤供应链管理有限公司申报成功。年内，南京财经大学科技园成为“2016～2017年度江苏省电子商务示范园区、示范企业”。组织江苏宏坤供应链管理有限公司、江苏五星电器有限公司、南京创客汇网络信息技术有限公司、南京久测仪器技术有限公司、南京侠客行网络技术有限公司、南京苏庭家政服务有限公司等11家重点电商企业和南京财经大学科技园区参加2016中国(南京)电子商务博览会。是年，全区27家企业完成江苏省电子商务统计平台数据报送工作，全年平台企业电子商务交易额26.14亿元，同比增长38.4%。

2016年鼓楼区纳入江苏省电子商务统计平台电商企业一览表

表14　　单位：万元

序号	企业名称	企业类型	行业类别	企业注册资本	电商建设总投资
1	南京欣网互联网络科技有限公司	电商应用	信息传输、软件技术服务业	1200	50
2	南京凤凰新华书店有限责任公司	电商平台	文化、体育和娱乐业	1500	500
3	江苏五星电器有限公司	电商平台	批发和零售业	109535	512
4	南京传天羽科技有限公司	电商应用/服务	信息传输、软件服务/文化、体育和娱乐	500	100
5	南京绿灯侠电子商务有限公司	电商应用	批发和零售业	500	120
6	江苏金桥国际旅行社有限公司	电商应用	旅游服务	300	50
7	南京聚力医药科技有限公司	电商平台	批发和零售业	500	300
8	南京德高国际旅游有限公司	电商应用	旅游服务	100	600
9	江苏中博通信有限公司	电商应用/平台	批发和零售业	10000	213
10	江苏苏糖糖酒食品有限公司	电商应用	批发和零售业	3000	300
11	南京软月科技有限公司	电商服务	信息传输、软件技术服务业	10	100
12	南京市快拼信息科技有限公司	电商服务	信息传输、软件技术服务业	330	600

续表14

序号	企业名称	企业类型	行业类别	企业注册资本	电商建设总投资
13	南京掌门科技有限公司	电商应用/服务	信息传输、软件技术服务/文化、体育和娱乐业	300	300
14	江苏省邮政电子商务有限公司(中邮快递网上商城)	电商平台	批发零售	3000	3000
15	南京梯云纵信息技术有限公司	电商服务	信息传输、软件和信息技术服务业	108	60
16	南京侠客行网络科技有限公司	电商服务	专业化商务培训	50	200
17	南京浩扬科技发展有限公司“扬子壹购/扬子健康屋”网络商城	电商应用	综合日用品/保健食品销售	1000	40
18	江苏缤葡电子商务有限公司	电商应用	批发和零售业	1000	1200
19	南京创客汇网络信息技术有限公司	电商平台	信息传输、软件技术服务业	100	6000
20	南京甩手掌柜家居项目管理有限公司	电商平台	批发和零售业	3000	100
21	江苏宏坤供应链管理有限公司	电商服务	信息传输、软件技术服务业	2000	1200
22	南京君子游信息技术有限公司	电商服务	信息传输、软件技术服务业	200	800
23	中储南京智慧物流科技有限公司	电商平台	交通物流	2500	570
24	江苏省食品集团有限公司	电商应用	农林牧渔	5000	550
25	江苏携才养老产业服务有限公司	电商平台	社会保障、养老	1000	150
26	江苏兰诗服饰有限公司	电商应用	批发和零售业	1008	30
27	南京苏庭家政服务有限公司	电商平台	社会保障	50	530

【省电子商务春季论坛】 4月20日，省电子商务春季论坛由鼓楼区中小商贸流通企业服务站联合南京侠客行科技网络公司(江苏省电子商务培训基地)在南京涵月楼首丽斯酒店举办。论坛主题“无线趋势·无限驱势”，省商务厅、市中小商贸流通企业服务中心、淘宝大学、《江苏经济报》《南京日报》、南京广播电台经济频道、中国银行下关支行、江苏苏垦集团、江苏苏美达集团、南京桂花鸭集团等50余家电商企业800多名电商从业人员参会。论坛期间，淘宝大学无线互动小二鹤桐、千牛小二左欧、淘宝达人馆小二霞琳先后分享无线互动新攻略——粉丝经济时代下无线互动升级、千牛+一站式生态“服务”入口——电商业务核心链路、无线时代内容IP化；省电子商务协会会员单位南京侠客行网络科技有限公司创始人宋厚强与淘宝大学讲师组合贯真、冷雨晴、陈贞英一起开展论坛主旨演讲；举办南京广播电台与南京侠客行合作的《电商三人行》——国内首档电台电商谈话类节目发布仪式；举办“无线掘金无限赋能，2016阿里商家产品及无线”公开课首映式；淘宝大学学习运营中心负责人刘国峰发布“网商成长三板斧”无线新课程；省电子商务协会理事单位南京行狐电子商务有限公司总经理刘青从无线初体验(契机&甜头)、无线化深入阶段(现状&变革)、无线未来(期待&方向)几个方面分析无线大时代。

【“仪之宝”电商平台上线】 6月22日，南京久测仪器技术有限公司开发的“仪之宝”电商平台上线运行。该平台将“批发+直销”“自营+入驻”“电商+服务”“线上+线下”结合，为用户解决B端(商家)存在的厂商寻求代理难、商家销售遍布产品难、恶性竞争、厂家销售难和C端(终端用户)存在的采购与询价程序烦琐、价格竞争激烈、服务专业度不够等实际问题。该平台配备专业客服人员，负责大平台、全范围沟通与协调，为商家、用户提供高效便捷服务；在行业内首次融入在线服务模式，企业和用户均可在平台发布技术培训、测绘工程、数据处理、在线竞价、在线询价、大客户服务、仪器维修、仪器租赁等服务信息。

【跨境电商公益系列巡讲鼓楼专场】 7月14日，南京市2016跨境电商系列公益培训“创造新优势、实现新发展”——鼓楼专场在江东软件城国际服务外包大厦开讲，区内近150家传统外贸企业和电商企业200余人参加培训。活动由市商务局主办，区商务局承办，旨在促进辖区外贸企业和电商企业参与跨境电商，利用“互联网+外贸”方式实现加快转型，拓展境外营销渠道，提高效益和塑造品牌，形成新的国际竞争力，推进落实南京市《关于促进跨境电子商务快速健康发展的实施意见》。培训由eBay华东大区、谷歌、江苏宏坤供应链管理有限公司、四海商舟电子商务有限公司、南京中博智慧(SAP)信息科技有限公司等跨境电商龙头企业作主题宣讲，涵盖从传统外贸企业成功转型为跨电精英企业家经验分享等内容；市区商务主管部门解读《关于促进跨境电子商务快速健康发展的实施意见》四大部分、15项重点任务和9条配套政策等。（蒋星鹏）

对外经贸

【概况】 2016年，鼓楼区对外承包工程项目涉及亚洲新加坡、泰国、马来西亚，非洲毛里求斯、安哥拉、乌干达，大洋洲瓦努阿图，北美洲墨西哥，中美洲巴拿马和南美洲玻利维亚等多个国家和地区。主要涉及公路、桥梁、码头、房屋建筑等项目总、分包工程，行业涵盖房屋建筑、市政工程、电力工程建设、交通运输建设、技术合作等领域。

2016年鼓楼区对外承包工程资质企业一览表

表15

序号	企业名称	序号	企业名称
1	江苏省建筑工程集团有限公司	11	江苏省建安建设集团有限公司
2	南京对外经济合作有限公司	12	江苏省国立建设发展有限公司
3	中国江苏国际经济技术合作集团有限公司	13	南京凯盛国际工程有限公司
4	中国能源建设集团江苏省电力设计院有限公司	14	江苏省建工集团有限公司
5	江苏建达建设股份有限公司	15	江苏海外集团对外经济技术合作有限公司
6	江苏省建设集团有限公司	16	江苏九天工程项目管理有限公司
7	南京大地建设集团有限责任公司	17	长江南京航道工程局
8	南京大地建设(集团)股份有限公司	18	江苏省经纬建设监理中心
9	中交三航局第三工程有限公司	19	太平洋建设集团有限公司
10	核工业南京建设集团有限公司	20	江苏省古典建筑园林建设有限公司

【国际商务合作服务中心成立】 9月12日，鼓楼区国际商务合作服务中心成立。主旨为促进鼓楼区对外经济多边合作，利用区域人才、科研院所、政治金融积聚等优势资源，打造集商务、科创、文创为一体的海外服务平台，促进国际项目有效落地鼓楼区。该服务平台致力于解决国内外信息交流不对称、消除交流语言文化障碍、改变国际商业流通渠道资源不匹配等突出问题，创造移动时代大数据系统下资源交流信息服务新机制，簇拥产业集聚，扩大行业发展。

【外贸出口】 至2016年年底，鼓楼区备案在册企业1523家(其中有20户因各种原因注销)，有实绩业务进出口企业679家。其中，出口额1亿美元以上3家、5000万～1亿美元5家、1000万～5000万美元37家、500万～1000万美元45家、100万～500万美元116家，100万美元以下473家。全区完成外贸出口额29.54亿美元。外贸出口重点行业为船舶、纺织、化工、五金机械等，重点企业有江苏天元船舶进出口有限公司、中江国际集团、南京德沛进出口贸易有限公司、南京利富化工有限责任公司、江苏中汇进出口有限公司、南京博尔迈兴机械设备有限公司等。其中，外贸出口前30家企业实现出口额占该区年出口总额71.5%，年出口额500万美元以上90家企业占全区出口额87.6%。江苏天元船舶进出口有限公司以6.62亿美元位居全市外贸进出口前50家企业第10位、中江国际集团以5.82亿美元位居第14位、江苏省对外经贸股份有限公司以4.87亿美元位居第17位；江苏天元船舶进出口有限公司以6.27亿美元位居全市外贸出口前50位企业第六位、中江国际集团以3.91亿美元位居第九位；江苏省对外经贸股份有限公司位居全市外贸进口前50位企业第九位、中江国际集团位居第20位、南京南汽进出口有限公司位居第34位。

2016年鼓楼区外贸出口前30位企业一览表

表16

序号	企业名称	出口额(万美元)	全区占比(%)	备　注
1	江苏天元船舶进出口有限公司	62696.53	21.2	全市列第六，占比2.1%
2	中国江苏国际经济技术合作集团有限公司	39113.42	13.2	全市列第九，占比1.3%
3	江苏润尔国际贸易有限公司	10633.05	3.6	全市列第47，占比0.4%
4	南京德沛进出口贸易有限公司	9543.33	3.2	
5	南京利富化工有限责任公司	7787.28	2.6	
6	江苏中汇进出口有限公司	7645.38	2.6	
7	南京博尔迈兴机械设备有限公司	7383.73	2.5	
8	江苏中博通信有限公司	6461.06	2.2	
9	南京市对外贸易有限公司	4671.01	1.6	
10	江苏省对外经贸股份有限公司	3992.62	1.4	
11	江苏泰信化学股份有限公司	3815.76	1.3	
12	南京海鼎胜商贸有限公司	3565.32	1.2	
13	南京淼润森工贸有限公司	3548.09	1.2	
14	南京可康户外用品有限责任公司	3381.81	1.1	
15	江苏中江国际石化贸易有限公司	3227.84	1.1	
16	江苏海外集团机械有限公司	3042.33	1.0	
17	中国长江航运集团南京金陵船厂	2741.28	0.9	
18	中工美(江苏)进出口有限责任公司	2734.45	0.9	
19	江苏汇鸿国际集团麦蕾贸易实业有限公司	2727.50	0.9	
20	南京纺织品进出口股份有限公司	2584.19	0.9	
21	江苏省陶瓷进出口(集团)有限公司	2546.42	0.9	
22	江苏佳泰化工有限公司	2520.48	0.9	
23	南京南汽进出口有限公司	2400.41	0.8	
24	江苏中烟工业有限责任公司	2285.03	0.8	
25	南京西可五金实业有限公司	2052.11	0.7	
26	南京凯瑞进出口贸易有限公司	1835.67	0.6	
27	江苏金泰克国际贸易有限公司	1731.77	0.6	
28	南京润杰化学有限公司	1506.72	0.5	
29	南京药石药物研发有限公司	1479.75	0.5	
30	南京金诺国际贸易有限公司	1456.45	0.5	
合　计		211110.82	71.5	

商区商圈

【下关滨江商务区】 （参见第76页，“产业板块”类目同名分目）

【新街口—湖南路商务商贸区】 （参见第80页，“产业板块”类目同名分目）

【中央门商贸区】 （参见第90页，“产业板块”类目同名分目）

部分驻区商贸企业

【中海环宇城】 中海环宇城位于鼓楼区清凉门大街与北圩路交汇处，占地3.3万平方米，总建筑面积23万平方米，其中购物中心建筑面积8万平方米。2015年5月30日，环宇城购物中心开业，以慢时尚为主题，涵盖时尚服饰、星级影院、精品超市、儿童游乐、餐饮等业态，成为集购物、餐饮、文化、娱乐、生活配套为一体城市副中心级一站体验式购物中心。2016年，完成营业额4亿元。

【金茂汇】 金茂汇位于中央路核心地段，占地面积3.8万平方米，总建筑规模48万平方米，与湖南路地下商业街、玄武门地铁站无缝对接。金茂汇于2015年9月26日开业，以“轻奢侈、重时尚、享品味、乐生活”为核心，涵盖精品超市、轻奢品牌、国际影城、中西美食、冰雪世界、儿童业态。2016年，完成营业额3.6亿元。

（蒋星鹏）

软件信息

【概况】 2016年，鼓楼区69个软件项目获省市软件专项支持资金1447万元，签约16个“互联网+”相关产业项目，投资额30亿元。至年底，全区涉软企业软件收入153亿元，同比增长16%。软件互联网产业实现税收6.3亿元。

2016年鼓楼区获第14届江苏省优秀软件产品奖（金慧奖）产品一览表

表17

企业名称	产品名称
国电南瑞科技股份有限公司	国电南瑞 NS5000 基于统一平台的广域协同式变电站系统软件 V3.01
南京国电南自轨道交通工程有限公司	南自轨道交通 DSC-9000+综合监控系统软件 V1.0
国电南瑞南京控制系统有限公司	国电南瑞 NRXT-D5200 配电网运行控制与管理平台软件 V1.0

【2家企业入围第30届全国电子信息百强行列】 7月12日，驻区企业南京南瑞集团公司、江苏宏图高科技股份有限公司入围第30届中国电子信息百强企业。此届全国电子信息百强企业评选发布，以企业规模、效益和研发投入等指标综合评价，由工业和信息化部指导，中国电子信息行业联合会主办。

【第12届软博会鼓楼区专场活动】 9月1日，第12届中国（南京）国际软件产品和信息服务博览会鼓楼区专场活动——2016鼓楼区“互联网+”创新成果推介会在江东软件城举行。推介会主题“互联互通创业创新”。区委常委、副区长童晓佳推介鼓楼区软件互联网产业投资环境和12家招商体量较大的特色发展载体；驻区南京大学、南京邮电大学、南京财经大学等5所高校现场发布信息技术、云计算、物联网、北斗导航等“互联网+”相关领域100多项最新科研创新成果，与会100多家企业第一时间获取信息并进行互联网与重点产业对接洽谈。会议期间，举行市级众创空间授牌和鼓楼区“互联网+”上市企业政策兑现仪式。鼓楼区新一批6

9月1日，2016鼓楼区“互联网+”创新成果推介会在江东软件城国际服务外包大厦举行

家市级众创空间挂牌；推介苏宁金融产品；万谷·京东云智慧产业园、华胜天成科技股份有限、南京清华永新网络科技有限公司等16个项目现场签约，总投资超过30亿元。市委常委、常务副市长刘以安，区长刘军及市区相关部门领导，区各产业功能板块和街道负责人，驻区高校、科技园区、金融机构、软件互联网企业负责人等170余人参会。

【运时数据在“新三板”挂牌】 9月1日，江苏运时数据软件股份有限公司（简称运时数据）获准在“新三板”（全国中小企业股份转让系统）挂牌上市（证券简称：运时数据，证券代码：838967）。运时数据挂牌上市主办券商为海通证券，法律顾问为江苏世纪同仁律师事务所，财务审计为天衡会计师事务所(特殊普通合伙)。运时数据成立于2008年5月23日，是专业从事大数据分析软件产品研发，面向政府部门(财政、税务、社保、公安等)、金融、制造业提供数据交换、数据加工、多维数据分析、数据挖掘和预测分析为一体的大数据基础工具平台产品供应，以及行业应用分析产品开发、产品咨询和实施服务的高科技软件企业。主要产品及服务为软件销售业务（包括综合治税分析平台、社保资金综合分析平台及其他软件)、软件维护服务和技术开发服务。至年底，运时数据拥有全国180多家地市级财税用户，并通过江苏省“双软”企业认定，多次连续获国家级软件行业大奖。其中，“运时商业智能基础平台”是江苏省第四批自主创新产品、南京市优秀软件产品和南京市自主创新产品，2011～2013年连续3年被评为“中国软件行业协会推优产品”，获中国优秀软件产品证书。

【4家企业入围第15届中国软件业务收入前百家行列】 2016年，驻区企业南京南瑞集团公司、亚信科技（南京）有限公司、江苏集群软件股份有限公司、南京联创科技集团股份有限公司入围第15届中国软件业务收入前百家企业。该评选以国家统计局批准、工业和信息化部统计2015年全国软件和信息技术服务业年报数据为基础，经省市工业和信息化主管部门初步审核、工业和信息化部最终核定。

【获省市软件专项支持资金1447万元】 2016年，鼓楼区69个项目获省市软件专项支持资金1447万元。其中，区属8家企业项目申报省软件专项，4家企业项目获项目资金支持，合计600万元；29家企业项目申报市软件专项，15家企业项目获资金支持，合计810万元；同时，50个项目（“双软”认定、CMMI、中国优秀软件产品等)获市软件专项奖励资金37万元。69个项目涵盖云计算、物联网、信息安全、通信、平台建设、人才引领等领域，呈现项目新、起点高特点，彰显全区信息化和软件产业发展水平。 （孟　晖）

健康产业

【概况】 2016年，鼓楼区健康服务业总收入315亿元，税收8.2亿元，连续3年同比增长保持在20%左右；完成健康服务业领域固定资产投资5.02亿元。全年，该区注重重点新兴产业培育，区有关部门走访调研企事业单位120家次。通过政府引导、市场驱动，采取聚焦产业高端、整合优势资源、共建合作平台、创新服务模式、优化投资环境、提供人才支撑等措施，呈现出良好增长态势。新引进香港衍丰集团总部等100多家健康服务业企业落户，先期落户的企业陆续产生和增长税收。金陵交运集团健康综合体、国际妇女儿童医学中心等一批健康服务业载体建设项目有序推进。至年底，全区有健康服务业企业1800余家，其中年内新注册360余家，占全区新注册企业数8.5%。

【健康服务业发展座谈会】 2月26日，鼓楼区召开健康服务业发展座谈会，市卫生计划生育委员会、区人大常委会、区政府、区政协等相关领导出席。会上，区卫生计划生育局局长唐伯才介绍鼓楼区健康服务业发展情况；副区长梁春燕代表区政府表态，从园区发展、重点项目推进等方面做好服务和配套工作。南京医科大学、南京中医药大学、江苏省人民医院、鼓楼医院以及康宝莱（中国）保健品有限公司、江苏省润天生化医药有限公司等驻区高校、医院和企业代表相继发言，为健康服务业发展献计献策。

【重点项目建设】 2016年，鼓楼区推进健康产业重点项目建设，促进驻区高校科技园空间使用、提升入园企业含金量，拓展健康+旅游、健康+文化等业态。南京医科大学启动五台山校区健康产业科技园建设。南京中医药大学中医药服务贸易发展促进中心由市商务局和丰盛健康城联合建立组织架构，中心网站建成，进入内部试运营阶段；代表南京市中医药板块参加2016年“京交会”，中医药国际贸易初步展开。“金陵丰盛健康产业园”“南京衍丰投资公司”两大健康服务业项目在南京“金洽会”上签约。江苏紫峰国际医疗管理公司联合新加坡上市医疗机构百汇集团开设高端门诊，完成初步选址。深圳市德瑞医疗管理有限公司成立香港公司，运作肾病专科医院项目，与南京医科大学第二附属医院就具体合作细节进入商洽。中城汇康健康产业园调整投资规划，深度介入养老产业。南京建康职业学院附属康复医院建设方案持续完善，位于江东北路289号的德美医疗美容门诊部完成装修并试营业。位于石头城117号的美贝尔医疗美容医院装修基本完成，着手开业准备。由区政府牵头，促成江苏金陵交运集团有限公司、南京丰盛产业控股集团有限公司，就南京中医药大学汉中门校区—金陵交运汉中门地块达成共建"金陵丰盛健康产业园"合作意向书。 （步腊春）

城市旅游

【概况】 2016年，鼓楼区按照旅游业资源集聚区、产业融合创新区、文明旅游示范区、景区化中心城区"四个区"目标定位发展旅游产业，提振旅游产业实力和发展环境，促进旅游业在"十三五"发展启动阶段实现全面、快速、高品质发展。全年实现旅游总收入173亿元，同比增长15.3%。湖南路地下商业街建设恢复路面通行，颐和路十二片区观光功能不断完善，丰盛健康产业园创建省级中医药旅游基地，国防园创建成为国家AAA级景区，南京香格里拉大酒店评为五星级旅游饭店。加强区旅游咨询中心软硬件建设，策划开展"个十百千万"（一名著名人士、十名企业家、百名创客、千名大学生、万名市民）畅游鼓楼惠民工程，接待游客2万人次。申请和利用省市旅游专项发展资金，实施并完成区域8处旅游公厕新建、改建工程。创建文明旅游示范区，促进行业管理职能优化。举办"文明旅游在心中——鼓楼区3·15旅游者大联欢"活动，举办全区旅游行业先进单位、先进个人、文明导游、文明服务之星评选活动。专项检查春节、五一劳动节、十一国庆节等节前旅游市场。启动星级饭店安全标准化建设，试点建立旅游服务站；启动旅游市场联合监管工作，筹建鼓楼区旅游市场综合监管工作小组。组织参加上海世界旅游博览会，承办CCTV长江寻根溯源之旅玉树行南京站活动，启动编印《鼓楼民国建筑揽胜》，组织举办首届鼓楼旅游创客大赛，组织策划鼓楼民国建筑、红色旅游、地铁旅游等专题活动。至年底，全区有旅游星级饭店27家、星级旅行社56家，其中有出境资质旅行社17家。有A级景区和公园9家。是年，区旅游局获市旅游市场秩序监管先进单位、旅游市场拓展先进单位称号；驻区金陵饭店、绿地洲际酒店、中心大酒店、古南都饭店、玄武饭店、凤凰台饭店6家单位获2015年南京市十佳星级饭店称号；玄武饭店总台领班王昕获2015年度全省旅游创新发展优秀个人奖。

2016年鼓楼区旅游管理工作情况表

表18

项　　目	单　位	实绩
旅游企业主要情况		
星级饭店	家	27
星级饭店接待人数	万人次	161.9
营业收入	亿元	18.83
纳税金额	万元	10328
客房	间	7400
从业人员	人	8632
一般旅馆业营业收入	亿元	11.8
一般旅馆业纳税金额	万元	6124
旅行社	家	149
星级旅行社	家	56
接待人数	万人次	118.1
营业收入	亿元	60.3
纳税金额	万元	5548
A级景区和公园	家	9
接待人次	万人次	511.4
总收入	万元	2899.4
旅游管理与开发		
受理旅行社分社及网点备案	起	64
受理星级饭店申报和复核	家	13
行业安全检查	次	13
旅游投诉处理	起	250

2016年鼓楼区旅游星级饭店一览表

表19

序　号	饭　店　名　称	星　级	地　　址	电　话
1	南京金陵饭店	五　星	汉中路 2 号	84711888
2	南京中心大酒店	五　星	中山路 75 号	84733888
3	南京绿地洲际酒店	五　星	中山北路 1 号	83538888
4	城市名人酒店	五　星	中山北路 30 号	83123333
5	南京玄武饭店	五　星	中央路 193 号	83358888
6	南京威斯汀大酒店	五　星	中央路 201 号	85568888
7	南京香格里拉大酒店	五　星	中央路 329 号	86308888
8	索菲特银河大酒店	五　星	山西北路 1 号	83718888
9	南京古南都饭店	五　星	广州路 208 号	83311999
10	苏宁环球套房饭店	五　星	广州路 188 号	83232888
11	南京丁山花园大酒店	五　星	察哈尔路 90 号	58802888
12	南京新纪元大酒店	四　星	中山路 251-1 号	83302666
13	江苏锦江南京饭店	四　星	中山北路 259 号	86826666
14	江苏凤凰台饭店	四　星	湖南路 47 号	86838888
15	华东饭店	四　星	北京西路 67 号	83709988
16	金陵晶元大酒店	四　星	江东北路 386 号	86203888
17	南京虹桥饭店	三　星	中山北路 202 号	83400888
18	华江饭店	三　星	中山北路 178 号	83224488
19	江苏国瑞大酒店	三　星	中山北路 55 号	83309888
20	江苏物资大厦	三　星	中山北路 283 号	83423888
21	瑞迪大酒店	三　星	广州路 223 号	85828309
22	凤西宾馆	三　星	汉中门大街 118 号	83932228
23	南京米兰假日大酒店	三　星	建宁路 7 号	86810510
24	学士园大酒店	三　星	草场门大街 91 号	86201888
25	文苑宾馆	三　星	江东北路 399 号	86229581
26	金盾饭店	三　星	虎踞关 8 号	83719939
27	华能苑饭店	二　星	中山路 239 号	83300888

2016年鼓楼区星级旅行社一览表

表20

序号	名　　称	星级	地　　址	咨询电话
1	* 中国国旅(江苏)国际旅行社有限公司	五星	中山北路 202-1 号	83538734
2	* 江苏省中旅旅行社有限公司	五星	集慧路 18 号联创大厦 B 座 5 楼	83589898
3	* 江苏万达原野国际旅行社有限公司	五星	三牌楼大街 238 号 5 楼	52228882
4	* 南京德高国际旅游有限公司	五星	石头城 6 号石榴才智中心 15 栋	83319893

续表20

序号	名　　称	星级	地　　址	咨询电话
5	*中国康辉南京国际旅行社有限责任公司	四星	建宁路57号	86639601 86636926
6	*南京海外旅游有限公司	四星	三牌楼大街238号钟阜大厦506室	52228780 52228776
7	*江苏金桥国际旅行社有限公司	四星	中山北路219号宏图大厦9楼	83272718 83272729
8	*江苏缤纷假期国际旅行社有限责任公司	四星	广州路5号君临国际B栋2203室	83172706
9	*江苏金陵商务国际旅行社有限责任公司	四星	广州路5号君临国际B栋5F	51860998
10	*江苏太平洋旅行社	四星	建宁路1号	84580000
11	*江苏省中旅旅游航空服务有限公司	四星待评	中山北路285号江虞宾馆3楼	4008485868
12	*江苏新好游国际旅行社有限公司	三星	广州路5号君临国际2幢2001室	51861223
13	*江苏省金阳光旅行社	三星	中环国际15楼	86975091
14	南京上铁国际旅游有限公司	三星	中山北路509号	58803401 58804120
15	南京台旅观光旅游有限责任公司	三星	中央路417号城市先锋广场1613室	85812345
16	南京华江商务国际旅行社有限公司	三星	中山北路281号821A室	68535998 83356130
17	南京市天马国际旅游有限公司	三星	汇贤居09栋29号1702室	86227338 86273778
18	南京华之旅航空旅游有限公司	三星	汉中门大街56号建威大厦B717–718室	86537878 86557980
19	江苏省民族国际旅行社有限公司	三星	马台街139号6楼	86652006 83210190
20	南京金航假期旅行社有限公司	三星	建宁路16号综合楼3楼西厅	85624545
21	*江苏友谊国际旅行社	三星待评	云南路31–1号苏建大厦23层	83278496
22	*江苏金色华夏航空旅行社有限公司	三星待评	中央路73–1号	86635434 86631900
23	*江苏职工国际旅行社	三星	中山北路202号	83412300 83412107
24	南京华夏国际旅行社有限公司	三星	汉中路108号金轮大厦10楼10A	57900060
25	南京飞鹰旅行社有限公司	三星	定淮门大街12号B座1204室	86228332
26	南京全美国际旅行社有限公司	三星	中山北路281号虹桥中心B座616	86643821
27	南京大洋国际旅行社有限公司	三星	建宁路1号	85531188
28	*南京圣和国际旅行社有限责任公司	二星	中山路81号华夏大厦901室	84782786 84782780
29	江苏省天马旅行社	二星	湖北路85号6楼	83301458 83305100
30	南京大洋国际旅行社有限公司	二星	建宁路1号	85626598 85531205
31	南京城市先锋国际旅行社有限公司	二星	中山北路204号	83422038 83461531

续表20

序号	名　　称	星级	地　　址	咨询电话
32	南京芳草园国际旅行社	二星	中山北路281号虹桥新城市广场区02栋1220B	83171005 83171000
33	江苏老年旅游总社	二星	广州路140号随园大厦24楼E座	83705199 83202897
34	南京天外天国际旅行社有限公司	二星	中山北路281号1326A室	83222055 83227585
35	南京梧桐旅行社有限责任公司	二星	华侨路37号春风大厦20楼F座2006室	84732045 84732051
36	南京七彩凤凰国际旅行社有限公司	二星	山西路67号世贸中心大厦A1座12楼	66660388
37	南京汇东国际旅行社	二星	集庆门大街155号1幢1单元701室	82229340 82229341
38	江苏教育国际旅行社	二星	北京西路15号江苏教育大厦23楼	83335967 83335964
39	南京永乐假期旅行社有限责任公司	二星	上海路40-1号五台商务大楼508室	84701026 84702026
40	南京亮点旅行社有限公司	二星	广州路140号随园大厦25楼G座	84206903
41	南京天府国际旅行社有限公司	二星	中山北路281号虹桥中心1幢1606	83340056
42	南京大宇旅行社	二星	察哈尔路102号	87702190
43	南京五台旅游有限公司	二星	中央路323号利奥大厦2006室	83300702
44	江苏观光假日旅游有限公司	二星	山西路68号颐和商厦13层E座	83248785 83248750
45	南京师豪高校旅行社有限公司	二星	宁海路122号	83598533
46	南京洋洋国际旅行社有限公司	二星	中央路417号1239室	66605663
47	南京长三角旅行社有限公司	二星	中央门外安怀村460号59幢504室	85521152
48	南京中侨旅行社有限公司	二星	虎踞北路100号4号楼2楼	58770732
49	南京维景国际旅行社有限公司	二星	先锋广场9楼922室	83302145 83325200
50	江苏凤凰台旅行社有限公司	二星	湖南路47号	86838209
51	南京哪玩国际旅行社有限公司	二星	新晨大厦26层	66677096
52	南京海悦国际旅行社有限公司	二星	定淮门大街11号商会大厦A座1201室	86223911
53	南京可可国际旅行社有限公司	二星	中央路417号先锋广场1613室	83765955
54	南京双门楼旅行社	二星	虎踞北路185号双门楼宾馆内	58760070
55	南京俏东方国际旅行社有限公司	二星	湖北路3号开元大厦407室	51860373
56	南京美好国际旅游有限公司	二星	五台山1号丰汇大厦1003室	84726550
57	南京美华商务国际旅游有限公司	二星	中央路417号先锋广场1035室	51751989
58	南京威廉姆国际旅行社有限公司	二星	中山北路45号怡华酒店30楼	84406386
59	南京地球行动旅行社有限公司	一星	云南北路49号天星翠琅大厦11楼B座	68131533 86981688

说明：名称前加★为出境资质旅行社，共有17家

（周　磊）

【旅游公共服务体系建设】 2016年，鼓楼区完成扬子饭店修缮改造工程各项建设任务，并推进移交工作。申请和利用省市旅游专项发展资金，完成滨江风光带、宝船厂遗址公园、阅江楼景区、石头城、鼓楼公园4家单位8处旅游公厕新建、改建任务。完善旅游咨询中心软硬件建设，联合区内知名旅游景点、旅行社，开展“旅游进社区，幸福在身边”系列惠民便民行动；开设“旅游知识社区课堂”，增设“旅游咨询社区服务站”4座。研究、协调阅江楼景区升级AAAAA级景区工作计划，力争启动硬软件升级建设。启动滨江风光带、颐和路地区无线网络覆盖工程前期可行性研究。

【旅游文明示范区创建】 2016年，鼓楼区促进行业管理职能优化，增进企业服务质量。召开推进文明旅游示范区创建工作及加快旅游产业发展座谈会，举办“文明旅游在心中——鼓楼区3·15旅游者大联欢”活动，开展全区旅游行业先进单位、先进个人、文明导游、文明服务之星评选活动，申报区旅游局为全省文明旅游工作先进单位、区旅游局孙丽为全省旅游系统先进个人。开展旅游安全月活动，举办全区旅游统计、安全工作培训，开展节前旅游市场专项检查，旅行社分社、旅行社网点及星级饭店公共场所控烟专项检查；启动星级饭店安全标准化建设，试点建立旅游服务站；筹建鼓楼区旅游市场综合监管工作小组，启动旅游市场联合监管工作。 （周　磊）

市场开发

【概况】 2016年，鼓楼区结合“一轴五集聚区”（中山北路民国历史文化旅游中心轴，滨江现代都市休闲旅游集聚区、环明城墙—外秦淮河明清文化旅游集聚区、颐和路民国风情休闲旅游集聚区、新街口—鼓楼—湖南路时尚休闲旅游集聚区、广州路—汉中路—五台山健康旅游集聚区）项目推进，推介包装滨江“醉美之旅”、滨江户外等特色旅游线路；完善颐和路十二片区观光功能、“四馆”（民国历史文化展馆、颐和路社区将军馆、宁海路海洋国防教育馆、渡江胜利纪念馆）联动展示地区文化，做好颐和路十一片区改造启动准备工作。湖南路地下商业街建设恢复路面交通，启动湖南路地下商业街和下关滨江街区招商。指导丰盛健康产业园创建省级中医药旅游基地，推进宝船厂遗址公园“海上丝绸之路”申遗工作及提升改造工程，国防园创建成为国家AAA级景区。联合区内知名旅游景点、旅行社，开展“旅游进社区，幸福在身边”系列惠民便民行动，开设“旅游知识社区课堂”，增设“旅游咨询社区服务站”；举办百名校长游鼓楼、驻区军属游鼓楼等旅游惠民活动各1场，接待游客2万人次。研究阅江楼景区升AAAAA级工作，协调并争取早日启动硬软件升级建设。启动滨江、颐和路地区无线网络覆盖工程前期可行性研究，强化旅游营销，宣传区域旅游资源，推出特色旅游线路。组织参加上海世界旅游博览会，提高区域旅游景区和产品知名度。围绕长江旅游资源，承办CCTV长江寻根溯源之旅玉树行南京站活动；围绕民国文化旅游资源，启动编印《鼓楼民国建筑揽胜》。组织举办首届鼓楼旅游创客大赛，征集创客方案1024个，并推进后期落地化、产业化培育。结合政协提案办理、“结对社区”共建等工作，加强旅游形象展示和品牌宣传，组织策划鼓楼民国建筑、红色旅游、地铁旅游等专题活动。召开旅游集聚区建设工作会，围绕五大旅游集聚区建设任务，提高认识、关注重点、聚焦项目，做好旅游设计和功能对接，以“旅游+”思路推动全区旅游产业规模发展。

【旅游惠民“个十百千万”系列活动】 2016年，鼓楼区开展旅游惠民“个十百千万”系列活动。2月2日，区旅游局与小市街道联合举办“喜迎新春乐游鼓楼”双拥共建活动，组织驻区武警南京医院军人及家属30余人，参观鼓楼区旅游咨询服务中心、白云亭文化艺术中心、下关滨江示范段、阅江楼景区，展示全区旅游事业发展新成果，促进军地共建发展。3月，区旅游主管部门组织辖区中小学名校负责人近70人，参观鼓楼区旅游咨询服务中心、滨江风光带、下关史料陈列馆、阅江楼风景区等旅游景点，让教育工作者感受全区旅游发展新变化，增强驻区教育系统热爱鼓楼、建设鼓楼激情。组织区内

2月2日，区旅游局与小市街道联合举办“喜迎新春，乐游鼓楼”双拥共建活动

各景区景点、旅行社负责人及相关部门负责人参观大报恩寺、牛首山风景区，开阔旅游工作视野和思路，就旅游客流对接、游线安排、开拓全区旅游事业发展新市场等方面加强合作交流。至年底，全区举办旅游惠民活动10场，接待游客2万人次。

【“研学红色之旅”首发仪式】 5月17日，鼓楼区旅游主管部门举行“研学红色之旅”首发仪式。红色之旅线路即整合区域内江苏路39号民国历史文化展馆、颐和路社区将军馆、宁海路海洋国防教育馆、渡江胜利纪念馆、中山码头等区内精品红色资源，宣传红色教育思想、传播红色文化精神，实践旅游惠民利民宗旨。活动中，向4家首批“鼓楼旅游咨询中心社区服务站”授牌，组织引导驻区居民、旅游企业代表100余人参观红色旅游点，旨在完善区级旅游惠民便民服务体系，居民不出社区即可享受到便捷、实惠、规范、优质旅游服务，打造百姓家门口的惠民便民旅游服务。

【组团参加2016年上海世界旅游博览会】 5月19～22日，区旅游主管部门组织阅江楼、宝船厂遗址等景区相关营销人员，赴上海参加2016年上海世界旅游博览会。展会期间，鼓楼区布展展板3面、10平方米，与业内旅游主管部门、各类旅游企业接洽100次，吸引各界人士5000人次，发放区域景点旅游宣传资料万余册，现场组织扫二维码赠礼品活动，送出礼品3000份。

【幕府山达摩古洞景区开放】 8月1日，达摩古洞景区开放，票价30元。达摩古洞景区位于幕燕滨江风貌区五马渡广场以东，占地18.5万平方米，主峰海拔110米，是以恢复重建“古金陵四十八景”中达摩古洞一景为主题的文化旅游项目，也是幕燕滨江风光带西段亮点工程。工程于2013年12月底启动建设，2016年7月建成。景区以达摩古洞遗址、石窟、夹骡峰、百变金身广场等为核心，打造轻盈灵动、气势恢宏禅宗圣地。其中石窟依山而建，分成上中下3层，内部镶嵌着大小不一窟龛101个，每个窟龛内均供奉1尊形态各异的达摩雕像。达摩古洞在幕府山三台洞西，洞高90米，洞中供奉有1尊达摩雕像，描述达摩参禅打坐、入定时姿态，洞壁四周有不少碑刻和佛龛，多为明代遗存。相传1600多年前，达摩从南京渡江北去，途中曾在幕府山1个石洞中休息。恢复重建之前，该洞处于荒废状态，出新后，景区最高峰还建有梁武帝追达摩群雕广场，用群雕方式，再现梁武帝带领文武大臣及随身侍从追赶达摩场景。

链接：

梁武帝追达摩群雕广场，讲述梁大通元年(527)，梁武帝萧衍迎达摩至建康弘扬佛法，其间梁武帝与达摩辩佛，二人话不投机，达摩认为机缘不合便来此偃息。后梁武帝受志公禅师点拨深感懊悔，便率众骑骡急追挽留达摩，及至江边之时，两侧山峰突然合在一起，挡住了骡子的去路，就有了现在的夹骡峰，而梁武帝等人只得目送达摩“一苇渡江”北上洛阳，留下无限遗憾。

【长江寻根溯源之旅玉树行南京站活动】 9月10日，青海省玉树藏族自治州旅游局代表团及中央电视台CCTV发现之旅《精彩视界》栏目组在滨江渡江胜利广场与区委宣传部、区旅游局联合举办长江寻根溯源之旅玉树行南京站活动。活动中，区旅游局向玉树嘉宾和央视媒体介绍鼓楼区悠久丰富历史文化资源和发展成就，热河南路街道表演队现场展示具有地方特色文艺节目，玉树与鼓楼两地旅游局签署长江溯源之旅备忘录。

【体育+旅游户外展示推介活动】 10月11日，鼓楼区旅游主管部门与五台山保龄球馆携手打造“我旅游我健身我快乐”体育+旅游户外展示推介活动，借助该区丰富旅游资源，首次将保龄球运动带到户外，普及和推广保龄球运动，培养市民参与保龄球运动兴趣。同时，300余市民在静海寺广场参与文艺演出、趣味有奖竞赛等活动。

【首届阅江楼杯旅游创客大赛】 8月24日～12月29日，鼓楼区举行首届“阅江楼杯”旅游创客大赛，以“创造让鼓楼旅游更精彩”为主题，面向社会征集针对区域旅游资源（公园景区及线路、地标建筑、历史人文、宾馆酒店、旅游企业等）创意设想，激发创客运用旅游元素与科技、文创、健康、商贸等资源融合创新，发展旅游+文化、旅游+健康、旅游+商务、旅游+互联网、旅游+创业等新业态。期间，在阅江楼景区设立固定创客工作坊，配置3D打印、激光切割等智能化制造设备及相应工具和材料，由创客导师辅导入选创意方案，制作出产品原型。经评委审定，产生一等奖、二等奖、三等奖，其中一等奖可获奖励1万元。活动历经创意征集、方案孵化、评奖及成果展示、项目推广(创业)4个阶段，设一等奖1名、二等奖2名、三等奖3名、优秀奖10名、纪念奖100名，驻区大中专院校、企业、创客平台、部分文创旅游企业通过关注“畅游鼓楼”微信公众号报名参赛。大赛征集创意方案1024件，经组委会筛选，确定重点孵化方案100件，并经专家评审和项目路演等环节，确立入围颁奖仪式作品10件。12月29日，大赛颁奖仪式暨匠人艺心旅游文创论坛在阅江楼景区游客服务中心举行，大赛评审专家、参赛选手团队等参加。现场为获奖选手和获奖单位颁奖，部分投资企业与获奖选手签约。 （周　磊）

2016年鼓楼区文明导游及文明服务之星一览表

表21

奖项	单位	姓名
文明导游（10人）	南京梧桐旅行社有限责任公司	史志华
	江苏中旅导游翻译有限公司	张小卫
	中国康辉南京国际旅行社有限责任公司	魏媛媛
	江苏省中旅旅行社有限公司	李正双
	中国康辉南京国际旅行社有限责任公司	阮成武
	江苏省中旅旅行社有限公司	卜　峰
	南京德高国际旅游有限公司	朱利安
	南京上铁国际旅游有限公司	薛政祺
	南京七彩凤凰国际旅行社有限公司	张　溪
	江苏万达原野国际旅行社有限公司	陈　鑫
文明服务之星（10人）	江苏锦江南京饭店有限公司	陈　月
	南京丁山花园大酒店	刘金莲
	南京米兰假日酒店	张志敏
	南京威斯汀大酒店	吴克磊
	南京中心大酒店有限公司	付新凤
	南京玄武饭店有限责任公司	叶迪海
	南京绿地洲际酒店	潘博闻
	南京瑞迪大酒店有限公司	刘勇群
	阅江楼景区管委会	陈海林
	南京古南都饭店有限公司	周宜琴

行业管理

【概况】 2016年，鼓楼区创新旅游一线服务举措，解决行业管理突出问题。选择规模较大旅行社作为旅游服务顾问单位，与50个社区旅游结对共建，通过宣传促销进社区、旅游维权进社区等形式，为企业与消费者搭建交流平台，实现旅游企业服务在一线。年内评选并表彰区“文明导游”和“文明服务之星”各10名。与区消费者协会合作，在星级饭店和重点旅行社建立60个旅游消费维权服务站，开展放心消费城区、文明单位和“三信三优”“价格诚信单位”创建，确保旅游投诉受理在一线。建立江苏路39号大型旅游咨询中心和4个社区旅游咨询服务站，宣传文明旅游和依法维权，拉近游客与旅游企业距离，做到旅游咨询服务在一线。探索建立区一级旅游投诉处理新方法，在投诉较多旅行社试点建立服务站，把投诉解决在最基层，达到旅游投诉处置在一线。举办全区旅游企业安全负责人培训班及酒店业企业安全生产标准化建设培训班、旅行社质监人员培训班等，提升旅游从业人员业务素质，杜绝不文明导游行为，降低投诉率。至年底，全区有五星级酒店11家、社区旅游咨询服务站4家。受理群众举报投诉250件，全部处置完毕，答复及处置率100%，满意率98%。是年，南京国防园创建为国家AAA级景区，南京香格里拉大酒店被全国旅游星级饭店评定委员会评为五星级旅游饭店。

【“文明导游”和“文明服务之星”表彰】 2016年，鼓楼区加大“创建文明旅游示范区”力度，实施文明旅游普及工程、文明旅游示范工程、文明旅游基础设施提升工程、文明旅游市场净化工程、文明旅游智慧工程、文明旅游创建标准工程六大工程，提升全区文明旅游形象。3月，全区旅游企业开展“文明导游”和“文明服务之星”评选，通过各单位推选、畅游鼓楼微信公众平台投票等形式，选出史志华等10名“文明导游”和陈月等10名“文明服务之星”，并予以通报表彰。

【旅游者大联欢】 3月15日，鼓楼区在白云亭文化艺术中心剧场举办“文明旅

3月15日，“文明旅游在心中——鼓楼区3·15旅游者大联欢”活动在白云亭文化艺术中心举行

游在心中——鼓楼区3·15旅游者大联欢”活动。节目由旅游一线工作者和游客自行创作,以演讲、歌曲、相声、舞蹈和竞答等形式演出,寓教于乐,提升游客文明旅游和依法维权意识。市旅游委、区政府有关领导出席,鼓楼区文明旅游形象大使、各街道社区游客代表、区旅游企业文明导游、文明服务之星和先进单位、先进个人代表200余人参加活动。

【旅游企业安全生产及标准化建设培训】 7~8月,鼓楼区旅游主管部门先后举办全区旅游企业安全负责人培训班及酒店业企业安全生产标准化建设培训班,辖区各旅游企业安全工作负责人近200人参加培训。邀请南京工业大学安全工程检测中心常务副主任、安全标准化考评员、注册安全师、安全评价师张庆武主讲,就旅游企业安全要求与主体责任、安全防范重点内容、安全管理、安全规范与标准化建设等方面内容专题讲授。100家参培旅游企业代表向区旅游局递交《鼓楼区旅游企业落实安全生产主体责任承诺书》。

【旅行社质监人员培训】 11月7日,鼓楼区旅游主管部门联合南京市旅游行政执法支队,共同举办旅行社质监人员培训班,全区150多家旅行社和分社质监工作人员参培。邀请市旅游行政执法支队支队长解森龙和南京旅游职业学院法学教授、《江苏省旅游条例》首席起草人印伟作专题授课。分析旅游市场监管形势,讲授旅行社质监工作重点、质监工作方法及案例分析、质监人员责任知识,解读旅游市场综合监管文件政策。培训期间,表彰2016年度全区10名旅行社质监工作先进个人,布置开展“不合理低价游”专项整治等工作。

【国防园获批国家AAA级景区】 11月,南京国防园被南京市旅游资源规划开发质量评定委员会批准为国家AAA级景区(宁旅资委〔2016〕7号)。该园2015年启动创建AAA级旅游景区工作,先后投入近600万元,用于明城墙沿线环境整治、主广场基础设施建设和综合环境改造。同时,改造游客服务中心、旅游厕所、标识系统等服务设施,实现景区形象、资源品质和管理水平同步提升。年内,该园运用爱国主义教育基地、国防教育基地、科普教育基地、防震减灾教育基地、双拥共建基地资源和军史馆、军兵种馆、国防教育馆等场馆及户外展区,开展各类主题活动10余场,接待约40万人次参观,普及市民国防教育知识。

【南京香格里拉大酒店被评为五星级酒店】 11月,南京香格里拉大酒店被全国旅游星级饭店评定委员会评为五星级旅游饭店(旅星评发〔2016〕53号)。该酒店位于中央路329号,高45层,拥有450间客房和套房,设有21套服务式公寓。酒店第40层有豪华阁贵宾廊,配有可容纳1300位宾客的宴会厅,提供诸多美食选择,5个餐厅各具特色。香格里拉特色现场烹饪台全日制餐厅供应江苏、泛亚及西方美食,有橄榄餐厅、美食与美酒Best50等,是江苏省唯一一家在“LALISTE”世界美食年度排行上榜且蝉联两届的餐厅。酒店于2014年10月27日开业,2015年、2016年客房入住率分别为45%和63%。至2016年年底,举办婚宴400多场,接待宾客23万人次。

【旅游公厕建设】 2016年,鼓楼区旅游主管部门根据全区旅游公厕本底数据资料,进行情况摸底,对照旅游公厕配置及建设标准,对标找差、整改完善,科学合理制定建设计划和整改方案,进一步完善区域旅游厕所基础配套服务设施。年内,通过政府投资、企业自筹等渠道,投入266万元,新建或改扩建江边路、国防园国防教育馆等8处旅游干道、景区厕所591平方米,其中男厕位35个、女厕位36个,无障碍厕位10个,建成AAA级厕所3处、A级厕所5处。至年底,全区景区有公共厕所30座(处),建筑面积约1500平方米,其中男厕位123个、女厕位132个、无障碍厕位27个。A级景区旅游厕所均按《旅游厕所质量等级划分与评定》标准建设,硬件设施达标。

(周　磊)

阅江楼风景区

【概况】 阅江楼风景区由阅江楼、天妃宫、静海寺纪念馆组成,占地面积约30万平方米,阅江楼主楼外观4层,内设3层,共7层,总高52米。楼内陈列明代16位皇帝画像、朱元璋《阅江楼记》金字靠壁、郑和下西洋巨型瓷画、朱元璋龙椅仿制品等一批明代家具和书画、陶瓷等物件。为国家AAAA级旅游风景区。2016年,景区收入1890.15万元,同比增加18.11%;接待游客82万余人次。年内,与《江苏科技报·教育周刊》签订宣传共建合作协议,成为《江苏科技报·教育周刊》小记者社会实践基地,开展小记者走进阅江楼景区游学采风活动2次。举办2016南京妈祖文化旅游节开幕式暨纪念妈祖诞辰1056周年春祭大典、“让科技唤醒历史”——Intel Real Sense实感技术展览活动;举办大型武术表演活动,联合阅江楼街道多伦路社区在静海寺广场举办第六届趣味运动会暨全民健身公益活动;联合江苏人民广播电台举办“百名主播诵经典”端午诗会;结合传统节庆日与鼓楼区美术家、书法家协会,广东省潮州市书法家、美术家协会举办“狮岭雄观两江风流”书画交流展览活动5场次;举办“江上清风”阅江楼第二届端午诗歌朗诵会;开展国学礼仪与经典诵读公益文化等各项园事活动16场次。南京静海寺纪念馆与中国人民解放军东部战区空军政治工作部共建“四有”(有灵魂、有本事、有血性、有品德)新一代革命军人教育基地;举办5·18国际博物馆日“我家门口的纪念馆”等爱国主义教育及共建活动7场次,完成接待南京市田家炳中学高三年级11个班约450名学生登高阅江楼——高考“百日誓师”励志户外活动任务。完成狮子山地藏古寺段山体滑坡治理工程。是年，阅江楼风景区管理委员会被国家禁毒委员会办公室命名为全国禁毒宣传教育基地，被省市精神文明建设委员会授予2013～2015年度省、市级文明单位等称号。

【新年撞钟祈福法会】 1月1日、2月7日夜，鼓楼区分别在南京天妃宫举办辞旧迎新撞钟祈福活动。各驻宁闽商会代表及海内外游客近2000余人参加撞钟祈福法会。活动当晚23时，由观音寺住持和众僧人为信众、嘉宾举行“祈福诵经法会”，众多市民燃灯敬香、祈福纳吉，为自己和家人祈求新年平安，共同祈福农历丙申年平安吉祥。

【狮子山地藏古寺段山体滑坡地质灾害治理工程】 3月7日，狮子山地藏古寺段山体滑坡地质灾害治理工程立项。治理面积约3000平方米，采用抗滑桩、重力式挡土墙和锚杆加格构梁等综合治理方式，将滑坡体固定在原始坡面上，同步拆除并恢复影响施工的地藏古寺险房，实施绿化景观恢复和环境整治，投资估算约460万元。8月10日开工，11月底竣工，彻底消除滑坡隐患。12月23日完成竣工验收准备工作。年底，交市国土局专家验收。

【2016年南京妈祖文化旅游节】 4月29日，2016年南京妈祖文化旅游节在阅江楼风景区天妃宫启幕，1000多名南京市民和来自福建南安商会、闽台商会、金融、航运单位代表参加妈祖诞辰1056周年春祭大典。活动现场，举行妈祖巡游、南京妈祖文化旅游产品展销等特色民俗活动；展出鼓楼区书法家协会主席邵希平为妈祖诞辰1056周年专门创作的“丹青颂妈祖，共筑中国梦”书法作品。市政协副主席王建华、南京妈祖文化交流协会名誉会长俞明，市旅委、市台办、市文广新局、区四套班子等领导出席。2016年南京妈祖庙会从4月29日（农历三月二十三）妈祖诞辰1056周年开始，到10月9日（农历九月初九）妈祖羽化1029周年为止。其间，景区结合阅江楼、天妃宫、静海寺自有品牌文化，串联母亲节、航海节等节庆日举办妈祖文化旅游节，旨在弘扬传承妈祖文化，突显天妃宫“皇家祭祀妈祖”宫庙地位。

【百名主播诵经典端午诗会】 6月5日，鼓楼区委宣传部、江苏省广播电视总台广播传媒中心、南京阅江楼景区管委会联合主办，江苏文艺台与南京静海寺纪念馆承办的江苏广播“百名主播诵经典”端午诗会在静海寺举行。活动主题“诵读古今名篇，传承爱国情怀”。诗会以端午、屈原、家国为主线，以端午童谣开场，身穿汉服的孩子们手提艾叶、粽子、鸭蛋，展现端午风俗，弘扬民族文化；百名主持人与到场观众共度“诗意端午”，现场吟诵歌颂爱国主义诗人屈原、歌颂中国历代经典诗词、散文等名著名篇，再现“经典”高雅艺术形式；百名江苏主播还为现场观众歌唱经典歌曲《橘颂》《精忠报国》《滚滚长江东逝水》，琅琊路小学童声合唱团表演《我的祖国》，抒发传承爱国情怀。

【“四有”教育基地挂牌】 7月15日，静海寺纪念馆与中国人民解放军东部战区空军政治工作部举行共建“四有”新一代革命军人教育基地签约暨挂牌仪式。东部战区空军政治工作部把静海寺纪念馆作为开展“四有”新一代革命军人教育重要场所，定期组织官兵到馆参观学习。同时，纪念馆利用独特爱国主义教育资源，在场地、接待、讲解等方面提供服务，定期开展形式多样、重在实效、突出特色的共建活动，发挥各自优势，相互学习借鉴，引导和激励青年官兵坚定理想信念，提高思想觉悟，弘扬革命传统，为实现强军目标、建设世界一流军队做出贡献。至年底，接待官兵8批次、600余人。

【景区宣传】 2016年，景区接待外来媒体拍摄17场次，协助市旅游委拍摄南京旅游形象宣传片；协助中央电视台摄制大型文献纪录片《中国通史》，静海寺纪念馆配合完成近代史部分第100集拍摄，并于10月7日在央视播出；配合拍摄纪录片《新丝路密码》、江苏人民广播电台节目《海上升明月》，其中《海上升明月》于9月26日、27日分上下两集在该台播出，介绍南京静海寺纪念馆。协助接待“2016未来之星香港大学生走进江苏”国情班参访团，配合接待海上丝绸之路沿线国家联合考察团。年内，签订

9月9日，海上丝绸之路沿线国家联合考察团访问阅江楼景区

服务业

华东长线社66家，入园525万人次；“南京一日游”全年入园8.94万人次。加强阅江楼品牌推广宣传，扩大阅江楼知名度和影响力。在长短线旅游组团地发放宣传单页近2万份，扩大“廉政文化”三折页发放范围至国内外游客，全年发放1000多册；签订2辆南京环城游览车身合作协议和徐州旅游集散服务中心广告媒体投放协议。完成景区微信公众号认证与搭建，累计发送旅游信息80条；开发景区官方网站虚拟旅游功能和在线售票功能，至年底，景区微博粉丝数6000余人，景区网站访问量1万多人次，年度信息更新61条。

【完成2书卷编纂】 2016年，景区完成《中国历史文化名楼系列文丛·散文辞赋卷》和《中国历史文化名楼系列文丛·楹联卷》编纂，其中《中国历史文化名楼系列文丛·散文辞赋卷》于10月出版，收录古今文赋作品15篇、1.7万字。年内完成《中国历史文化名楼系列文丛·楹联卷》编纂校对和图片整理，收录明、清、民国和当代楹联作品85幅、1.1万字。两本卷书编纂过程中，景区指定专人从事收集整理，并请专家学者协助指导编排，通过档案馆、图书馆及网络查询等多种途径，全面搜集和摸清家底，挖掘名楼历史文化内涵，如期完成编纂工作。（詹　璟）

景点选介

【南京国防园】 南京国防园位于虎踞路87号，占地面积20公顷，始建于1992年8月，是南京唯一以宣传爱国主义为主题的国防教育专类园。其中，以国防教育为主题的展馆建筑群包括战史国防教育馆、陆海空等军兵种馆和世界军事科技兵器馆。

2016年，南京国防园接待游客约40万人次。公园开展基础建设及维护管理工作，完成钓鱼岛主权馆布展并对游客开放；建成南京首家军事书吧和特色主题广场——长征广场。完成游客服务大厅改造工作，内部新增服务设施并对游客开放；完成旅游公厕提档升级和园内标识系统出新工作。年内，开展杜鹃花展及杜鹃花摄影比赛、“国防科普教育”进校园、第三届军事体验嘉年华等活动10余场；与市委党史工作办公室联合举办“弘扬光荣传统建设美丽南京”——纪念中国共产党成立95周年图片展等。是年，公园获评国家AAA级景区。

【宝船厂遗址公园】 宝船厂遗址公园位于中保村漓江路57号，占地面积13.25公顷，2005年7月一期工程建成开放。是南京市为郑和下西洋600年纪念而投资开发的一座融旅游、纪念、展览、休闲为一体大型遗址性公园，全国重点文物保护单位、国家AAA级旅游景区。

2016年，宝船厂遗址公园接待游客31.9万人次。是年，该公园列入海上丝绸之路史迹申遗名单，按照国家文物局统一部署和要求，组织各相关设计单位，全面评估遗址内文物遗迹、展馆设施、环境绿化等，并编制宝船厂遗址文物修缮、环境整治、展览展陈等方案，经修改完善后上报国家文物局审批。

【乌龙潭公园】 乌龙潭公园位于广州路215号，占地面积7公顷，水面1.9公顷，绿化覆盖率80%。1982年经市政府批准建立，2008年被评定为国家AAA级旅游景区。是开放式公园。

2016年，乌龙潭公园管理处加大环境整治力度，斥资修缮出新园内诸景点。外墙整体出新，维护园内主要建筑景观、名人字画苑，更换园内破损、陈旧公共设施，开展园林精细化养护管理。全年接待游客100万人次。

【鼓楼公园】 鼓楼公园位于北京西路1号，占地面积3.67公顷，绿地率62.1%。鼓楼始建于明代洪武十五年(1382)，民国12年(1923)以鼓楼为主体建立鼓楼公园，1966年“文化大革命”开始，公园停止对外开放。1979年10月1日，鼓楼公园恢复对外开放。园内有明代鼓楼，园以楼名，为文物型开放式公园。

2016年8月，公园首次对外托管卫生保洁和安全保卫工作，实施工作人员岗位转型，将“做”转为“管”，并逐步提升管理方式和水平。实施公园绿化长效管理，全年施有机复合肥600余斤，补植黄土裸露或人为踩踏地被，适时修剪、治虫，确保植物枝型美观。10月，公园启动鼓楼大修前期工作。按“一次闭园，分步实施”意见，完善修缮及环境综合整治概念性方案，并向市、区政府汇报，按市发改委立项报批程序，编制立项申请文本和申办立项所需资料。

【八字山公园】 八字山公园位于中山北路挹江门旁，原名四望山。民国十八年(1929年)，国民政府为迎接孙中山灵柩从中山北路经过，用石头在山腰垒出“忠孝、仁爱、信义、和平”八个大字，从此改称为“八字山”。2004年，建成八字山公园，占地面积8.5公顷，包括象山广场景区、泮山溪景区、书画院景区、四望阁景区、山地生态园等九大景区。其中四望阁景区为园内景区核心部分，位于八字山主峰。区内建有仿明清式两层楼台建筑，飞檐翘角，与阅江楼遥遥呼应。登临其上，游客既能远眺阅江楼，又可俯瞰绣球公园、小桃园和挹江门，是名副其实的城市山林，又是全天侯开放式公园。

2016年，八字山公园以建设养护精细化、标准化为指导，打造成环境优美、设施良好市民广场，整体维护与加固八字山山体，建设挡土墙、护坡，布置花卉2万多盆，改造花境3个，接待游客10万人次。

【大桥公园】 大桥公园位于宝塔桥东街7号，由南堡公园18.5公顷、北堡公园4.2公顷、桥区绿地17.3公顷组成，公园绿化覆盖率50%。1970年由南京市城市建设局筹建，1971年3月24日竣工，是年

9月24日，划归上海铁路局南京长江大桥管理处管理。园内有桥梁展示馆和大桥纪念馆，其中大桥纪念馆馆内有毛泽东巨型雕塑及大桥通车及各个时期珍贵影像和文字史料，是青少年学习和了解南京长江大桥历史的教育基地。

2016年，大桥公园接待中外游客近30万人次，被上海铁路局命名为"党员教育示范基地"。10月28日，南京长江大桥全封闭施工，公园照常对市民开放。

【渡江胜利纪念馆】 渡江胜利纪念馆位于渡江路1号，占地面积2.1公顷，由主馆区、渡江胜利广场、渡江胜利纪念碑等组成。是全国首批百家红色旅游经典景区之一，是省市党性教育基地、市社会主义核心价值观教育基地、省市"三严三实"教育基地。

2016年，纪念馆接待观众99.57万人次、讲解2150场。该馆完成首个原创展览"胜利之光——纪念渡江战役胜利与南京解放邹健东摄影文献展"布展，展陈原新华社记者邹健东解放战争时期拍摄的经典照片124张、实物和文献资料73件、图版81幅，再现渡江战役和南京解放历史画面，并赴合肥渡江战役纪念馆、西柏坡纪念馆巡展。全年引进临时展览"鲁迅的读书生活""弘扬西柏坡精神实现中华民族伟大复兴"等。开展游学夏令营活动，举办"拼手动脑人人都是小鲁班""缅怀先烈放飞梦想""寻找胜利之光之重走胜利之路""我们在等你人物寻访活动""追忆那些老照片中的人——《扬子晚报》小记者活动""最美的花献给最亲爱的人""'三味书屋'互动学习室""匠心笔蕴拓丹青——馆藏版画鉴赏与版画拓印"等社教活动近30场。

【古林公园】 古林公园位于虎踞北路21号，占地面积22.7万平方米，其中水面3500平方米，绿地率95.67%，是一座集名花异卉、休闲娱乐为一体的综合性免费公园。1984年4月23日对外开放。

2016年，古林公园接待游客152万人次。完成前山景区绿化覆盖、水塘景观改造、茶花坞景观恢复和远香榭等3个水塘清淤及水塘周边绿化工程，补植栽植各类旱生植物8920株、水生植物5400芽，清拖淤泥25车。节日及园事花事活动期间，布置各类草花1.95万盆、绿色植物200盆，播撒各类花种2000平方米，制作固定景点4处。新建半山坡和晴云亭蓄水池2座，用于解决园内山地园林养护及山林防火问题。完成烧烤场至四方八景阁台阶两侧约20米开裂挡墙维修，并支撑加固四方八景阁西南角挡墙，消除该路段安全隐患；完成牡丹园、老枪战城屋面、四方八景阁安全护栏及室内线路维修；完成嬉水园厕所管理间、盆景园门前排水沟以及晴云亭小路边护坡改造工程。根据区地质灾害治理统一部署，完成公园西山和花乐园两处地质灾害点治理工程。年内，公园举办第23届牡丹节和南京梅花节分会场活动及梅花盆景艺术展；配合省、市、区文明办，在公园开展省志愿江苏·嘉年华分会场活动。是年，公园被市精神文明建设指导委员会授予2013～2015年度市级文明单位称号。

【清凉山公园】 清凉山公园位于清凉山83号，占地面积19公顷，最高海拔65米，方圆约4公里，有"七朝胜迹"之称，系一座免费历史文化名园。

2016年，清凉山公园接待游客71万人次。完成停车场区域植物栽植、遛鸟区景观环境提升，补植李剑晨艺术馆、魏紫熙艺术馆、中华奇石馆广场、崇正书院、茶园等周边和局部区域植物。全年栽植乔木120株、花灌木260株、竹类200平方米、水生植物6缸，补植地被植物3000平方米。9月28日，"爱·在银杏谷"第二届清凉山银杏谷旅游文化节开幕。银杏谷旁李剑晨艺术馆同期举办银杏摄影赛优秀作品展、全国著名银杏画家忆君画展以及精品银杏盆景展。

【石头城遗址公园】 石头城遗址公园位于城西干道虎踞路87号，占地面积约19公顷，又名"鬼脸城"。为开放式公园。

2016年，接待游客111.4万人次。年内，完成亲水平台维修及景区草坪灯、冷光灯、景观灯54盏，播种黑麦草籽2万平方米，种植小叶李贞5000棵、草皮1000平方米、麦冬草7000平方米。是年，园内外秦淮河水域举办龙舟赛14场、皮划艇比赛1场。

【绣球公园】 绣球公园位于中山北路406号。始建于1952年，因园内有绣球山而得名，公园占地面积9.56公顷，其中水面3.61公顷。

2016年，接待游客100多万人次。年内，公园在驳岸部位新增涉水警示牌12个，自筹资金在绣球山背面新砌挡土墙1座；完成长寿阁旱厕改造；增加种植主题花卉——绣球花，更加贴合公园主题；在阴暗处补植大量耐阴植物，解决黄土裸露问题；结合各类节庆假日完成节点摆花。是年，公园协助市绿化园林局在公园南门广场举办"加强安全生产观念、提升全民安全素质"园林建设工程安全知识宣传咨询活动；协助江苏电视台拍摄亲子少儿节目"零速兄弟联盟"。

【小桃园市民广场】 小桃园市民广场位于中山北路挹江门城墙旁，是集历史文化教育、文物保护和市民游玩、健身、休闲为一体的大型城市中心区开放式公园，也是南京市具有代表性的赏桃胜地。

2016年，接待游客1200万人次。桃花盛开期间和节假日日均接待量超6万人次；吸引千余对新人到园拍摄外景，多家知名电视台到景区取景、采访。全年配合社区、街道，媒体等部门举办各类大、小型文艺汇演10余次。是年，小桃园新增植物二维码扫一扫功能，修复亲水平台木地面、九曲桥圆木、园内地面、路灯、儿童乐园原木设施、中门桥护栏等各类设施百余处，描漆出新园内石刻；新增碧桃、五宝、寿星桃、紫叶桃等多品种桃树。（陆 静）

经济管理

鼓楼年鉴 2017

Economic Administration

发展目标管理

【国民经济和社会发展规划执行情况】 2016年是"十三五"规划开局之年。鼓楼区围绕"争创首善之区、建设幸福鼓楼"发展目标，扎实推进稳增长、促改革、调结构、惠民生、防风险各项工作，奋发进取、攻坚克难，经济运行稳中有升，各项目标有序推进。至年底，区一届人大四次会议审议通过的119项经济社会发展计划目标中，地区生产总值等109项目标全面完成，目标完成率95.7%，10项为民办实事重点项目全部完成。全年区域经济社会发展呈现四方面特点：综合实力持续增强，主要经济指标稳中有进；载体支撑显著提升，转型发展深入实施，产业结构、产业体系、产业项目、科技创新成效整体优化；城市功能品质持续提升，道路建设、危旧房改造力度加大，生态环境进一步改善；民生事业有序推进，社会保障、科教文卫、社区服务、平安法治等项工作全方位发展。受宏观经济形势影响，年度外贸出口等个别指标未能实现预期；受前期手续办理、施工条件限制等因素制约，南邮科创中心等项目进展较慢。

【目标制定及分解】 2016年，鼓楼区经济和社会发展目标119项，其中主要指标30项、重点任务89项。经人大代表票选出10项为民办实事重点项目并组织实施。按照职能要求，将119项经济和社会发展目标拆分为137个子项，分解落实到45个部门、产业功能板块、国有企业和9个街道；将10项为民办实事重点项目拆分为11个子项，分解落实到8个责任单位推进。区发展和改革局（简称区发改局）强化过程检测，开发目标管理系统，规定责任单位按月定期在线填报目标进度，实现目标动态跟踪，确保及时发现问题并预警。每月形成进度汇总，深入分析目标进度，突出预研预判。

【工作任务书制定】 2016年，鼓楼区将市对区综合考核目标、区经济和社会发展目标、为民办实事重点项目、市下达各条口目标及各单位职能任务，以及《鼓楼区2016年综合目标考核办法》中提出的考核重点，结合部门、街道、产业功能板块实际情况，形成53个部门、13个街道、7个产业功能板块工作任务书，明确职责，便于考核监督，实现全区重点工作全覆盖。

【社会信用体系建设】 鼓楼区社会信用体系建设于2015年启动，并成立由区政府主要领导任组长，3名区委常委、副区长任副组长，43个单位任组员的鼓楼区社会信用体系建设工作领导小组架构，由区发改局（信用办）牵头推进，区电子政务办公室配合实施。2016年，首次制定《鼓楼区行政许可、行政处罚信用信息公示考核实施方案》，并将其列入全区综合目标考核内容之一，被考核部门涉及区委、区政府、区委统战部（民宗局）、区机构编制委员会办公室（简称区编办）等24个部门；考核内容涵盖工作机制和数据公示两大部分。年内，重点开发建设"鼓楼区社会信用体系云平台"（简称平台），8月18日平台安装到位，并投入试运行；9月，在全区培训推广应用；10月20日，通过省市专家组验收。全年，鼓楼区各部门通过该平台上报市信息中心数据1300多条。

【信用信息和信用产品应用】 8月，鼓楼区社会信用体系云平台试运行后，区行政服务中心设立专门信用查询综合窗口，张贴"鼓楼区信用信息查询指南"，明确查询主体、查询内容、查询方式、递交资料、查询地点及联系人，便于企业根据自身需要进行信用查询。至年底，该区2个行政办事大厅各窗口单位累计实现承诺85项。区发改局（经信局）在战略性新兴产业项目申报、软件和信息服务业等专项申报工作中推广使用第三方信用报告，了解各类项目申报企业信用状况。运用"红黑榜"公示，将80多家取得危化品经营企业纳入"红名单"并在网上公示，促进区域内从事危化品企业拓展业务，扩大经营范围。围绕食品安全"生产加工、市场流通、餐饮消费"等主要环节，实施多部门联动奖惩，完善监管网络。同时，应用该平台组织开展企业信用管理贯标和示范创建工作，贯标验收通过企业13家。南京华讯方舟通信设备有限公司和江苏天智互联科技股份有限公司获评年度市级信用示范企业，推荐中储南京经销公司创建江苏省信用示范企业并获批。

（孟　晖）

国有资产管理

【概况】 2016年，鼓楼区列入考核的10家区属国有企业收入3.11亿元，同比减少2亿元，降幅39%；办公费用（剔除人力成本、财务费用、固定资产折旧）2401.33万元，同比降低206.67万元，降幅7.92%，净利润−1833.84万元，同比降低655.37万元，降幅55.6%。是年，根据《区政府办公室关于印发南京市鼓楼区人民政府国有资产监督管理办公室主要职责内设机构和人员编制规定的通知》（鼓政办〔2016〕55号），区国有资产监督管理办公室（简称区国资办）由区财政局挂牌机构调整为单独设置，为区政府工作部门，承担有关国有资产（集体资产）监督管理责任，同时经授权代表区政府履行出资人职责。

【经营性房产等国资管理】 12月，鼓楼区完成《鼓楼区公有房屋租赁管理暂行办法》及《鼓楼区公有房屋公开招租实施细则》重新修订工作，并印发至相关部门和单位。新办法及细则重点完善经营性房产管理制度，修订和完善纳入区公房招租平台的公房范围，各相关部门职责、租赁期限、租赁协议备案管理制度。强化区行政事业单位房产管理系统功能，扩大登记范围，除自有房产外，加入承租、代管房产，新增“房屋来源”“土地证号”“房产证号”“出租性质”等字段；扩大房产管理系统覆盖范围，增加自收自支事业单位，促进房产管理全面信息化。开展4次公有房屋公开竞价出租工作，完成4处720.34平方米公有房屋公开竞价出租，收取年租金64.24万元。

【国资企业改革与治理】 2016年，鼓楼区完成区属国有企业公车改革基础数据上报工作。拟定《深化区管企业负责人薪酬制度改革实施意见（送审稿）》（简称《实施意见》）上报市国资委审核。《实施意见》从总体要求、适用范围、合理确定薪酬结构和水平、完善综合考核评价办法、规范薪酬支付和管理、统筹规范福利性待遇、健全薪酬监督管理机制、加强组织实施八个方面，对区管国有企业负责人薪酬改革做出相关规定。稳妥推进区属国有企业混合所有制改革。至年底，南京下关区旅游开发公司全资子公司南京阅江楼旅行社有限责任公司，拟公开转让25%国有股权，相关材料递交至市公共资源交易中心。

【国资企业监管】 2016年，鼓楼区出台《鼓楼区区属国有企业法定代表人（董事、监事、总经理）更换配备方案》，完善法人治理结构。健全考核体系，完成2015年度10家区属国有企业目标任务考核，并制定区属国有企业2016年度目标考核任务书。完成16家区属国有企业财务人员集中培训，并按时向市国有资产管理委员会上报全区国有企业国有资产统计报表。加大国有资本经营收益征收力度，下达国有资本收益征缴通知书1份，全年区属企业国有资本经营收益收缴680万元。

【行政事业单位资产管理】 2016年，鼓楼区开展行政事业单位资产管理工作，资产清查基准日为2015年12月31日，全区纳入资产清查单位214家，其中行政单位76家、事业单位138家。经统计，全区行政事业单位汇总资产账面数67.35亿元，清查增加77.05万元，清查减少7969.77万元，清查数66.56亿元。2次集中处置行政事业单位固定资产，报废收入5.22万元。完成紫府铭居5套房产公开挂牌转让工作，成交总价2114万元，平均成交单价3.02万元/平方米。

（许　杰）

国资企业选介

【南京下关科技创业特别社区建设发展有限公司】 南京下关科技创业特别社区（简称特区）建设发展有限公司成立于2011年11月，注册资金1.3亿元，主业涉及科技特区规划、开发、建设、管理、经营，实业投资、物业管理、企业管理咨询等。特区建设规划用地327万平方米，至2016年年底，开发孵化器片区占地面积6.91万平方米，建成道路水吉路占地2.45万平方米，开发面积9.36万平方米，占总规划用地2.8%。

2016年，特区启动窑上村旧城改造项目国有四期居民征收工作，搬迁率97.5%，拆除房屋建筑面积7507平方米，与南京飞元实业有限公司达成征收补偿协议，与2家企业初步达成部分土地征收意向。一期科技载体紫博地块竣工，加快推进220千伏高压杆线下地工程、圣游路等6条道路建设。年内，科技载体引进、培育企业102家，其中科技型企业40家，招商入住率95.8%，实现税收1亿元，同比增长28%；获南京市科学技术委员会2016年度科技企业孵化器绩效评价良好认定。

【南京下关滨江开发建设投资有限公司】 南京下关滨江开发建设投资有限公司成立于2011年3月，由鼓楼区政府全资国有公司南京外滩投资发展控股集团有限公司注资成立，注册资金21亿元，注册地址为南京市鼓楼区建宁路263号第四层，无分公司和子公司。其主要职能为区投融资平台，并负责部分保留建筑的修缮工作及一些专项工程建设。经营范围为实业投资，建筑工程设计、施工，园林绿化设施养护，园林景点及绿化工程设计、施工，物业管理，停车场管理服务，危旧房改造，设备租赁。

2016年，该公司负责的大唐北路（西段）、哈尔滨路（北段）、大唐东路（北段）、方家营路竣工，开工建设方家营南路、方家营北街、龙江桥路，完成河埂西路规划方案。

【南京长江国际航运中心开发建设有限公司】 南京长江国际航运中心开发建设有限公司成立于2011年10月14日，办公地址位于鼓楼区中山北路550号，类型为法人独资有限责任公司，注册资金8.3亿元，主要负责建设管理南京长江国际航运中心。

2012年7月，南京长江国际航运物流服务中心由交通部授牌成立，是省交通厅与南京市共建重点项目和南京市海港枢纽经济区建设“一带二核三区”总体布局中“两核”之一，建成后具备航运企业总部办公，航运交易、物流、贸易、金融、法律、口岸综合服务等功能，通过培育和完善航运服务体系，打造长江流域重要航运总部经济中心、航运综合服务中心、航运物流交易中心和航运人才交流中心。该工程分三期进行。一期为服务中心和下关航运交易中心，主要引入航运管理机构、行政服务平台、航运交易中心及酒店会议中心等，由永宁街、商埠街地块构成，总用地面积3.5万平方米，总建筑面积29万平方米，总投资32.76亿元，有5幢高100米以上AAAAA级甲级写字楼；二期为南京港集团总部大楼，位于公共路南、北两侧，占地面积1.27万平方米，拟建2幢综合楼，建筑高度约100米、建筑面积11万平方米，总投资14.95亿元；三期为长江广场项目，位于公共路与建宁路之间，紧邻江边路，由一幢150米高层写字楼和一幢300米超高层写字楼构成。总占地面积3.5万平方米，总建筑面积25万平方米，总投资约35亿元。

2016年，南京长江国际航运中心开发建设有限公司永宁街项目被评为国家AAA级安全文明标准化工地、南京市2016年度优质结构工程，永宁街项目和南京港集团项目工程管理项目均被评为江苏省建筑工程标准化文明示范工地。（许　杰）

财　　政

【概况】 2016年，鼓楼区财政工作围绕区委区政府“以产业功能板块引领重点片区建设，综合经济部门发挥综合协调作用、行业主管部门推动行业发展、街道突出管理服务”总体要求，完善企业服务和税源管理体系，加强行业税源管理，拟定出台《鼓楼区房产租赁税收管理办法》。贯彻《中华人民共和国预算法》新修订以及国家、省市有关法律法规要求，推进财政改革各项工作。坚持稳中求进总基调，把握经济发展新常态，促进经济平稳运行和提质增效，通过严控一般性支出、优化支出结构等一系列举措，确保民生保障政策全部落实，财政预算改革任务有序推进，实现财政收支总体平衡。落实《党政机关厉行节约反对浪费条例》，严格执行“无预算、超预算不采购”规定，推广政府购买服务。完善预算公开日常工作机制，建立健全信息披露制度，除涉密部门外，全区所有使用财政资金部门全部按要求向社会公开预算。创新财政支持方式，全年拨付专项资金3.11亿元，促进商务服务、科技研发、健康服务、智力服务、文化创意等重点产业发展和高端楼宇建设；贯彻落实“大众创业、万众创新”发展战略，落实各项扶持政策，拨付人才创业发展专项经费1671万元，支持领军型科技创业人才发展。年内，加大重点民生项目投入，拨付各类社会保障资金7906万元；安排城建资金2亿元，主要用于河西北部雨污分流、市政工程建设、河西北部地区水环境整治、小区出新、地下管网改造、地质灾害和环境整治等，改善居民生活环境。

全年鼓楼区财政收支总体平衡。全区一般公共预算收入完成94.12亿元，同比增长8.7%，完成年初人代会确定目标任务100.6%。其中，税收形成收入83.02亿元，同比增长10.1%；非税形成收入11.1亿元，下降1.3%。全区一般公共预算支出71.79亿元，同比增长9.8%（含上级转移支付）。

2016年鼓楼区一般公共预算收入执行情况表

表22　　　　单位：万元

项目名称	2016年	2015年	增幅(%)
一般公共预算收入合计	941220	879105	8.7
1.税收收入	830195	766581	10.1
国内增值税(含改征增值税)	340379	193023	76.3
营业税	84096	209573	-59.9
企业所得税	154443	139700	10.6
个人所得税	116613	90078	29.5
城市维护建设税	59962	53759	11.5
房产税	42243	47950	-11.9
印花税	26088	25657	1.7
土地增值税	29		
车船税	6342	6841	-7.3
2.非税收入	111025	112524	-1.3
专项收入	45151	40807	10.6
行政事业性收费收入	10854	10926	-0.7

续表22

项　目　名　称	2016年	2015年	增幅(%)
罚没收入	2607	5977	-56.4
国有资源(资产)有偿使用收入	49879	52829	-5.6
其他收入	2534	1985	27.7

说明:1.因部分企业纳税关系变化,市财政局统一调整鼓楼区2015年一般公共预算收入基数;

2.2016年5月1日全面推行"营改增",增值税中央和地方收入划分比例改为各50%;

3.土地增值税为市本级税收,入库数将通过体制上缴市财政

2016年鼓楼区一般公共预算支出执行情况表

表23　　单位:万元

项　目　名　称	2016年	2015年	增幅(%)
一般公共预算支出合计	717888	653706	9.8
1.一般公共服务支出	60230	63255	-4.8
2.国防支出	47	155	-69.7
3.公共安全支出	17822	17105	4.2
4.教育支出	201142	184566	9.0
5.科学技术支出	37622	37617	0.0
6.文化体育与传媒支出	21689	20768	4.4
7.社会保障和就业支出	141717	124561	13.8
8.医疗卫生与计划生育支出	39576	45227	-12.5
9.节能环保支出	28295	8539	231.4
10.城乡社区支出	107400	96935	10.8
11.农林水支出	1101	1396	-21.1
12.资源勘探信息等支出	10958	18126	-39.5
13.商业服务业等支出	7170	7209	-0.5
14.金融支出	1299	636	104.2
15.援助其他地区支出	4825	4468	8.0
16.国土海洋气象等支出	657	1100	-40.3
17.住房保障支出	29256	21171	38.2
18.其他支出(类)	2248	758	196.6
19.债务付息支出	4724		
20.债务发行费用支出	110	114	-3.5

说明:1.国防支出下降主要是由于人防支出调入"229其他支出"科目;

2.医疗卫生与计划生育支出下降主要是由于2015年集中清算计划生育家庭一次性奖励3500万元,从2016年起改为体制结算由市里统一发放,另2015年一次性安排幕府山社区卫生服务中心建设经费3752万元,剔除上述因素,该科目支出实际增长4.2%;

3.节能环保支出增长主要是由于2016年发行新增地方政府债券用于黑臭河治理;

4.城乡社区支出增长主要是由于2016年发行新增地方政府债券用于城市道路建设

【税源管理】 2016年，鼓楼区财政工作以产业集聚发展为重点，建立促进产业发展服务机制，提高八大产业（商务服务业、信息服务业、金融业、文化产业、智力服务业、卫生健康业、航运业和房地产业）规模化程度，金融业、智力服务业和卫生健康行业成为新增长点。区财政局(税源办)走访企业，协调解决企业发展中各种困难，与企业建立长期、紧密关系，从根本上稳企固税。协助100多家企业办理服务业发展引导资金、新能源汽车推广应用专项资金、新兴产业资金、软件业发展资金、财政促进金融业创新发展资金等申请工作，全年申请资金近亿元。至年底，全区商务服务业完成税收60.96亿元，税收总量同比增长13.12亿元，同比增长27%，占全区税收总量37%；房地产业完成税收27.73亿元，同比减少2.63亿元，减幅9%，占全区税收总量17%；信息服务业完成税收6.34亿元，同比增长325万元，同比增长1%，占全区税收总量4%；金融业完成税收10.41亿元，同比增长4.07亿元，同比增长64%，占全区税收总量6%；文化产业完成税收8.29亿元，同比增长7146万元，同比增长9%，占全区税收总量5%。

【预算管理及公开】 2016年，鼓楼区建立全口径预算管理体系，细化预算编制。细化一般公共预算，提高年初预算到位率，健全国有资本经营预算制度。推进财政资金统筹使用，盘活存量资金。加快消化存量资金，将机关各部门历年形成的结余结转资金1.43亿元优先用于编入2016年部门预算。落实《党政机关厉行节约反对浪费条例》以及差旅费、接待费、会议费、培训费、出国经费等行政经费管理制度规定，严格控制一般性支出。完善预算公开日常工作机制，建立健全信息披露制度，除涉密部门外，全区所有使用财政资金的部门全部按要求向社会公开2015年和2016年部门决算。相关部门预决算公开信息可在鼓楼区门户网站财政信息公开平台查询。

【国库支付改革】 2016年，鼓楼区深化国库单一账户体系改革，以财政国库集中支付进行财政性资金收支核算管理，记录、核算和反映纳入预算管理财政收入及支出活动，并用于同财政部门在商业银行开设零余额账户进行清算，实现支付。推行国库集中支付，将全区教育、卫生资金纳入国库集中支付范围，保障基本支出和重点项目资金及时下达和拨付。年内，区财政部门编制财政收支、库款流量、国库集中支付、债务、专户资金等各类报表，报告预算执行情况及预算执行中收支信息统计和进度分析，报送及时，数据准确。编报2015年总决算报表，在原有功能分类报表基础上，增加编报经济分类总决算报表，便于汇总、核算、监控全区“三公”经费和人员经费。推进预算支出进度，严格控制库款额度；推进财政专户改革，强化专户管理，集中分散沉淀资金，提高专户资金运行效益。是年，鼓楼区库款考核全市名列前茅。

【民生财政】 2016年，鼓楼区确保民生政策落实到位，加大重点民生项目投入力度，拨付低保金等各类社会保障资金7906万元。加大基层医疗机构基本建设经费投入，累计拨付基本公共卫生支出9360万元，保障基层医疗资源布局优化调整；专项安排教育经费2亿元，支持重点教育基本建设和技术装备投入；加大文化惠民投入，安排白云亭文化大楼建设及运营经费3560万元，惠及全区百姓；统筹安排各类资金2亿元，主要用于雨污分流、市政工程建设、水环境整治、小区出新、地下管网改造、地质灾害和环境整治等城市建设；安排街巷道路保洁和园林、绿化等各类养护经费2.35亿元，用于改善居民生活环境。

【财政结算】 2016年，鼓楼区财政结算中心改变集中核算模式，强化部门支出主体责任，强化中心支出监督职责，为建立国库单一支付体系和电子化支付改革做好基础；完善集中核算管理制度，制定《查阅单位会计档案管理规定》《1655大户下分户转账支票领用补充规定》。2016年度财政结算中心编制记账凭证1838本，完成104家部门决算报告。

【政府采购】 2016年，鼓楼区加强政府采购预算管理，完善政府采购和政府购买服务项目预算编制和执行。全区实际采购规模5.66亿元，节约资金7365.77万元，资金节约率11.51%。其中，货物采购金额9269.2万元，节约资金1242.26万元，资金节约率11.81%；工程采购金额4.44亿元，节约资金5777.62万元，资金节约率11.51%；服务采购金额2968.48万元，节约资金345.89万元，资金节约率10.43%。

【资产清查】 2016年，鼓楼区按照省市统一部署，以2015年12月31日为资产清查基准日，对全区214家单位开展行政事业单位资产清查工作。清查涵盖基本情况清理、账务清理、财产清查和完善制度等内容，分准备、实施、总结汇总、核实批复4个阶段，时间跨度为2016年6月至2017年6月30日。成立区资产清查工作领导小组，部署并开展业务培训。清查中，区行政事业单位对其占有使用的国有资产进行全面清查并上报资产清查表。区财政局委托11家会计师事务所对各行政事业单位资产清查情况出具专项审计报告，并进行汇总上报区政府和市财政局。年底，区财政部门、区国有资产管理办公室检查或抽查区级行政事业单位资产清查工作，核实批复资产清查结果。

【地方政府性债务管理】 2016年，鼓楼区地方政府债务限额89.3亿元。至年底，全区地方政府债务余额88.66亿元，其中一般债务30.26亿元、专项债务58.4亿元，债务主要用于棚户区改造、危旧房拆迁建设等重点城市建设项目。年内，全区完成4批地方政府债券置换存量债务工作，置换存量债务38.33亿元，其中一般债务8.57亿元、专项债务29.76亿元，有效降低城市建设融资成本。经省转贷全区新增地方政府债券8.1亿元，其中一般债券3.6亿元、专项债券4.5亿元，主要用于市政道路建设、黑臭河治理和保障房项目等。

【会计管理】 2016年，鼓楼区整合各类会计服务项目，实行窗口一站式服务。支持区属中小微企业健康发展，提高中小微企业财务运作、会计信息质量和资信水平，组织区内代理记账公司参加市政府采购中心公开招标，由区财政出资购买代理记账服务，为130家中小微企业免费提供代理记账服务。全年完成区内会计人员继续教育1096人次，办理各类会计事项1.3万件。组织4877名考生参加2016年度全国会计专业技术资格考试。（陈　峰）

国家税收

【概况】 2016年，鼓楼区深化国税地税征管体制改革、全面推行“营改增”（把部分服务业一并纳入增值税征收范围，对其增值部分征税）试点、“双打”（防范和打击虚开发票、骗取出口退税）和“金税三期”系统上线等工作，落实税收优惠政策，强化税收征管，优化纳税服务，组织市国税部门口径税收收入148.65亿元，同比增收32.17亿元，同比增长27.62%；公共财政预算收入41.17亿元，同比增收11.87亿元，同比增长40.51%。至年底，南京市鼓楼区国家税务管理局（简称区国税局）稽管纳税人7.97万户，比年初增加2.19万户，同比增长37.96%。其中，正常户6.73万户、非正常户1.24万户。正常户比年初增加2.01万户，同比增长42.68%；非正常户比年初增加1792户，同比增长16.93%。按登记类型分：个体3.02万户、企业3.71万户，个体比年初增加1.26万户，同比增长71.62%；企业比年初增加6691户，同比增长22%。

【特邀监察员聘任会】 5月27日，区国税局召开第五届特邀监察员聘任会，聘请区级机关工委、区人民检察院、街道办事处、新闻媒体、驻区企业等行业代表16人，作为特邀监察员。会上，区国税局有关人员向特邀监察员着重讲解“营改增”工作、电子税务局建设、“金税三期”工程、国地税合作等年度重点工作；局长陈雁青为特邀监察员代表颁发聘书，并提出“三个三”监察模式。

链接：

“三个三”监察模式：开展区局行风作风建设、区局党组落实党风廉政建设主体责任、区局纪检监察部门落实党风廉政建设责任三个监督；发挥帮助宣传、帮助联络、帮助监督三个作用；完成一次测评、每人每年随机开展一次暗访、到国税大厅体验一次税务工作三项任务。

【税收减免】 2016年，鼓楼区国税征管范围内享受增值税免税企业有1391户，申报增值税免税销售收入97.55亿元。增值税优惠退税702户次，退税金1.43亿元。2015年度企业所得税汇算清缴享受各类所得税减免优惠4563户，减免企业所得税税款1.9亿元。在跨境税源管理方面，完成南京市国税系统建局以来最大1笔非居民间接股权转让收入2.21亿元。

【3项业务工作完成】 2016年，区国税局完成“营改增”试点、“双打”“金税三期”上线测试3项业务工作。“营改增”试点工作，采取开辟“营改增”服务专区，新增11个窗口作为“营改增”绿色通道，一站式服务减少纳税人窗口来回奔波，利用税务和邮政合作服务“营改增”纳税人等各项举措，接收试点纳税人2.2万户，试点工作运行平稳。“双打”工作中，采集高风险企业信息1300多户，排除风险250户，补税21.6万元；加强管控失控发票，进项转出71户，金额2500万元。“金税三期”上线测试1.65万笔，完成征管核心系统迭代升级，试点行业税负持续下降，实现改革预期。

【风险应对入库总成效2092.14万元】 2016年，区国税局完成风险应对258户，另移送稽查11户待市局审核。风险应对成效完成：增值税入库税款317万元、调减留抵税额480.63万元；企业所得税入库税款1728.68万元、核减亏损合计3637.91万元；滞纳金入库额43.74万元，罚款入库额2.72万元，总成效3482.24万元。入库总成效2092.14万元。

【国地税合作】 2016年，区国税局以纳税服务为突破口，全面深化国地税合作。按照“突出重点、循序渐进”原则，以点带面、由简入繁探索和实践，开创“四统一、四联合”（四统一：统一税务标识、统一硬件环境、统一服务标准、统一排队叫号评价系统。四联合：联合办理税务登记业务、联合进行咨询辅导、联合设置自助办税厅、国地税值班长联合办公）办税模式。硬件设施上，着重建设国地税联合自助办税服务区，全面升级联合办税厅叫号系统，打造全省首家联合叫号系统。功能设置上，开辟4个国地税通办窗口，设立10个国地税联合代开窗口，提升办税效率。依托联合办税优势，开展数据交换比对、漏征漏管户清理、联合清理欠税、联合注销检查、联合核定征收等7类联合征管业务。

【税银协力小微企业融资贷款】 2016年，区国税局根据前期小微企业对“税E融”信贷产品反馈意见，联合江苏银行拟定推进业务推广和跟进计划：本着易懂、易用原则，重新设计宣传展板，使纳税人更易理解，方便操作；精准筛选辖区纳税人，不遗漏、不扩围，利用短信平台推送"税E融"产品相关信息；对区局特服号进行"税E融"相关知识培训，解决纳税人咨询问题；在反馈企业名单中，筛选产品技术成熟、融资诉求强烈纳税人，开展三方面对面座谈推介会活动，树立优质授信企业作为典型模板，扩大"税E融"产品影响力。年内，辖区有35家企业通过"税E融"信贷产品授信审批，取得授信额度2524万元。（冯亚颖）

5月5~6月4日，鼓楼区国地税局联合承办"青年梦·税月情"2016年在宁高校大学生税收辩论赛

地方税收

【概况】 2016年，鼓楼区推进地方税务"金税三期"上线工作，双轨试运行期间，测试模块覆盖率100%；完成个体委托代征单位扩面、其他行业性委托代征单位新系统联调测试工作，确保单轨成功上线运行。全面完成"营改增"试点，抓好营业税存量税源清理，完成发票衔接、委托代征衔接和增值税发票系统对接等业务事项，确保转出户数据准确无误。深化国地税合作，在全市首创一个窗口同时办理国地税两家涉税业务模式，同时将日常合作范围扩大到联合注销、联合教育培训、联合宣传等方面，受到国家税务总局财产行为税司肯定。

全年入库风险税款及滞纳金1.65亿元，组织各级税收收入80.76亿元。将40个常用指标全部纳入征管质量考核范围，一季度、三季度征管指标排名全市第一；联合区国税局与辖区13个街道和24个市场签订委托代征协议，确保国地税个体管理无缝对接。申报年收入12万元、多处取得工薪收入等自然人和外籍人士个人所得税4.3万人次；企业所得税汇算清缴申报率100%，入库3.31亿元，同比增长76%；清算土地增值税税款2800多万元。开展年度重点和日常性执法督察，查补税款及滞纳金59.63万元。办理各类税收减免税额1.41亿元。评定A级纳税人2928户，组织大企业、高校等25家单位参加"地税开放日"活动，点对点沟通4046户纳税企业，完成全国纳税人满意度调查迎查工作。联合鼓楼区国税局成功承办"青年梦·税月情"2016年在宁高校大学生税收辩论赛半决赛和决赛。是年，南京市鼓楼区地方税务局（简称鼓楼地税局）1篇新闻在中央电视台《新闻联播》播出，《民间资本进入文化产业存在的"三难一不确定"问题》等8篇信息被国务院办公厅刊用，其中国务院领导批示1篇。1个案例在省市地税系统优秀督察案例评比中分别获二等奖和一等奖，1个创新项目获市地税局年度创新工作二等奖。鼓楼地税局职工书屋被评为江苏省"省级职工书屋示范点"，鼓楼地税局征收所获市地税系统"优秀办税服务厅"，并推荐参加南京市"五一巾帼标兵岗"评选。

3月29日，全省首家科创企业税收服务联盟在南京国际服务大厦成立

【南京市科创企业税收服务联盟成立】 3月29日，鼓楼地税局联合鼓楼国税

局、南京鼓楼国家大学科技园管委会，在南京国际服务大厦举办高新技术企业专题培训，共同揭开第25个税收宣传月序幕，同时正式成立南京市科创企业税收服务联盟。科创企业税收服务联盟有95家科创企业加入，国地税双方整合税政骨干力量，分业务搭建国地税服务微信群和QQ群，及时解答园区企业政策疑问，保障“营改增”政策服务无缝衔接。在各创业园区摆放办税指南二维码，园区企业通过扫描码快速了解涉税事项办理流程和资料要求；建立定期调研走访制度，帮助企业化解税收风险，确保税收政策落到实处。至年底，解答园区科创企业问题200余件，化解税收风险近百起。

【“简政放权，我来@国务院”新媒体推广活动】 10月28日，鼓楼地税局启动“简政放权，我来@国务院”新媒体推广活动，成为江苏地税系统7个推广单位之一，同时也是南京市唯一参与该项推广活动的办税服务厅。在自助办税区、等候休息区摆放活动展架，张贴宣传海报；在咨询辅导区放置宣传台卡，纳税人可通过手机扫描活动资料上二维码，了解并参与活动；在办税服务厅电子显示屏上滚动播放“简政放权”活动短片，吸引纳税人广泛参与互动；运用微信公众号、纳税咨询QQ群等网络平台，扩大宣传力度和影响力。办税大厅工作人员实时用文字及图片记载活动开展情况，通过平台反映民意、表达民心，围绕深化简政放权、优化服务改革，广泛征集网民意见建议，强化“互联网+政务服务”，达到深化简政放权、助力放管结合、优化政务改革效果。活动开展以来，吸引100多名纳税人扫码参与。

【税收入库80.76亿元】 2016年，鼓楼地税局预测和监控税收大户实际情况，加强专门督导和跟踪问责，把控收入完成进度，全年平均收入预测差错率控制在5%以内。5月，实施“营改增”后重新确定重点预测户，将990户企业纳入重点监控，占全部税收80%以上；重点税源直报系统每月采集136户重点税源户财务数据，加强提醒和催报；采取上门走访、座谈会等方式，完善重点税源户联系制度，强化大型企业、集团企业、总局省局定点联系企业服务与管理。抓综合治税，加强与区政府、街道联系频度，及时掌握相关税源信息，联合区国税部门开展收入分析，提升收入把控精准度。至年底，组织各级税收收入80.76亿元(市区级和区级之间有重复部分)，其中市区级公共预算收入48.22亿元、区级公共预算收入42.54亿元。

10月28日，鼓楼地税局启动“简政放权，我来@国务院”新媒体推广活动

【社保费和基金费征缴】 2016年，鼓楼地税局科学分解各项代征基金费征收任务，按月通报入库进度，按季纳入绩效考核。协调沟通并开展特困、破产、“死户”等企业社保费清欠工作，入库社保费65.72亿元，综合征缴率、当期征缴率均为99%；清欠1285.21万元，清欠率29.33%。入库基金费5847.62万元，完成全年征缴任务。

【“金税三期”上线试点】 2016年，鼓楼区被批准为全省首批“金税三期”上线试点区。鼓楼地税局成立领导小组和执行小组，制定系列方案，细化安排工作事项、时间计划、工作标准、责任主体、绩效考评、反馈监督；定期召开例会，9月下旬起坚持每日两会，把控工作进度。做好“金税三期”双轨试运行，所有税收业务在江苏地税“大集中”和“金税三期”税收管理系统双轨处理，测试12个域、121项业务，模块覆盖率100%，测试业务1.69万笔，汇总和编写各类表格近300份，撰写分析报告50余篇，完成双轨运行任务。做好“金税三期”税收管理系统单轨上线，完成个体委托代征单位扩面、其他行业性委托代征单位新系统联调测试和委托国税代征等工作。10月8日，“金税三期”正式上线。

【“营改增”试点转换】 2016年，鼓楼区梳理排定25项“营改增”改革试点工作任务，及时与区国税部门沟通享受营业税优惠政策纳税人情况，并配合做好税户移交工作，梳理统计税户清册、个体定额清册、营业税征税信息等资料。至年底，移交给区国税部门企业信息3.09万户次。做好委托代征单位“营改增”前后衔接和信息平台安装、培训，完成增值税发票系统对接、系统初始化、数据导入、票证发放、票证开具等工作；与区国税部门联合组织培训6次，深入挹江门、建宁路等代征点和区国土资源管理局、住建局等现场服务15次。实施发票集中缴销，将分散在零仓、发售仓的发票统一退回总仓，与机内库存进行比对，涉及发票288.6万份，实现零差错。加强存量营业税管理，实施清算165个项目，应补税款1680万元；强化后续管理，办理营业税退税71户、3.18亿元。

【国地税合作】 2016年，鼓楼区国地税局联合制定《国地税合作工作方案》，构建国地税合作总体框架和合作方式，细化制定《2016年度国地税合作清单》，明确年内合作事项28项。定期召开各个层面、条口国地税工作例会，商讨合作事宜，实现国地税联席会议制度常态化。重点推进个体税收联合征管和注销工作，共同规范个体税收联合征管，加强数据交换与分析，借助数据交换调整定额数据132户；开展国地税联合注销，对于申请注销共管户发放国地税同步注销提醒函1028份，纳税人信息由国地税内部流转，并联合注销核查，统一出具注销批复。丰富合作内涵，合作范围由税收征管、纳税服务向干部队伍建设和税法宣传扩展，实现全方位合作。开展国地税联建办税服务，结合征管税种关联性，优化整合资源，召开专题联席会议，明确委托代征范围、责任和权限，探索互相委托代征机制，年内税务大厅10个窗口实施国地税"共派人员、共建窗口"模式。强化国地税税收征管系统的信息共享、互联互通和技术支持，实现同一个窗口既能代开增值税发票，又能代征相应地方税费，在全市首创纳税人在一个窗口、一个岗位、一台电脑同时办理国地税涉税业务。12月，国家税务总局财产行为税司实地调研鼓楼地税局国地税合作情况，并予以肯定。

【税款风险应对】 2016年，鼓楼地税局规范风险年度管理和季度统筹，按季编订应对户数、名单，科学分配任务；定期召开风险工作例会，集中研究疑难案件，开展案例讲评；制定风险评估案件过程跟踪管理办法，加强风险评估案头审核管理，加强质量把控。应对大企业风险，落实省市地税局千户集团风险评估计划，应对辖区16个千户集团任务，应对税款及滞纳金136.33万元，及时跟进，确保风险评估大额税款按组织收入要求入库。开展风险绩效评价，完善风险评估工作绩效评价指标，开展风险应对明星及优秀案例评比。全年接受风险应对2496户，应对税款及滞纳金1.65亿元。

【自然人个人所得税管理】 2016年，鼓楼地税局重点加强高收入、多处取得收入和外籍个人自然人所得税管控，完成2015年度年收入12万元自行申报4.13万人、多处工薪补税789人次、外籍个人年度汇算申报903人。个人独资合伙企业查账征收户应汇算379户，申报率100%。核查股权转让个税，受理股权转让895户，股权转让税款1.12亿元。落实行政机关个人所得税补扣缴工作要求，省、市、区三级机关单位补缴税款1173.34万元。

【地方税管理】 2016年，鼓楼区强化土地增值税清算及复审，推送22个清算项目，搭建清算小组，将土地增值税清算任务落实到绩效考核中，全年企业自主申报、清算2800多万元。加强车船税代征管理，与南京海事局协调解决代征中政策和程序问题，代征车船税1135.24万元。结合"以地控税"摸清税源，加强培训宣传，提升房产土地明细登记质量，加强数据比对与筛选，通过风险管理及时发现问题，改正问题，提升房屋、土地两税管理水平。

【国际税收管理】 2016年，鼓楼区强化国际税收管理，开展多轮"走出去"企业基础信息核实工作，核实和采集53条信息；做好9户"走出去"重点企业建档工作，核实34条疑点数据信息，核查特许权使用费等数据120条。展开1条国际税收情报核查，制作128份自动交换情报交换信息，实时监控跨境税源。

【执法督察】 2016年，鼓楼地税局及时反馈和整改省地税局税收执法督察推送问题，核实资料110户，反馈疑点数据150条，查补税款及滞纳金46.59万元。将独立督察审计和团队督察审计、区域互查与常态督察审计相结合，围绕七个方面开展年度重点税收执法督察，查补税款及滞纳金13.04万元。选择"行政处罚""企业所得税核率征收""股权转让""土地增值税后续销售管理"4个项目，定期自主开展日常性执法督察，及时发现薄弱环节和执法隐患；提升选案针对性和检查覆盖面，加大整治和考评重复发生的文书类问题，组织开展"回头看"，强化问题整改落实和后续跟踪。全年发布税收制度执行、业务流程合理性以及执法工作效能等各类通报13次，推送督察审计工作建议19条。"聚焦小税种预防新风险"案例在省市优秀督察案例评比中分别获二等奖和一等奖。

【税款减免】 2016年，鼓楼区落实营业税优惠政策延续、小微企业所得税税收优惠、残疾人个人所得税优惠、小微企业免征有关政府性基金、房屋土地两税减免税备案优惠等工作，确保纳税人切实享受政策红利。围绕非货币性资产投资、股权奖励、转增股本分期缴税等优惠政策，开展政策咨询和辅导，确保政策落实横向到边、纵向到底。全年办理各类税收减免434户次，减免税额1.41亿元。

【资产清查】 2016年，鼓楼地税局开展资产清查和变更维护工作，规范和加强国有资产管理。清查中，将实物盘点同账务核实相结合，确保清查程序环环相扣、不重不漏，按照要求将经过清查的固定资产建立健全账卡，完善各项管理制度。至年底，梳理盘查计算机类固定资产738件，完成标配、特配、超配分类，并完善数据；盘点一般类固定资产1879件，做到账实相符、账账相符。全年报废各类资产14批次、529件、275.11万元。 （唐 棣）

投资促进

【概况】 2016年，鼓楼区联系境内外有关招商机构和组织、企业及各类投资主体，构建全方位投资促进网络。组织策划各类综合性、专题性招商活动31场，其中自主举办18场。区各产业功能板块自主开展招商活动中，下关滨江商务区2场、鼓楼3场、湖南路管委会4场、模范路5场、中央门商贸区2场、下关3场、文创办3场。鼓楼区新春投资推介会、鼓楼—珀斯企业交流洽谈会、南京金秋经贸洽谈会（简称“金洽会”）鼓楼专场活动、南京—湾区创新与投资对接洽谈会等招商活动取得良好成效。结合区总部经济在香港召开推介会，制作投资鼓楼宣传画100册，更新完善区情介绍（中英文）；制作2016年“金洽会”鼓楼专场活动《鼓楼区招商手册》1000册、《鼓楼区区情概览》1000册。全年实际使用外资2.8亿美元，达市目标进度127.5%；引进注册千万元以上大项目150个，实际到账注册资金42亿元。新增及增资外资企业22家，引进紫金融资租赁上海有限公司、平安普惠投资咨询有限公司等重点项目；新增上海汽车保险销售江苏总部、江苏中军金控新能源有限公司技术总部等地区性总部或行业龙头项目10个。

【新春投资环境推介会】 1月27日，鼓楼区举办新春投资环境推介会。省市商务部门领导，区领导刘军等，江苏省驻海外经贸代表、驻区重点境外投资企业代表，各相关部门、产业功能板块主要负责人约50人参加。会上，区长刘军和省商业厅副厅长赵进分别致辞，副区长周文中通报鼓楼区2015年经济社会发展情况，并介绍“十二五”期间鼓楼区经济工作主要成绩，以及“十三五”发展规划。区领导和有关部门首次与海外代表及驻区境外投资企业汇聚一堂，共同就整合境内外招商资源、加快全区企业走出去步伐、提升招商引资实效进行座谈及项目对接。会议期间，举办鼓楼区境外招商信息联络中心签约仪式。区招商中心与10家驻区境外投资企业与机构签订合作备忘录，依托鼓楼区优质资源和企业海外资源共同促进“引进来、走出去”双向经贸交流合作，为提升区域经济国际化进程，打造开放型经济新高地增添新动力。

1月27日，鼓楼区举办新春投资环境推介会

【现代产业投资推介会】 （参见第98页，“服务业”类目同名条目）

【朗廷酒店入驻签约仪式】 4月20日，朗廷酒店入驻江山汇签约仪式由鼓楼区政府与南京宁华世纪置业有限公司联合举办，副市长胡万进、中国华能集团江苏公司总经理庞远彤、中国华能集团能源交通公司总经理吴永钢，朗廷酒店集团首席执行官沃尔曼、区长刘军、副区长童晓佳，省交通厅、市发改委、市商务局、市旅游委、市工商联、市旅游协会、南京餐饮商会，以及鼓楼区有关部门、产业功能板块和街道等负责人参加。江山汇项目由华能集团打造，位于鼓楼区燕江路，总建筑面积70万平方米，涵盖写字楼、精品酒店、服务式公寓、住宅和特色商业集群五大业态。其中，酒店建筑面积2万平方米；公寓3万平方米并引入“朗廷国际公寓”，为住户提供全方位酒店式服务。

链接：

朗廷酒店集团（Langham Hotels International）是一家国际酒店管理公司，并以位于伦敦酒店原名作为该酒店集团之名称，集团总部设于香港。华能集团与朗廷酒店集团合作，在南京首家引进“朗廷”品牌。

【上海招商活动】 4月18～22日，鼓楼区商务局联合江东软件城、新湖板块赴上海招商。其间，参加旧金山湾区委员会与加州国际贸易发展中心联合举办的“加州-上海生物医药企业对接交流会”“第75届中国国际医疗器械博览会”“英中科创合作论坛暨投资项目对接会”等多场招商活动，并在会上宣传推介鼓楼区投资发展环境，同时与美国艾尔曼、英国佳乐、北京爱康普美等医疗器戒公司对接交流，就生物医疗、节能、互联网、通讯等领域合作项目和方式洽谈，部分企业达成初步合作意向。

5月16～18日，区商务局联合区科技局、下关科技创业特别社区赴上海开展招商推介与项目洽谈。其间，区商务局先后联合区科技局考察美国Plu-gand Play（简称PNP）孵化器和联合创业办公社；联合下关科技创业特别社区考察上海麦迪睿医疗集团，推进南京药谷医械e港项目。

链接：

PNP是硅谷最大创业孵化器和加速器中心，成功孵化超过1500家初创企业，2016年计划在南京设立孵化中心，将硅谷国际创新项目和团队等资源引入国内进行国际孵化和落地发展。联合创业办公社作为国内最大联合办公空间，在上海和北京两地聚集国内优秀创业项目和创业团队，为创业团队提供灵活专业办公环境。

上海麦迪睿医疗集团致力于为医疗行业厂家提供完善整体平台解决方案，e港项目与总部对接，聚合医疗器械行业企业，将打造集医械产品交易、展示办公、物流配送、学术交流等为一体全程服务平台。

【中国南京现代服务业发展商机（香港）推介会】 6月5日，区长刘军和副区长童晓佳率区商务局、江东软件城和下关滨江商务区相关负责人，参加在香港举行的中国南京现代服务业发展商机推介会，并以区政府名义邀请香港利丰集团、恒大地产集团、金榜集团、香港医疗股份有限公司及香港中图数码等10余家跨国公司负责人参会。推介会上，区政府与恒大地产集团签署恒大集团江苏区域投资性总部落户协议，与香港益华控股集团签署跨境商品直销中心项目落户协议，所涉投资总额4.5亿美元。参会期间，鼓楼区在港举办“2016年南京市鼓楼区总部经济沙龙活动”，邀请30多名商贸商务领域知名港商参会，推介鼓楼区总部经济发展环境。刘军等拜会香港置地集团、香港益华集团、香港大昌行等15家企业、政府机构及中介机构，深入洽谈香港益华跨境商品直销中心、湖南路现代服务业总部8个项目，捕捉中信泰富集团江苏区域总部、招商局集团科技文化产业园等4个新项目信息，推进平安普惠融资担保增资项目、德瑞医疗江苏区域总部达成意向合作。活动期间，区参会有关部门赴香港、深圳市、中山市开展现代服务业招商活动。

【金洽会鼓楼区专场活动】 9月12日，鼓楼区举办2016南京金洽会鼓楼区专场活动——以“开放、互联、创新、共享”为主题的现代产业投资推介会。市人大常委会主任陈绍泽、秘书长侯成新，市有关部门领导，张一新、刘军、王根宝、王隆京等区四套班子领导以及区招商顾问、外资企业（机构）、国有企业、民营企业、中介机构等海内外客商，区有关部门、板块、街道负责人400余人参加会议。此次金洽会，全区有平安普惠金融服务平台、香港衍丰连锁儿童中医健康、凤凰绿色数据中心、十竹斋艺术品拍卖平台、富德利家电子商务等23个现代产业重大项目在市、区专场活动签约，总投资170亿元。

【外资审批制度改革】 10月，鼓楼区外资审批制度改革相关规定，外资项目审批制度改为备案制度并顺利过渡。完成2015年度外资企业联合年报工作，全区应参检和实际参检企业290家，参检率及通过率100%。

【地块招商】 2016年，鼓楼区围绕梅家塘地块、小粉桥地块、宁海路地块、湖南路04与05商业广场、建宁路8号等商办地块招商。通过上级职能部门、借助网络平台和社会中介机构等信息渠道，推广宣传鼓楼区投资环境，搜集商情信息。年内，先后邀请新加坡凯德集团、南京荣盛置业有限公司、香港置地集团公司、绿地香港控股有限公司、日本三井不动产集团（中国）公司、新城控股集团有限公司、北京城建投资集团等60多家境内外知名地产公司到区考察洽谈。至年底，梅家塘、小粉桥和建宁路8号地块确定挂牌托底单位，湖南路04与05地块挂牌。 （蒋星鹏）

市场监督管理

【概况】 2016年，鼓楼区以社区和有形市场为单元划分基本网格，实行定人定岗网格化管理，设置90个网格、85个网格员，将食品药品、保健品、化妆品、特种设备安全监管以及质量、标准计量监督等新职能纳入监管体系。深化市场监管体制改革和商事制度改革，推进依法行政，组织开展迎接国家食品安全城市中期评审、迎接国家卫生城市复审等多项检查。是年，区市场监管部门走访企业670家次，为企业解决矛盾和现实问题60多件，代表企业上报区政府建议近20条。开展招商引企工作，加强与省属、市属行业协会和省属、市属餐饮及医药协会沟通，密切关注新建商业载体。全年，该区餐饮和医药产销行业实现公共收入2.13亿元，同比增长15%，100%完成全年目标任务；实现税收4.38亿元，同比增长22%，完成全年目标任务的106%。引进1家千万元以上企业（江苏尊仕馨实业有限公司），1亿元资金全部到账。

【商事制度改革】 2016年，鼓楼区市场监管部门开通网上企业名称自主选择系统，将名称核准与网上预审流程合二为一，开办企业从需要到政务大厅4次减少为2次，全年通过登记企业981家。开通国家级企业名称远程申报系统，减少企业到北京申报往返成本。推行电子营业执照，发放4905份。落实简化住所登记政策，从严审核投资类企业登记。开展"食品经营许可证"登记工作，保障全区"食品经营许可证"发放工作顺利进行，办理食品经营许可业务4154户次、药品零售许可业务179户次。至年底，全区新发展企业6607家（艺术品投资类有限合伙企业新增2.92万家除外），新增注册资本527.98亿元（棚户改造基金项目有限合伙1家1000亿元注册资本除外），同期分别增长29.5%和14.7%。其中，新增千万元以上项目1195家、443.64亿元；新增外资企业57家。

【稽查执法】 2016年，鼓楼区围绕社会热点和群众关心焦点，开展儿童用品等专项行动23次，出动执法人员450余人次，检查经营主体2300余家，没收、暂扣假冒伪劣广告颜料、箱包商品货值50余万元。重点开展非法集资专项整治，排查名中含投资、理财等字样辖区企业2128家及重点楼宇90幢，排查出投资类企业978家。接受国家工商总局关于工商行政处罚信息公示督查，案件公示率100%。严厉打击传销活动，配合公安部门立案1起，刑事拘留3人，捣毁传销窝点1处，涉案金额200余万元。直销企业报备会议19件，检查直销企业及相关门店、服务网点16家。全年立案189件，结案141件，罚没款入库805万元，区市场监督管理局（简称区市场监管局）稽查执法案件查处力度、罚没款入库数在南京市各区局中排名第一。

【食品安全监管】 2016年，鼓楼区推进食品安全城市创建工作，发放食品安全监督信息公示牌8280块、餐饮服务量化分级等级公示牌4000块。在全国首创推出小龙虾食品安全责任保险试点。完成省"两会"（人大、政协）、2016世界轮滑锦标赛、南京马拉松赛等各类活动食品安全保障工作。至年底，查处食品无证无照经营单位383家，取缔无证无照食品生产经营单位51户次，完成食品抽检2600批次。组织开展春秋季学校食堂、豆制品、餐饮非法外卖等10项专项整治。

【"三品一械"监管】 2016年，鼓楼区市场监督管理部门加强"三品一械"（药品、保健食品、化妆品、医疗器械）监管，现场认证检查5家药品零售企业新版GSP，检查药品经营企业168家、医疗器械生产企业10家、医疗器械经营企业315家、医疗机构65家、保健食品、化妆品经营企业253家。妥善处置"山东疫苗事件"后续调查工作，上报药品不良反应监测报告1879例、医疗器械不良事件387例。

7月3日，区市场监管局执法人员依法检查市场，规范经营秩序

【信用监管】 2016年，鼓楼区市场监管部门管理各类市场主体11.18万户（其中企业7.09万家、个体工商户4.09万户），管理各类有形市场74家。全区各类市场主体年报率68%，其中企业年报率83.2%，个体工商户年报率56.6%。编制《经营异常名录操作指引》，强化经营异常名录监管手段应用，将业务权限授权至下属各分局。年内，1822家企业申请移出经营异常名录，接近上年的6倍。组织开展金融类中介服务企业、企业年报公示信息定向抽查等5次专项检查，抽查各类企业580家。强化虚假注册违法行为监管，全面分析2015年以来受理的30余起虚假注册投诉举报，结合诉讼和执法实践，明确处理此类违法行为流程。规范信用证明审核，协助区相关部门开展小微企业应急互助基金准入信用审核等工作，出具578户市场主体信用状况意见。

【质量监管】 2016年，鼓楼区进行流通领域商品质量抽查工作，组织重大传统节日专项抽检、省市级计划抽检及机动抽检工作，抽检189批次，不合格52批次；组织辖区4家机动车安检机构开展安全检查，抽查流通领域商品质量189批次。开展全区管理体系获证组织监督检查工作，监督检查获证组织10家。 （刘明清）

【商标名牌建设】 2016年，鼓楼区发放2014年驰名商标企业、省市著名企业政府奖励290万元。推荐7家企业申报2015年度国家级"守合同、重信用"企业、14家申报市级"守合同、重信用"企业。完成11家企业省著名商标新申

1月12日，区市场监管局在金桥市场为企业颁发驰名商标奖励

报和12家企业再认定申报、12家企业市著名商标新申报和18家企业再认定申报工作。办理动产抵押5件，帮助企业融资3053万元。开展省市名牌培育申报，14家企业纳入年度省名牌培育名单、11家企业纳入年度市名牌培育名单。组织5家企业申报省名牌、6家企业申报市名牌。组织南京巨鲨显示科技有限公司申报2016年度市长质量奖组织奖、南京华设科技股份有限公司申报AA级质量信用评价。全年，鼓楼区商标申请量4265件，注册量3592件，有效注册商标总量2.29万件。全年新申报中国驰名商标1件，新认定中国驰名商标1件，中国驰名商标累计10件；新认定省著名商标7件，再认定省著名商标12件，省著名商标累计54件；新认定市著名商标10件，再认定市著名商标18件，市著名商标累计82件。查处商标侵权案9件、罚没金额13万元，案件类型以白酒、箱包和化妆品等侵权案件为主，办案形式以厂家联合打假和小商品市场举报打假为主。至年底，全区拥有市级品牌基地3个。

（刘明清　陈亚蕾）

2016年鼓楼区商标申请情况

图1　　单位：件

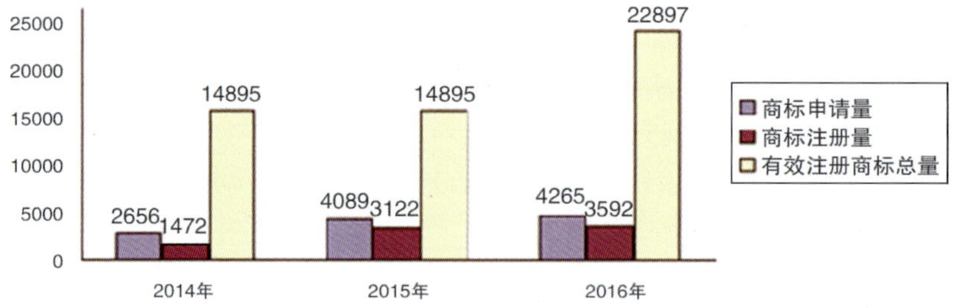

（陈亚蕾）

2016年鼓楼区江苏省著名商标一览表

表24

序号	商标注册人	商标名称	核定使用商标（服务）
1	南京晶丽酒店有限公司	晶丽	住所（旅馆、供膳寄宿处）、餐厅、饭店等
2	南京狮王府美食休闲有限公司	狮王府	饭店、快餐馆、住所（旅馆、供膳寄宿处）等
3	江苏锦华建筑装饰设计工程股份有限公司	堂杰	室内装潢、建筑、建筑施工监督等
4	南京百音高科技有限公司	AVYVY	扬声器音箱、音响设备、摄像机等
5	朗坤智慧科技股份有限公司	朗坤	用于计算器操作仪器的机械装置、电站自动化装置、配电箱（电）等
6	华韩整形美容医院控股股份有限公司南京分公司	华韩	医院、整形外科、美容院等
7	南京驻客庭美餐饮管理有限公司	鸡鸣	粥、方便米饭、包子等
8	金浦新材料股份有限公司	鼓	石油添加剂等
9	南京华瑞医疗器械有限公司	风帆+图	医疗器械和仪器、护理器械、医用特制家具等
10	江苏省海外企业集团有限公司	JOC	针织服装、成品衣、服装
11	江苏长江涂料有限公司	长江	油漆
12	南京玄武饭店有限责任公司	玄武饭店及图	住所、餐厅、餐馆

续表24

序号	商标注册人	商标名称	核定使用商标(服务)
13	南京四明眼镜店有限责任公司	四明及图	眼镜行、美容院,卫生设备出租
14	南京塔可餐饮管理有限公司	tacos	餐厅、饭店、餐馆等
15	南京古南都饭店有限公司	古南都	住宿服务、中西餐饮服务、咖啡室服务等
16	南京大地建设集团有限公司	图形	建筑、工厂建设、建筑信息等
17	江苏南京长途汽车客运集团有限责任公司	图形	住所、餐厅、餐馆
18	南京朗驰集团有限公司	朗驰	车辆保养和维修服务、车辆服务站等

2016年鼓楼区市著名商标汇总表

表25

序号	商标注册人	商标名称	核定使用商品(服务)
1	南京三乐电子信息产业集团有限公司	三乐	照明灯
2	南京四明眼镜店有限责任公司	四明	眼镜行服务
3	江苏省海外企业集团有限公司	JOC	服装
4	南京消防集团有限公司	盛华	火灾报警装置
5	南京京城糖葫芦店	小肥熊	糖葫芦、果肉、精制坚果仁等
6	江苏省宁海商标事务所有限公司	NEW&HIGH	商标代理等
7	南京华瑞医疗器械有限公司	风帆及图	医疗器械和仪器
8	江苏省食品集团有限公司	苏食及图	肉干、肉脯、肉松等
9	金浦新材料股份有限公司	鼓及图	石油破乳剂等
10	艾志工业技术集团有限公司	AIG及图	金属垫圈、金属环
11	南京荣萍服饰有限公司	荣萍	服装、旗袍、鞋帽
12	艾志工业技术集团有限公司	艾志机械+图	垫片、垫板等
13	南京圣诺热管有限公司	圣诺+图	热管、热管换热器
14	南京纺织品进出口股份有限公司	朗诗+LANDSEA	服装、婚纱等
15	江苏省盐业集团有限责任公司	淮	食盐、食物防腐盐等
16	南京金老汉投资管理有限公司	金老汉	备办宴席、自助餐厅
17	江苏中广置业有限公司	中广	不动产管理、公寓管理、经纪等
18	南京康尼电子科技有限公司	图形	数据处理设备、电测量仪器等
19	江苏省陶瓷进出口(集团)有限公司	天韵	家庭用陶瓷制品、瓷器装饰品等
20	江苏省陶瓷进出口(集团)有限公司	TERREN	家庭用陶瓷制品、瓷器装饰品等
21	南京全信传输科技股份有限公司	全信	电缆、电线、同轴电缆等
22	江苏可一出版物发行集团有限公司	可一	图书出版、课本出版、书籍出版等
23	南京巨鲨商贸有限公司	JUSHA	医用导管、医疗器械和仪器等
24	南京新城市商业置业有限公司	新城市	不动产出租、办公室(不动产)出租等
25	江苏和亿昌环保工程科技有限公司	图形	废物和垃圾的回收、水净化等
26	江苏省悠仙美地饮食有限公司	悠仙美地	茶馆、酒吧、餐厅

续表25

序号	商标注册人	商标名称	核定使用商品(服务)
27	大千生态景观股份有限公司	图形	科研项目研究、工程、城市规划等
28	南京大地建设集团有限责任公司	图形	建筑、工厂建设、建筑信息等
29	江苏省食品集团有限公司	图形	推销(替他人)
30	江苏长江涂料有限公司	长江	油漆
31	南京扬子复合材料有限公司	宁扬	工业用胶
32	南京金桥市场管理有限公司	金桥市场	活动房屋出租、提供展览会设施、柜台出租
33	南京玉桥市场管理有限公司	玉桥	柜台出租等
34	南京魏胖子食品贸易有限公司	魏胖子及图	肉制品(酱卤肉制品)、酱牛肉系列、盐水鸭系列
35	南京市下关城市建设开发(集团)有限公司	江雁及图	不动产代理、不动产出租
36	南京四新科技有限公司	四新及SX	硅酮
37	南京名商餐饮娱乐有限公司	名商红龙	饭店、供膳寄宿处
38	南京钟埠实业有限公司	丹尼迪	游泳衣、服装、内衣
39	南京三月丝纺织品有限公司	三月丝	游泳衣、婚纱
40	南京一家人家政服务有限公司	一家人	护理(医务)、法律服务、寻人调查等
41	南京塔可餐饮管理有限公司	tacls	餐厅、饭店、餐馆等
42	南京四明眼镜店有限责任公司	四明及图	眼镜行
43	凤凰出版传媒集团有限公司	图形	书籍出版、教育、译制等
44	南京朗驰集团有限公司	朗驰及图形	车辆保养和维修服务、车辆服务站等
45	南京长途汽车客运集团有限公司	图形	汽车运输、旅客运输、货运等
46	南京巨鲨显示科技有限公司	巨鲨医疗巨+JUSHA	计算机外围设备、计算机周边设备、计算机软件等
47	东华汽车实业有限公司	图形	车辆保养和修理、车辆服务站、建筑施工监督等
48	南京御秦上品餐饮有限公司	御秦上品	餐饮、饭店、咖啡店
49	南京奥斯特商贸有限责任公司	奥斯特	浴巾、枕巾、毛巾等纺织品
50	南京百音高科技有限公司	AVYVY	扬声器音响、扩音器、功放、摄像机、麦克风等
51	南京聚力医药科技有限公司	聚力通	人用药、维生素制剂、医药制剂、药物饮料、化学药物制剂、医用营养品、婴儿食品等
52	江苏商络电子机械有限公司、南京商络电子有限公司	SunLord及图	广告传播、货物展出、商业管理辅助、商业信息代理、公共关系、进出口代理、人员招收等
53	南京天华专利代理有限责任公司	图形	法律研究、诉讼服务,知识产权监督、许可、调解、仲裁、咨询,版权管理等
54	江苏宏图高科房地产开发有限公司	图形	不动产出租、代理、经纪,资本投资,代管产业,不动产管理、保险;艺术品估价、担保、典当
55	南京新曙机械有限公司	新曙机械及图	玻璃工业用机器设备 (包括日用玻璃机械),自动吹制机、制瓶机、脱管机、卷管机等
56	中国江苏国际经济技术合作集团有限公司	豪雅姿+HOMEARTS	家用非电动榨水果器、非贵重金属制家用或厨房用容器、蒜压榨器(厨房用具)等
57	南京美满家食品有限公司	美满家	咖啡馆、自助餐厅、餐厅、饭店、餐馆、快餐馆等
58	江苏未来鸿海教育科技股份有限公司	未来鸿海	学校(教育)、教育、培训,安排和组织会议,图书出版等

续表25

序号	商标注册人	商标名称	核定使用商品(服务)
59	南京全财实业有限公司	全财	木板、地板、贴面板、胶合板、纤维板、瓷砖，非金属建筑材料、非金属门、非金属天花板
60	江苏省建工集团有限公司	JSCE及图形	建筑、拆除建筑物、建筑施工监督等
61	南京天环食品(集团)有限公司	天环	猪肉、肉，加工过的肉，冻肉等
62	南京淘淘巷商业管理有限公司	淘淘巷及图	不动产出租、代理等
63	江苏兰诗服饰有限公司	兰诗	服装、制服、风衣、雨衣等
64	江苏省五台山体育中心	图形	教育、组织体育比赛等
65	江苏省陶瓷进出口(集团)有限公司	天韵及图	非贵重金属厨房用具、家庭用陶瓷制品
66	江苏科宁舒适家居系统集成有限责任公司	科宁	管道铺设和维护、室内装潢修理等
67	江苏锦华建筑装饰设计工程股份有限公司	堂杰	建筑施工监督、建筑结构监督等
68	南京沣力服饰有限公司	本涩	服装、成品衣等
69	南京市六一幼儿园	六一及图	幼儿园、教育，提供娱乐设施等
70	南京晶丽酒店有限公司	晶丽	住所(旅馆、供膳寄宿处)、咖啡馆等
71	南京狮王府美食休闲有限公司	狮王府	饭店、自助餐厅、咖啡馆等
72	南京艺之行艺术培训中心	艺之行	教育、培训等
73	苏宁云商集团股份有限公司	苏宁易购	替他人推销、采购(替其他企业购买商品或服务)，为零售目的在通讯媒体上展示商品等
74	南京联郡餐饮管理有限公司	大牌档	餐厅、自助餐馆、饭店等
75	南京联郡餐饮管理有限公司	大牌小厨	餐厅、饭店、快餐馆等
76	朗坤智慧科技股份有限公司	朗坤	用于计算器操作仪器的机械装置、电站自动化装置、配电箱(电)等
77	华韩整形美容医院控股股份有限公司南京分公司	华韩	医院、整形外科、美容院等
78	南京美满家食品有限公司	美满吉	咖啡馆、自助餐厅、餐厅等
79	南京百酪汇食品有限责任公司	奶酪时光CHEESE	咖啡馆、自助餐厅、餐厅等
80	南京铸鑫文化传媒有限公司	南都繁会	广告、在通讯媒体上出租广告时间、为零售目的在通讯媒体上展示商品等
81	江苏核工业格林水处理有限责任公司	格林GREEN	水软化设备和装置、污水处理设备、核燃料和核减速剂处理装置等
82	南京金陵春酒业有限公司	金陵春	烧酒、酒精饮料(啤酒除外)、白酒等

2016年鼓楼区江苏省名牌产品一览表

表26

序号	企业(区域)名称	产品(产业)名称
1	江苏科兴工程建设监理有限公司	工程建设监理服务业
2	南京华设科技股份有限公司	华设自助营业系统
3	江苏致邦律师事务所	法律服务业

2016年鼓楼区南京市名牌产品一览表

表27

序号	企业名称	产品名称	注册商标
1	艾志(南京)环保管接技术股份有限公司	油封	AIGI
2	南京巨鲨显示科技有限公司	液晶显示器	巨+JUSHA+巨鲨医疗
3	江苏省宁海商标事务所有限公司	商标代理	NEW&HIGH及图
4	朗坤智慧科技股份有限公司	朗坤智能企业管理信息系统	朗坤
5	亚信科技(南京)有限公司	亚信云计费	亚信

【市场监管】 2016年，鼓楼区开展无照经营专项整治，检查各类无照经营1124户，其中疏导办照524户，关闭48户，向区相关部门抄告无证无照信息552条。查处违规活禽交易经营行为24起，查获并妥善处置活禽300余只，全区未发生禽流感疫情和安全事故。

【标准计量】 2016年，鼓楼区市场监管部门办理21家47个产品标准备案。引导5家企业20个授权专利转化为产品标准，“点对点”服务江苏宏坤供应链管理有限公司等2家物流企业，开展物流标准化工作。指导南京四新科技有限公司获AAAA级标准化良好行为企业称号，成为2016年江苏省首个获此殊荣企业。强制检定全区集贸市场3200多台计量器具，免费维修检定天津新村等6个社区200多台家用血压计。完成6家省级诚信计量示范单位申报工作。检查63家企事业单位可燃气体测报仪和22家加油站液位计强制检定情况，完成上海铁路局南京供电段3个计量标准申请受理、考核及发证工作。开展“世界标准日”“5·20”世界计量日宣传活动。

【特种设备安全监管】 2016年，鼓楼区市场监督管理部门检查特种设备使用单位138家。开展叉车、压力容器、电梯、大型游乐设施等专项检查20余次，出动执法人员600人次，检查设备300台套，发出监察指令书21份，立案查处5家，约谈特种设备使用单位30余家次。开展老旧电梯预诊预警，完成5个小区30台老旧电梯预诊预警工作，电梯定期检验率提高至97.5%，学校、医院、商场、体育场馆等公众聚集场所电梯投保率100%；开展电梯困人现场解救演练、自动扶梯裙板夹人应急演练，快速妥善处置虹桥中心大厦因火灾造成4台电梯停运事件。全年特种设备开工及登记707家，登记设备2662台。

【消费维权】 2016年，区市场监管局开展3·15国际消费者权益保护日活动，推进“E通315”信息化平台使用，坚持24小时“12315”维权热线值守，建立政务热线三级、四级平台，制定政务热线工作绩效考核细则。全年受理各类举报投诉2.4万起，为消费者挽回经济损失285万余元。“12345”政务热线工单及时签收率、及时联系率、按时办结率100%。 （刘明清）

物价管理

【概况】 2016年，鼓楼区落实价格补贴政策，发放平价店奖励资金65万元。为低保户发放临时生活补贴163.1万元；为低保边缘户发放临时生活补贴4.3万元。承担省市监测任务23项，设立价格监测点39个，采集接收监测报表1754家次，发布微博比价信息109次。继续保持平价商店30家总量目标，完成16家平价直销店系统提档升级。出动70人次，开展节日市场价格检查3次；全年查处各类价格违法案件3件，罚没款25.36万元。受理价格咨询和价格举报1201件；完成价格争议调解处理26件，调解金额84万元。组织116家申报价格诚信单位。完成涉案和涉纪价格认定313件，政府委托项目价格认

区市场监管局开展“3·15”消法宣传进社区活动

定13件、保障房成本认证2件，受理公租房委托8件，完成定调价成本监审3件，受理政府购买服务的价格认定、和会街爆炸突发应急事件财产损失价格认定。举办价格进企业、进社区等各种形式价格宣传12场次，组织企业开展停车收费、农贸市场和行政事业单位以及价格诚信等价格培训11场次，培训物价人员590人次。全年在省市媒体上刊登各类文章9篇。是年，区物价局获2013～2015年度江苏省文明单位、2012～2015年度全省价格系统先进集体、省价格工作先进单位、省价格系统价格认定奖等称号。

9月13日，鼓楼区开展平价农副产品进社区活动

【价格调控】 2016年，鼓楼区对全区26家稳定价格和治乱减负责任单位进行目标分解，并将目标责任纳入区政府个性工作任务中，实行考核与奖惩挂钩。主动加强部门间横向联系，完善多部门联动、各尽其职责任体系，并进行半年抽查和年终考核。落实价格补贴政策，发放平价店奖励资金65万元；为1.67万户次、2.73万人次低保户发放临时生活补贴163.1万元；为1229户、2845人次低保边缘户发放临时生活补贴4.3万元。

【价格监测】 2016年，鼓楼区承担省市监测任务23项，设立价格监测点39个，监测范围包括主副食品、药品、日用品、衣着家电、医药能源、旅游、房租、电动车、粮油和宠物医疗价格等。全年采集接收监测报表1754家次；撰写并上报动态信息38篇、价格监测综述分析12篇、调研文章9篇；发布微博比价信息109次。强化民生价格服务需求，在区域内增加2个中药材价格监测点，填补全市药材价格监测空白。

【平价直销店建设】 2016年，鼓楼区继续保持平价商店30家总量目标。坚持周、月、季巡查考核制度，每季度召开平价店店长会议。完成16家平价直销店系统提档升级工作。在国家发改委和省、市物价局平价直销店视察活动中，受到上级价格部门肯定。全年新建5个社区平价直销站，组织平价商品进社区活动12次，平价店进社区形成品牌效应。

2月5日，鼓楼区配合省市物价局在金润发超市龙江店检查节前市场供应及价格

【价格收费管理】 2016年，鼓楼区通过网络向社会公布行政事业性收费四大类目录和151项收费标准。调整4家民办幼儿园收费标准；完成民办求真中学、鼓楼实验中小学等单位成本监审，合理制定民办学校教育收费标准。完成辖区内9家一级公立医院改革调查、资料收集上报工作。审核辖区开发企业申报的普通住宅商品房销售明码标价备案19件；备案辖区物业收费标准3起；核定3家经营性停车场收费标准，分4期对200名停车收费人员进行收费政策培训。落实辖区内旅游景点明码标价和2家游览参观点免费开放工作。

【价格监管】 2016年，鼓楼区采取网格化监管方法，先后组织元旦、春节、五一、端午、中秋和国庆节日市场价格检查各3次，出动70多人次，发放各类提醒函291份，检查商企经营户199家。年内，围绕国家和省取消降低部分收费政策，组织各类专项检查7次，组织开展对区旅游、民政、人防等涉企收费专项检查；围绕政府和民生关注的房地产、药品、教育等开展专项检查。及时处置裕华名居李纪平百货超市超出政府定价销售食盐价格违规行为、南京长江医院不正当价格行为、芳芳法国餐厅收取红酒杯洗杯费等3起较有影响价格舆情突发事件。全年查处各类价格违法案件3件，罚没款25.36万元。

【价格举报及价格争议调解】 2016年，鼓楼区完善价格系统“12358”举报平台和“12345”“96180”政务信息平台建设，畅通群众价格利益诉求渠道，受理价格咨询和价格举报1206件，其中区物价局直接受理20件、“12358”直收和转办受理391件、区“12345”平台转办698件、接收市物价局“12345”转办工单87件、“96180”转办受理10件，办结率100%。完成价格争议调解处理26件，调解金额84万元。

【价格诚信体系建设】 2016年，鼓楼区组织116家申报“价格诚信”单位，均填报价格信用承诺书，其中3家单位参加省级价格诚信活动、20家单位参加市价格诚信活动。活动中，区价格管理部门落实建立基础信息档案、专门培训、填写价格信用承诺书、上门服务指导、总结表彰诚信单位等举措。举办申报南京市价格诚信单位和新申报鼓楼区价格诚信单位培训班3期，38家单位参加培训。上门服务指导南京阅江楼风景区管理委员会、南京庆丰药房有限公司等企业76次。通过评选，2家企业被授予省级价格诚信单位，10家企业被授予市级价格诚信单位，98家企业被授予区级价格诚信单位。

【价格认定服务】 2016年，鼓楼区受理办结涉案价格认定311件，标的额456万元；完成涉纪价格认定案件2件，标的额2.13万元；完成政府委托项目价格认定13件，标的额7310万元；完成保障房成本认证2件，建筑面积54万平方米，认证金额24.44亿元；完成定调价成本监审3件，监审金额5660万元；受理公租房委托8件，认定房屋面积1.43万平方米，认定金额936万元；受理政府购买服务价格认定金额2489.73万元，节省财政资金600万元。认定鼓楼区教育用地中房地产项目1处，认定价格2900万元。参与和会街爆炸突发应急事件财产损失价格认定，认定商铺44户，认定金额430.19万元。

（梁　晨）

审计监督

【概况】 2016年，鼓楼区完成审计项目181个。其中，政府投资工程结算审计项目122个、政府投资工程跟踪审计项目49个、拆迁决算审计项目4个、经济责任审计项目4个、专项审计调查项目1个、预算执行审计项目1个。工程项目送审金额2.39亿元，核减工程结算款3338.32万元，核减率13.98%；跟踪过程中促进节约和核减工程造价8874.25万元。

是年，区审计局被南京市审计局授予“2015年度全市区级审计机关综合考核优秀单位”“全市审计通联工作先进单位”。实施的《2014年度区本级财政预算执行及其他财政收支审计》项目，获评全市优秀计算机审计项目二等奖和全市优秀审计项目一等奖。

【审计署科研所到区调研】 4月27日，国家审计署科研所副所长彭新林一行6人到区调研《中华人民共和国审计法》（简称《审计法》）修订工作。彭新林等听取区委常委、副区长周文中介绍鼓楼区经济发展情况，并提出关于《审计法》修订和对审计机关人财物改革管理工作等意见建议；区审计局局长田伟民汇报近几年全区审计工作情况和特点，围绕《审计法》实施和审计工作中面临问题、《审计法》相关内容和具体条款修订，提出七个方面24条意见和建议；区纪委、区委组织部、区财政局、区发改局、区法制办、区国资办主要负责人分别结合各部门工作，就《审计法》实施和基层工作中面临突出问题，对《审计法》修订提出意见建议。

【预算执行审计】 2016年，鼓楼区依法审计2015年度区本级预算执行和其他财政收支情况。围绕保障重大政策措施落实、推动深化财税体制改革、促进完善财政管理、规范资金使用分配等目标，审计区财政预算执行和财政管理、222家单位预算执行及其他财政收支情况；根据中央和国务院要求，加强审计“三公经费”（财政拨款支出安排的出国（境）费、车辆购置及运行费、公务接待费）、会议和培训费等行政运行经费，重点审计城市设施管养、公共卫生、科技、春节济困送温暖等专项资金使用管理情况。

【固定资产投资审计】 2016年，鼓楼区分别对镇江路幼儿园装饰及拆除改造工程、马鞍山路社区服务中心一期工程、南京市第二幼儿园校园环境改造工程、淮滨路拓宽改造工程等122个工程项目进行结算审计，送审总金额2.39亿元，核减工程结算款3338.32万元，核减率13.98%。审计规范建设行为，强化工程项目规范管理，提高政府投资管理水平和投资效益，节约政府投资资金。重大建设项目跟踪审计，至年底，全区在审跟踪审计项目56个，包括大庙村地块(金达花园)、华宏A地块(白云雅居)、金帆北苑地块、7316蓝星化工厂地块4个保障房项目，鼓楼科技创业特别社区(B01)工程、鼓楼区河西公共服务中心、南京长江国际航运中心等49个建设项目，伍佰村地块、杨家花园地块、窑上村城中村地块3个征地拆迁项目，项目概算总投资224.15亿元。通过跟踪审计，促进项目规范管理，取得良好经济效益和社会效益。全年跟踪审计核减造价、提出建议促使被审计单位节约或挽回损失1.66亿元，完工项目竣工结算核减工程造价1.52亿元，提出审计意见和建议2372条。

【领导干部任期经济责任审计】 2016年，鼓楼区按照“积极稳妥、量力而行、提高质量、防范风险”原则，开展领导干部经济责任审计。先后对区老干部局、科技局、投促局、体育局、环保局、社会建设工作委员会以及原白下区人民法院7个部门和单位领导干部任期经济责任审计。其中，原白下区人民法院领导干部任期责任审计工作是区审计局根据上级审计机关授权，首次跨区经济责任审计。

【专项审计调查】 2016年，鼓楼区审计部门专项审计调查区春节“济困送温暖”活动慰问资金。审计人员明确目标，锁定范围，确定慰问活动组织管理、资金筹集、资金分配使用、资金使用效益4个审计重点。审计过程中，对区13个街道、44家部门和单位进行审计取证，整理出受慰问困难群众名册；审计调查14家重点部门和单位，审计组设计调查问卷作电话抽查，重点核查困难群众是否及时、足额获得慰问，同时现场走访部分社区，审查慰问活动是否真实、到位。

【区首家省AAAAA级数字档案室建成】 2016年，区审计局在上年建成全市审计系统首家省AAAA级数字档案室基础上，继续加大档案信息化工作力度，遵循“资源为先，标准规范，整体推进，确保安全”原则，统筹规划，实施省AAAAA级数字档案室创建工作。年内，建成全市审计系统档案资源最全目录数据库和全文数据库，通过江苏省AAAAA级数字档案室评估。创建中，区审计局清理建局以来（1983年）所有档案目录数据库，包括文书档案案卷级、文件级、一文一件级，审计业务档案案卷目录、卷内文件目录，实物档案目录、音像、照片档案目录等3.82万条（其中，业务案卷2636条、卷内2.89万条；文书档案案卷级692条、文件级4060条，一文一件1536条；实物目录183条；照片179条；录音录像7条）；完成建局以来部分重要案卷级文书、所有一文一件式文书，共计2.23万页文书档案全文数字化处理和归档；完成778卷15.38万页审计档案（1999～2015年）数字化扫描和归档；建立照片、音频、视频档案多媒体数据库，质量、格式符合要求，可以直接打开查看、流畅播放。另外，在局门户网站设立《档案工作专栏》和《网上陈列室》，用多种形式反映区审计部门历史沿革和发展历程，同时以数字多媒体形式展示全区重大活动、重要事件、成果和主要荣誉等。（田伟民　鲁月霞）

统计管理

【概况】 2016年，鼓楼区强化街道统计规范化建设，建立街道统计规范化管理台账，每半年更新。建立功能板块统计机构，制定《功能板块统计工作职责》，开通功能板块统计内网，建立板块统计指标监测电子台账。全国千分之五人口抽样调查工作通过国家检查组验收。完成115家“四众”(众创、众包、众扶、众筹)企业调查、159家非公领域人才状况调查、苏香世家酒店等30家单位统计监审、凤凰街道市级督查和热河南路街道区级督查等专项工作。拓展统计服务深度，开展并完成江苏省江南5市9区和南京市各城区数据交流工作，形成鼓楼区主要经济指标同类城区比较分析。

【人口抽样调查】 11月25日，鼓楼区小市街道安怀村社区第23调查小区被国家统计局抽取确定为2016年千分之五人口抽样调查工作江苏省质量验收点，国家检查组通过看、听、访、查后，认为鼓楼区人口抽样调查基础工作扎实，调查入户率、调查登记质量、各项控制指标均达到国家要求，通过验收。年内，区统计部门组织推进千分之五人口抽样调查工作，落实所需人、财、物，下发文件，在全区范围内动员部署，建立分管领导负责制和街道联络员制，确保全区统一部署及时贯彻到位，保持上下信息畅通，第一时间解决问题。全区成立近百人组成的调查员队伍，培训3场次、近300人次，走访调查3000家住户，采集6680人数据。

【基本单位名录库接受核查】 11月30日，鼓楼区基本单位名录库接受国家统计局普查中心核查，省市统计局普查中心派员参与，核查包括名录库维护真实性、准确性和及时性。国家核查组采取当日到、次日查、实地上门入户实地查等方式开展，逐一上门核查随机抽取的3个一套表单位、4个抽样调查样本单位和8个名录库中规模以下单位、15个工商新注册新入名录库单位。核查内容包括单位类型、经营地址、行业编码、登记注册类型等属性指标信息，重点核查一套表单位营业收入、从业人员等达标信息。通过核查，国家普查中心认为鼓楼区名录库工作基础扎实，数据准确，维护更新及时到位。

【统计基层基础建设】 2016年，鼓楼区强化街道统计规范化建设。小市、宝塔桥、幕府山等街道和联网直报单位开展规范化建设“回头看”，重点统计督查凤凰、热河南路2个街道，建立统计基层基础建设长效管理机制，建立每半年更新的街道统计规范化管理台账，每月进行街道统计规范化督促指导，巩固街道规范化建设成果。建立功能板块统计机构，制定《功能板块统计工作职责》，联手中国电信，开通功能板块统计内网，实现专人、专机、专网、专用；建立板块统计指标监测电子台账，包含名录库、投资、服务业、贸易业、房地产业和标准以上服务业增加值6个模块，各模块汇总板块范围内该专业全部单位关键指标，并逐一应对区统计局各专业科室。建立部门统计工作制度、工作考核制度、会议制度等，加强部门统计双基建设；区统计局定期与区市场监管、税务、民政、编办等部门进行数据交流，建立起统计网络健全、统计职能明确、科学完善的部门统计数据上报备案和交流机制。

【统计法制建设】 2016年，鼓楼区制定法制统计培训计划，建立综合法制培训、业务培训、经验交流和其他培训相结合的定期统计法制培训机制；全年开展统计工作人员和街道分管领导、科长、统计员等不同层次统计法制培训5场、190人次。在“鼓楼政务网”开设《统计普法》专栏，全年刊出12期；在“南京鼓楼统计”政务微博上增设《图说统计》全年6期；采用广场大型普法宣传、会前学法等多种形式，开展企业法人、调查单位负责人、财务统计人员和社会公众等不同类型人员普法和统计宣传活动2场，200人次参与。提升统计执法能力，由各专业人员及街道统计员组成统计执法队伍，根据监审工作计划，明确专业科室、街道统计科监审任务，按街道分13个片区、7个专业开展统计法制监督检查工作，检查企业“一套表”联网直报中违法违规行为和不规范报送行为为50件次。围绕房地产、固定资产投资统计等重点领域和规模以上服务业等重点单位，抽调专业人员20人，统计监审苏香世家酒店等30家单位。配合市统计局督查组完成凤凰街道市级督查工作；成立专项督查组，完成热河南路街道区级督查工作。

【统计服务】 2016年，鼓楼区制订名录库维护工作方案和考核办法，明确组织领导、工作重点、职能分工、质量控制、工作要求和考核规定；区统计局每半年与区工商、税务等部门数据交流，进行数据更新；专业联动、部门协作，构建以重大国情国力调查、部门行政登记资料和各项统计调查资料为基础，及时维护更新的名录库信息机制。11月30日，鼓楼区代表南京市接受国家统计局核查，区基本单位名录库维护工作得到肯定。完善街道和功能板块重点单位监测数据库和监测台账，及时了解单位重点指标、企业变动情况，分析数据异动，提出建议和措施15条。健全区重点产业统计名录库和单位数据监测库，关注行业发展运行走势、全区新兴业态和产业发展。强化板块和街道基层监测，每季度分专业分析功能板块、街道指标完成情况，列出需要重点关注的180家企业和工作方向，紧盯重点单位、重点指标，至年底，深入120家企业调查研究、沟通协调和服务保障。按月或季完成与江苏省江南5市9区、南京市各城区数据交流工作，形成鼓楼区主要经济指标同类城区比较分析。

【政务信息公开】 2016年，鼓楼区统计部门制定信息公开指南和信息公开目录，建立健全相关规章制度，具体规定信息公开遵循原则、内容形式等，并健全组织领导和责任追究制度。安排专人负责政府网站政务信息网维护工作，按照公开条例及时做好政府信息公开工作。至年底，在政府信息公开资源库加载统计信息45条；编制信息公开指南和信息公开目录，确定六大类近50个小类栏目信息公开具体内容；在规定时限内主动公开相关政府信息，并及时更新，方便群众了解和使用；详细规定申请公开工作程序、申请方式、答复方式、答复时限等。年内收到政府信息公开申请2件，均按照时间节点完成，没有因政府信息公开引起行政复议事件发生。

【“四众”企业调查】 2016年，鼓楼区完成115家“四众”企业调查。调查收集从事活动“四众”平台企业法人和采用“四众”模式企业法人基本情况，了解平台企业活动开展、提供服务等情况，获取企业名录。区统计部门制定调查工作方案，召开街道工作会议，明确街道工作职责，组建40人专业调查队，利用区科技、经信、发改、人社、工商等部门掌握的科技企业孵化器，以及企业公共服务平台、中小企业创业投资资金、企业注册登记信息等相关行政记录2491个，同时结合省统计局下发的6398个基本单位名录库企业、市统计局下发的部门资料，进行程序和人工比对，整理出115家调查单位库。培训指导115家调查单位，明确口径和指标含义，关注数据协调性，把握数据质量，做到应统尽统，不重不漏，切实做到能反映辖区“四众”企业基本情况和创新能力。调查结果显示：鼓楼区115家调查单位中无“四众”服务32家，提供“四众”服务的83家单位中，提供众创服务65家、提供众包服务8家、提供众扶服务22家、提供众筹服务8家（有些单位服务叠加）。

【非公领域人才状况调查】 2016年，鼓楼区推进159家非公领域人才状况调查，了解非公有制企业（单位）人才资源状况。调查期间，组织开展全区2015年非公有制企业（单位）人才资源状况抽样调查。调查范围涵盖工业、建筑业、批发零售、住宿餐饮、金融业、房地产、其他服务业等14个国民经济行业门类，调查对象包括内资企业中非国有和集体经济绝对或相对控股其他联营企业、其他有限责任公司、股份有限公司、私营企业、其他(内资)企业、港澳台商投资企业、外商投资企业，民办非企业单位(不含个体经营者、自营劳动者及非正规就业人员)。调查内容包括各类人才数量、性别、年龄、学历、职称及技能等级等。全区非公企业人才资源状况抽样调查涉及159家单位，非公企业停歇业比较频繁，为确保调查成功，该区逐一核实、确认样本147个，深入核查其中由于搬迁、关闭等原因不符合调查单位12家。采取分层培训方法，调查员一级培训侧重讲解调查表指标理解、填写注意事项、过录程序操作方法以及如何开展数据审核、验收、改错等，并就调查过程中容易产生问题进行答疑，培训调查员2场次40人次。调查样本单位培训，侧重讲解调查目的、调查期、报送时间、指标解释、逻辑审核关系等，培训样本调查1场147家。调查期间，收到企业填报表格147份，其中工业2家、建筑业21家、批发零售业18家、住宿餐饮业6家、金融业11家、服务业89家。调查结果显示：2015年年底，全区147家非公有制企业(单位)有从业人员21.7万人，其中各类人才12.9万人，占比59.6%。各类人才中，经营管理人才3.7万人、专业技术人才4.9万人，专业技术人员中在管理岗位工作9000人，技能人才5.2万人。　(李其明)

经济专项管理

重大项目管理

【概况】 2016年，鼓楼区安排重大项目142个，其中产业类项目55个、城建类项目37个、民生类项目24个、地块运作类项目26个，项目占地面积943万平方米，建筑面积1527万平方米，总投资1886亿元，其中总投资548.5亿元的华能南京滨江总部基地等11个(含19个子项目)项目被纳入市级重大项目。至年底，计划实施142个重大项目中123个项目超过或达到年度目标，完成率86.6%。龙湖春江紫宸一期三组团、三乐电子微波器件研发大楼、金川科技园二期、绿地新都会(华宏A商业地块)工程进入收尾阶段；中冶滨江三号地块、世茂滨江新城二期、深业滨江创新总部基地、证大滨江大拇指广场、复兴大厦、南京新城市虹桥中心二期、中储电子商务区一期、金陵湾、莱蒙都会等项目局部地块实现主体结构封顶；恒大滨江商业综合体、B02B03-金盛地块、果品市场地块、中能建能源装备产业园等30个重大项目集中开工，其中恒大滨江商业综合体、中能建能源装备产业园、江苏国睿科技园和中储泛悦等项目单体投资均超过50亿元。

【市级重点项目】 2016年，鼓楼区11个(含19个子项目)项目被纳入市级重大项目。其中，在建项目7个、新开工项目2个、前期项目2个。总占地面积约280万平方米，总建筑面积约600万平方米，总投资704.6亿元，年度计划投资74.2亿元。至年底，市级重大项目完成投资98亿元，完成全年目标任务132%。

2016年鼓楼区重大项目完成进度一览表

表28

序号	项目名称	年度目标	完成进度	责任单位
1	中冶滨江3号地块	部分地块主体施工	达序时进度	下关滨江商务区管委会
2	世茂滨江新城二期	9号楼推进拆迁，10号楼主体施工，11号楼主体施工	达序时进度	下关滨江商务区管委会、阅江楼街道
3	深业滨江创新总部基地	高层公寓：主体施工；办公、商业：桩基、支护、降水工程施工	达序时进度	下关滨江商务区管委会
4	证大滨江大拇指广场	09-09：二次结构施工，精装施工；09-10.11：主体结构施工；09-07：主体封顶；09-04.05：装修施工；大马路地块：主体结构施工	达序时进度	下关滨江商务区管委会
5	龙湖春江紫宸	一期一、二、三组团6幢竣工	达序时进度	下关滨江商务区管委会
6	南京长江国际航运服务中心(一期)	永宁街地块基本完成机电安装及内外装修施工；商埠街地块完成桩基及基坑支护施工，进行土方外运	达序时进度	下关滨江商务区管委会
7	复兴大厦	A区完成主体结构施工，B区基本完成建设	达序时进度	下关滨江商务区管委会、热河南路街道
8	南京港(集团)总部大楼	完成土方开挖及外运，地下室结构施工	达序时进度	下关滨江商务区管委会

续表28

序号	项目名称	年度目标	完成进度	责 任 单 位
9	长江峰景二期	主体施工	达序时进度	下关滨江商务区管委会、阅江楼街道
10	恒大滨江商业综合体	08-16、08-17地块4幢33层酒店式公寓主体部分（含底层商业）及2层地下室工程施工	达序时进度	下关滨江商务区管委会
11	果品市场地块	开工	达序时进度	热河南路街道
12	鼓楼科技创业特别社区	地下室底板施工	达序时进度	鼓楼科创特区管理办公室
13	江苏绿建大厦	主体封顶	达序时进度	鼓楼科创特区管理办公室
14	B02B03-金盛地块	桩基施工	达序时进度	鼓楼科创特区管理办公室
15	湖南路地下商业街	完成首层顶板施工，实施土方开挖	达序时进度	湖南路管委会、湖南路街道
16	新城创置湖北路商业综合体	完成地上三层结构施工及地下负一层结构施工	达序时进度	湖南路管委会、湖南路街道
17	金茂广场二期	完成桩基施工，地上塔楼结构主体施工至5层，地下室开挖负二层	达序时进度	模范路科创特区管理办公室、中央门街道
18	南京新城市虹桥中心二期	B1地块拆迁完成、报审完成，土方开挖、支撑梁施工；B2地块01~06栋主体封顶，幕墙施工	达序时进度	模范路科创特区管理办公室、挹江门街道
19	南京科技广场二期	D楼完成桩基施工，地上施工至5层	达序时进度	模范路科创特区管理办公室、中央门街道
20	三乐电子微波器件研发大楼	完成幕墙施工及室外工程，竣工验收	达序时进度	模范路科创特区管理办公室、宁海路街道
21	模范路科技创业特别社区	试桩、支护桩工程施工	未达年度形象进度目标	模范路科创特区管理办公室
22	南邮蔡家巷科创中心	桩基、地下工程施工	未达年度形象进度目标	模范路科创特区管理办公室、南京鼓楼建发公司
23	中储电子商务区一期（喜年中心）	B1、B2竣工交付；B3~B6主体结构施工	达序时进度	中央门管委会、小市街道
24	金川科技园二期	竣工	达序时进度	中央门管委会、建宁路街道
25	中储电子商务区二期（智慧物流集聚区）	地下施工	达序时进度	中央门管委会、小市街道
26	建宁路8号（南汽-华能）地块	开工建设	未达年度形象进度目标	中央门管委会、建宁路街道
27	华能南京滨江总部基地	一期3号楼主体结构施工，二期住宅及商业开工建设	达序时进度	下关科创特区管理办公室、宝塔桥街道
28	下关科技创业特别社区	01-07、01-10地块基本竣工	达序时进度	下关科创特区管理办公室
29	华宏家纺科技创意产业园	出正负零，开始主体施工	达序时进度	下关科创特区管理办公室、幕府山街道
30	绿地新都会（华宏A商业地块）	主体完工	达序时进度	下关科创特区管理办公室、幕府山街道
31	南京艺术学院文化创意产业园	开工，同步开展招商	达序时进度	区文创办
32	白云亭文化艺术中心二期	完成地下工程	达序时进度	白云亭文化发展公司
33	金陵湾	二期4、5号楼基本完成建设，9号楼主体封顶；三期1、2、3号楼开工建设	达序时进度	热河南路街道
34	龙江新城市广场二期	基础施工	达序时进度	凤凰街道
35	莱蒙都会	A楼砌体和外立面施工，B楼主体封顶	达序时进度	小市街道
36	北圩综合楼	主体封顶	达序时进度	江东街道

续表28

序号	项目名称	年度目标	完成进度	责 任 单 位
37	中能建能源装备产业园	一期工程地下基础施工	达序时进度	小市街道
38	酿造厂地块	开工	达序时进度	热河南路街道
39	宁海路民国风情商业街区(宁海路地块)	开工	未达年度形象进度目标	建发公司
40	中山文化广场(小粉桥地块)	开工	未达年度形象进度目标	建发公司
41	鸿泰大厦	完成地下室施工	未达年度形象进度目标	江东街道
42	阅江楼社区商业中心(驴子巷地块)	力争开工	达序时进度	阅江楼景区管委会
43	金达花园	二期主体16层完成	达序时进度	区建设局、新厦集团
44	白云雅居	竣工	达序时进度	区建设局、新厦集团
45	文景花园二期	竣工	达序时进度	区建设局、新厦集团
46	7316蓝星化工地块保障房	封顶	达序时进度	区建设局、新厦集团
47	红山南路西延	施工	达序时进度	区建设局
48	中央北路干道改造	竣工	达序时进度	区建设局
49	方家营路	竣工	达序时进度	下关滨江商务区管委会
50	黄家圩路北延(文景花园段)一期	竣工	达序时进度	区建设局、新厦集团
51	安怀东路	东段施工;西段完成征收	达序时进度	区建设局、征收办、新厦集团
52	翠庭路一期(含张王庙沟)	竣工	达序时进度	区建设局、新厦集团
53	新兴路西延一期	竣工	未达年度形象进度目标	区建设局、新厦集团
54	北祥路一期	开工	达序时进度	区建设局、征收办、新厦集团
55	华纺路	开工	未达年度形象进度目标	区建设局、征收办、新厦集团
56	金碧路	开工	未达年度形象进度目标	区建设局、新厦集团
57	佳盛花园东侧路	竣工	未达年度形象进度目标	区建设局、新厦集团
58	华胜路	竣工	达序时进度	区建设局、新厦集团
59	方家营南路	开工	达序时进度	下关滨江商务区管委会
60	哈尔滨路	北段竣工	达序时进度	下关滨江商务区管委会
61	大唐东路	北段竣工	达序时进度	下关滨江商务区管委会
62	铁路西站迁建	开展铁路货场生产及生活设施建设	达序时进度	下关滨江商务区管委会
63	上元门观江大平台	开工	未达年度形象进度目标	下关滨江商务区管委会
64	石头城路南艺后街等7处洪涝地质灾害应急抢险工程	完成	达序时进度	区建设局、新厦集团
65	白云新寓1-7栋等20个小区二次供水改造工程	竣工	达序时进度	区建设局
66	宝船文化旅游服务中心	开工	未达年度形象进度目标	下关滨江商务区管委会
67	凤凰西街57号等13个小区综合整治	竣工	达序时进度	区建设局

续表28

序号	项目名称	年度目标	完成进度	责任单位
68	江东街道雨污分流及排水达标区创建	竣工	达序时进度	区建设局
69	地铁1号线玄武门站与金茂广场地下连接通道	完成	未达年度形象进度目标	模范路科创特区管理办公室、中央门街道
70	草场门大街、汉中门大街过街天桥	完成	达序时进度	下关滨江商务区管委会、新厦集团
71	护城河小桃园西岸游园二期	施工	达序时进度	区建设局
72	华宏A中学	完工	达序时进度	区教育局
73	中海凤凰熙岸教育配套项目	完工	达序时进度	区教育局
74	中专校异地重建	开工建设	达序时进度	区教育局、区征收办
75	世贸九年一贯制学校	开工建设	未达年度形象进度目标	区教育局
76	南京商业学校三期	地下结构施工	达序时进度	区教育局
77	方兴小学扩建	完成用地手续办理，初步完成扩建方案，力争开工建设	达序时进度	下关滨江商务区管委会、区教育局
78	教师发展中心(原清凉山小学)改扩建	启动原有建筑装修改造	达序时进度	区教育局
79	实验幼儿园扩建	桩基施工	未达年度形象进度目标	区教育局
80	三牌楼小学改扩建及抗震加固工程	主体封顶	达序时进度	区教育局
81	河西公共服务中心	主体结构完成	未达年度形象进度目标	区国资中心
82	南医大二附院门诊病房综合楼	地下工程施工	达序时进度	热河南路街道
83	江苏省妇幼卫生保健中心住院综合楼	主体施工及机电设备安装	达序时进度	江东街道
84	南京医科大学附属口腔医院综合楼	主体施工完成	达序时进度	华侨路街道
85	田家炳中学地下停车场	完成地下负二层地面浇筑	未达年度形象进度目标	区人防办
86	天目大厦东侧地下停车库建设及民国建筑修缮	设备安装基本完成	未达年度形象进度目标	宁海路街道
87	环卫设施改造提升	完成4座公厕、2座垃圾中转站改造	达序时进度	区城管局
88	二板桥派出所	建成使用	未达年度形象进度目标	公安鼓楼分局
89	银城红日养老公寓	竣工	达序时进度	江东街道

【重大项目集中开工】 3月3日，鼓楼区举行2016年重大项目集中开工仪式。集中开工的30个重大项目涵盖商业综合体、城市综合体、研发中心等，总投资357亿元，占地面积293万平方米，建筑面积328万平方米，年度计划投资44亿元，年度投资额占全区市级重大项目投资比重1/3。其中，恒大滨江商业综合体等10个产业类项目，总投资324亿元；中央北路改造提升等10个城建类项目，总投资8.44亿元；区中等专业学校异地重建等10个民生类项目，总投资24.64亿元。

2016年鼓楼区集中开工重大项目一览表

表29

类别	序号	项目名称	建设内容及规模	项目地点	年限(年)
产业类	1	恒大滨江商业综合体	拟建6幢酒店式公寓、9幢办公楼、4幢商业楼及配套的商业裙楼、地下商业、地下车库等设施	东至规划路，西至江边路、北至公共路、南至中山北路	2016~2019
	2	中能建能源装备产业园	打造中能建集团南京研发中心、能源科技企业总部办公以及高端商务配套于一体的能源科技产业园	和燕路49号	2016~2022
	3	江苏国睿科技园	拟建科研办公、商业及相关配套设施	虎踞北路52号	2016~2018
	4	中储电子商务区智慧物流集聚区	建设中储物流电子商务创新园区，实现大宗商品交易中心落户，打造高端物流科研创新及高端商务载体	小市街道张王庙路以西,北祥路以南,幕府南路以北	2016~2019
	5	金盛集团科研总部大楼	地上建筑面积14.72万平方米,地下建筑面积9.15万平方米,建成后将作为金盛集团总部基地	东至燕山路,南至科技二路,西至锦江路,北至水西门大街	2016~2020
	6	中海桃源	开发住宅、商业街区及社区配套项目	东至姜家圩,南至晏公庙东路，西至热河南路,北至住宅小区	2016~2019
	7	鑫磊酿造厂地块	开发商业、住宅及配套项目	热河南路338号	2016~2019
	8	南京华宏家纺科技创意产业园	打造以家纺创意设计、时尚生活体验为主题的都市产业平台;2幢高层，五塘广场东南角地上26层,地下2层	中央北路181号。幕府西路、东路与中央北路交汇处,五塘广场南侧	2016~2018
	9	南京邮电大学科创中心	由危旧房地块、污水泵厂地块、南邮地块构成,土地性质为商业办公、社区中心和部分高等教育用地。其中,商业裙楼5层,办公公寓塔楼24层	东至南瑞路,南至邮电大学，西至邮电大学,北至驻区某部	2016~2018
	10	鸿泰大厦	拟建地上25层、地下3层酒店和商务写字楼	江东北路378号	2016~2017
城建类	11	中央北路干道改造	长2800米×路幅宽40米	和燕路—燕江路	2015~2016
	12	北祥路一期	长640米×路幅宽45~46米	幕府南路—中储生资市场	2016~2017
	13	华纺路	长320米×路幅宽2米	中央北路—和园路	2016~2017
	14	金碧路	长320米×路幅宽30米	中央北路—金碧花园	2016~2017
	15	佳盛花园东侧道路	长835米×路幅宽20~24米	佳盛花园东侧	2016~2017
	16	地铁1号线玄武门站与金茂广场地下连接通道	建设金茂广场负一层连接地铁的地下人行通道，在玄武饭店范围内预留一接口。地下连接通道总长度约106米,宽度约6米,拟采用部分或全部顶管法施工	从地铁玄武门站2号预留出口,经慢车道及玄武饭店地下,穿过童家巷地下至金茂广场负一层	2016
	17	华胜路	长400米×路幅宽42米	幕府东路—幕府山南麓	2016
	18	方家营南路	长716.5米×路幅宽26米	南京长江大桥引桥—城河路	2016~2017
	19	哈尔滨路	长528米×路幅宽26米	建宁路—中山北路	2016~2017
	20	草场门大街、汉中门大街过街天桥	建设草场门大街、汉中门大街人行过街天桥	草场门大街、汉中门大街	2016

续表29

类别	序号	项目名称	建设内容及规模	项目地点	年限(年)
民生类	21	鼓楼区中等专业学校异地重建	拆迁郭家山地块，异地新建8.2万平方米中专校，学校占地面积5.17万平方米	郭家山	2016~2019
	22	世茂九年一贯制学校	开发配建6轨小学、12轨初中的九年一贯制学校1所	世茂外滩新城	2016~2017
	23	南京商业学校	将原教工中学二期项目中“艺体楼”位置调整成“综合实训楼”，共15层，总高约60米	嫩江路	2016~2017
	24	方兴小学扩建	扩建为36个班	方家营路北侧	2016~2017
	25	天妃宫小学异地建设	异地复建	建宁路、热河路交叉口东南侧	2016~2018
	26	南京市实验幼儿园扩建	将北侧0.2万平方米拆迁地块作为幼儿园扩建用地，改扩建面积1.5万平方米	苏州路9号	2016~2017
	27	三牌楼小学改扩建	抗震加固改造装修主教学楼和行政楼；拆除部分原教学辅助用房，改扩建1栋教学综合楼，同时改造相关室外教学设施	新模范马路94号	2016~2017
	28	凤凰西街57号等13个小区综合整治	完成凤凰西街57号、白云新寓等13个老旧小区环境综合整治	鼓楼区	2016
	29	江东街道雨污分流及排水达标区创建	中保河、清江南沟等河西流域，共33个片区总面积203公顷雨污分流及排水达标区创建	江东街道	2016
	30	银城红日养老公寓	改造原宝船小区商业用房，打造地下1层地上3层的全方位、全程照料服务中高端品质养老机构	漓江路55号宝船荟馆	2016

【总部基地建设】 鼓楼区总部基地项目包含华能南京滨江总部基地、深业滨江创新总部基地2个子项目，总投资119.7亿元，2016年计划投资12亿元。其中，华能南京滨江总部基地完成年度投资4.18亿元，占全年目标52%；深业滨江创新总部基地（深业滨江地产项目）完成年度投资10亿元。至年底，华能南京滨江总部基地完成固定资产投资9.2亿元。其形象工程进度为：3号楼浇筑负二层地下室，二期桩基单位和总包单位进场，作场地平整和施工准备。深业滨江创新总部基地完成固定资产投资9.6亿元。其形象工程进度为：05-10号地块中1号、2号、3号楼主体结构及砌体完成，内外墙抹灰施工完成；05-01号地块1号、2号楼主体结构施工，3号楼主体结构封顶，二次结构砌筑2~20层完成。

【商贸功能重大项目建设】 鼓楼区商贸功能重大项目包含湖南路地下商业街、金茂广场二期、龙湖长江广场、证大滨江大拇指广场、复兴大厦、新城市虹桥二期、恒大滨江商业综合体7个子项目，总投资233.4亿元，2016年计划投资30亿元。至年底，湖南路地下商业街完成固定资产投资6.2亿元；金茂广场二期完成年度投资4.9亿元；龙湖长江广场完成年度投资8.7亿元；证大滨江大拇指广场完成年度投资6.5亿元；复兴大厦完成年度投资3.35亿元；新城市虹桥二期完成年度投资1.5亿元；恒大滨江商业综合体完成年度投资8.05亿元。（孟　晖）

民营经济管理服务

【概况】 2016年，鼓楼区新增私营企业5564家，新增注册资金329亿元；全区私营企业和个体工商户7.62万户，其中私营企业3.49万家、个体工商户4.13万户，分别比上年底净增4772家和2590户，增长率分别为15.8%和6.7%。全区私营企业3.49万家，占全区企业83%(全区企业4.19万家，注册资本总额528亿元)(个体户不统计)。是年，全区民营经济增加值320.1亿元，占全区GDP比重38.4%；完成固定资产投资43亿元，占全区固定资产投资

25%。全区23家民营企业协议投资8.99亿美元，实际投资16.52亿美元，占全市境外投资总额30.2%，投资额在全市城区名列第一。

【重点民营企业发展】 2016年，鼓楼区上市民营企业3家，南京朗坤软件有限公司、南京欣网视讯科技股份有限公司、南京安元科技有限公司、南京国图信息产业股份有限公司等30余家民营企业筹划挂牌"新三板""创业板"。重点民营企业成为国内外知名企业，全国工商联发布的"2016中国民营企业500强"，驻区苏宁控股集团有限公司、苏宁环球集团有限公司、金浦投资控股集团有限公司3家民企榜上有名，分别排第2位、第17位、第142位，占全市上榜10家民营企业30%。南京联创科技集团有限公司、华讯方舟科技有限公司、华胜天成有限公司入选"2016年中国软件企业100强"。南京新联创业园管理有限公司、南京我爱我家房屋租赁置换有限公司分别入选2016年市区总部企业。至年底，全区13家民营企业分别被市区评为总部企业。总部企业数位列全市第二。 （孟　晖）

工业管理服务

【概况】 2016年，鼓楼区完成工业增加值40.66亿元，占全区GDP3.6%，同比下降6.9%。全区有规模以上工业企业24家，完成工业产值117.8亿元，同比下降7.4%；完成工业增加值40.36亿元，同比下降6.9%；实现主营业务收入136.2亿元，同比下降2.9%；完成利税总额13.6亿元，同比下降12.2%；实现利润总额6.9亿元，同比下降20.69%。国电南自股份有限公司（简称国电南自）、中国长航金陵船厂（简称金陵船厂）、南京汽轮电机（集团）有限责任公司3家企业产值占全区规模工业总产值78%。全年规模以上工业能耗1.16万吨标煤，同比下降14.79%；万元工业增加值能耗0.04吨标煤，同比下降10.7%。是年，全区企业获国家、省、市级财政扶持企业发展专项引导资金2361.5万元。

【工业布局调整】 2016年，市区制定大桥南堡地区工业布局调整工作计划，鼓楼区与金陵船厂、栖霞区政府、南京经济技术开发区管委会、市工业布局调整指挥部及相关单位沟通协调选址问题，牵头并组织金陵船厂领导考察搬迁选址。经与栖霞区政府和南京经济技术开发区管委会沟通协调，拟将金陵船厂整体搬迁至龙潭港。

【6家企业被评为省市级技术中心】 2016年，南京巨鲨显示科技有限公司、艾志（南京）环保管接技术股份有限公司被评为省级企业技术中心。南京鹏力系统工程研究所、南京国电南自轨道交通工程有限公司、南京欣网互联网络科技有限公司、江苏南亿迪纳数字科技发展有限公司4家企业被评为市级企业技术中心。至年底，全区市级以上企业技术中心29家，其中省级企业技术中心15家。是年，全区126个项目被列入南京市技术创新项目。

【工业企业生产】 2016年，鼓楼区贯彻落实安全生产要求，组织做好工业企业安全生产专项整治和安全隐患排查工作，确保全区工业生产平稳、有序。制定《鼓楼区工业企业安全生产隐患排查治理实施方案》《关于开展工业企业安全生产大检查工作方案》和《工业企业"安全生产月"活动方案》，联合区安监、消防、市场监督等部门和有关街道，检查金陵船厂、汽轮集团等10家重点工业企业安全生产情况。组织安全生产培训、抓好企业"安全生产月"活动等，营造良好安全生产秩序。全年，该区未发生重大安全生产责任事故。 （孟　晖）

驻区工业企业选介

【南京汽轮电机（集团）有限责任公司】 2016年，南京汽轮电机（集团）有限责任公司保持稳中有进发展态势，销售收入、利润总额指标均比上年有所增长。燃机产品拓展到6B、9E、6F.01、6F.03等4个机型；在联合循环汽轮机上推出单层轴排、高参数、高转速、带3S离合等新技术；以工艺细化、优化为引领的质量改进工作在4个典型产品上得到充分体现；进一步整合内部生产要素。至年底，企业再次获国家工商总局颁发的"守合同重信用"荣誉。 （栾　峰）

【南京汽车集团有限公司】 南京汽车集团有限公司是上海汽车集团股份有限公司全资子公司，中国汽车骨干生产企业，生产荣威、名爵、跃进、依维柯等品牌整车系列。2016年，公司推出荣威RX5车型在该集团公司浦口基地完成试装并正式批量生产，月产能2万多台。该车型获2016北京车展最受关注新车奖、2016中经SUV车型评选最受期待SUV车型奖、第18届中国国际工业博览会工业设计金奖、第七届全球新能源汽车大会年度插电式混合动力汽车奖，被爱卡汽车中国品牌年度车型评选为2016中国品牌年度车型。年内，荣威360伊朗项目进入正式发运阶段，NSE系列发动机第100万台下线，新涂装生产线投运，浦口基地产能提升及研发中心项目竣工投产，跃进（江宁）基地厂房及办公楼完成土建，南京依维柯车桥与上汽跃进车桥新厂区投产。全年销售汽车24.07万辆，实现营业收入198.59亿元，实现利税7.33亿元。荣威360车型被车质网评定为投诉销量比水平第一。是年，公司获2013～2015年度江苏省文明单位、江苏省优秀企业称号；总装生产部底盘二工段T3班组获2014～2015年度全国安康杯竞赛优胜班组称号；南京依维柯变速箱分公司齿轮生产单元磨工组获2016年度全国工人先锋号称号；南京依维柯获第四届中国越野拉力赛厂商杯冠军。

【中国长江航运集团南京金陵船厂】1月7日，中国长江航运集团南京金陵船厂（简称金陵船厂）为安吉汽车物流有限公司建造的首艘2000车位汽车运输船"安吉21"号轮在南京签字交船。该船由上海船舶研究设计院研发设计，总长141.2米，设8层装车甲板，一次可装载小汽车2000辆；主机日油耗实现节能超过20%，EEDI值满足IMO第二阶段排放要求，获中国船级社绿色船舶GREEN SHIP I附加标志；首次在同型船中采用船舶智能化管理系统，可实现船岸一体化管理。10月12日，金陵船厂首次为英国太古集团建造的9000吨水泥运输船在南京交付船东。该船总长124.7米，型宽20米，型深10.8米，载重9900吨，按英国LR船级社入级标准建造。采用高端IBAU产品，通过吹入高压空气，使固态水泥变成流态粉尘泵进泵出，具全封闭、无粉尘、无污染、绿色环保等特点，是一种技术先进、绿色环保的自卸式散装水泥运输船。年内，南京、仪征厂区协作完成山东海运8.2万吨□2号散货船、安吉航运3800车□1号汽车运输船合拢。仪征厂区通过船舶甲板按模块方式进行合拢，6700车位汽车运输船建造总中组周期比1号船缩短82天，整船坞期比1号船缩短73天。实施流程再造，推进准时化生产，管系预制完成量由月人均55根提高至82根。金陵船厂采取随行就市、全员经营的措施，应对船舶订单大幅减少的困难形势。接获生效订单11艘，包括世界最大1.55万吨货物滚装船、世界首艘2.5万吨高压双燃料杂货船以及1.2万吨滚装船订单。承接挪威可移动式浮塔项目，时隔多年再次进入非船产品市场。至年底，全厂手持船舶订单37艘183万载重吨。针对接单难、交船难、融资难、盈利难，加强全面预算管理。低值易耗费用下降45%，管理费用较年初预算减少1400万元。拓展峰谷用电、循环用水和节约用气的降本增效空间，水、电、气三种能源的耗用量分别下降36%、31%、50%。强化人力资源管理，推进外协自做、外包内做，正式工承担承包公司员工任务，9000吨水泥运输船的合拢和管系工程全部由自有职工承担。实现生产设计向下生根，详细设计向上拓展。设计公司成立技术部，深化总体设计、结构设计、推进系统设计、船舶系统设计、电气设计、舾装设计等方面的研究。首次与国外设计公司合作，直接参与高附加值滚装船前期设计，首次介入高压双燃料船的详细设计外围服务。改进工艺工法，运用有限元计算，分析4.95万吨散货船楼子在整体吊装状态下各区域的受力情况和变形，提出可行性吊装方案，加快造船进度。2016年，该船厂完成工业总产值28.01亿元、营业收入31.27亿元，船舶新开工13艘、下水16艘、交付20艘，造船完工量121万载重吨。（李文宝）

八字山公园

鼓楼年鉴 2017

教育

Education

综　　述

【概况】 2016年,鼓楼区以打造“江苏最好全国首善”教育现代化强区为目标,推进教育现代化建设,提高教育质量,扩大教育公平,保持教育优势,教育现代化水平得到提升。至年底,全区有区属中小学、幼儿园159所,在校生10.88万人。其中幼儿园88所2.34万人;小学47所5.37万人;初中16所(含市属初中2所、民办校3所)1.79万人;区属高中6所8245人;中等专业学校1所5401人;特殊教育学校1所159人。学前教育毛入园率100%,义务教育阶段巩固率100%,高中教育毛入学率99.1%,终生学习网络覆盖率100%。有区管教职工1.01万人。公开招聘新教师155人、骨干教师17人,区外调入17人,退休105人,辞职解聘17人,调出区外8人,总数净增56人。

年内,新增市级示范幼儿园1所、市优质园1所、第二批“南京市名师工作室”3个、南京市智慧校园5所、南京市中小学艺术团18个、省级标准化社区教育中心3个、市级标准化社区教育中心3个,创成南京市小学特色文化建设示范校1所、全国足球特色学校2所、省级体育传统项目学校10所、南京市阳光体育学校34所、省级语言文字规范化示范校1所、省级书香校园示范校1所、南京市依法治校示范校20所、南京市节水型学校2所。全年办理人大议案和政协提案47件,答复率、见面率、满意率均100%;办理“12345”工单2038件、“96180”等工单194件(含省教育厅厅长信箱、市委书记信箱、市长信箱、区委书记信箱、区长信箱等信访件),综合考评722.77分。是年,鼓楼区教育局获江苏省促进义务教育均衡发展先进单位、南京市教育新闻宣传工作先进集体、南京全国科普日特色活动先进单位,南京市中小学生主题征文活动、南京市第13届“税收·国家·文明”征文活动、第四届南京市中小学校园广播剧展演活动、南京市教师中华经典诵读比赛、南京市小学生故事大王比赛、“学师德模范,做四有教师”主题学习、南京市中小学生文明礼仪风采大赛7个优秀组织奖。

(耿　艳)

【教育资源优化调整】 2016年,鼓楼区推进教育优质均衡发展和《鼓楼区教育资源布局调整工作规划及三年行动计划》,发挥名优资源辐射作用,新开办公办名优校(园)分校(园)4所、民办学校2所。扩大集团办学规模,创新集团化办学思路和管理模式,加大集团内校长、教师流动,全年符合交流条件1893人,实际交流311人,占比16.4%。

(黄　睿)

【教育惠民】 2016年,鼓楼区11所热点公办中小学557个名额实行电脑派位,接受进城务工人员随迁子女2125人,外来务工人员子女公办学校入学率100%。学前教育阶段发放春季大班幼儿助学券6606人次660.6万元;完成秋季大班幼儿学前一年基本免费6923人次2076.1万元;认定各类幼儿困难生216人次,减免保育费55.89万元,发放生活补贴12.96万元。义务教育阶段认定各类困难生1981人次(其中小学1089人次,初中892人次),减免社会活动费17.63万元,发放生活补贴170.88万元;普通高中阶段认定各类困难生423人次(含建档立卡学生4人次),减免学费等各项教育费用55.7万元,发放高中助学金42.3万元;中等职业教育阶段认定各类困难生260人次,发放助学经费52万元。办理2016年度生源地助学贷款56笔45.92万元。

(王丽萍)

【教育国际交流与合作】 2016年,鼓楼区29所中小学与16个国家和地区50所学校建立友好学校。25所学校承办各项国际交流活动36次,接待561名境外学生和243名境外校长、教师。全年,境外培训进修教师46人,其中8名教师通过省教育厅组织的雏雁英语教师培训项目考试,赴加拿大和澳大利亚培训2个月。至年底,全区13所中小学引入专职外教29人,上外教课学生5607人,34所中小学幼儿园接纳境外(含港澳台)学生就读161人。

(黄　睿)

【中高考完成市目标】 2016年,鼓楼区中考总均分548.76分,市均分520.88分,列全市第二位,部分学科(政治均分46.16分)列全市第一位。普通高中本科达线人数和普通类文化达线人数均居全市之首,全区本科上线1661人,同比达线率增长14.2%。其中,普通类文化二本以上达线1274人,同比增加156人,同比增长12.7%。所有区属高中均超额完成市既定目标,其中南京市第二十九中学(简称二十九中)本科上线562人,居全市各校之首;南京市宁海中学、南京市第十二中学(简称十二中)、田家炳高级中学、南京大学附属中学(简称南大附中)和南京市第六十六中学(简称六十六中)5所高中高考成绩也较上年有大幅提高。

(胡丽丽)

教育基础设施建设

【概况】 2016年,鼓楼区教育基础设施建设投资2.1亿元,新建、扩建、改造一批中小学和幼儿园校舍。完成建筑面积1.3万平方米的第二十九中学(四中校区)综合楼建设;新建建筑面积3.2万平方米的第二十九中学幕府山初级中学;完成建筑面积2万平方米的芳草园小学凤凰校区建设;完成建筑面积2686平方米的鼓楼区一中心小学附属幼儿园建设；完成建筑面积3229平方米的大庙幼儿园建设。投入资金5000万元，完成宁海中学、田家炳高级中学、第二十九中高级中学、第十二中学等6所学校高中提升工程。投入资金1810万元，完成第二幼儿园、渊声巷小学、金陵汇文学校等48所中小学幼儿园暑期维修工程。完成南师附中树人学校、第二十九中学、南京市育英外国语学校、南师附中树人学校附属小学4所学校园林式校园创建工作。是年，鼓楼区获南京市校舍管理综合一等奖。（王甲旗）

【教育装备】 2016年，鼓楼区投入1.15亿元，完成60个项目，推进教育装备标准化、均衡化、特色化、现代化建设。教室前端设备形成3种模式，课桌椅确定3种款式。完成图书馆管理系统网络升级；完成重点项目：29中幕府山初中、芳草园小学凤凰校区、一中心幼儿园凤凰西街分园、赤壁路小学山西路校区装备项目；完成特色项目：田家炳高级中学科技馆、一中心小学童话馆、古平岗小学童谣馆。是年，凤凰花园城小学、赤壁路小学、莫愁新寓小学、宝船小学、树人中学创建成"南京市智慧校园"。（任庆书）

【第二十九中学幕府山初级中学建成】 2016年，南京市第二十九中学幕府山初级中学建成。学校性质为公办，占地2.9万平方米，实施二十九中集团一体化管理模式，为鼓楼区2016年十大民生工程之一。学校系幕府西路白云雅居配建项目，鼓楼区交由南京市第二十九中学创办。5月，启动校区施工建设与招生工作；9月开学，设初一年级5个班级，有学生200余名。10月12日，南京市第二十九中学幕府山初级中学举行新校揭牌庆典。（耿　艳）

教师队伍建设

【概况】 2016年，鼓楼区有区管教职工1.01万人（含民办园、集体园和系统外单位办园），退休教职工5520人。区级以上骨干教师2344人，占比33.4%。取得二级教师专业技术资格179人，取得一级教师专业技术资格201人，取得高级教师专业技术资格67人，岗位晋升569人，见习期转正定级159人。面向社会认定发放初中教师资格证书551本，完成首次教师资格注册工作，注册合格6599人，暂缓注册45人，注册结论不合格15人。是年，5人获评省第14批特级教师，2人获评南京市有突出贡献的中青年专家，4名校长获南京市"陶行知"奖，28人获评南京市学科教学带头人，成立首届鼓楼区名师工作室35个。（徐冬梅）

【先进教育工作者表彰】 9月9日，鼓楼区在南师附中树人学校召开庆祝第32个教师节表彰大会。区领导、区教育局全体机关干部，区民主党派代表、区政府教育督导室全体督学、区教育系统各学校（单位）主要负责人和教师代表、离退休教师代表800余人出席。大会表彰南京市鼓楼幼儿园等7所学校（园）为江苏省教育工作先进集体；侯正永、章宗年、高丛林、陈静、唐松梅为江苏省特级教师；巫涛、熊梅、高丛林、黄非为江苏省优秀教育工作者；李宏伟为江苏省教育系统优秀党务工作者；王九红、章丽为南京市有突出贡献中青年专家；张云飞为南京市优秀共产党员；殷树凤、李宁贵、戚韵东、陆燕为南京市教育局第四届"陶行知奖"获得者；吴春晓等28人为第八届南京市学科教学带头人；杨春基等13名教师为南京市德育工作带头人；田花敏等224名教师为鼓楼区优秀青年教师；卢山等450名教育工作者为鼓楼区先进教育工作者；杨莉等241名教师为鼓楼区优秀班主任。（耿　艳）

【教育系统干部培训】 2016年，鼓楼区依托国家、省、市、区四级培训平台，组织教育系统干部培训，参训人数1000人次。3月，组织初中正校职干部20余人赴常州参观常州市勤业中学和北郊初级中学。8月，举办2016年教育系统领导干部暑期学习会，各中学副校级以上干部，各小学、幼儿园、直属单位党政负责人，督导室全体督学和教育局机关科以上干部226人参加。组织基层学校参加第一至第四期

8月9日~13日，区教育局举办2016年教育系统领导干部暑期学习会

“学校管理者教育信息化领导力培训班”培训，24所学校校长和信息技术主任参加。二十九中学初中部、拉萨路小学、鼓楼幼儿园、实验幼儿园被南京市委教育工委评为南京市校(园)长培训基地。（余　丹）

【教师培训】 2016年，鼓楼区开设以学科为主体的专题研训班92个，对教师分类指导、分层培养、逐级提升，培训1.65万人次。组织区级研训活动600余场次，1.5万人次参与；开展区级公开课及讲座近1600节次；承办省市级研训活动76场次；开设省市级公开课及讲座300节次。暑期承办2个省培“引智培训”项目，培训初中数学教师50人。7月，组织1092名教师集中培训，融教育改革发展需要与教师专业成长的自我诉求为一体，体现鼓楼区教师培训的时代性和前瞻性特征。组织3500名教师参加“江苏省中小学教师信息技术能力提升工程”网上培训和线下学习。与区人防办联合开展“民防教育与综合实践活动课程整合”项目研究，开展研训活动4次。（杨　健）

【名师工作室建设】 2016年，鼓楼区推进名师工作室建设，招募35个名师工作室成员，近300名骨干教师成为新一批名师工作室成员。张冬梅、黄黎敏、郭学萍3位特级教师成为南京市第二批名师工作室主持人。举办小学语文等学科“鼓楼名师讲坛”专场活动，推荐中学语文学科老师曹茂昌和数学学科老师王为峰参与南京市名师公益大讲堂活动，为全市新优质学校师生及家长开设讲座。6月，进行市级以上名特优师考核。投入183.2万元，表彰市级以上名特优师192人。（徐冬梅）

学前教育

【概况】 2016年，鼓楼区有完全建制幼儿园88所，其中省级示范园27所、省级优质园39所，市级优质园11所，市标准园及合格园11所。有教职工3791人，其中专职教师2111人、省特级教师6人、市名园长3人、市名教师2人、市学科带头人和优秀青年教师50人次，区学科带头人和优秀青年教师225人次，区骨干教师667人。幼儿班级770个，在园幼儿2.35万人。年内，推进“增量、创优、普惠”三项工程，建成鼓楼区一中心幼儿园凤凰分园(中海凤凰熙岸配建幼儿园)、南京市金达幼儿园(金达花园配建幼儿园)；海燕幼儿园被认定为民办惠民幼儿园，花开四季幼儿园创成省优质园，伯利兹侨青幼儿园创成市示范园，圣玛丽世茂幼儿园创成市优质园；南京市金信幼儿园更名为南京市鼓楼区一中心幼儿园。是年，鼓楼区获南京市学前教育改革创新“三项工程”贡献奖之“创优工程”“民办惠民幼儿园促进工程”奖；《综合教育课程研究共同体的探索与实践》《幼儿教师研训工作立体架构的实践》获南京市学前教育改革创新制度创新奖。省级机关实验幼儿园获“全国青年文明号”；省级机关实验幼儿园、南京市实验幼儿园、南京市鼓楼幼儿园获江苏省文明单位称号。南京师范大学幼儿园被评为南京市“城市治理标准化建设达标单位”，中国电子科技集团公司第十四研究所幼儿园获评“南京市随班就读示范学校”，省级机关第一幼儿园获“中国少年儿童美术书法摄影作品大赛优秀组织奖”，南京市金蓓蕾幼儿园、鼓楼区江滨幼儿园获“南京市先进民办学校”称号，南京科睿幼儿园获“南京市价格诚信单位”称号。（贺　玮）

2016年鼓楼区学前教育个人荣誉表

表30

序号	姓　名	单　位	荣　　誉
1	陈　静	南京市鼓楼幼儿园	江苏省第14批特级教师
2	唐松梅	南京市第三幼儿园	江苏省第14批特级教师
3	黄　菲	南京市实验幼儿园	江苏省优秀教育工作者、南京市第八批幼教学科带头人
4	崔利玲	南京市鼓楼幼儿园	江苏省第14届哲学社会科学优秀成果三等奖、南京市第13次哲学社会科学优秀成果一等奖
5	陈　洁	南京市实验幼儿园	南京市第八批幼教学科带头人
6	丁仕华	南京市鼓楼幼儿园	南京市第八批幼教学科带头人
7	徐　毅	南京市于家巷幼儿园	南京市第八批幼教学科带头人
8	章　丽	南京市实验幼儿园	宋庆龄幼儿教育奖
9	王义梅	南京市第三幼儿园	2014~2015学年南京市教育事业统计工作先进个人
10	陈红霞	南京市六一幼儿园	2015年南京市社会科技普及工作先进个人

续表 30

序号	姓　名	单　位	荣　　誉
11	庞　蓉	南京市五所村幼儿园	南京市安保工作先进个人
12	魏海燕	南京市五所村幼儿园	南京市安保工作先进个人
13	李梅荣	南京市五所村幼儿园	南京市安保工作先进个人
14	刘　青	南京市于家巷幼儿园	南京市安保工作先进个人
15	陈　萍	鼓楼区五塘幼儿园	南京市安保工作先进个人
16	戴　莉	鼓楼区银城花园幼儿园	南京市安保工作先进个人
17	杨　佳	省级机关第一幼儿园	南京市安保工作先进个人
18	孙　琪	南京鼓楼广电纽贝思三牌楼幼儿园	南京市安保工作先进个人
19	明国玉	南京彩虹乐园幼儿园	南京市安保工作先进个人
20	吴京军	鼓楼区花开四季幼儿园	南京市安保工作先进个人
21	洪　河	纽贝思建宁路幼儿园	南京市安保工作先进个人
22	孙春芬	纽贝思建宁路幼儿园	南京市安保工作先进个人
23	姚建香	省级机关实验幼儿园	2015~2016年度南京市先进民办教育工作者
24	王付西	省级机关第一幼儿园	2015~2016年度南京市先进民办教育工作者
25	蔡宁睿	南京市金蓓蕾幼儿园	2015~2016年度南京市先进民办教育工作者
26	文　莉	南京科睿幼儿园	2015~2016年度南京市先进民办教育工作者
27	陈俊获	鼓楼区小博士幼儿园	2015~2016年度南京市先进民办教育工作者

【“课程游戏化”项目建设】 4月21日，鼓楼区承办南京市推进“课程游戏化”项目建设现场会，南京市课程游戏化项目园园长和老师160余人参加。与会代表通过现场观察、经验分享、专家讲座，共同研讨、探寻支持儿童成长路径。鼓楼区结合单元课程需要，打造“游戏的工作室”，提供“活教育”的游戏环境，孩子沿着单元线索和材料提示玩游戏，有更多的游戏选择权，在主动学习的同时，更加自主、自由、愉悦。全年承办市级推进会2场、区级1场。南京市实验幼儿园和星星幼儿园接受省级视导。12月，区组织幼教研训员、名特优教师等成立专家视导组，专项视导调研38所幼儿园课程游戏化建设，以“鼓楼区幼儿园课程游戏化建设视导评价表”为评估依据，了解近两年幼儿园课程游戏化建设推进情况，通过交流与研讨，针对问题提出改进建议，帮助各园持续开展课程建设。（贺　玮）

【中国学前教育研究会学术年会分会场】 11月21日，中国学前教育研究会学术年会在南京开幕。区内鼓楼幼儿园、南京市第二幼儿园(简称二幼)、南京市第三幼儿园(简称三幼)作为分会场，接待参加学术年会同行约300人次。鼓楼幼儿园以《活教育在鼓幼》专题片，介绍“活教育”由来、单元课程理念、园所文化传承与创新，展示百年老园厚重文化积淀，传递鼓幼人追求真理的科学研究精神。与会幼教专家与代表分3队参观三幼大公馆、汇林、雅苑3个园部室内外环境、多功能活动室、红黄蓝画室、科学美术工作室，并进入班级观摩幼儿游戏活动，了解三幼“以美育人，寓教于谐”园本教育理念。二幼向与会代表介绍“沿着生命成长启蒙教育前行”园本课程，使与会者感受二幼“生命孕育于自然之源，成长得之于和谐之境”实践历程。（耿　艳）

【“走进鼓楼名园”活动】 12月2日，鼓楼区开展“走进鼓楼名园”系列活动，走进南京市六一幼儿园。区教育局和区幼儿园园长、副园长等170余人参加。与会者观摩六一幼儿园教学活动和各班主题游戏，聆听该园课程研究、队伍建设、园所管理发展历程和成果，对六一幼儿园在积木建构活动中的研究成果给予肯定。“走进鼓楼名园”系列活动是该区教育局打造的幼儿园沟通交流平台，旨在为幼儿园提供展示机会，加强辖区内幼儿园之间相互了解与学习，实现区内幼儿园建园成果分享、交流和共进。（贺　玮）

【王玮获“感动江苏教育人物——2016最美幼儿教师”称号】 2016年，鼓楼区实验幼儿园教师王玮获“感动江苏教育人物——2016年最美幼儿教师”称号。“感动江苏教育人物——2016最美幼儿教师”评选活动2月启

区实验幼儿园老师王玮获“感动江苏教育人物——2016最美幼儿教师”称号

动，全省246名优秀幼儿教师经推荐入围。经初选、复评等环节，20位教师参加22日终评，按照“爱岗敬业、师德高尚、业绩突出、社会赞誉”四个方面标准和“最美”“感人”评审原则，经过15～19日网络投票，确定10名江苏省“2016最美幼儿教师”和10名“2016最美幼儿教师”提名，王玮为南京市唯一获此荣誉者。（耿　艳）

小学教育

【概况】 2016年，鼓楼区有小学（含民办2所）47所、教职工3382人，有班级1331个、在校生5.37万人，小学普及率100%，巩固率100%。是年，小学毕业生8444人，学业合格率100%。全区有小班化教育实验小学20所，其中南京市小班化教育示范学校9所。5月，完成新一轮教育布局调整，凤凰街小学撤并到新建芳草园小学凤凰校区，新建民办鼓楼实验小学。至年底，有省级特色文化建设项目学校2所、市级特色文化建设项目学校3所，南昌路小学创成南京市特色文化建设示范校，白云园小学、青云巷小学、南师附中树人附小、汉口路小学通过南京市小班化教育示范学校复评验收。宝船小学创成市节水型学校，三牌楼小学和力学小学前瞻性课题被确立为江苏省基础教育前瞻性教学改革实验项目。承办首届南京市小学教学工作会议，在拉萨路、琅琊路、芳草园、天正、金陵汇文、天妃宫6个小学设置分会场，进行涵盖10门学科的教学研讨。6月，鼓楼区随班就读资源中心成立。（朱映艳　唐文静）

【赤壁路小学公益风车展创世界纪录】 4月，全国少年儿童“心中有祖国、心中有他人”（双有）主题教育活动组委会与中国下一代教育基金会面向全国少年儿童开展“梦想风车　童鞋奔跑”全国少年儿童爱心行动，全国1万余名少年儿童制作的爱心风车在赤壁路小学展出。经清点，现场有公益小风车1.05万只，世界纪录认证官吴华江对风车数量认证并宣布“世界最多儿童公益风车纪录”诞生，赤壁路小学生和全国少年儿童创下世界最多的公益风车展示，吴华江向全国“双有”活动组委会和赤壁路小学颁发证书。该爱心行动募集善款用于制作童鞋，送至贫困地区小朋友。

【艺术教育特色学校建设】 7月，经省教育厅专家评审，拉萨路小学、金陵汇文小学被认定为第四批“江苏省艺术教育特色学校”，南京市有5所学校获评。鼓楼区创新美育活动内容和形式，完善课堂教学、课外活动、校园文化三位一体的美育推进机制取得实际成效：拉萨路小学倡导“慧学、慧玩、慧生活”课程理念，强调艺术即生活，生活即教育，打造专业化、研究型艺术教师团队。金陵汇文小学倡导“和韵”文化理念教育，培养情感与智慧和谐共生大写的人，充满灵动艺术教育氛围，扎实有效的课程体系，提升孩子们艺术素养。10月，金陵汇文小学承办南京市器乐进课堂教学研讨活动，课堂教学和陶笛歌舞

赤壁路小学创“世界最多儿童公益风车”记录。图为创世界纪录认证现场

表演受到专家与同行肯定；12 月，金陵汇文小学陶笛队在南京市首届中小学小器乐比赛中获特等奖第一名。

【少先队建队 67 周年活动】 10 月12 日，南京市暨鼓楼区庆祝少先队建队 67 周年“传承红色旗帜　争当先锋少年”主题活动在金陵汇文小学举行，2000 余人参与。活动展出全区各校百幅手抄报作品；以视频方式播出雏鹰假日小队“红色寻访”活动——采访张玉华老将军实录；辅导员们表演诗朗诵《七律·长征》，少先队员表演歌伴舞《映山红》《闪闪的红星》。活动特别设置党旗、团旗、队旗在全体少先队员方阵上方传递环节，昭示星星火炬代代相传。活动现场，鼓楼区在全市率先成立的首批 20 家校级少工委接受授牌。

10 月 12 日，2016 年南京市暨鼓楼区庆祝少先队建队 67 周年“传承红色旗帜，争当先锋少年”主题活动在金陵汇文学校举行

【实验学校联盟成立】 11 月 3 日，三牌楼小学江苏省前瞻性课题教学改革实验项目《促进儿童思维多样化发展的学习场景建构》实验学校联盟成立，省教科院、市教科所有关专家莅临指导。常州市河滨小学、海安县丁所小学、浦口区汤泉小学、栖霞中心小学、南化实验小学、盱眙黄花塘小学及南京市丁家桥小学、回龙桥小学、马台街小学、察哈尔路小学加入联盟。联盟旨在从学习场景及儿童思维等角度思考并研究，共同推进江苏省前瞻性课题教学改革实验项目的合作、交流与深化。

【南昌路小学建成市首批小学特色文化建设示范校】 12 月 14 日，南昌路小学获评南京市首批小学特色文化建设示范学校。该校以民乐博物馆为平台，打造艺韵文化环境，从原生态民乐活动发展为初具体系的特色文化。课程开发上做到民乐课程特色化，让孩子拥有开启民族文化的钥匙；国家课程艺术化，使孩子焕发主动学习热情；艺术综合课程校本化，使每个孩子获得积极影响。学校采用“希望之旅”评价体系激励学生，为学生艺术化生活奠定基础，促进学生综合素养不断提升。 （耿　艳）

中学教育

【概况】 2016 年，鼓楼区有市属高中 2 所，区属高中 4 所、完中 2 所，市属初中 2 所、区属初中 14 所（含民办校 3 所）。区属中学有初中班级 459 个、在校生 1.79 万人；有高中班级 226 个、在校生 8245 人；有教职工 2909 人。是年，初中毕业生 6139 人，学业合格率 100%，初中巩固率 100%；高中毕业生 2723 人，学业合格率 100%。该区做好义务教育阶段免试就近入学工作，根据外来务工人员随迁子女入学相关政策，安排 938 名外来务工人员子女到区属初中就读。年内，制订《鼓楼区新优质初中质量提升工作意见》《2016 年鼓楼区“新优质初中”创建项目推进计划》，确定年度目标，缩小区域初中间差距，提升“新优质初中”教育教学质量。推进鼓楼教育均衡发展，优化调整初中布局；科学合理划定施教区范围，推进鼓楼一南一北教育资源优化。 （郦　琳　胡丽丽）

【初中布局调整】 2016 年，鼓楼区优化调整初中布局，推进鼓楼教育均衡发展。第二十九中学初中部从玉泉路迁入原南京第四中学校区，施教区范围根据其规模和周边地区生源情况作相应调整；新建第二十九中学幕府山初级中学，科学合理划定施教区范围；新建鼓楼实验中学，满足不同群体对优质、多样化教育资源需求，推进鼓楼一南一北教育资源优化，让更多百姓享受优质教育。

【“新优质初中”创建】 2016 年，鼓楼区制订《鼓楼区新优质初中质量提升工作意见》《鼓楼区“新优质初中”创建项目推进计划》，指导“新优质初中”依据校情制订“一校一方案”。通过“教研”“科研”“培训”“电教”融合，开展新优质学校“课堂教学质量提升专题”活动，依托初中 7 个名师工作室（语文 2 个、数学 3 个、英语 1 个、化学 1 个），组建教师发展共同体；组建语、数、英、物 4 个学科基地。邀请专家开设论文撰写讲座，培育校本课题和区市课题 40 个（其中，新优质初中有省市规划课题 8 个、区微课题 13 个）；强化校本课程建设，推进学校校本课程开发、建设和完善；强化教师订单式培训，根据教师需求提升教师发展水平，开展相关培训210人次；做好“手拉手”学校共建工作，实现管理、教师交流与互动。区内名师与4所“新优质初中”帮扶对象一对一师徒结对，制订3年培养计划。4月，鼓楼区在南京市第八中学召开“新优质初中”创建工程现场会，“新优质初中”创建学校围绕“以学定教”“让每一个学生的学习真正发生”理念，介绍各自学校发展实践案例，相互借鉴，共同发展。至年底，全区有南京市第八中学、南京市第六十六中学、滨江中学、南大附中4所“新优质初中”学校。（胡丽丽）

【南大附中120周年校庆】 10月6日，南京大学附属中学举行“百廿年·附中梦”主题120周年校庆庆典。南京大学党委副书记、纪委书记刘鸿健，市教育局局长吴晓茅，区委书记张一新等领导，来自海内外嘉宾、各届校友代表1000余人参加。庆典仪式上，来宾与学校师生观看校庆典礼暨文艺演出，南大附中校长赵建强作“任重道远，继往开来”致辞；74届校友、江苏省建设厅原巡视员王翔代表校友发表感言；中国书协副主席、省书协主席、省文联副主席孙晓云为母校题写校名和楼名，并向母校120周年华诞赠字捐书。学校还收到海内外兄弟学校、众多校友祝福和贺信；校友代表中国民主同盟中央副主席、中科院院士、美国人文与科学院院士、北京国际数学研究中心主任田刚发来签名贺信；张一新、刘鸿健分别发表讲话。庆典结束后，举行素质教育成果展演、校友及著名书法家笔会、中外教育论坛、校友讲座等系列活动。（耿艳）

【2016清华美院全国生源基地实验学校年会】 12月17日，2016清华美院全国生源基地实验学校年会（简称年会）在宁海中学举行。年会由清华大学美术学院（简称清华美院）主办、南京市宁海中学承办。清华美院、华东师范大学、北京服装学院美术学院、市教育局等领导和嘉宾出席，全国123所中学近400名领导和美术教师参加。年会主题：帮助美术特长生树立正确的价值观和理想信念。会上，清华美院副院长张敢作学院美术教育发展史专题讲座；清华美院招生办主任郭林红通报2016年清华美院本科招生情况并发布2017年招生总体政策；清华美院教授李睦、曲欣评析2016年清华美院考卷。宁海中学美术教育始于1986年，为清华美院生源基地，是中学教育和大学教育结合的成功示范。

社教职教

【社区教育】 2016年，鼓楼区宁海路、凤凰、热河南路3个街道教育中心创建成省级社区教育中心，宝塔桥、建宁路、阅江楼3个街道创建成市级社区教育中心；全区13个街道中有10个街道创建成省级社区教育中心。社区培训学院开设社区教育管理理论及实务等专业知识培训16场，培训社区教育专兼职教师600人次。与南京中医药大学心理学院合作，设立“鼓楼区教师、社区妇女、老年人心理健康状况调查与干预对策研究”专项系列研究课题，对13个街道1.5万人进行心理健康问卷调查，为政府决策提出建设性意见和对策。为社区属地青少年开展“青春健康同伴教育”活动100余场，1000多人次参加。全区13个街道社教中心结合地域人员构成和需求，进行特色项目培训35万人次，居民参加社教活动约60万人次，撰写社教专项论文约30篇。设立继续教育培训点1个，对区行政事业单位、教育系统财务人员专场会计继续教育培训2场，邀请专家教授进行政府会计准则、预算绩效管理、政府采购、国有资产管理实务、会计档案管理等专题讲座，会计从业人员继续教育培训1000余人。

【数字化学习社区建设】 2016年，鼓楼区拓展“鼓楼市民学习在线”功能和受众面，发放学习卡和宣传册1000余份，至年底，学习在线注册用户9.38万人。做好“鼓楼市民学习在线”与市级平台“南京学习在线”互联互通，鼓楼居民通过一站式登录，进入“南京学习在线”学习，推进市区两级网络平台与教育资源共建共享。全年，“鼓楼市民学习在线”发布社区教育新闻信息1747篇，宣传、展示社区教育活动，分享社区教育新方法、新渠道。制作“南京非遗”系列专题特色课程，使中国传统文化、传统手工艺得以传承发展。是年，参加中国成人教育协会社区教育专业委员会与国家数字化学习资源中心举办的第二届NERC杯全国社区教育优秀微课程评选活动，在1451个作品中，鼓楼电大设计制作的微课程“非物质文化遗产——南京绒花”获全国二等奖。（周燕）

【终身教育体系建设】 2016年，鼓楼区确立“推动全民终身学习，建设学习型鼓楼”主题，在全区13个街道举行“全民终身学习活动周”开幕仪式，1300人次参与。从民间推举和挑选乐于社教、经验丰富、立足岗位的终身教育管理者、研究者及相关人员20人，组成“终身教育人才专家库”。围绕社区特点和社区文化特色，开展系列学习活动30场次，依托图书馆、社区书屋和居民学校，开展好书推荐、好书诵读、数字化阅读等学习宣传，推动全民终身阅读。12月，社区教育委员会、区教育局、区开放大学、区社区培训学院以及热河南路街道，在白云亭文化艺术中心举办“鼓楼区2016社区教育暨全民终身学习成果展”，展出剪纸、艺术风筝、景泰蓝工艺画等优秀社区教育作品280件，500余人次参与。

【民办教育管理】 2016年，鼓楼区有民办教育机构174家，其中区属学历教育学校5所、民办非学历教育机构133家、民办幼儿园36所。全年完成172家民办教育机构督导评估工作。新办民办学历教育学校2所，新许可非学历教育培训机构2家。

【南京商业学校】 6月，南京商业学校被认定为江苏省高水平现代化职业学校。学校在职教工300多人，在校生6000多人，分6个校区办学。设财经管理系、旅游管理系、信息工程系、工商管理系、汽车服务系和国际教育学院，专业方向18个，五年制高职专业13个。电商物流专业群被认定为首批省级中职现代化专业群，烹饪专业、会计专业、软件技术专业3个实训基地创成“江苏省高水平示范性实训基地”。是年，该学校1人获评正高级教授，1人列为第四届职业教育领军人才，3人获评市学科带头人，3人获评市首届德育工作带头人，9人被聘任为新一届市教科研中心组成员。学校在国家级大赛上获3项金奖，省级技能大赛上获10枚金牌、9枚银牌、14枚铜牌。

【鼓楼开放大学揭牌】 7月4日，鼓楼开放大学建设推进会暨揭牌仪式在南京市广播电视大学鼓楼分校举行。南京开放大学校长夏桂松，鼓楼区委常委、副区长郭明雁为学校揭牌。夏桂松表示，建设开放大学是构建终身教育体系，推进教育现代化的需要，希望鼓楼开放大学能够抓住机遇，积极主动开展工作，成为一所承载更多使命的新型大学，为鼓楼区终身教育再做新贡献。揭牌仪式由区教育局副局长周斌主持，南京电大、区电大以及鼓楼开放大学全体教职员工20人参加。

【南京广播电视大学鼓楼区分校】 2016年，南京广播电视大学鼓楼区分校（简称区电大）有专职教职工18人，其中高级职称教师6人。设9个专业26个班级，在校学生2248人，全年招收新生77人，毕业学生306人。继续独立承担南京市广播电视大学系统小学教育专业中心教研室工作，统一管理全市小学教育本科专业。全年组织183场次3786人次考试管理工作，4名学生获国家开放大学奖学金，3名学生获“南京广播电视大学优秀毕业生”称号。是年，学校进行数字化校园改造，建设校园无线网、教室教学网络直播系统、录直播教室等。

【南京理工大学鼓楼分部】 2016年，南京理工大学鼓楼分部设有成人教育专升本工商管理、人力资源管理、会计学、土木工程4个本科专业，10个班级，在校学生296人。全年招收新生104人，毕业学生82人。该校与南京理工大学成人高等教育开展合作，开发“校企合作”“行业合作”模式，新增校外校企合作办学单位1家，首次招生53人。是年，该校获评南京理工大学先进办学单位。 （耿 艳）

教育科研

【概况】 2016年，鼓楼区开展校本精品课程展示评比活动，推选22个校本课程方案和8个校本课程案例参加2016年省市优秀校本课程评选，经市级初选推荐到省级评选，获一等奖5项（全省一等奖87项，其中南京市中小学一等奖8项，鼓楼区占5项），位列省市前列。组织省“师陶杯”优秀论文推选和市区联动教育案例（叙事）、论文评选，在江苏省2016年“师陶杯”论文评审中，4篇论文获一等奖（全市一等奖25篇），9篇获二等奖（全市二等奖65篇）。在市区联动论文评选中，收到参评论文1647篇，评审组依据《南京市2016年优秀教育论文评审标准》，采用分学段、分学科、电子化、匿名式评审方式，推选600篇论文参与市级评审。在南京市教育案例（教育叙事）和第九期“个人课题”申报评选中，鼓楼区获奖比例和课题立项率分别为96.6%和65.71%，均居全市前列。教育科研通过项目研究，发挥名特优师示范效应，彰显“课堂教学研究化、教学研究课题化、课题研究课程化”科研特色，促进教研、科研和培训一体化融合。

【承办南京市小学教学工作会议】 3月，鼓楼区承办南京市小学教学工作会议，省教育厅、市教育局、鼓楼区等领导出席，各区教育局局长、分管局长、市区小学学科教研员，全市各小学校长、教师代表2200余人参加。会议设琅琊路小学、拉萨路小学、芳草园小学等6个分会场，展示鼓楼区教师执教的20节观摩课，播放该区小学教改专题片，呈现17所学校及相关部门教改经验报告，举办4门学科特色活动展。会议出台《促进学习力生长——南京市小学教学改革行动计划（2016—2020）（征求意见稿）》，宣读南京市小学教学改革工作学术指导委员会名单，并为专家代表颁发聘书。副区长郭明雁致辞并介绍鼓楼区小学教学改革工作思路、推进方式及主要成绩；市教研室作小学教学改革工作报告，6家单位交流教改典型经验。会议还邀请省教育学会会长杨九俊作《知识学习视角中的学习力生长》主题报告等。是年，鼓楼区在省教育厅组织的教育改革创新典型案例评选中，《为儿童的学习：教学改革的质量追求》获优秀典型案例（全省获奖单位30个，其中区县级单位3个）。 （王 颖）

【教学改革项目申报】 2016年，鼓楼区组织省市基础教育前瞻性教学改革实验项目申报，鼓楼幼儿园、三牌楼小学和力学小学教改实验项目在省级立项，第二十九中学初中部教改实验项目在市级立项。幼教研训部“整体架构、整合资源、协同发展——鼓楼区建立幼儿教师研训工作立体架构的实践”项目成果获南京市学前教育改革创新奖——制度创新奖；开展学前融合教育研究，融合教育项目组成员在《江苏特殊教育》杂志发表文章6篇。开展“微课题”项目研究，遴选89个“微课题”项目，体现研究的针对性和实效性。

【课题研究】 2016年，鼓楼区开展“十三五”教育科学规划课题申报工作，申报课题123项，其中省级立项30项，市级立项45项。开展2015年度立项的省市教育科学“十二五”规划30项课题开题论证会。开展2013年度立项的省市规划课题中期检查，上报省级材料16项，7项获优秀等级；上报市级材料18项，8项获优秀等级。指导15所学校完成省市“十二五”规划课题结题和课题研究中期汇报展示。是年，鼓楼区获南京市第四届教育科研成果一等奖7项、二等奖9项、三等奖2项，列南京市首位。南京市实验幼儿园申报的国家社会科学基金“十三五”规划课题“完整儿童：30年幼儿园综合课程的深化研究”被立项。

（杨　健）

教育专项事务

【教育督导】 2016年，鼓楼区制定《南京市鼓楼区教育督导工作“十三五”规划（2016–2020年）》，通过素质教育综合督导、随机督导、督导回访、督导随访和中小学校责任督学挂牌督导等形式，对全区中小学、幼儿园办学状况监督指导。综合督导金陵汇文学校（小学部）、滨江中学、第十二初级中学、第二十九中学致远校区素质教育；随机督导南京市第八中学、察哈尔路小学、莫愁新寓小学、白云园小学、小市中心小学、汉江路小学、建宁路小学、南京市第三幼儿园、南京市金信幼儿园素质教育；综合督导回访南大附中、宁海中学分校、第三十九中学、南昌路小学、天妃宫小学素质教育；督导随访二十九中、田家炳高级中学、六十六中、五十中、金陵汇文（初中部）、力学小学、鼓楼区第二实验小学、树人附小、青云巷小学、芳草园小学、长平路小学、民生实验小学、多伦路幼儿园、滨江幼儿园、阅江幼儿园等30余所学校幼儿园素质教育。责任督学通过听取汇报、察看现场、查阅资料、随机听课、约谈校级领导和个别访谈、座谈走访、问卷调查等形式，了解学校办学状况、学校素质教育开展、校园文化建设、校园安全工作内容等，从规范办学、精细管理、打造品牌等方面指导学校依法办学和优质发展。年内，区督导室做好“秋季开学暨年度重点工作落实情况专项督导”“校园欺凌专项治理”等专项督查。12月，配合区教育局做好“国务院教育督导办关于校园欺凌专项治理督导”调研工作。配合做好省教育现代化建设监测工作，协助做好县级政府教育工作省级督导回访，协助区教育局制定《南京市鼓楼区教育事业发展“十三五”规划纲要》。

（王　颖）

【区特殊教育学校】 鼓楼区特殊教育学校系江苏省特殊教育现代化示范学校。校园面积1.09万平方米，校舍建筑面积5727平方米，绿化面积4042平方米。包含腾飞园校区（地址在腾飞园22幢）、二板桥校区（地址在二板桥555–4号）。有学前康复班1个、九年义务教育班18个、中等职业教育班3个，学生161人。有教师46人，其中南京市学科带头人2人，南京市优秀青年教师4人，全国特奥优秀教练员2人，“周恩来奖教金”获得者3人。学校对智力残疾儿童和少年实施学前教育、九年义务教育、中等职业教育，是南京市培智学校中校园面积、教师及学生数、体系完善俱佳的一所特殊教育学校。至2016年年底，该校获评江苏省平安校园、南京市园林校园，南京市“双业创优”先进单位，是南京市特奥篮球、游泳、田径、保龄球、举重训练基地。全年接待26国武官夫人代表团、英国特色学校促进会及省内外30多个城市专家学者到访。

【鼓楼特校获特奥运动会奖牌】 5月16～20日，鼓楼区特殊教育学校10名运动员组成江苏代表队，赴安徽省黄山市参加国际特殊奥林匹克东亚区羽毛球比赛，9支来自韩国、蒙古、中国香港、中国澳门和中国内地特奥会代表队参赛。江苏代表队获5金、1银、1铜、1个第四名成绩，金牌总数列所有参赛队第一。

【区特殊教育资源中心成立】 6月，鼓楼区特殊教育资源中心（简称“中心”）成立。中心以特殊教育学校为骨干，残疾儿童随班就读为主体，送教上门为补充，推进融合教育，保障残障学生平等享受义务教育的权利。中心设有办公咨询区、筛查评估区、教学辅导区、多功能康复训练区、教学资源区、游戏活动区等。区特教学校校长赵艳霞担任主任，配备6名巡回指导老师具体协调、落实随班就读各项工作。“中心”职能：统筹、协调全区特殊儿童少年随班就读工作，建立健全随班就读工作制度和管理网络，组织开展随班就读师资培训和认证，指导全区随班就读资源教室建设，建立随班就读信息资源库，完善区特殊儿童少年随班就读工作支持保障体系。同时，组建专家组，对全区随班就读诊断、鉴定、安置、康复及教育等工作进行指导和技术支持。9月，完成全区范围内摸

底，建立全区中小幼在校生中残障儿童信息库。（耿　艳）

【教师发展中心】 2016年，鼓楼区教师发展中心（简称中心）发挥“功能一体化、资源充裕化、绩效最优化”综合效能，加强学校内涵发展研究，助力区域教师专业发展，提升鼓楼教育品质。筹划虎踞路校区建设，打造教师培训智慧服务体系。引导教师实现课堂教学由“师本”课堂向“生本”课堂转变，由“知识”课堂、“能力”课堂向“育人”课堂转变，发挥课堂教书育人功能。编制《鼓楼区初一新生学业适应性调查问卷》，调研初一新生入学学情，为鼓楼区初中教育策略的制定、教学的实施提供数据支撑。指导三十九中学创成“江苏省第二批心理健康教育特色学校”，拉萨路小学等9所学校创成南京市首批心理健康指导中心（全市52所，鼓楼区占17%），开展鼓楼区第三届“健心杯”心理活动课课堂教学竞赛。是年，该中心被评为2013～2015年度南京市文明单位。杨健、刘明静、王士云3人获评“江苏省教育科研系统先进个人”，魏玉平获评南京市第八届学科教学带头人。曹茂昌教学资源获“一师一优课”部级优课和市级一等奖。肖鹃志愿参加盐城阜宁“6·23”风灾心理援助，获江苏省心理学会优秀志愿者称号。（杨　健）

【区少年宫】 2016年，鼓楼区实施“少年宫创新主题公益培训活动”计划，少年宫特色、品牌公益“梦想风车童鞋奔跑”爱心捐助、“墨香校园”书法进校园及暑期百人公益培训活动。少年宫获评教育部、全国妇联、共青团中央少年部全国“心中有祖国，心中有他人”主题活动先进集体。承办“南京市中小学生艺术团授牌仪式暨现场推进会”，各区教育局分管局长和分管干部、全市“中小学艺术团”承办学校负责人及老师等200余人参与，老师和学生携手演出，展示鼓楼区中小学艺术团风采。组队参加2016年南京市“五小”（小发明、小设计、小考察、小建议、小影视）科技竞赛活动，蝉联榜首。组队参加南京市教育局“小学生集体舞比赛”，2支代表队均获特等奖，少年宫获优秀组织奖。是年，少年宫获第20届全国中小学生绘画书法作品比赛先进集体和南京市中小学生小发明展示、南京市航海模型竞赛、南京市第22届科创大赛3个优秀组织奖。开设“书法班复式教学实践研究”课程和百人公益夏令营，获市教育局奖励资金50万元。区代表队获市教育局、市科技局金钥匙团体决赛一等奖和二等奖，金钥匙江苏省赛获省团体二等奖。南京市中小学生艺术团3年重新评估，鼓楼区18所艺术团被市教育局确定为“南京市中小学艺术团”承办学校。（朱　伟）

部分驻区高校

【南京大学】 南京大学前身是创建于1902年的三江师范学堂，1950年更名为南京大学，是教育部直属重点综合性大学、国家“211工程”重点支持大学和国家“985工程”首批重点建设大学，有鼓楼区、浦口区、栖霞区仙林3个校区。

2016年，该大学有29个直属院系、全日制在校生3.32万人，其中本科生1.32万人、研究生1.68万人、留学生3069人、学位留学生1010人，成人教育学生4783人。招生1.02万人，毕业1.03万人。设本科专业86个，专业硕士学位授权点24个，专业博士学位授权点1个，博士学位授权一级学科41个、二级学科点（不含一级学科覆盖点）3个，硕士学位授权一级学科18个、二级学科点（不含一级学科覆盖点）9个，博士后流动站38个。有一级学科国家重点学科8个、二级学科国家重点学科12个、江苏高校优势学科建设工程二期项目立项学科与重点序列学科22个、江苏省一级学科重点学科14个。有国家基础学科人才培养基地12个、国家生命科学与技术人才培养基地1个。有国家实验室（筹）1个、国家重点实验室7个、教育部重点实验室8个、江苏省重点（工程）实验室9个、国家工程技术研究中心1个、国家工程研究中心1个、国防科工局国防重点学科实验室1个、国家测绘地理信息局重点实验室1个、教育部工程中心2个、环境保护部工程技术研究中心1个、江苏省工程中心11个、国家级2011协同创新中心2个、江苏高校协同创新中心5个、教育部人文社会科学重点研究基地4个。

年内，大学有教职工4896人，其中专任教师2202人。专任教师中，正高级职称992人，博士生导师906人。有中国科学院院士28人、中国工程院院士3人，“千人计划”创新人才30人、创业人才14人、“外专千人计划”入选者2人，“万人计划”科技创新领军人才7人、哲学社科领军人才3人、百千万工程领军人才1人、教学名师2人、青年拔尖人才8人，教育部“长江学者奖励计划”特聘教授90人、讲座教授25人，国家杰出青年基金获得者113人，国家级教学名师10人，国务院学位委员会学科评议组成员22人，国家级有突出贡献的中青年科学、技术、管理专家27人，“973计划”和重大科学研究计划项目首席科学家36人，“青年千人计划”入选者93人，教育部“新世纪优秀人才支持计划”入选者238人，“百千万人才工程”国家级入选者32人。

是年，制定完成南京大学教育开放发展战略规划，启动实施“学科高峰”建设计划，举办第十届国际湿地大会等国际会议。授予德国总理默克尔名誉博士学位，聘任美国前国务卿、博士基辛格为名誉教授，举办中美文化研究中心成立30周年庆典。在“国际战略合作伙伴计划”中，与哈佛大学、斯坦福大学等高校合作建立联合研究机构。全校有16个学科进入美国基本科学指标数据库（简称ESI）排名世界前1%，其中化学、材料科学进入世界前1‰。在英国Quacquarelli Symonds（简称QS）最新公布的世界一流大学综合排名中，学校位列全球第115位；在最新衡量基础研究水平的“自然指数”国际排名中，位列国内高校第2位、全球高校第20位。获教育部高等学校科学研究优秀成果奖15项，获奖数位居全国高校第一。获国家科学技术二等奖4项；获江苏省哲学社会科学优秀成果奖77项，位居全省高校和科研院所第一。入选首批国家双创示范基地，启动与南京市、镇江市的全面合作，获取双创资源。　（潘　静）

【河海大学】 河海大学始于1915年河海工程专门学校，是有近百年办学历史、以水利为特色、工科为主、多学科协调发展的教育部直属全国重点大学，国家“211工程”重点建设高校。本部位于鼓楼区，在江宁区和常州市新北区设有校区。

2016年，该大学有20个学院、1个系，有在校生5.13万人，其中本科生1.99万人、研究生1.64万人、学位留学生738人、成人教育学生1.42万人。招生1.59万人，毕业1.35万人。有国家重点实验室1个、国家工程研究中心1个、省部级科研机构44个。有本科专业54个、硕士一级学科授权点35个、博士一级学科授权点12个、博士后流动站15个。有一级学科国家重点学科1个、二级学科国家重点学科7个、国家重点（培育）学科2个。有教职工3423人，其中专任教师2012人。专任教师中，高级职称1174人，博士生导师435人，院士2人，双聘院士14人，“千人计划”特聘专家5人，“千人计划”青年项目入选者7人，“万人计划”领军人才3人，“万人计划”青年拔尖人才1人，“长江学者奖励计划”特聘教授7人、讲座教授1人，国家杰出青年基金获得者8人，全国教学名师3人，国家级、省部级有突出贡献的中青年专家20人，入选国家和省部级各类人才计划400余人次，享受国务院政府特殊津贴专家120余人。

是年，“环境生态学”学科进入ESI全球排名前1%；农业工程、电气工程、力学、地质资源与地质工程、马克思主义理论被评选为“十三五”省一级重点学科，学校省级重点学科覆盖的一级学科数量扩大到15个。测绘工程专业通过工程教育专业认证。该校获“创青春”大学生创业大赛全国金奖2项，入选第九届全国大学生创新创业年会项目3项，获第三届志愿服务项目大赛全国金奖1项。获江苏省研究生教育教学改革研究与实践课题7项、江苏省研究生学术交流项目1项，江苏省优秀研究生课程6门。4篇博士学位论文、11篇硕士学位论文、6篇专业学位论文入选江苏省优秀学位论文。获批国家重点研发计划重点专项2项、课题16项；获国家自然科学基金项目137项，其中重点项目3项；国家社科基金项目重大项目1项、年度项目10项、后期资助项目2项。主持完成的生态节水型灌区建设关键技术及应用成果获国家科技进步奖一等奖1项、国家技术发明奖二等奖2项。获国家科技成果奖2项。获高等学校科学研究优秀成果奖一等奖1项、二等奖2项，大禹水利科学技术奖一等奖1项、二等奖2项，江苏省科学技术奖4项，全国教育科学研究优秀成果奖二等奖1项，江苏省哲学社会科学优秀成果奖8项。发表科学引文索引（简称SCI）论文980篇，同比增长19.7%；工程索引（简称EI）论文1246篇、SSCI论文24篇，中文社会科学引文索引（简称CSSCI）论文346篇。授权发明专利687件，专利合作协定（0PCT）国际申请24件，授权澳大利亚发明专利3件。获中国发明专利优秀奖1项。英文期刊Water Science and Engineering入选“中国国际影响力优秀学术期刊”。　（党办　校办）

【中国药科大学】 中国药科大学前身为始建1936年的国立药学专科学校（四年制），是教育部直属、国家“211工程”重点建设大学，有玄武区玄武门、江宁区2个校区。

2016年，该大学招收本、专科学生3049人；招收研究生1276人，其中博士生186人，硕士生1090人。招收各类留学生153人，在校留学生373人。毕业本专科生、研究生4158人，就业率98.90%。引进高层次人才21人。完成首批名誉教授、兼职教授及客座教授评审，其中名誉教授10人、兼职教授8人、客座教授31人。新增江苏省特聘教授2人、江苏省“333工程”培养对象25人、江苏省“双创人才”4人、“双创团队”1个、江苏省“青蓝工程”培养对象14人、科技创新团队1人、江苏省“六大人才高峰”10人、创新人才团队1个。2人获政府特殊津贴，1人获“江苏省有突出贡献中青年专家”称号，3人获“江苏省教育工作先进个人”称号。孔令义获第17届吴阶平—保罗杨森医学药学奖。

是年，与国家食品药品监督管理总局执业药师资格认证中心共建成立国家执业药师研究中心；成立高端药物制剂与材料研究中心。举办首届全球药学教育会议、中国执业药师发展论坛、2016年免疫治疗高层论坛。编撰出版《中国执业药师发展报告》，与老百姓大药房共建执业药师实践实训基地。国家自然科学基金获批79项。完成专利申请登记306件、专利授权88件。抗肿瘤与抗感染药物发现学科创新引智基地获批立项“111计划”，“生物药物成药性研究”“天然活性物质发现与研究”获批江苏省高校重点实验室。3个一类新药获国家食药总局颁发的药物临床试验批件。全年获国家科技进步奖二等奖1项，获教育部高等学校科学研究成果奖二等奖1项，获江苏省教育科学研究成果奖二等奖1项、三等奖2项。1人获中国药学会科技进步三等奖，1人获江苏医药科技奖，学校获全国技术市场领域最高奖项“金桥奖”先进集体奖。与南京市政府签订“一校一地”全面合作协议；与山东菏泽市政府、吉林省通化市政府、云南省科技厅等多地对接，签署产学研合作协议；与台州市政府联合举办2016中国制药产业发展与监管高等论坛和科技项目对接会。与4所国外大学签署校际合作协议，新增密西根大学“2+2”双学位项目、爱丁堡大学“2+2”双学位项目、华盛顿大学毕业实习项目、内布拉斯加医学中心实习项目4个合作项目。 （李　睿）

【南京工业大学】 南京工业大学具有百年办学历史，是全国首批入选“高等学校创新能力提升计划（2011计划）”的高校，以工科为主，跨工、理、管、经、文、法、哲、医8个学科门类。有模范马路校区（由丁家桥和虹桥校区组成）和江浦校区。

2016年，该大学有学部11个、学院29个，本科专业（含方向）84个。有国家重点实验室1个、国家工程（技术）研究中心3个、国际联合研究中心1个、省部级重点实验室8个、省部级工程技术研究中心8个、省高校重点实验室8个。有国家一级重点学科1个、省一级学科国家重点学科培育建设点1个、江苏高校国家重点学科培育建设点2个、江苏高校优势学科一期项目4个、二期项目6个，“十三五”江苏省重点学科2个。有博士后科研流动站7个、一级学科博士学位授权点6个、二级学科博士学位授权点38个、一级学科硕士学位授权点19个、二级学科硕士学位授权点102个、硕士专业学位授权点（含工程硕士领域）23个。

年内，录取本科生6201人、硕士生1796人、博士生146人。毕业本科生7010人，在校本科生2.52万人，在校留学生153人，新招收外国留学生81人。有教职工2800余人，其中专任教师1700多人。专任教师中，有高级职称近950人，其中中科院院士2人、工程院院士5人、教育部“长江学者”特聘教授8人、国家“973”计划项目首席科学家8人、国家“千人计划”20人、国家杰出青年基金获得者12人。引进教师164人，其中全职8人，兼职、客座、名誉教授37人。

是年，建成通识教育课程98门，江苏省高等学校重点教材立项2项。入选国家首批深化创新创业教育改革示范高校，3件作品获“创青春”全国大学生创业大赛金奖，金奖数居江苏高校第二位。入选中国高等学校十大科技进展1项，柔性电子创新引智基地项目入选国家高等学校学科创新引智计划（“111计划”）。申报各类基础研究类项目642项，获授权中国专利401项，成为国家国防科工局与江苏省政府共建高校。与20余家企业新建“校企联盟”，建设江苏省互联网众创园，做好科技企业孵化工作，园区在孵企业130余家，新增高新技术企业10家、江苏省科技创业优秀民营企业6家。 （刘运玺）

【南京邮电大学】 南京邮电大学前身是1942年诞生于山东抗日根据地的战邮干训班，1958年改建为本科院校，2005年4月更为现名。是工业和信息化部与江苏省共建、以江苏省管理为主的高校，有鼓楼区三牌楼、玄武区锁金村、栖霞区仙林、江宁区4个校区。

2016年，该大学有21个院（部、中心）、校级及以上研究机构20余个。有博士后流动站3个、一级学科博士学位授权点3个、二级学科博士学位授权点14个，一级学科硕士学位授权点10个、二级学科硕士学位授权点34个，专业学位授权点（领域）13个。有本科专业53个，3个学科进入ESI学科排名全球前1%。

年内，有在籍学生3万余人。有教职工2300余人，其中博士生、硕士生导师723人，具有高级专业技术职务占55.2%，具有博士、硕士学位占92.9%。有中国科学院院士（含双聘）5人、教育部“长江学者”特聘教授3人、“国家杰出青年基金”获得者3人、国家教学名师1人、全国优秀教师1人、国外院士2人，国家重点领域创新团队1个。有国家地方联合工程研究中心1个、实验室1个、江苏高校哲学社会科学重点研究基地（含培育点）2个、国家级实验教学示范中心2个、国家级虚拟仿真实验教学中心3个、国家级工程实践教育中心1个、国家级校外实践教育基地1个、国家级高校学生科技创业实习基地1个。学校联合中国通信学会等举办全国物联网技术与应用大会暨ICT创新创业主题论坛，承办“柔性电子未来展望”主题“光电子学、材料与能源”国际研讨会。

是年，南京邮电大学现代邮政学院和研究院揭牌。发布国内首部《中国反通讯信息诈骗蓝皮书》。入选国家“2011协同创新中心”2个、省“2011计划”协同创新中心2个。在教育部本科教学工作水平评估中获优秀等次，承担各类国家级科研课题355项。实施“一市一院”校地特色化合作战略和“一技一企”校企协同创新战略，建成国家大学科技园1个。与29所外国高校签订合作协议，建设35项学生交流项目。 （贾　姝）

【南京师范大学】 南京师范大学主源于1902年创办的三江师范学堂，是国家“211工程”重点建设的省属重点高校。学科涉及哲、经、法、教、文、史、理、工、农、医、管、艺等门类。有鼓楼区随园、玄武区紫金、栖霞区仙林3个校区。

2016年，该大学有二级学院26个、独立学院2个。有本科专业(含专业类)77个，硕士学位授权一级学科37个、博士学位授权一级学科23个、博士后科研流动站22个。拥有国家重点学科6个、国家重点(培育)学科3个、江苏高校优势学科10个、江苏省一级学科重点学科23个。有国家地方联合工程研究中心、教育部人文社会科学重点研究基地、教育部重点实验室、公安部重点实验室、国家体育总局体育社会科学研究基地和体育文化研究基地、全国妇联妇女与性别研究与培训基地、江苏省国家重点实验室培育建设点、江苏省空间大数据工程实验室。

年内，在校本科生1.68万人，其中师范生3951人；在校研究生1.08万人，其中博士研究生1246人、硕士研究生9584人。有留学生1600余人，成人高等学历教育在籍生5216人。有教职工3213人，专任教师1898人，其中正高级职称555人、副高级职称680人、中国科学院院士1名、国家级有突出贡献专家9名、长江学者特聘教授5名、国家“千人计划”人才3名、国家“千人计划”青年人才2名、“百千万人才工程”国家级人选9名、国家杰出青年科学基金获得者8名。有教育部创新团队1个、国家级教学团队4个，国家教学名师3人、国家“万人计划”人选6人、教育部“新世纪优秀人才支持计划”人选13人、中科院“百人计划”人选3人。

是年，13个学科入选“十三五”江苏省重点学科，农学学科入选ESI全球排名前1%；获批国家社科基金各类项目41项、国家自然科学基金各类项目93项、国家杰出青年科学基金项目3项。新增国家级实验教学示范中心1个，获中国学位与研究生教育学会研究生教育成果一等奖1项；获“创青春”全国大学生创业大赛金奖1项、银奖2项、铜奖2项；获大学生“小平科技创新团队”称号1项；获第14届江苏省哲学社会科学优秀成果奖50项，其中一等奖12项。地理科学学院教授汪永进获全国优秀共产党员称号。南京师范大学科技园、南京师范大学常州创新发展研究院、南京师范大学镇江发展研究院揭牌。 （翟云秋）

【南京医科大学】 南京医科大学创建于1934年，是省属重点建设高校。学位授权点覆盖医学、理学、工学、管理学、法学、教育学、文学7个学科门类，在江苏、上海、浙江、山东等省市拥有24所附属医院和50多所教学医院。学校设有2个校区：五台校区是临床教学和研究中心，江宁校区是教学和科研中心。

2016年，该大学有23个学院(部)和1个独立学院、24个本科专业和3个“5+3”本硕一体化专业，在校学生1.4万人。在职教职工1700多人，其中学校编制专任教师853人。教授188人、副教授252人，博士生导师587人、硕士生导师2014人(含附属医院)。有中国工程院院士1人、美国国家医学院外籍院士1人、“长江学者”特聘教授3人、“长江学者奖励计划”青年学者2人、国家“万人计划”百千万工程领军人才1人、国家“千人计划”9人、国家杰出青年科学基金获得者7人、优秀青年基金获得者8人、国家级教学名师1人，入选“教育部新世纪优秀人才支持计划”7人。有“国家级教学团队”3个、教育部“创新团队”1个。

年内，引进海内外高层次人才11人，构建高层次人才常态化考核机制。入选国家“万人计划”领军人才、教育部“青年长江学者”各1人，受聘江苏省特聘教授5人，有突出贡献中青年专家1人，一批中青年骨干教师入选省第五期“333”工程、“六大人才高峰”等人才项目。新增眼视光医学专业和“5+3”临床医学(儿科学)方向，4门课程成为教育部首批国家级精品资源共享课，1门课程成为国家级全英文精品课程。建成并启用医学模拟教育中心，优化专业培养方案，实施以“培养模式创新、医学人文塑造、临床教学提升、教师发展激励、保障体系优化”为内涵的“新五大教学工程”，完成临床医学专业认证。举办第三届“南京医科大学－加拿大西安大略大学医学教育双边论坛”。承办第七届全国大学生临床技能竞赛华东分区赛，学校代表队连续7年进入全国决赛并获二等奖。

是年，获国家自然科学基金272项，获项目合同经费1.4亿元。环境与健康国际联合研究中心首次获批，成为国家国际科技合作基地,；心血管病精准医疗获批，成为国家重点实验室培育建设点；健康江苏建设与发展研究院成为卫生与健康领域唯一的省级智库。临床医学执业医师考试通过率位居全国第八。推进研究生招生与培养模式改革，实施“全日制临床／口腔专业学位研究生与住院医师规范化培训一阶段考试”双向接轨试点。至年底，该大学2016届本科生就业率97.43%，研究生就业率88.53%。

（阚伟伟）

【南京中医药大学】 南京中医药大学始建于1954年，是全国建校最早的高等中医药院校之一、江苏省重点建设高校、江苏省人民政府与国家中医药管理局共建高校，有鼓楼区汉中门和栖霞区仙林2个校区。

2016年，该大学有17个教学机构、28个本科专业。有国家一级重点学科1个、国家二级重点学科2个、国家重点(培育)学科2个、江苏高校优势学科建设工程二期项目立项学科2

个、重点序列学科2个、国家中医药管理局中医药重点学科33个。临床医学、药理学与毒理学2个学科进入ESI全球排名前1%。拥有中医学、中药学、中西医结合3个博士一级学位点，覆盖中医、中药、中西医结合所有二级学科，具有博士生导师自审权和主干学科专业的教授评审权。

年内，该大学有国医大师5人、双聘院士2人、"长江学者"特聘教授1人、国家杰出青年科学基金获得者5人、国家"973计划"项目首席科学家1人、百千万工程国家级人选5人、国家有突出贡献中青年专家1人、国家教学名师2人、全国模范教师1人、全国优秀教师6人，3人获"中医药高等学校教学名师"称号。有国家发改委工程研究中心1个、教育部重点实验室1个、教育部工程研究中心1个、江苏省重点实验室2个、江苏省工程研究中心（工程实验室）6个，江苏省高校重点实验室4个、国家技术转移示范中心1个。承办世界中医药学会联合会中医治未病专业委员会成立暨首届国际中医治未病学术大会，为中医治未病研讨交流、信息共享提供组织平台。成立南京中医药大学国际经方学院，教授吴以岭受聘为名誉院长，教授黄煌受聘为院长。《南京中医药大学学报》入选中国高校百佳科技期刊。

是年，该大学推进9年本博一贯制和"5+3"一体化中医人才培养模式改革，入选国家卓越医生（中医）教育培养计划改革首批试点高校。有卓越医生（中医）教育培养计划改革试点项目3个、国家级特色专业建设点5个、国家级专业综合改革试点项目2个、国家级精品资源共享课程6门、国家级教学团队2个、国家级人才培养模式创新实验区1个、国家级实验教学示范中心3个。有南京中医药大学附属医院（江苏省中医院）等3家直属附属医院、25所非直属附属医院、4所中西医结合临床医学院，各类教学及毕业实习基地逾百所。是世界卫生组织（WHO）传统医学合作中心、卫生部确定的国际针灸培训中心，与30多个国家和地区的政府、高等院校或学术团体及机构建立友好合作关系，建成英国、瑞士和澳大利亚3个国际中医中心。在《2016中国大学评价》排名位居全国中医药院校之首。（樊广花）

【南京财经大学】 南京财经大学前身是1956年成立的粮食部南京粮食学校，2003年更为现名，是江苏省人民政府与国家粮食局签约共建的省属重点建设大学，有鼓楼区福建路、栖霞区仙林、和镇江市桥头3个校区。

2016年，该大学有学院18个、本科专业48个、硕士学位授权一级学科12个、硕士专业学位授权点9个、国家特殊需求博士人才培养项目1个、博士后流动站1个。招收公办本科生4032人、硕士研究生805人、博士研究生4人，来华留学生265人。本科生协议就业率98.13%，研究生协议就业率91.38%。

年内，有教职工1669人，其中专任教师1062人。专任教师中，有教授167人、副教授378人，具有博士学位391人。引进海内外博士64人，聘用兼职专家5人，7名博士后科研人员进站。入选国家"万人计划"哲学社会科学领军人才1人，入选省"333高层次人才培养工程"第二层次培养对象6人，入选第三层次培养对象13人。1个团队入选省"青蓝工程"科技创新团队，7人入选中青年学术带头人，7人入选优秀青年骨干教师，1人入选省"六大人才高峰"高层次人才培养对象。有江苏高校优势学科3个、江苏省重点学科1个，新增江苏省重点（培育）学科5个。有国家级实验室2个、省级重点实验室4个、省部级工程技术研究中心2个、省级重点研究基地2个、江苏高校哲学社会科学重点研究基地2个、江苏高校人文社会科学校外研究基地1个。主办粮食安全现状与未来国际研讨会和经济新常态与宏观金融调控国际研讨会，承办第七届中国高等财经教育研讨会、第13届南京都市圈发展论坛——"创新·融合·发展——物流供需高效对接与多式联运及港口物流转型升级研讨会"。

是年，获批国家社科基金项目17项、国家自科基金项目23项、国家重点研发计划课题3项、教育部哲学社会科学研究重大课题攻关项目1项、教育部人文社科基金项目8项。获国家级大学生创新创业训练项目27项，1个项目在"挑战杯"中国大学生创业计划竞赛中获金奖。MBA研究生在第四届管理案例精英赛华东赛区获冠军、全国总决赛获季军，1个自编案例入选全国百优MBA案例。5个专业进入《中国大学及学科专业评价报告》全国前20名。现代服务业智库获批，成为江苏省委宣传部重点培育智库。技术转移中心获批为江苏省技术转移中心。科技园通过省级大学科技园评估验收。（郑　锷）

【南京审计大学】 南京审计大学前身是1983年成立的南京审计学院，是国内唯一以"审计"命名的全日制普通本科院校，为教育部、财政部、审计署和江苏省人民政府共建高校，2015年12月12日更名为南京审计大学，有鼓楼区莫愁和浦口区2个校区。

2016年，该大学设有20个专业学院（教学部）、5个特色学院（研究院）、33个本科专业（新增2个）。有全日制在校本科生、研究生、留学生1.5万人，专任教师975人，其中正高职称152人，具有博士学位480人。有教育部特色专业建设点3个、教育部"专业综合改革试点项目"2个，江苏省"十二五"重点专业5个、江苏高校品牌专业3个、江苏省特色专业5个。有国家级教学团队1个、江苏省高校优秀教学团队2个、江苏省高等教育人才培养模式创新实验基地1个。现代审计科学和应用经济学入选江苏高校优势学科建设工程二期项目，理论经济学入选"十三五"江苏省重点（培育）学科；5个学科入选"十三五"省重点（建设）学科。有江苏省高校哲学社会科学研究基地2个、江苏省高校协同创新中心（培育点）1个、省级重点实验室3个。有国家社科基金、国家自然科学基金项目26项，省部级科研项目41项，审计署重点科研项目2项。在《经济研究》发表论文1篇，被SSCI1区收录论文1篇，在中文社会科学引文索引（简称CSSCI）/中国科学引文数据库（简称CSCD）以上刊物发表论文147篇，在北大核心期刊发表论文198篇，出版学术专著16部，获省部级以上科研成果奖10项。主办的《审计与经济研究》为全国中文核心期刊、CSSCI来源期刊、武汉大学中国科学评价研究中心（简称RCCSE）中国核心学术期刊、全国高校"精品社科期刊"、人大复印报刊资料重要转载来源期刊。《南京审计大学学报》为全国高校优秀社科期刊、RCCSE中国核心学术期刊。

年内，该大学有长江学者奖励计划9人、享受政府特殊津贴专家7人、省部级有突出贡献中青年专家7人、教育部"新世纪优秀人才支持计划"3人、全国审计专业学位硕士研究生教学指导委员会委员1人、教育部教学指导委员会委员5人、财政部全国领军（后备）人才（学术类）3人、司法部"全国优秀教师"1人、江苏省"双创计划"人才1人、江苏省特聘教授3人、江苏省教学名师1人。有江苏省"333人才工程"培养对象56人（其中第二层次6人）、江苏省"六大人才高峰"培养对象14人、江苏省"青蓝工程"中青年学术带头人30人、"青蓝工程"优秀青年骨干教师72人、江苏省优秀教育工作者5人。有现代审计理论与方法研究、区域金融创新研究、价值链分工的经济效应研究、马克思主义与当代中国学术发展研究等江苏省"青蓝工程"科技创新团队4个。

是年，主办"Workshop on high frequency data,network data and related fields"国际学术研讨会、"国家治理与公共政策审计"研讨会，承办"审计全覆盖视域下的国家审计监督与审计法修改完善"学术研讨会、"Data Envelopment Analysis International Conference 2016:Methodology Advances & Applicationsin Governance and Management"（简称DEAIC2016）国际学术研讨会。与最高审计机关国际组织（INTOSAI）、最高审计机关亚洲组织（ASOSAI）、国际内部审计师协会（IIA）等国际行业组织，美国、法国等10多个国家和地区的最高审计机关、高等学校建立合作关系。南京审计大学被IIA认证为中国唯一的内部审计教育伙伴（IAEP）合作级高校，与全球伙伴高校开展学生互换、教师互聘、学分互认、科研合作；被英国特许公认会计师公会（ACCA）评为"全球培养ACCA人才最多大学""白金级培训机构"。教师赴境外高校及最高审计机关进行学术交流、访学培训逾100人次；学生赴境外高校学习交流、参加国际会议、学科性竞赛、海外志愿者活动逾340人次；300多名国外专家学者到校访问交流。

（杨凤春）

【南京艺术学院】 南京艺术学院前身是1912年创办的上海美术图画院，1930年更名为上海美术专科学校，由蔡元培先生任上海美专董事局主席，1959年定为现名。作为中国独立建制创办最早的高等艺术学府和全国六大艺术学院之一，是江苏省唯一的综合性艺术院校、文化部与江苏省人民政府共建大学。

2016年，该学院有12个二级学院、50个专业方向。全日制在校学生1.03万人，其中本科生8692人、研究生1278人、学位留学生84人、成人教育学生217人。招生2067人，毕业2305人。其附属中学有学生476人，招生118人，毕业72人。有国家级实验室1个、本科专业37个、硕士学位一级学科授权点5个、博士学位一级学科授权点5个、博士后科研流动站5个。有教职工962人，其中专任教师624人。专任教师中，有高级职称296人、博士生导师59人，国家级、省部级有突出贡献的中青年专家7人，享受国务院政府特殊津贴专家17人。

是年，学院举行第六届中国设计学青年论坛，成立紫金文创研究院。以李立新为首申报的课题中国设计思想及其当代实践研究获国家社科基金艺术学重大项目立项资助，实现该院国家级重大项目零的突破；芮伦宝被中国民族管弦乐学会授予"民乐艺术终身贡献奖"；臧恒副作品《海纳百川》在北京国家大剧院上演；何方设计完成亚洲基础设施投资银行新徽标。学院美术馆入选中国艺术专业期刊《国家美术》评出的"年度十大艺术机构"。

（马海平）

鼓楼年鉴 2017

科 技

Science & Technology

综　述

【概况】 2016年，鼓楼区新认定高新技术企业、创新型企业23家，科技创业投资同比增长15.7%；引进科技型企业432家，其中注册资金1000万元以上57家；新认定科技创业企业80家，新增科技贷款3.5亿元；新增孵化器在孵企业92家，毕业企业11家；新增产学研合作项目50个，独立研究与开发机构研发经费支出10.5亿元；申报认定区级以上众创空间24家。实现高新技术产业产值340亿元。科技服务业公共收入2.62亿元，同比增长9.5%；智力服务业（法律服务、人力资源服务、会审服务、教育、科技服务）总收入4.73亿元，同比增长16.1%。申报市级以上工程技术研究中心6家。专利申请5908件，其中发明专利申请3083件，占比52.18%；专利授权3131件，其中授权发明专利1256件，占比40.11%。万人有效发明专利拥有量50件。实施区级科技计划，通过"育苗造林"式培育，构建以民营科技企业、创新型企业、新技术企业后备企业、高新技术企业为主体的科技型企业群。江苏海隆软件技术有限公司等25家企业新认定为国家高新技术企业，江苏四新科技应用研究所股份有限公司等26家企业新认定为省民营科技企业，轻工业部南京电光源材料研究所等28家企业被认定为省科技型中小企业。年内，区委区政府拨付"鼓楼区众创空间培育发展专项资金"500万元，用于兑现政策，扶持众创空间发展。至年底，全区初步建成科技众创企业24家。是年，鼓楼区通过国家知识产权强县工程试点工作考核验收。区科技局获年度省知识产权宣传培训工作先进集体、市科技政务信息工作先进集体、市防震减灾工作目标管理先进单位称号。

【科技载体建设】 2016年，鼓楼区完成苏南自主创新示范区重大创新载体布局规划。组建鼓楼区众创空间联盟，组织企业参加"第四届江苏科技创业大赛暨第五届中国创新创业（江苏赛区）大赛"等活动和培训。组织开展2016年度全区孵化器、众创空间绩效评价，参加评价的孵化器、众创空间全部达到合格以上等次。举办众创空间工作推进会暨"青年YOU创杯"创业创意大赛、2016江苏省大众创业万众创新活动周鼓楼专场——南京鼓楼科创空间成立暨首届鼓楼旅游创客大赛成果预展活动，由该区主导建设的鼓楼科创空间正式启动运营。至年底，全区初步建成科技众创空间24家，其中国家级2家、省级10家、市级7家、区级5家，聚集创业创客500多人、团队高端创业创新人才700多人。省知识产权保护与发展研究院在南京师范大学随园校区揭牌。

【产学研合作】 2016年，鼓楼区拓展国际与区域科技合作渠道，新增产学研合作项目50个。参与举办全国物联网技术与应用大会暨ICT创新创业主题论坛，与南京邮电大学联合举行"互联网+众创论坛暨第二届3S杯全国大学生物联网技术与应用'三创'（创新创业创优）大赛决赛"开幕式活动，并承办大学生物联网科技成果模范马路科技街区现场展示与众创沙龙活动。举办省"双创"（创业、创新）周人工智能沙龙专场活动。推动校辖区（院所）精准对接和深度合作，推进南京大学—鼓楼高校国家大学科技园（合作双方：南京大学与江东软件城）、南京（东大）智能光电产业创新中心（合作双方：东南大学与下关科创特区）、南京邮电大学物联网国家大学科技园（合作双方：南京邮电大学与模范路科技创新街区）、南京中医药大学科技园（合作双方：南京中医药大学与五台山生物医疗孵化园）建设，4家科技园实施产学研合作和科技成果转化项目10余项。引进培养科技创新创业人才13人，培育科技型企业9家。开展ACECE法瑞中国行南京站活动，参与江苏省国际科技合作协会成立，协会有会员单位79家。指导国网江苏省电力公司经济研究院通过高端研发机构建设现场考察，获得50万元经费资助。

【知识产权保护】 2016年，区委区政府发布《2015年鼓楼区知识产权发展与保护状况》白皮书，表彰2015年度知识产权工作先进集体53个、知识产权创造大户30家、知识产权工作先进个人163人，发放奖励金223.4万元。

5月14日，鼓楼区举办互联网+众创论坛暨3S杯全国大学生物联网技术与应用"三创"大赛决赛开幕式

科技

2016年鼓楼区专利行政执法案案件情况

图2 单位：件

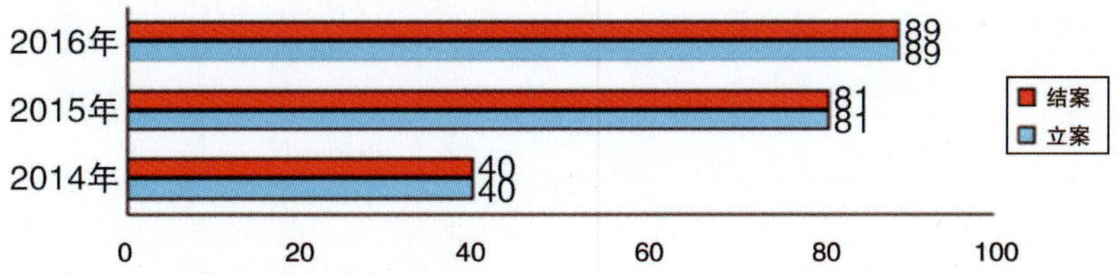

独立开展专利行政执法检查4次，抽查辖区药房、大型超市等商户，涉及药品、医疗器械、玩具、小家电、洗化用品等商品200余件，立案89件，发出限期整改案件20件，结案89件。出台《鼓楼区知识产权服务业集聚发展试验区资金扶持办法》，围绕"4·26"世界知识产权日，开展形式多样宣传活动。推进"正版正货"示范街区建设工作，组织湖南路商业街和大观天地MALL2家省级"正版正货"示范街区内10家企业申报省级"正版正货"承诺企业，大观天地MALL通过省级"正版正货"示范街区验收，湖南路商业街通过市级"正版正货"示范街区复核认定工作；南京中海环宇城被市知识产权局确定为"正版正货"创建街区。 （陈亚蕾）

科技创业创新

【概况】 2016年，鼓楼区推进载体平台打造，下关紫博项目主体完工，鼓楼、模范路2个科创特区建设进展顺利，金川科技园二期竣工，南邮"E联U盟"和智梦园"U+"获批国家级众创空间，模范马路科技创新街区和环南艺文化创意产业功能区2个众创空间示范区建设取得初步成效。强化企业创新主体地位，壮大科技型企业集群，新增高新技术企业23家，引进科技型企业432家；自主培养国家"万人计划"专家4人，入选省"双创计划"人才9人、省"333工程"人才30人，新培育创新型企业家2人。加大科技成果转化力度，新增产学研合作项目50个、市级以上工程技术研究中心6家；新增孵化器在孵企业92家，毕业企业11家；新增发明专利授权量1225件，通过国家知识产权强县工程试点考核验收。落实金融扶持中小企业发展政策，新增股权投资机构5家，科技创业投资6.6亿元，苏银科技、运时数据等16家企业挂牌。安排科技初创型企业培育、高新技术产业化及成果转化、知识产权自主开发、科技与金融结合、国际科技合作、科技平台6个专项计划37个项目，经费185万元。102家科技企业申请银行科技贷款，80家企业获银行科技信贷支持3.5亿元。驻区南京睿建节能技术有限公司和江苏学派教育科技有限公司2家企业申报南京市科技创业家企业新产品。南京紫金科技创业投资有限公司副总张晓东和南京知识律师事务所所长汪旭东被聘为南京科技创业家创业导师，并组织区内科技创业家参加南京市科技创业家创业导师行动启动仪式及后续一系列科技创业家导师培训活动。南京巨鲨显示科技有限公司王卫、南京大学陆海、河海大学苏怀智等5人入选第二批国家"万人计划"。

【众创空间联盟成立】 4月13日，鼓楼区众创空间联盟成立大会暨第一届理事会第一次会议在南京科技广场召开，16家众创空间成为第一批联盟成员。会议审议并通过《南京市鼓楼区众创空间联盟章程》，选举产生第一届理事会理事长、副理事长。南京工业大学劝业公社负责人、江苏南工大科技园有限公司总经理阮锦强当选为理事长；Amaker创客孵化平台负责人、南京特斯拉智能科技有限公司总经理田波，U+众创空间负责人、南京快拼信息科技有限公司总经理李祥当选为副理事长。联盟旨在为鼓楼区众创空间提供一个相互学习交流、互相取长补短平台，拓宽众创空间服务渠道，保障众创空间错位发展、共同发展、健康发展。市科委、区委区政府、区科技局等部门负责人，区16家众创空间负责人出席大会。 （陈亚蕾）

【建成众创空间24家】 2016年，鼓楼区建成众创空间24家。其中，国家级众创空间2家、省级众创空间10家、通过市级众创空间备案7家、通过区级众创空间备案5家。是年，南京工业大学南工劝业公社众创空间获2016年度全市众创空间绩效评价优秀等次，排名第五位，南工劝业公社易创空间获市众创空间称号。

2016年鼓楼区众创空间一览表

表31

序号	众创空间名称	发起和运营单位	资　质	性　质
1	U+众创空间	南京快拼信息科技有限公司	国家级	民　营
2	南邮E联U盟网创客驿站	南邮物联网国家大学科技园	国家级	高　校

续表 31

序号	众创空间名称	发起和运营单位	资质	性质
3	Amaker 创客服务平台	南京特斯拉智能科技有限公司	省级	民营
4	蓝岛创客空间	南京机电职业技术学院	省级	高校
5	e-FabLab 创客空间	南京艺术学院	省级	高校
6	THE BOX 创业咖啡众创空间	南京托斯卡纳众创空间有限公司	省级	民营
7	华讯方舟军民融合创客中心	南京华讯方舟通信设备有限公司	省级	民营
8	Youth Space 青创空间	江苏青创空间企业管理有限公司	省级	民营
9	南工劝业公社	南京工业大学	省级	高校
10	星火众创工厂	南京紫米网络科技有限公司	省级	民营
11	K-space(南京大学)创客学堂	南京双创企业孵化器有限公司	省级	高校
12	科盟众创空间(鼓楼人才苗圃)	南京科盟众筹投资管理股份有限公司	省级	民营
13	南京科技广场创客空间	南京市鼓楼区科技创业服务中心	市级	国有
14	侠客岛众创空间	南京侠客行网络科技有限公司	市级	市级
15	财智 128 众创空间	南京财大科技园有限公司	市级	高校
16	Makerbator 孵化器	南京创宁科技服务有限公司	市级	民营
17	南工劝业公社易创空间	南京南工劝业公社易创企业管理有限公司	市级	国有
18	瀚霖院咖啡	南京君荣易信息技术有限公司	市级	民营
19	杏林众创空间	南京中医药大学科技园	市级	高校
20	城苑创客工坊	江苏鼎元城市地产运营管理有限公司	区级	民营
21	8h+众创村	江苏万谷信息科技有限公司	区级	民营
22	智客空间	南京利邦投资管理有限公司	区级	民营
23	小鱼儿众创空间	南京创客汇网络信息技术有限公司	区级	民营
24	顺为众创空间	江苏众悦商业管理有限公司	区级	民营

【培育创新型企业家 2 人】 2016 年，鼓楼区经过广泛组织发动，全区有 11 家科技型企业总经理或董事长申报南京市科技创业家，11 人通过资格审查，3 人通过综合评审，其中孔强卫、许伟 2 人入选。

【高新企业培育】 2016 年，鼓楼区第一批科技发展计划立项经费安排科技初创型企业培育、高新技术产业化及成果转化等 6 个专项计划项目 37 项，经费总额 185 万元。组织召开全区高企申报(复审)工作培训会，培训辅导企业项目负责人、申报人员(复审人员)等，78 家高企参会，240 多人次参培。通过“育苗造林”式培育，构建以民营科技企业、创新型企业、新技术企业后备企业、高新技术企业为主体科技型企业群。是年，全区实现高新技术产业产值 340 亿元。

【新认定国家高新技术企业 25 家】 2016 年，驻区企业江苏海隆软件技术有限公司、江苏百灵天地环境设计研究院有限公司、江苏博瑞思信息技术有限公司、江苏金长安科技有限公司、江苏速力达精密科技有限公司、南京华盾电力信息安全测评有限公司、南京华讯方舟通信设备有限公司、南京荟学智能科技有限公司、南京乐致安信息技术有限公司、南京远光广安信息科技有限公司、中国药科大学制药有限公司、江苏釜鼎能源科技有限公司、江苏高速公路信息工程有限公司、江苏省捷达软件工程有限公司、江苏省水利工程科技咨询股份有限公司、江苏省苏力环境科技有限责任公司、江苏运时数据软件股份有限公司、江苏中电联瑞玛节能技术有限公司、南京凯耐思化工科技有限公司、南京联创信息科技有限公司、南京派菲克物联科技公司、南京三方化工设备监理有限公司、南京苏夏工程设计有限公司、南京中凯光电科技股份有限公司、南京卫视电子科技有限公司申报并被认定为国家高新技术企业。

【新认定省民营科技企业 26 家】 2016 年，驻区江苏四新科技应用研究所股份有限公司、南京信同诚信息技术有限公司、南京鼎尔特科技有限公司、南京百音高科技有限公司、主流润滑科技南京有限公司、南京国之鑫科技有限公司、南京微特喜网络科技有限公司、江苏现代能源微网系统有限公司、南京星汉信息技术有限公司、南京博士信息科技有限公司、江苏金色晨野网络科技有限公司、南京麦伦思科技有限公司、江苏釜鼎能源科技有限公司、南京兆伏电力科技有限公司、南京海纳医药科技股份有限公司、江苏省东方世纪网络信息有限公司、江苏高科应用科学研究所有限公司、南京安元科技有限公司、南京中易抗衰老技术开发有限公司、南京国瑞自动化工程有限公司、南京群顶科技有限公司、南京鸣全特科技发展有限公司、江苏源泰环境建设工程有限公司、南京德益康信息科技有限公司、南京朵诺信息科技有限公司、江苏金海达科技发展有限公司被认定为省民营科技企业。

【新认定省科技型中小企业 28 家】 2016 年，驻区轻工业部南京电光源材料研究所、江苏省绿色建筑工程技术研究中心有限公司、南京鼎尔特科技有限公司、江苏万全科技有限公司、江苏迪纳数字科技股份有限公司、江苏皓盘软件科技有限公司、江苏瑞丰科技实业有限公司、江苏现代能源微网系统有限公司、江苏信惠通信息科技有限公司、江苏学派教育科技有限公司、江苏尤特斯新技术有限公司、江苏源泰环境建设工程有限公司、南京百音高科技有限公司、南京德益康信息科技有限公司、南京朵诺信息科技有限公司、南京工大建设工程技术有限公司、南京光禾环保科技有限公司、南京国图信息产业有限公司、南京国之鑫科技有限公司、南京凯熙医学科技有限公司、南京乐飞航空技术有限公司、南京留吾科技实业有限公司、南京南房建设工程检测有限公司、南京三方化工设备监理有限公司、南京苏博工业设计有限公司、南京友杰医药科技有限公司、南京云白信息科技有限公司、南京至成制药设备有限公司被认定为江苏省科技型中小企业。 (陈亚蕾)

知识产权

【概况】 2016 年，鼓楼区知识产权工作以加快知识产权强区建设为主线，深入实施知识产权战略，深化知识产权领域改革，强化知识产权保护运用，提高知识产权创造质量、运用效益、保护效果、服务水平和宣传力度，进一步发挥知识产权对全区创新型经济社会发展支撑和引领作用。是年，全区新增市级知识产权示范培育企业 7 家、区级知识产权示范培育企业 5 家，南京市力学小学被国家知识产权局确定为第二批全国中小学知识产权教育试点学校。该区通过国家知识产权强县工程试点工作考核验收。

【《2015 年鼓楼区知识产权发展与保护状况》发布】 4 月，鼓楼区知识产权联席会议办公室发布《2015 年鼓楼区知识产权发展与保护状况》，从知识产权分析报告、知识产权创造、知识产权运用、知识产权保护、企业知识产权工作、知识产权宣传培训和人才培养七方面，介绍 2015 年该区知识产权工作。

【通过国家知识产权强县工程试点工作考核验收】 12 月 8 日，鼓楼区国家知识产权强县工程试点工作接受省知识产权局考核验收。考核中，验收组听取区创建国家知识产权强县工程试点工作汇报，经过查阅台账资料、质询、打分、评审讨论等环节，专家组一致认为该区在国家知识产权强县工作试点期间，高度重视知识产权工作，始终将实施知识产权强县工程作为推进创新驱动战略、建设幸福鼓楼重要抓手，落实试点工作各项目标任务，出台知识产权战略纲要、知识产权战略资金管理办法等一系列促进区域知识产权发展规范性文件，知识产权体制机制和工作网络进一步健全；知识产权创造水平大幅提升，发明专利拥有量和有效商标注册量分别位居全市首位和前列；知识产权管理、运用、保护和服务亮点突出，知识产权质押贷款工作稳步推进，有效扶持企业专利产业化、二次开发和知识产权战略推进工作；专利行政执法和“正版正货”工作成效明显，知识产权环境氛围良好，南京（鼓楼）知识产权服务业集聚发展试验区初见成效。经评审讨论，专家组认为该区国家知识产权强县工程试点工作各项目标任务完成，一致同意通过考核验收。

【专利申请及授权】 2016 年，鼓楼区专利申请 5908 件，其中发明专利申请 3083 件，占比 52.18%；专利授权 3131 件，其中授权发明专利 1256 件，占比 40.11%。万人有效发明专利拥有量 50

2016 年鼓楼区专利申请及授权分布图

图 3 单位：件

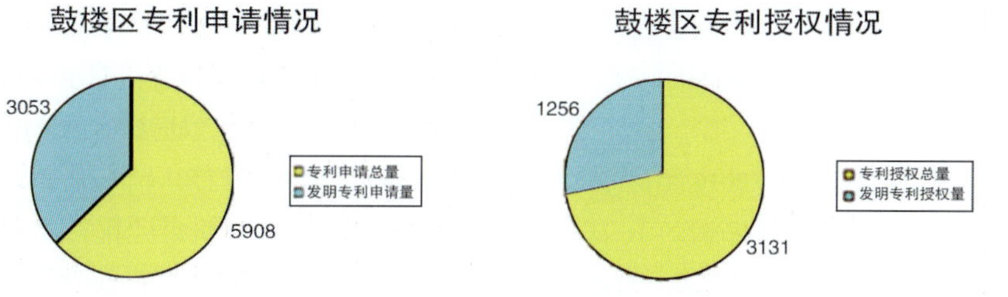

件。南京大学、河海大学、南京工业大学、国网电力科学研究院、江苏移动通信有限责任公司5家单位8项发明专利被评为第18届中国专利优秀奖。南京大学、南京南瑞集团公司、国网江苏省电力公司电力科学研究院、南京巨鲨显示科技有限公司4家单位5件专利被评为2016年度南京市优秀专利奖。全年区科技管理部门开展专利行政执法检查3次，立案87件，全部结案。

【商标名牌建设】 （参见第135页，“经济管理”类目同名条目）

【企业知识产权管理标准化建设】 2016年，驻区企业江苏道科环境科技有限公司、南京工大建设工程技术有限公司和南京君子游信息技术有限公司通过企业知识产权管理标准化（以下简称“贯标”）认证，南京华讯方舟通信设备有限公司、南京康尼电子科技有限公司等8家企业被确定为“贯标”创建企业，南京巨鲨显示科技有限公司和南京华设科技有限公司通过省企业知识产权“贯标”绩效评价。区科技管理部门组织南京河海科技有限公司、江苏四新科技应用研究所股份有限公司、中国电子科技集团公司第十四研究所3家“贯标”认证通过单位，参加“贯标”监督审核培训工作。

2016年鼓楼区企业知识产权管理标准化创建单位图

图4

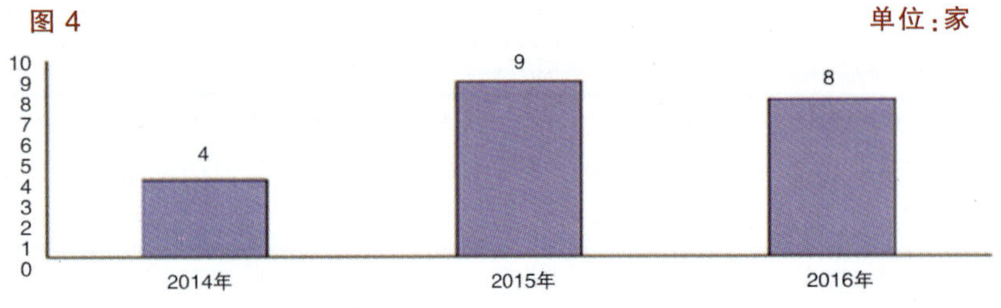

【知识产权实施】 2016年，驻区江苏能瑞环保节能科技有限公司、江苏高科应用科学研究所有限公司和南京源泉环保科技股份有限公司各获2016年度南京市重大专利技术二次开发专项资金扶持20万元。年内，区级财政投入55万元，用于江苏四新科技应用研究所股份有限公司、江苏道科环境科技有限公司、南京国电南自轨道交通工程有限公司等8家企业承担的鼓楼区自主知识产权开发计划项目。

【知识产权服务业集聚发展试验区建设】 2016年，鼓楼区推进市知识产权服务业集聚发展试验区建设，出台《鼓楼区知识产权服务业集聚发展试验区资金扶持办法》（鼓政规〔2016〕2号），与南京财经大学科技园管委会签订《共建国家知识产权服务业集聚发展试验区合作协议书》。至年底，北京恒和顿南京信息科技有限公司、南京奥凯知识产权服务有限公司、辰联南京知识产权代理有限公司等8家知识产权服务机构入驻该区，给予南京奥凯知识产权服务有限公司等4家入驻南京（鼓楼）知识产权服务业集聚发展试验区知识产权服务机构办公用房租金补贴18.69万元。

【知识产权人才培养】 2016年，鼓楼区知识产权局组织区内16家企业23名知识产权工作人员，参加市第九期知识产权工程师培训班；组织企业技术人员参加市专利信息分析利用中级实战培训班、专利运营研修班。是年，全区有5人被评为省知识产权领军人才，12人被评为省知识产权骨干人才；1人被评为省知识产权高级工程师，7人被评为省知识产权工程师；3人获首届省专利发明人奖。

【知识产权宣传】 2016年，鼓楼区上报知识产权信息16篇，被省局网站录用13篇、市科委网站录用16篇、《南京日报》录用1篇；为驻区知识产权联席会议成员单位、知识产权贯标企业、示范企业、优势企业订阅《中国知识产权报》76份。“4·26”世界知识产权日和“中国专利周”期间，举办知识产权专题讲座、专题研讨会、知识产权案件庭审现场观摩和知识产权论坛等活动。发挥街道园区力量，通过悬挂横幅、张贴板报、LED大屏显示、橱窗展示、发放宣传手册等形式，向驻区企业、社区群众宣传、普及知识产权知识，全年发放宣传材料1000份/册。

（陈亚蕾）

成果转化与科技合作

【法国代表团到区考察】 4月8日，法国海外留学人员创业者协会（ACECE）代表团一行到鼓楼区交流考察，区委常委、副区长郭明雁接待并与之座谈。市外国专家局、市国际人才交流中心，区委组织部人才办、区科技局、区商务局、鼓楼大学科技园管委会相关领导陪同接待。座谈会上，区科技局局长向卫介绍鼓楼区创业环境及相关科技政策，ACECE协会会长李天伦阐述协会和所带项目情况，双方探讨企业合作、资源对接等工作。会后，在下关科技创业特别社区星火众创工厂举行法国项目中国行南京站考察项目路演活动，省高新技术创业服务中心、区科技局及受邀的媒体、行业学会、创投机构、创业协会、企业家代表、院校约50人参加。法国ACECE代表团参与对接科技项目5个，涉及互联网金融、智能终端、能源应用、云计算、环境保护等领域，现场路演推介区域链、生物标记、碳排放指标生成与交易、功能环保纱窗、地热能源等项目，并针对每一项目进行环节提问，与会人员自由对接交流。

【大学生物联网科技众创沙龙】 5月15～16日，鼓楼区与南京邮电大学物联网国家大学科技园联合在南京邮电大学物联网国家大学科技园举办大学生物联网科技众创沙龙。第二届3S（运用物联网的技术思想创新研究物联网智慧系统，Smart Service System简称3S）杯全国大学生物联网技术与应用"三创"大赛决赛的部分参赛学生代表、区投资机构、区大学生创业指导专家、企业家60多人参加。区科技局局长向卫介绍鼓楼区创业环境与众创空间发展情况，市领军型科技创业人才、博士南京朗密网络科技有限公司董事长张建军介绍创业经验，24个3S大赛决赛项目进行项目路演，大学生创业代表与投资人、创业导师、企业家现场对接交流。

【南京国际经济技术交流服务中心成立】 9月8日，南京国际经济技术交流服务中心（简称中心）在铁路北街南京财经大学科技园成立，成为鼓楼区新增国际科技合作伙伴。中心整合美国、荷兰、德国、英国、法国、西班牙、捷克、芬兰、韩国等海外科技及商务资源，搭建对外科技信息、技术交流平台，推进国内外资本、技术、人才、文化等领域交流合作。平台下设国际商务对接人员，采取专人跟踪项目工作方式，搭建国内外公司合作桥梁，促进更多国外项目落户鼓楼区以及技术转移，为辖区企业走出去提供助力。同时，制作项目微信分享页面，建立企业信息库，促进相同或相关领域的企业进行交流合作，吸引国内外买家、投资商和供应商，促进贸易交往。年内，该平台集成区商务局美国湾区资源设置和区科技局国际科技合作资源，以及市委宣传部世界知名城市"南京周"等国际宣传平台推广，寻求并拓展国际间项目合作产业信息，帮助驻区企业获取市场资源，促进地区经济转型。

【鼓楼区科创空间成立】 10月18日，省"双创"周人工智能沙龙鼓楼专场活动——鼓楼区科创空间成立暨首届鼓楼旅游创客大赛成果预展活动在南京财经大学现代服务业科技园举行。市发改委、市科委、市人才等市相关部门负责人，区领导刘军等，南京财经大学党委委员、南财科技园董事长胡建渊，以及众创空间、青年大学生创业人才、各类科技和人才企业、投融资机构、新闻媒体代表、区有关部门代表150余人出席。启动仪式上，举行鼓楼区创业创新服务中心、鼓楼科创空间揭牌和区级众创空间授牌仪式，区科创空间第一批入驻企业成功签约。活动期间，举办人工智能沙龙、中小微企业金融对接会、创业心得专场活动，近百家科技企业参与。100件优秀参赛创意方案和作品在首届鼓楼旅游创客大赛成果预展活动上展出。活动邀请东南大学计算机学院副院长耿新、南京师范大学计算机科学与技术学院副院长杨明、南京大学计算机系副主任高阳分别作演讲。

【德国高端生物医药代表团到区考察】 11月10日，应江苏省药物研究与开发协会、南京市及鼓楼区科技局邀请，国际著名生物医学家、德国国家科学院院士、欧洲科学院院士马提亚斯·海茵斯博士和德国SolMic（索米克）公司总裁沃尔福冈·圣菲德博士及其团队到区考察。2位博士在下关科创特别社区东大科技园专题介绍欧洲分子生物学实验室（EMBL）等高等研究机构发展历程、研究领域、人才培养及发展愿景，并和与会专家学者、企业代表研讨生物医药技术领域学术。活动安排考察中国药科大学江苏省药物分子与成药性优化重点实验室和江苏省药物代谢动力学重点实验室。省药物研究与开发协会副理事长章立，市卫计委、鼓楼国家大学科技园管委会及区科技局、区商务局、幕府山街道负责人，南京大学、江苏省肿瘤医院、中国医药教育协会医促会等高校科研院所及医院专家学者、企业家代表等40余人出席。

【VR产业技术应用研讨会】 12月22日，鼓楼科技创业服务中心、南京科技广场数字艺术服务中心共同主办的"2016南京（鼓楼）VR产业技术应用研讨会"在南京财经大学举行。区科技局及辖区相关部门、园区、街道负责人，市电力、水务、通信等相关企业和媒体单位代表约200人参加。会议邀请苏宁环球韩国VR团队徐琥植、南京睿悦信息技术有限公司洪辉、南京睿诚华智科技有限公司陈涛、南京玛则信息科技有限公司林璐明、江苏美益添VR全景影视机构齐跃等10位VR行业嘉宾分别作"AR&VR未来发展趋势""Nibiru VR系统——移动VR助力器""旅游行业VR解决方案""VR行业技术人才的培养""VR全景影视的应用革新与商机"等主题演讲。行业嘉宾介绍VR产业应用在互联网+时代背景下给传统企业带来的变革，探讨VR技术在各行各业革新型应用。同期，召开VR技术平台建设对接闭门会，区内部分企业就VR技术平台建设及实现地区VR行业信息互通，为VR企业创造产业风口机遇等专题交流。（陈亚蕾）

科学技术普及

【概况】 2016年，鼓楼区组织"学雷锋，科普志愿者服务月"、社区"健康大讲堂"以及社区科普大学教学课程等社区科普活动150余场次，先后开展"平衡膳食、营养健康、科普惠民、共享生活"——江苏省全民营养周暨鼓楼区第四届科普宣传周系列主题活动、“创新放飞梦想，科技引领未来”——2016年全国科普日活动。推动形成大协作、大联合科普工作格局，区科协先后联合区科技局、小市街道等开展鼓楼区防震减灾应急演练及科普知识宣传主题活动，协助区红十字会推广宣传“急救白金十分钟”，与南京市保健养生学会等合作，开展健康教育20余场次；携手凤凰数字传媒有限公司等3家企业，组织“科技嘉年华校园行”活动12场，邀请贲德、祝世宁2位院士走进校园，开设“科协大讲堂”，并与师生开展交流；开展科普信息化试点工作，利用“科普闻道”全媒体科普阅览屏和各类科普宣传屏，定制个性化阅览屏，展示鼓楼科普特色内容，实现科普信息资源共享；将“鼓楼V科普”微信平台和“鼓楼微讯”联动，在“鼓楼微讯”开设专栏，定期发布科普文章，扩大科普宣传网上影响力。开展科普项目申报和示范创建工作，获批国家、省、市科协各类科普扶持项目133个，其中宁海路街道三步两桥社区和江东街道腾飞园社区获批中国科协“科普益民计划”项目，创建“江苏省科普示范社区”1个。是年，鼓楼区获首批2016～2020年度全国科普示范县（市、区）称号，区科学技术协会（简称区科协）先后获中国科协等九部委联合表彰的2011～2015年度全国全民科学素质工作先进集体、南京市2016年全国科普日优秀组织单位称号。

【获批2016~2020年度全国科普示范县（市、区）】 2月5日，鼓楼区被命名为首批“2016～2020年度全国科普示范县（市、区）”。作为1999年被中国科协命名的全国首批科普示范区，该区连续16年保持全国科普示范区创建成果。于2015年4月启动全国和江苏省科普示范区“两级同创”工作，实施《全民科学素质行动计划纲要》，形成党委领导、政府推动、部门协作、社会参与工作格局，党建与科建联动、科普与文化渗透、科普与创新并进，先后通过市级审核和省级检查验收。5月14日，全国科技活动周暨第28届江苏省科普宣传周开幕式上，江苏省副省长张敬华为鼓楼区颁发“2016～2020年全国科普示范县（市、区）”奖牌，成为全省23个获批县（市、区）之一，并位列南京市第一。

【区中小学科普活动周】 5月14～21日，鼓楼区组织全区中小学生开展科普活动周教育活动，各校根据自身特色及实际，围绕“创新引领·共享发展”科普宣传周主题，立足科学性、趣味性、互动性、娱乐性，组织学生开展系列科学活动，在校园内营造“用科技创造美好生活”良好氛围。活动期间，白云园小学、建宁小学、宁海中学分校分别开展“解密猿猴之谜”、观看“食品安全、生态环保、应急避险、低碳节能、健康生活主题视频”、开办“蝴蝶检测和环境保护”讲座等科普进校园活动；拉萨路小学、旭日景城小学分别开展“晓小爱迪生”“金点子创意大赛”等科普创作活动；拉萨路小学开展“21天阅读习惯养成记”——读优秀科普作品活动；区教育局、区关工委、区科协联合主办“鼓楼区中小学生航空模型竞赛活动”，橡筋动力模型和小直升飞机两个项目参加竞技。

9月21日，中科院院士祝世宁走进田家炳高级中学为学生作科普报告

【区第四届科普宣传周】 5月17日，江苏省全民营养周暨南京市鼓楼区第四届科普宣传周活动在挹江门街道铁路北街广场开幕。省疾控中心，市、区科协，挹江门街道等相关部门领导出席活动。科普周主题为“平衡膳食 营养健康 科普惠民 共享生活”，开幕式广场活动突出群众性、互动性，以科普展示、现场演练、科普表演、有奖竞答、科普一对一等形式宣传普及科普知识。区老科技工作者协会科普文艺汇演将健康知识、疾病防治融入到歌舞表演中，并在表演过程中穿插科普知识有奖竞答，寓教于乐，宣传日常生活中的科普知识；区科普讲师团组织医疗、营养专家，现场提供一对一健康咨询、义诊等服务；江苏省营养学会组织发放科学饮食指导手册，解答市民营养健康疑问；科普志愿者开展血压血糖测量、骨密度检测等健康检验，400余位市民参与活动。科普宣传周期间，区科协融合创业、健康、科技、环保等内容，开展院士进校园、创客分享会、义诊进社区、科学饮食论坛等一系列特色科普活动。

【全国科普日活动】 9月19～23日，鼓楼区举办“创新放飞梦想，科技引领未来”——全国科普日主题系列活动。9月19日在山西路广场开幕，省

9月19日，鼓楼区举办2016年全国科普日活动开幕式

市科协领导、区政府领导以及区全民科学素质工作领导小组33家成员单位分管领导、社区居民代表和科普志愿者等500多人参加开幕式。活动现场，区科技局、区环保局、区红十字会等单位，部分省级学会及驻区企业等20多家单位专家，为居民举办广场咨询、科技成果展示、互动体验、科普知识有奖竞答、科普秀表演等活动，发放科普资料3000多份，受益群众5000余人次。开幕式上，省、市、区领导共同为鼓楼区近两年获全国和省级科普示范街道和社区颁发奖牌。活动期间，全区举办院士进校园、科技嘉年华校园行、创客进社区、科技场馆体验日、科普摄影展等活动12场次，参与群众4万人次。

【区老科技工作者协会第一次会员大会】 11月18日，鼓楼区老科协工作者协会(简称区老科协)在下关大厦召开第一次会员大会。市老科技工作者协会会长王德君，区委组织部、区科协相关领导出席。会议肯定区老科技工作者服务社会、科普宣传、建言献策等方面所作成绩，区老科协会长王源源代表第五届老科协理事会作工作报告，从服务社会经济、科普宣传、建言献策和青少年科技教育四个方面，总结区老科技工作者协会所做工作和取得成就。大会颁发上一届理事会荣誉理事、荣誉会员证书，选举产生新一届鼓楼区老科技工作者协会理事会及会长、副会长和秘书长，王源源当选新一届理事会会长。 （张　飞）

科技园区

【概况】 2016年，南京鼓楼国家大学科技园区实现公共预算收入10.87亿元，同比增长35%；完成税收21.05亿元，同比增长39%。完成固定资产投资41.93亿元。全年新增到账千万元以上大项目64个，实际到账注册资本20.5亿元，其中外资引进江苏紫金融资租赁有限公司到账9000万元。新增服务外包执行额15.51亿美元，其中离岸执行额9.24亿美元。新增地区性总部或行业龙头项目4个（江苏恒德东汇投资集团有限公司、江苏纽普兰气力输送技术工程有限公司、国电江苏电力有限公司、南京紫台星河电子有限公司）。至年底，园区有各类科技园区44个，包括科创特区3个、大学科技园9个（其中省级以上大学科技园8家，含国家级大学科技园4家）、科技园19个、文创园8个、创业园5个。其中，建成开园37个、在建园区4个、规划拟建园区3个；建筑面积687万平方米，其中投入使用面积195万平方米、在建面积154万平方米、规划中面积338万平方米。

2016年鼓楼区科技园区载体规模一览表

表32 单位：万平方米

序号	园区名称	占地面积	规划总建筑面积	规划拟建面积	在建面积	投入使用面积(含地下)	可供招商面积	入驻率(%)
科创特区								
1	鼓楼科技创业特别社区(在建)	4.17	31.53	—	31.53	—	—	—
2	下关科技创业特别社区	102.10	56.87	49.27	—	7.00	3.00	58.00
3	模范路科技创业特别社区(规划)	10.88	52.60	52.60	—	—	—	—
大学科技园								
4	南京大学—鼓楼高校国家大学科技园（含创业中心、苏富特）	4.30	12.30	3.80	—	8.50	0.09	98.90
5	东南大学国家大学科技园(下关)	6.91	7.23	—	3.60	3.63	0.13	96.50
6	南京工业大学国家大学科技园	3.70	16.48	—	8.48	8.00	—	100.00
7	南京邮电大学物联网国家大学科技园	2.54	6.00	—	—	6.00	1.00	86.00
8	南京中医药大学科技园	5.90	8.34	3.28	—	5.06	—	100.00

续表 32

序号	园区名称	占地面积	规划总建筑面积	规划拟建面积	在建面积	投入使用面积(含地下)	可供招商面积	入驻率(%)
9	南京财经大学现代服务业科技园	1.07	6.50	–	–	6.50	1.00	85.00
10	河海大学科技园(含河海水资源研究中心)	15.52	74.30	67.20	3.60	3.50	0.15	95.80
11	南京工业大学光电科技园	1.40	7.00	6.00	–	1.00	–	100.00
12	南京审计学院大学科技园(在建)	10.00	12.00	4.00	8.00	–	–	–
科技园								
13	南京国际服务外包产业园(服务外包大厦)	1.84	8.84	–	–	8.84	–	100.00
14	南大苏富特科技创新园	3.12	11.50	3.80	–	7.70	–	100.00
15	苏宁慧谷中心(一期)	7.78	56.41	–	–	56.41	8.00	86.00
16	联创科技园	3.40	12.60	–	–	12.60	2.70	79.00
17	艾志科技中心	2.20	8.13	2.00	–	6.13	0.60	91.00
18	智梦园	3.40	4.70	–	–	4.70	0.50	90.00
19	南京熊猫新兴软件园	2.74	3.60	–	–	3.60	0.40	88.90
20	长江科技园	9.70	22.90	17.80	–	5.10	0.10	98.00
21	金川科技园	7.60	9.50	–	–	9.50	4.00	58.00
22	源泉科技园	0.65	1.80	–	–	1.80	0.40	78.00
23	众悦产业园	0.78	1.50	–	–	1.50	0.10	94.00
24	华能南京滨江总部基地(江山汇)	26.00	65.00	53.20	3.80	8.00	1.30	84.00
25	南京华宏家纺科技创意产业园	2.20	15.40	–	10.80	4.60	–	100.0
26	万谷京东云智慧产业园	1.10	5.00	–	–	5.00	1.70	66.00
27	中储物流电子商务创新园(在建)	6.34	33.50	–	33.50	–	–	–
28	中国(南京)电力工业自动化产业园(在建)	3.28	40.98	–	40.98	–	–	–
29	中能装备电力能源科技产业园(规划)	13.67	51.00	51.00	–	–	–	–
30	五星高能电子商务产业园(规划)	3.20	20.20	20.20	–	–	–	–
文化创意园								
31	艺术金陵文化创意产业园	2.10	0.94	–	–	0.94	–	100.00
32	石榴财智中心	3.30	4.00	–	–	4.00	0.05	99.00
33	老学堂创意园	4.10	6.40	2.90	–	3.50	1.00	72.00
34	江苏建筑工程设计创意产业园	6.00	3.80	–	–	3.80	–	100.00
35	智慧谷动漫软件园	2.00	2.80	–	–	2.80	–	100.00
36	红山创意工厂产业园	2.00	2.60	–	–	2.60	–	100.00
37	南京艺术学院文化创意产业园	2.34	4.20	3.35	–	0.85	–	100.00
38	英发比高影视文化产业园(现虎踞都市经济园)	1.00	6.50	5.30	–	1.20	–	100.00
39	南线都市产业园(鲁尔街区)	0.80	1.50	–	–	1.50	0.08	96.00
40	江苏省大学生创业园	0.10	0.35	–	–	0.35	–	100.00
	南京市大学生创业示范园	0.08	0.20	–	–	0.20	–	100.00
41	南京鼓楼区留学生创业园	0.60	0.45	–	–	0.45	–	100.00
42	城苑科创园	1.60	2.10	–	–	2.10	–	100.00
43	新联创业园	1.40	2.20	–	–	2.20	–	100.00
44	五台创业园(民防大厦)	0.40	4.00	–	–	4.00	0.10	99.00
合计		295.30	705.80	345.70	144.30	215.20	26.40	

(陈　欣)

科技

【招商引才】 6月，南京鼓楼国家大学科技园管委会(简称管委会)签约世界500强企业博西家用电器总部大楼以及南京全信传输科技传输有限公司、大千生态景观股份有限公司2家行业重点企业楼宇定制工作，签约面积6.7万平方米，签约金额7.46亿元。9月，组织人员赴深圳开展软件信息产业主题招商活动，举办南京鼓楼区软件信息产业招商说明会，与深圳软件协会、深圳湾论坛、君泽君事务所、德勤事务所、深圳银监局、深圳市中小科技企业发展促进中心、深圳市服贸协会等多家机构和华讯方舟、怡化电脑、冰川网络等企业初步达成未来合作意向。全年，园区入选“创业南京”高层次创业人才区级扶持8人。

【组团参加北京2016黑马营年会和国际创博会】 12月14～18日，管委会联合南京大学、南京邮电大学、南京工业大学、南京艺术学院等驻区高校和南京华讯方舟通信设备有限公司、南京安元科技有限公司等园区企业，赴北京参加2016“黑马营年会”和“国际创新创业博览会”。会上，科技园工委书记许小卫进行推介路演，参展园区、高校和企业自身创新创业成果。展会期间，该区发放宣传品400余份，现场对接客商90余人。科技园获黑马营年会“最具资源吸附力园区”和创博会组委会颁发的“年度双创示范奖”奖项。

【重大项目建设】 2016年，管委会承担市区重大项目32个(其中市重大项目7个)，建筑面积426.63万平方米，投资401.76亿元。其中，市重大项目鼓楼科创特区、B02B03-金盛地块、金茂广场二期、新城市虹桥二期、下关科创特区01-07、华能滨江总部基地、华宏家纺7个项目均按计划正常推进；区重大项目园区科睿小学二期、三乐电子微波研发楼通过验收；南京科技广场二期、华宏A商业地块项目主体施工目标完成；水西门大街施工代理单位招标完成；地铁1号线与金茂广场地下连接通道建设项目施工至金茂广场负一层；下关02-06地块签订土地挂牌托底协议，02-05、03-08地块推进挂牌前期文物勘探工作，下关人才公寓地块推进规划方案调整；圣游路、云水路东延、丽地路施工单位招标完成。

【规划编制】 2016年，管委会完成苏南国家自主创新示范区空间规划（文字稿）及相关空间规划图（DWG格式）。根据区国土、规划部门要求修改上报。南京模范马路创新街区面积3.34平方公里，含3个子园区，其中江东软件城片区0.62平方公里、模范马路科创片区2.14平方公里，幕府山新产业片区0.58平方公里。

【公共服务】 2016年，管委会建立走访调研常态化联络机制，走访驻区高校和大学科技园及园区企业100多次，帮助解决发展难题，推动区政府与南京邮电大学共同承办2016年全国物联网大会、东大科技园与下关特区续签合作协议，协助南邮科技园申报“南京市文明单位”“南京物联网谷”项目及省经信委“小企业基地建设”项目等。召开驻区高校联席座谈会，举办校企双向行活动，协助组织专题培训会、招聘会和项目申报会等主题活动，加强与驻区高校、大学科技园及园区企业联系和服务。发挥鼓楼科技园联盟平台功能，组织联盟成员参观考察下关仙人湖项目、南京工业大学江浦校区大学生创业梦工场及南工大产业园区重点企业、宁淮科技园等，加强园区间交流合作。紧贴企业需求，联合区财政及国税、地税、工商联等部门，开展税收政策宣讲、投融资指导、创业经验交流等服务；邀请市、区知识产权相关专家，举办“法润南京·德法同行”软件和信息技术产业知识产权保护沙龙活动，指导企业开展知识产权工作；联合项目申报类专家开展一对一上门服务，针对企业开展上市辅导、高企(含高企后备)申报、创新基金申报等，累计服务企业100余家；组织园区企业参加“浦口高校毕业生就业招聘会”，协助园区企业招聘急需人才，助推高校应届大学毕业生就业。

【创业创新】 2016年，管委会重点建设模范马路科技创新众创空间示范街区，引入适合板块产业定位的优质众创空间，打造园区特色品牌，建成众创空间11家，其中南邮“E联U盟”和“U+”2家获批国家级众创空间，其余获批省级1家、市级4家、区级4家，初步形成以众创空间为载体的新型创新创业生态系统和模范马路众创空间集聚区。引入行业龙头企业南京华讯方舟通信设备有限公司，共建“军民融合创客中心”，打造省内有影响力的军民融合双创示范基地。同时，江东软件城和幕府山新产业区各建成众创空间3家，其中省级1家、市级4家。5月和11月，分别与南京邮电大学和南京大学联合举办校企双向行活动，帮助企业解决技术难题，促进校企双方互动交流和高校科研成果转化。10月，参加“南京发布——深圳全国‘双创’周鼓楼专场”活动，包括国内首个Magic模式医疗互联网平台“美容大师”等4个高端创业项目现场签约入驻模范路“U+”、南京创客孵化中心等众创空间。12月，联合部分驻区高校和园区企业赴北京参加2016“黑马营年会”和“国际创新创业博览会”，获黑马营年会“最具资源吸附力园区”和创博会组委会颁发的“年度双创示范奖”奖项。年内，管委会在街区范围玄武湖隧道入口、古平岗立交入口和南邮科技综合楼门口安装地标，在整个街区安装道旗，提升营造创新创业环境；协调各类媒体宣传报道30余次，推广街区创新创业环境。

【幕府绿色小镇入选特色小镇培育名单】 2016年，管委会本着因地制宜、突出特色原则，分别以江东软件城、幕府山新产业区、模范马路科创街区3个功能板块为基础，各选择1个有地域特色和比较优势产业作为主攻方向，打造江东软件城"软件小镇"、幕府"绿色小镇"、模范马路"青创小镇"3个新型产业社区，盘活存量资源，促进园区特色产业融合升级发展。12月，根据《关于公布第一批市级特色小镇建设名单和培育名单的通知》(宁特镇办〔2016〕4号)，幕府绿色小镇入选特色小镇培育名单。

【侨务工作】 2016年，南京鼓楼高校大学科技园提出"为华侨华人创新创业营造温馨家园"工作思路，在园区海归创业园搭建服务平台，用互联网+整合政府和社会力量，扶持社会组织，以华侨华人熟悉思路开展服务。年内，海归创业园接待华侨华人1000多人次，与10多个国家建立联系，近百家华侨华人企业落户；园区在星火众创工厂建立"鼓楼区华侨华人创新创业服务中心"；推荐江苏吉锐、巨鲨医疗等8家华侨华人企业参加中国侨联新侨创新创业成果展，帮助12家侨资企业获政府资金或社会投资2亿多元。11月，管委会在全省侨务进"三区"(社区、园区、校区)工作促进会暨国内侨务工作培训会上作为6家发言单位之一，介绍科技园开展为侨服务工作成功经验和创新举措。是年，江苏吉锐生物技术有限公司董事长凌建群获2016中国侨界贡献奖(创新人才)，科技园管委会获2016年度全国社区侨务工作示范单位称号。

江东软件城

(参见第77页，"产业板块"类目同名分目)

模范马路科技创新街区

(参见第84页，"产业板块"类目同名分目)

幕府山新产业区

(参见第92页，"产业板块"类目同名分目)

部分专业园区选介

【南京财经大学现代服务业科技园】 2016年，江苏省科技厅、教育厅验收南京财经大学现代服务业科技园，认定为省级大学科技园。该园位于铁路北街128号，成立于2009年6月，是全省唯一以"现代服务业"为产业特色的大学科技园。

科技园一期工程由两幢19层建筑及连廊部分组成，园区建筑面积6.6万平方米，其中地上建筑面积4.8万平方米、地下建筑面积1.8万平方米，配套建有停车场、会议室、培训室、报告厅、餐厅、商务酒店等设施。园区主要产业定位于互联网+、智力服务、知识产权、金融四大领域，并获批建设南京市知识产权服务业集聚发展试验区、市级众创空间(财智128众创空间)、省级科技企业孵化器、省电子商务示范园区、省大学生创业基地、省文化产业创新人才培训基地等。2月，南京财经大学科技园启动招商工作，3月首批企业入驻。

【万谷·京东云智慧产业园】 万谷·京东云智慧产业园位于水佐岗6号，是南京万谷产业园集团与京东集团合力打造的南京智慧园区，占地面积1.1万平方米，建筑面积5万平方米，项目总投资2.77亿元，建成后可容纳约300家企业入驻，提供4000余个就业岗位。园区业态定位主要集中于大数据、营销策划、电子商务、生物医疗、投融资五大行业。2016年9月团队入驻，至年底，完成60%载体招商，有江苏省电子商务服务中心、太平洋保险公司、江苏沃民环境科技有限公司、南京宁远人力资源有限公司等知名企业入驻，企业通过APP可享受智能停车、智能缴费等服务。园区还配备专业服务人员，全方位打造企业服务平台，助力企业成长与发展。

【华能南京滨江总部基地(江山汇)】 华能南京滨江总部基地(江山汇)位于燕江路201号，建筑面积65万平方米，总投资100亿元，其中商务总建筑面积24万平方米，同时配套建设7万平方米住宅、6万平方米酒店式公寓、5万平方米五星级酒店和近10万平方米商业广场，并建有南京标志性建筑——观江游览休闲平台。项目云集商务、居住、休闲、娱乐、观光等城市多功能体验。项目分两期开发，一期项目由江山汇C、D、E3座商务办公楼组成。C座，2010年6月正式运营；D座，2016年对外招商；E座，建设中。2016年，英国朗廷集团超五星级酒店率先落户。

(陈　欣　施雯玉)

【苏宁慧谷中心】 (参见第101页，"服务业"类目同名条目) (蒋星鹏)

鼓楼年鉴 2017

文化

Culture

综　　述

【概况】 2016 年,鼓楼区推进文化工作,公共文化设施面积每万人 1300 平方米。全年完成小市街道文化中心创建市级示范文化站,完成全区 25 个社区文化活动室的标准化建设;拥有各类特色文化团队 395 支、9 个类别 1.25 万人;举办"幸福鼓楼"2016 社区文化艺术节、书香鼓楼"公益大讲堂、白云亭公益剧坊等各类文艺演出、展览、讲座活动 2200 场,送电影进社区 150 多场,惠及群众 130 万人次。区图书馆新增图书 3.1 万册,外借图书 27.7 万册,接待读者 43.2 万人次。下关历史陈列馆接待参观 4 万人次,颜鲁公祠接待参观 5.2 万人次,实现零投诉目标。区档案馆接待查档 7942 人次,出具各类证明 9660 份,调阅档案 680 卷(件)。接收 10 家单位 5071 卷、4154 件档案进馆,完成新进馆档案 19.2 万页数字化加工。区地方志办公室完成《鼓楼年鉴(2106)》编纂出版任务,继续推进《鼓楼区志(续)资料长编》编纂工作。有序推进文化市场审批、管理工作,各级文物完好率、巡查率 100%。年内,文化部公共文化司副司长陈向红,中共江苏省委副书记、南京市委书记吴政隆等领导先后视察白云亭文化艺术中心,指导区公共文化服务体系建设。是年,区档案局(馆)获江苏省档案系统先进集体称号,《鼓楼年鉴(2015)》《第十二片区·公馆碎影》、宁海路街道海洋国防教育馆、颐和路社区将军馆获南京市"十二五"地方志优秀成果奖。

【公共文化服务体系建设】 2016 年,鼓楼区推进区、街、居三级文化体系建设,发挥白云亭文化艺术中心核心地位和龙头作用,全面实施公益开放和文化服务。统筹管理区图书馆、文化馆、城市展览馆、下关历史陈列馆、颜鲁公祠等区级重要场馆及文化设施。至年底,区图书馆接待读者 43.2 万人次;下关历史陈列馆接待参观 4 万人次;颜鲁公祠接待参观 5.2 万人次。推进街道文化站、社区文化室等各级文化服务设施建设,建成小市街道市级示范文化站;建成广州路、劝业路、四平路等 8 个社区文化室;建成石头城、清凉山、三步两桥等 25 个社区综合文化服务中心。

3 月 19 日,白云亭文化艺术中心公益剧坊民乐专场演出

【公共文化服务】 2016 年,鼓楼区推进公共文化服务体系提档升级工作。开展各类文化活动 2200 场,送电影进社区 150 多场,惠及群众 130 万人次。开展流动图书车服务,范围覆盖全区 13 个街道 20 个服务点,流动车出车 200 台次。推进挹江门街道鲁迅园社区和湖南路街道南秀村社区 24 小时图书自助借还室建设。开展菜单式文化服务进社区活动,每月 3 场讲座供全区街道社区选择,把优质文化讲座送到居民身边。白云亭文化艺术中心服务 92.5 万人次。实施"种子文化"工程,培育社区文艺骨干和团队,选派文化馆 13 名业务骨干,驻点联系辖区 13 个街道,每周组织文化馆业务干部进社区辅导。春、秋季各开办 1 期"社区艺术学校",每期 2 个月,设有摄影、山水画、素描、形体、瑜伽、声乐等专业课程,免费为社区艺术爱好者和艺术团队骨干进行专业辅导。年内,鼓楼区与省、市演艺集团以及各类民间知名文艺团体合作,用政府购买服务方式为驻区百姓提供优质的文化服务。

【白云亭文化艺术中心活动】 2016 年,白云亭文化艺术中心定期举办"书香鼓楼"公益大讲堂;"白云亭公益剧坊"推出相声月、戏曲月、儿童月、话剧月、展演月等专题剧目演出,举办百部中外经典老电影回顾展播;举办主题展览,打造推出全省第一家少儿美术馆——鼓楼少儿美术馆,引入优质艺术资源,定期展陈书画、摄影、老物件、工艺品等特色艺术作品。至年底,承担街道社区团队排练活动 2200 场次;开设免费艺术培训辅导课 486 节,培训 2.3 万人次;举办各类读书讲座活动 69 场、各类公益文化演出 89 场,白云亭文化艺术中心服务 92.5 万人次。 （张琯璐）

【文化惠民活动】 2016 年,鼓楼区开展各类文化惠民活动 2200 场,文化惠民 130 万人次。举办 2016"幸福鼓楼"

社区文化艺术节，打造“书香鼓楼”全民阅读节、“话说鼓楼”幸福社区讲堂、“白云亭公益剧坊”等文化惠民品牌。协调组织区机关春节联欢会，组织开展“金陵五月风”第十届南京文学艺术节鼓楼区活动，被市文联评为最佳组织奖。开展“百名专家学者千场文艺讲座”鼓楼专场活动，先后邀请8位知名专家进行文学、音乐、书法、电影、民间艺术等方面讲座。邀请省市文联参与“到群众中去”文艺惠民活动。区文联各协会组织开展多场文化活动，在机关和社区群众中开展戏曲、书法和摄影等培训讲座；区书法家协会、美术家协会与广东省潮州市文联在阅江楼内联合举办“狮岭雄观，两江风流”书画交流展，并在元旦、春节等传统节日期间，组织书画艺术家赴基层社区开展写春联送福字活动；区戏剧家协会举办戏曲票友风采大赛等。 （黄晓璐）

【全国文化信息资源共享工程建设】 2016年，鼓楼区建成全市唯一、全国首批国家共享工程中国文化网络电视社区服务站，120个社区共享工程服务点实现全覆盖。完成11个街道国家中心远程教育培训5次；组织参加省共享工程分中心技术人员业务培训2次；完成6家共享工程基层点终端设备配发申请工作。完成省优秀基层服务案例推荐，幕府山街道云谷山庄社区入围培训教材。 （张琯璐）

文化创意产业

（参见第94页，“产业板块”类目同名分目）

群众文艺

【概况】 2016年，鼓楼区利用白云亭文化艺术中心展厅、剧场、场馆，与省、市演艺集团以及各类民间知名文艺团体合作，举行诗歌朗诵会、京剧《凤还巢》、苏州评弹赏析、话剧《我爱桃花》、民族舞蹈赏析等专题剧目演出。年内，白云亭公益剧坊演出活动63场，举办“幸福鼓楼”2016社区文化艺术节，开展各类文化活动2200场。

【“幸福鼓楼”2016社区文化艺术节】 6月4日，“幸福鼓楼”2016社区文化艺术节开幕式在渡江胜利纪念馆广场举行。开幕式上有南京艺术学院舞蹈团舞蹈《点亮未来》、鼓楼区谐趣民乐团合奏《花好月圆》、宁海路街道舞蹈队歌伴舞《江上有面不落的帆》，国家一级演员、南京军区前线文工团著名表演艺术家陈峰宁的相声等节目演出。同时，授予谐趣民乐团等10个团队“鼓楼区群众文艺三星级团队”称号、凤凰街道弦乐队等10个团队“鼓楼区群众文艺二星级团队”称号、诗美舞蹈队等20个团队“鼓楼区群众文艺一星级团队”称号。

10月14日、16日，“幸福鼓楼”2016社区文化艺术节广场行暨区文艺团队优秀节目系列展，在石头城遗址公园广场举办。广场行活动分3个专场，其中优秀节目惠民展演中，来自市区近20支骨干团队，先后表演22个优秀节目；举办国际爵士音乐节专场，来自德国、波兰等不同国家爵士乐队同台演奏。至此，“幸福鼓楼”社区文化艺术节是第13届。 （张琯璐）

【越剧《丁香》进军营专场演出】 7月28~29日，鼓楼区文化局、区文化馆、南京市越剧团携大型现代越剧《丁香》走进军营，开展文化拥军活动。先后为驻区73857部队、省军区第一干休所官兵和离退休老干部送去市民群众对子弟兵的节日问候，丰富官兵文化生活。

链接：

南京市越剧团于1956年2月成立，是中国主要的越剧演出团体之一，是全国三大越剧团之一。其前身是“越剧十姐妹”之一的竺水招和越剧界“老生泰斗”商芳臣及众多优秀越剧演员创建的上海云华越剧团。在剧团成立之初首次进京演出时，周恩来、郭沫若等中央领导人数次观看该剧团演出的《南冠草》《柳毅传书》。

【上海爱乐乐团专场演出】 9月14日，《聆听经典 品味中秋》弦乐四重奏音乐会在白云亭文化艺术中心剧场举行。上海爱乐乐团艺术家先后演奏

6月4日，“幸福鼓楼”2016社区文化艺术节开幕式在渡江胜利纪念馆广场举行

莫扎特《弦乐小夜曲》、舒伯特《音乐的瞬间》、约翰·斯特劳斯《音乐的瞬间》、勃拉姆斯《匈牙利舞曲第五号》、埃尔顿·约翰《今夜感受我的爱》等中外经典名曲。12月22日晚,《经典与现代》钢琴三重奏音乐会在白云亭文化艺术中心剧场上演。上海爱乐乐团艺术家演奏莫扎特《钢琴三重奏第一乐章、第三乐章》、圣桑《天鹅》、巴赫《第一组曲　前奏曲》、舒伯特《小夜曲》等经典名曲。

【第二届"嗨起来"广场舞大赛】 11月19日,鼓楼区第二届"嗨起来"广场舞大赛在静海寺广场举行。大赛由区委宣传部、区文化局主办,区文化馆与13个街道共同承办。大赛历经发动、选拔、统一曲目、分组辅导等环节,筛选出全区各街道12支队伍参加。经过必选曲目、自选曲目两轮角逐,湖南路街道、江东街道获一等奖,幕府山街道、小市街道、宁海路街道、凤凰街道获二等奖。

【第二届戏曲票友大赛】 12月23日,鼓楼区第二届戏曲票友大赛决赛在白云亭文化艺术中心举办。赛事由区委宣传部、区文化局主办,区文化馆、区戏剧家协会承办。省市艺术家蔡伟、史进、张建强、栾戈平、高飞等到场参与评审及献艺指导。经过层层选拔,23组选手、代表队进入复赛环节,13支代表队进入决赛,最终评选产生一等奖2名、二等奖4名、三等奖7名。

(冷家宏　季　赟)

【文艺创作人才扶持】 2016年,区委宣传部对省市"五个一批"文化人才跟踪服务,全区有5人入选南京市第四批"五个一批"文化人才、1人入选江苏省第二期青年文化人才,组织"五个一批"文化人才参加浦东干部学院培训。完成市第二批文化人才培养对象项目验收。扶持资助市文化人才孙汉洲"青少年核心价值观创新性教育研究及推广项目"。推进市社区艺术教师志愿者工作,新吸纳一批艺术家为志愿者,并在社区上岗。加强扶持帮助重点文艺创作项目,电影《南京先生》、小说《金川河》获市重点文艺作品资助。

链接:

五个一批:一批全面掌握邓小平理论和"三个代表"重要思想、有较高学术造诣、联系实际的理论专家;一批坚持正确方向、深入反映生活、受到群众喜爱的名记者、名编辑、名主持人;一批熟悉党和国家方针政策、社会责任感强、精通业务知识的出版专家;一批紧跟时代步伐、热爱祖国和人民、艺术水平精湛的作家、艺术家;一批既懂得宣传文化发展规律、又懂得市场运作规律的文化经营管理专家。

(黄晓璐)

图书与展览

【概况】 2016年,鼓楼区图书馆(简称区图书馆)接待读者43.2万人次,办理读者证3556张,图书外借27.7万册次。24小时借阅室接待读者3.7万人次,外借图书1.23万册。流动车全年出车200台次,图书借阅4875人次,外借图书8123册,新增2家部队服务点。区图书馆馆藏民国文献56部、1196册,古籍156部、2139册。年内,举办"书香鼓楼"公益大讲堂、亲子阅读绘本系列活动、"话说鼓楼"幸福社区讲堂等各类活动76场。

【《旅读　聚焦影像里的爱——彭懿〈巴天人的孩子〉》摄影原作百城联展全国首展南京站暨分享会】 6月25日,著名幻想小说作家、儿童文学研究者彭懿《旅读　聚焦影像里的爱》摄影原作百城联展全国首展南京站暨分享会在南京白云亭文化艺术中心举行。该展览是彭懿最新作品《巴天人的孩子》的摄影原作展,展出作品是中国第一部以纪实摄影手法完成的童书。在展览开幕式上,彭懿向现场200余位热心读者作《旅读　聚焦影像里的爱》主题分享,介绍作品背后的故事。

链接:

彭懿,博士,儿童文学作家及研究者。先后毕业于复旦大学、日本东京学艺大学及上海师范大学,教育学硕士,文学博士。任职于浙江师范大学儿童文化研究院。主要研究方向是幻想小说及图画书,所著《图画书:阅读与经典》被赞誉为"中国儿童文学理论界一本填补空缺的图画书论",获首届中国出版政府奖图书奖,畅销10万册。

【"兔妈"艾米教育心得分享会】 7月16日,美国"总统教师奖"获得者"兔妈"艾米博士(Amy Choi)做客"书香鼓楼"公益大讲堂,在白云亭文化艺术中心与百余位中小学生家长分享教育经验。讲座现场,艾米与家长们互动分享自己的教育心得。艾米主张西方式顺其自然教育方法,借鉴中国"虎妈"精髓,提出"融合平衡"教育理念,用中国"五行"(金、木、水、火、土)道教理论阐述她的教育理念。

链接:

艾米(Amy Choi)是约翰·霍普金斯大学医学博士,内科医生,同时还是一位作家,发表小说及主持专栏。她以家庭学校的方式,把一双儿女送到大学。艾米受到美国总统奥巴马接见,并获颁教育学界最高奖项——"美国总统教师奖"。

【叶兆言与中学生分享阅读心得】 9月14日,"书香鼓楼"公益大讲堂校园行在南京师范大学附属中学树人学校开讲,邀请著名作家叶兆言和1000余名中学生分享阅读心得。叶兆言认为:学

9 月 14 日，“书香鼓楼”公益大讲堂校园行，著名作家叶兆言在南京师范大学附属中学树人学校分享阅读心得

生不必过于追求文章思想深刻，更重要的是培养自己的写作能力，把心里话用文字表达出来。叶兆言结合他的作品《江苏读本》《南京人》，与中学生分享南京城繁华背影、金陵王气、十里秦淮与民国遗韵。叶兆言表示：国内恐怕还找不到一个城市，能像南京那样清晰地展现中国历史的轮廓和框架。南京是一本最好的历史教科书，阅读这个城市，就是在回忆中国的历史。

链接：

叶兆言，作家，南京人，中国作家协会会员。1978 年考入南京大学中文系，1986 年获硕士学位。1980 年开始发表作品，创作总字数约 400 万字。著有中篇小说集《艳歌》《夜泊秦淮》《枣树的故事》，长篇小说《一九三七年的爱情》《我们的心太顽固》，散文集《流浪之夜》《旧影秦淮》《叶兆言散文》《杂花生树》等。

【书香城市建设示范城市实地测评】 11 月 16 日，鼓楼区作为主城区代表接受省书香城市建设实地测评，此次测评是南京市争创全省首批书香城市建设示范城市的重要工作。省新闻出版广电局测评组一行实地考察“书香街道”——湖南路街道、“书香社区”——傅厚岗社区、“阅读新空间”——江东书房、“书香家庭”——徐亚莲家庭、“最美书店”——先锋书店、“阅读组织”——悦的读书会、“书香校园”——宁海中学、琅琊路小学和鼓楼幼儿园等地，测评组肯定该区全民阅读工作。在 2016 年南京市文化广电新闻出版局和中国新闻出版研究院公布的《南京居民阅读调查初步成果报告》中，鼓楼区综合阅览率 94.8%，在全市 11 个区县中排名第一。

【“书香鼓楼”公益大讲堂】 2016 年，“书香鼓楼”公益大讲堂邀请多位名家开课。“中国微反应研究第一人”姜振宇，著名幻想小说作家、儿童文学研究者彭懿，美国“总统教师奖”获得者“兔妈”艾米博士，著名作家叶兆言，南京电视台 18 频道著名主持人吴晓平等为读者开展专题讲座 12 场。

11 月 27 日，区图书馆、金陵图书馆联合邀请南京电视台 18 频道著名主持人吴晓平做客“书香鼓楼”公益大讲堂，韶韶《读书“三上”》

2016 年鼓楼区“书香鼓楼”公益大讲堂活动一览表

表 33

序号	活动内容	时间	地点
1	《藏书票的欣赏与制作》讲座	1 月 16 日	白云亭 4 楼中庭
2	“做好亲子阅读　促进家庭和睦”公益讲座	1 月 23 日	白云亭多功能厅

续表 33

序号	活　动　内　容	时　　间	地　　点
3	老吴和你韶韶《读书"三上"》	1 月 27 日	白云亭剧场
4	《音乐与生活的对话》公益讲座	3 月 25 日	白云亭多功能厅
5	姜振宇专题讲座:《怎样通过微表情识人读心》	5 月 12 日	白云亭 4 楼中庭
6	女性健康保健知识讲座《关注乳腺　关爱乳房》	5 月 18 日	白云亭剧场
7	《旅读　聚焦影像里的爱》讲座	6 月 25 日	白云亭 4 楼中庭
8	美国"总统教师奖"获得者"兔妈"艾米博士教育心得分享会	7 月 16 日	白云亭 4 楼中庭
9	《民族舞蹈赏析》文化惠民讲座	7 月 24 日	白云亭多功能厅
10	《谈谈江苏大家庭中的南京》叶兆言讲座	9 月 14 日	树人中学
11	《南京市公共文化服务体系建设》讲座	9 月 14 日	白云亭剧场
12	跟着鸟老师送故事回家--南京站	9 月 23 日	树人附小

【"话说鼓楼"幸福社区讲堂】 2016 年,图书馆利用"话说鼓楼"幸福社区讲堂品牌,在街道、社区举办 10 场公益讲座和培训,涵盖养生、历史、人文、科普、教育等类型。

2016 年鼓楼区"话说鼓楼"幸福社区讲堂活动一览表

表 34

序号	活　动　内　容	时　　间	地　　点
1	《从南京到北京——中国传统建筑匠作技艺的传承与发展》公益讲座	2 月 19 日	云谷山庄社区
2	《民国政要最后的"全家福"》公益讲座	3 月 11 日	三步两桥社区
3	《知爱更知教——民国的家庭教育》公益讲座	3 月 25 日	湖南路街道
4	《谍·民国——民国特务网》公益讲座	4 月 8 日	睿城社区
5	《玩转微时代——微信使用入门》社区微课堂	4 月 27 日	云谷山庄社区
6	《体质与健康》公益讲座	5 月 21 日	小市街道
7	《原来科学这样有趣》公益讲座	7 月 18 日	钟阜路社区
8	《走是养生之王》公益讲座	7 月 20 日	清凉门社区
9	《孙中山就任临时大总统揭秘》军营讲座	8 月 30 日	空军某连队
10	《食疗搭配和居家健康》公益讲座	10 月 25 日	四平路社区

【亲子阅读绘本系列活动】 2016 年,区图书馆和南京悠贝亲子图书馆合作,在少儿阅览区开展亲子阅读绘本系列活动。南京悠贝亲子图书馆的老师们带着绘本故事与小读者及其爸爸妈妈一起进行创意美术、创意手工、亲子游戏、自制图画书等活动。系列活动举办 29 期,每期约 40 人。

2016 年鼓楼区亲子阅读绘本活动一览表

表 35

序号	日　期	活动名称	序号	日　期	活动名称
1	1 月 10 日	《妹妹的大南瓜》	16	7 月 30 日	《换换吧　鼠小弟的小背心》
2	1 月 24 日	《会飞的抱抱》	17	8 月 6 日	《我是霸王龙》

续表 35

序号	日　期	活动名称	序号	日　期	活动名称
3	2月2日	《春节》	18	8月13日	《跟屁虫》
4	2月16日	《神奇的元宵》	19	8月20日	《轱辘轱辘转》
5	3月26日	《苹果与蝴蝶》	20	8月27日	《母鸡萝丝去散步》
6	4月9日	《嘘！我们有个计划》	21	9月10日	《猜猜我有多爱你》
7	4月23日	《我喜欢书》	22	9月24日	《小布去动物园》
8	5月14日	《谁是你的好朋友》	23	10月8日	《我不知道我是谁》
9	5月28日	《端午节》	24	10月22日	《脸脸各种各样的脸》
10	6月11日	《藏猫猫》	25	11月5日	《跑跑镇》
11	6月25日	《巴夭人的孩子》	26	11月19日	《换一换》
12	7月2日	《罗拉要去非洲》	27	12月3日	《好饿的小蛇(纸戏剧版)》
13	7月9日	《好神奇的小石头》	28	12月17日	《好脏的哈利》
14	7月16日	《一园青菜成了精》	29	12月31日	《九只小猫呼呼呼》
15	7月23日	《好饿的小蛇》			

【馆藏古籍普查登记】 2016年年内，区图书馆邀请金陵图书馆特藏部主任、江苏省古籍保护中心主管等专家，甄别普查馆内现藏古籍图书，请金陵科技学院古典文献专业老师和学生协助进行分类、统计、加工。经普查登记，馆藏民国文献56部、1196册，古籍156部、2139册。　　（徐　力）

文物保护

【概况】 2016年，鼓楼区做好文物保护与利用基础性服务，各级文保单位巡查率100%、完好率100%。加大文物日常保护与管理力度，做好文物季度巡查和重大节假日期间消防安全检查，做好明城墙安全度汛工作，壮大“文保员”队伍，完善文化遗产信息化建设，确保文物安全。做好文保单位挂牌保护及修缮设计方案审批工作，完成302处不可移动文物标志碑挂牌保护和安装工作。完成第一次全国可移动文物普查文物登记、数据采集、信息录入、整理建档、审核校对和藏品报送工作。做好文博宣传教育工作，开展第14届鼓楼区“文博之夏”系列活动。做好“海上丝绸之路”龙江船厂遗址申遗工作。完成第一批历史文化名人袁枚塑像落成、剪彩、移交工作，做好第二批名人(颜之推、丁光训)雕像选址工作。年内，实现全区文化遗产资源共享和数字化动态管理。

【第11个国家文化遗产日】 6月11日是第11个中国文化遗产日。区文化局以文化遗产场地为中心，开展“让文化遗产融入现代生活”主题系列宣传活动。在区政府门前、颜真卿纪念馆和下关历史陈列馆悬挂横幅，发放宣传册2000份，增强全民文化遗产保护意识，扩大文化遗产保护在社会公众中影响力，营造全民共同参与保护文化遗产氛围。

【第14届鼓楼文博之夏夏令营】 8月18日，第14届鼓楼文博之夏夏令营开营。组织宝塔桥街道和建宁路街道的城市新市民及贫困家庭子女100多名中小学生，参观爱国主义教育基地侵华日军南京大屠杀遇难同胞纪念馆；在白云亭文化艺术中心观看红色爱国片，并赠送学习用品。

【文物安全与保护】 2016年，鼓楼区做好“文保员”队伍建设和行政执法检查，完善“区—街道—社区—文保单位”三级四方文物保护管理网络体系。确定各级文物保护单位文物保护人员1～2名，对区境内24处全国重点文物保护单位、34处省级文物保护单位每季度巡查1次以上；对90处市级文物保护单位、34处区级文物保护单位以及340处不可移动文物每半年巡查不少于1次，拍摄巡查照片5000余张，上报文物巡查电子台账。完成和记洋行厂房机房旧址文物修缮方案设计专家论证、审批及监督管理工作，以及各级文物保护单位维修项目储备工作。制定明城墙防汛工作方案、应急预案，实行定时、定人、定点巡查制度，确保明城墙平安度汛。转发文物建筑消防安全检查通知，严禁在文物保护范围内燃放烟花爆竹，确保重大节假日期间文物消防安全。为迎接第三个国家公祭日，加大对9处侵华日军南京大屠杀死难同胞从葬地巡查，确保国家公祭日活动顺利进行。

【“海上丝绸之路”申遗】 2016年，鼓楼区做好“海上丝绸之路”龙江船厂遗址申遗相关工作。完成地形测绘、乔木测量及分类调查，对公园内原有房屋建筑进行安全鉴定，完成用电增容设计并获供电部门答复及审批，完成《龙江船厂遗址展陈提升工程概念方案设计》《龙江船厂遗址博物馆展陈内容设计》《龙江船厂遗址南京片区海丝展览中心展陈内容设计》《南京龙江船厂遗址保护与展示方案》编写工作。

【第一次全国可移动文物普查】 2016年，鼓楼区全面完成市普查办布置的全区范围内所有国有文物收藏单位文物登记、数据采集、信息录入、整理建档及总结验收工作。历时3年，完成全区710件(套)藏品的申报，报送率100%。

【博物馆发展与监管】 2016年，鼓楼区做好对小型博物馆协会扶持与监管工作。统计辖区内各种类型博物馆人流量，全年接待观众259万人次。争取省市资金扶持，对各馆公益开放情况进行年度考评以及表彰；对33家场馆发放公益开放补助资金87万元。全年，各场馆开展社会教育和公共服务活动368次。 (曹秀梅)

文化市场

【概况】 2016年，鼓楼区文化市场规范行政审批流程，缩短办事期限。全年审批审核通过申请78件，其中文化市场营业性演出许可23件，出版物零售单位许可22件，歌舞、娱乐场所设立许可12件，互联网上网服务营业场所经营单位许可12件，审核上报从事印刷经营单位许可2件，从事广播电视制作单位7件。打击文化市场各类违法违规经营行为，全年出动执法人员3352人次，检查经营场所1380家次，取缔无证摊点8个，收缴非法音像制品5000张(盘)、图书910余册，立案调查案件18起，办结18起，罚款4.28万元。

【“艺术品经营单位”备案】 2016年，文化部第56号令《艺术品经营单位管理办法》正式颁布，省市相继进行工作布署。区文化局梳理全区注册的艺术品经营单位，进行电话及上门走访宣传活动；制作4块展板，向商户发放200份宣传手册和400份宣传单，在文化局网站上进行信息公布。针对重点艺术品经营单位，与南艺后街艺术品大市场加强沟通联系，共同做好艺术品经营单位备案工作，现场上门服务。至年底，办理登记单位(个体)18家，其中画廊2家、画店5家、艺术品拍卖3家、艺术品鉴定1家、其他7家。

2016年鼓楼区艺术品经营单位聚集区调查摸底统计表

表36

序号	单位名称	地址
1	南京本真文化传播有限公司	鼓楼区石头城6号01栋-F2-A
2	江苏公共艺术品科技鉴定中心有限公司	鼓楼区幕府东路199号A43-102
3	江苏苏天拍卖有限公司	鼓楼区中山北路212号
4	南京不二斋工艺品店	鼓楼区石头城97号
5	南京雅星艺工艺品店	鼓楼区石头城97号C栋125号
6	南京王真真工艺品店	鼓楼区石头城95号B栋105号
7	南京嘉信拍卖有限公司	鼓楼区黄家圩41-1号A3-2室
8	南京奇宁轩工艺品店	鼓楼区石头城97号
9	南京星宝斋艺术品有限公司	鼓楼区石头城97号
10	南京有润当代艺术中心有限公司艺术品分公司	鼓楼区中央路323号819室
11	南京复兴书店	鼓楼区汉口路48号
12	南艺后街艺术品市场	鼓楼区石头城97号

【文化市场管理】 2016年，鼓楼区文化市场管理行政执法工作以集中整治为重点，突出繁华街区、城乡结合部、农村地区和校园周边等关键部位。在节会、假期等重要节点，组织开展网吧、出版物市场、印刷复制企业、游艺娱乐场所、营业性演出市场等专项整治行动。坚持联合、交叉执法和八小时外、消费高峰时间段错时巡查，对

"12345"和"12318"投诉、举报的经营单位，实行重点巡查、有案必查、精准执法。协调各行政执法部门，建立文化市场区域执法协作网络，规范文化市场经营秩序。全年开展各类专项行动6次，出动执法人员560人次，检查各类场所260家次，受理"12345"等举报35起，办结率100%，立案查处文化市场各类违法违规案件15起。

【"扫黄打非"行动】 2016年，鼓楼区开展"扫黄打非"活动，实施"清源2016""净网2016""护苗2016""秋风2016""固边2016"等专项行动，严密封堵流通渠道。开展政治性有害出版物入境专项整治和境内印刷、复制、销售政治性非法出版物专项整治，全面清查繁华街区、电子商城、交通枢纽、校园周边等重点地区书刊、音像制品、电子出版物等销售网点。全年取缔出版物无证摊点8个，收缴非法音像制品5000张（盘）、图书910余册，查办案件3起。 （张晓明　李　昆）

档　　案

【概况】 2016年，鼓楼区完成15家单位档案工作省星级测评复查，检查108家机关、街道、国有企业和41家城管、住建、卫生、商务、开发工委等系统单位档案工作。规范管理机构改革撤并单位档案和区重点建设项目工程档案，指导区市场监督管理局、区民宗局编制新的保管期限表，完成扬子饭店修缮工程、江苏路39号鼓楼旅游咨询服务中心项目等19个重点建设项目的档案登记、备案和验收工作。开展查档窗口"三零一展示"（零距离、零收费、零投诉、展示档案人风采）活动，全年接待查档7942人次，出具各类证明9660份，调阅档案680卷（件）。接收10家单位5071卷、4154件档案进馆，完成新进馆档案19.2万页数字化加工。完成《著名民间剪纸艺术家陈耀人物档案汇编》《南京市鼓楼区国家级文物保护单位资料汇编》《2016年鼓楼区大事记》《2016年档案利用事例选编》《2016年度剪报汇集》。全区2家单位创成省AAAAA级数字档案室，5家单位创成省AAAA级数字档案室。向省档案学会提交学术研究论文6篇，其中3篇分获省档案学术交流大会论文评选一等奖、二等奖、三等奖，2篇获优秀奖。上报各类工作信息、业务文章，全年有120条工作信息被国家、省市档案网站和专业刊物采用，6篇文章被省市级刊物刊登。年内，区档案局（馆）被表彰为全省档案系统先进集体、先进基层党组织、结对共建先进党组织。

【档案馆新馆建设】 2016年一季度，区档案馆新馆建设项目完成划拨土地审批、水土保持行政审批、人防工程方案行政审批、桩基施工图和基坑支护施工图设计以及基坑支护施工图审图，3根试桩施工完毕并检测合格，取得建设用地批准书、划拨土地决定书、桩基规划许可证。5月，取得市住建委绿色建筑设计审批。9月，取得市规划局项目规划许可证。12月，基本图纸通过市审图中心审查，完成基坑支护、桩基工程量清单编制及审计工作，同时开展桩基和基坑支护施工网上招标。

【档案安全管理】 2016年，区档案局（馆）落实档案安全管理责任，安排专人做好档案库房的管理，加强日常特别是汛期档案库房的安全巡查，更换一批到期消防设施。加强档案出库入库的安全管理，严格执行登记制度。重大节假日期间，联合公安鼓楼分局、区商务局、区国资办等单位，共同排查监管毗邻单位安全隐患。完成全区档案数据的脱机备份和异地异质备份。开展档案应用系统等级保护工作，年内达到等级保护二级安全防护要求。

【15家单位档案工作通过省星级测评（复查）】 2016年，鼓楼区15家单位档案工作通过省级标准测评（复查）被列入区经济和社会发展目标。区档案局（馆）严格按照《江苏省机关团体企业事业单位档案工作规范》组织评审验收，15家单位通过省星级测评和复查，完成目标任务。其中，南京市佛教协会和幕府山街道2家单位通过江苏省档案工作三星级测评；区建设工程质量监督站通过江苏省档案工作二星级测评。南京市天正小学、南京市马台街小学等11家单位通过江苏省档案工作三星级复查，南京市宝船小学通过江苏省档案工作二星级复查。

2016年鼓楼区通过江苏省档案工作星级测评（复查）单位一览表

表37

序号	单位名称	通过省星级测评（复查）等级
1	南京市佛教协会	省三星级测评
2	幕府山街道	
3	区建设工程质量监督站	省二星级测评

续表 37

序号	单位名称	通过省星级测评(复查)等级
4	南京市天正小学	省三星级复查
5	南京市马台街小学	
6	区成人教育中心	
7	南京市力学小学	
8	南京市察哈尔路小学	
9	南京市第五十中学	
10	区审计局	
11	南京田家炳高级中学	
12	南京市回龙桥小学	
13	南京市第八中学	
14	区教育后勤管理中心	
15	南京市宝船小学	省二星级复查

【家庭建档示范户 126 户】 2016 年，区档案局开展家庭建档工作，与区级机关工委、区妇联联合制发《深入开展“档案进家庭”活动的实施方案》，召开家庭建档工作会议，明确家庭建档达百户的目标。组织开展家庭建档进社区、进学校、进机关“三进”活动，免费发放《鼓楼区家庭档案建档指南》宣传册和具有四合一功能的《家庭档案册》。走进家庭建档积极分子家中进行培训和指导，全区建立家庭建档示范户 126 户。

【10 家单位档案接收进馆】 2016 年，区档案馆接收原鼓楼区就业管理中心、原下关区环卫所、区图书馆、区工商联、区征收办、区计生局、区投促局、白云亭文化艺术中心、下关滨江管委会、区旅游局 10 家单位档案进馆。进馆总数 5071 卷、4154 件，其中文书档案 452 卷、4154 件，工程档案 293 卷，再生育审批档案 4324 卷，光盘档案 1 卷(10 张)，照片档案 1 卷(53 张)。

【特色档案征集】 2016 年，区档案局(馆)下发《关于征集 2013-2015 年全区重大活动声像档案的通知》，收到各部门、各街道报送的照片 4291 张，抗战老兵口述抗战史——《讲述我们的故事，老兵的故事》、南京长江大桥建设者口述建桥历史——《记忆影像——我们的大桥》视频光盘各 1 张，树人中学汛期防汛视频 4 段。征集渡江战役先遣侦察兵于永铨个人档案 50 件，征集社会学家费孝通和国画大师武中奇的题词各 1 幅，征集俗称“袁大头”的民国银元 17 枚，征集南京方言发音人陈宗霞南京方言语音 40 分钟录音。深入区重点项目——伍佰村红楼危旧房改造征收现场，拍摄伍佰村区域老城旧貌照片 131 张。

【档案查阅利用】 2016 年，鼓楼区四平路 65 号和中山北路 540 号 2 个查档窗口实现资源共享，提供预约查档、延时闭馆等服务，市民可就近查阅档案。全年接待查档 7942 人次，出具各类证明 9660 份，调阅档案 680 卷(件)。配合区干部人事档案清查和资料长编工作，查阅档案 60 余卷，出具档案证明材料 659 份。是年，区档案馆鉴定 1985 年度 104 个全宗 4579 卷档案，向社会开放 39 个全宗 108 卷档案，公布文件级目录 1609 条。

【省 AAAA 级及以上数字档案室建成 7 家】 2016 年，区档案局(馆)推进全

12 月 13 日，南京市琅琊路小学创成全市教育系统首家 AAAAA 级数字档案室

区数字档案室建设工作，组织14家单位进行评估培训，逐条解读《数字档案室评估细则》，做好对参加评估单位的指导和服务。至年底，区审计局和琅琊路小学通过省AAAAA级数字档案室评估，琅琊路小学是全市教育系统首家创成省AAAAA级数字档案室的学校。区地方志办、区司法局、建宁路办事处、区法制办、芳草园小学5家单位通过省AAAA级数字档案室评估。

【档案信息化建设】 2016年，区档案局（馆）做好电子文件归档、电子档案接收工作，开展电子文件归档及系统使用培训，确定区政协办、区审计局、区委党校、江东街道、湖南路管委会等10家电子文件归档、电子档案接收试点单位。组织新进馆档案数字化加工，完成区卫计局再生育档案；区人社局、区司法局和区地方志办等部门档案数字化加工19.2万页。完成网站档案检索模块和竞答模块的开发并投入使用。申报的省级科研课题《档案信息化推动生产型企业发展研究》被江苏省档案局正式批准立项，列入2016年度江苏省档案局科技项目指令性计划。

【档案宣传】 2016年，区档案局（馆）利用政务微博、微信等新媒体开展宣传，微博全年发布、转发重点工作、重要活动等信息627条，微信全年发布鼓楼老地名咨讯、重点文物档案介绍等信息91条。“6·9”国际档案日期间，在汉中门广场参加南京市档案局组织的广场咨询服务活动，发放宣传用品1000份，通过局（馆）网站和微信公众号分别举办一次有奖竞答活动，参与人数达100余人。 （葛彦菲）

6月8日，省档案局局长谢波（右三）参加鼓楼区在汉中门广场纪念“6·9”国际档案日宣传咨询服务活动

地方志

【概况】 2016年，鼓楼区完成《鼓楼年鉴（2016）》编纂发行工作；继续推进《鼓楼区志（续）资料长编》编纂工作；参与颐和路社区将军馆、宁海路街道海洋国防教育馆迁建展陈工作；编写《话说鼓楼》第4期；编制完成《鼓楼区地方志事业“十三五”发展规划（2016–2020年）》；2篇方志理论文章被省市专业期刊收录；推进方志信息化工作，做好“鼓楼地方志”特色网站维护更新，主动申报数字档案试点工作并顺利通过省AAAA级数字档案室等级评估。是年，《鼓楼年鉴（2015）》《第十二片区·公馆碎影》、宁海路街道海洋国防教育馆、颐和路社区将军馆获南京市“十二五”地方志优秀成果奖。

【《鼓楼年鉴（2016）》出版】 10月，《鼓楼年鉴（2016）》由方志出版社出版发行。年初，鼓楼区地方志编纂委员会办公室（简称区地方志办）编纂人员研读区委区政府工作报告，了解全年工作大局，明确全年工作重心、重点，结合省地方志办副主任牟国义对《鼓楼年鉴》框架的修改意见，针对性调整、优化相关类目、条目。在“专记”类目，增设鼓楼区“三严三实”专题教育活动、鼓楼区年度改革工作2篇专文，集中反映年度具有特殊意义的重要信息。在“服务业”类目，增设“总部（楼宇）经济”“健康产业”2个特色分目，分别反映总部（楼宇）经济推进鼓楼经济发展走在同类城区前列的独特作用、健康产业成为鼓楼服务业发展的新亮点。增加“践行社会主义核心价值观”“纪念抗战胜利70周年”专题彩页内容。全书约93万字，18个类目，彩图26版，随文图片82张，表格79张，系统记述2016年度全区自然、政治、经济、文化、社会等方面发展的主要情况。

【2篇论文发表】 10月，区地方志办撰写的论文《用好地情文化资源　打造地域文化自信》在省委宣传部、群众杂志社主办的期刊《群众·大众学堂》发表。全文从充分认识地情文化资源的价值、开发利用、提高效益三个方面，系统阐述地情文化资源的开发利用对于地区提升知名度、扩大认同感、增强文化自信以及促进经济社会发展具有的重要意义。12月，《推进地情场馆建设　彰显方志文化活力》在南京市地方志办、南京市地方志学会主办的内部期刊《南京史志》发表。全文从鼓楼区地情场馆建设的整体情况、主要做法及地情场馆建设对展示方志文化成果、提升方志文化

活力的作用三个方面，阐述鼓楼区地方志办运用自身独特优势，推进区域地情场馆建设，在拓展方志工作领域、促进地区文化繁荣方面所作的探索与实践。

【区地方志事业“十三五”规划编制】 2016年，区地方志办完成《鼓楼区地方志事业“十三五”发展规划》(简称《规划》)编制工作，由区政府办公室以文件形式下发。《规划》结合鼓楼区“十二五”地方志建设成果以及上级“十三五”规划要求，从发展基础、指导思想、总体目标、主要任务、保障措施五个方面，明确2016～2020年鼓楼区地方志事业“志书修编有新成果、年鉴编纂有新境界、地情文化有新展示、数字方志有新突破、工作体制有新加强”战略目标及实现路径。

【区志资料长编编纂】 2016年，区地方志办继续推进《鼓楼区志(续)资料长编》编纂工作，针对各承编单位不同工作进度，对各册长编分类、分阶段开展指导编写、规范内审及专家审读工作。编写指导方面：强化责任编辑对初稿审改意见的反馈，规范“资料长编审稿意见单”的填写和意见沟通，帮助少数进度滞后单位调整、充实编写人员，细化指导编写方法，定期督促编写进度。内审工作方面：强化承编单位稿件内部审查，制作“资料长编承编单位内部评审单”，明确内审工作前提和流程要求。审读工作方面：8月，成立全区资料长编总纂审稿小组，围绕“符合长编规范，稿件质量均衡”目标，制订《资料长编(送审稿)审读要点》，统一审读工作尺度。至年底，全区83家单位承编的148册长编中，完成初稿编写143本，占比96.6%，完成内审修改130本，占比87.2%，总纂审稿小组完成审读121本，承编单位完成落实审读意见61本。此外，区地方志办强化薄弱内容专题研究，组织市教育局及区内文史地情专家，分别完成高校教育、民俗民风2个专题的资料长编编写工作。

【方志理论研讨】 2016年，区地方志办深入方志理论研究工作，在省市举办的地方志工作会议上作主题发言，2篇理论文章被杂志收录。在6月28日召开的全省地方志系统信息化工作暨全省方志馆建设工作会议上，区地方志办作《构建数字化传播平台，推进开放式方志宣介》发言，介绍鼓楼区在方志信息化方面所做的尝试与努力。在11月10日召开的南京市第九次地方志工作会议上，区委常委、宣传部部长梁春燕作《全面落实依法治志，推进鼓楼地方志事业全面发展》发言，介绍鼓楼区在贯彻落实国务院《地方志工作条例》和《全国地方志事业发展规划纲要》，不断强化地方志部门建设，加大地方志事业投入，发挥地方志工作在全区经济社会发展和文化强区建设中的经验与做法。

【参与“两馆”迁建展陈工作】 2016年，区地方志办参与颐和路社区将军馆、宁海路街道海洋国防教育馆迁址新建的展陈工作。参与完成多轮展陈大纲、文字内容、设计样式、数字展项专题讨论，协作完成颐和路将军馆文字稿的修改，主体策划“海洋地方志”展陈内容，搜寻资料完成14个版面的选点和文字组稿工作。

(沈　楠)

美丽秦淮河　　　　(李国栋　摄)

公共服务

Public Service

劳动保障

【概况】 2016年,鼓楼区新增城镇就业3.55万人,城镇登记失业率2.05%。强化就业困难人员实名动态管理,落实就业补贴,援助困难人员就业3438人。开展“春风行动”,为7500多名民工提供岗位1.25万个。实施大学生就业促进计划和大学生创业引领计划,组织驻区企业参加高校招聘会45场。完善《鼓楼区鼓励和扶持青年大学生创业实施意见》,设立创业基金,培育南京大学、南京邮电大学、南京工业大学等大学生创业载体。遴选资助大学生优秀创业项目69个,28个项目获市级优秀,3人评为市“创业明星”。加大职业技能培训,新增高技能人才2134人,创业培训6439人次,在职职工培训2.47万人次。

贯彻落实《中华人民共和国社会保险法》,城镇居民基本医疗保险缴费11.35万人,城乡居民基本养老保险参保缴费3237人。五项社会保险费征收总额36.5亿元,企业退休人员社区管理服务率98%以上。推进企业参保扩面征缴,督促398家社保欠费单位应保尽保。推进机关事业单位养老保险改革,制定区《机关事业单位养老保险改革实施方案》。纳入社会化管理服务企业退休人员18.24万人,开展“夏送清凉”“冬日阳光”活动,组织开展企业退休人员门球赛、踏青挖野菜、游莲花湖等文体活动,为2500多名寿星举办集体祝寿会130余场。

组织参加第九届南京留交会,举办“创聚鼓楼·创享未来”专场活动,对接留学人员400余人;发布《2016年鼓楼区高层次创业人才引进计划申报公告》,引进区级高层次创业人才40人,其中39人通过落户审查获得50万元创业资助,19人通过市级综合评审;引进高端人才团队2个。开办“人才创业训练营”,为40家人才企业提供创业辅导。全年实现人力资源产业税收5819万元。

坚持“凡进必考”原则,完成教育、卫生、城管、司法等单位250名事业编人员的公开招聘;指导各主管部门对所属30家事业单位重新进行岗位设置和人员聘用;组织实施教育、卫生、体育、人力资源和社会保障等14个部门和街道所属120家事业单位1391人的职位晋升。指导13个部门和5个街道开展科级干部竞争上岗,任免科级干部363人;27名军转干部初定任职;完成区环境监察大队等7家事业单位130人参公登记工作。推进街道职务职级并行工作,121人晋升职级。做好企业军转干部维稳工作,为全区364名自主择业军转干部调整增资退役金;安置18名军转干部。

推进集体合同(工资集体合同)签订工作,完成集体合同(工资集体合同)审查1358件。规范特殊工时审批程序,27家企业通过特殊工时审批并在有效期内。开展“春风要约”和“和谐劳动关系进园区”活动,健全劳动关系三方协调机制,规范企业用工。开展农民工工资清欠、非法用工整治、建筑工地规范用工、人力资源市场秩序清理等专项行动,责令用人单位补签劳动合同500余份,清退非法押金1.02万元,督促1817家新增用人单位办理劳动保障登记。依法查处各类违法案件814件,书面审查用人单位6866家。劳动人事争议仲裁院立案处理案件579件,结案率100%。

是年,区人力资源和社会保障局(简称区人社局)被授予南京市残疾人就业服务先进单位、创建全国双拥模范城有功单位、鼓楼区机关作风建设先进单位等多项荣誉。

【高校毕业生住房租赁补贴】 6月27日,南京市出台《市政府关于加快推进公租房货币化保障的实施意见》(宁政发〔2016〕142号),鼓楼区就业管理中心采取多项措施,完成2016度高校毕业生住房租赁补贴的申报及审核工作,2926人通过审核,发放租赁补贴400.83万元。

【民办职业培训机构管理】 2016年,鼓楼区受理民办职业培训机构新增培训项目、变更法人、变更名称、变更地址等相关业务,上门调研机构5家;开展年度评估45家,其中43家合格,依法注销2家。 (吴婉榕)

就业创业

【主题招聘活动】 3月,鼓楼区开展“迎三八、展风采、强素质、促就业”女性主题系列活动,为女性及部队随军家属等群体就业服务。举办“三八架金桥,春风送岗位”活动,组织用工单位30余家,提供适合女性下岗失业人员的保洁、物业、家政、营业员等岗位800多个。年内,在73908部队举办“春风送岗携手未来”随军家属专场就业服务活动,20家用人单位提供就业岗位200多个。筹集4个公益性岗位参加东部战区军属招聘会,经过报名笔试面试等环节,2名社工、2名劳动保障协理员走上工作岗位。举办2016年省市区残疾人专场招聘会,金陵饭店股份有限公司、江苏新华报业传媒集团有限公司等40家用人单位提供256个岗位,1025人进场求职,210人达成意向。

【人力资源市场运行】 2016年,鼓楼区人力资源市场举办各类招聘会65场;办理就业登记备案9.4万人次,办理退休2772人(其中企业军转干部退休36人、病退54人、特殊工种退休222人),办理档案托管1243份(其中退伍士兵178人、纳入社会化服务103人);完成大学生实名制调查1158人,就业率达98%。

【"就业援助月"专项活动】 2016年，区人社局开展"就业援助月专项活动——省市区职介送政策、送万岗信息进社区"，组织200多家单位，提供工程项目经理、设计师、法律顾问等3000多个岗位。通过社区LED电子显示屏、活动橱窗等宣传渠道，公布参加单位名称、地址、联系电话、及岗位工资待遇、学历要求等信息。活动期间，举办4场招聘会，民营企业提供就业岗位1359个，102名就业困难人员实现就业。

【高技能人才培养】 2016年，鼓楼区加强与高校的合作联系，在南京审计学院、三江学院、南京钟山学院开办计算机操作员和网络管理员等各类高级职业资格鉴定培训。依托职业指导平台强化宣讲，推广高级工种，472名失业人员参加培训并通过考核取得相关高级职业技能资格。

【帮企稳岗工作】 2016年，区人社局摸底全区参保企业缴纳失业保险费和参保人员变更情况。通过鼓楼就业网、招聘服务群、优惠政策咨询平台等公共传媒，向区内参保企业宣传，明确补贴范围及标准，细化补贴申报流程，确保企业知晓政策并申报。全年1952家企业申报，享受补贴1.25亿元。

【大学生创业扶持】 2016年，区人社局依据《鼓楼区鼓励和扶持青年大学生创业实施意见》，审核通过优秀创业项目12个，奖励38万元；园区培育奖励14.5万元；大学生创业场地租金补贴146.9万元；各项资金合计199.4万元。该区大学生就业创业服务专家团先后走进省大学生创业园、南京邮电大学物联网科技园、南京财经大学创业园等园区及高校，走访创业实体，举办创业讲座解析会、创业服务零距离等活动10余场。全年新增大学生创业贷款17笔325万元，办理大学生创业证631本。加大园区、高校对接力度，定期召开大学生优秀创业项目培训指导会，推荐69个项目参与市优秀项目遴选及大赛申报，获优秀项目奖励28个，落地鼓楼区18个。扩大优秀创业项目宣传推动效应，在"大众创业、万众创新"鼓楼专场活动中，组织推荐16个获特等奖、一等奖项的省市优秀创业项目参展。

【大学生创业园】 2016年，鼓楼区对全区8个市级大学生创业园运营情况进行实地复核评估，运营情况良好，部分园区还提供了具有特色的创业服务：市大学生创业园开办创业门诊、劝业茶吧、人才创业驿站；南京邮电大学物联网创业园设立"创新项目培育基金"和"孵化期企业种子基金"，自筹资金举办3S杯全国大学生物联网技术与应用"三创"大赛；省大学生创业园定期组织开展创业沙龙，建立创业培训体系，承接市内的大学生实习实训工作。（吴婉榕）

社会保险

【"冬日阳光"温暖活动】 2016年春节期间，区人社局慰问2671户退休特困家庭、1787名孤寡老人及8名百岁以上老人，发放慰问金465万元；走访慰问百岁、特困、孤寡老人及劳模代表等15人，送去春节慰问品。开展退休人员生日庆贺、重病补助、死亡慰问等工作，受益人员1.58万人，发放慰问金363万元。（吴婉榕）

【工伤认定】 6月1日起，鼓楼区承接市局下放的工伤认定工作。至年底，工伤认定备案656件，受理576件（其中单位申请547件，个人申请29件），审结并做出相关决定513件（认定491件，终（中）止22件），其中受理工伤483件，占比94.1%；非工伤2件，占比0.4%；视同工伤5件，占比1%；不视同工伤1件，占比0.2%；终止6件，占比1.2%；中止16件，占比3.1%。

【社会化管理服务】 2016年，鼓楼区为7.3万名企业退休人员提供免费健康体检，建立退休人员自管组织2500个，组织街道、社区开展各类活动2000余场；开通视频认证通道，方便异地退休人员养老金认证。是年，鼓楼区退休人员社会化管理服务工作被南京电视台《南京零距离》、江苏电视台公共频道《晚霞》栏目、《南京日报》《扬子晚报》《现代快报》等媒体报道22次。

10月12日，区敬老月系列活动之"企业退休人员集体祝寿、颁奖会"在青春剧场举行

【社会保险扩面稽核】 2016年，区人社局严把社保缴费基数申报关，确保全区社保参保规模逐年稳步扩大。全年，企业职工基本养老保险净增5506人，社保续保2593人。

【困难补助发放】 2016年，鼓楼区发放被征地农民老年生活困难补助4670人次、245万元；发放原支边、插队（场）、下放“三无”人员生活困难补助8996人次、568万元。

劳动权益维护

【工资清欠】 11月4日起，区人社局牵头，在辖区组织开展工程建设领域工程款及工资支付情况排查工作，各部门组成联合排查队伍，对全区82家建筑、餐饮住宿及劳动密集型企业等重点单位实施针对性检查，对43家在建工地建立实名制管理台账，接待处理36起拖欠民工工资及工程款案件，为39名民工追讨工资63.4万元。

【调解仲裁服务年】 2016年，区人社局组织开展“调解仲裁服务年”活动。先后走进下关科技创业特别社区、小市街道源泉科技园区、湖南路街道，开展“和谐劳动关系进园区”送法活动。对120余家企业劳资负责人及基层调解员进行劳动人事法律法规宣传，指导企业建立完善用工制度，从源头上预防劳资纠纷。 （吴婉榕）

社会救助

【概况】 2016年，鼓楼区推进社会救助各项政策落地，突出“救急难”、兜底线、保基本，加强社会救助制度与其他保障制度有效衔接，进一步完善“一门受理”工作机制。全年投入社会救助资金1.28亿元，受惠人群5.2万人，困难家庭医疗救助比例95%，“民生两险”（自然灾害人身意外伤害保险和家庭财产保险）覆盖率100%。发放低保金6431.64万元、低保边缘生活救助金66.5万元；为28名孤儿及困境未成年人发放分类保障生活补贴33.42万元；春节慰问28类人员4.1万人次，发放资金2260万元。贯彻落实《南京市医疗救助办法》，将特困供养人员、20世纪60年代老职工、因病致贫人员等纳入医疗救助范围。湖南路街道南秀村社区、华侨路街道慈悲社社区参与创建“国家级防灾减灾示范社区”。是年，区慈善协会募集物资折合592万元，向困难群体发放善款575.7万元；募集赈灾善款151.9万元，对接贫困家庭学生助学金约270万元。发布《2015年老年人口信息和老龄事业发展状况报告》（白皮书），对全区养老机构进行安全大检查。年内，新增养老床位820张，新增AAA级及以上社区居家养老服务中心15家，“医养融合型”机构（含签订协议）比例100%、医护型床位比例超过65%。在13个街道启动社区居家服务中心、困难老人家庭及老旧小区适老化改造。《“情系夕阳，幸福鼓楼”鼓楼区老龄事业发展》系列专题片（10期）在南京电视台十八频道《公益》栏目播出；接待《人民日报》、新华社等中央十大新闻媒体记者团关于推进老年人社区助餐的专访。

【户籍居民惠民保险购买】 1月，鼓楼区通过招投标方式与中国人民人寿股份有限公司南京市分公司签约，为96万户鼓楼户籍居民办理自然灾害意外伤害保险，为32万户家庭办理家庭财产保险，为80岁以上老人办理意外伤害保险，为重点优抚对象购买医疗大病保险，为退役士兵购买团体意外伤害保险，为低保协理员和社区退养主任购买意外伤害保险。至年底，“民生两险”（自然灾害意外伤害保险和家庭财产保险）为1317人次赔付72.55万元。

【国家级防灾减灾示范社区创建】 2016年，鼓楼区开展“5·12”防灾减灾演练宣传活动，提升社区综合防灾减灾能力和水平，提高居民防灾减灾意识和自救互救技能。通过政府购买社会组织服务方式，依托南京立和减灾救灾公益发展中心专业力量，指导湖南路街道南秀村社区、华侨路街道慈悲社社区完成社区灾害风险排查、灾

5月12日，华侨路街道举办防灾减灾知识宣传广场活动

害疏散图制作、防灾减灾演练等工作，创建"国家级防灾减灾示范社区"。

【慈善事业】 2016年，区慈善协会募集款物折合592万元，其中资金581.1万元。向困难群体发放善款575.7万元，其中发放特困群众慰问金201.5万元，资助低保大重病患者473人每天牛奶1瓶，价值54.4万元。2月，组织"冬日织爱·关爱环卫职工"大型公益行动，发动全区千名机关干部、企事业单位职工为全区环卫工人捐赠围巾3587条。6月23日，盐城市阜宁县、射阳县出现龙卷风恶劣天气，人民生命财产遭受重大损失，区慈善协会牵头，向社会公布赈灾专用账号，接受社会捐赠151.9万元，经市慈善总会汇至灾区。是年，将慈善超市作为政府社会救助制度的一种补充形式，发挥慈善超市惠民、便民、利民作用，广泛动员社会力量参与慈善捐助、面对面救助。探索推进民营化管理，引进社会组织运营慈善超市，13家慈善超市法人运营状况良好。各街道定期监督检查慈善超市运作情况，掌握捐赠和救助情况。

（陆婷婷）

困难救助

【《南京市医疗救助办法》落实】 3月，出台《南京市鼓楼区医疗救助办法》，将医疗救助对象从低保、低保边缘、孤儿医疗救助拓展到特困供养人员、20世纪60年代老职工、因病致贫人员等，通过资助参合参保、医疗费用补助和医疗费用减免3种形式，为低保人员、低保边缘人员、特困供养人员、20世纪60年代老职工、孤儿等在定点医疗机构发生的符合医保政策范围的住院和门诊大病医疗费用提供救助保障。全年为困难对象3.9万人次发放医疗救助资金1636.4万元，为困难家庭158户293人发放因病支出型困难家庭救助58.7万元，困难家庭医疗救助比例95%。

【困难群体最低生活保障】 2016年，鼓楼区有低保家庭5413户8782人、低保边缘家庭581户1331人，保障人数占户籍人口1.03%。全年投入社会救助资金1.28亿元，受惠人群5.2万人。发放低保金6431.64万元、生活救助金66.5万元；为孤儿及困境未成年人28人发放分类保障生活补贴33.42万元；为困难对象1162人发放临时救助金133万元。将急难型困难家庭、支出型困难家庭、困境个人等纳入临时救助范围。

【社会救助对象经济状况信息比对】 2016年，鼓楼区对全区所有新进低保人员、低保边缘人员、低收入认定对象、临时救助对象实施经济状况信息比对，精细化工作，确保"精准救助"。是年，区层面审核住房困难家庭1334户2489人，重审5004户在保对象。

【贫困家庭学生教育救助】 2016年，区慈善协会为考取大学的低保家庭学生21人发放"慈善圆梦行动"助学金10.5万元。联手南京天华百润投资发展有限责任公司，向琅琊路小学分校天润城小学、琅琊路小学威尼斯水城分校五街区南校区、十八街区北校区捐赠助学金70万元；联手南京浦东房地产开发公司，向南京市第二十九中学天润城分校、南京市第二十九中学威尼斯水城分校捐赠助学金190万元。

（陆婷婷）

老龄工作

【老年文化宣传】 4月23日，区民政局与江苏电视台"961"老年频道栏目组在静海寺广场共同举办江苏省第五届老年春晚启动仪式暨鼓楼区首届老年"才艺节"开幕式，展示全区老年人艺术风采。7月，联合南京电视台系列报道社区居家养老服务，特别是老年人助餐、助医、助洁、助急、助浴等特色工作，《"情系夕阳，幸福鼓楼"鼓楼区老龄事业发展》系列专题片（10期）在南京电视台十八频道《公益》栏目播出。8月，接待《人民日报》、新华社等中央十大新闻媒体记者团关于全区推进老年人社区助餐的专访。11月，与南京电视台、苏新智慧公司合作开展6场"敬老助老"送服务进社区活动，营造敬老爱老助老的良好社会氛围。

【养老服务白皮书发布】 10月19日，鼓楼区发布《2015年老年人口信息和老龄事业发展状况报告》（白皮书），以数据客观描述辖区户籍老年人口信息和养老服务状况，总结全区老龄事业近年来取得的进展和成果。年内，制定《鼓楼区老龄事业发展第十三个五年规划》，明确全区老龄事业发展的政策措施、目标任务和远景规划。

【养老服务机构监管】 2016年，区民政局联合区公安、消防、安监部门及各街道，每个季度对全区养老机构进行安全大检查，杜绝养老院安全隐患；引进第三方机构评估所有入住养老机构的老年人护理等级、养老机构的安全管理。是年，全区新增养老床位820张，"医养融合型"机构（含签订协议）比例100%，医护型床位比例超过65%。

【社区居家养老服务提档升级】 2016年，鼓楼区与银城、朗诗、丰盛、泰乐城等集团合作，创设社区居家养老服务新载体、新模式和新项目，全年新增15家AAA级及以上社区居家养老服务中心。依托大型助餐企业、区域内养老机构、社区居家养老服务中心、小饭桌等社会组织力量，以"中心厨房+助餐点"方式，开展老年人"就餐、配餐、送餐"的社区助餐服务。全区建成13个中心厨房和108个助餐点，日均

老人在鼓楼区安怀村社区助餐点用餐

助餐人次4000人以上，有效满足老年人用餐需求。

【适老化改造】 2016年，鼓楼区在全省率先启动实施适老化改造工程，对部分社区居家养老服务中心、困难老人家庭及老旧小区进行适老化改造。联合朗诗集团打造适老化样本，协助住建部门结合老旧小区出新推进适老化项目改造，全年完成适老化改造项目39个。

【老年人权益维护】 2016年，区政府贯彻落实《中华人民共和国老年人权益保障法》，将老龄事业纳入国民经济和社会发展规划，将老龄事业经费列入财政预算，建立稳定的经费保障机制，鼓励社会力量参与，促进老龄事业与经济、社会协调发展，保障老年人权益，提升老年人幸福指数。全年区财政投入养老服务5900多万元，主要用于老年助餐补贴、医养融合建设补贴、养老机构运营补贴等，助推全区助餐点建设、医养融合建设，促进养老机构提档升级；为3万余人办理“江苏省老年人优待证”，60周岁以上老人进入公园、景点等公共文化场所享受半价或免费待遇。

（陆婷婷）

2016年鼓楼区域内百岁老人一览表

表38

序　号	街　道	姓　名	性　别	出生年月
1	中央门	秦华礼	男	1913.01
2	中央门	张锦玲	女	1913.02
3	中央门	王素珍	女	1914.06
4	中央门	陈秀兰	女	1914.09
5	中央门	王玉斌	男	1915.11
6	中央门	汤秋莲	女	1915.12
7	中央门	李　力	男	1916.02
8	中央门	黄凤英	女	1916.07
9	宁海路	张云翩	男	1915.10
10	宁海路	周云仙	女	1915.10
11	宁海路	金月琳	女	1914.08
12	宁海路	张秀兰	女	1914.01
13	宁海路	郑率芬	女	1914.07
14	华侨路	陶国泰	男	1916.06
15	华侨路	孙鹤年	男	1916.02
16	华侨路	陈普鑫	男	1915.12
17	华侨路	孙佩珏	女	1912.02

续表 38

序　号	街　道	姓　名	性　别	出生年月
18	湖南路	郑清华	男	1916.06
19	湖南路	陈志杰	女	1906.12
20	湖南路	董　芳	女	1915.01
21	湖南路	王蔡氏	女	1908.01
22	凤　凰	贺立德	男	1916.01
23	凤　凰	王桂芳	女	1916.05
24	凤　凰	刘贵琴	女	1916.10
25	凤　凰	殷颜氏	女	1913.11
26	凤　凰	庄国华	男	1914.02
27	凤　凰	石增梅	女	1915.09
28	江　东	周克芳	女	1915.12
29	江　东	吴锦洲	女	1916.06
30	挹江门	谢玉兰	女	1916.05
31	挹江门	李国民	男	1916.04
32	挹江门	殷陈氏	女	1908.10
33	挹江门	金引璋	女	1909.12
34	挹江门	李有成	男	1916.05
35	阅江楼	童玉珍	女	1916.02
36	阅江楼	朱月萍	女	1911.01
37	阅江楼	汪光德	女	1913.10
38	阅江楼	王业成	男	1913.09
39	热河南路	王桂英	女	1914.06
40	热河南路	赵希英	女	1915.08
41	幕府山	孟庆举	男	1916.08
42	幕府山	薛凤英	女	1914.01
43	幕府山	任桂兰	女	1914.07
44	建宁路	刘淑贞	女	1915.11
45	建宁路	邵玉珍	女	1916.10
46	宝塔桥	林　锷	男	1916.04
47	宝塔桥	李宗达	男	1916.07

残疾人扶助

【概况】 2016年，鼓楼区发放特殊困难残疾人补助金1.34万人次、906.61万元，发放“重度残、一户多残、老养残、孤残”补助金1.5万人次、150.14万元，发放低保家庭重残补贴5059人次、50.59万元，发放残疾人护理补贴1777人次、17.77万元，发放残疾人托养补贴4353人次、81.35万元，发放残疾人社会养老保险和居民医疗保险补贴1630人次、351.36万元。发放70岁以上（含）老人祝寿补贴1505人、19.57万元。发放残疾人车主燃油补贴649人、16.87万元；残疾人机动轮椅车更新30台，发放补贴6万元，保证更新工作常态化。元旦、春节期间慰问各类特殊困难残疾人1888人次，发放慰问金105.41万元。审核1662家企业残疾人就业保障金，征缴3109.36

2016年鼓楼区持证残疾人一览表

表39　　单位：人

类别	肢体	视力	听力	言语	智力	精神	多重	合计
数量	5482	1599	1067	78	1563	2607	280	12676

万元。至年底，全区有持证残疾人1.27万人。是年，鼓楼区残疾人联合会（简称区残联）被评为2016年度南京市残联工作有功区。鼓楼区残工委被国务院残工委授予“十二五”期间全国残疾人工作先进单位称号。

【区残疾人临时救助办法出台】　5月1日起，鼓楼区残疾人临时救助办法实施。办法所指的临时救助，是针对该区残疾人在遭遇突发事件、意外伤害、重大疾病或者其他特殊原因导致基本生活陷入困境，而其他社会救助制度暂时无法覆盖或者其他社会救助之后、其基本生活暂时仍有严重困难的家庭或者个人，区残联给予的一次性应急、过渡的救助。此类家庭和个人在遭遇上述突发重大事项后，应先申请南京市临时救助。办法中的临时救助标准原则上参照低保标准进行，最低不低于低保标准的1/3，最高不高于低保标准的3倍。临时救助由残疾人本人或监护人提出申请，并填写“鼓楼区残疾人扶贫救助申请审批表”，按社区、街道受理、审核，区残联审批，街道负责发放的程序实施。临时救助实行一事一救助，申请人以同一事由重复申请临时救助，无正当理由的，不予救助。

【残疾人文艺汇演】　5月6日，区残联在白云亭文化艺术中心小剧场举办第26次“全国助残日”暨鼓楼区“爱在金陵”残疾人文艺汇演活动。此次汇演活动，街道、残疾人专门协会选送14个节目，近200名残疾人载歌载舞，展示才艺。为鼓励残疾人参加文化活动，汇演设置奖励办法，并特邀评委现场评选，向表演者颁发奖状和奖品。汇演产生一等奖3个、二等奖4个、三等奖4个。同时，区残联从基层工作生活中汲取素材，创作反映残疾人自强不息创业典型和残疾人向往美好新生活、热情歌颂党和祖国的作品节目3个，报送参加全市残疾人文艺汇演，分别获一等奖、二等奖、三等奖，其中女子独舞《心路》、情景剧《小园大爱》，入选由市残联主办的南京市“爱在金陵”2016残疾人文艺汇演暨文化周启动仪式南京电视台展演。

【“关爱圆梦”残疾儿童演讲比赛】　5月28日，区残联、区关工委联合组织鼓楼区“关爱圆梦”残疾儿童演讲比赛，来自区内外的24名听力语言、智力障碍和孤独症小朋友参加比赛。通过之前报送视频初赛以及当日现场比赛专家评审，评选出听力语言组（3～6岁年龄段、7～12岁年龄段）、智力障碍和孤独症组（4～6岁年龄段、7～12岁年龄段）4个小组一等奖各1名、二等奖各2名、三等奖12名，同时对选送参赛选手的7家单位授予组织奖。

【全国残疾人基本服务状况和需求信息数据动态更新完成】　2016年上半年，区残联按照市政府残工委相关文件，承担全国残疾人基本服务状况和需求信息数据动态更新省市两级试点任务。成立领导小组，制定可行方案，分层培训，修正虚拟采集数据，登门入户调查，手机APP录入信息，完成试点任务。截至7月底，全区1.24万名残疾人数据实现更新，完成率100%，入户率96%以上，超出省市90%以上入户率要求。同时，残疾人基本服务状况和需求信息数据更新工作，自2016年起纳入区残联常态化管理，变集中调查为日常性动态更新。该项工作的主要对象是在全国残疾人基础数据库中持有第二代“中华人民共和国残疾人证”的残疾人，主要内容是以全国残疾人基本服务状况和需求40项登记指标和社区基本公共服务11项登记指标为重要基础、以当年中国残联确定的指标项目及内容为标准所实施的信息数据动态更新服务，主要目的是建立健全残疾人基本服务落实情况动态跟踪、服务需求信息及时收集、工作成效评价反馈机制。

【“两项补贴”发放工作移交】　11月，区残联根据《市政府关于完善困难残疾人生活补贴和重度残疾人护理补贴制度实施意见》（宁政发〔2016〕194号），将困难残疾人生活补贴和重度残疾人护理补贴发放工作移交区民政局。职能移交后，区残联根据残疾人需求，严格残疾人证发放管理，协同做好残疾人“两项补贴”相关审核工作。

【残疾人体育获奖】　鼓楼区特校男女羽毛球队在2016年国际特奥东亚区（黄山）羽毛球比赛中与韩国、蒙古、中国香港、中国澳门和内陆共9支队伍交手，以5金、1银、1铜成绩占据奖牌榜首。区残联组织残疾人运动员参加江苏省第七届全民健身运动会残疾人项目比赛（田径、游泳、飞镖、象棋、围棋等全部项目），取得好成绩。残疾人运动员胡丹丹在2016年里约热内卢残奥会女子举重50公斤级比赛中夺得金牌，并打破世界纪录，这是江苏省残奥军团产生的首枚金牌。

【康复服务】 2016年，鼓楼区开展"三助一给"(助明、助行、助听、一给药)康复服务，为26名白内障患者免费实施复明手术，为78名贫困低视力残疾人配发助视器，为14名听力障碍者申请中央专项彩票公益金验配助听器，为肢体残疾人安装义肢14例、矫形器14例，为431户残疾人进行辅具适配和家庭简易无障碍改造，为385名精神残疾人免费提供药品计54万元。为205名0～6岁残疾儿童、31名7～14岁残疾儿童实施基本康复项目免费服务。

【残疾人培训就业】 2016年，鼓楼区3名盲人报考按摩师考试，18名盲人参加盲人按摩培训，117名残疾人参加其他类型职业技能培训。区残联为残疾人提供就业信息23条，推荐残疾人就业147人次，全年安排残疾人就业97人。发放残疾人自主创业补助金5人1.3万元。3月26～27日，区残疾人宋爱霞参加在法国波尔多市举行的第九届国际残疾人职业技能竞赛，获手工编织项目金牌。

【残疾人教育补助金发放】 2016年，鼓楼区发放完成义务教育阶段残疾人学生和残疾人子女奖励金61人、4.88万元，发放接受中、高等教育残疾学生教育补助金28人、7.2万元，发放接受中、高等教育残疾学生教育奖励金28人、4.9万元，缴纳参加电大远程教育残疾学生学费27人次、2.43万元。

【残疾人社区康复服务试点】 2016年，区残联采取购买社会服务方式，签约南京爱乐思养老服务指导中心，试点开展残疾人社区康复服务。期间，爱乐思康复医疗团队结合区情编制总体项目方案，并从"居家/站点个性化和群体性康复、转介服务、病例档案"等医疗康复，"跌倒评估及预防、家庭照护培训、康复体操、社区义诊"等社区服务，"残疾人电子台账" 等资料管理三大系统入手组织实施。全年社区康复服务残疾人832人次，其中上门居家康复服务440人次（宝塔桥街道200人次、挹江门街道240人次)、社区康复站点服务392人次（金陵新四村康复站232人次、丁山社区康复站160人次)。开展群体性康复活动13场，服务305人次。完善肢体和智力残疾人康复服务台账910份。

【"残疾人之家"成立】 2016年，按照江苏省"残疾人之家"建设实施方案暨标准(试行)(苏残发〔2016〕28号)，经区残联申报、市残联评审、省残联抽检，鼓馨阳光家园、爱德慈佑院、博爱安养庇护中心、慈恩托养中心、凤凰街道、江东街道、中央门街道、钟阜路社区8家托养机构被批复成立 "残疾人之家"，其中新建1家、改建7家。"残疾人之家"建设是依托街道和社区，并根据残疾人需求和基层工作特点，开展以辅助性就业为主，集托养、康复、培训、文化体育、维权等各项服务为一体的残疾人综合服务机构，为残疾人提供就近就便常态化基本服务，不断提高残疾人生活质量。

【区残疾人居民社会保险补贴办法出台】 2016年，鼓楼区残疾人居民社会保险补贴办法出台。该办法中，残疾人居民社会保险是指 "南京市城乡居民基本养老保险、南京市城镇居民基本医疗保险"。其中保险补贴对象为具有该区户籍，持"中华人民共和国残疾人证"，在就业年龄段未享受过任何社会保险补贴的残疾人。该办法鼓励残疾人就高参加保险，无论参加何种险种，都只按南京市城乡居民基本养老保险和南京市城镇居民基本医疗保险年缴费最低缴费标准给予补贴。残疾人同时享受其他社会保险补贴时，可就高选择其中一类参保补贴，不得重复享受。审批程序为个人提出参保申请，经社区初审、街道复审后出具残疾人办理社会保险联系函，携带户口簿、身份证，于每年的11月20日前，到户籍所在地的街道劳动保障所办理好参保登记手续。街道残联应将符合参加居民社会保险的残疾人名单、参保险种等情况张榜公示7天，无异议后上报至区残联。任何单位或个人对残疾人享受社会保险补贴有异议的，可向街道残联提出。街道残联应在10个工作日内完成核查，并反馈投诉人。对不符合申领条件的，街道残联应书面告知申请人。 （杨爱华）

卫生计生

【概况】 2016年，鼓楼区有医疗机构273家，其中三级医疗机构11家，二级医疗机构2家；全区有社区卫生服务中心17家，其中政府主办10家，非政府主办7家；有区属公共卫生单位3家(疾控中心、卫生监督所和妇幼保健所)、其他医疗机构243家。全年完成门诊量306.97万人次，其中政府主办社区卫生服务中心完成门诊量183.16万人次，非政府主办社区卫生服务中心完成门诊量123.81万人次。业务收入2.83亿元，较上年增长4.38%；药品收入2.18亿元，较上年增长3.77%。全年建立居民实用电子健康档案95.77万份，建档率75.08%。重点人群签约家庭医生31.73万份，签约率70.01%，群众满意率98%以上。围绕学习培训、双向转诊、特色发展、质量控制等方面，发挥医联体作用，与省人民医院老年科共建凤凰老年慢性病防治中心和医养结合示范中心，与鼓楼医院共建建宁路社区康复中心，与省级机关医院共建幕府山糖尿病康复中心。实施"强基特色"工程，夯实基本公共医疗、基本公共卫生工作基础，强化疾病防控，提升卫生应急处置能力，提升全区卫生服务管理水平，动员全区开展国家卫生城市复审工作。是年，鼓楼区卫生应急工作通过江苏省卫生应急规范化建设复评，制作的血吸虫病防治健康教育口袋书在全省评比获一等奖；鼓楼区被授予2015年度全市无偿献血先进单位。区卫生局被鼓楼区评为2015年度机关作风建设先进单位、安全生产工作优秀单位。

【黄莉新视察江东社区卫生服务中心】5月23日，市委书记黄莉新在区委书记杨学鹏陪同下，调研江东社区卫生服务中心。中心主任高峰、书记王凤全程陪同参观并全面介绍各科室情况。黄莉新询问江东中心开业以来病人就诊、科室人员配置和业务等方面情况，并评价中心的硬件设备、整体环境。

【全省首家疾控中心驻三甲医院工作站成立】2016年，鼓楼区卫计局通过医联体建设平台，创新具有鼓楼特色的医防工作模式，在东南大学附属中大医院设立全省首家疾控工作站。通过重大传染病应急演练、疾控中心工作人员驻院办公、优化突发公共卫生事件应急处置程序等方式，实现关口前移。加强医防合作，共同开展院内应急演练。针对重点关注的传染病和突发事件，制定方案，组织全院开展应急演练。6月19日，针对长江流域迅猛水势，以人防疏散地为演练背景，组织全院开展霍乱疫情卫生应急处置模拟演练。通过医防结合实战演练，优化工作流程、提升工作效率、全面提升基层传染病防控水平。疾控中心专业人员驻院办公，与院方相关科室对接，梳理查找传染病及相关疫苗使用病例报告，防止传染病及相关病例的迟报、漏报。走访重症监护室、呼吸科等重点科室和病房，熟悉相关监测科室开展情况，掌握疫情信息，参与监测登记、报告、统计和汇总工作，协调采样、送样和结果反馈。工作站的疾控人员定期参与院内传染病自查、培训考核、疫情分析反馈、专题讨论等各项活动。与医院传染科共同对各类传染病病例开展流调，掌握疫情信息，第一时间现场采集病例相关标本送省、市疾控中心检验，并根据流调情况，向卫生行政部门及政府相关部门提出可行性防控策略。（步腊春）

医政管理

【医联体建设】2016年，鼓楼区医联体建设围绕学习培训、双向转诊、特色发展、质量控制等方面开展帮扶工作。三级医院每周安排不少于3名副高以上职称专家在社区卫生服务中心坐诊，每年为社区群众义诊两次；开通信息平台，实现专家门诊、辅助检查社区预约。全年有76名三级医院专家下社区坐诊634人次，服务居民8000余人次，缓解社区居民对优质就医资源的需求。在幕府山社区卫生服务中心全科医学中心（与南医大二附院共建）和挹江门中医脾胃病诊疗中心、凤凰代谢病诊疗中心、江东脑血管病康复中心（与省人民医院共建）等特色社区慢性病诊疗中心的基础上，与省人民医院老年科共建凤凰老年慢性病防治中心和医养结合示范中心，与鼓楼医院共建建宁路社区康复中心，与省级机关医院共建幕府山糖尿病康复中心。推进华侨路心血管防治中心、建宁路医养结合示范中心建设。邀请4家医联体核心医院12名院感、质控、放射、药学专家，检查全区17家社区卫生服务中心质量控制工作，提升基层医疗机构质量管理水平。

【医疗服务水平提升】2016年，鼓楼区创新优化全科医师规培模式，先后派出50名医护人员到省人民医院、鼓楼医院、儿童医院、市二院、南医大二附院等三级医院进修学习；邀请三级医院专家到社区卫生服务中心开设专题讲座76场，先后有155名医生对口支援鼓楼区社区卫生服务工作。根据“医联体”建设情况，组织全区各社区卫生服务中心337名医务人员，轮流参加各大医院组织的学术讲座和疑难病例讨论39次，熟悉掌握医学新知识。

【慢性病防治】2016年，鼓楼区全面开展高血压、糖尿病分级诊疗试点工作。与省级机关医院联合开展“糖尿病小屋”项目，惠及全区8000余名居民；与省级机关医院联合启动高血压社区防控项目，提升高血压的社区发现率和控制率，降低高血压的致残致死率，1000余名居民受益。

【家庭医生签约】2016年，鼓楼区开展家庭责任医生签约服务，与重点人群签约率72%。将慢性病管理和信息

1月19日，幕府山社区卫生服务中心举办家庭医生签约暨专家见面会

化工作融合在一起，通过慢性病管理APP使全科医生和慢性病患者全天候交流，指导患者饮食用药及健康生活。年内，全区每天有30名全科医生和上百名居民在APP上互动。

【医疗监管】 2016年，鼓楼区全面排查辖区医疗机构，规范医疗机构医院感染和废弃物管理。抽查门诊病历及处方，处方合格率达98%，门诊病历合格率达90%以上。全年接待驻区各级各类医疗机构医疗纠纷148例。加大非法行医打击力度，立案查处3起，依法移交公安部门立案查处非法行医案件1起。建立联合打击非法行医机制，立案查处医疗违规案件11起，处罚金2.8万元，依法暂缓校验医疗机构1家。加强药物临床应用管理，推进临床合理用药，确保用药安全。

【医养结合推进】 2016年，鼓楼区与省人民医院老年科合作开展三级医院专家进养老机构活动，评估老年人自我防护能力，培训老年人和护理人员，提升养老机构护理人员技术水平，提升老年人自我防护能力。全年评估老年人500余人次，开展培训18场次，惠及医疗机构护理人员和老年人800余人。全区17个社区卫生服务中心设立家庭免费服务病床1600床人次，为养老机构老人开展免费服务1.25万人次。社区卫生服务中心与就近托老机构签约服务，为在院老人每周巡诊、为百岁老人每月巡诊，为居家养老老人服务3万人次。规范内设医疗机构的12家养老单位，与就近医疗机构签约服务、养老机构医疗服务、健康教育及体检的服务，开展预约上门和巡诊服务。

【健康信息化建设】 2016年，鼓楼区完成基层卫生综合信息化平台建设系统，与市级平台对接，实现互联互通。根据市统一要求，该区完成社区预约、自助终端、远程医疗等功能部署。建立慢性病管理APP，通过APP指导患者饮食用药以及健康生活。依托信息化系统对全区医护人员开展网上“每日一练”活动，每天有400名医护人员网上答题训练，使日常训练考核和阶段性考核相结合，提高基层社区卫生服务机构整体医疗业务水平。

【基层中医药服务能力提升工程】 2016年，鼓楼区成立以卫计、发改、财政、人社、食药局为成员单位的基层中医药服务能力提升工程领导小组，制定《鼓楼区基层中医药服务能力提升工程实施方案》，设置中医提升工程重点项目专项经费，在社区卫生服务机构绩效考核中，将中医药服务列为重要考核指标，提高基层医务人员积极性。打造中医药氛围浓厚、特色鲜明、环境舒适、相对独立的中医药综合服务区，提供适宜中医药技术服务。注重发挥中医专科、专病的特色优势作用，培育中医优势病种，如：挹江门社区卫生服务中心的矮身材门诊、嗓音针灸、小儿推拿、脾胃病；阅江楼社区卫生服务中心的脾胃病、脱发门诊等。加强基层中医药人才队伍建设，充实基层中医药人员。至年底，全区有中医类别执业医师115人，占执业医师总数25.27%，每年区招聘医务人员中中医药人员都占一定比例。重视基层中医药人员培训，广泛开展中医药适宜技术推广应用。建立三级医院对基层医疗卫生机构指导帮扶机制，发挥三级医院医师下社区的帮带作用，一对一培养中医药人才；邀请区内知名的中医药专家举行中医药培训，选派优秀中医药人才到三级中医院进修学习；聘请退休中医专家到基层工作，提升基层中医药服务能力。开展中医药文化、知识宣传，营造氛围，各社区卫生服务中心均设立中医药文化科普知识宣传栏，每个中心每月至少1次到辖区社区开展中医药科普讲座宣传，发放中医药健康保健宣传折页，提高社区居民对中医药的知晓率、中医药服务的满意率，全区中医药文化知识普及社区达89.1%。

【公共卫生服务经费投入】 2016年，鼓楼区在上年人均公共卫生服务经费60元的基础上，提高到72元。是年，安排500万元的重点公共卫生项目补助经费，重点推动健康档案、慢性病随访、重点人群签约服务、家庭医生制度等工作的落实。

【绩效工资分配制度完善】 2016年，鼓楼区提高基层医疗卫生机构绩效工资总量调控水平，对超额完成基本工作任务的基层医疗机构，在不增加财政负担的前提下，其绩效工资水平上限可达130%，由单位收支结余解决；对工作量较大且效益较好单位，值班费、加班费等逐步由自有财力解决。加大基层医疗卫生机构绩效工资自主分配力度，重点向临床一线、关键岗位、业务骨干等医务人员倾斜，保障业绩贡献突出的医生绩效工资人均水平明显高于本单位人均水平，真正做到多劳多得，优绩优酬。

【医务人才引进】 2016年，鼓楼区进一步完善社会化招聘机制，招录人才53人（从2015年起，每年面向社会公开招录医务人员，每年招录人数不少于50人）。建立高层次人才引进机制，制定副高以上技术和管理人才引进计划和激励机制，逐步形成具有比较优势的特色服务。建立在职人员强制培训制度，用3年左右的时间，将技术骨干外送到驻区三级医院进修学习一年（从2015年起），至年底，有60%的卫计人员完成进修任务；9人就读在职研究生，基层医务人员继续医学教育达100%。

【非公医疗机构】 2016年，鼓楼区落实《关于鼓励和引导社会办医加快发展的实施意见》，引导社会资本投资民办医疗机构，接收申请新办社会办医疗机构16家，根据《医疗机构管理条例》规定，按照申办流程、规范实施准入，并根据国务院“放管服”工作要求，加强事中、事后监管。鼓励优秀医务人员流动、多点执业，提升基层医疗机构服务能力。全年办理多点执业51人，其中社会办医15人，社区卫生中心4人，门诊部12人，护理院4人，诊所14人，防治所1人，服务站1人。公立医院无人办理。（步腊春）

疾病预防与控制

【概况】 2016年，鼓楼区有传染病网络直报单位48家，覆盖率100%。审卡2.4万张，传染病报告卡报告及时率99.98%，准确率、填写完整率、一致率均为100%。全年报告甲乙类传染病11种1127例，发病率86.17/10万，比同期下降3.88%。报告手足口病例1898例，比同期上升11.77%。参与儿童医院重症病例现场流行病学调查、数据录入、标本采集及上送工作，调查79例重症病例，发热伴血小板减少综合征106例。完成每月5例常规监测样本送样工作，上送普通手足口病标本60份。举办托幼机构、医疗单位、社区随访人员培训，对手足口病患儿实行日常管理。落实网上疫情监测，早期发现聚集性病例。

处理传染病预警系统中的预警信息154条。全年报告95起学校疫情，其中手足口聚集性病例疫情52起，流感样病例疫情35起，疱疹性咽峡炎6起，聚集性腹泻疫情1起，聚集性水痘疫情1起，通过有效处理与控制，未出现疫情的扩大和蔓延。及时核实、处理传染病预警系统中的预警信息245条，均在24小时内填写异常信息卡。

流调散发疫情2396例，其中手足口1898例、肝炎64例、菌痢143例、出血热67例、布病18例、伤寒5例、猩红热6例、重症手足口病79例、发热伴血小板减少综合征106例、H7N9禽流感4例、登革热4例、狂犬病2例。上送伤寒菌株3份、菌痢菌株5份。按照AFP、麻疹等监测方案要求，对区内医院报告的辖区及外省市全部AFP和麻疹等疫苗相关病例均作流调处理。全市208例AFP病例均由辖区医院报告，辖区流调165例，占79.32%。辖区医院报告麻疹165例，流调86例，占52.12%。此外，流调急性和未分型乙肝34例、乙脑7例、流脑1例。

加强夏季肠道传染病防治，举办医疗机构腹泻病门诊培训，制定肠道门诊资料目录，按省肠道门诊工作规范布置腹泻病门诊开诊工作，规范肠道门诊工作制度。该区每月外环境监测采集20份样品检测，样品兼顾水体、海（水）产品及食品等，未检出霍乱弧菌，全年检测140份样品。年内，报告腹泻病人1.11万人，检索1072人，检索率9.65%，占人口0.83‰，全区未发现霍乱病人和肠道暴发疫情的流行。

【传染病防治】 2016年，鼓楼区卫生防疫部门防治肺结核病、艾滋病、H7N9禽流感等传染病。

肺结核病防治 全区发现肺结核病人317例，涂阳116例，其中新发涂阳94例。开展辖区内结核病患者访视督导，对325例患者全程督导650次。全年处理人群聚集性场所散发肺结核疫情24起，其中医院5起，涉及医护人员5人；学校19起，涉及学生18人、教师1人。对每例病例均进行个案流调，现场处置，出具“结核病控制意见书”，提出具体控制措施，预防并控制聚集性疫情暴发。全区各医疗单位网络上报肺结核病例及可疑病例398例，报告率100%；转诊可疑患者398例，转诊率100%；其中应追踪84例，追踪到位84例；新登记涂阳病人密切接触者131人，均作检查。

艾滋病防治 全区同性恋（MSM）人群免疫缺陷病毒（HIV）检测1888人，阳性190人；暗娼人群干预3266人次，HIV抗体检测447人，无HIV阳性病例，梅毒阳性11人；检测鼓楼区看守所羁押人员HIV1528人，无阳性病例；VCT门诊检测咨询4166人，HIV阳性163人；随访552名艾滋病病人及艾滋病病毒感染者，CD4（淋巴细胞）检测533人，检测率96.6%。全区385人进行免费抗病毒治疗。辖区医疗卫生单位全年报告HIV/AIDS（艾滋病）422例，均完成信息收集，首次流调告知率100%。

禽流感防治 举办1次人感染H7N9禽流感防治技术培训，实行全天24小时疫情值班制度。备足疫点处理所需药品和器械，做好疫点处理准备工作。定期对辖区内各级各类医疗机构开展发热门诊及预检分诊台规范设置督导检查。全区各社区卫生服务中心按照规范要求部署人感染H7N9禽流感防控和诊疗工作。全年处置H7N9禽流感疫情5起，病例流调4人，排查密切接触者33人。

血地寄防治 全区查螺面积311万平方米，未发现钉螺。江滩清淤1900立方米，药物灭螺面积85万平方米。开展2次学校保健老师血地寄防知识培训及血防宣传周、疟疾防治日、碘缺乏病防治日宣传。7～11月，开展血吸虫病查病工作，双决定簇免疫测定（DDIA）查病3118人次，粪检查病514人次，渔船民（水上作业人员）DDIA查病800人次，未发现阳性。监测学生及孕妇家中食用盐300份，碘盐覆盖率100%；监测学生及孕妇尿碘含量300份，均在安全可控范围内。17家门诊镜检站共制作血片3910张，发现15例病人，均得到规范治疗。完成511份幼儿蛲虫及1015份成人肠道寄生虫调查工作。

【学校卫生监测】 2016年，鼓楼区开展中小学校及托幼机构学生健康监测网络直报工作。组织中小学保健老师开展学生健康监测网络直报新软件的安装使用培训，并督导新软件的使用。全区有76所幼儿园、19所中学、47所小学、1所特殊学校、1所职高开展学生健康监测报病工作。全年处理学校聚集性传染病及预警57起，预警及时处置率100%。检测辖区18所学校教学环境，中小学校桌面照度和教室人均面积较低，黑板和后墙反射比、黑板照度、课桌椅分配合格率等指标合格率严重偏低。监督检查74所学校传染病防控（包括学校饮用水），开展学校常见病防治督导，完成学生健康及影响因素监测任务，抽取32所中小学作为本年度学生常见病防治的监测点，评价和分析评估学生体检情况。

【卫生应急保障】 2016年，鼓楼区对照省卫生厅《卫生应急基本物资储备目录》，按照“统一计划、分级负责、先急后缓、逐步实施”原则，科学储备应急基本物资，做到品种齐全、数量满足需求，并实施动态管理、定期更新，通过江苏省应急示范区达标考核。制订突发公共卫生事件应急制度，规范处置程序和工作流程，落实24小时值班制度，做好突发公共卫生事件应急处置准备并加强应急培训和应急演练。1月，在挹江门社区卫生服务中心开展人感染高致病性禽流感应急演练；6月，在东南大学中大医院举办霍乱肠道传染病疫情应急处置演练。是年，完成辖区5个高考考点、8个中考考点、6个小高考考点、9个硕士生考点应急保障任务。

【技能培训】 2016年，鼓楼区疾控中心开展业务技能培训36次1440人次。开展禽流感培训1次33人、传染病防治培训3次158人、腹泻病门诊培训1次32人、结核病管理培训3次63人次、免疫规划培训4次366人次、慢病管理培训6次114人、重性精神病治疗管理培训4次84人。对中小学保健老师血地寄防知识培训2次120人。17家社区疟疾镜检员疟疾血片制作及镜检培训2次39人。社区高危人群行为干预培训2次36人；社区艾滋病病例管理培训4次71人。健康教育专业培训4次324人。对中心专业技术人员开展《实验室装备操作与使用》《疾病预防控制（业务大讲堂）》《卫生应急防护知识培训》等14个课题的培训，受训728人次。

【健康教育】 2016年，鼓楼区完成迎省级应急示范区复查健康教育工作。配合中心开展食品安全系列宣传活动，完成迎卫生城复审健教工作，创卫督查医院、学校、工地、农贸市场等各类单位72家次，完成辖区1440户居民健康素养调查及数据录入上报工作，举办4次健康教育岗位培训，组织专家深入社区开健康教育讲座4场。开展“健康单位、健康社区、健康食堂、健康餐厅、健康步道”创建活动，督导30家次，20家单位通过市级验收和命名。组织开展14次广场宣传活动，编发各类宣传材料22种11万份，制作健康教育橱窗展板55块，健康教育微信用户1117人，推送信息115条，阅读8427人次。

【疾控质量管理】 2016年，鼓楼区疾控中心对检测工作各个环节开展全面质量管理，根据新版《检验检测机构资质认定评审准则》要求，全面转版质量管理体系文件（第七版）。检验检测机构资质认定检测能力范围内新标准方法变更确认申报工作，共变更标准61项（食品60项，非食品1项）。落实检验检测人员职责，岗前培训32人，考试合格后发放上岗证书。按时将114件检验检测仪器送质检部门检定/校准，及时维护检验软件，确保检测报告准确可靠。全年，区疾控中心检测能力达到9大类165项，受理1567家委托单位开展公共场所微小气候和公共用品、生活饮用水、饮用净水、医疗及托幼机构消毒灭菌效果、食品等样品检验检测，编制各类检测报告1626份。

（步腊春）

公共卫生管理

【卫生监督】 2016年，鼓楼区在册2186家公共场所单位开展卫生监督9439户次，监督覆盖率100%。558家住宿场所、818家美容理发场所、136家沐浴场所、33家游泳场馆开展量化分级管理。监督抽检辖区游泳、住宿、沐浴等64家公共场所的水质、空气质量、公共用品用具消毒效果，抽检38家商场、影剧院等公共场所空气质量，对检测结果不合格的单位责令整改并复检，直至全部合格。辖区内在册二次供水单位264家（其中居民住宅小区137家），监督检查395户次（其中对居民住宅监督检查165户次），监督覆盖率100%；开展现场水质快速检测148份（其中居民住宅139份），监督过程中发现的卫生问题及时提出书面整改意见，发出整改意见书63份（其中居民住宅23份）。综合评价辖区内77所中、小学校卫生。监督检查辖区内89所中、小学校饮用水质量，对其中61所使用直饮水、桶装水的学校接受学生饮用水监督采样检测，54所学校学生饮用水监测结果合格，7所检测结果显示细菌总数超标的学校经过监督检查复检合格。检测12所学校教学环境，其中5所学校的课桌椅配备及黑板照度不符合卫生要求，有2所学校的课桌面照度不符合卫生要求，其余相关指标检测均合格。是年，辖区内有医疗机构273家，其中三级医疗机构11家、二级医疗机构2家、各社区卫生服务中心17家、区疾控中心1家、其他医疗机构243家。实现辖区内二级以下医疗机构、口腔诊疗的医疗机构以及30%以上基层医疗机构的医疗卫生和传染病防治监督检查覆盖。专项检查全区16家社区卫生服务中心预防接种工作。开展辖区医疗机构中药饮片专项检查、消毒隔离监督检查，其中三级医院11家、二级医院2家、其他医疗机构243家。开展打击代孕专项督查工作，全年出动车辆256次、人员872人次。日常监督辖区2家消毒产品生产企业。

【卫生行政许可】 2016年，鼓楼区办理卫生行政许可1714件，其中公共场所单位778件（新办194件，复核、延续520件，变更23件，注销33件，补办8件）；放射诊疗机构63件（新办11件，校验47件，变更5件）。医师首次注册及医师变更注册577件，医疗机构新设收件17件，医疗机构校验、换证279件。

【卫生执法】 2016年，鼓楼区行政处罚8家未取得医疗机构执业许可证的机构，共处罚金3.05万元。受理投诉举报89起，其中涉及公共场所卫生18起，涉及医疗服务行为70起，其他1起，所有投诉均在20个工作日内调查处理并及时反馈。全年行政处罚案件55件，罚没款15.83万元。

（步腊春）

妇幼保健

【概况】 2016年，鼓楼区活产数1.11万人，孕妇建册率100%，早孕建册率98.42%，产前检查率98.42%，产前健康管理人数1.1万人，孕产妇保健管理率（按建卡率）100%；产前健康管理率98.42%（产前检查大于5次人数），住院分娩率100%；孕产妇死亡率为零；产后访视人数1.1万人，产后访视率98.42%，新生儿访视率96.37%；7岁以下儿童健康管理人数4.97万人，7岁以下儿童系统管理人数4.96万人，7岁以下儿童保健管理率98.9%；婴儿死亡率1.33‰；新生儿出生缺陷发生率3.48‰。妇女病普查率99.1%，妇女病检出率34.92%，婚前检查率85%。年内，区妇幼保健所对照省市妇幼工作要点、鼓楼区卫计工作综合目标及自身发展目标，集中组织业务学习6场，三基考试2次。安排省市内外业务学习与培训70余人次，安排6人外出进修。根据妇幼保健业务发展需求，拓展叶酸基因检测、乳腺癌基因检测、血清铁蛋白、无创产前筛查等新项目。通过一系列质控措施，确保妇幼保健各项业务质量优良，保障妇女儿童健康。联系社区、企事业单位开展健康讲座，全年开展妇幼健康讲座21场，与上海“粉红小红”公益基金合作，开展2场公益母婴保健讲座。探索与上海嘉月月子中心合作，为月子中心的会员开展健康教育、产后母婴健康检查、产后康复工作。加强婚孕前保健，全年婚检率85%。除基本公卫、重大公卫免费项目外，全年门诊减免费用42万余元。完成儿童“六一”体检2.02万人次、入园体检6183人、托幼机构教师体检2729人、机关事业单位等女职工体检1万余人。

【妇幼专家讨论会】 5月13日，区妇幼保健所承办2016年上半年鼓楼—雨花—浦口—溧水大片区围产协作组会议，鼓楼医院、省妇幼保健中心、中大医院等各接产医院的产科专家及4个区妇幼保健所相关人员参加。会议讨论上半年辖区接产医院发生的典型围产儿死亡个案，分析医疗、保健、管理诸环节中存在的问题，提出干预措施；规范孕产期保健管理，提高“三网”监测工作质量，降低孕产妇及围产儿死亡发生率，提高出生人口素质。

【妇幼健康服务联合体】 2016年，鼓楼区围绕建立妇幼健康服务联合体要求，与三级医院深入合作。在与鼓楼医院、市妇幼保健院、中大医院原有专家坐诊、绿色转诊通道、人员免费进修培训等项目合作的基础上，又与南医大二附院开展检验项目合作；与省妇幼保健院的医联体合作运行，区妇保所作为省妇幼医联体成员单位、技术支持单位挂牌对外服务，开设周三下午乳腺专家门诊，由省妇幼保健院乳腺专家坐诊。

【现代化妇幼健康服务体系】 2016年，区妇幼保健所开展基层社区卫生服务中心现代化妇幼保健门诊的创建，邀请省市专家考核评估2015年开展创建工作的阅江楼、江东、幕府山、凤凰4个社区卫生服务中心。现场指导2016年拟创建的小市、宝塔桥、中央门、南大4个社区卫生服务中心，加速现代化门诊创建工作。

【重大公共卫生项目落实】 2016年，鼓楼区6家接产医院监测孕产妇2.06万人，艾滋病感染孕产妇1例，梅毒感染孕产妇92例，乙肝表面抗原阳性孕产妇1756例，均实施母婴阻断。规范随访20例梅毒感染产妇及所生儿童，其中3例结案。按照《鼓楼区妇女宫颈癌和乳腺癌检查项目实施方案》，对开展两癌检查的社区卫生服务中心培训1次，督导社区20余次，全区完成两癌筛查1.06万人。

【托幼机构卫生保健管理】 2016年，鼓楼区坚持长效管理托幼机构卫生保健工作，召开全区托幼机构卫生保健老师工作例会4次，对每家托幼机构均进行至少1次的卫生保健工作检查指导，重点检查各项卫生保健制度的落实情况，发现问题及时提出整改意见。完成对市三幼大公馆部等39所托幼机构卫生保健合格证的复验工作。将全区87家幼儿园划分为9个片区，组织每个片区在学期内开展2～4次活动,内容涵盖食谱制定、卫生消毒、幼儿园安全等方面。

【0~3岁儿童早期综合发展中心】 2016年,鼓楼区0~3岁儿童早期综合发展中心聘请市妇幼主任童梅玲为中心指导专家,指导中心儿童综合发展工作;外派老师间断性地至市妇幼早期发展中心培训学习。年内,先后开展"新春嘉年华""狂欢周年庆""庆六一爬爬赛"等4场主题活动,并通过电视台、各大报纸报道"六一"活动,向外宣传推介。与盐大街、新民路等社区联合举办亲子活动3场,逐步将0~3岁儿童综合发展医教结合模式向社区推广。该中心在完成各项常规工作的同时,不断优化教程教案,开设"妙事多"特色音乐课程,受到会员家长欢迎。

(步腊春)

计划生育

【概况】 2016年,鼓楼区制定印发《2016年街道计划生育工作任务分解》(鼓人计〔2016〕14号),并作为全区计划生育工作任务考核依据。坚持计划生育基本国策不动摇,落实"一票否决制",审核计划生育执行情况146家单位(文明单位、文明社区、省企先进单位)、65名个人(南京好市民、省市劳模、市先进工作者、非公企业先进人物),无一差错。全面落实二孩政策,全年生育二孩服务登记2686人。完善计划生育特殊家庭养老帮扶机制,全区帮扶计生困难家庭5516人。推进0~3岁婴幼儿早期发展,开展各类早教亲子服务活动64场次,计1612人次。推动流动人口服务管理均等化,开展各类宣传服务活动273场次,举办健康知识讲座1062次。开展人口文化传播活动,结合"5·15""7·11""9·25""12·1"等人口计生纪念日和"全面二孩政策",开展不同主题宣传活动。推进人口文化园、人口和家庭公共服务中心等人口文化传播阵地建设,建成华侨路街道龙蟠里社区文化墙、宁海路街道虎踞北路4号人口文化墙、热河南路街道新和园人口文化阵地、幕府山街道北崮山社区人口文化园等12个人口文化阵地。开展2016年南京市幸福家庭和幸福家庭建设示范街道(镇)评选活动,200多个家庭参加,湖南路街道办事处、吉桂兰等11户家庭分别获得幸福家庭建设示范街道和南京市幸福家庭称号。是年,鼓楼区获"十二五"江苏省人口协调发展先进区;在创建新一轮全国计划生育优质服务先进单位活动市级复查中获第一名。

【"全面两孩"政策落实】 2016年,鼓楼区开展多形式宣传服务活动,鼓励群众按政策生育,发放《全面二孩》政策读本10本、易拉宝16套、折页4920套、海报10套、《"备孕二宝50问"(上、下)》270套。按照市卫计委《关于建立完善生育登记服务制度的意见》,实行生育登记服务制度,层层开展业务培训,做好生育服务登记工作。全年生育服务登记5906人,其中一孩3220人,二孩2686人。建立全面两孩政策实施情况监测制度。依托居、街、区三级计生网络,在生育登记、孕产期保健、住院分娩、出生医学证明、儿童预防接种等工作中,收集全面二孩政策实施后生育登记办理、再生育审批、出生及孕产信息,准确把握出生人口动态,为分析研判人口和计划生育形势提供科学依据。

【计生服务依法行政】 2016年,鼓楼区落实市人口计生委简化办证文件要求,针对审批过程中单独证明材料的多样性、复杂性,落实便民利民措施,优化办事流程,简化办理手续,开展一次性告知制度、首接负责制、全面推行个人承诺制。实行政务信息公开制度,畅通"12356"阳光计生服务热线,受理群众来信来访,接待群众来信来访1246件,办结率100%,未发生群体上访、越级上访等事件;回复"12345"工单164件、"96180"工单2件;再生育审批80例;办理独生子女父母光荣证2543本。开展打击"两非"活动,处理南京仁济门诊部违法引产手术案件,协助调查江西省萍乡市安源区卫计委关于凌子惠在南京市鼓楼医院引产手术真实性案件,维护计划生育秩序。

【计划生育奖励政策兑现】 2016年,鼓楼区做好独生子女父母奖励金发放工作,全年发放1.77万人、106.28万元,完成独生子女父母一次性奖励金登记6200人、结算4321人,涉及区财政支付1339.2万元,全年需资金2160万元。审核发放独生子女伤残死亡扶助金8951人次,其中伤残4997人次,死亡3954人次;发放资金1554.32万元,其中伤残扶助金775.65万元,死亡扶助金778.67万元。为2230人计划生育特别扶助人员发放特殊家庭慰问金77.4万元,发放公交卡和游园卡扶助金94.16万元;发放计划生育家庭大病救助公益金225户、46.7万元,有效维护计划生育家庭合法利益。

【健康促进行动】 2016年,鼓楼区围绕"新社区新家庭新文化"计划,开展避孕节育、生殖健康、优孕优生优教科普知识宣传200多场。针对"全面二孩"政策实施,加大关怀关爱高龄高危孕妇,开展孕前优生健康检查,完成孕前优生健康检查2465对。组织辖区无业人员及流动人口中已婚育龄妇女开展免费RTI(生殖道感染综合防治)暨"两癌"筛查,服务群众1.03万人。年内,全区RTI综合防治及两癌筛查服务人群由无业及流动人口已婚育龄妇女拓展到65岁以内的已婚妇女,让生殖健康服务惠及更多已婚妇女。对有生育现象及变更措施的育龄妇女进行知情选择指导,督促落实避孕措施。加

1 月 18 日，区卫计局、区计生协会启动“喜迎新春送温暖”行动。图为在石头城社区慰问失独及计生特殊家庭

大免费避孕药具发放力度，新增免费药具发放网点 90 个，全年发放免费避孕药具膜 1200 本、男用避孕套 58.8 万只，有效降低意外妊娠的发生。

【0~3 岁婴幼儿早期发展】 2016 年，鼓楼区依托各级人口和家庭公共服务中心，规范完善 0～3 岁婴幼儿早期发展服务体系建设；依托各级早教服务阵地，通过入户服务、个别指导、专家讲座、育儿沙龙等方式，开展各类早教亲子服务活动；依托太阳果育儿园、金朵朵亲子园等早教机构，落实一年 4 次免费亲子体验服务（64 场次 /1612 人次），开展婴幼儿知识讲座和亲子活动 240 场次，受益婴幼儿 4800 人次。鼓励扶持社会力量办园，对该区美丽如初育儿园、天使育儿园进行资质备案审核及专家评估。开展 0～3 岁婴幼儿早期发展宣传教育活动，发放《0～3 岁婴幼儿早期发展家庭指导手册》5600 册。加强日常监管早教机构，指导街道摸底排查辖区早教机构，发放《0～3 岁婴幼儿保育机构备案告知书》，处理早教工单 5 起，办结率、满意率 100%。

【失独家庭关爱活动】 2016 年，鼓楼区开展失独家庭社会关怀活动，发动计生志愿者、在校大学生，为失独家庭开展多形式帮扶活动。全年帮扶计生困难家庭 5516 人，帮扶资金 126.78 万元；开展各类培训 473 场次，1.4 万人培训。为 955 位失独家庭成员建立基本信息档案，失独家庭结对帮扶 2230 人，结对帮扶率 100%。组织失独家庭开展联谊活动 310 场次，2726 人次参加活动；为有意愿的 289 位失独家庭成员建立健康档案，为有需求的 151 户签约家庭医生；为失独家庭 955 人购买大病、住院护理保险；为有需求的 255 户失独家庭购买保洁卡；为丧失劳动能力的 45 户失独家庭安装安康通门铃，为 177 户失独家庭安排家政服务。石头城社区“爱心社”被南京市评为市级“连心家园”。

【青春健康促进行动】 2016 年，鼓楼区承接中国计生协会“青春健康家长沟通之道”培训项目，从各街道选拔 26 名社区工作者参加由社区学院的师资培训，邀请专家授课。采取多渠道培训方式，在区机关、街道、社区、中学举办 10 场青春健康家长沟通之道培训班，978 名家长和孩子参加培训。举办同伴教育主持人培训班 5 期，11 所高校选派 305 名大学生青春健康同伴教育志愿者参加培训；开展青春健康教育活动 707 场，参与人数 5.49 万人。开展青春健康“五进”活动，组织计生志愿者深入社区、军营、工地、科技园区开展艾滋病宣传教育活动 10 场；各街道社区发动计生协会会员和志愿者开展防艾宣传活动 39 场；驻区 11 所高校以主题活动形式，开展预防艾滋病宣传教育活动 53 场，近 2 万人接受教育。是年，鼓楼社区学院被授予中国计生协青春健康示范基地，南京医科大学被授予南京市青春健康教育示范基地。

12 月 1 日，区计生协联合市住建系统计生协、区疾控中心等部门，走进中储股份南京建工集团工地，开展艾滋病防治宣传服务活动

【计划生育保险】 2016年,区计划生育协会加强与市人寿保险公司城北支公司合作交流,在原有计生系列保险基础上,在全区推广"幸福家庭—计生系列保险",即职工父母及配偶父母保险。全区计生系列保险参保人数1.35万人,保额144.71万元,比上年增长8.15%。区计划生育协会获2016年度省市两级计生保险工作先进集体称号。

【流动人口计划生育服务管理】 2016年,鼓楼区完成国家卫计委流动人口卫生计生动态监测样本点,即宁海路、宝塔桥等11个街道22个社区440名流动人口卫生计生动态监测。全区累计新增流动人口信息2.32万条,入库率98.3%;完成流动人口信息协查1342人次,协查率100%。为全区60户流动人口计生家庭子女购买计生系列保险,帮扶符合申请条件的37名流动人口特困家庭子女入学入托。开展流动人口健康促进行动进工地、进市场活动,联合公安鼓楼分局、区流管办、区计生协和阅江楼街道共同举办"关爱流动人口权益,共建幸福和谐鼓楼"——鼓楼区健康促进行动进工地活动。全区累计开展各类宣传服务活动273场次,举办健康知识讲座1062次,发放宣传资料27种12.5万份,发放免费避孕药具15.32万盒。

【计生信息化建设】 2016年,鼓楼区建立与公安、民政等部门的信息共享协议,保证每月民政部门婚姻信息、公安部门出生户籍信息及时获取;深挖街道信息资源,做到街道计生办同辖区卫生服务中心及医院孕产、儿保信息共享。全年审核录入结婚信息6512条、怀孕信息4809条、出生信息6923条、死亡注销人员信息2027条。利用市级信息交换机制,获取辖区空挂户人员信息,参与市级信息交换2023条。全年核查各类信息单1.51万条,处理平台各类信息(调进、调出)1.26万条,保证全省个案信息交换的及时性。全区数据完整率99.96%,逻辑准确率99.75%,出生更新及时率99.29%,为人口信息化建设提供数据支撑。执行统计工作制度,组织两次全区数据纠错,清理错误数据9852条,提高全区信息质量。

【基层计划生育队伍】 2016年,鼓楼区将街道、社区计划生育队伍建设纳入街道目标任务管理之中,全区13个街道至少配备2至3名计生专干,确保其中1名公务员编制,同时兼有副科级待遇。在社区计生专干配备中,优先选配工作责任心强,业务精通,群众工作经验丰富的社工。至年底,全区街道级计生专干36人,社区计生专干120人,确保各项工作开展。计生专干(社工)统一由民政部门按所在地标准交纳保险、发放工资。强化对基层社区计生专干的培养和关心,帮助他们解决工作生活中遇到的困难和问题,提升基层计生干部干好本职工作服务群众的自觉性和自豪感。加强基层计生专干的业务能力,加大业务培训力度,每年组织1次全区计划生育系统业务大培训,每月组织召开局计划生育工作例会,每周组织召开街道计划生育例会,以会代训,解决阶段性工作中出现的问题和困难;日常工作通过QQ群交流业务知识,将业务培训融入日常服务管理中,提高基层业务能力。

(步腊春)

红十字

【概况】 2016年,鼓楼区有基层红十字会组织118个、专(兼)职工作人员86人、会员1.12万人,其中团体会员35个,成人会员7118人;志愿者2644人,其中注册志愿者1278人。全年募集款物207.5万元,其中资金87.5万元、物资120万元。发放救助款物79.9万元,受益1600余人。区造血干细胞动员入库志愿者新增71人,成功捐献1例,累计11例;新增"志友"112人,遗体与器官捐献40人。举办各级各种救护培训150场,培训1.02万人。区红十字会参加中国红十字会主办的"全国红十字青少年自救互救知识竞赛"活动,获2016年中国红十字会最佳组织一等奖。是年,区红十字会获2016年度中国红十字会总会报刊宣传先进集体三等奖。救护培训、志愿服务、红十字青少年和宣传工作分获南京市红十字工作单项先进奖。

【区志友分会成立】 5月10日,区红十字会联合区文明办、区文化局举

5月10日,区红十字会联合区文明办等部门,举办志友分会成立仪式暨《鼓楼志友颂》首映式活动

办南京市鼓楼区志友分会成立仪式暨《鼓楼志友颂》首映开幕式。省红十字会副会长徐国林、市红十字会秘书长何慧君、区委副书记陆敏、区人大常委会副主任刘人，区政府副区长、区红十字会会长梁春燕，区政协副主席王开林，区相关部门领导及13个街道分管领导和社区红十字志愿者250人参加。南京市红十字会刘文华宣读关于成立“南京市鼓楼区志友分会”决定；徐国林和陆敏为鼓楼区志友分会揭牌；何慧君为鼓楼区志友分会授旗；梁春燕宣布《鼓楼志友颂》首映开播。参会者观看《鼓楼志友颂》微视频及鼓楼区志友、癌友表演的节目。

【“世界急救日”宣传活动】 9月9日，省市区三级红十字会联合在南京市芳草园小学凤凰校区举行纪念第17个“世界急救日”宣传活动，主题是“儿童学急救　急救为儿童”。省红十字会副会长徐国林、市红十字会副会长张杰、鼓楼区委副书记董伟等领导参加活动。凤凰校区16个班级、600余名师生表演《海姆立克》急救知识宣传舞蹈，进行安全知识竞赛，展示设计制作的宣传小报。现场互动教学，提升学生自救互救和安全意识。

【红十字青少年工作】 2016年，鼓楼区7所中小学开展博爱校园行活动，收到捐赠、义卖款18万余元，为223名困难学生发放救助金14万元。为南京师范大学附属中学、南京市第二十九中学、南京市第三十九中学3所高一新生2200人，开展红十字会知识、救护培训。

【红十字文化宣传】 2016年，区红十字会组织街道、医院、学校等红十字志愿者在“5·8”红十字日、防震减灾日期间，开展“红十字博爱周”、防灾避险演练、“全国居民自救互救知识竞赛”等系列宣传活动；与省市红十字会联合，在芳草园小学凤凰分校举行“儿童学急救、急救为儿童”第17个“世界急救日”纪念活动；组织8支队伍，参加“为爱行走、博爱南京”大型徒步公益活动。全年，在鼓楼政务平台发布信息636条，在市级以上红十字网站刊登信息879条，《南京日报》《江苏科技报》、南报网等主流媒体发布信息14条。

【凤凰生命安全体验馆项目】 2016年，“生命安全体验馆”项目通过红十字总会标准化管理，招募志愿者开展群众性红十字知识宣传、救护培训、应急演练、学校安全教育与体验活动。全年接待23个国际、国内红十字组织，开展198场活动，参观学习体验人数6850余人。

【救护培训】 2016年，区红十字会开展救护培训进校园、进机关、进企业、进社区、进高危行业五进活动，全年培训150场次，培训人数1.02万人，其中持证救护员900人，普及培训9300人。协助区应急办、区科技局等单位组织防震减灾演练，出动无人机执行抗震救灾侦察任务。联合乐扶社会公益组织在天正小学、鼓楼幼儿园等单位开展生命安全教育等活动。

【红十字救助活动】 2016年，区红十字会募集资金87.5万元、物资120万元。为盐城市阜宁、射阳两县捐款1.3万元，援建新疆伊犁市红十字博爱家园项目2万元。南京家升基础工程有限公司为旭日景城小学定向捐赠“帮扶困难学生圆梦基金”10万元。春节开展博爱送万家活动，慰问资金27.6万元、受益家庭668户，受益人口1180人。大病困难救助92人、救助资金24万元，定向救助12万元，金陵宝宝救助14万元。接受旺旺集团捐赠价值近70万元的食品，慰问全区2000多名环卫工人和全区13个街道120个社区部分困难群众。协调滨江环卫服务有限公司将其所接受企业捐赠的4886件、总价约50万元衣物，全部转赠给六合区衣物捐赠中心，将爱心传递给全市困难群众。

【志愿服务活动】 2016年，鼓楼区有志愿服务基地5所、志愿者2945人，其中注册志愿者1278人。应急救援志愿服务队100支，阳光驿站、一米阳光、白衣天使等志愿服务队17支。11名志愿者分别获省市红十字会星级志愿者认定，1名志愿者获江苏省优秀红十字志愿者称号。

【“三献”工作】 “三献”，即献血、造血干细胞捐献、遗体器官捐献。2016年，南京市志友协会鼓楼分会成立。结合机关干部献血，宣传发动，有70人加入中华骨髓库志愿者队伍。至年底，鼓楼区有遗体与器官捐献志愿者1992人，捐献遗体398具，占全市捐献数近1/3。有11例志愿者成功捐献造血干细胞，位居全市首位，其中2013年两区合并以来，造血干细胞动员入库志愿者194人，成功捐献5人。

【“白金十分钟”工作】 2016年，鼓楼区13个街道全面推广“白金十分钟”急救知识普及健身操，每个街道都有一支50人左右的志愿者队伍。幕府山街道志愿者队伍多次在省市大型活动中（如志愿江苏嘉年华—首届江苏志愿服务展示交流会等）表演展示，并传播至雨花台区、建邺区、六合区，以及泰兴、仪征等城市。10月，该区在石头城遗址公园举办“白金十分钟”急救知识普及健身操大赛活动。

（郭金宝）

10 月 9 日，区红十字会在石头城公园举办“白金十分钟”知识普及健身操大赛

爱国卫生

【健康支持性环境建设】 2016 年，鼓楼区以建设健康南京为载体，做好 13 个街道创建健康社区、绣球公园健康主题公园和阅江楼城墙外、世贸滨江健康步道建设。在全民健康支持性环境建设活动中，动员社会力量，营造健康生活方式支持性环境氛围，普及健康生活方式相关知识，提供健康生活方式行为指导，培养民众健康意识和健康行为能力，提高全区居民健康水平。

【公共场所控烟】 2016 年，鼓楼区开展以“创建无烟环境，旨在提醒公众认识烟草烟雾对被动吸烟者和环境的危害”为主题的第 29 个世界无烟日广场宣传活动；指导各街道、单位开展控烟工作，发放禁烟标识 5000 余份。加强控烟监督管理，区教育、公安、市场监管、文化、体育等部门结合江苏省爱国卫生工作条例，履行各自职责，并在医疗机构设置引烟区。

【健康教育】 2016 年，鼓楼区爱卫办联合区教育局、区健教所、区卫生监督所、河海大学、南京医科大学、南京市第二十九中学、南京市第三十九中学、宁海中学分校、象山小学、天妃宫小学等 12 家单位，召开学校健康教育座谈会，通过“医教结合”即医生、教师、家长“三位一体”的模式，推进学校健康教育工作。街道、社区、各级医疗机构采取多种形式，有针对性地开展卫生知识宣传和健康教育，引导居民养成良好生活习惯。

【病媒生物防治】 2016 年，鼓楼区开展以落实环境综合治理、完善各项防控设施为重点的灭鼠、灭蚊蝇、灭蟑螂活动，全区 13 个街道公共外环境除四害全面实施市场化运作。区爱卫办每季度为街道制作宣传展板，为辖区中小餐饮店家发放除四害宣传折页 6000 份；组织街道工作人员普查辖区毒饵站，统计本底资料，春季灭鼠投药 560 公斤。

【国家“卫生城市”复审检查】 2016 年，全国爱卫办对南京市“卫生城市”复审，鼓楼区成立迎复审工作领导小组，与 35 家单位签订创卫目标责任书，明确职责，落实责任。建立以主次干道实地考察点、集贸市场实地考察点、居民小区考察点等 19 项责任人体系，街道和部门一把手为主要责任人，深入到社区、街巷、超市、公园等创卫末梢，形成“领导小组、专项工作组、街道片区、责任单位”环环相扣的创卫组织网络，确保“无缝隙全覆盖、无空档全天候”管理。与宣传部门配合，借助政府热线、网络媒体、群众信访等平台，关注城市卫生状况，听取社会民众意见，解决动态性问题，遏制周期性问题。在鼓楼区门户网投放浮动宣传标语，链接创卫知识问答，动员广大机关干部争做创卫责任人。在社区宣传栏张贴迎复审宣传海报 6000 余张，在 103 块户外电子显示屏、72 所学校电子大屏滚动播放宣传标语 2 万多次，悬挂宣传横幅 2000 多条。经过整治，全区主次干道及背街小巷无明显占道经营现象，中小学均有健康教育宣传栏，44 家农贸市场设置全新公示牌，31 座旱厕整改到位；1414 家公共场所(四小)经营单位卫生许可证持有率 100%，3986 家餐饮经营单位食品经营许可证持有率 75%。1257 个居民小区设置诱蝇笼 4785 个，覆盖率 98.85%；设毒饵站 2.12 万个，覆盖率 95.21%，环境整治达标率 95.5%，该区全面完成创建卫生城市复审工作。 (步腊春)

健康产业

(参见第 111 页，“服务业”类目同名分目)

体　　育

【概况】 2016 年，鼓楼区以“后青奥”发展机遇为契机，深化体育改革，推进法治体育建设。开展体育设施建设，更新 24 套达到使用年限的老旧室外健身器材，对 50 个室外健身点的地面铺设塑胶地垫。开展全民健身活动，组织“和谐鼓楼”肯帝亚篮球俱乐部进社区活动、“鼓楼杯”驻区单位羽毛球联谊赛等群众体育活动和比赛；各单项体育协会、俱乐部组织“长寿杯”桥牌、“鼓楼杯”门球、“宁海杯”乒乓球、“新城市杯”网球等传统赛事20余场;组织各类体育活动、表演、民间体育比赛100余场(次),3万余人参加;免费为辖区内3000余名社区居民和部分机关工作人员监测体质。组织参加南京市第21届运动会青少年部比赛,成绩优异;承办南京市第21届运动会青少年部羽毛球和跆拳道比赛。区体育局与区教育局联合举办校园足球联赛、中小学生健美操啦啦操比赛、中小学生运动会;与五台山体育中心共同承办中国(南京)啦啦操公开赛、中国壁球巡回赛(南京站)、江苏省第七届全民健身运动会5人制足球大赛、中国足球协会女子超级联赛、中国女子篮球联赛(WCBA)和南京五台山中国保龄球冠军赛。组织南京市羽毛球运动学校参加全国、省市各级重大赛事活动,全年获得45金29银19铜佳绩;羽毛球学校在国家羽毛球后备人才基地评比中获一等奖。全年实现公共财政收入1822万元,同比增长31%,完成进度114%;税收总额为3840万元,同比增长27%,完成进度110%;全区体育产业单位218家,其中引进千万元企业2家,超额完成全年任务。

【体育健身培训】 2月25~26日,鼓楼区老年人体育协会(简称区老体协)在鼓楼社区体育活动中心篮球场举办首届社会体育指导员技能培训班,国家级社会体育指导员、区老体协健身专委会负责人章比南传授第一套手杖健身操,全区13个街道的团队负责人和教练员近80人培训。2月29日,区老体协第二期优秀健身项目推广培训班——健身球操项目在鼓楼社区体育活动中心篮球场举办,由章比南任教,全区各街道、社区近100名健身团队负责人、教练员培训。11月22日,区体育局在社区活动中心举办2016年度三级社会体育指导员培训,全区13个街道和各单项体育协会的180余名学员参训。区体育局群体科科长花勇、区武术协会会长高申生分别讲解社会体育指导员概述、基层体育活动组织与编排、运动与健康和体育技能等知识。

【老年人体育节开幕式】 3月5日下午,鼓楼区老年人体育节开幕式在芜湖丫山国家级地质公园广场举行,南京市1300多名老年体育爱好者参加。在《舞动中国》乐曲声中,区老体协副主席、秘书长吴洁宣布鼓楼区老年人体育节开幕,随后区老体协鑫缘舞蹈队、柔力球队、仙霞健身队、莫愁健身队分别表演舞蹈《美美达》《和你一起看夕阳》《柔力球》《感谢好生活》《红马鞍》《大家舞起来》等节目。

【中小学生冬季三项运动】 3月12日上午,鼓楼区中小学生冬季三项运动在南京市第二十九中学高中部举行。此次比赛由区教育局、区体育局主办。比赛项目设置为12人集体跳长绳、2分钟踢毽(盘踢)和2分钟跳短绳。全区有63支中小学队伍参加。经过角逐,赤壁路小学、砺志实验小学、紫竹苑小学分获小学组团体前3名;南京市第十二初级中学、宁海中学分校、金陵汇文学校分获初中组团体前3名;南京商业学校、南京市第六十六中学高中、南京市第二十九中学分别获高中组团体前3名。

【体育赛事】 3月18~21日,区体育总会主办,区门球协会承办的鼓楼区第四届“三八杯”门球赛在五台山门球场举行,来自全区各单位、院校、干休所、街道、社区的43支代表队344名女子门球队员参赛。中国电子科技集团第十四所一队(简称第十四所一队)、南京大学、鼓楼区机关、铁路三队、北崮山一队、南京市第十四中学、大桥二处、省疾控中心分别获比赛第一名至第八名。

3月19日,区教育局、区体育局联合南京师范大学附属中学树人学校举办鼓楼区2016年度校园足球联赛。比赛设小学组、初中组、高中组,全区有25所学校参赛,其中有4支女子足球队。

10月16~21日,区体育总会主办,区门球协会承办的鼓楼区第23届“鼓楼杯”门球比赛在南京铁道职业技术学院两连片门球场举行,67支会员单位、670多名队员参赛。比赛分两个阶段,第一阶段分组循环赛,取小组第一名;第二阶段淘汰赛,决出相应名次1~4名优胜奖、5~8名优秀奖。企退宝塔桥队、东大一队、大桥二处、省体

3月12日,2016学年鼓楼区中小学生冬季三项运动在第二十九中学举行

育中心获优胜奖；第十四所一队、企退阅江楼队、企退挹江门队、企退中央门队获优秀奖。

10月22～23日，区体育局与区财政局在区社区体育中心联合举办2016“鼓楼杯”驻区企业羽毛球联谊赛，33家企业组队、165人参赛。南京水利科学研究所、亚信科技南京有限公司、南京大学教工羽协分别取得团体冠军、亚军、季军。

11月5日，鼓楼区第13届“宁海杯”乒乓球比赛，在南京全民健身体育中心乒乓球馆举行。来自区机关、院校、企事业单位及俱乐部的50支代表队、300多位球友参赛。比赛设中年组混合团体、青年组团体、中年组男子单打、青年组男子单打、中年组女子单打、青年组女子单打6个项目。经过角逐，大众乒乓队获中年组混合团体冠军，柴晓林获中年组男子单打冠军，朱敏获中年组女子单打冠军；紫金农商银行队获青年组混合团体冠军，尹百世获青年组男子单打冠军，戴雨朦获青年组女子单打冠军。

【少年羽毛球省级以上大赛】 4月10～15日，2016年威克多杯全国少年乙组羽毛球赛在广东省东莞市李永波羽毛球学校举行，全国14支羽毛球队、120名运动员参赛。经过6天角逐，鼓楼区羽毛球运动健儿取得优异成绩，谭欣睿、张诗娴获少乙(12岁)女团第一名，张诗娴获少乙(12岁)女单第一名。

5月22日，鼓楼区体育局承办的南京市第21届运动会青少部羽毛球比赛在南京市羽毛球运动学校举行。赛程4天，设置35个项目，全市有9个区、300名运动员参赛。鼓楼区代表队获19个项目金牌，保持领先水平。

6月3～5日，江苏省少年儿童羽毛球冠军赛第二分站赛在徐州举行，全省17支代表队、218名运动员参赛。比赛设6块金牌，羽毛球学校取得4金1银的成绩。取得金牌的是：朱天顺(U12男)、张诗娴(U12女)、孙晓鹏(U11男)、艾佳蓉(U11女)。

7月3～6日，江苏省少年儿童羽毛球冠军赛(总决赛)在如皋市举行。羽校28名队员代表南京市参赛，获得4金2银战绩：孙晓鹏获11岁组男子单打冠军，艾佳蓉获11岁组女子单打冠军，孙奕珂获11岁组女子单打亚军，朱天顺获12岁组男子单打冠军，张诗娴获12岁组女子单打冠军，谭欣睿获12岁组女子单打亚军。南京市代表队获体育道德风尚奖。

8月10～14日，2016年江苏省青少年羽毛球锦标赛10～14岁组比赛在扬州市举行，全省13个地级市、333名运动员参赛。市羽毛球学校33名运动员代表南京市参赛。比赛设20枚金牌，羽毛球学校运动员获11枚金牌、6枚银牌、5枚铜牌，创造近11年来的最好成绩。

8月14～18日，全国羽毛球后备人才基地华东赛区羽毛球比赛在安徽省池州市举行。来自上海、湖南、江苏、山东、浙江等地区13个基地、104名运动员参赛，市羽毛球运动学校有18名运动员参赛。比赛设6枚金牌，市羽毛球运动学校运动员获2枚金牌3枚铜牌。

9月23～25日，2016年江苏省青少年羽毛球锦标赛15～17岁年龄组比赛在扬州市举行。市羽毛球运动学校代表南京市组队参赛，取得4金3银1铜的成绩。参赛的14名运动员中，有10人达到国家一级运动员评定标准，创建校以来单次比赛中运动员达一级标准人数最高纪录。

2016年鼓楼区参加江苏省青少年羽毛球比赛成绩表

表40

姓　名	比　赛　名　称	组　别	项　目	名　次
朱天顺	省少年儿童羽毛球冠军赛(第一分站赛)	12岁组	男子单打	第1名
谭欣睿	省少年儿童羽毛球冠军赛(第一分站赛)	12岁组	女子单打	第2名
孙晓鹏	省少年儿童羽毛球冠军赛(第一分站赛)	11岁组	男子单打	第3名
艾佳蓉	省少年儿童羽毛球冠军赛(第一分站赛)	11岁组	女子单打	第2名
朱天顺	省少年儿童羽毛球冠军赛(第二分站赛)	12岁组	男子单打	第1名
张诗娴	省少年儿童羽毛球冠军赛(第二分站赛)	12岁组	女子单打	第1名
孙晓鹏	省少年儿童羽毛球冠军赛(第二分站赛)	11岁组	男子单打	第1名
艾佳蓉	省少年儿童羽毛球冠军赛(第二分站赛)	11岁组	女子单打	第1名
孙奕珂	省少年儿童羽毛球冠军赛(第二分站赛)	11岁组	女子单打	第2名
朱天顺	省少年儿童羽毛球冠军赛(总决赛)	12岁组	男子单打	第1名

续表 40

姓　名	比　赛　名　称	组　别	项　目	名　次
张诗娴	省少年儿童羽毛球冠军赛(总决赛)	12 岁组	女子单打	第 1 名
谭欣睿	省少年儿童羽毛球冠军赛(总决赛)	12 岁组	女子单打	第 2 名
孙晓鹏	省少年儿童羽毛球冠军赛(总决赛)	11 岁组	男子单打	第 1 名
艾佳蓉	省少年儿童羽毛球冠军赛(总决赛)	11 岁组	女子单打	第 1 名
孙奕珂	省少年儿童羽毛球冠军赛(总决赛)	11 岁组	女子单打	第 2 名
解乙、陆宇辰、党晨轩	省青少年羽毛球锦标赛	15-17 岁组	男子团体	第 1 名
杨梓、寇雨田、李稚雅、奚宸瑄	省青少年羽毛球锦标赛	15-17 岁组	嫂子团体	第 1 名
王斯涵	省青少年羽毛球锦标赛	15-17 岁组	男子单打	第 2 名
江瑜希	省青少年羽毛球锦标赛	15-17 岁组	女子单打	第 1 名
寇雨田	省青少年羽毛球锦标赛	15-17 岁组	女子单打	第 2 名
王芝允	省青少年羽毛球锦标赛	15-17 岁组	女子单打	第 3 名
王斯涵	省青少年羽毛球锦标赛	15-17 岁组	男子双打	第 3 名
寇雨田/奚宸瑄	省青少年羽毛球锦标赛	15-17 岁组	女子双打	第 1 名
杨梓/李稚雅	省青少年羽毛球锦标赛	15-17 岁组	女子双打	第 3 名
吴宇涵	省青少年羽毛球锦标赛	14 岁组	女子单打	第 3 名
王立言	省青少年羽毛球锦标赛	13 岁组	男子单打	第 2 名
潘奕晓/陈星竹	省青少年羽毛球锦标赛	13 岁组	女子双打	第 3 名
王颢凯、姜卓毓、于致源、朱天顺、王柏竣	省青少年羽毛球锦标赛	12 岁组	男子团体	第 1 名
谭欣睿、宋佳音、张诗娴、王欣	省青少年羽毛球锦标赛	12 岁组	女子团体	第 1 名
朱天顺	省青少年羽毛球锦标赛	12 岁组	男子单打	第 1 名
朱天顺/王柏竣	省青少年羽毛球锦标赛	12 岁组	男子双打	第 1 名
姜卓昀/于致源	省青少年羽毛球锦标赛	12 岁组	男子双打	第 3 名
课欣睿/张诗娴	省青少年羽毛球锦标赛	12 岁组	女子双打	第 1 名
杨菁蕊	省青少年羽毛球锦标赛	12 岁组	女子双打	第 3 名
蒋一澎、王梓鑫、孙晓鹏、朱鸣浩	省青少年羽毛球锦标赛	11 岁组	男子团体	第 2 名
孙奕珂、李嘉薇、潘欣怡、艾佳蓉	省青少年羽毛球锦标赛	11 岁组	女子团体	第 1 名
朱鸣浩	省青少年羽毛球锦标赛	11 岁组	男子单打	第 1 名
孙晓鹏	省青少年羽毛球锦标赛	11 岁组	男子单打	第 3 名
艾佳蓉	省青少年羽毛球锦标赛	11 岁组	女子单打	第 1 名
孙晓鹏/朱鸣浩	省青少年羽毛球锦标赛	11 岁组	男子双打	第 1 名
孙奕珂/艾佳蓉	省青少年羽毛球锦标赛	11 岁组	女子双打	第 1 名
李嘉薇	省青少年羽毛球锦标赛	11 岁组	女子双打	第 2 名
王毓/潘欣怡	省青少年羽毛球锦标赛	11 岁组	女子双打	第 3 名
卢梓轩、王浩、王清禾	省青少年羽毛球锦标赛	10 岁组	男子团体	第 1 名
朱亭轩	省青少年羽毛球锦标赛	10 岁组	女子团体	第 2 名

2016 年鼓楼区参加全国羽毛球后备人才基地总决赛成绩表

表 41

姓　名	组　别	项　目	名　次
朱鸣浩	11 岁组	男子单打	第 2 名
艾佳蓉	11 岁组	女子单打	第 1 名
朱鸣浩/蒋一澎	11 岁组	男子双打	第 3 名
艾佳蓉/孙奕珂	11 岁组	女子双打	第 1 名

【羽毛球运动学校获多项奖】 4 月 20～22 日，2016 年全国乒乓球羽毛球青少年训练工作会议在苏州召开。会上，评比和表彰全国乒羽基地，南京市羽毛球运动学校评为一等奖（全国羽毛球仅 2 个一等奖），获得奖励 30 万元。5 月 22 日，市群众体育先进表彰大会在青奥体育公园召开。市委书记黄莉新、市长缪瑞林等领导为受表彰的先进单位代表与个人颁奖。羽毛球运动学校被评为“南京市群众体育工作先进集体”。

【“新城市杯”业余网球公开赛】 4 月 23～24 日，区体育局、区体育总会主办，南京市新城市商业置业有限公司、区网球协会承办的第 12 届南京·鼓楼“新城市杯”业余网球公开赛，在中国网球学院落幕。来自南京及上海、连云港、徐州、马鞍山、蚌埠等周边地区的业余网球高手 160 余人参赛。比赛设男子单打、女子单打、中年男子双打、常青组男子双打、女子双打 5 个组别，采取抽签方式分组，所有组别均采用小组循环赛淘汰制。经过角逐，获得各组别比赛前 3 名的运动员分别是：男子单打：陈嘉麟、陈弘、王茂；女子单打：吴逸菲、林靖、刘畅；男子中年组双打：许翔 / 郑旭辉、顾晓明 / 龚毅、王亮 / 潘志松；男子常青组双打：孙信平 / 李伟、彭镇宁 / 赖宁生、唐永林 / 郭中宁；女子组双打：朱敏 / 林丽萍、郭奇志 / 庞海燕、许黎 / 刘媛媛。

4 月 23~24 日，鼓楼区承办的南京·鼓楼第 12 届“新城市杯”业余网球公开赛在中国网球学院举行

【组团参加市第 21 届运动会】 5 月 12 日，鼓楼区召开参加南京市第 21 届运动会代表团成立暨动员大会，副区长梁春燕、区体育局局长杨杨、区总工会常务副主席吴霁宁、区教育局副局长周斌、各街道分管领导、各项目责任学校负责人出席会议。周斌宣读《区政府关于成立南京市第 21 届运动会鼓楼区代表团的通知》。11 月 25 日，南京市第 21 届运动会闭幕，区代表团获得金牌 230 枚、总分 5660 分，金牌总数和总分均列全市第一，创造区参加市级综合性比赛的历史最好成绩。该区代表团被南京市第 21 届运动会组委会授予体育道德风尚奖；青少年部被授予综合奖、优秀组织奖、输送贡献奖 3 个一等奖；社会部被授予优秀组织奖一等奖、综合奖二等奖；职工部被授予综合奖一等奖。

2016年鼓楼区参加南京市第21届运动会羽毛球青少年部项目比赛成绩表

表42

姓名	组别	项目	名次
党晨轩	少年甲组	男子单打	第1名
陆宇辰	少年甲组	男子单打	第2名
陶　莹	少年甲组	女子单打	第2名
陶莹/杨梓	少年甲组	女子双打	第2名
党晨轩/陶莹	少年甲组	混合双打	第2名
高　兴	少年乙组	男子单打	第3名
吴宇涵	少年乙组	女子单打	第1名
李佳轩/周润晨	少年乙组	男子双打	第2名
车剑君/吴宇涵	少年乙组	女子双打	第1名
吴宇涵/高兴	少年乙组	混合双打	第1名
侯正则	少年丙组	男子单打	第2名
陈星竹	少年丙组	女子单打	第1名
孙文骏/侯正则	少年丙组	男子双打	第2名
孙文骏/陈星竹	少年丙组	女子双打	第2名
王柏竣、朱天顺、赵天意、熊文秋	儿童甲组	男子团体	第1名
张诗娴、谭欣睿、杨菁蕊、吴飞扬	儿童甲组	女子团体	第1名
朱天顺	儿童甲组	男子单打	第1名
王柏竣	儿童甲组	男子单打	第3名
张诗娴	儿童甲组	女子单打	第1名
谭欣睿	儿童甲组	女子单打	第2名
杨菁蕊	儿童甲组	女子单打	第3名
王柏竣/朱天顺	儿童甲组	男子双打	第1名
谭欣睿/张诗娴	儿童甲组	女子双打	第1名
朱鸣浩、孙晓鹏、王梓鑫、蒋一澎、许峰鸣	儿童乙组	男子团体	第1名
孙奕珂、艾佳蓉、李嘉薇、王贝佳	儿童乙组	女子团体	第1名
孙晓鹏	儿童乙组	男子单打	第1名
朱鸣浩	儿童乙组	男子单打	第2名
王梓鑫	儿童乙组	男子单打	第3名
李嘉薇	儿童乙组	女子单打	第1名
孙奕珂	儿童乙组	女子单打	第2名
艾佳蓉	儿童乙组	女子单打	第3名
朱鸣浩/孙晓鹏	儿童乙组	男子双打	第1名
蒋一澎/王梓鑫	儿童乙组	男子双打	第2名
孙奕珂/艾佳蓉	儿童乙组	女子双打	第1名
李嘉薇/王贝佳	儿童乙组	女子双打	第2名
邵羿铭、王清禾、王清禾、陆瑭、王浩	儿童丙组	男子团体	第2名

续表 42

姓　名	组　别	项　目	名　次
任卉洁、彭梓芯、黄绎冰、朱悠然	儿童丙组	女子团体	第 1 名
王清禾	儿童丙组	男子单打	第 2 名
彭梓芯	儿童丙组	女子单打	第 2 名
任卉洁	儿童丙组	女子单打	第 3 名
王清禾/卢梓轩	儿童丙组	男子双打	第 3 名
任卉洁/彭梓芯	儿童丙组	女子双打	第 1 名
赵　毅	儿童丁组	男子单打	第 3 名
张乐瑶	儿童丁组	女子单打	第 2 名

【"弘扬中华武术"广场展演】 5 月 17 日，区体育总会主办，区武术协会承办的"弘扬中华武术"大型武术广场展演在静海寺广场举行。区武术协会 54 个晨练点的 500 多名武术爱好者，精心创编 15 个特色节目参加展演。其中夕阳美团队的"器械组合""梨花扇"、中国书画学会常务副主席邢北平现场表演的"书法与太极"得到好评。区武术协会每年举办 1 次晨练点特色项目表演，引起武术爱好者关注，为推动全民健身起到示范和拉动效应。

【"和谐杯"桥牌赛】 5 月 21 日，鼓楼区第五届"和谐杯"桥牌赛由区体育总会主办，区桥牌协会承办，60 多名桥牌爱好者参赛。比赛分两组，采用移位的桥牌双人双冠军比赛赛制，顺应现代桥牌比赛节奏，全部机器发牌。经过 3 个多小时 7 轮鏖战，紫熙纪念馆代表队的孔一江 / 沈庆良、中国电子科技集团第十四研究所的黄甫庆 / 孙士杰分获 A 组南北第一名、第二名。中国电子科技集团第十四研究所的季朝卿 / 常大军、港务局的余瑞英/ 戴艳玲分获 A 组东西第一名、第二名。华宁国际的薛联 / 林新华、金陵中学的斯林 / 吴昌元分获 B 组南北第一名、第二名。南京大学的汪耀强 / 丁淦、凤凰街道的罗斌 / 张晗分获 B 组东西第一名、第二名。

【青少年阳光体育节校园冬季锻炼项目比赛】 5 月 21 日，南京市青少年阳光体育节校园冬季锻炼项目比赛在栖霞中学举行，来自 12 个区和直属学校、760 名中小学生参赛，集中展示每年全市中小学校校园冬季锻炼成果。鼓楼区取得小学组、初中组、高中职校组 3 个团体总分第一，获一等奖。

【体育产业单位羽毛球比赛】 5 月 25 日，鼓楼区第二届体育产业单位羽毛球比赛在鼓楼社区体育中心举办。全区 10 家体育产业单位约 50 人参赛。经过角逐，滨江体育活动中心获一等奖，南京冰戈文化传播有限公司获二等奖，南京向日葵体育运动推广有限公司获三等奖。

【"砺志杯"少儿武术邀请赛】 5 月 29 日，2016 南京鼓楼迎六一"砺志杯"少儿武术邀请赛由区体育局、区体育总会主办，区武术协会承办，在南京市砺志实验小学举行。来自全区各个训练点的 224 名小运动员参加各式太极拳（械）、刀术、枪术、剑术、棍术、长拳、南拳等拳术和器械项目比赛。

【"韵动鼓楼、活力鼓楼"篮球名队进社区】 6 月 13 日，区体育局与肯帝亚篮球俱乐部、挹江门街道办事处在铁路北街室外篮球场共同举办"韵动鼓楼、活力鼓楼"篮球名队进社区嘉年华活动，吸引百余名篮球爱好者参与。明星队员与业余爱好者们进行互动、战术讲解和动作指导，气氛热烈。

【"渡江杯"中国太极拳精英邀请赛南京赛区比赛】 7 月 2 日，区体育总会、南京陈式太极拳研究会主办，河海

7 月 2 日，"渡江杯"2016 年中国太极拳精英邀请赛南京赛区比赛在南京河海大学江宁校区体育馆举行

体育

大学、焦作市体育局、焦作市武术协会协办的“渡江杯”中国太极拳精英邀请赛南京赛区比赛，在南京河海大学江宁校区体育馆举行，来自全国21个省市的47支代表队500余名运动员参赛。比赛分团体赛、个人精英赛，有国家规定比赛套路和陈式、杨式、武式、吴式、孙式、和式等传统太极拳、器械套路，赛赛精彩。

【游泳场馆安全管理工作会议】 7月7日，区体育局召开游泳场馆安全管理工作会议，区卫生局领导、辖区内30余家游泳场馆负责人参会。会议组织学习国家体育总局令第17号《经营高危险性体育项目许可管理办法》，部署2016年夏季游泳场所安全检查工作方案，并与各游泳场所负责人签订“南京市鼓楼区游泳场所安全管理责任书”；区卫生局就游泳场所水质检测相关事项及常见问题分析进行培训。会议表彰江苏兰达物业管理有限责任公司等10家先进单位和孔令琦等10名先进个人。

【健美健身锦标赛瑜伽项目获奖】 8月18～22日，省体育局、省全民健身运动会组委会主办的江苏省第七届全民健身运动会暨2016年江苏省健身健美锦标赛在南京艺术学院举行。比赛设健美、健体、瑜伽等项目，区体育总会选派到南京市队的运动员张雨婷获瑜伽项目青年组冠军。

【世界速度轮滑锦标赛特许纪念邮品首发活动】 8月30日，区体育局和市体育产业联合会共同举办2016年世界速度轮滑锦标赛特许纪念邮品首发活动——体育产业联合会项目路演暨区体育产业资源对接会，在阅江楼游客服务中心举行。活动分两个场次：第一场为2016年世界速度轮滑锦标赛特许纪念邮品首发揭幕，第二场为鼓楼区体育企业和联合会内企业优质资源对接。同时，邀请东南大学经济管理学院教授、省城市发展研究院执行院长仇向洋，省社会科学院社会政策研究所副所长丁宏以及投资机构代表现场点评企业路演项目。体育产业资源对接会旨在为全市体育产业相关单位搭建沟通交流平台，深化企业间合作，引入金融资本，创造商机、开拓市场，促进全市体育产业经济合作共赢发展。参加活动的有省体育产业集团、五台山体育中心、秦淮河建设开发有限公司、龙江体育馆、江苏苏体实业发展有限公司、上海宝原体育用品商贸有限公司南京分公司、南京宽润户外体育产业股份有限公司等近40家知名体育产业单位约100人。

【国民体质监测启动】 9月1日，鼓楼区启动国民体质监测工作，免费为全区3000多名社区居民、机关干部监测体质。测试年龄为20～69岁人群，内容包括肺活量、反应时、纵跳、俯卧撑、握力、坐位体前屈、台阶试验等项目。根据测试结果，现场评定被测对象的形态、机能、素质类状况的单项指标和综合体质评价，并给出与体质综合评价相配套的健身指导和运动处方。此次监测活动为期1个月。

【健身气功站点联赛】 10月18日，鼓楼区健身气功协会主办的健身气功站点联赛在鼓楼社区体育中心举行，该区26个健身气功站点、200多名习练群众参赛和表演。联赛分易筋经、五禽戏、六字诀、八段锦等7个健身气功项目，并表演大舞、导引养生功十二法、十二段锦、太极养生杖等5个健身气功项目。绣球公园西门、五台山体育中心、中国电子科技集团第十四研究所、恒盛家园、古林公园、绣球公园6个健身气功站点分获一等奖、二等奖、三等奖。

【中小学生田径运动会】 10月20～21日，区教育局、区体育局主办，清凉山体校协办的2016年度鼓楼区中小学生田径运动会在清凉山体校举行，全区65所中小学校、近2500名运动员参加。运动会竞赛项目分群体竞技类项目和田径类项目两大类，含跑、跳、投等12个单项。鼓楼区第一中心小学、小市中心小学、南京市滨江小学分获小学组团体总分前3名；南师附中树人学校、南京市滨江中学、致远中学分获初中组前3名；南京商业学校、南京市第十二中学、南京市六十六中学分获高中组前3名。

【“向人民群众汇报工作”活动】 11月29日，区体育局在山西路88号A606会议室开展向“人民群众汇报工作”活动。来之辖区内的社区群众代表、驻区企业代表、党代表、人大代表、政协委员、作风建设监督员、作风建设观察员、管理服务对象等100余人出席。该局领导从体育局基本情况、群众体育、竞赛训练、体育产业等方面向人民群众汇报，听取群众意见，解答群众疑惑。

【体育设施建设】 2016年，区体育局在100%完成城市社区“10分钟体育健身圈”的建设基础上，加大街道三室（乒乓球室、棋牌室、健身房）一场（健身广场）一路径（健身路径）及社区两室（乒乓球室、棋牌室）一场（健身广场）一路径（健身路径）的建设和整合。完善鼓楼区“10分钟体育健身圈”电子地图及全民健身网数据，让群众了解全区体育现状，掌握身边的体育组织、体育场地、活动人群。更新24套达到使用年限的老旧室外健身器材，对50个室外健身点的地面铺设塑胶地垫；给全区13个街道118个社区配发社区体育器材库；对2011年和2012年安装的器材整体更新80套；全区室外健身器材维护管理实行外包服务，与苏体公司签订巡修试运行合同，增强长效管理全民健身工程点的手段和措施。

（严　政）

社会专项事务

民政事项

【概况】 2016 年，鼓楼区拓宽双拥工作载体，弘扬和实践双拥优良传统，多措并举推动双拥工作。宁海路街道将军馆和海洋国防教育馆扩建开馆。幕府山街道特色助戎服务站举行军嫂专场招聘会、军地青年联谊会等活动。7 月，三汊河长江段堤坝出现险情，东部战区舟桥旅、武警南京市支队和 94991 部队官兵及时处置，化解险情。军休所加大规范化建设力度，引进物业管理、家政服务等社会资源，将军休人员纳入社区居家养老服务体系，提供日间照料和助餐服务。开展婚姻专项服务，完成全国第二次地名普查数据录入。社会组织实施"三证合一"，全区 10 家社会组织中标省公益创投，获扶持资金 111 万元，数量居南京市第一。全年，政府购买社会组织服务资金总额近 500 万元，直接或间接惠及居民近 10 万人次。

【拥军拥政服务】 2016 年，幕府山街道北崮山社区整合资源，为现役军人、部队老干部及优抚对象等提供特色服务，把军嫂专场招聘会开到军营，依托公益创投项目举办军地青年相亲会。中央门街道颂德里社区结合某部老干部家政服务个性化需求，联系专业社会组织为老人私人订制，实施一对一低偿服务。4 月 23 日，投入 2000 余万元的宁海路街道颐和路社区将军馆和宁海路街道海洋国防教育馆"两馆合一"改造项目完成并开馆。是年，引进物业管理、家政服务等社会资源开展军休服务，将军休人员纳入社区居家养老服务体系，提供日间照料和助餐服务。6 月 16 日，鼓楼区军休管理服务中心正式运营，开设老年讲堂、健康服务驿站（康复诊疗、名医诊询）、书画展览室等服务。引入社会组织为军休人员提供健康咨询、定期巡诊等，以公益创投项目邀请南京理工大学社会工作专家团队开展文化、精神拓展服务，引导军休人员走出庭院，参与社区群众文化建设和社会公益活动。7 月初，南师附中树人学校三汊河长江段出现管涌险情，武警南京市支队、94991 部队、东部战区舟桥旅接到号令后，集结 700 多名士兵赶赴现场，经过几个昼夜的应急处置和紧急救援填堵，排除管涌险情，保护人民群众人身财产安全，受到南京市政府表彰。

执行优抚补助标准，对享受抚恤补助人员实行信息化管理，建立优抚对象信息资料库，做好优抚对象的信息采集、整理和录入，完善优抚工作操作程序。1～12 月，为 455 名涉核人员开展职业病体检工作，支付体检费约 26 万元；为 7013 人次发放各类优待抚恤金 2931.8 万元；为 1352 人次优抚对象医疗结算平台给予补助 51.99 万元。全年接收安置 2015 年度秋冬季退役士兵 203 人，发放家庭优待金 832.93 万元，为 141 名 2014 年秋季入伍现役战士发放两个年度家庭优待金 547.44 万元，为 245 名 2015 年秋季入伍现役战士发放第一年家庭优待金 544.29 万元。是年，根据《南京市符合政府安排工作条件退役士兵积分选岗办法（试行）》，以档案考核、积分排名、按序选岗为原则，区安置办根据退役士兵档案材料进行量化打分和公示，召开符合安排工作条件退役士兵积分选岗会议。退役士兵根据量化积分由高到低顺序依次进行现场公开选岗，阳光透明、公平公正，完成年度退役士兵积分选岗工作。

【婚姻登记和"96180"求助热线】 2016 年，鼓楼区办理结婚登记 1.17 万件、离婚登记 7789 对，补领婚姻证件 2694 件，撤销婚姻 1 件，出具无婚姻登记记录证明 55 份，核查婚姻信息 7000 多件，办结率 100%；收养登记 2 件，解除收养登记 2 件。市区妇联派驻志愿者在婚姻登记处进行婚姻家庭辅导，调解 251 对申请离婚夫妇，172 对选择不离婚，劝和率 69%；婚前辅导 520 对新人。婚姻法律咨询 43 对，律师介入帮助 1 对。1～12 月，"96180"求助热线接听电话 2.6 万次，全部成功处理，工单办结率 100%；回访求助市民 9687 位，回访满意率 99.8%。

【区划地名和界限管理】 2016 年，鼓楼区推进全国第二次地名普查，完成 3300 余条目录编写、外业采集、内业校核、成果登记表填写工作。全年审核高层建筑物、商业商务及住宅楼宇、道路地名命名 19 件。

2016 年鼓楼区新增地名一览表

表 43

序号	申请单位	命名名称	类别	批复文号
1	南京临江老城改造建设投资有限公司	锦绣华府北苑、中苑、南苑、东苑	商务酒店公寓	宁地名复〔2016〕4 号
2	恒大地产集团江苏有限公司	恒景滨江城	商业商务楼	宁地名复〔2016〕8 号

续表 43

序号	申 请 单 位	命 名 名 称	类 别	批 复 文 号
3	鼓楼区华侨路街道	画苑巷	道　路	宁地名复〔2016〕14 号
4	南京复兴置业有限公司	悦都荟广场	商务商业	宁地名复〔2016〕15 号
5	鼓楼区地名办	云燕里、云武巷、体育馆路、石城巷、清新巷	道　路	宁地名复〔2016〕27 号
6	南京新厦建设投资有限公司	民生街	道　路	宁地名复〔2016〕28 号
7	南京海欣房地产开发有限公司	桃源花园	商业商务	宁地名复〔2016〕49 号
8	南京东方大唐置业有限公司	福地商业街区	地下商业广场	宁地名复〔2016〕50 号
9	南京龙创房地产开发有限公司	龙景苑	安置房	宁地名复〔2016〕55 号
10	南京电建中储房地产有限公司	泛悦广场	商住商务	宁地名复〔2016〕57 号
11	南京新厦建设投资有限公司	水吉南路、绿景路、北祥路、九家圩路，调整孙家洼路、金碧路	道　路	宁地名复〔2016〕60 号
12	南京颐和置业有限公司	弘辉龙江里	商务办公	宁地名复〔2016〕62 号
13	中国人民解放军 73610 部队后勤部	幕府花园	经适房	宁地名复〔2016〕63 号
14	葛洲坝南京置业有限公司	紫郡兰园	商业商住	宁地名复〔2016〕66 号
15	南京鑫磊房地产开发有限公司	当代河畔花园	商住商业	宁地名复〔2016〕67 号
16	鼓楼地名办	幕欣巷	道　路	宁地名复〔2016〕73 号
17	鼓楼区政府	崇德里、惠安里	道　路	宁地名复〔2016〕74 号
18	新鸿和商业管理公司	侨馨大厦	商务楼	宁地名复〔2016〕77 号
19	南京宁华世纪置业有限公司	江山汇悦山府	商业住宅	宁地名复〔2016〕84 号

【社会组织管理】 2016 年，鼓楼区新注册登记社会组织 197 家，注册登记类社会组织累计 1810 家，居南京市第一。按照常住人口数量计算，每万人拥有社会组织数 14 家。社会组织全面实施统一社会信用代码制度改革，将原来成立社会组织必须办理的法人登记证书、组织机构代码证、税务登记证合并为加载有统一社会信用代码的法人登记证书，全年为 578 家社会组织更换新的社会组织登记证书。社会组织登记实现网上申请和线下办理相结合，社会组织登记门槛降低，社会组织登记流程简化，进一步方便群众登记注册社会组织。

推进“三社联动”，探索政府购买服务，以省市区多级“公益创投 + 社会服务项目化”形式，培育壮大基层社会组织，满足社区社会转型中的差异化、精细化需求。5 月，8 家社会组织中标市级公益创投，获 85 万元公益创投资金；7 月，10 家社会组织中标省级公益创投，获 111 万元创投资金，中标的社会组织数量居南京市第一。10 月，鼓楼区投入区级公益创投资金 216 万元，开展微公益创投暨政府购买服务，资助“心系耆老、青春助老”“流动青少年社区融入”“残障人士及家庭关爱”“社工专业成长和服务能力建设”等一批社会服务项目落地社区。各街道从为民服务专项资金中拿出 10%购买社会组织服务。是年，全区政府购买社会组织服务资金总额近 500 万元，直接或间接惠及居民近 10 万人次。

（陆婷婷）

民族宗教

【概况】 2016 年，鼓楼区民族宗教工作准确把握和全面贯彻执行党的民族宗教工作方针政策，引导、调动宗教界人士、少数民族和信教群众积极性，凝聚各方面智慧和力量，推进民族宗教各项工作任务贯彻落实。区民族宗教事务局（简称区民宗局）被市民宗局评为民族宗教工作先进区、信息工作先进单位。是年，辖区经登记备案的宗教团体 1 个，即鼓楼区基督教三自爱国运动委员会。经登记备案的宗教活动场所 13 处，其中基督教活动场所 10 处（基督教鼓楼聚会场所、江苏路堂、道胜堂、小市教堂以及建宁路、名士埂、金陵三村、五佰村、盛世新寓、滨江6处聚会点），佛教寺庙3处（清凉寺、观音寺、地藏寺）。全区经任职备案的宗教教职人员26人，其中基督教教职人员9人，佛教教职人员17人。据不完全统计，辖区有信教群众2.31万人。

【撞钟祈福活动】 2016年，元旦和春节期间，到南京清凉寺、天妃宫观音寺撞钟祈福活动的群众有近万人。区政府组织民宗、城管、公安、消防、交警等部门和寺庙所在地街道、阅江楼风景区管委会负责人进行节前安全隐患大排查；召开专题会议部署安全保障工作，制定安全防范预案；开展宗教活动场所应急疏散演练。活动期间，所有进驻值班人员、消防车、警车、巡逻车、机动灭火罐全部准时到位，现场秩序井然，人流疏导有序、车辆停放规整、香烛管控严格，撞钟祈福平安有序，没有发生任何安全问题。

【教职人员法治化建设培训】 5月26日，区委统战部、区社会主义学校、区民宗局联合举办2016年宗教教职人员第二期法治化建设暨全国宗教工作会议精神学习培训班。来自区基督教三自爱国会、15个宗教活动场所、公安鼓楼分局国保大队和江苏金大律师事务所共115人参加学习培训。培训班邀请省市民宗局领导，围绕新时期宗教工作的实践成果、总书记习近平在全国宗教工作会议讲话精神、做称职宗教活动场所负责人等内容授课辅导，增强宗教教职人员法律意识和法治观念，提高宗教活动场所法治化建设水平。

6月3日，区人大常委会对全区贯彻落实《南京市少数民族权益保障条例》情况开展执法检查

【少数民族中考考生加分政策落实】 5月，区民宗局与区教育局招生办、各中学协作，执行少数民族中考考生成分审核工作，确保民族成分审核、复核工作"不错一个、不漏一个"。是年，全区16所中学190名中考少数民族考生通过审核，享受党和政府对少数民族考生的照顾加分政策。

6月12日，南京清凉寺和清凉山公园"清凉寺遗址保护及展示工程"用地协议正式签署

【民族政策落实情况执法检查】 5月31日至6月底，区人大常委会开展《南京市少数民族权益保障条例》贯彻落实情况执法检查活动。学习领会有关法律法规精神，听取区民宗局情况汇报，组织实地检查活动，召开相关职能部门专题座谈会，开展持证走访、暗访检查，区人大常委会听取执法检查情况汇报等，了解全区少数民族群体的基本情况以及区政府在保障少数民族合法权益、维护民族团结和谐等方面的工作，存在的问题和困难，提出贯彻执行《南京市少数民族权益保障条例》、促进全区少数民族权益保障的意见和建议。

【宗教界向盐城灾区捐款捐物】 6月，江苏盐城市阜宁县、射阳县遭受龙卷风和暴雨灾害，区宗教团体、宗教活动场所发挥自身优势，采取捐款、捐物等形式，帮助阜宁、射阳两地受灾群众。募集善款善物折合人民币15.26万元，分别由市基督教两会、市佛教协会送达受灾当地政府和群众手中。

【清凉寺遗址保护及展示工程】 6月27日下午，南京清凉寺和清凉山公园“清凉寺遗址保护及展示工程”用地协议正式签署，为“清凉寺遗址保护及展示工程”的实质性展开奠定基础，清凉寺建设进入新阶段。市民宗局党组书记李兰、副局长纪勤，市旅游委员会主任金卫东、副主任吴震，区委常委、统战部部长丁健生，副区长梁春燕，以及市区两级民宗局、旅游局等部门的负责人共同参加并见证签约仪式。

【区民族宗教事务局单独设置】 8月22日，区政府办公室下发鼓政办〔2016〕60号文件，明确：根据《中共南京市委办公厅、南京市人民政府办公厅关于印发〈南京市鼓楼区人民政府职能转变和机构改革方案〉的通知》（宁委办〔2015〕76号）和《中共南京市鼓楼区委、南京市鼓楼区人民政府关于南京市鼓楼区人民政府职能转变和机构改革的实施意见》（鼓委发〔2016〕29号）的规定，区民族宗教事务局单独设置，为区政府工作部门，承担全区民族、宗教事务工作职责。设办公室、民宗科2个内设机构，行政编制7人，其中领导职数设局长1人、副局长2人；科级领导职数2人。

【基层民族宗教工作业务培训】 10月10～11日，区民宗局举办全区基层民族宗教工作业务培训班。区民宗局机关全体人员、13个街道统战委员（分管副书记、副主任）、统战干事和部分社区工作人员90余人参加培训。培训班邀请省市领导围绕做好基层民族工作、提升宗教工作水平、依法管理民族宗教事务等专题辅导授课，领会党的民族宗教方针政策和法律法规，熟悉基层民族宗教工作基本常识和日常业务，掌握民族宗教领域依法行政的具体内容和程序方法，提升做好基层民族宗教工作的能力水平。

【“宗教慈善周”活动】 10月17～21日，区民宗局在全区宗教团体、各宗教活动场所开展“宗教慈善周”活动。全区宗教界组织公益慈善活动16场，募集资金、物资折合人民币57.5万元，受益的养老院、福利院和困难群众近2000人。

【基督教道胜堂新堂献堂典礼暨百年庆典活动】 11月16日上午，南京市基督教道胜堂举行新堂献堂典礼暨百年庆典活动。该堂始建于1915年，首任牧师为约翰·马吉。市民宗局、市基督教“两会”、金陵协和神学院和区民宗局、热河南路街道、区基督教三自爱国会负责人及1000余名信教群众参加庆典活动。

【少数民族群众享受牛羊肉补贴】 2016年，区民宗局跟踪、指导13个街道、120个社区，做好回族等10个少数民族居民牛羊肉补贴发放工作。是年，全区享受少数民族牛羊肉补贴居民1.76万人，市区两级财政补贴资金242.11万元。其中，区财政局补贴资金121.06万元。 （罗燕华）

初秋石头城 （胡明礼 摄）

鼓楼年鉴 2017

社会治理

Social Governance

法治建设

【概况】 2016年,鼓楼区坚持法治政府、法治社会、法治文化一体化建设。在法治政府建设上,借助新一轮机构改革契机,将区法制办调整为独立的政府组成部门,内设4个职能科室,机构编制与新时期政府法制工作建设要求更相适应。聘任10名法学专家、知名律师组成区政府法务工作室,采取个别聘任与集中聘任相结合方式,推动部门、街道和园区普遍建立法律顾问制度。在法治社会建设上,成立鼓楼区法学会,吸纳区机关部门、街道、社区、中小学校、驻区高校、律师事务所、银行等单位180余名会员代表,促进地区法学研究、交流及合作。在法治文化建设上,打造一批法治文化宣传阵地,营造法治文化氛围。"依山郡法治文化社区""宝船社区廉政法治文化体验馆""丁山法治文化生活体验馆"被评为省级法治文化示范点;开展法治宣传活动,组建法治鼓楼建设宣讲团,在街道、社区举办100多场宣讲活动,提高群众对法治建设的满意度。在基层司法体制改革上,推进法官检察官员额制改革、刑事速裁、涉法涉诉信访改革、"两法衔接"等方面的改革。是年,鼓楼区在市政府组织的11个区级政府依法行政考核中名列前茅,区法制办再次被评为"全省政府法制工作成绩突出单位"。 (桑秋枫)

【公安法制】 2016年,公安鼓楼分局开展办案功能区建设,成立"刑事执法审核中队""行政执法审核中队""案件管理中心"。案管中心巡查通报警情1700余起,监督导入执法记录仪警情320余起,监督受理立案警情460余起,编制专项通报18期、每日通报84期。分局自行开发执法记录仪工作站,实现工作站与警务平台关联,确保执法记录仪使用管理规范。分局改革"公调对接"计件考评机制,成功调处矛盾纠纷4689起,同比上升132.1%,没有发生"民转刑"案件。 (袁 森)

【法律监督】 2016年,区人民检察院纠正侦查机关不当侦查、遗漏犯罪事实3起,因效果突出,分别在全省、全市评比中获奖。支持和保障区人民法院开展"夏季执行风暴活动",促进一批裁判执行;对虚假诉讼提请抗诉、提出再审检察建议获支持,向公安机关移送虚假诉讼犯罪线索4人并立案。探索开展行政执法检察监督,提请市人民检察院督促税务部门追缴少征税款394万余元,督促相关单位对在诉讼活动中伪造证据的职工进行行政处分。强化刑事执行检察工作,参与审前未羁押罪犯交付执行专项行动,促进交付执行45人;开展羁押必要性审查工作,对不适宜继续羁押的34名犯罪嫌疑人建议办案单位变更强制措施,保障在押人员的合法权益。 (李国田)

【司法公开】 2016年,区人民法院邀请人大代表、政协委员旁听庭审,向代表委员介绍案情,同步观看庭审视频,倾听代表委员意见和建议,主动汇报法院工作,提高监督针对性和实效性。全年邀请人大代表、政协委员旁听庭审15件125人次。扩展接受监督的范围,主动邀请代表委员、新闻媒体监督审判执行活动,促进司法行为规范化。加大司法宣传工作,拓宽宣传平台,打造"两微一站"(微博、微信、网站)新媒体平台,提升传播影响力,全年关注人数6000余人。推出特色虚拟卡通人物"鼓小助",与人民群众共同推进法治进程。是年,区人民法院被最高人民法院评为在司法新闻宣传、司法理论宣传工作中作出突出成绩的人民法院。 (朱锡平)

依法行政

【依法行政考核】 2016年,鼓楼区完善《依法行政考核指标体系》,重点突出"复议诉讼""备案审查""执法问责"三个方面监督考核,对承担考核指标的部门采用百分制方式考核计分,未完成的按相应权重酌情扣分,提高考核针对性和可操作性,体现依法行政权威性和重要性。年底,依据考核办法,对15个重点执法部门进行考核兑现,11个重点执法部门完成考核。

【行政审批制度改革】 2016年,区法制办会同区编办共同制定出台《鼓楼区行政审批中介服务事项清单》《鼓楼区公共服务事项清单》,开展权力清单标准化工作,明确层级分工,逐项编制办事指南,压缩权力行使自由裁量权。会同区发改局共同推进"社会信用体系云平台"运用,对行政执法部门作出的行政许可、行政处罚行为实行"七日双公开",进一步强化事中事后监管。在全市率先开展"行政审批告知承诺制"试点工作,赴上海市黄浦区学习了解"告知承诺制"运行情况;会同区政务办共同制定出台《鼓楼区行政审批告知承诺办法(试行)》,选取区卫计局、区建设局、区文化局、区教育局各一个行政审批项目,作为鼓楼区推行"告知承诺制"试点项目。

【行政复议案件受理能力建设】 2016年,区法制办制定出台《鼓楼区政府行政复议委员会工作规则》,明确规定复议委员会的主要职责和议事程序等。发挥行政复议委员会作用,对案情较为复杂、专业性较强的案件,组织召开听证会和案审会,在听取当事人陈述、质证、辩论的基础上,由委员会专家、律师对案件进行综合审议,并作为最终复议决定的重要依据。按照"统筹兼顾、资源共享"原则,建立"鼓楼区行政复议受理中心”，设有专门接待室、听证室，配备录音、视频监控系统等设备。指导培育凤凰街道司法所为全市行政复议基层联系点示范单位，帮助其完善行政复议相关制度并上墙公示。加大行政复议宣传，向13个街道基层联系点发放《行政复议指南》。全年收到行政复议申请38件，受理33件，审结32件，其中自愿撤回申请16件、维持6件、撤销原具体行政行为5件、确认违法4件、驳回复议请求1件，案件纠错率28.12%，履行政府层级监督纠错职责。

【“依法出庭应诉”工作】 2016年，区法制办制定出台《鼓楼区行政机关行政应诉工作规则》《鼓楼区行政机关负责人出庭应诉办法》，明确行政应诉工作程序、机关负责人出庭应诉等方面内容。根据一审行政诉讼案件管辖变更，及时转发南京铁路运输法院公告，组织各部门做好行政诉讼案件相关衔接工作。举办全区行政诉讼应诉工作培训，邀请江苏省高级人民法院行政庭庭长朱建新就行政诉讼审判新形势、司法审判标准、行政应诉事务等方面专题辅导，区政府分管副区长及各部门、各街道、各园区管委会的主要领导、分管领导、法制联络员共130余人参加培训。全年，代理区政府为被告的行政诉讼案件21件，其中一审案件13件，二审案件8件。一审案件审结11件，原告撤诉5件、判决驳回诉讼请求3件、确认违法3件；二审案件审结7件，维持原判6件、裁定驳回诉讼请求1件。部门为被告(不含公安、税务)行政诉讼案件74件，审结54件，其中原告撤诉9件、判决驳回诉讼请求40件、确认违法1件、责令履行4件，败诉率9.25%。

【文件合同审核监管】 2016年，区法制办依据《鼓楼区政府规范性文件管理办法》，全年审查区政府规范性文件4件，并按要求向市政府法制办和区人大常委会报送备案。落实《鼓楼区行政机关合同管理办法》，审查以区政府名义对外签订的行政合同，减少合同风险。全年，审核行政合同11件，涉及建设资金监管协议、战略合作协议、补偿安置协议等方面；对区领导签批的部门行政合同，提出法律意见。做好区领导批示件及市区相关文件征求意见工作，提供合法性建议50多件次，审查以区政府名义回复的依法申请公开信息27件。审查区政府征收项目有关法律文书，将“开户资金”“保障房源”证明作为项目启动底线文件，遵守各环节法定时限，规范征收行为，保障被拆迁人合法权益。全年，代表区政府作出房屋征收决定(公告)10件、房屋征收补偿决定42件；对既不申请行政复议又不提起行政诉讼，且在补偿规定期限拒不搬迁的被征收人，下达催告书9件，向人民法院递交强制执行申请书9件。

【行政执法基础性工作】 2016年，鼓楼区清理全区行政执法主体和行政执法人员，更新执法数据库；组织全区行政执法(监督)人员1061人参加培训，为3年大换证考试奠定基础。组织全区各执法部门开展规范自由裁量权、健全联合执法、完善执法争议协调等5项制度的自查自纠活动；探索优化执法全过程记录、执法公示、重大执法决定法制审核和备案3项制度建立落实情况，完善行政执法程序，促进各部门严格规范公正文明执法。受区政府委托，在鼓楼区人大代表、政协委员、专家学者、律师、新闻媒体和社区工作者中，遴选24名具备相应法律知识，热心支持行政执法监督工作的社会人士，担任鼓楼区特邀行政执法监督员，向各位监督员颁发聘书和“行政执法监督证”。组织特邀监督员参加区城管局行政强制拆除陈述申辩会旁听工作，确保案件公平、公正、公开办理，强化行政执法第三方监督。

【“两法衔接”】 2016年，鼓楼区推进“两法衔接”(行政执法、刑事司法)工作常态运行，组织学习《涉嫌刑事犯罪案件移送标准(试行)》，各执法部门对照移送标准，熟悉相关行政执法事项、行政执法依据、涉嫌罪名、移送标准、刑事责任依据，并在执法实践中贯彻落实。区市场监管局就近两年来某经销商“以国三冒充国四排放标准”汽车案、某医院3次虚假宣传案等7件行政处罚案件，邀请公安鼓楼分局、区人民检察院召开专门工作会议，对案件是否符合移送标准进行研究沟通，为“两法衔接”的贯彻落实起示范作用。区法制办组织各相关执法部门和司法部门围绕制度建设、标准执行、信息共享、案件移送等环节落实情况，开展自查自纠，系统梳理2014年以来工作开展情况，完善工作台账，总结经验做法，查找问题原因，制定整改措施，提升“两法衔接”工作水平。

【行政执法部门监督指导】 2016年，区法制办开展案卷评查活动，调取相关执法部门2015年10月至2016年9月期间办结的行政许可、处罚、强制和其他类型案卷18卷，先行初审，选送9卷上报市依法行政办，参与全市范围评优。强化重处备案审查工作，全年审查重大行政处罚案件51件。对区人社局首例行政处罚听证会，从组织形式、参加人员、听证流程进行规范；对区体育局首例行政处罚案件，从执法程序、法律文书、适用依据等方面进行具体指导；对区民政局“银城红日养老公寓”行政许可听证会进行业务指导。 (桑秋枫)

公　　安

【概况】 2016年，鼓楼区完成G20峰会、南京国际马拉松赛、夫子庙灯会、各级“两会”、各类赛事等安保任务

154场次，各等级警卫任务150场次。全年破获刑事案件2757起，破案率提升2.1个百分点。刑事案件勘查率99.2%，采集涉案图像现场4026起，涉案图像提取率38.9%，同比提升5.4%。破获百克以上毒品大案17起，缴获毒品22公斤，打击处理涉毒犯罪嫌疑人270人、逮捕150人。办理户口、身份证、居住证、出国境证28.2万件，接受咨询服务26.9万人次。全区17个"公调对接"工作室受理矛盾纠纷4689起，同比上升132.1%，调处成功率99%，调处后的矛盾纠纷实现零复发率目标。是年，公安鼓楼分局刑事科学技术室被公安部授予"全国示范单位"，科技强警获省厅"优秀组织奖"，防汛抗洪被市委市政府授予"有功集体"，在鼓楼区机关作风评议中名列第一。

【破获刑事案件2757起】 2016年，公安鼓楼分局破获各类刑事案件2757起，其中命案破案率100%。勘验提取手印现场865起，现场手印建库2123枚；提取足迹现场870起，现场足迹建库890枚；提取生物检材现场1384起，检验检材数4399个；利用技术手段比中案件632起，其中指纹比中297起，DNA比中304起，足迹比中31起。破获部督"1·7"组织他人偷越国边境案、"3·17"盗销电动车团伙案、"4·5"特大入室盗窃串案、部督"6·30"网络组织卖淫案等公安部挂牌督办案件5起、省厅挂牌案件3起。

【破获非吸案件11起】 2016年，公安鼓楼分局在"打击涉众型案件专项行动"中破获非法吸收公众存款案11起，抓获犯罪嫌疑人49人，涉案金额达8亿余元。破获部督虚开增值税专用发票案件，涉案总金额高达24.42亿元，抓获20名犯罪嫌疑人。

【打击涉毒犯罪】 2016年，公安鼓楼分局破获百克以上毒品大案17起，其中部督目标案件1起、省督目标案件3起，缴获毒品2.3万克，打击处理涉毒犯罪嫌疑人270人、逮捕150人、公诉132人。

【人口管理与社区警务】 2016年，公安鼓楼分局创新便民服务举措，帮助群众移车、提供咨询服务26.9万起，办理各类户口、证件28.2万件，其中户口12万张、身份证7.6万张、临时身份证2.2万张、军人证605张、出入境证件6.3万件。分局出入境窗口办证总量约占全市1/5，被评为南京市"巾帼文明岗"。实施社区防范责任制，在120个社区全面推广社区治安责任承包，社区可防性案件同比下降32.9%。推进文明养犬行动，办理《养犬登记证》1.6万张，位居全市第一。

【社会治安管理】 2016年，公安鼓楼分局推进、优化警务站建设，投入专职巡防力量1595人(民警300人、特勤700人、保安595人)，配备55辆巡逻车、102辆警用电动车、500部北斗电台、14支枪支及单警单车装备，24小时屯警街面、反恐处突、接处警情、巡逻盘查。现行抓获各类违法犯罪嫌疑人473人［其中"三逃"(批捕在逃人员、负案在逃人员、服刑或羁押在逃人员)人员56人］，查获被盗电动自行车844辆。G20峰会、南京国际马拉松赛、国家公祭日等重大活动期间，全区涉稳人员均稳控在位，未发生现场滋事肇祸现象。加强反通讯网络诈骗宣传，推进楼宇单位管理，采集更新全区财会人员信息9.4万条，向财会人员推送信息350万条，堵截通讯网络诈骗案件164起、挽回经济损失1212万元。

【"110"接处警】 2016年，公安鼓楼分局打造实战指挥机制，推进警情分流、分类派警、扁平指挥、专业处置，接处各类警情43.1万起，集中处置移车警情、专业处置关注对象警情、合成处置刑事治安警情、联动处置涉及政府部门警情等分类处置36.9万起，指挥室"点对点"扁平派警率70%。全年刑事警情同比下降31.5%，其中街面"两抢"(抢夺、抢劫)、盗窃非机动车、扒窃警情同比分别下降47.1%、46.7%、36.7%。该局实战指挥做法在全省公安机关实战型指挥中心建设工作会议上交流。全年快速妥善处置各类群体集访2000批次11万余人次，没有发生有影响的涉稳处置事件。打处集访闹事、非访人员39人。

【公安信息化建设】 2016年，公安鼓楼分局加快视频图像资源联网整合和与其他技术融合对接，打造空中有"眼"、活动留"痕"、地上有"网"的立体化防控格局。加快建设和整合智能交通、移动上网、物联网等智能化信息采集渠道，构建立体化、智能化、全方位信息采集网，实现对"人、地、物、事、组织"和"吃、住、行、消"等要素数据全时空感知。推进技防小区、智能卡口、电动车"车卫士"、"平安防盗门"、WIFI嗅探系统等为民办实事重点工程。年内，建成8300路高清视频监控；在汉口西路200号、丁山社区、工人新村、仙霞路小区试点，在51个小区161个出入口安装车辆牌照抓拍采集系统、人脸采集系统和人员进出人行摆匣门禁采集系统；完成126个小区出入口第一批WIFI无线覆盖信息嗅探采集系统421个点位建设，自动采集车辆牌照、WIFI无线覆盖信息等各类数据10亿余条。利用自主研发涉案图像管理平台，采集涉案图像3710起，涉案图像提取率38.9%，利用图像破案567起（直破案件196起、提供证据371起)，利用图像串并552串2025起。

（袁　森）

检　　察

【概况】 2016年,鼓楼区人民检察院批准逮捕各类犯罪嫌疑人886人,提起公诉1208人。查办贪污贿赂、渎职侵权案8件12人,其中要案3件,厅级干部2人。办理非法集资案61件86人、传销案7件8人。加强与南京市公安局水上分局、长江航运公安局南京分局的工作联系,多次提前介入疑难案件侦查工作,引导长航公安分局办理一批非法捕捞长江渔业资源案件,将50人纳入司法程序予以责任追究。推进各项司法改革和检察改革任务,遴选58名检察员为员额检察官,确保主要力量向一线主要业务部门倾斜,提升办案质量和效率。由院领导挂钩联系全区13个街道,分批次在社区推广社区检察官制度。依托社区检察,建立未成年人观护基地5个,对9名涉罪未成年人开展帮教,开展法制教育18场;对困境儿童开展"心海小筑、守望幸福"成长营关爱活动,建立教育培训计划;开展法律文书点评、案件汇报演示、业务能手模拟比赛等活动,促进干警司法能力水平提升。年内,在市级以上调研刊物发表文章14篇,其中省级以上8篇、知名期刊2篇。

是年,科技强检、社区检察等特色工作受到最高人民检察院检察长曹建明,省委常委、南京市委书记黄莉新,省人民检察院检察长刘华等领导肯定。区人民检察院被评为全国首批科技强检示范院、全国检察宣传先进单位、全市文明单位、全市法制宣传教育先进集体。"青雁"帮教工作获评全省"十佳"志愿服务项目。"毒品案件扣押、鉴定等侦查活动专项纠正违法"案件,获全省检察机关"优秀侦查活动监督案件",该案为南京市唯一入选全省"优秀侦查活动监督案件"评选案件。5名干警入选省级人才库,29人入选市级人才库;9名干警被评为市检察院先进个人、3人被市检察院记三等功。1名干警获全省"十佳公诉人"、入选全省检察兼职教师、南京师范大学法学院兼职教授,承担的课程被评为全国检察教育培训精品课程。

【重大案件督办】 1月7日,区人民检察院副检察长曹立带领承办人专程赶赴苏州市太仓,向全国人大代表曹勇专门通报南京市检察机关办理的"拍卖总行保证金"案。市区检察机关捕捉到案件潜藏的群体性信访风险,本着"群众利益无小事"的理念,采取证据补查、协调联动、追赃挽损、化解矛盾等方式,帮助79户被害人挽回3950万元巨额损失。9月7日,区人民检察院办理OTO模式、跨越全国58个城市的网络组织卖淫案件,依法批准逮捕33名犯罪嫌疑人。10月24日,区人民检察院批准逮捕最高人民检察院(简称最高检)与公安部联合督办的"9·20"柬埔寨专案19名犯罪嫌疑人。"9·20"柬埔寨专案是自2015年11月以来,最高检与公安部联合挂牌督办的首批重大电信诈骗案件之一。

【"商标犯罪中的刑法思维"获评全国检察教育培训精品课程】 2月5日,区人民检察院干警顾明君申报的《商标犯罪中的刑法思维》课程,经最高人民检察院资格审查、交叉互评、专家评审和综合会审4个环节,从各省级院和国家检察官学院推荐的数百门课程中,被评为第三批全国检察教育培训检察综合实务类精品课程。该课程在开发过程中围绕检察官专业化、职业化、实务化、开放化的培训需求,探索刑法理论与实务案例的有效融合,以职业能力培养为重点、以解决问题为导向、以思维方法形成为切入点,重在培养学员运用刑法、刑事诉讼法基本理论解决司法实务中疑难问题的本领。

【人大代表旁听庭审公诉】 3月2日,区人民检察院进一步深化检务公开工作,邀请部分人大代表、人民监督员在该院研发的"全高清办案指挥与监督管理系统"数字出庭平台,远程观摩检察院提起公诉的一起发生在医院周边,冒充医院工作人员对患者亲属实施诈骗的刑事案件出庭公诉活动。区人大常委会代联委主任唐坚等11名人大代表、人民监督员参加观摩评议。与会代表和人民监督员一致认为该案社会危害性很大,并对此类特殊诈骗案件的预防、再犯罪人员社会矫治等工作进行探讨,希望检察机关要加大此类案件宣传力度,警示市民。

【庭审教育活动】 4月21日,区人民检察院与区纪委、区人民法院、区机关工委联合组织区属机关、街道和有关单位分管财务领导及从事财务工作100余人,旁听区人民检察院公诉王某贪污案(王某,女,32岁,原某干休所报账员。2012~2015年,利用职务便利,采取涂改转账支票、冒充领导签名等方式,贪污公款337万余元,用于个人挥霍)的庭审,接受警示教育。

王某贪污案暴露出该单位在制度落实、公章管理、审计监管等方面的漏洞。如何防微杜渐,从制度上杜绝类似犯罪现象的再次发生,给单位和财务工作者敲响警钟。庭审结束,区人民法院副院长彭静结合刑法修正案(九)和两高关于办理贪污贿赂刑事案件适用法律若干问题,深入剖析王某贪污案。此次庭审教育直观、有针对性,起到警示教育作用。

【"预防邮路"宣传月活动】 5月10日,区人民检察院与南京市邮政局虎踞路投递局、奥体投递局共同筹划的"预防邮路"宣传月活动启动仪式在江东街道腾飞园社区拉开帷幕。区人民检察院副检察长梅琨、江东街道司法所所长芦红斌、虎踞路投递局局长钱圣昆、奥体投递局局长吴伟及驻江东社区单位代表和党员、群众近50人参加启动仪式。吴伟介绍"预防邮路"工作起源及在南京市开展情况；梅琨就开展"预防邮路"工作提出要求，共建预防职务犯罪人民防线。梅琨、钱圣昆、吴伟共同向社区代表、驻区单位代表等参会人员赠送区人民检察院编制的《预防职务犯罪邮路宣传手册》，并为预防邮路举报箱启用揭幕。

【"检企共建"职业风险提示活动】 9月8日，区人民检察院组织玉桥集团、南京朗驰集团等"检企共建"单位领导班子成员、部分中层干部及重点岗位人员70余人参加职业风险活动。先后参观预防职务犯罪基地、"两学一做"学习教育工作宣教展览。活动中，分管副检察长梅琨结合近年发生在国有企业的典型案例，为国有企业作职业风险防范预防提示。

【刑事检察】 2016年，区人民检察院办理审查逮捕案件621件886人，审查起诉案件923件1208人。突出打击电信诈骗、侵犯公民个人信息、危害食品药品安全等严重侵害群众财产人身权的多发、高发性犯罪。从快批捕柬埔寨集团式特大国际电信诈骗案19名主要犯罪嫌疑人，依法审查办理侵犯公民个人信息10件18人、危害食品药品安全犯罪16件21人。参与打击"扫黄打非净网2016"专项活动，办理公安部挂牌督办的跨越全国58个城市特大网络组织卖淫案。第一时间介入八卦洲"5·9"爆炸案、和会街"6·23"爆炸案等危害公共安全事件引导侦查，保障案件依法迅速有效办理。

区人民检察院针对经济下行压力带来的矛盾风险不断增多、涉众型经济犯罪高发情况，全程介入引导侦查，耐心做好被害群众安抚工作，全力帮助挽回经济损失。全年办理非法集资案61件86人、传销案7件8人，其中办理涉案金额高达1.38亿元、被害人近千人的胡某等8人集资诈骗、非法吸收公众存款案，有效维护良好区域金融管理秩序和社会和谐稳定。

【职务犯罪惩治和预防】 2016年，区人民检察院立案侦查贪污贿赂犯罪案6件8人、渎职侵权犯罪案2件4人，其中要案3件、厅级干部2人，1起案件获全市"十大精品案件"。加强与区纪委工作衔接，完善预防工作联动机制，强化区域惩治预防体系建设。年内，区人民检察院坚持"惩防一体"专业化预防，结合办案对职务犯罪特点、成因进行分析，提出检察建议，形成个案分析报告14篇；督促相关单位加强管理、建章立制的预防检察建议3篇；开展警示教育、预防宣传、个案剖析会等49场。在全区7个重点行业20个单位开展专题预防，在10个重点民生工程开展预防提示、警示教育和专项督查等工作；探索开展廉洁工程评价体系建设，推动省口腔医院、江苏第二师范学院等单位健全完善制度，从源头上防控职务犯罪发生。推进社区预防，与区纪委在宝船社区共建社区廉洁文化体验馆，设立职务犯罪预防检察e站。依托邮政投递优势，开展"预防邮路"宣传月活动，向社区群众、公职人员发送预防宣传资料5000余份，扩大预防效果。

【检察官员额制改革】 2016年，区人民检察院开展检察官员额制改革。在105名助理检察员中仅有部分能够入额的情况下，全院科学制定考核方案，合理确定首次入额比例，坚持向一线主要业务部门倾斜。58名干警被遴选为员额检察官，入额比例31.8%，距上级院规定35%入额上限留有一定空间，实现满足现阶段司法办案需要与下一步调动干警积极性的有机统一；为刑检、自侦等主要业务部门设置员额数占比56.9%，确保办案重量和效率。

【社区检察工作创新】 2016年，区人民检察院结合社区实际，确定"统一扎口、点面结合、突出职能、务求实效"的社区检察工作原则，由院领导挂钩联系全区13个街道，分批次在120个社区推广社区检察官制度。成立社群工作部，统筹开展社区检察工作。自主研发并在20个社区建立以电子大屏为载体的检察e站，开通微信"手机订阅"功能，设置检务公开、检察服务、以案说法、亮点链接、社区检察官等功能版块，方便群众随时随地获取检察信息资源和服务。全年，1.35万人次查阅浏览。

（李国田）

法　　院

【概况】 2016年，鼓楼区人民法院审结各类案件1.8万件，同比增长21%。与南京大学法学院联合开办"法官学堂"，开班15期，将审判实践中存在疑难问题转化为授课主题，通过法官主讲、全员讨论和老师点评相结合的方式，指引法官掌握科学的裁判方法，提升法官理论思维和司法能力。青年法官将审结的精品案件转化为调研成果，1篇案例获省法院第十届"金法槌"杯优秀案例特等奖；区人民法院获第十届"金法槌"杯案例工作组织奖。36篇调研成果在省级以上期刊上发表，9篇调研成果获奖。1篇论文获全国法院系统第26届学术讨论会二等奖，区人民法院获省人民法院学术讨论会组织工作先进奖。2篇案例被《最高人民法院公报》刊载。是年，区人民法院被省委省政府授予人民满意的政法单位，记集体一等功；荣立全省法院集体一等功1次。11月，被省市法院推荐申报"全国优秀法院"，12月，最高人民法院予以公示。

【法官员额制改革】 8月，区人民法院推进落实法官员额制改革，在审判工作量权重测算、员额法官岗位配置、人员分类管理、案件繁简分流等方面进行尝试。法官员额制是推进法官、检察官队伍正规化、专业化和职业化的重要基础制度，也是实行司法责任制的前提。法官员额制综合考虑审判业绩、业务能力、理论水平和法律工作经历等因素，确保优秀法官留在审判一线。改革中，区法院90名具有审判职务的人员报名参加遴选，全部人员均签署入额承诺书，经过考核、考评，最终确定77人首批入额法官人选。

【刑事审判】 2016年，区人民法院审结各类刑事案件852件，判处罪犯1018人。依法严惩故意伤害、抢劫、强奸等严重暴力犯罪，审结案件72件，增强人民群众安全感。加大贪污贿赂等犯罪行为的打击力度，审结国家工作人员贪污贿赂、渎职犯罪15件，判处罪犯14人，促进反腐败斗争的深入开展。严厉打击网络电信诈骗、集资诈骗、非法吸收公众存款等涉众型经济犯罪，审结案件26件。依法审结刘某利用公民身份信息诈骗案，对网上交易和银行信用卡管理起到规范作用。

【民商事审判】 2016年，区人民法院审结各类民商事案件1.12万件，纠纷调解成功49.56%。审结婚姻、家庭、继承等案件1428件；审结劳动争议案件1326件，处理涉众型矛盾纠纷420起；审结知识产权案件306件、房地产案件1286件、涉金融纠纷案件2154件。审理“乐购仕商铺租赁”等群体性纠纷，将法治思维引入社会治理，维护核心商业圈经济稳定，规范引导民间融资有序发展。

【精品案例】 2016年，区人民法院受理的“南京第一高楼”侵犯日照权纠纷案例被《最高人民法院公报》刊载，对全国同类案件裁判形成示范效应。该案缘由2004年，陈某购买南京市厚载巷阳光阁小区某幢203室产权房，2015年5月，陈某将某公司诉至区法院，称被告建设的“紫峰大厦”侵害其“日照权”，主张被告一次性补偿损失10万元。区人民法院对该案作出一审宣判，认定涉案房屋在“紫峰大厦”建成后，日照时间有明显减少，判决被告一次性补偿原告陈某10万元。

【案件执行】 2016，区人民法院受理执行案件4278件，执结各类案件3669件。对2起案件被执行人以拒不执行法院判决、裁定罪予以刑罚制裁。8月，开展“夏季执行风暴”活动，借助执行信息化手段，聚集体之力，20天消化一批“骨头案”，拘传55人，司法拘留35人，执结案件202件，执行到位金额9596.87万元。 （朱锡平）

信　访

【概况】 2016年，鼓楼区信访工作综合运用智慧、法律、意志的力量推进解决信访难题，做到案结事了；强化第一责任人意识，标本兼治，减存量控增量。全年，群众来信来访2884件(批)人次，同比下降21.93%。其中来信(含领导信箱)426件，同比下降12.88%；来访661批次、2458人次，同比批次、人次分别下降32.48%和23.31%(含集体访94批次、1702人次，同比批次、人次分别下降23.58%和21.02%)。重复访337批次、1013人次，同比分别下降27.84%、15.93%；过激访98批次、1252人次，同比分别下降40.60%、16.87%；拆迁类上访368批次、987人次，同比分别下降28.68%、22.28%。群众到省市上访降幅较大，全国“两会”(全国人民代表大会、中国人民政治协商会议)、杭州G20峰会、党的十八届六中全会等重要会议期间实现“零登记”目标，省市党代会期间没有发生有影响的信访事件。

【信访工作会议】 1月12日，鼓楼区召开信访工作会议，区领导杨学鹏、沈吉鸿、张凯、车道正出席，区相关部门主要负责人和各街道工委书记参加。会议通报全区信访维稳工作。区委书记杨学鹏提出要求：思想上再重视。把信访工作摆在特别重要的位置，增强忧患意识和责任担当，常抓不懈。举措上再增强。对信访突出问题要一案一策，加强会办，控制增量，消化存量；对矛盾隐患要及时化解在萌芽状态；对违法行为，公安部门要坚决依法处置。责任上再落实。逐项梳理分解工作任务，落实责任主体和责任人，着力推进事要解决；对推诿扯皮、敷衍塞责等现象，要依规依纪予以追责。

【稳控责任化解】 4月，区信访局制定下发《鼓楼区2016年重点信访事项化解稳控责任表》，进一步落实信访问题化解稳控责任。对58件重点信访个案和重点群体落实“五包一”(每一个信访事项落实一名区领导、一名事发单位领导、一名稳控单位领导、一名责任社区干部、一名管段民警包案)化解稳控责任，明确街道为稳控第一责任主体，主动掌握信访人动态，针对性地制定稳控方案，确保“稳得住”。对新增突出问题进行滚动交办，确保化解稳控责任逐级明确、压力逐级传导。7月，结合区委领导班子调整，对69件重点信访事项，重新研究区领导信访包案工作，明确推进信访矛盾化解路径，细化做好信访人稳控工作各项措施。区包案领导按照区党政主要领导要求，先后听取情况汇报、组织会办、接待包案信访人17场次，为推进化解、有效稳控信访问题创造条件。

【信访突出问题化解】 2016年，区委分管领导专题调研信访稳定工作，两次组织召开信访工作联席会议，采取信访积案化解集中会办方式，研究突出信访积案化解推进，一次性化解4件长期困扰鼓楼区的信访积案。对一些突出疑难信访问题，借助省市部门和专家学者力量会商会办，请市相关部门领导和信访工作智囊专家到区会办重点信访人员汪某等多个“三跨三分离(跨地区、跨部门、跨行业，人事分离、人户分离、人事户分离”)案件；先后化解桥景苑小区房屋两证问题、安怀村危旧房改造、三汊河原鸡鸭加工厂拆迁户对征收补偿不满、华阳佳园小区适龄儿童就近入学、天正湖滨小区业主罢免业委会等突出信访问题。

【信访积案攻坚】 2016年，区信访局结合省市交办信访案件，区别情况，因人制宜，落实包案化解责任，建立“五个一”(一件信访积案、一名包案领导、一个工作班子、一套化解方案、一个解决时限)推进机制。区信访工作联席会议办公室和矛盾调处工作室，按照“一人一策一专办”要求，主动跟踪对接，密度约谈调处，督促、协助事发责任部门制订化解方案、推动化解进程。通过开展重复访集中化解、信访积案集中攻坚化解等活动，运用宣传政策、困难帮扶、信访救助等多种方式，化解21件信访积案、“骨头”案。如柳某拆迁信访问题，在省市信访局支持下，不到1个月得到有效化解；省市交办进京去省重复访4件、省市交办其他16件积案彻底息诉停访。 (陶万祥)

司法行政

【概况】 2016年，鼓楼区司法局探索基层司法行政体制改革试点，推进司法行政便民服务网点建设，深化法治宣传、人民调解、特殊人群管理、法律援助、法律服务工作，促进司法行政服务提质增效，发挥服务保障职能作用。全年，全区在册社区服刑人员202人，刑满释放人员2007人，无当年重新违法犯罪。区属律师事务所代理案件8998件，业务收入3824万元；鼓楼公证处办理各类公证2万余件，业务收入680万元；法律援助办理案件1268件，接待群众咨询2.78万人次，为当事人挽回经济损失1089.4万元。调处民间矛盾纠纷5278件，成功率99.9%。是年，鼓楼区医患纠纷人民调解体制机制创新试点工作获2016年南京市社建委社会建设创新优秀奖，“依山郡法治文化社区”“宝船社区廉政法治文化体验馆”“丁山法治文化生活体验馆”被评为省级法治文化示范点，“南京鼓楼司法在线”微博名列江苏十大司法行政微博。

【3家律师事务所成立】 7月25日，浙江靖霖(南京)律师事务所成立，注册3名执业律师，主任徐海波，办公地址位于南京市鼓楼区清江路7号越洋国际商务中心；7月26日，江苏君劭律师事务所成立，注册3名执业律师，主任李正武，办公地址位于南京市湖南路高云岭51-2号2楼；12月20日，北京市宝盈(南京)律师事务所成立，注册3名执业律师，主任陈大光，办公地址位于南京市鼓楼区幕府东路199号A5栋S307室。

【社区矫正】 2016年，区司法局加强与公、检、法部门协同，落实联合执法，深入推进社区矫正规范化建设，提高信息化监管水平和效能。开展社区矫正“检查廉洁自律、规范执法监督，检查职能履行、规范执法行为，检查责任落实、规范队伍管理”三检查三规范专项整治活动，落实“不准违法违规办理社区服刑人员执行变更事项，不准违法违规实施监督管理、教育矫正和社会适应性帮扶措施，不准徇私枉法办理调查评估案件，不准收受社区服刑人员及其亲友的财物和宴请，不准泄露社区矫正工作秘密，不准隐瞒不报影响社区矫正安全稳定的重要情况、重要事件”六不准行为规范，全面提升社区矫正工作质量。强化日常管控，严肃法纪，在册社区服刑人员全员手机定位，实时全程监控，全年警告违纪人员45人次，收监1名监外执行贩毒人员。开展心理健康咨询，将行为矫正与心理疏导相结合，提高社区服刑人员心理调适能力；制定并实施《鼓楼区社区服刑人员违反日常管理规范行为记分细则》，提升对社区服刑人员精细化监管水平；筹建社区矫正工作者协会，规范社区矫正组织建设发展；加强社区矫正队伍建设，规范业务培训和考核，健全社区矫正社工奖惩机制。全年接收社区矫正人员202人，解除矫正152人，审前社会调查203件，无脱管漏管事件。

【安置帮教】 2016年，区司法局加强与监所沟通协作，建立信息互通机制，落实重点人员管理“无缝对接”，重点帮教对象接送率100%、一般帮教对象接送率70%以上。发挥关工委及“五老”(老党员、老专家、老教师、老战士、老模范)志愿者职能作用，加强对未成年社区服刑人员帮扶帮教工作，提升矫治管理实效；协调民政部门落实对低保、低收入困难帮教对象家庭慰问救助，对困难帮教对象未成年子女开展延伸帮扶活动；加强职业技能培训和就业指导，提高刑释人员回归社会的适应能力，引导和挖掘社会资源建立社会化帮扶机构，提高安置帮教工作实效。是年，全区在册刑释解矫2007人，其中刑释1139人、解矫868人，无当年重新违法犯罪。

【法律服务】 2016年，区司法局贯彻落实《全市法律服务业发展行动计划》，推进公共法律服务体系建设，发展法律服务机构，壮大法律服务队伍，完善法律服务产品，提升法律服务品质。构建政府主导、社会力量广泛参与的公共法律服务体系，完善法律网络服务平台，建成区公共法律服务中心并投入使用；以建立政府法律顾问制度为示范，继续推动区属企事业单位、社会组织落实法律顾问制度，实现法律顾问全覆盖。培育和引进高素质律师人才，鼓励和引导律师事务所加快公共法律服务产品研发，优化律师业态结构，推进专业化、品牌化、规模化律师事务所建设。参加南京市青年律师职业技能大赛和南京青年律师企业法律服务产品宣讲技能大赛，获团体三等奖；协助江苏知识律师事务所将知识产权法律服务延伸到辖区各科技园区，打造知识产权法律服务专业品牌。全年，区属律师事务所代理刑事案件644件、民事案件7895件、行政案件51件、非诉讼408件；基层法律服务所代理诉讼案件434件、非诉讼128件，全区法律服务业完成公共收入3824万元。

【公证服务】 2016年，区司法局挖掘公证处两办证点优质资源，优化人员配置，拓展业务领域，积极挖掘新兴证源。完善网上办证系统，拓宽公证办理渠道，举办"进厂矿、进企业"公证法律专题讲座，为辖区企业提供快速办证通道。服务区政府重点工作，配合做好保障房摇号和中小学学位摇号等工作。开展"公证助残月""公证公益月""法润江苏"及"公证服务进社区"等系列活动，为老年人、残疾人开通办证绿色通道，上门办理公证22件，减免各项费用1.6万元，提升公证服务民生职能作用。全年办理各类公证2万余件，其中国内民事公证3889件，经济公证762件，涉外公证1.5万件，业务收入680万元。

【法律援助】 2016年，区司法局贯彻政府购买服务理念，报请区政府将法律援助工作纳入年度为民办实事项目，保障经费列入财政年度预算。继续推进法律援助规范化建设，加快法律援助工作站、联络点以及社区联络员建设与配备，在13个司法所、区妇联、区总工会、区人武部、区人民法院、公安鼓楼看守所分别设立法律援助工作站，在各社区设立法律援助工作点和联络员，建立法律援助半小时服务圈。建立法律援助律师专业分类名录，完善"集中办案"与"点援制"相结合工作模式；综合运用咨询、调解、仲裁、诉讼等多种援助形式，建立介入涉法涉诉涉访、突发性事件和群体性纠纷处置化解机制，推行诉前庭前调解、延时服务、预约服务等创新服务模式，增强法律援助便民惠民工作实效。全年办理法律援助案件1268件，受援1259人，接待群众咨询2.78万人次，为当事人挽回经济损失1089.4万元。

【人民调解】 2016年，区司法局注重排查分析、研判预警、信息反馈等源头治理机制建设，围绕重要时间节点，精准调解，引导群众理性、依法表达利益诉求，防止矛盾积累激化。成立"湖南路地下商业街建设工程"专项人民调解工作室，推进医患纠纷调解体制机制创新试点，进一步加强劳动人事、交通事故、环境保护、物业管理、互联网消费等领域人民调解工作；利用新媒体创新调解模式，丰富调解手段，推进人民调解专业化、职业化、社会化建设。在鼓楼医院、中大医院和南医大二附院试点建设区医调委驻点人民调解工作室，"鼓楼区医患纠纷人民调解体制机制创新试点工作"获2016年南京市社建委社会建设创新优秀奖。成立鼓楼区人民调解员协会，配合司法行政机关加强对人民调解工作指导和服务。全年各级各类调解组织共调处民间矛盾纠纷5278件，调解成功5273件，成功率99.9%。

【法治宣传】 2016年，区司法局突出抓好以领导干部、公务员、青少年、企业经营管理人员、流动人口五大人群为重点的法治教育工作，全区70余个部门参加"国家公职人员网络学法考试"在线学习，司法行政部门全员参加省司法厅网上学法。编写下发中小学校《敬畏与守护》青少年普法读本，区"青少年生命安全法治实践教育基地"接待中小学生3000多人，增强普法教育生动性、实效性。开展第九个农民工学法周活动，组织100余名律师、法治宣传员送法到工地、进企业。联合区地税局筹建"税务法治文化体验馆"；建成"鼓楼法律人在行动"微信平台，联合律师事务所，打造线上线下相衔接，专业需求常联通的普法新亮点。成立"鼓楼区普法志愿者大队"，各街道分别成立"普法志愿者中队"，以化解法治矛盾、征集法治信息、阐述法治举措、帮扶法治难点重点为具体任务，进一步优化全区法治氛围。

【"南京鼓楼司法在线"获江苏十大司法系统微博】 2016年，"南京鼓楼司法在线"政务微博获江苏十大司法系统微博荣誉。2013年9月"南京鼓楼司法在线"开通，坚持正确的政治方向和价值导向，紧密联系司法行政工作职能，开设"基层司法动态""法律知识""每日一解""以案说法""法律解读"等栏目，与网民互动，听取意见和建议，解答网民法律咨询和诉求，收集、分析掌握舆论关注的"焦点"，加强正面引导，积聚正能量。开通以来发布微博3.4万条，提升司法行政工作在群众中的影响力、感染力和知晓率，取得良好社会效果。 （乔红军）

公共安全

社会治安综合治理

【概况】 2016年，鼓楼区全年立刑事案件1.07万起，同比下降0.03%，其中八大类案件148起，破案137起，破案率92.6%；侵财案件9994起，同比下降1.1%。入室盗窃、盗窃非机动车破案率分别为23.1%、20.4%。区人民法院受理各类案件2.09万件(其中含旧存3266件),办结1.63万件,同比分别增长12.99%和11.02%,结收案比92.03%,完成各项审判任务。区人民检察院办理审查逮捕案件621件886人,审查起诉案件923件1208人。公安鼓楼分局日均接警1180起,完成南京马拉松、G20峰会安保、省市区党代会等重大活动、赛事、节日安保154场,各级警卫、上级交办任务136起。区国安系统上报信息68份,被市以上采用17份,其中国家安全部采用6份、省委采用5份、省政府采用2份、省国家安全厅采用8份;发挥作用方面,中央领导批示1份、副省长张雷批示1份,被国家安全部评为作用重要报1份、主干报2份、一类报2份。是年,鼓楼区被评为2011~2015年全省普法工作先进区、省"平安县(市、区)"、市"法治南京建设先进单位"。区人民法院被评为全国优秀法院;区人民检察院获全国检察宣传先进单位、市法治宣传教育先进集体等称号;公安鼓楼分局在防汛抗洪中表现突出,受市政府表彰并立三等功。区人民检察院9名干警被评为市人民检察院先进个人、3人被市人民检察院记三等功。宁海路街道司法所杨晓峰被省司法厅评为"最美司法所所长",中央门街道平安志愿者彭鑫被评为市"最美平安志愿者",区公证处张小建被评为全省"人民满意公证员"。

【鼓楼区法学会成立大会暨一届一次会员代表大会】 2月1日,鼓楼区法学会成立大会暨第一届第一次会员代表大会举行。市委政法委副书记、市法学会副会长孙小忠,市法学会专职副会长丰友芳以及区领导刘军、陶顺生、蓝绍森、张凯、王开琳、衡阳、车道正出席,来自区机关部门、街道、社区、中小学校、驻区高校、律师事务所、银行的180余名会员代表参加会议。会议审议通过《关于实施中国法学会章程的决议》《关于大力发展新会员的决议》,选举产生区法学会会长、90名区法学会理事、50名常务理事。

【全国"两会"信访维稳保障工作会议】 2月27日,鼓楼区召开全国"两会"信访维稳保障工作会议。区领导杨学鹏、沈吉鸿、陶顺生、张凯、车道正出席会议,区有关部门、各街道负责人参加,区委常委、政法委书记陶顺生主持。区信访局、区纪委、区维稳办、公安鼓楼分局分别汇报近期信访工作、重点人头稳控和全国"两会"维稳保障工作;陶顺生部署全国"两会"期间全区信访维稳保障工作。区委书记杨学鹏就做好区稳控工作强调:认清形势、提高认识,明确责任,维护稳定,不给北京添乱;明确任务、责任到人,严防死守,确保辖区不出现群体性事件;掌握信息、掌握情况,统筹兼顾,把握方式方法,快速处置,确保不发生极端事件和过激行为;狠抓工作落实、确保平安稳定,加强信息沟通,形成联动机制,化解矛盾于萌芽状态。

【法治南京建设走基层首场活动走进鼓楼】 11月23日,"中国梦法治路社区行"——法治南京建设走基层活动鼓楼专场,在三牌楼大街市民广场举行。活动现场,200多名社区居民齐聚广场,表演融合法治元素的舞蹈、小品等文艺节目,活动间歇穿插展板展示、现场评议等,指导居民群众消费维权常识,发布维护劳动者权益工作流程,介绍建立首问负责制、推行"一站式"服务、实行限时办结等便民举措。

【社会稳定维护】 2016年,鼓楼区上报各类维稳信息187条,上级录用155条,其中预警类信息10条,录用7条。编发每月维稳工作动态12期、维稳工作专报19期、工作简报12期,上报维稳调研文章2篇。发生各类涉稳群体性矛盾175件(市下交45件,区自排130件),化解各类涉稳群体矛盾101件,其中市交办24件,区自排77件,矛盾化解率57.7%、稳控率95%以上。全年编报督办专报6期、督办简报5期。报备稳评项目169个,按类别划分:工程类79个,决策类16个;按涉及领域划分:城乡建设40个,社会管理86个,征地拆迁39个,环境保护3个,其他1个。完成稳评项目95个,其中暂缓3个(金陵新七村1号北侧公共用地违建拆除项目、平安里单号出新项目、中山北路101号违建拆除项目),通过稳评,妥善化解五佰村地块危旧房改造、金碧路道路拓宽建设、省电力公司立体机械停车库项目等矛盾,保障项目顺利施工。召开专家论证

11月23日,"中国梦·法治路·社区行"法治南京建设走基层鼓楼专场活动在中央门街道三牌楼大街市民广场举行

会95场，排查化解矛盾5起，发放问卷1255份，走访群众1225人。

【平安建设】 2016年，鼓楼区整体推进社区平安建设，组织开展“打击盗抢骗”“百日破案竞赛”“打击整治伪基站”等系列专项行动，全区刑事警情同比下降30.1%。组建6个警务站和14个派出所巡区中队，24小时屯警街面、反恐处突、接处警情、巡逻盘查，现行抓获故意杀人、抢劫强奸等犯罪嫌疑人384人（其中“三逃”25人），查获并发还被盗电动自行车309辆；区平安志愿者协会和各街道按照专群结合、以专带群的要求，推进平安志愿服务，设立463个街面“治安守望岗”，组建900多个社区“小喇叭巡逻队”，每天在小区院落提醒居民防火防盗，提高治安防范意识。在全区120个社区全面推广社区治安责任承包，社区可防性案件同比下降32.9%；在老旧小区新安装单元防盗门1183扇，推进51个智能技防小区建设，完成126个小区出入口421个WIFI无线覆盖信息嗅探采集点位建设。探索创新上门入户宣传、警官说平安、社区议平安、短信倡平安等宣传方式，提高群众平安建设知晓度和参与率。是年，鼓楼区120个社区中，95个社区达到“五有五无”(五有：有综治组织机构、有矛调维稳力量、有人防技防物防、有多元服务管理、有规范机制保障。五无：无连续性侵财案件、无有影响信访事件、无重大民转刑案件、无违法犯罪活动聚集场所、无重大公共安全事故)创建标准，丁山、钟阜路、汇林绿洲、工人新村4个社区发挥典型示范带头作用，群众安全感93%。完成市区现代化考核目标，并在全市综合治理及平安建设考核中位列第一方阵。

【公众安全感宣传】 2016年，鼓楼区主要领导与13个街道和40个综治委成员单位签订综治责任书，明确“群众安全感达到92%”目标。全区开展4万个固定电话用户“平安进万家”入户宣传活动，制作发布8万条平安短信。各街道、社区通过悬挂横幅、张贴宣传画、组织入户宣传、建立平安QQ群和微信群，宣传平安创建工作。公安鼓楼分局、区人民检察院、区人民法院组织政法干警深入辖区企业、单位、学校、社区及家庭，开展法制宣传和以通讯网络诈骗、入室盗窃、电动车盗窃、扒窃等为主要内容的防范宣传，开展侵财性案件回访活动，提高群众对政法部门和政法干警认同度。区综治办、区教育局组织开展“小手拉大手”活动，深化“老师—学生—家长”三位一体宣传。公安鼓楼分局开展打击盗抢、非法集资、网络诈骗、电话诈骗等专项行动和流动人口、“黄赌毒”等治安清查整治行动。是年，鼓楼区群众安全感达93%。（何玖莲）

安全生产监督

【概况】 2016年，鼓楼区发生纳入统计范围的安全生产事故27起，死亡8人，其中特种设备相关事故1起，死亡1人；工商贸领域1起，死亡1人；道路交通事故25起，死亡6人。亿元GDP生产安全事故死亡率0.01%，事故起数和死亡人数同比分别下降25%、65%。

【安全生产咨询日活动】 6月16日，区安监局以“安全月”活动为载体，围绕“强化安全发展观念，提升全民安全素质”主题，在阅江广场开展安全生产咨询日活动，接待300余人次安全知识咨询。按照建筑施工、消防、液化石油气、加工制造业等10个专题印制发放1万本安全隐患识别相册，给安委会各成员单位配发事故隐患识别光盘，提高发现安全隐患的能力。

【隐患排查专项治理】 2016年，区安监局制定下发《鼓楼区安全生产隐患排查治理实施方案》，要求排查治理范围覆盖全区所有地区、行业和领域，突出城市运行安全风险防范、人员密集场所等6个重点方面，力求进一步摸清全区安全生产隐患底数，及时治理整改，消除隐患。年内，全区排查各类生产经营单位1.26万家，排查一般事故隐患2596个，至年底，全部完成整改。

【日常监管】 2016年，区安监局检查企业285家次，下发责令整改指令书5份、现场处理决定书6份。区安监局会同街道、消防、商务部门联合检查全区23家加油站及1家制药厂，无重大安全隐患。在重要活动、重大节假日期间，区安委办组织公安、消防、市场监管、环保、城管等部门联合执法，区领导带队，检查辖区内建筑工地、拆迁现场、高层楼宇消防设施等，以简报形式通报检查情况，督促落实整改措施，消除安全隐患，确保敏感时期、重要场所安全生产工作落实到位。

【事故查处】 2016年，鼓楼区安全生产事故立案调查金陵船厂“3·30”特种设备相关事故、和会街“6·23”液化气爆燃事故、虹为合物业管理有限公司“7·17”触电亡人事故3起案件，由区安监局、公安鼓楼分局、区纪委、区总工会、区人民检察院等部门组成联合调查组，严格按照“四不放过”(事故原因未查清不放过、事故责任人未受到处理不放过、事故责任人和周围群众没有受到教育不放过、事故指定的切实可行的整改措施未落实不放过)原则进行处理，对3名责任人建议移交司法机关追究刑事责任。

【安全教育】 2016年，区安监局根据《鼓楼区深入推进农民工安全教育培训工作方案》，协同各街道以“九小场所”(小学校或幼儿园、小医院、小商店、小餐饮场、小旅馆、小歌舞娱乐场所、小网吧、小美容洗浴场所、小生产加工企业）人员为主，培训农民工1100余人;区重点监管企业制定相应培训方案,其中金陵船厂培训1200余人,1176人取得合格以上成绩，合格率98%。根据《关于做好全省安全生产培训专项督查准备工作的通知》要求，对汽轮电机公司等32家企业的安全教育培训情况和“三项岗位”(主要负责人、安全管理人员、特种作业人员）人员持证上岗等情况进行检查，督促企业加强对从业人员特别是新进人员的培训工作。上半年,采取“请进来”方式,邀请市安监局和区消防大队、国恒安全评价公司的专家对安委会全体成员单位分管领导和具体负责人员进行行政执法、安全隐患排查等辅导培训，提高安全生产监督管理水平。

（陆海宁）

交通管理

【交警五大队】 2016年,南京市公安局交通管理局第五大队（简称交警五大队)管辖范围交通安全形势平稳。以疏堵保畅为主要工作，优化调整勤务模式,运用科技手段,提升路面布警覆盖面及见警管事率，实现扬子江隧道运行平稳。做好道路交通环境净化,推进交通文明宣传,下社区、机关、单位宣传195场次,发放宣传材料5000余份。全年处罚各类交通违法行为20.9万起,完成第二届南京马拉松赛事、国家公祭日、二十国集团(G20)杭州峰会、速度轮滑世锦赛等安保工作。

【道路疏堵保畅】 2016年,交警五大队摸排辖区内流量较大、事故多发、秩序混乱、通行易堵路段和时段,结合群众反映热点，增强布警针对性和科学性。一级勤务设置30个民警高峰岗点、26个警辅高峰岗点、10个高峰巡逻段;二级勤务设置26个民警高峰岗点、26个警辅高峰岗点、8个高峰巡逻段,将定点值守与条线巡逻有机结合,提高管理质效。南京长江大桥封闭后,扬子江隧道流量激增，交警五大队针对扬子江隧道结构特点和流量规律,综合考虑相邻大队交通压力,制定《大桥封闭期间扬子江隧道工作预案》《大桥封闭期间扬子江隧道应急预案》,部署增强警力，调整江东北路定淮门大街、模范西路水佐岗路口、虹桥路口等路口渠化，优化扬子江隧道车流各汇入点交通组织。南京长江大桥封闭后,扬子江隧道整体运行状态平稳。

8月3日,交警五大队在北京西路进行文明出行宣传

【交通安全管理】 2016年,交警五大队挖掘道路交通资源，消除各类安全隐患,提升群众出行“硬环境”。全面梳理辖区道路及交通设施，围绕道路施工改造、大桥封闭等影响,结合群众反映突出地点、片区,及时调整更新信号配时、交通标志、交通设施等。全年,大队调整渠化路口13处,更新标志标线169处,更换各类标志标牌231处,梳理出安全隐患2处。大队狠抓源头管理工作,紧盯“两客一危”和“新五类车”等大型车辆,深入辖区运输企业,组织安全宣传例会，检查辖区内运输企业、车辆内管单位落实主体监管责任,全面梳理排查驾驶人、车辆违法信息,签订安全责任书。对不符合安全标准的车辆一律停止上路，对不符合驾驶资质的驾驶员，一律暂停相关驾驶人的营运任务，调整工作岗位或解除聘用。

【交通整治】 2016年,交警五大队围绕“交通秩序治理三年行动计划”,推动交通秩序整治工作常态长效开展。全年处罚各类交通违法行为20.9万起,查处酒后驾车违法行为478起,其中醉酒驾车199起；查处摩托车违法580起、非机动车各类违法行为4.16万起、行人违法3857起、车辆违鸣1848起、人行道不停车让行577起、渣土车各类违法行为593起、车辆违停15.93万起,并一一加以教育处罚。

【重大活动安保】 2016年,交警五大队落实安保方案,细化措施,整治重点违法行为。10月16日南京马拉松赛事期间,投入精力119人次,连续奋战8小时,完成赛事交通安保工作。12月13日国家公祭日,承担1处核心管制点、4处管控点、11处外围分流点、21处快速内环匝道、134处全红停驶路口的管理工作,全警参战,实现国家公祭日交通安保“零差错”。省“两会”安保期间,恰逢15年不遇的低温雨雪天气，大队强化路面勤务，实现重点时段、路段、路口的重点巡控，在快速内环设置清障车待命点2处，一旦发现道路积雪、结冰或者大规模拥堵情况，立即采取分流疏导措施，确保道路畅通，确保政协开幕式安保勤务万无一失。二十国集团(G20)杭州峰会期间，大队提前1个月进入备战状态，落实战时勤务，针对行人、非机动车、三小车、酒后驾车等各类交通违法行为，高压整肃交通环境。轮滑世锦赛期间，大队针对开幕式承办场馆位于管区内现状，紧密结合龙江体育馆周边交通组织和交通流量规律特点，强化组织领导、精心组织部署、紧盯重点环节、文明规范执勤，保障开幕式顺利举行。

(何冰冷)

【交警六大队】 2016年，南京市公安局交通管理局第六大队（简称交警六大队）根据《交通秩序治理三年行动计划》，做好“百日整治阶段”工作。增加重点道路巡逻密度、延伸管控路段，执行错时工作制，填补路面管控盲点，提高路面见警率、管事率，保障重点路段安全畅通。落实路面管控，加强中山北路、建宁西路、幕府西路等重点路段交通秩序管控。加大全管区路面通行状况实时监控，强化交通组织，动态排查辖区堵点路段；结合各项重点施工改造工程，对周边道路开展区域优化，通过路口工程改造、完善设施、维护疏导及调整路口渠化、信号配时等措施，提高局部路网通行能力。落实大队领导、中队长、民警、路政民警、设施组和信号员五级巡查制度，全天侯、多时段开展设施巡查，发现设施存在问题，及时信息反馈，落实维护。全年查处各类交通违法行为6.77万起，其中暂扣各类车辆、驾驶证2672起。大队收到锦旗15面、表扬信8封。

【道路通行能力提升】 2016年，交警六大队抓住四平路广场、中央门立交、五塘广场等重要交通节点及建宁路、中央北路、纬一路等交通“主动脉”，优化交通组织、加大科技设施投入，根据《长江大桥公路桥维修改造期间交通组织方案》优化整合警力资源，合理调整勤务模式，改造分流节点，维护道路交通秩序。全年，大队复划标线2.1万米，维护、更换交通标志60块，更新、更换信号灯倒计时屏、主机30套，新增维修损坏护栏690余套，协调修剪遮挡交通标志的树枝86次。

【机动车重点违法整治】 2016年，交警六大队将机动车重点交通违法治理长效、常态化，以机动车违停、闯信号、闯禁区、涉牌涉证、酒后驾驶、渣土车等重点违法行为为重点，高频度开展集中整治行动。落实每日干部带队整治制度，做到定点管理与集中整治相结合，不断加大重点时段、路段机动车停车、行车秩序管理。全年查处各类机动车违法行为6.76万起，其中机动车涉牌涉证214起、渣土车违法595起、酒后驾驶145起、闯红灯11起、货车闯禁区违法529起。

【静态秩序整治】 2016年，交警六大队完善整治方案，重新走访摸排辖区内违法停车问题突出点位，调整整治重点，切实将整治工作全区化、常态化、实效化。细化措施，周密部署，推行错时巡逻纠章。指挥室利用“电子警察”抓拍重点道路违停车辆，各中队巡逻警力在平峰时段加强巡逻管控，对违停车辆逢车必查，进行贴单或现场处罚，规范路面行车秩序。全年清拖违停车辆1068辆。

【非机动车和行人交通违法治理】 2016年，交警六大队开展非机动车、行人交通违法整治，坚持警力向路面倾斜，勤务走错时路线，整治与宣传结合，狠抓辖区道路交通秩序整治。以非机动车闯信号、走快道、闯高架、走隧道等交通违法行为为重点，高频度开展集中整治行动；加大交通安全宣传力度，在各重点路口采取悬挂横幅、设立咨询点、发放宣传资料等方式，不断提高驾驶员的交通安全意识，促使交通参与者自觉主动遵守交通安全法律法规，并通过电视、广播、报纸等传统媒体与微信、微博等互联网新媒体相结合，宣传综合整治措施、出行交通安全知识等，推动交通安全宣传。全年查处非机动车交通违法2.36万起、行人交通违法1888起。

【不规范车辆违法整治】 2016年，交警六大队以建宁路玉桥路口、五塘广场地铁站、盐仓桥公交总站等窗口地区为重点，多措并举，对残疾车、三轮车等不规范车辆重点交通违法高压整治。通过“错时整治”，设立相对固定的执勤点，加强定点清理，对“三小车”相对聚集的重点路段、时段进行整治，根据调查摸底和群众反馈的情况，在强化日间管理整治的同时，加强早晚、午休、双休日的突击清查，对部分抱侥幸心理打“时间差”的三小车驾驶员予以严厉惩处。全年，大队暂扣各类不规范车辆1466辆，其中残疾车85辆、正三机20辆、三轮车1164辆、农用车2辆、板车1辆。

【高危车辆查扣】 2016年，交警六大队成立专项工作领导小组，大队长沈明总负责，副大队长骆兴龙具体负责，各中队长分工落实工作。针对驾驶人无照、车辆套牌、伪造号牌、过检多违等违法行为，落实“严查、严控、严处、严惩”举措。对一些很少上路行驶、无明显轨迹，但有大量交通违法行为未处理的长期未年检车辆，以及群众反映较强烈的套牌、变造号牌等车辆，组织精干警力开展拉网式查缉。全年查扣多违、过检、套牌、强制报废等高危车辆331辆，其中省公安厅督办的重点高危车辆3辆。

【交通管理】 2016年，交警六大队召开辖区重点单位车管干部、驾驶员安全会议60余场，排查重点企业144家、重点驾驶员7200名、重点车辆1200辆，下发整改通知书33份，并逐一与重点企业和驾驶员签订安全责任书。1～12月，六大队管辖区域发生各类事故5121起，伤1018人，死亡13人，重伤27人。其中，上报事故23起，死亡8人，重伤17人，与同期死亡数（上年10人）下降20%。非上报事故15起，死亡5人，重伤12人。

（张 伟）

消防安全

【概况】 2016年，鼓楼区消防大队开展“去冬今春”（2015年冬天、2016年春天）火灾防控、“九小场所”综合治理、“夏季消防检查”“G20峰会”安保等专项整治工作。全年接警1156起，出动消防车2647辆次、消防官兵1.62万人次；抢救被困人员76人，疏散349人，抢救财产价值74.7万元；发生火灾446起，死亡2人，直接财产损失78.9万元，过火面积748平方米。每月组织不少于24次灭火和疏散演练活动。

【火灾隐患督办】 2016年年初，区消防大队按照市政府重大火灾隐患实行政府挂牌督办的相关要求，对江苏河图商业管理有限公司、鼓楼区康爱社区卫生服务中心、南京长江医院集团有限公司3家重大火灾隐患单位实行政府挂牌督办，3家单位均整改完毕并经支队验收按期销案。全年，消防大队检查单位3738家，发现火灾隐患或违法行为7063处，督促整改火灾隐患6975处，下发责令改正通知书3352份；办理一般行政处罚案件273起，责令“三停”企业56家，临时查封38家，拘留2人。

【消防宣传和培训】 2016年，区消防大队先后深入新城市假日小区、金陵村棚户区等小区张贴消防安全常识宣传画，发放宣传手册，讲解消防常识；深入青云巷小学、南京第二十九中学、力学小学，开展消防知识培训；组织南师附中师生参观鼓楼消防之友俱乐部；联合南京艺术学院、苏宁银河索菲特大酒店等二级重点单位开展灭火疏散演练，提高群众安全防火自救能力。

【微型消防站建设】 2016年，鼓楼区政府拨款175万元，统一建设社区微型消防站。该项目依据公安部消防局公消〔2015〕301号《消防安全重点单位微型消防站建设标准（试行）》《社区微型消防站建设标准（试行）》有关文件要求，以救早、灭小和“3分钟到场”扑救初起火灾为目标，划定最小灭火单元，依托消防安全网格化管理平台和体系，发挥治安联防、保安巡防等群防群治队伍作用，建立社区微型消防站，开展初起火灾扑救等火灾防控工作。年内，区消防大队将微型消防站相关材料全部采购并同微型消防站建设标准一起下发至120个社区和驻区消防安全重点单位。至年底，全区二级、三级消防安全单位微型站建成201家。（林 峰）

人民武装

【概况】 2016年，鼓楼区人民武装部（简称区人武部）开展练将练官活动，建立现役干部军事科目学习和体能训练制度，参加警备区组织的战备拉动、指挥所演练和“三实”（实弹、实爆、实投）考核，均取得优异成绩。组织全区新任职基层武装部长7人进行理论和体能集训，提升基层专武干部能力素质。深化按纲施训，组织高炮、防化、侦察等6大专业基干民兵6850人才/日次参加省军区、警备区集中轮训，总评优秀。以普通高校、科研院所、高新企业为重点，做好国防动员数据收集核准，完成潜力调查各类统计工作。完成应急、支援、储备“三类队伍”编组结构调整和基干民兵编组任务；重点抓好湖南路女子民兵连建设，进一步擦亮“湖南路模范女子民兵连”金字招牌，后备力量建设不断增强。创新征兵宣传、兵役登记、征兵执法、区校挂钩等工作，建立干部职工挂钩街道高校和定期讲评通报制度。年内，2.96万人兵役登记，进站体检575人，大学生兵员比例超过80%，完成年度征兵任务。开展“学法规、明职责、严纪律、正秩序”和暑期安全竞赛活动，持续抓好隐

11月30日，省军区政委曹德信（左三）一行调研湖南路街道模范女子民兵连建设

患排查整治，规范值班秩序，配齐物资器材。落实战备教育、战备值班制度，围绕担负任务修订完善应急、抢险、维稳等非战争军事行动预案。提升民兵应急分队处突能力，担负警备区民兵战备值班任务，编实建强情报信息员队伍，扩大获取情报信息的覆盖面。不断提高后勤保障能力，修订完善财务管理规定。是年，1人被南京警备区评为“优秀团主官”，1人被南京警备区嘉奖1次，2个街道人民武装部被南京警备区评为基层建设标兵单位，10人被南京警备区评为“优秀专武干部标兵”。

【新兵征集】 3月，区人武部牵头成立鼓楼区征兵工作领导小组，组长由区长刘军担任，副组长由副区长王红、区人武部政委翁俊军担任。区征兵工作领导小组下设秘书组、体检组、政治考核组、宣纪组、军需运输组。13个街道办事处分别设基层征兵领导小组，街道主任任组长，街道武装部部长任副组长。3月1～10日，为组织准备阶段；3月11～20日，为宣传发动阶段；3月21～31日，为组织登记阶段。鼓楼区与河海大学等9所高校建立征兵工作挂钩关系，上门发放“征兵宣传册”1.7万份，悬挂征兵宣传横幅300余条，布置宣传展板100余块，召开征兵宣传咨询会30余场，区分管领导、人武部主官多次上门走访，及时对接征兵任务，解决高校、企业征兵难题。至年底，2.96万人兵役登记，其中1438名适龄青年网上报名，575人进站体检，完成年度征兵任务。

【民兵组织建设】 3月，区人武部组织全区新任职的街道武装部部长、干事11人参加警备区专武干部集训，结合上级组织的情报信息员报知攻关培训，先后两次对基层武装部部长和干事进行再培训，提升基层专武干部的能力素质。按照任务牵引、因战而建、编用一致的原则，做好民兵整组工作，注重将整组工作向“三区”延伸，不断调整民兵结构、提升科技含量。增加中国电子科技集团第十四所、中国船舶重工集团七二四研究所等企业的民兵数量，新建南京雷达维修分队、通信保障分队，高标准完成应急、支援、储备“三类队伍”编组结构调整和基干民兵整组任务。重点抓好湖南路女子民兵连建设，制定下发《湖南路模范女子民兵连建设指导实施方案》，在全区机关、事业单位，按照心理、舆论、法律、医疗救护专业，遴选出71人充实到女子民兵连，优先编组党员、高学历人员、复转退军人，所选人员3年内保持稳定。全年组织女子民兵连成建制集训22天，全面提升女民兵的军人素养和专业技能。

【抢险救灾】 7月2日，由于连日降雨，长江水位鼓楼段达到9.19米，超警戒水位44厘米，鼓楼区树人中学内长江堤坝出现多处渗漏。区人武部依据警备区党委命令和上级指示要求，协调组织东部战区陆军舟桥31旅、武警南京支队官兵670人，动员组织民兵应急力量652人次，开展为期11天的抢险救灾行动，保障人民群众生命财产安全。

【国防教育】 2016年，区人武部做好全民国防教育，发挥新“两馆”（颐和路社区将军馆、宁海路街道海洋国防教育馆）等国防教育基地作用。配合南京政治学院组织全国地市国防专题研修班81名学员到馆参观；定期组织街道、社区、企事业单位人员和大中小学学生到市国防教育基地开展“军事日”活动，在中小学校开展“国防之我见”演讲会、“集体生日会”等国防教育活动，不断提升全民国防意识。

【双拥共建】 2016年，区人武部采取“夯基、换颜、造血、增智”方式，与徐州市贾汪区塔山镇阚口村签订帮扶协议，从建强组织、保护生态、发展经济、智力扶贫四个方面帮扶该村实现全面发展，投入15万元，帮建高效农业基地，增收致富效果初步显现。8月，组织该村10余名贫困少年赴南京开展国防夏令营活动，参观侵华日军南京大屠杀遇难同胞纪念馆、南京国防园、南京大学、东部战区陆军船运大队，邀请百岁老将军张玉华与孩子们谈心，培育他们的爱国情怀。南京警备区肯定并转发区人武部活动的经验做法。

【人武安全管理】 2016年，区人武部按照抓教育强化认识、查隐患解决问题、定措施促进落实的思路，下大力解决影响安全稳定的突出矛盾，确保辖区安全稳定，确保不发生重大安全问题。5月30日，部党委会专题研究近期安全形势，查找问题，制定措施，对人武部进行全面安全检查。抓住人员、车辆、保密等管理环节，紧盯重点部位，切实在管理环境建设上加装“安全门”。加强营门管理，建立可视门禁系统，与区总值班室和区政府大楼门卫建立联合值班制度，互通情况信息。加强办公区域安保工作，高标准落实巡查制度，部作战值班员坚持每日夜间和节假日上下午对整层办公楼巡查，平时加强对外来人员的巡查管控。6～9月，抓住军事演训活动安全、防暴恐袭击、暑期自然灾害避险等重点，分阶段分系统、有计划有重点地推进安全工作落实。全年没有发生任何安全问题。 （蔡巍巍）

人民防空

【概况】 2016年，鼓楼区人民防空办公室（简称区人防办）推进人防改革发展，出台鼓楼区《关于推进人民防空改革发展的实施方案》。协调推进田家炳中学操场地下停车场项目，完成投资额4700万元。完成区人防指挥所改造

9 月 27 日，鼓楼区小学民防教育课程启动仪式在马台街小学举行

项目竣工结算审计。做好为民办实事项目，摇号发放 2.3 万个应急救援包，免费开放狮子山人防纳凉工程。完成区政协一届四次会议第 0132 号“有序管理，制止地下车库变成地下小区的建议”提案办理工作。推进人防宣传教育和社区人防工作，结合第七次人防会议开展系列宣传教育活动，利用“5·12”防灾减灾日、“9·18”抗战纪念日、“12·13”国家公祭日等重要时段开展人防主题特色活动，120 个社区开展居民人防知识宣传教育活动均在 3 次以上，社区人防宣传栏更换 4 次。联合区教育局组织制定《关于在鼓楼区小学普及和开展民防教育的实施计划》，启动全区小学民防教学课程和人防公开课，定年级、定学科、定教员。宣传报道被国家级新闻媒体采用 1 篇，被省级新闻媒体采用 13 篇，在政府信息公开网发布宣传报道 132 篇。人防工程监管规范有效，优良率、合格率、开发利用率分别为 85%、95%、85%。是年，区人防办被江苏省国防动员委员会表彰为“全省人民防空先进城市（县、市、区）”，被省民防局表彰为民防工作先进单位，被市民防局、市人防办表彰为全市人防系统先进单位。

【指挥通信建设】 2016 年，区人防办推进人防指挥通信建设，依据《人民防空训练规定》《人民防空训练与考核大纲》开展人防机关、人防指挥部、群众防空组织、重要经济目标防护等训练演练，组织鼓楼区城市防空袭人口临战疏散演练，参加“宁防 -2016”南京市重要经济目标防护演习，参演参训人员 1000 余人次。区人防指挥所指挥信息系统改造升级并投入使用。修订完善《鼓楼区城市防空袭方案》，指导街道、社区修订完善人民防空袭预案；结合“9·18”全省警报试鸣和“12·13”南京大屠杀遇难同胞国家公祭日活动，规范警报器调试鸣放，维护管理现有多媒体警报器 33 台、高空警报器 45 台，消除警报音响覆盖盲区。

【人防工程管理】 2016 年，鼓楼区推进人防工程建设、管理及项目储备工作。完成区人防指挥所改造升级竣工结算审计。完成全区 30%人防工程年检备案。推进地下人防工程选址工作，推荐南京新金陵饭店有限公司跨中山路与延安路连通人防工程纳入市人防办规划立项储备。年内，开展安全生产月活动、安全生产大检查和安全隐患排查等专项整治工作，排查重点人防工程 206 个，发现排除一般安全隐患 34 个，被区政府表彰为安全生产工作优秀单位。全区列管人防工程优良率、合格率为 85%、95%。全年新增人防工程 22 个，新增人防工程总建筑面积 12.8 万平方米。

【平战结合】 2016 年，区人防办推进人防建设与地下空间融合发展，开展人防工程平战转换研究，发挥人防工程战备效益、经济效益和社会效益。全区列管人防工程 650 个，开发利用地下车库 407 处，新增人防车位 2500 个、招待所 1 家（床位 100 个）、地下商场 16 处、餐饮 4 家、文娱场所 5 处、教办会室 12 间、仓库 75 间、自行车库 115 处、其他 3 个，开发利用率超过 99%，年产值 2.7 亿元，解决就业岗位 4041 个。 （黄　伟）

社区建设

【概况】 2016 年，鼓楼区围绕全国社区治理和服务创新实验区、江苏省社区治理创新实验区建设相关要求，全面推进社区治理创新，出台《鼓楼区 2016 年社区协商工作要点》《鼓楼区社区协商程序与规则（试行）》等，总结归纳五大协商（理事制、协商日、云协商、邀约式、协约督事）实践品牌，探索形成社区六化协商（内容丰富化、主体多元化、形式多样化、程序规范化、成果效能化、工作经常化）模式创新成果获民政部“2015 年中国社会治理十大创新案例”提名成果奖、江苏省基层社会化治理十大创新成果奖、南京市社会建设创新案例。举办“幸福鼓楼·魅力社工”风采展演、全科社工考试等活动，蝉联南京市全科社工技能大赛第一名。制定《关于调整专职社区工作者编制及待遇建议方案》，调整民政代管的社区退养主任养老金待遇。制定《鼓楼区特色社区选树命名工作方案》。完成第六届社区居委会换届选举工作。表彰命名五星级文明和谐社区6个、四星级文明和谐社区37个、三星级文明和谐社区66个、二星级文明和谐社区10个。

【社区专职工作者队伍建设】 2月，鼓楼区"社工之家"成立，举办"幸福鼓楼·魅力社工"社工风采展演，表彰优秀社区专职工作者。5月，新招录社区专职工作者52人。深入推进"全科服务·一门受理"工作，编制全科社工题库，组织在职社工参加全科社工考试。10月，选拔优秀全科社工参加南京市第二届全科社工技能大赛，蝉联南京市第一名。调研全区在编社工薪酬水平、岗位职能、外调退休等基本情况，制定《关于调整专职社区工作者编制及待遇建议方案》。结合城市职工退休人员养老金自然增长机制，调整民政代管的社区退养主任养老金待遇。

【全国社区治理和服务创新实验区建设】 2016年，鼓楼区围绕"社区协商"实验主题，按照中央和省市关于社区协商的制度设计和目标要求，创新推进社区"六化协商"模式，做好全国社区治理和服务创新实验区建设。出台《鼓楼区2016年社区协商工作要点》《鼓楼区社区协商程序和规则（试行）》，联合南京大学课题组发表《社区协商，让基层治理运转起来》《有关"社区理事制"的理念及实施法则》《社会实验：嵌入协商治理的可能及可为——以南京市鼓楼区社区协商实验为例》等多篇学术论文，梳理归纳街道层面"五大协商"模式。9月，鼓楼区参加民政部城乡社区协商工作推进会暨村（居）委会换届选举座谈会（吉林长春）和全国社区治理和服务创新实验区经验交流会（黑龙江哈尔滨），代表江苏省作大会交流发言，民政部《全国社区建设部际联席会议简报》发专刊报道鼓楼区社区协商创新做法，向全国各地推广先进经验。社区"六化协商"模式获民政部"2015年度中国社会治理十大创新案例"提名奖、江苏省基层社会化治理十大创新成果（第一名）、南京市社会治理创新十佳案例（第三名）。是年，全区开展社区协商活动3580余场、圆桌会议420余场，4万余人次参与社区协商，实施为民服务项目3997个，使用资金3271.84万元。

【街道社区综合体制改革】 2016年，鼓楼区推进江苏省社区治理创新实验区建设和街道社区综合体制改革，激发社区、社工、社会组织活力。街道便民服务中心与社区公共服务站合并，打造"15分钟社区综合服务圈"，对处于服务半径远端的居民或特殊群体提供上门的便民服务，形成复合型社区服务供给模式。进行居站一体机制的分离再优化，将2～3个社区公共服务站合并，成立社区公共服务中心站。通过减负增效，促进居委会自治职能回归，借力社区协商机制，提高社区居民的归属感和获得感。3月，鼓楼区参加全省创新社区治理工作推进会，作大会交流发言。《南京市委快报》专题刊发简报对鼓楼区社区体制改革进行重点报道推广。

【特色社区】 2016年，鼓楼区按照"创建品牌化、阵地规范化、服务专业化"要求，进一步推进全区特色社区建设，将华侨路街道广州路社区、中央门街道模范马路社区等10个社区确定为新一批特色社区建设重点社区，将历史文化与现代社区建设文化有机结合，提炼、升华、彰显社区精神，通过专业人才、专业方法、专业标准为特色社区建设植入专业化服务，营造"一街数特、一街数品"的社区建设发展格局。

【居民委员会换届选举】 2016年，鼓楼区按照南京市《关于做好全市第11届村民委员会和第六届居民委员会换届选举工作的实施意见》（宁委办发〔2016〕63号）相关要求，成立居委会换届选举工作领导小组，制定全区换届选举工作实施方案、操作流程等指导文件，完成居民委员会换届选举工作。

第六届居民委员会换届选举涉及到120个社区，全部采用直接选举方式换届，其中36个社区为无候选人选举社区，占社区总数30%，所有社区均一次性完成选举。当选居委会成员763人，成员平均年龄53岁；本科以上学历220人，大专学历204人，高中及以下学历339人；女性522人，占比

1月，鼓楼区举办"幸福鼓楼 魅力社工"风采展演

68.4%；党员510人，占比66.8%。当选社区主任120人，平均年龄43岁；本科以上学历68人，大专学历42人，高中及以下学历9人；女性103人，占比86.6%；党员116人，占比97.5%。当选社区副主任122人，平均年龄48岁；大专以上学历71人，高中学历35人，初中学历16人；女性107人，占比87.7%；党员81人，占比66.4%。一人一票直选占比100%，无候选人一次性选举占比30%，一次性选举成功占比100%。

【志愿者服务体系规范整合】 2016年，鼓楼区整合区慈善协会、“96180”加盟企业、社区服务中心、社会组织和街道社区志愿服务资源，探索鼓楼特色志愿服务体系化建设。是年，全区注册志愿者约12万人，数量居南京市前列。挹江门街道模范西路社区志愿服务记录试点工作顺利推进，简化志愿者登记注册程序，实现志愿者信息和社会需求信息统一采集、志愿服务时间有效记录，优化志愿者专业特长与项目志愿需求匹配度。

【星级文明和谐社区】 2016年，鼓楼区以“争创首善社区、建设幸福鼓楼”为目标，精心组织，统筹推进，拓展深化“星级文明和谐社区”创建活动。全区120个社区以服务群众为宗旨，以居民需求为导向，积极创建“特色鲜明、管理有序、内涵丰富、环境优美、设施到位、居民满意”的新型社区，地区文明程度和社区治理水平显著提升。是年，颐和路等6个社区被授予五星级文明和谐社区，五台山等37个社区被授予四星级文明和谐社区，清凉山等66个社区被授予三星级文明和谐社区，银城花园等10个社区被授予二星级文明和谐社区。 （刘细梅）

链接：

2016年鼓楼区星级文明和谐社区名单

五星级社区(6个)

宁海路街道：颐和路社区

湖南路街道：丁家桥社区、云南路社区

中央门街道：新门口社区

热河南路街道：小桃园社区

挹江门街道：模范西路社区。

四星级社区(37个)

华侨路街道：五台山社区、石头城社区

宁海路街道：北京西路社区、仙霞路社区、苏州路社区

湖南路街道：南秀村社区、青岛路社区、傅厚岗社区、裴家桥社区、大方巷社区、马台街社区

中央门街道：汇林绿洲社区、紫竹林社区、天正和鸣社区、工人新村社区、青石村社区、颂德里社区

挹江门街道：丁山社区、钟阜路社区、鲁迅园社区、戴家巷社区、妙峰庵社区

江东街道：睿城社区、腾飞园社区、长阳花园社区

凤凰街道：苏城苑社区

阅江楼街道：世贸滨江社区

热河南路街道：三汊河社区、清江花苑社区、新和园社区、白云亭社区

宝塔桥街道：幕府西路社区、宝塔桥东街社区、依山郡社区

小市街道：河路道社区、东井新村社区

幕府山街道：云谷山庄社区

三星级社区(66个)

华侨路街道：清凉山社区、广州路社区、虎踞关社区、龙蟠里社区、慈悲社社区

宁海路街道：三步两桥社区、康藏路社区、天津新村社区、古林社区、山西路社区

中央门街道：劝业路社区、将军庙社区、模范马路社区、三牌楼社区、观音里社区

挹江门街道：福建路社区、察哈尔路社区、回龙桥社区

江东街道：聚福园社区、宝地园社区、清河新寓社区、宝船社区、江滨新寓社区

凤凰街道：西城岚湾社区、蓝天园社区、凤凰花园社区、莫愁新寓社区、凤凰二村社区、凤凰街社区、白云园社区、华阳佳园社区、凤凰西街社区

热河南路街道：二板桥社区、姜圩路社区、教工新村社区、新河村社区、晏公庙社区

阅江楼街道：多伦路社区、新民门社区、盐大街社区、道唐山路社区、热河路社区、东炮台社区、商埠街社区

建宁路街道：四平路社区、五所村社区、道城河村社区、新民路社区、工农新村社区

宝塔桥街道：恒盛嘉园社区、金陵二村社区、象山社区、燕江园社区、金陵新六村社区、金陵新四村社区

小市街道：安怀村社区、黄家圩社区、东井亭社区、线路新村社区、小市新村社区

幕府山街道：五塘一段社区、五塘二段社区、五佰村社区、北崮山社区、盛世花园社区、白云社区

二星级社区(10个)

江东街道：银城花园社区

宝塔桥街道：燕江路社区、水关桥社区、方家营社区

建宁路街道：安乐村社区、滨江花园社区、金川花苑社区

小市街道：东门街社区、张王庙社区

幕府山街道：五塘村社区。

机关团体

Government Agencies and Organizations

中国共产党南京市鼓楼区委员会

重要会议

【区管正职以上干部大会】 6月20日，鼓楼区召开区管正职以上干部大会。省委常委、市委书记黄莉新，市委常委、组织部部长郭腊军，市委常委杨学鹏，市委组织部副部长朱晓琳出席；区四套班子成员、区人民法院院长、区人民检察院检察长，鼓楼国家大学科技园、下关滨江商务区党政主要领导，其他市管领导以及区级机关各部门、各街道、各直属单位区管正处职干部参加会议。郭腊军主持会议并宣读省市委决定，任命张一新同志为鼓楼区委书记，免去其雨花台区委书记、中国南京软件谷产业园党工委书记职务，同时免去杨学鹏同志鼓楼区委书记职务。

【区第二次党员代表大会】 7月29日上午9时，中国共产党南京市鼓楼区第二次代表大会开幕。来自全区各条战线的360名代表、82名列席代表、55名特邀来宾出席开幕式。区长刘军主持。会上，区委书记张一新代表中共南京市鼓楼区第一届委员会作《开启新征程，实现新跨越，为争创首善之区建设幸福鼓楼而努力奋斗》工作报告。报告回顾总结区第一次党代会以来的工作，提出今后5年发展的指导思想、奋斗目标和工作任务，动员全区各级党组织、全体党员和广大干部群众，在新起点上开启新征程、实现新跨越，为争创首善之区、建设幸福鼓楼而努力奋斗。区委常委、区纪委书记赵小华代表中共南京市鼓楼区第一届纪律检查委员会向大会作《全面从严治党，聚力正风肃纪，为争创首善之区、建设幸福鼓楼提供坚强纪律保证》工作报告，回顾总结2013年以来全区纪检监察工作，提出今后5年党风廉政建设和反腐败工作建议。此次党代会为期3天，听取和审查中共南京市鼓楼区第一届委员会工作报告、中共南京市鼓楼区第一届纪律检查委员会工作报告，选举产生中共南京市鼓楼区第二届委员会、中共南京市鼓楼区第二届纪律检查委员会以及鼓楼区出席市党代会的代表。

【区第二届委员会第一次全体会议】 7月31日，鼓楼区第二届委员会第一次全体会议召开。会议选举产生中共南京市鼓楼区第二届委员会常务委员会委员和书记、副书记，通过中共南京市鼓楼区第二届纪律检查委员会第一次全体会议选举结果的报告。新当选的区委书记张一新代表新一届区委领导班子讲话，表示带头加强党性修养，做政治坚定的表率；带头践行宗旨，做为民服务的表率；带头干事创业，做敢于担当的表率；带头发扬民主，做团结协作的表率；带头严守纪律，做廉洁从政的表率。

7月29日，中国共产党南京市鼓楼区第二次代表大会在鼓楼大厦召开

【传达学习市第十四次党代会精神大会】 11月4日，鼓楼区召开传达学习市第十四次党代会精神大会，全体区领导、区机关正处职及部分副处职干部约500人参加会议。区委书记张一新主持，区长刘军传达中国共产党南京市第十四次代表大会会议精神。张一新就贯彻落实市党代会精神提出3点要求：认真学习，深刻领会市党代会精神，重点做到"四个深刻理解、牢牢把握"，即：深刻理解、牢牢把握报告的政治性，深刻理解、牢牢把握"一个建成、六个显著"的奋斗目标，深刻理解、牢牢把握"以人民为中心"的发展思想，深刻理解、牢牢把握党要管党、从严治党的精神；认真贯彻市党代会精神，做好鼓楼工作，关键把握好"发展、建设、管理、富民、稳定、党建"六个关键词，重点推进商务商贸、软件互联网、文化创意产业发展，统筹好老城、河西、滨江、铁北四大片区建设，以"干净整洁"为首要目标管理好城市，高度重视富民、稳定、党建工作；做好鼓楼工作要转变理念、提高标准、讲究方法、注重效果，确保市党代会精神在鼓楼落地生根，确保鼓楼发展取得实效。

【工作(务虚)会】 12月16日下午和12月18日全天，鼓楼区召开2017年工作(务虚)会，围绕贯彻落实省市党代会精神，突出创新主题，联系鼓楼实际，就解放思想、转变理念、提高标准、干事创业，走出一条"自主创新、科学发展”之路进行学习、思考和讨论。全体区领导以及区机关各部门、各街道、各直属单位党政主要负责人等参加会议。12月16日下午，与会人员集中赴江宁区和秦淮区参观学习，实地考察长安马自达汽车有限公司总装车间、南京未来网络小镇、南部新城医疗中心和老门东历史街区。12月18日，大会分组讨论，并听取区领导代表的交流发言和各组讨论情况汇报。周文中、陆敏、王隆京、王根宝、刘军、张一新等区四套班子主要领导先后讲话。区长刘军点评2016年全区工作完成情况，分析2017年发展面临的形势和重点任务。

【区委二届二次全体(扩大)会议】 12月26日，区委二届二次全体(扩大)会议召开，会期半天。区委委员、候补委员出席，区纪委委员，区人大、区政府、区政协领导，区人民法院院长、区人民检察院检察长，其他市管领导，区机关各部门、各街道、各直属单位正处职干部，区属中学、部分小学党政主要负责人以及部分基层党代表列席会议。区委常委会主持会议。在第一次大会上，区委书记张一新代表区委常委会作《聚力创新争创首善之区　聚焦富民建设幸福鼓楼　高水平全面建成小康社会》工作报告，回顾总结2016年全区工作情况，部署全面从严治党工作要求，明确2017年工作的总体思路和主要任务。与会人员分组讨论区委常委会工作报告、鼓楼区2017年经济社会发展计划目标、鼓楼区2017年为民办实事重点项目。在第二次大会上，会议通过《中共鼓楼区第二届委员会第二次全体会议决议》；张一新作会议总结，提出贯彻落实会议精神，必须聚焦“自主创新、科学发展”主题不散光，必须坚持解放思想不停步、争先进位不松劲、改革创新不懈怠、攻坚克难不退缩，必须狠抓当前各项工作的要求。

(张　璐)

重要活动

【“三严三实”专题民主生活会】 1月11日，区委常委会召开“三严三实”专题民主生活会。省委常委、市委书记黄莉新到会指导。市委常委、组织部部长郭腊军，省委党建办副主任梅仕城，市委办公厅、市纪委有关领导陪同。会上，区委书记杨学鹏代表领导班子作对照检查，班子成员开展自我批评，并结合发言开展相互批评。黄莉新肯定鼓楼区开展专题教育工作，认为此次专题民主生活会问题查摆深刻到位，原因剖析触及灵魂，开展批评严肃认真，整改措施实实在在，并提出争当自觉践行“三严三实”表率要求。

【老干部情况通报会】 1月30日，鼓楼区举行2016年春节老干部情况通报会。区领导杨学鹏、刘军、王根宝、王隆京、陆敏出席，区老领导及区机关各部门离休干部代表、区属企事业单位离休干部代表、民政干休所老干部代表、退休干部代表约400人参加会议。区委副书记陆敏主持会议，区长刘军通报全区经济社会发展情况。区委书记杨学鹏代表区四套班子向老领导、老同志为区域经济社会发展所作出的贡献表示感谢，希望各位老领导、老同志一如既往关心和支持鼓楼的发展，在身体条件允许的前提下，多为鼓楼“十三五”发展凝聚共识、争取支持，为幸福鼓楼建设协调关系、增进和谐，对现任班子工作不吝赐教、加强监督，齐心协力加快“首善之区、幸福鼓楼”建设步伐。

【将军馆及海洋国防教育馆开馆】 4月23日，鼓楼区举行颐和路社区将军馆、宁海路街道海洋国防教育馆开馆仪式。中国人民解放军东部战区政委郑卫平发来贺信。国家海洋局局长王宏，省市领导黄莉新、徐鸣、曹德信、龙翔，原南京军区司令员向守志、朱文泉，原南京军区副政委张玉华等老将军出席并为新馆揭牌。区委书记杨学鹏主持开馆仪式。

【区党政代表团赴哈萨克自治州学习考察】 6月5～9日，市委常委、区委书记杨学鹏率鼓楼区党政代表团赴新疆维吾尔自治区伊犁哈萨克自治州学习考察。代表团一行先后考察伊宁市金陵二十一中学、伊宁市金陵维吾尔医院、伊宁市抗病毒中心、特克斯双语中学、伊宁市金陵文化活动中心等南京市援建项目，走访看望援疆干部、教师及指挥部工作人员。伊犁自治州党委书记黄三平、伊宁市市长阿布力克木·努兰别克等领导分别会见代表团。

(张　璐)

视察调研

【专项督查组到宁海路街道考察】 1月31日，中央文明办专项督查组到宁海路街道实地考察。省委宣传部副部长、省文明办主任杨志纯，省文明办副主任葛莱，市委常委、宣传部部长徐宁，市委宣传部副部长、市文明办主任曹劲松，区委常委、宣传部部长董伟陪同考察。专项督查组肯定鼓楼区精神文明工作。

【佛教文化与旅游资源结合工作调研】 2月23日，市委常委、宣传部部长徐宁，市委宣传部副部长潘谷平以及市文广新局、南京日报社、市文投集团负责人一行，在市民宗局局长李兰、副局长纪勤和区委书记杨学鹏、副区长梁春燕陪同下，到法眼宗祖庭南京清凉寺调研佛教文化与旅游资源结合工作。徐宁一行实地察看清凉寺大殿、南唐还阳井和明代清凉寺遗址，了解清凉寺遗址保护及展示工程进展情况，

2 月 23 日，市委常委、宣传部部长徐宁一行到区调研法眼祖庭南京清凉寺佛教文化与旅游资源结合工作

并探讨南京的佛教文化与旅游资源的结合。

【黄莉新到区调研】 3 月 3 日，省委常委、市委书记黄莉新到鼓楼区调研，市委常委、常务副市长刘以安，市委常委陈勇，市委副秘书长王为崧，市相关部门负责人参加调研。黄莉新一行参加鼓楼区 2016 年重大项目集中开工仪式，实地察看民国首都电厂遗址公园、南京长航国际航运中心、下关历史陈列馆、华能滨江总部基地、幕府山新兴产业区等产业、文化项目，并提出指导意见。

5 月 23 日，黄莉新到鼓楼区江东街道宝船片区视察社区检察工作。区人民检察院检察长杨建萍汇报社区人民检察官工作开展情况。黄莉新视察区人民检察院宝船片区电子检务工作站、“青雁”青少年维权工作室、社区廉洁文化体验馆，了解社区检察官工作情况，肯定区人民检察院结合区域特点、创新方式方法、借助信息化手段开展社区检察工作。

6 月 1 日，黄莉新一行到鼓楼区金蓓蕾幼儿园、琅琊路小学和特殊教育学校，与孩子们共庆六一儿童节，向全市少年儿童送上节日的祝福，向广大教师和少儿工作者表示慰问和敬意。

7 月 13 日，黄莉新到小市街道，参加由市委办公厅第二党支部和东井新村社区党委举办的“两学一做”主题党日活动。

7 月 22 日，黄莉新到区检查调研城区黑臭河道整治工作，实地查看清江东沟等河道。市委常委陈勇参加检查，区长刘军陪同。

【缪瑞林到区调研】 4 月 19 日，市长缪瑞林到鼓楼幼儿园专题调研教育工作。了解该园发展历程和办学现状，指出名校名园有着深厚历史积淀和先进办学理念，在办学上要有“走出去”的开放意识，教育部门要优化布局，加大支持力度，推动名校名园在新城新区落户，把骨干师资、办学模式推广出去，提升新城新区教育水平，让更多儿童和家庭享受优质教育资源。

5 月 17 日，缪瑞林到鼓楼区检查五佰村和起重机械厂项目，了解征收搬迁、居民安置、保障房源供应等情况，听取居民群众意见。

6 月 28 日，缪瑞林到鼓楼区调研养老工作，视察宁康老年康复护理中心和苏宁睿城居家养老服务中心，参观乐龄餐厅、乐龄学堂、邻里驿站、老少乐园、日间照料室、老年人活动室等，肯定鼓楼区养老工作。

6 月 30 日，缪瑞林到区视察城市建设管理工作，实地察看颐和路片区和宝塔桥街道，调研城市治理公众参与和智慧管理平台项目。

【曹建明视察区检察工作】 6 月 6 日，最高人民检察院检察长曹建明在省委常委、市委书记黄莉新，江苏省人民检察院检察长刘华，省人民检察院党组副书记、副检察长严明，南京市委常委陈勇等陪同下，视察鼓楼区人民检察院派驻社区检察工作。曹建明一行先后视察鼓楼区人民检察院派驻社

8 月 22 日，市委书记黄莉新（中）视察河道整治

区检察官工作站、电子检务工作平台、“青雁”青少年维权工作室，观看未成年人检察工作电视片，参观区预防职务犯罪教育基地、宝船社区廉政文化体验馆，听取区人民检察院检察长工作汇报。

【省军区联合工作组到区调研】 6月13日，江苏省军区副司令员鞠华带领省军区联合工作组到鼓楼区检查调研，南京警备区政委张宁、区委副书记陆敏以及区人武部负责人陪同。鞠华一行参观颐和路社区将军馆、宁海路街道海洋国防教育馆和联创集团，实地调研军民融合发展情况，并听取区人武部关于年度工作进展及征兵情况的汇报、陆敏关于鼓楼区经济社会发展和军民融合发展情况的汇报。

【高晓兵到区视察养老工作】 6月23日，民政部副部长高晓兵到鼓楼区视察养老工作。省民政厅厅长侯学元、南京市副市长华静、市民政局局长何德剑、市老龄委副主任赵军、鼓楼区副区长王红陪同。高晓兵视察苏宁睿城居家养老服务中心，参观乐龄餐厅、乐龄学堂、邻里驿站、老少乐园、日间照料室、老年人活动室等，肯定鼓楼区老人助餐工作，对引进社会组织并无偿提供房源的做法高度评价。

【陈绍泽到区督查】 7月20日，市人大常委会主任、党组书记陈绍泽到鼓楼区督查中央和省、市委关于加强县乡(区镇)人大工作和建设相关文件精神贯彻落实情况。区委书记张一新、区人大常委会主任王根宝、副主任张晓燕陪同督查。陈绍泽实地查看阅江楼街道“人大代表之家”建设情况，了解街道人大工作开展情况，并听取鼓楼区贯彻落实中央和省、市委相关文件精神、加强人大工作和建设的情况汇报，对鼓楼区人大工作取得的成绩给予肯定。

【中央统战工作领导小组到区调研】 9月26日，中央统战部常务副部长张裔炯率中央统战工作领导小组第五调研检查组到鼓楼区调研检查贯彻落实中央统一战线重大决策部署情况。省政协副主席、省委统战部部长王雪非，省委副秘书长水家跃，省委统战部副部长、省工商联党组书记杨勇，市委常委、统战部部长徐锦辉以及区领导张一新、丁健生陪同调研。调研检查组实地考察鼓楼区“华侨华人创新创业服务中心”，与园区部分华侨华人创业人员座谈交流，了解园区统战工作情况。张裔炯肯定该区利用园区搭建平台，热情服务和帮助华侨华人创新创业，注重团结引导的做法，并勉励鼓楼区发挥自身优势，做好协调服务等相关工作。

【曹德信到区调研】 11月30日，省军区政委曹德信一行到湖南路街道调研模范女子民兵连建设情况。省军区政治部主任李少，南京警备区司令员曹新民、政委张宁、政治部主任金全斌，区委书记张一新、副区长王红、区人武部政委翁俊军陪同调研。曹德信参观模范女子民兵连连部，听取湖南路街道关于街道武装部和女子民兵连建设情况汇报。曹德信肯定湖南路街道对模范女子民兵连建设工作的重视和投入，高度评价女子民兵连连队建设的经验做法，并要求连队继续传承和发扬优良传统，继续发挥示范引领作用，做好各项工作，主动适应改革大局。 (张　璐)

纪检监察

【概况】 2016年，鼓楼区纪检监察组织全面履行党章赋予的职责，坚持把纪律挺在前面，强化监督执纪问责，深化党风廉政建设“三三制”责任落实机制，由区委领导带队对11个街道和区教育局、区住建局等7家部门进行责任制年终考核。全面启用集中派驻信息管理系统，全区网上报备3275项“三重一大”(重大问题决策、重要干部任免、重大项目投资决策、大额资金使用)事项。正式启动区委首轮巡察，组建4个巡察组，进驻8家单位巡察。组织开展党规党纪知识竞赛。综合运用谈话提醒、函询诫勉等监督执纪“四种形态”方式处置161人。全年处置信访举报258件次；查处贪腐、受礼等违规违纪案件134件，其中大要案24件，移送司法机关3人，挽回经济损失234万元。加强各级党组织换届纪律督查。跟踪督查推动全区115条省委巡视反馈意见的整改落实。制定出台《鼓楼区纪检监察干部管理监督暂行办法》《鼓楼区纪委监察局内部管理规定(试行)》《鼓楼区纪委问题线索管理办法(试行)》。完成区纪委领导班子换届工作，实现全区13个街道纪工委专职化配备。

【区纪委一届四次全会】 2月23日，鼓楼区召开第一届纪律检查委员会第四次全体会议。区四套班子全体领导，区纪委委员，党(工)委书记、党政主要负责人，纪(工)委书记、纪检组长，区勤政廉政监督员、系统下属负责人、社区书记，区纪委工作人员等500余人参加。会议审议通过区委常委、区纪委书记冯雯兰代表区纪委常委会所作《尊崇党章党纪　忠诚履职尽责　坚定不移地把纪律和规矩挺在前面》工作报告，回顾总结2015年工作情况，全面部署2016年工作任务。会上，宁海路街道、区教育局等12家单位党工委书记向区委递交《2016年度党风廉政建设责任书》，区住建局、区民政局等4家单位党工委书记现场对2015年度履职情况述职，30名纪委委员结合现场述职集中进行考核评议。

【集中派驻信息管理系统启用】 3月18日，鼓楼区召开“集中派驻信息管理系统”启用暨发布会，市纪委常委、秘书长、办公厅主任邵建光，市纪委宣传部、组织部领导，各界新闻媒体和全区各部门主要负责人参加。嘉宾们通过观看微电影《纪检监察派驻工作进入“互联网＋权利监督”时代》了解系统基本功能，各级领导共同使用“鼠标点击图标”宣告系统正式开通。区委常委、纪委书记冯雯兰就加强平台建设和强化管理利用提出要求。邵建光认为鼓楼区将“互联网＋”运用到党风廉政建设，借助网络技术，以“三重一大”（重大问题决策、重要干部任免、重大项目投资决策、大额资金使用）事项网上报备监管为抓手，推进“两个责任”落实，深化集中派驻工作，是全市首创。全年有3275项“三重一大”事项网上报备，其中703项受到重点跟踪监督，通过谈话提醒、警示诫勉等方式督促整改86件次，叫停11件次，发挥派驻监督“探头”作用。

【“过堂式”约谈促“主体责任”落实】 3月28～31日，区纪委“过堂式”逐一约谈30家党（工）委书记，全区30家党（工）委，各相关单位的党（工）委、纪（工）委书记、纪检工作联络员参加。在排摸各党（工）委2015年党风廉政建设个性问题的基础上，结合约谈中党（工）委书记汇报的2016年度党风廉政责任制落实方案，纪委书记与党（工）委书记“点对点”互动式交流和探讨，指出不足并提出对策建议。约谈工作是继2015年以来开展的第二次党政部门全覆盖式约谈。

【纪委换届考察动员部署大会】 4月25日，鼓楼区召开纪委换届考察动员部署大会。区纪委委员，各街道、区级机关部门及直属单位纪（工）委书记、纪检组长，区纪委监察局（督察办）全体干部等120余人参加。区委常委、纪委书记赵小华主持会议，并代表区纪委常委会作述职述廉报告。参会人员对纪委班子以及班子成员进行民主测评和评议。会上，市委换届考察组成员、区纪委换届考察小组组长、市纪委秘书处处长胡菁玲作纪委换届考察动员讲话。

【学《准则》《条例》竞赛】 6月23日下午，区纪委联合区委组织部、区委宣传部、区级机关工委、区委党史办、区委党校、区文化局，共同组织实施鼓楼区《中国共产党廉洁自律准则》《中国共产党纪律处分条例》知识竞赛活动，全区24个党（工）委组队参赛，每支参赛队伍的领队均由副处级及以上党员领导干部担任。经过必答题、抢答题和风险题3个环节的比拼，选拔出江东街道代表队等6支队伍参加决赛。决赛现场，1000多名党员干部现场互动答题；同步开启网上问答活动，1万多名党员干部通过南京鼓楼网、@鼓楼微讯、鼓楼党建网、“鼓楼微讯”微信公众平台参与网络竞答，通过知识竞赛竞答的方式推动党规党纪印刻于心。

【获评省级优质信访举报交办件】 6月，区纪委选送的省纪委交办有关鼓楼区模范马路科技创新园区副总经理武斌信访件，省纪委从该件的办理情况、办理成效、结果运用等方面，综合评定为2015年省级优质信访举报交办件，也是南京唯一获评省级优质件。

【区纪委二届一次全会】 7月31日，区纪委二届一次全会召开，全体区纪委委员参加。区委常委、纪委书记赵小华作《不负重托　勇于担当　忠诚履行党赋予的神圣职责》发言，肯定第一届纪委班子在党风廉政建设和反腐败工作上的成效，对第二届纪委今后5年的工作提出要求：聚焦主业，履职尽责，全面彰显新成效；立足岗位，学思践悟，全面提升新技能；顾全大局，团结共事，全面展现新形象。

【信访监督“双公开”】 10月21日，针对群众重复举报反映区科技局领导干部个人有关问题，区纪委在前期函询和初核的基础上，进行信访监督“双公开”（公开举报内容、公开调查结果）。将反映的问题、监督的结果，在区科技局班子全体成员、部分中层干部及下属单位负责人参加的会议上现场公开，当事人针对相关问题现场解释说明，并接受参会人员现场质询和评议。

【首轮巡察启动】 2016年，区委建立巡察工作新机制，配套出台《鼓楼区委巡察工作实施意见（试行）》，成立区委巡察工作领导小组。12月15日下午，鼓楼区二届区委召开首轮巡察工作动员部署会。区委常委、区纪委书记、区委巡察工作领导小组组长赵小华传达学习中央关于巡视巡察工作的新精神和省市委有关要求，区委常委、组织部部长、区委巡察工作领导小组副组长贾慧宣布各巡察组组长、副组长授权任职及任务分工。区委书记张一新出席会议并提出要求：统一思想，深刻认识巡察工作重要意义；聚焦重点，紧紧扭住巡察工作中心任务；讲究实效，完成巡察工作各项任务。首轮巡察设4个巡察组，对凤凰街道、区安监局等8家单位党组织开展为期1个月的常规巡察。

【“两个责任”落实】 2016年，区纪委强化基层党组织管党治党政治责任，结合“两个责任”（落实党风廉政建设责任制，党委负主体责任、纪委负监督责任）实施细则，以区委为龙头，街道、系统为关键，系统下属单位、社区为基础，完善党风廉政建设“三三制”责任落实机制。制定下发《鼓楼区落实党风廉政建设“三三制”工作新机制的实施意见》，将2016年全区党风廉政建设目标细分为共性目标、个性目标、激励目标计43项，层层签订责任书，其中

《党风廉政建设责任分工意见书》下发至79家责任单位;7份《责任分工报告书》报送至分管区领导;13份《牵头任务函告书》告知各牵头部门,以"三书"定责模式促进责任分解落实到位。全区街道、部门量身定制"党风廉政建设工作计划表",跟进落实措施,按照既定时序节点推进落实。全年组织开展"一把手"约谈提醒30多人次,现场质询挹江门街道、区民政局等6家单位。落实党风廉政建设"双报告"和"述责述廉"制度,99家单位提交主体责任报告,31家单位提交监督责任报告,487名区管副处以上领导提交述责述廉报告。组织开展惩防体系建设五年规划评估、党风廉政建设责任制满意率测评,将考核结果列入全区综合性目标考核。依据《鼓楼区贯彻落实"两个责任"追究意见》《关于街道、系统对下属单位落实"两个责任"加强监督管理的实施办法(试行)》,加强履职结果综合考评,坚持"一案双查",对落实主体责任不力严肃问责。是年,追究主体责任2起,其中给予党纪处分1人、批评教育处理1人。

链接:

三三制:将党风廉政建设工作目标分为基础性、关键性、激励性"三类",通过《牵头任务函告书》《党风廉政建设和反腐败工作目标及责任分工的意见书》《责任分工报告书》"三书"分解党风廉政建设工作责任。

【作风监督】 2016年,区纪委刚性落实中央八项规定精神,严查顶风违纪行为,全年查处违反八项规定精神问题43起,追究处理43人。坚持问题导向,主动出击,开展违规吃请、违规公款吃喝、变相公款旅游、财经纪律执行、公房租赁、会所整治等专项检查,立案查处29人。其中,针对军休所检查中发现的5个共性问题,对8人提醒谈话,对2人诫勉谈话,11人立案处理,切实发挥专项检查"利剑"作用。针对省政风行风热线和群众反映的阅江楼景区等公园景区中存在的违规经营、违规出租情况,组织开展专项检查,督促整改落实,抓好长效管理,严防隐形变异会所发生。延伸专项检查触角,对21家区属国有企业开展"八项规定"执行情况专项检查,发现问题线索50余条,立案查处8件。紧盯政风行风热线、"12345"和"96180"政府服务热线受理的问题线索,实行菜单化销号管理,先后承办"四风"问题督办件8件,责任追究4人。加强各级党组织换届纪律督查,净化换届风气。跟踪督查省委巡视反馈意见整改落实,推动全区落实115条具体整改任务。

【纪律审查】 2016年,鼓楼区优化全委办案工作机制,建立由委局领导牵头、纪检监察室主抓、各处室对办案工作优先保障的纪律审查工作机制,重点发挥纪检监察工作室一线作战优势,深挖细查,多管齐下,促进成案率和办案效率双提升。发挥信访举报问题线索的主渠道作用,累计处置群众信访举报258件次,梳理排查移送问题线索107件。加强纪法衔接,建立健全线索通报移送机制,对公安机关、人民检察院、人民法院移送的66件案件线索立案处理,17名"狱中党员"全部处分到位。是年,区纪委获南京市2016年度全市纪检监察机关执纪审查工作先进集体特等奖。

【监督执纪"四种形态"】 2016年,区纪委落实纪法分开、纪在法前、纪比法严的要求,坚持惩前毖后、治病救人方针,践行监督执纪"四种形态",切实用纪律管住大多数。综合运用谈话提醒、函询诫勉、立案审查、纪律处分监督执纪"四种形态"方式处置161人,其中运用第一种形态处置的占比为58.39%,运用第二种形态处置的占比为27.96%,运用第三种形态处置的占比为13.05%,运用第四种形态处置的占比为0.6%。

链接:

"四种形态":

1.党内关系要正常化,批评和自我批评要经常开展,让咬耳扯袖、红脸出汗成为常态;

2.党纪轻处分和组织处理要成为大多数;

3.对严重违纪的重处分、作出重大职务调整应当是少数;

4.而严重违纪涉嫌违法立案审查的只能是极少数。

【纪检监察队伍建设】 2016年,鼓楼区完成区纪委领导班子换届工作,实现班子成员"老中青年龄互补、综合知识结构互补、个性特质互补",强化班子整体作战功能。从严管理干部,制定出台《鼓楼区纪检监察干部管理监督暂行办法》《鼓楼区纪委监察局内部管理规定(试行)》。健全内控机制,先后制定出台《鼓楼区纪委问题线索管理办法(试行)》《谈话安全管理规定》《谈话室使用管理规定》,规范监督执纪工作流程。加强干部教育,制定《2017~2019年鼓楼区纪检监察干部教育培训工作规划》,组织开展专业技能培训10批次600多人次,切实提升纪检监察干部履职能力。

【廉政教育】 2016年,鼓楼区利用颐和路将军馆、宝船社区廉洁文化体验馆等本土资源,强化传统文化宣传和勤廉教育感悟,先后接待省内外3000多名党员干部参观体验。加强领导干部廉政提醒,累计发送廉政短信2万余条。逐级开展区管领导干部廉政谈话400多人次、提醒约谈100余人。组织140余名高风险岗位人员参加庭审旁听,用"身边人身边事"强化震慑警醒。围绕《中国共产党廉洁自律准则》《中国共产党纪律处分条例》,开展送教材到基层、专题辅导、网站平台宣传、知识竞赛竞答等系列学习活动。开展“家风进课堂、进社区”活动，利用中华民族传统文化中的廉洁元素教育引导学生，推进“廉政教育从小抓起”。

【街道纪工委专职化配备】 2016 年，鼓楼区实现全区 13 个街道纪工委书记、副书记专职化配备，形成由纪工委书记、副书记、纪检监察联络员组成的“1+1+1”街道纪工委组织架构，打通“最后一米”监督通道。在全市率先出台《鼓楼区街道纪工委书记、副书记提名考察办法》，推动纪律检查双重领导体制在基层具体化。（桑圣琴）

组　　织

【概况】 2016 年，鼓楼区有党组 27 个、党工委 34 个，其中党委（文化、司法、国资）3 个，街道工委 13 个，系统工委 18 个。有党员 6.41 万人，其中正式党员 6.38 万人，预备党员 352 人；男性党员 3.8 万人，女性党员 2.6 万人；汉族党员 6.32 万人，少数民族党员 914 人。新发展党员 338 人。

全区在职机关干部 2803 人（其中政府 2059 人，党群、人大、政协、法院、检察院 744 人）。区属事业单位管理人才 1007 人，专业技术人才 7647 人，其中管理岗位 146 人；区属企业经营管理人才 177 人，专业技术人才 53 人，其中管理岗位 19 人。

【干部考核】 1 月，区委组织部全面考核 78 家单位的领导班子、处级干部和科长，对区管领导干部进行“德”的反向测评，以谈话推荐的方式对区管正、副职拟提拔人选干部进行民主推荐。2 月，开展 2015 年度区管干部年度考核工作，123 名区管干部年度考核为优秀、2 人不定等次，其中 16 名区管干部连续 3 年被确定为优秀等次，记三等功 1 次。

【干部教育培训】 5 月，区委组织部举办领导干部党性教育井冈山培训班。6 月，组织区管干部 50 人赴北京大学进行为期一周的领导干部综合素质提升培训。11 月，举办首批科级干部党性教育临沂培训班，100 名正科职干部参训；组织全区近 200 名领导干部参与高校专题培训。10 月，举办区划调整以来第二期新进人员培训班；举办学习贯彻十八届六中全会精神专题轮训班，全区 600 多名区管干部参训；选派干部参加省、市委党校调训。统筹推进主体班次和各条口专项培训，全年参训达 5000 人次。

【区委换届筹备】 2016 年，区委组织部学习相关法律法规，调阅原两区党代会换届档案，熟悉流程；梳理分析全区党组织、党员基本情况，分析党代表名额和结构比例等数据；研究制定党代会筹备工作计划、代表选举工作流程等，明确工作任务、程序步骤，确保党代表选举程序规范；制定党代表选举工作手册，对全区党代表选举工作的流程及时间安排，代表名额分配方案、原则、结构要求，选举单位的划分等问题做具体说明。经区委书记部署、过问以及区委常委会 3 次专题研究后，配套制定《鼓楼区加强换届风气监督“九个一工程”实施方案》《鼓楼区贯彻落实中组部 < 关于加强换届风气监督的行动方案 > 明细表》，将各时段的工作内容、具体要求、时间节点通报各单位。开展警示宣传教育，把《镜鉴》、换届纪律“九严禁”纳入全区“两学一做”和区委党校主体班次“必修课”；发放换届风气监督调查问卷，运用鼓楼党建网站、鼓楼微讯、换届监督提醒短信及区机关 LED 屏幕，宣传推送“九严禁”等换届风气纪律要求。畅通“12380”举报平台，24 小时接听受理。制定《关于加强换届风气巡回督查的工作方案》，会同区纪委通过现场督导、电话暗访、随机访谈等形式督促检查各党（工）委。党代会召开前，拟定“会议期间组织组工作安排表”，按照日程逐项安排任务，落实到人；专门培训工作人员，熟悉程序步骤，反复演练选举流程，稳妥把握“两委”候选人酝酿、产生和投票选举等环节，确保实现组织意图。

【区人大政协换届筹备】 2016 年，区委组织部抽调骨干力量到区人大换届考察工作组，按照规定程序，对一年内没有考察过的政党联合提名以及驻区高校产生的人大代表候选人人选 44 人开展考察。按照区政协换届领导小组分工安排，组织学习中央、省市关于换届工作文件精神，梳理分析鼓楼区一届政协委员分布及构成情况，做好机关部门中党员委员名额分配及人选预排。

【干部调配】 2016 年，区委组织部围绕政府机构改革，妥善安排 74 名区管干部，实现平稳过渡。配齐配强区委巡察办及巡察组领导成员，保障区委巡察工作开展。接收 10 名正团职、12 名副团职军转干部，并按照相关规定安置。推进干部交流，继续开展区管非领导职务干部配备工作。全年提拔区管实职领导干部 54 人、非领导职务干部 43 人，交流 90 人次，转退二线 22 人，提前退休 1 人。

【干部监督管理】 2016 年，区委组织部做好保障鼓楼区省、市管领导干部 2015 年度个人有关事项报告以及年度考核测评工作；完成区管领导干部 2015 年度个人有关事项报告收集、整理、录入、汇总分析及年度随机抽查和后续处理工作。完成区管干部拟提拔人员个人有关事项重点查核 52 人次。完成党群部门科级干部任免 160 余人；完成 2016 年度党群部门科级非领导职务晋升工作。持续推进干部人事档案专项审核，做好区管领导干部及中学校级领导因私出国(境)证照登记备案工作;完成2016年公务员招录和2017年公务员招录计划申报工作。

【基层组织规范化建设】 2016年,区委组织部贯彻落实《关于推动全市城乡基层党建工作全面进步全面过硬的意见》、市委基层党建工作"1+3+7"文件精神,推动基层党建各项工作有效落地。下发《关于推行党支部工作"8+X"制度体系的通知》,规范基层党支部工作。推进党费收缴专项检查和基层党组织延期换届专项检查工作,协调帮助基层做好专项检查。举办为民服务专项资金使用管理工作现场推进会,联合相关部门专项督查街道社区专项资金使用管理情况。

【党建工作责任制落实】 2016年,区委组织部制定基层党建工作目标考核细则,把党建工作创新创优、基层组织薄弱环节整顿、为民服务资金使用等重点工作纳入考核内容。落实区委与各党(工)委党建工作目标责任书签订工作,强化各级党组织全面从严治党主体责任。组织13个街道和120个社区党组织,开展书记抓基层党建述职评议活动14场。

【社区党组织换届选举】 2016年,区委组织部提前开展社区党组织班子情况摸底,梳理出39个书记空缺岗位,推选出78名社区党组织书记后备人才。换届启动后,调研走访13个重点社区,汇总街道和社区在换届中遇到的代表性的问题,帮助指导解决。正式选举时,与区纪委联合成立6个工作督导组,现场指导和督查社区党组织换届选举。选举完成后,及时举办鼓楼区社区党组织书记培训班。

【基层党建创新创优】 2016年,区委组织部开展2015年度党建工作创新成果交流展示活动,推选出19个获奖创新项目。启动2016年度党建创新项目申报立项工作,27个项目立项。

【党员教育管理】 2016年,区委组织部制定并执行《关于下达2016年发展党员计划的通知》,优化党员结构,做好网上记实管理,举办两期发展对象培训班,培训371人,全年发展党员338人。更新全区132个站点远程教育设备,将远程站点向非公企业、社会组织、机关事业单位党组织延伸,新增站点10个。将远程教育纳入新任社区党组织书记培训内容;落实省"远程教育培训周"要求,完成雨花英烈精神、《习近平用典》等微视频学习教育工作。派出4个督查组,以实地察看、问卷调查和召开座谈会的形式,调查利用远程教育开展"两学一做"学习教育、站点管理使用等情况。

【两新党建创新】 2016年,鼓楼区建立社会组织党组织设置的"三三"模式,相关经验获得全市"基层党建十大创新案例",新华社、《党的生活》《南京日报》《金陵党建》等多家省市媒体专题报道。组织开展"四个集中"行动,排查两新组织1.31万家,向无党员的两新组织选派党建指导员176人,覆盖两新组织2608家。带领重点社会组织党组织书记赴上海、杭州考察学习。采取与浙江大学合作办班模式,组织规模以上非公企业党组织书记、党务工作者、两新党建创客(党建骨干)等50人,开展为期4天的非公企业党建工作培训班。

【"创业南京"英才计划申报】 2016年,区委组织部拟定年度"鼓楼区高层次创业人才引进计划工作方案",按照市统一规定的时间节点和申报流程,组织"创业南京"区级申报。是年,有237人选择在鼓楼区申报,经过资格评审、技术评审、综合答辩,40人入选鼓楼区高层创业人才,其中39人成功注册落地,19人入选市级"创业南京"计划。

【省级人才工程申报】 2016年,区委组织部通过走访拟上市企业、高新技术企业等存量高科技企业30余家,建立创新企业家群,宣传发动100余人申报江苏省"333工程"、省"双创计划"。针对有意向申报的人才和企业,请专业申报咨询公司辅导,完善申报材料,最终有30人入选省"333工程",入选率全市第一,2人入选省"双创人才计划",9人入选省"双创博士计划"。

【人才服务】 2016年,鼓楼区依托全市第一家区级人才企业网上管理平台——"人才E通",实现扶持资金网上审批监管。联合区科技局、区人社局、创促会等部门,走访人才企业200余次,开展人才创业服务。以"创促会"为抓手,针对人才创业各环节开展创业培训和交流活动,先后举办"青年U创杯"创业大赛、人才沙龙、政策培训、项目对接等活动40余场;组织"321人才"企业对接江苏股权交易中心,有4家企业成功挂牌;为50余家"321人才"企业申请免费代理记账服务。成立鼓楼区众创空间联盟,有24家众创空间,其中7家获省级认定、2家获国家级认定。与省生产力促进中心合作,开展人才企业创新创业训练营系列活动,在"小鱼儿"网上开设"鼓楼区人才企业专题部落",建立线上线下服务平台。

【政策兑现】 2016年,鼓楼区制定完善《"创业南京"英才计划之高层次创业人才引进计划专项资金管理办法》,与银行合作,托管人才扶持资金;规范扶持资金兑付流程,优化拨付程序,发挥引才单位在拨付前的管理监督职能。是年,为99人次兑现人才项目扶持资金,为186人次兑现办

公用房和人才公寓补贴，拨付资金6000多万元。（向张飏）

宣　传

【概况】 2016年，鼓楼区围绕“五位一体”(经济建设、政治建设、文化建设、社会建设、生态文明建设)总体布局和“四个全面”(全面建成小康社会、全面深化改革、全面依法治国、全面从严治党)战略布局，把握“两个巩固”(巩固马克思主义在意识形态领域的指导地位、巩固全党全国人民团结奋斗的共同思想基础)根本任务，深化十八届六中全会精神和中共中央总书记习近平系列重要讲话精神学习教育。举办区委中心组学习(扩大)会15场，开展“领导干部上讲台”“幸福鼓楼”大讲坛、“创新理论进社区”等宣讲活动500余场，建成颐和路社区将军馆和宁海路街道海洋国防教育馆等一批特色教育基地。建立意识形态领域情况分析研判联席会议制度，举办意识形态建设培训班。制定社会主义核心价值观宣传方案，每季度编发社会宣传工作要点，整合多方资源，在全区开展社会主义核心价值观系列宣传活动。运用各类载体，开展社会主义核心价值观宣传，重点打造13条核心价值观“特色街区”。管好全区红客、网评员、舆情信息专员、网络信息员等队伍，全年监测网络舆情1.2万条。强化内容建设、创新发布形式，年末“鼓楼微讯”官方微博粉丝数达522万人，微信公众平台影响力进一步提升。举办2015“幸福鼓楼”社区文化艺术节等文化惠民活动2100余场。拍摄发布10部好人微电影，举办“鼓楼好人节”“德行鼓楼巡讲巡演”等宣讲活动1800余场，开展“我们的节日”系列活动600余场。推进13个街道志愿服务总站建设，宁海路、湖南路、中央门和小市4个街道获南京市街道志愿服务总站首批示范点。

【意识形态管理】 2016年，鼓楼区制定下发《建立意识形态领域情况分析研判联席会议制度的通知》《党(工)委意识形态工作责任制实施方案》，以区委常委、宣传部部长为召集人，区机关相关部门主要负责人和各党工委书记为成员，明确每半年召开1次分析研判会，同时把意识形态工作纳入全区综合目标考核办法和全区文化建设工作目标考核。举办意识形态专题培训，邀请省社科院、省委党校、市委宣传部专家学者作关于如何认识当前社会思潮、从中华传统文化谈文化自信、媒体网络舆论引导与突发事件应对三个方面专题辅导，区意识形态领域情况分析研判联席会成员、各街道工委分管宣传思想工作的副书记、各党(工)委从事宣传工作的干部参加培训。

【领导干部理论学习】 2016年，鼓楼区完善区委中心组学习制度，制定全年中心组理论学习专题计划，组织15场区委中心组学习扩大会，邀请省委党校教授谈镇、市纪委秘书长邵建光等授课，学习十八届五中全会精神和总书记习近平系列重要讲话精神，全区副处级以上党员领导干部近万人次参加学习。区委宣传部会同区纪委、区委组织部，现场旁听、定期督导各街道系统党工委中心组理论学习开展情况。

【基层干部培训】 2016年，区委宣传部以“十八届五中全会和省、市、区全会精神”等5个专题集中教育培训，与区级机关工委、区委党校联合举办《深入学习十八届五中全会精神》《学习贯彻<中国共产党廉政自律准则>和<中国共产党纪律处分条例>》两场报告会，800余名区级机关党员干部参加。做好冬训服务和工作提示，会同区纪委、区委组织部到各党工委旁听，组织评比表彰区级冬训工作创新案例和精品课堂。冬训期间，送出学习资料2万余本，区街两级党(工)委和社区层面开展各类学习、宣讲等活动300余场次，直接受众3万余人次。开展“领导干部上讲台”“幸福鼓楼”大讲坛、“创新理论进社区”等各类宣讲活动500余场。

【新闻宣传】 2016年，鼓楼区落实《关于进一步加强全区新闻宣传管理的实施意见》《鼓楼区突发公共事件媒体应对方案》，制定落实《2016年全区新闻宣传工作计划》，规范全区新闻宣传管理工作。围绕全区中心工作，联动各级媒体，开展深度合作，进行新闻策划，宣传鼓楼区七大产业功能板块建设、环境综合整治、综合体制改革、民生改善等重点工作创新做法、成功经验和先进典型。围绕“2+N”创新科技发展格局、“两馆开馆”、区“两会”、科技创新创业及人才建设、文化产业建设等工作，在《人民日报》、中国新闻报社、中央电视台、中央人民广播电台、《新华日报》《南京日报》《扬子晚报》《南京晨报》《金陵晚报》、省市电台、人民网、中江网、龙虎网、南报网等媒体发稿6505篇，处置突发公共新闻事件70余起。

【社会主义核心价值观宣传】 2016年，区委宣传部对照《鼓楼区社会主义核心价值观公益广告推进方案》，运用各类载体，宣传社会主义核心价值观。在公园、景区、广场等重要点位，设置核心价值观道旗、宣传画、展板，并在13个街道以道旗、手墙绘等不同形式重点打造13条核心价值观“特色街区”。年内，张贴核心价值观宣传海报5万余张，制作核心价值观墙绘10多处、1000多平方米，在32条主次干道、10个公园景区广场制作公益广告道旗1200多幅，悬挂横幅8000多条；在56块户外电子显示屏、78所学校电子大屏滚动播放公益广告6万多次。鼓楼区6幅核心价值观墙画广告在市公益广告墙景画大赛中获表彰，区文明办获优秀组织奖。

【网络舆情监测】 2016年，鼓楼区坚持网络管理联席会议制度，推进舆情监控，实行365天×24小时全天候值班，采用24小时不间断对境内外网站、网页、论坛、BBS、贴吧、微博、微信、重点QQ群以及推特、脸谱等289个网站及其下1633个频道或子版定点巡查，监测到涉及鼓楼区负面网络舆情1.2万条。编印《鼓楼互联网信息快报》420期，为区领导和各级部门掌握和快速处置重大网络事件提供信息保证。强化与新浪、腾讯、龙虎网、南报网、中国江苏网等主流网站沟通合作，妥善应对处置网络舆情，重点处置"湖南路施工""网传科睿小学突发食物中毒事件""和会街爆炸事件"等涉及民生问题的网络舆情事件56起。全年向中宣部、省市委宣传部门报送信息7800余条，采用290余条，中央领导批示35次，完成交办约稿10篇。是年，区委宣传部再次获全国舆情信息工作先进单位称号。

【"双微"公众平台建设】 2016年，鼓楼区强化官方微博"@鼓楼微讯"和"鼓楼微讯"微信公众平台建设，不断提升影响力。至年底，"@鼓楼微讯"拥有粉丝522万人，形成5个版块、25个专题新常态发布模式，通过日常栏目和微活动、微话题、微直播等特有传播方式，公开政务信息，发布相关报道，影响舆论导向，弘扬社会正气，打造信息发布权威平台和服务百姓、信息交流全新通道。全年发布微博8861条，获全国十大基层政务机构微博、江苏十大政务机构微博、南京最具影响力政务微博称号。官方微信推送信息366期2280条，获年度江苏党政新闻权威发布奖、南京优秀政务微信。

【网宣机制建设】 2016年，鼓楼区完善网络舆论引导、网络舆情预警、突发事件应急处置、政务微博管理考评等系列网络宣传机制，明确各街道、区级各部门为网络宣传管理工作责任单位，构建宣传部门组织协调、各街道和各部门齐抓共管、专业人员具体参与大网络大舆情工作格局。立足全区30人红客队伍、209人网评员队伍、6人舆情信息专员队伍、47人网络信息员队伍等骨干力量，开展全区网络舆情应对处置，强化政务微博群运营管理，年内发布业务通报三大类12期。抓好网络舆情队伍建设，制定培训计划，全年新媒体运用和网络舆情处置集中培训2次，分类、分片培训12次，个别辅导10次，培训各单位网络信息员47人、微博客管理员144人、舆情信息员21人，累计培训700余人次。

【文明城市创建】 2016年，鼓楼区制定《区文明城市创建考核办法》《区城市文明示范点建设管理办法》，编制《鼓楼区2016年全国文明城市创建工作材料汇编》《鼓楼区创建任务分解表》《鼓楼区2016年文明城市创建三级责任人体系》，建立区主要领导负总责、区四套班子领导分片包干、各部门"一把手"负全责的创建工作格局。定期开展环卫保洁、城市管理、农贸市场、餐饮店、老旧小区管理、交通秩序等文明创建专项整治，成立区市民督导团，每周进行一次常态督察，发布《督察通报》28期，发现并整改问题2200多个。

【文明素质提升实践】 2016年，鼓楼区制定《鼓楼区交通秩序整治志愿服务和宣传工作方案》，组织志愿者参与道路交通执勤、文明劝导近4000人次，制作悬挂文明交通宣传横幅368条，发放"致居民文明交通一封信"40万份、宣传海报及折页4000张。推动社会诚信建设，重点打造"湖南路诚信商业街"。联合区旅游局共同打造"文明旅游实验区"，利用评选文明旅游大使、开展文明旅游活动；通过新闻及网媒宣传等形式，展现鼓楼文明旅游形象，发放各类宣传资料10万多份。组织指导企事业单位申报各类文明单位评选。是年，2个单位获评全国文明单位，29个单位获评省级文明单位，70个单位获评市级文明单位；11个社区获评省级文明社区，34个社区获评市级文明社区，2个单位获评市文明单位标兵单位。

【公民道德建设】 2016年，鼓楼区开展"每月一星"评选活动，评选每月一星1100人，按类别充实到"鼓楼好人库"。组织"南京好人"申报评选，马长生、杨春燕等6人被评为"南京好人"；

9月20日，鼓楼区举办第二届鼓楼好人节——德行鼓楼巡讲巡演活动

组织87名好人代表参加“南京好人365”访谈节目，拍摄10部“感动鼓楼——身边的模范人物”好人微电影。开展鼓楼区第15届公民道德建设宣传月活动，举办第二届“鼓楼好人节”，召开“每月一星”表彰会，开展好人微电影巡展，组织圆梦微心愿活动。借助“流动道德讲堂”，推动模范宣讲进机关、进学校、进企业、进社区，联合省委办公厅机关后勤服务中心举办道德模范事迹宣讲进机关报告会，开展“弘扬社会主义核心价值观——德行鼓楼巡讲巡演活动”，举办“从你的故事读出我的感动”道德模范走进琅小集团宣讲报告会。在春节、元宵、清明、端午等传统节日期间，开展主题宣传教育，举办春节联欢、中华经典诵读、军民同乐闹元宵、文明祭扫、粽香同乐、慰问孤寡老人等活动，举办“2016我们的节日·文艺中国节——端午龙舟嘉年华”，引导居民了解、认同、喜爱传统节日，感受传统文化魅力，增强爱国情感和凝聚力。

【街道志愿服务总站】 2016年，鼓楼区印发《鼓楼区街道志愿服务总站建设工作意见》，并在湖南路街道志愿服务总站召开“鼓楼区总站建设现场推进会”，持续推进13个街道志愿服务总站、24个城市志愿服务示范点建设，指导4个街道志愿服务总站申报市级街道志愿服务总站示范点。全年围绕“邻里守望”“和谐家园”“服务公众”“文明礼仪”“文明引导”“关爱自然”六大主题，开展常规性志愿服务，每个志愿服务总站每月至少组织一场广场志愿服务。配合首届江苏志愿服务展示交流会，在古林公园分会场同步开展大型户外志愿服务体验活动。结合“3·5”学雷锋纪念日、春节、国际志愿者日、文明交通整治等重大节点，开展“学雷锋志愿服务”“温暖新春”等主题志愿服务活动。至年底，注册志愿者比例达18%以上，志愿者队伍达1000多支，特色志愿队伍达20多支，形成“我爱我家园”“院士讲堂”等一批志愿服务品牌。“阳光心灵茶吧”银铃互助关爱行动获2016年“南京志愿服务项目最佳口碑奖”。

【未成年人思想道德建设】 2016年，区委宣传部开展未成年人“缤纷冬日”和“七彩夏日”系列活动，联合区教育局举办践行社会主义核心价值观现场会，展示致远中学创新特色德育项目；在宝船小学举办“成长礼赞”——践行社会主义核心价值观教育活动巡礼，展示价值观教育成果。组织开展“感恩成长、筑梦启航”——2016年南京市“十岁成长仪式”及“十岁生日”优秀案例征集评选活动，申报6所学校9部视频。启动“我行我礼少年行”文明礼仪实践活动，发动7所中小学校参与，申报区级八礼之星28人、校级八礼之星627人，推动礼仪教育深入校园、融入家庭。做好南京市百万未成年人“儒雅少年”组织评选申报工作，全区申报参赛选手39人，6人分获礼乐、书画、射御、术数之星，区委宣传部获百万未成年人“儒雅少年”评选工作十佳组织奖。 （黄晓璐）

统　战

【概况】 2016年，区委统战部把学习贯彻落实中央统战工作会议和《中国共产党统一战线工作条例（试行）》精神、总书记习近平系列重要讲话精神，作为统一战线首要政治任务，引导全区统一战线成员继续开展“坚持和发展中国特色社会主义”学习实践活动，举办“鼓楼区统一战线学习贯彻中央统战工作会议精神培训班”。组织非公有制经济人士开展以“诚信守法、坚定信心”为主题的理想信念教育实践活动和井冈山培训班。协助区委召开党外人士情况通报会，将统一战线法律服务团扩编更名为“同心·律师服务团”，做好党外知识分子和新的社会阶层人士统战工作。举办“南京鼓楼—珀斯企业交流洽谈会”，开办“鼓楼区企业家大讲堂”，成立“鼓楼区华侨华人创新创业服务中心”，打造“新媒体从业人员之家”，成立区委统一战线工作领导小组。是年，区委统战部被评为2013～2015年度南京市文明单位、2016年度全市统战宣传工作先进单位、全市统战信息工作一等奖、2016年度经济社会发展先进集体。《以“新三类人”为着力点构建园区统战工作新阵线》获全市统战工作实践创新成果奖、鼓楼区社会建设创新案例一等奖；《广泛汇集党外人士力量，服务社会改善民生》项目获鼓楼区作风建设工作十佳品牌。区工商联获“全国‘五好’县级工商联”称号。

【党外人士情况通报会】 1月6日，区委召开党外人士情况通报会，区各民主党派、工商联负责人和无党派人士代表参加。区委常委、统战部部长丁健生受区委委托，通报区委一届六次全体（扩大）会议有关情况，并听取与会代表意见建议。与会人员肯定区委一年来在稳增长、促改革、转方式、调结构、惠民生工作中所取得的成绩，对区第十三个五年规划充满信心和期待。

【学习贯彻中央统战工作会议精神培训班】 3月15～18日，鼓楼区统一战线学习贯彻中央统战工作会议精神培训班在省社会主义学院开班，全区各民主党派、工商联负责人、无党派人士代表、民族宗教界人士、侨台联负责人等70余人参加培训。课程以中央统战工作会议精神和总书记习近平重要讲话精神为指导，以学条例用条例为主要目的，坚持统战理论政策辅导与时事政治解读相结合，收到较好效果。

【网络界人士联谊分会成立】 4月19日，鼓楼区召开党外知识分子联谊会

(简称知联会)一届三次理事会暨网络界人士联谊分会成立大会,市委统战部副巡视员李永胜和区委常委、统战部部长丁健生到会讲话。知联会会长、南京工业大学副校长邢卫红作工作报告,总结2015年工作,部署2016年工作。会上,区知联会网络界人士联谊分会成立,亚信科技(南京)有限公司副总裁冯先宏当选区网联分会会长并表态发言。李永胜肯定区知联会工作成效,祝贺全市首家网联分会成立。

【“同心·律师服务团”法律咨询服务】 4月,市委统战部、市司法局在全市统一成立“同心·律师服务团”,鼓楼区服务团成员增加到45人(2015年7月,鼓楼区在全市率先成立由12名党外律师组成的统一战线法律服务团)。5月18日,区委统战部、区司法局、区法宣办等部门联合组织区“同心·律师服务团”,在宝塔桥街道幕府西路社区开展广场法律宣传咨询服务,这是服务团“扩编”以来首次开展活动。区委常委、统战部部长丁健生现场指导。

【区委统一战线工作领导小组成立】 9月20日,区委统一战线工作领导小组成立,区委书记张一新担任领导小组组长。领导小组的成立,是按照中央和省、市委的部署要求,从战略和全局的高度认识统一战线工作的重大意义,把统一战线的重要法宝地位在思想上确立起来,在实践中运用起来,发挥更大作用,展现更大作为。加强和改善区委对统战工作的领导,形成“党委统一领导、区委统战部牵头协调、有关方面各负其责”的大统战格局,为“十三五”发展夯实政治基础、汇聚人心人气、贡献智慧力量有着重要意义。

【统战部部长培训班到区考察】 9月25日,全省县(市)、区新任统战部部长培训班40多名学员到鼓楼区参观考察。培训班一行参观考察中央门街道观音里社区统战工作和下关科技创业特别社区“华侨华人创新创业服务中心”。区委常委、统战部部长丁健生陪同参观并介绍鼓楼区统战工作情况。

【党外代表人士队伍建设工作联席会议】 10月13日,区委组织部、区委统战部联合召开党外代表人士队伍建设工作联席会议,学习中央、省市委有关党外代表人士队伍建设的相关文件精神及要求,分析鼓楼区面临的新情况、新任务,研讨交流加强党外代表人士队伍建设工作。区委常委、统战部部长丁健生,区委常委、组织部部长贾慧参加会议。

【自由职业人员统战工作座谈会】 10月19日,区委统战部召开自由职业人员统战工作座谈会,10位自由职业人员代表参加。市委统战部副巡视员李永胜、市委统战部知工处王栋到会,指导开展自由职业人员统战工作。区委常委、统战部部长丁健生参加座谈并提出要求。 (章桥龙)

党　史

【概况】 2016年,鼓楼区开展《中共下关区地方史(1979~2013.3)》《中共鼓楼区地方史(1979~2013.3)》两本地方党史三卷本首轮修改工作,明确修改质量和时序进度要求。按照即时跟进历史步伐要求,编辑出版《中共南京市鼓楼区委工作纪事(2015)》,及时记载2015年区委领导全区各级党组织及干部群众开展经济、政治、文化、社会、生态文明建设的执政实践和主要成果,为研究鼓楼党的历史积累史料。结合纪念中国共产党成立95周年等重大党史纪念活动,撰写纪念文章;贴近基层、贴近群众开展党史宣教工作,完成年度各项任务。

【《鼓楼区委工作纪事(2015)》出版发行】 10月,区委党史办编撰的《中共南京市鼓楼区委工作纪事(2015)》出版发行。全书近32万字,收录照片70余幅,包括专述、专记、工作纪实、文件选编、统计数据5个部分,重点记载区委2015年领导全区各级党组织及干部群众开展经济、政治、文化、社会、生态文明建设的执政实践和主要成果。年初,区委党史办优化区委工作纪事编辑方案和工作流程,明确全书架构和资料征集内容,发动机关有关部门和单位提供相关文字及图片资料。组织编辑人员学习2015年区委区政府重要文件、重要会议精神,梳理全区大事、要事,把握全书重点,开展资料编辑整理工作。1~6月,完成“工作纪实、文件汇编及统计数据”等资料和图片收集工作;7~8月,完成“区委工作概述、专记”稿件撰写,并形成全书初稿;9月,送审并对全书反复打磨;10月,定稿付印。

【地方党史三卷本首轮修改工作完成】 2016年,鼓楼区委党史工作办公室(简称区委党史办)继续加强《中共下关区地方史(1979~2013.3)》和《中共鼓楼区地方史(1979~2013.3)》编撰,推进两本三卷本初稿首轮修改工作。学习领会中央和省市关于地方党史三卷本编撰的新精神和新要求,做到将贯彻落实中央的精神与本地区的实践相结合,把阶段性的特点与改革开放的重点结合起来,还原历史本来面貌,站在时代高度,真实记述原鼓楼区和原下关区地方党的历史。学习改革开放以来中共历次党代会报告等重要文献资料,反复研读原鼓楼区、原下关区党代会报告及区委区政府历年工作报告,加强专题研究,根据中央、省市党史部门要求,进一步修改纲目和文稿内容,确保两本党史三卷本写作的主题主线与中央保持一致,并彰显原两区地方特色。加强组织协调,对重点难点"编、章、节、目"组织撰稿人员集体会商，重点研究，集中修改，全年召开三卷本推进工作会4次；对难以把握的问题和事项，及时请教上级党史部门领导及专家，有序推进编写工作。至年底，完成地方党史两本三卷本首轮修改工作。

【党史宣教工作】 2016年，区委党史办结合纪念中国共产党成立95周年等重大党史纪念活动，开展党史成果"六进"(进社区、进机关、进军营、进校园、进企业、进农村)活动，赠送党史书籍，联合开展主题教育活动，进社区宣讲革命故事，服务基层群众，唱响主旋律。主动向区机关部门、街道、社区赠送《中共南京市鼓楼区委工作纪事》及其他党史书籍，为干部群众学史用史做好服务。全年免费赠送党史书籍、资料约3000册。协助市委党史办举办纪念建党95周年全市党史知识竞赛，收集核对来自全国各地的答题卡。与宝塔桥街道金陵新六村社区联合开展党史知识竞赛。组织工作人员走进城河村、金陵新六村、三步两桥社区等基层单位，向社区党员群众宣讲鼓楼党史故事，弘扬党的优良传统。发挥网络媒体宣传作用，及时更新工作动态、鼓楼回眸、党史采撷等栏目内容，坚持每日更新鼓楼党史微博，不断适应广大群众学习党史的新需求，增强党史宣教实效。

【党史研究】 2016年，区委党史办结合纪念中国共产党成立95周年等重大党史纪念活动，强化党史研究工作，多篇理论文章被报刊和有关理论研究文集收录。联合《南京日报》开展"探访红色遗址 追寻光辉足迹——纪念建党95周年系列报道"活动，6月17日和6月21日《南京日报》头版刊发《寻访和记洋行旧址——声援"五卅运动"，写下"最壮烈一举"》和《寻访中共南京铁路地下党支部旧址——地下斗争惊心动魄，五人遭秘密杀害》2篇文章。参加全市纪念中国共产党成立95周年理论征文活动，区委党史办论文《雨花英烈精神与践行社会主义核心价值观研究》入选《传承红色文化 建设美丽南京——纪念中国共产党成立95周年理论研讨会论文集》。在市委宣传部、市委党史办等7家单位联合开展南京红色文化遗址遗迹内涵挖掘和利用征文活动中，区委党史办撰写的论文《和记洋行旧址的历史内涵及其保护利用研究》入选"南京红色文化遗址遗迹内涵挖掘和利用"征文集。为纪念中国共产党建党95周年、中国工农红军长征胜利80周年、新中国诞生67周年，省作家协会主办刊物《雨花》出版特刊《殷红的记忆》，区党史办顾茂富被聘请为编辑，参加有关纪念文章的编审工作。其所作诗词"鹧鸪天·咏长征——纪念红军长征胜利80周年"发表在省作家协会诗刊《扬子江》"红旗漫卷"增刊上。

【红色记忆电影文化馆获评南京党史教育基地】 鼓楼区挹江门街道丁山社区红色记忆电影文化馆自2011年免费开放以来，通过放映经典红色主题电影、举办主题展览、开展电影赏析会等形式传播红色文化，先后举办主题展览400余场万余人次，放映电影280余场、观众1.3万人次，为教育引导全区广大干部群众和未成年人继承革命传统，弘扬红色文化的资政育人功能发挥积极作用。2016年年初，区委党史办发挥丁山红色记忆电影文化馆在党史宣教方面作用，开展丁山红色记忆电影文化馆市级党史教育基地申报工作。6月16日，市委党史办副巡视员成士春到丁山社区红色记忆电影文化馆调研，听取情况介绍，实地察看展陈布局，肯定丁山社区红色记忆电影文化馆在党史宣教方面发挥的作用。是月，该馆被中共南京市委党史工作办公室授予第四批南京党史教育基地。11月30日，区委党史办、挹江门街道相关领导共同为丁山红色记忆电影文化馆党史教育基地挂牌。

(张兴中)

老干部工作

【概况】 2016年，区委老干部局贯彻中央、省市和区委区政府有关加强老干部建设指示精神，围绕"让区委放心、让老干部满意"目标，加强自身建设，坚持求真务实，不断转变思想观念和工作作风，拓宽服务模式，顺利完成各项目标任务。至年底，全区有离休干部和退休区级领导375人（退休区领导54人，离休干部321人)，其中副省级1人(异地安置)，地市级30人，地市级两项待遇18人，区级39人，县处级148人。离休干部中，抗战老干部56人，解放战争老干部265人，年龄最大的100岁，最小的81岁。

【老干部服务管理】 3月，区委老干部局赴热河南路街道小桃园、姜家圩和清江花园3个社区走访调研，听取社区开展服务老干部"四就近"工作情况介绍，共同探讨研究开展好服务老干部"四就近"工作。针对老干部"两高期"特点，加强与区卫生局沟通，先后到南医大二附院、中大医院和虹桥卫生院走访调研，共同协商"老干部局、街道和社区、医院"三家联合服务模式，开展针对性、实质性"家庭医生"上门服务。强化落实老干部季度轮访工作，在做好重大节日必访、重要生日必访、重病住院必访、遇到困难有需求时必访、临终去世时必访的同时，再增加每个季度一次上门走访老干部。从一季度开始，局主要领导带队上门慰问。对行动不便长期不能参加组织生活、生病住院身患重病以及失能、独居、高龄等有特殊困难的老干部，该局建立定向联络制度，实行"面对面，点对点"精准帮扶。

【老干部“两项建设”】 2016年,区委老干部局围绕离退休干部思想建设、党支部建设工作开展“两学一做”专题学习活动,邀请市委党校党史教研室主任张家芳到区为老干部作学习教育辅导专题报告,配发“两学一做”教育读本,下发“两学一做”教育手册,开展“好家风好家训”征集活动,组织老干部参观重点工程建设,引导老干部在“两学一做”活动中发挥独特优势。开展亲情走访,强化老干部工作人员在“两学一做”活动中的责任意识。先后2次组织召开离退休干部党支部书记及成员座谈会,听取老干部的意见和建议,合理调整工作部署和安排,最大限度满足老干部需求。组织近百名离退休老领导分赴黄山、杭州地区等9个景点考察疗养和参观阅江楼廉政文化建设图片展、大报恩寺、南京白云亭文化艺术中心、江北新区以及纬三路、纬七路过江隧道等重点工程建设。

【老干部“两项待遇”落实】 2016年,鼓楼区落实老干部“两项待遇”,让老干部放心、满意。政治待遇上,完善和落实老干部阅读文件、参加重要会议和重大活动、通报情况、参观学习等制度;组织全区离退休干部参加春节、中秋、国庆老干部情况通报会,区委书记张一新通报区一次党代会以来经济社会发展情况以及“十三五”期间鼓楼发展的总体安排等有关工作。生活待遇上,落实老干部医疗待遇,全年11名离休干部享受到副省级医疗待遇;调整全区企事业单位59名离休人员的提租补贴;向机关74名离退休干部发放2015年下半年一次性生活补贴。完成全区近500名离退休干部年度体检工作,并提高老干部体检经费标准,增加多项检查项目。组织100名离退休干部代表、书画协会代表、老年大学代表等开展庆祝建党95周年暨纪念红军长征胜利80周年书画展,展出作品200余件。 (唐 宁)

关心下一代工作

【概况】 2016年,鼓楼区关心下一代工作委员会(简称区关工委),围绕全区中心工作,立足青少年健康成长,开设精品课程126场次、普通课程2236场,11万余名青少年受到教育。发挥“五老”作用,聘任“五老”网吧义务监督员,落实“五老”网吧义务监督员工作机制、奖励机制,完成年初确定的各项目标任务。

【关心下一代工作“双先”表彰大会】 2月24日,鼓楼区召开关心下一代工作“双先”表彰大会,表彰2013~2015年度关心下一代工作先进集体和个人。市关工委常务副主任胡序建,区委书记杨学鹏,区委常委、宣传部部长董伟,副区长王红出席;区关工委全体成员,街道、系统、社区关工委负责人,受表彰单位和个人400余人参加。董伟主持会议。市关工委领导为区关工委获得“全国关心下一代工作先进集体”授牌。会议表彰27家先进集体、11家鼓楼区优秀民企关工委、71名先进个人、40名优秀“五老”网吧义务监督员。会上,受表彰的单位和个人代表发言。区关工委常务副主任王红云作工作报告,总结区划调整以来全区关心下一代工作,部署下一阶段任务。胡序建肯定鼓楼区关心下一代工作,并提出要求。杨学鹏评价3年来全区各级关工委工作,并就做好新形势下关心下一代工作提出要求:深化认识,增强工作的责任感和使命感;突出重点,提高工作的针对性和实效性;凝聚合力,共同营造推动工作的良好氛围。

【青少年系列教育】 2016年,区关工委围绕“学史明志、爱党报国”主题,结合庆祝建党95周年活动、纪念红军长征胜利80周年活动,利用区内和南京市革命遗址资源,组织5000余名青少年参观、学习,300多人走访张玉华、彭勃等革命老前辈;暑假期间,各级关工委共举办活动750余场,近5万名青少年参加。继续开展“百场万人报告会”系列活动,全年开设精品课程126场次、普通课程2236场,11万余名青少年受到教育。常态化开展“学法守法社区行”“预防和减少青少年犯罪,创建未成年人零犯罪社区”“预防为主,教育为先”及“三个前移”(把教育对象从教育转化已失足的未成年人,前移到重点教育转化可能失足的未成年人;把教育内容从对未成年人一般的法律知识教育,前移到对未成年人多

2月24日,鼓楼区召开关心下一代工作“双先”表彰大会

发的几种犯罪行为进行重点法律知识教育;把教育阵地从中小学为主阵地,前移到包括学校在内的社区育人大环境)等工作,营造良好社会环境,从源头上、根本上解决好未成年人违法犯罪问题。推广青雁工作室“1+1+1”(1名老同志、1名社会组织成员、1名社区工作人员)的典型经验,在有条件的街道、社区培育新的法制教育基地、未成年人维权基地。联合区司法局等有关部门,在世界禁毒日、普法宣传日等重要时间节点,开展有影响的大型活动。强化网吧监督管理长效工作机制,配合区文化局申请每年5万元的“五老”网吧义务监督员专项经费,聘任100名“五老”网吧义务监督员,落实“五老”网吧义务监督员配备、动员、慰问、表彰、奖励机制。

【校外教育阵地建设】 2016年,区关工委继续推进“校站结合”工作稳步发展,落实每年50万元的“校站结合”专项经费,在“南京教师志愿者联盟”网站注册志愿者项目35个、志愿者团队46个、教师志愿者3234人,促进在职教师进社区担任校外辅导站副站长、辅导员工作的落实。以市“四个一”(一件科技小发明、小制作,一篇小科技论文,一篇科技读物读后感,一幅科幻绘画)竞赛为推手,推动全区校外科技教育活动,全区累计投稿1400多件,获得等级奖101件。开展青少年科普讲座,举办青少年科技月活动,各街道关工委举办科技周活动,进行科普知识宣传、科幻画展览、航模、机器人制作等一系列活动,并与区教育局、区少年宫联合举办航模大赛,全区40多所中小学、400余名小选手参赛。

【民企关工委建设】 2016年,区关工委探索“站校企”结合工作方法,明确以各街道市场监管分局和街道关工委为牵头单位,定期召开联席会,统一筹划辖区内社区关工委、学校关工委以及民企关工委活动,使三类基层关工委互通有无,互相促进,优势共享,共同做好关心下一代工作。继续扩大“站校企”结合覆盖面,要求每个街道关工委都要培育1~2个“站校企”三结合典型,并在年底“站校企”结合大会上交流成果。引导民企关工委学习社区关工委经验做法,健全民企关工委组织制度,促进民企关工委工作全面发展。

【帮扶特困青少年群体】 2016年,鼓楼区打造“希望来吧”校外辅导站,举办“温暖回家路”活动启动仪式暨鼓楼区青少年“温暖冬日”寒假活动启动仪式,为贫困家庭青少年和进城务工人员家庭子女多做好事、实事,同时引导青少年献爱心、做好事,和特困群体青少年结对子,共同进步。开展“关爱困境儿童,共圆盛世中国梦”活动,在“六一”国际儿童节来临之际,和区残联共同举办面向听力语言、智力障碍和孤独症儿童的演讲比赛,苏宁云商、金盛集团、新城市公司、广厦集团、开元公司、正大公司6家民企关工委给予大力支持。加强和教育部门联系,做好奖学金发放工作,温暖品学兼优的贫困孩子。 (唐　宁)

党　校

【概况】 2016年,区委党校围绕区情、经济社会发展形势和培训对象需要设置培训内容,在巩固时政形势、领导科学、依法治国、鼓楼发展等板块的基础上,突出党性教育、理论教育、党史党规党章教育等内容,科学实施主体班次和联合办班培训,逐渐形成“组织部+党校+X”的办学模式。全年组织领导干部井冈山培训班、科长培训班、新进人员培训班等主体班9期,政协委员培训班、人大代表培训班、区宗教教职人员法制化建设培训班等联合办班21期,参训人员约4000人次。立项市级课题2项,结项省级课题1项、市级课题4项,其中1项课题获市委党校重点课题。扩大“流动党课”覆盖面,组建“优秀党课进基层”宣讲团,深入机关、学校、街道和社区义务宣讲194场次。是年,区委党校获2015年度鼓楼区机关作风建设先进单位、城市治理标准化建设达标单位、2013~2015年度省市区三级文明单位称号。

【精品课竞赛活动】 12月6日,区委党校组织举办十八届六中全会精品课竞赛活动,邀请市委党校校务委员郭臻树,区委组织部、区委宣传部、区纪委、区级机关工委和部分街道、社区等单位领导赴现场观摩并担任评委,打磨出系列优质课程,评出一等奖1名、二等奖1名、三等奖2名,为提升干部教育教学质量提供坚实师资保障。

【干部教育培训】 2016年,区委党校按照中央、省、市三级党校工作会议要求,将党的理论教育和党性教育作为党校教学首要任务,做到把马克思主义中国化最新理论成果作为理论教育的中心内容,每个主体班次开设独立的党性教育单元,确保所有主体班次党的理论教育和党性教育课不低于总课时的70%;创新“走出去”教学模式,在2期临沂培训班、3期井冈山培训班和1期正处级领导干部北大异地培训班中,组织学员学习理论,赴革命老区进行党性锻炼,参观现场教学基地,增强培训实效;探索实行领导干部到党校讲课制度,规定区委常委、区各部门(单位)主要负责人定期走上党校讲台,以专题授课或主题讲座等形式开展教育培训,先后有20多名领导干部授课。

【党课宣讲】 2016年,区委党校扩大“流动党课”宣讲覆盖面,建立健全各项宣讲工作机制,邀请区委宣传部相关领导及13个街道工委分管副书记参加“优秀党课进基层”研讨会,及时调整宣讲菜单,形成党的基本理论、形式政策、经济社会发展、知识教育与能力培养五个方面20多个专题，供基层单位自主"菜单式"选学。年底，向120个社区发放调研问卷，收集意见与建议，进行问题整改。全年深入机关、学校、街道和社区等单位义务宣讲194场次，其中进社区宣讲158场次，实现全区120个社区宣讲全覆盖。

【科研资政】 2016年，区委党校承担省委党校系统1项课题、市委党校系统4项课题。其中《政府购买公共服务背景下社会组织协同社会治理法制化问题研究——以南京市鼓楼区为例》获江苏省哲学社会科学第九届学术大会优秀论文二等奖，《协商民主视野下的社区党员议事会》获南京市第四届社科决策咨询优秀成果二等奖，《鼓楼区社区红色文化展馆与社区建设的相关问题探讨》获市委党校重点课题，并作为发言代表参加由市委宣传部、市委党史办、市委党校联合举办的"南京红色文化遗址遗迹内涵挖掘和利用"交流会。成功立项2017年市委党校系统课题2项，出版2期《科社参考》学术杂志，公开发表文章3篇，内刊发表文章1篇。

【校园基础建设】 2016年，区委党校根据南京市党校工作会议精神，对办公设施提档升级，先后投入50万元改造办公楼的2～4层，更换办公、教学电脑和设施，提升办公效率。7月22日，区委副书记、党校校长董伟主持召开由区委党校、区征收办、挹江门街道等单位主要负责人和分管负责人参加的协调会，专题研究改造党校周边环境，力争用较短时间改善党校周边环境。（邹 婷）

机构编制

【概况】 2016年，鼓楼区以持续提升机构编制工作科学管理水平为目标，推进各类各项改革。持续推进行政审批制度"放管服"改革，拟订《2016年鼓楼区行政审批制度改革工作要点》。在全区开展简政放权创业创新环境试评价，持续优化营商环境。建立《行政审批中介服务项目目录清单》《区政府各部门公共服务事项清单》，推进"互联网＋"创业创新和"告知承诺制"两项改革创新试点。推进政府机构改革，拟订《关于南京市鼓楼区人民政府职能转变和机构改革的实施意见》。经过调整，区政府机构改革后设置工作部门24个。开展部门"三定方案"的制定下发，做好三定方案执行情况的后续监督。实施统一社会信用代码制度改革，继续推进事业单位法人年报，完成全区161家事业单位年度报告网上公开。

【政府机构改革】 2016年，鼓楼区机构编制委员会办公室（简称区编办）根据《中共南京市委办公厅、南京市人民政府办公厅关于印发〈南京市鼓楼区人民政府职能转变和机构改革方案〉的通知》（宁委办〔2015〕76号）等文件精神，有序推进政府机构改革，推动政府职能转变。年初，召开鼓楼区机构改革工作部署会，明确改革的基本原则、时间节点和实施方案，拟订《关于南京市鼓楼区人民政府职能转变和机构改革的实施意见》。实施过程中进行总体把控，主动对接市级相关部门，做到区级改革与市级改革有效衔接。对涉改部门的编制、职数相应调整，对组建机构和人员划转做好衔接配合。区政府机构改革后，设置工作部门24个，区监察局、区民族宗教事务局列入区政府工作部门序列，不计机构个数。

【"三定"工作】 2016年，区编办根据政府职能转变精神，结合政府机构改革整体进程，同步开展全区党政群机关和街道定职责、定内设机构、定人员编制和领导职数的"三定"工作。对新组建和重新组建的机构，根据其功能定位，结合机构设置和实有人员实际情况，确定编制和领导职数；对合并组建的新机构，加大编制精简比例并重新核定；对部门之间职能有调整的，按职能调整进行编制划转。坚持严控总量、优化结构，审核各部门上报的"三定"规定草案，经反复审定修改后形成送审稿，按规定程序印发。至年底，完成全区38个机关部门和13个街道"三定"方案并下发。

【"放管服"改革成效评估】 2016年，区编办在全区范围内开展简政放权创业创新环境试评价，评估鼓楼区2015年"放管服"改革成效。评估主体涉及全区20个部门，内容包括开办企业、施工许可、竣工验收、企业生存状况、中介服务事项、涉企行政事业性收费等18个项目，共70项评价指标。在部门协作配合下，完成《鼓楼区简政放权创业创新环境试评价汇总表》的填报，为改革提供可衡量可参照的基础数据。

【改革创新试点】 2016年，区编办根据市审改办指导要求，同步推进"互联网＋"创业创新和"告知承诺制"两项改革创新试点。协同区市场监管局、区政务办，依托全市"互联网＋政务服务"运行体系推进"网上办"。在全区各类企业中有序推行电子营业执照，在原"三证合一"基础上推行"多证合一"，全力服务"互联网＋"创新型企业落户鼓楼。配合区政务办等部门拟定《鼓楼区行政审批告知承诺办法（试行）》，牵头组织赴上海市黄浦区考察学习告知承诺制先进经验，确定区卫计局等4个部门的4项审批事项纳入意向性试点，11月1日起，正式对外施行。

【统一社会信用代码制度改革】 2016年，区编办根据国务院和省市编办统一要求,开展统一社会信用代码制度改革。向区机关和编办直接管理机构编制的群众团体发放统一社会信用代码。将全区事业单位的事业单位法人证、组织机构代码证、纳税人识别号、机构信用代码证合并为编办核发的统一社会信用代码的法人证书。至年底,全区所有事业单位统一社会信用代码均换发完毕,机关、编办直接管理机构编制的群众团体代码工作按序推进。

【事业单位法人年报公示】 2016年,区编办继续依照上级编办要求,布置和推行事业单位年度报告公开工作,保障大众的知情权,加大公众监督力度。2月,部署启动2015年度全区事业单位法人年报公开工作,明确公开时间、对象、程序以及相关要求。截至3月底,全区161家事业单位年度报告网上公开全面完成。

【编制资源优化配置】 2016年,区编办根据市区两级工作需要,先后调整城管执法大队等10家事业单位编制,强化一线机构编制资源配置。新成立区企业服务中心等2家事业单位,强化政府服务企业的力度;调整江东征地拆迁中心隶属关系,理顺政事管理关系。上述机构编制调整均严格遵守不突破2012年底区编制总数的大原则,确保不增加区财政负担。

(吕小龙)

机关工委

【概况】 2016年,鼓楼区委区级机关工作委员会(简称区级机关工委)围绕“服务中心、建设队伍”两个核心任务,以开展“两学一做”学习教育为重点,扎实推进“先锋工程、满意工程、活力工程”建设,促进机关党建与中心工作的融合发展。区级机关部门有党组织56个,其中机关党委3个、党总支11个、直属党支部42个,党员3020人。各机关党组织全年累计开展各类党课教育325次。机关党建信息工作成绩显著,工委连年被市级机关工委评为一等奖,并获市机关党建信息工作先进单位称号。开展为民办实事活动,区级机关共完成161个重点办实事项目,帮助基层群众解决实际问题近7000个。组织开展“投身新征程,激发新活力,建设新鼓楼”主题系列文化活动,举办乒乓球、篮球、趣味运动等各类比赛,参与的干部职工达2000多人次。加大对机关特困党员干部的救助和关怀力度,全年慰问400多人次。开展志愿活动,全年机关参与义务献血130人次,向盐城龙卷风受灾地区捐款43万元,“慈善一日捐”捐款56万元。区级机关工委被市委市政府评为市文明单位。

【机关作风建设大会】 2月16日,鼓楼区召开机关作风建设大会。区四套班子领导,区人民法院院长、区人民检察院检察长,区各部门、各街道、各直属单位正处职及部分副处职干部,垂直部门党政主要负责人以及机关作风建设监督员、观察员代表参加。区委副书记陆敏主持会议,并总结2015年度全区作风建设情况,通报作风建设综合评议结果,部署2016年度作风建设工作。区委常委、区纪委书记冯雯兰宣读《中共鼓楼区委鼓楼区人民政府关于表彰2015年度机关作风建设先进单位的决定》。区领导向区计生局等20家“2015年度鼓楼区机关作风建设先进单位”颁发奖牌。鼓楼地税局等5家单位作表态发言。区委书记杨学鹏对全区作风建设提出要求。

【区级机关党员干部报告会】 2月23日,区委宣传部、区级机关工委、区委党校联合举办区级机关党员干部冬训报告会。省委党校经济学教研部主任、管理学博士、江苏省青联委员孙文华为全区400余名区级机关党员干部作《深入学习十八届五中全会精神》专题辅导报告。3月24日,举办机关党员干部学习新修定的《中国共产党廉洁自律准则》(简称《准则》)和《中国共产党纪律处分条例》(简称《条例》)报告会。邀请市委党校科研处处长、教授高信奇作《准则》《条例》专题辅导,全区300多名区级机关党员干部参加。9月20日,举办机关党员干部学习报告会。邀请省委党校教授、省哲学社会科学规划专家库成员、中国回族学会副会长米寿江主讲。米寿江从“一带一路”战略概念、背景与构想、战略与实施、机遇与挑战、关注伊斯兰等五大方面为近400名区级机关党员干部作《大棋局——“一带一路”战略》专题辅导。11月3日,举办机关党员干部学习报告会,邀请南京航空航天大学副教授、团中央学校部特约评论员、省优秀党务工作者徐川作《顶天立地说信仰》专题辅导,全区各机关党组织书记、机关党员干部、各社区党组织书记400余人参加学习。

【明查暗访窗口单位】 3月17日,区级机关工委以“治庸治懒治散”为重点,组织区机关作风建设监督员明查暗访全区窗口单位。检查2个区政务服务中心和13个街道便民服务中心。检查结果:各窗口单位工作人员总体工作情况良好,服务态度较为热情,工作流程较为规范,但也存在一些问题。区作风办及时把问题整理反馈给相关单位,并督促整改。

【机关党的工作会议】 3月30日下午,区级机关工委在鼓楼大厦401会议室召开2016年区级机关党的工作会议。区级机关工委委员,各机关党委书记、党总支书记及组织委员,直属党支部书记、街道分管党群工作副书记,以及区级机关工委全体干部参加。会议总结部署机关党建工作,表彰区级机关党建信息工作先进单位。区委统

12 月 2~3 日，区级机关第四届篮球赛在南京师范大学随园校区举行

战部、团区委、区民政局机关、区科技局 4 家单位党支部交流发言。区委副书记陆敏到会并对区级机关工委工作提出要求。

【"巾帼建功"活动推进会】 4 月8 日，区级机关工委、区妇联、区委党校联合举办区级机关"巾帼建功"活动推进会暨妇女干部培训班。区机关获省、市、区级"巾帼文明岗"称号的岗位负责人，荣获市、区级"巾帼岗位明星"称号的先进个人以及机关部门(单位)妇委会主任、妇女工作小组长共 50 多人参加。会议通报新区成立以来获表彰的"巾帼文明岗"及"巾帼岗位明星"名单；区人民法院未成年人及家事审判庭和区财政结算中心的负责人与会议代表交流"巾帼文明岗"创建经验。

【区级机关文体活动】 5 月 7 日，区级机关工委、区总工会、区体育局在金陵汇文学校联合举办第三届区级机关趣味运动会。区机关各部门、各街道参加运动会。根据机关工作人员的特点，比赛项目与往年有所调整，设有拾贝、赶"猪"跑接力、跳短绳跑接力、滚雪球、集体跳长绳、拔河 6 个项目。比赛结果：挹江门街道、宁海路街道、区纪委、湖南路街道、凤凰街道、中央门街道的选手分别摘得各个比赛项目桂冠。9 月 24 日，区级机关工委、区总工会联合举办区级机关迎国庆棋牌友谊赛，150 余名机关干部职工参加。区城管局的选手夺得"掼蛋"双人赛冠军，区建设房产和交通局、湖南路街道的选手获"掼蛋"双人赛亚军，区残联、挹江门街道、鼓楼地税局的选手获得"掼蛋"双人赛季军；阅江楼街道、区政协办、湖南路街道的选手分别获象棋比赛前 3 名。11 月 11 日，区级机关工委、区总工会、区体育局联合举办第四届区级机关乒乓球比赛，设团体、男女单打等项目，区机关各部门、各街道 24 支代表队参赛。鼓楼国税局取得团体赛冠军，区环保局的选手获男子单打冠军，江东街道的选手获女子单打冠军。12 月 2~3 日，在南京师范大学随园校区篮球馆举办第四届区级机关篮球比赛。区机关各部门、各街道 24 支代表队参赛。区人民法院获机关部门组冠军，区教育局获街道系统组冠军。

【作风建设监督员聘任大会】 5 月 10 日，鼓楼区召开区机关作风监督员聘任大会。区机关作风建设监督员、区级机关工委相关工作人员以及 13 个街道的区机关作风建设观察员组长参加。会议部署 2016 年度机关作风建设监督工作任务。此届监督员共 24 人，任期 3 年，其中有人大代表、政协委员和党代表，包括九三学社、民革、民建、民进、民盟、农工党、台盟、致公党 8 个民主党派的代表和无党派人士。

【公众开放日活动】 5 月 10 日，区机关作风建设监督员、作风建设观察员 40 余人开展"走进城管"公众开放日活动。监督员、观察员们先后参观停车设施管理点和区城市管理监督指挥中心，体验网格化巡查管理，近距离感受城管工作。11 月 8 日下午，34 名区作风监督员、区作风观察员开展"走近征收"公众开放日活动，现场考察市重点项目"五佰村危旧房改造项目"，听取区征收办推进项目情况介

5 月 10 日，鼓楼区机关作风建设监督员开展"走进城管"公众开放日活动

绍，观看南京市"e 路平安"房屋征收操作系统。

【"七一"表彰暨庆祝建党 95 周年合唱大赛】 6 月 24 日，区级机关工委举办"七一"表彰暨庆祝建党 95 周年合唱大赛决赛，受表彰的先进基层党组织负责人和优秀共产党员代表、优秀党务工作者，区机关各部门（单位）党组织书记、基层党员代表，以及合唱比赛人员 400 余人参加，区有关领导出席。活动以合唱和颁奖穿插并行的方式进行，表彰全区 80 名区级机关优秀共产党员、9 名区级机关优秀党务工作者和 16 个区级机关优秀党组织，区领导为优秀共产党员、优秀党务工作者、优秀党组织代表颁奖。区城管局、区环保局、区卫计局等 12 支队伍参加合唱大赛决赛。区人民检察院、区人民法院获一等奖，区教育局、区城管局、区市场监管局、鼓楼地税局获二等奖，区纪委、区民政局、区住建交通局、区委办—人大办—政府办—政协办联队、区环保局、区卫计局获三等奖。

【中共鼓楼区第二次代表大会代表选举】 2016 年，区级机关出席中共鼓楼区第二次代表大会代表候选人的提名，以基层党组织为单位，经过自上而下、上下结合、充分酝酿讨论的过程。工委 51 个提名单位，共提出 77 名代表候选人酝酿提名名单。据统计，51 个单位 2497 名党员直接参加代表候选人的酝酿提名，占工委党员总数的 89.5%。预备人选及考察情况，在经过各支部再次酝酿讨论基础上，于 7 月 7 日召开工委会议，最终确定代表候选人预备人选，报请区委审批。7 月 15 日和 7 月 19 日（区级机关选举日）选举产生出席中国共产党鼓楼区第二次代表大会代表 57 名。其中各级党员领导干部 55 人，占 96.4%；各方面先进模范人物 2 人，占 3.6%；大学及以上学历 55 人，占 96.4%；大专学历 1 人，占 1.8%；初中及以下学历 1 人，占 1.8%。女同志 20 人，占 35%。少数民族 1 人，占 1.8%。

【典型案例征集评选】 11 月起，区机关作风和行业作风建设工作领导小组组织开展作风建设工作品牌和为民办实事典型案例征集评选活动。31 个机关（部门）、街道共申报作风建设工作品牌 40 个，44 个机关（部门）、街道共申报为民办实事典型案例 52 件。经遴选、入围初评、网络投票和专家终审，公安鼓楼分局的《鼓楼分局小区智能卡口系统建设》获得"作风建设工作十佳品牌"，区物价局的《创新平价商店经营模式　构建稳价惠民新平台》获"为民办实事十佳案例"。

【向人民群众汇报活动】 11 月24～30 日，区级机关工委组织区人社局、区民政局、区教育局、区卫计局、区住建局、区城管局、交警五大队、交警六大队、区体育局、区文化局、区政务办、区市场监督管理局、区委政法委、公安鼓楼分局、区文明办 15 家单位开展"向人民群众汇报工作"活动。汇报采取会议形式进行，分工作展示、话题解读、互动交流和满意度评价 4 个环节。每场会议邀请社区群众、驻区企业、党代表、人大代表、政协委员、作风建设监督员、作风建设观察员以及管理服务对象、窗口办事群众等各方面代表 100 人参加。各汇报部门通过播放短片或 PPT 的形式，向参会人员汇报部门（单位）职能职责和主要工作情况，重点展示以优良作风服务经济社会和民生发展的做法成效。参会人员现场提问，并由汇报部门（单位）主要领导或分管领导、相关职能科室负责人即时回应解答。参会人员还填写"满意度评价表"和"征求意见表"。

【"非遗传承，与爱随行"公益活动】 11 月 26 日，区级机关工委举办"非遗传承，与爱随行"亲子花灯制作公益活动，邀请秦淮花灯非遗传承人徐秀健授课。区机关青年党员家庭、南京乐活公益发展中心憨豆家庭等 100 余人参加。

【作风建设综合评议】 2016 年年底，区作风办组织开展机关作风建设综合评议活动，全区 65 个机关部门（单位）及 13 个街道被列入评议范围。区作风办向 2 个类别 8 个层面的评议人发放评议表 4890 份，回收 4876 份，回收率 99.7%。此次评议有五个特点：评价体系呈现多元化。评议工作既注重对机关作风建设的总体评价，也组织社区群众、驻区企业对各街道提供公共服务的情况进行"一对一"具体评价；既坚持"群众满意不满意"的印象评议，也拓展到包括"12345"工单考核、政务中心窗口考评、街道便民服务中心考评以及街道窗口服务满意度测评四个方面的事项评议；既加强对日常作风建设考核检验，也运用全市民生幸福建设满意度测评结果以及第三方机构的评估结果，形成较为科学合理、客观全面的综合评价体系。群众满意率继续保持高位。群众对全区作风建设总体评价的满意率为 87.04%，比市级机关（79.52%）高出 7.52 个百分点。得分差距逐步减少。群众评议得分中，机关部门最高为 94.21 分，最低为 88.84 分；街道组中最高为 95 分，最低为 93.2 分，全区平均 92.36 分。满意度"短板"依然存在。社会评议人中，社区群众满意度最高，为 94.05%，企业管理人员 76.49%，专业技术人员为 87.76%，党代表、人大代表、政协委员和作风建设监督员 90.46%；在机关评议人中，驻区党政军机关（单位）代表最高，为 96.47%，机关、街道工作人员为 87.88%，区管领导干部为 84.5%，区级领导干部为 78.38%。从全市民生幸福建设满意度测评结果分析，鼓楼区排名最前的指标为社会文明程度，为全市第四位；其次为中小学教育状况满意度、基层医疗服务水平满意度和社区服务管理满意度，排名全市第五位；文化生活满意度排名第六位，同时，鼓楼区还有10个指标在全市排名靠后，处于第九位或第十位。评议意见指向性较强。此次评议收到具体评议意见343条，其中表扬251条，建议48条，批评44条，主要针对工作推诿、精神涣散、担当不力等问题高度关注；同时对城市管理、城市交通、环境保护、停车管理、小区出新等问题表现出殷切期望。依据综合评议得分，当年排序列4个组前25%的，被评为机关作风建设先进单位；连续两次被评为“先进单位”的，被表彰为“机关作风建设优秀单位”。鼓楼地税局等12个单位被授予“2015～2016年度鼓楼区机关作风建设优秀单位”，区卫计局等8个单位被授予“2016年度鼓楼区机关作风建设先进单位”。

【“三比三争”活动】 2016年，区级机关工委根据《关于在“两学一做”学习教育中开展党员亮身份树形象“三比三争”活动的通知》(鼓委组发〔2016〕45号)要求，引导机关党员干部职工在工作上真学实做，立学立行，通过“比党性争先进、比作为争贡献、比业绩争一流”，树立机关党员好形象。主要做法：在区级机关窗口单位党员挂牌上岗亮身份。区政务办、鼓楼地税局、区市场监督管理局等党组织在政务中心、办税大厅等窗口岗位为党员干部配备党徽和党员上岗牌，统一着装，佩戴党徽，规范用语，文明服务。机关3名党员先进事迹在鼓楼党建“繁星微故事”专栏发布。结合中国共产党建立95周年，工委评选表彰一批优秀党员、党务工作者和先进基层党组织，增强机关干部党性意识、看齐意识。鼓楼地税局党总支在一线岗位上选树3名职业道德先进个人，将先进事迹拍摄成微视频，在局内播放。区地税、国税部门在全市首创国地税联合办税大厅建设，加强国地税联建办税服务，实现一个窗口、一个岗位办理两家业务。落实全功能窗口、“一站式”等服务规定和各项服务制度、承诺，追求服务“零距离、零障碍、零差错、零投诉”，得到驻区企业赞扬。开展志愿行动，热心公益事业。6月，盐城市阜宁、射阳2县受灾，工委第一时间发出“特殊党费情系灾区”倡议，区级机关党员干部交纳“特殊党费”，向灾区父老乡亲捐款42万元。7月，工委组织135名党员干部到南京市血液中心无偿献血。8月，配合协助开展交通秩序百日整治活动，机关党员参加交通执勤，顶着烈日，文明劝导。 (李富慧)

南京市鼓楼区人民代表大会

【概况】 2016年，鼓楼区人民代表大会及其常务委员会(简称区人大常委会)召开常委会会议12次、主任会议18次，听取和审议“一府两院”专项工作报告15项，监督检查《南京市少数民族权益保护条例》实施情况，听取区政府6个部门主要负责人、区人民法院1位副院长、区人民检察院1位副检察长履职情况报告，并开展满意度测评；执法检查和视察调研22次，作出决议、决定18项，发出审议意见书9份；备案审查规范性文件3件，制定完善常委会工作制度；办结建议98件，建议办结率、回复率100%；任免国家工作人员129人次(其中任命70人，免职59人)。举行区人大代表换届选举，产生区第二届人民代表大会代表376人。是年，区人大常委会办公室被省人大常委会研究室评为《人民与权力》杂志通联先进集体；调研文章《南京鼓楼：发挥人大代表职能作用　让为民办实事重点项目更贴近民意》入选《南京全面深化改革攻坚探索实录》。

【区第一届人民代表大会第四次会议】 1月14～16日，区第一届人民代表大会第四次会议召开。区第一届人民代表大会代表441人，区一届人大四次会议召开时实有代表429人。区人大常委会主任王根宝主持会议，区政协全体委员，原鼓楼区、原下关区历任人大常委会老领导，区内部分全国、省市人大代表，部分驻区部队、企事业单位负责人应邀列席。部分社区公民代表应邀旁听。大会听取和审查《鼓楼区人民政府工作报告》；审查和批准《鼓楼区国民经济和社会发展第十三个五年规划纲要》；审查和批准《鼓楼区2015年国民经济和社会发展计划执行情况与2016年国民经济和社会发展计划草案的报告》，批准《鼓楼区2016年国民经济和社会发展计划》；审查和批准《鼓楼区2015年预算执行情况和2016年预算草案的报告》，批准《鼓楼区2016年区本级预算》；审议和确定“鼓楼区2016年为民办实事重点项目”；听取和审查《鼓楼区人民代表大会常务委员会工作报告》；听取和审查《鼓楼区人民法院工作报告》；听取和审查《鼓楼区人民检察院工作报告》；会议选举刘军为区人民政府区长。会议表决通过“关于各项工作报告的决议”，通过“关于鼓楼区国民经济和社会发展第十三个五年规划纲要的决议”，通过“关于2016年为民办实事重点项目的决议”。区委书记杨学鹏代表区委祝贺会议成功。

【区第一届人大常委会会议】 2016年，鼓楼区召开第一届人大常委会会议12次，即第二十四次至第三十五次。

第二十四次会议于1月13日举行。会议决定任命刘军为区人民政府副区长，决定接受曹路宝辞去区人民政府区长职务，接受吴勇强辞去区人民政府副区长职务，决定刘军代理区人民政府区长职务。审议通过《关于接受周志兴辞去鼓楼区第一届人民代表大会代表职务请求的决定》《关于个别代表的代表资格的报告》，确认区第一届人民代表大会实有代表429人。补选施军为出席南京市第十五届人民代表大会代表。通过其他人事任免事项。

第二十五次会议于1月14日举行。会议听取区一届人大四次会议各代表团分组审议《鼓楼区"十二五"规划纲要执行情况与鼓楼区国民经济和社会发展第十三个五年规划纲要草案》《鼓楼区2015年国民经济和社会发展计划执行情况与2016年国民经济和社会发展计划草案》《鼓楼区2015年预算执行情况与2016年预算草案》汇总意见报告。审议通过《关于鼓楼区"十二五"规划纲要执行情况与鼓楼区国民经济和社会发展第十三个五年规划纲要草案的审查结果报告》《关于鼓楼区2015年国民经济和社会发展计划执行情况与2016年国民经济和社会发展计划草案的审查结果报告》《关于鼓楼区2015年预算执行情况与2016年预算草案的审查结果报告》，同意将相关审查结果报告向区一届人大四次会议第二次主席团会议提出。

第二十六次会议于2月29日举行。会议审议通过《鼓楼区人大常委会2016年度主要议题和工作安排》《鼓楼区人大常委会关于开展"请人民评判，真情述履职"代表履职主题实践活动的决定》。听取和审议区建设房产和交通局局长徐淮舟、区科技局局长向卫、区人民法院副院长盛皓、区人民检察院副检察长吴艳履职情况报告，并开展满意度测评。

第二十七次会议于4月28日举行。会议听取和审议区政府《关于保障房建设情况的报告》《关于〈中华人民共和国老年人权益保障法〉执法检查报告审议意见办理落实情况的报告》《关于市容卫生长效管理工作情况报告审议意见办理落实情况的报告》，并测评两份审议意见办理落实情况满意度。听取和审议区教育局局长蔡双根、区人力资源和社会保障局局长张国强、区统计局局长谢秋平、区环保局局长潘永吉履职情况报告，并开展满意度测评。

第二十八次会议于6月30日举行。会议听取和审议《关于检查〈南京市少数民族权益保障条例〉实施情况的报告》《关于中等职业教育工作情况的报告》《关于全区"六五"普法工作总结以及"七五"普法规划情况报告》，表决通过《关于开展第七个五年法治宣传教育的决议》。听取和审议《关于鼓楼区2016年省转贷地方政府债券安排及区本级预算调整方案（草案）的报告》。审议通过《南京市鼓楼区人民代表大会常务委员会关于审计查出问题整改工作的监督办法》。听取部分市人大鼓楼区组代表履职情况报告，并民主测评11名市人大代表履职情况。讨论决定有关人事任免事项。

第二十九次会议于8月29日举行。会议听取和讨论区政府《关于2016年上半年工作情况和下半年工作安排的报告》，讨论《区人民法院上半年工作情况的报告》《区人民检察院上半年工作情况的报告》。听取和审议区政府《关于鼓楼区2016年国民经济和社会发展计划上半年执行情况的报告》《关于鼓楼区2016年预算上半年执行情况的报告》《关于鼓楼区2015年预算执行和其他财政收支情况的审计工作报告》《关于鼓楼区2015年区本级财政决算草案的报告》，决定批准鼓楼区2015年区本级财政决算。审议通过《鼓楼区人大常委会关于区人民代表大会换届选举的决定》《鼓楼区人大常委会关于成立区选举委员会的决定》。讨论决定有关人事任免事项。

第三十次会议于9月30日举行。会议审议通过《鼓楼区第二届人大代表名额分配方案》。

第三十一次会议于11月7日举行。会议听取和审议区政府《关于积极贯彻〈中华人民共和国预算法〉，推进鼓楼区预、决算公开情况的报告》《鼓楼区2016年代表建议办理情况的报告》《关于鼓楼区2016年经济和社会发展计划调整方案（草案）的报告》《关于鼓楼区2016年为民办实事重点项目实施情况及2017年为民办实事重点项目征集情况的报告》。审议通过《关于召开鼓楼区第二届人民代表大会第一次会议的决定》。讨论决定有关人事任免事项。

第三十二次会议于12月7日举行。会议审议通过《关于鼓楼区第二届人民代表大会代表资格的审查报告》《关于接受王力军、樊荣声辞去南京市第十五届人民代表大会代表职务的决定》。补选陆敏、陈海华为出席南京市第十五届人民代表大会代表。听取并审查《关于鼓楼区2016年区本级预算调整方案（草案）的报告》。听取13名市人大鼓楼区组代表履职情况报告，并对其民主测评。

第三十三次会议于12月21日举行。会议审议通过《关于接受杨建萍辞去鼓楼区第二届人民代表大会代表职务请求的决定》。

第三十四次会议于12月26日举行。会议审议通过《关于接受李杏生辞去南京市第十五届人民代表大会代表职务请求的决定》《关于设立区人大常委会研究室和区人大常委会有关机构撤销、更名的决定》。补选赵晶夫为出席南京市第十五届人民代表大会代表。决定免去周文中、郭明雁、梁春燕、张凯区人民政府副区长职务。讨论决定其他人事任免事项。

第三十五次会议于12月29日举行。会议听取和审议《关于鼓楼区2016年国民经济和社会发展计划执行情况及2017年计划草案初步方案的报告》《关于鼓楼区2016年预算执行情况及2017年预算草案初步方案的报告》《关于2015年度本级预算执行和其他财政收支审计查出问题整改情况的报告》《关于区第二届人民代表大会个别代表的代表资格的报告》《区二届人大一次会议筹备工作情况的报告》。审议通过区二届人大一次会议议程草案、日程草案、主席团成员和秘书长建议名单、计划和财政预算审查委员会成员建议名单，决定区二届人大一次会议列席人员名单，原则通过区人大常委会工作报告草案。决定任命高军玲、冯泉为区人民政府副区长；朱赫为区人民检察院副检察长；接受杨建萍辞去区人民检察院检察长职务请求；决定朱赫代理区人民检察院检察长职务。讨论决定其他人事任免事项。

【区第一届人大常委会主任会议】 2016年，鼓楼区第一届人大常委会主任会议召开18次，即第三十四次至第五十一次。

第三十四次会议于1月12日召开。会议听取区政府《关于机构改革政府部门调整情况的汇报》。听取有关部门关于拟提请区第一届人大常委会第二十四次会议任免人员名单情况汇报。确定区第一届人大常委会第二十四次会议召开时间和议程草案。听取区第一届人大常委会第二十四次会议议题准备情况汇报。

第三十五次会议于1月13日召开。会议讨论确定《关于提名刘军为南京市鼓楼区人民政府代理区长的议案》《关于刘军代理鼓楼区人民政府区长职务的决定(草案)》，决定将相关议案和决定草案提请区第一届人大常委会第二十四次会议审议。

第三十六次会议于2月22日召开。会议讨论确定《2016年鼓楼区为民办实事重点项目区人大常委会督办分工》《2016年度区人大常委会领导对代表建议重点督办分工安排》。确定2016年区人大常委会主任会议成员、常委会委员接待代表日"双接待"计划安排。原则同意2016年度市人大代表向区人大常委会报告履职情况计划安排。确定区人大常委会第二十六次会议召开时间和议程草案。听取关于区人大常委会第二十六次会议议题准备情况汇报。

第三十七次会议于3月25日召开。会议听取全区13个街道人大工委工作情况汇报。

第三十八次会议于4月20日召开。会议确定区人大常委会第二十七次会议召开时间和议程草案。听取关于区人大常委会第二十七次会议各项议题准备情况汇报。

第三十九次会议于5月27日召开。会议听取《区政府关于黑臭河道整治工作情况汇报》。讨论通过《关于开展〈南京市少数民族权益保障条例〉执法检查活动的方案》。讨论《关于建议审议通过〈鼓楼区人民代表大会及其常务委员会宪法宣誓组织工作规程〉的议案》。

第四十次会议于6月22日召开。会议确定区人大常委会第二十八次会议召开时间和议程草案。听取关于区人大常委会第二十八次会议各项议题准备情况汇报。

第四十一次会议于7月27日召开。会议听取区人民检察院《关于民行检察工作情况的汇报》、区政府《关于机动车停车设施建设和停车管理情况的汇报》。

第四十二次会议于8月22日召开。会议确定区人大常委会第二十九次会议召开时间和议程草案。听取关于区人大常委会第二十九次会议各项议题准备情况汇报。

第四十三次会议于9月26日召开。会议听取区政府《关于区疾病控制和预防工作情况的汇报》。确定区人大常委会第三十次会议召开时间和议程草案。听取关于区人大常委会第三十次会议议题准备情况汇报。

第四十四次会议于10月24日召开。会议确定区人大常委会第三十一次会议召开时间和议程草案。听取关于区人大常委会第三十一次会议各项议题准备情况汇报。

第四十五次会议于11月28日召开。会议听取区政府《关于为台服务工作情况的汇报》《关于依法行政工作情况的汇报》。

第四十六次会议于12月2日召开。会议确定区人大常委会第三十二次会议召开时间和议程草案。听取关于区人大常委会第三十二次会议各项议题准备情况汇报。

第四十七次会议于12月20日召开。会议讨论区人大代表杨建萍辞去区第二届人民代表大会代表职务请求事项。讨论出缺代表补选事项。

第四十八次会议于12月23日召开。会议听取关于拟提请区第一届人大常委会第三十四次会议审议人事任免事项汇报、关于区第一届人大常委会第三十四次会议建议方案和各项议题准备情况汇报、关于2016年度区人大代表优秀建议推荐情况汇报、关于补选区第二届人大代表工作计划汇报。

第四十九次会议于12月26日召开。会议根据工作需要，决定增开一次常委会会议，调整原定区人大常委会第三十四次会议内容，并听取关于会议各项议题准备情况汇报。

第五十次会议于12月29日召开。会议听取关于区二届人大一次会议各项建议名单汇报。听取拟提请区人大常委会第三十五次会议审议人事任免事项汇报。

第五十一次会议于12月29日召开。会议讨论确定《关于提名朱赫为南京市鼓楼区人民检察院代理检察长的议案》《关于朱赫代理鼓楼区人民检察院检察长职务的决定(草案)》。

(黄燕平)

调研视察与督察督办

【保障房建设工作视察】 4月12日，区人大常委会主任王根宝，副主任华峰、刘人、张克勤、张晓燕、朱滨及部分区人大代表视察区保障房建设工作。区政府副区长沈吉鸿，区建设房产和交通局、新厦集团负责人陪同。实地察看白云雅居、金达花园等保障房项目进展情况，与相关部门和代建单位负责人座谈，要求加强组织协调，确保开工项目按时完成，尚未开工项目要加快办理手续，力争早日动工；加大资金统筹力度，保证项目有序推进；协调物业管理公司、街道和社区等多方力量，做好保障房小区交付后的管理维护；加强政策法律研究，确保贯彻落实好市物业管理条例等相关法律法规。

【市人大鼓楼区代表组开展定向定点视察检查】 4月14日，区人大常委会组织市人大鼓楼区四组、五组代表对市检察机关刑事执法监督工作开展定向定点视察和检查活动。实地察看雨花台区人民检察院和岱善、赛虹桥派出所，现场观摩检警通案会和检察官授课，听取市人民检察院和雨花台区人民检察院对公安派出所刑事执法监督工作情况汇报。4月19日，区人大常委会组织市人大鼓楼区一组、二组、三组代表对市教育局开展定向定点调研视察和检查活动。听取市教育局关于市教育和学前教育"十二五"期间情况介绍，以及"十三五"工作重点思路，并就确立家庭教育立法主体等问题开展询问。7月13日，区人大常委会组织市人大鼓楼区一组、二组、三组代表对市学前教育情况开展定向定点视察检查，实地察看区内天福园幼儿园和河海大学幼儿园。8月11日，区人大常委会组织市人大鼓楼区四组、五组代表对市人民检察院未成年人刑事检察工作开展定向定点调研视察和检查，实地察看溧水区人民检察院"南京市法治教育体验基地"。

【黑臭河道整治工作调研视察】 5月10日，区人大常委会主任王根宝，副主任刘人、朱滨及部分区人大代表调研视察区黑臭河道整治工作，区政府副区长张凯，区政府办、区建设房产和交通局、区环保局、区城管局，中央门、江东、热河南路3个街道负责人陪同。实地察看内金川河、清江河、中保河等黑臭河道整治工作，召开座谈会听取工作情况汇报，并督办杨艳等3位区人大代表联名提出"关于加快鼓楼区内臭河沟治理的建议"。

5月25日，区人大常委会主任王根宝、副主任朱滨一行视察黑臭河沟整治情况，区副巡视员张发轩、区河整办负责人陪同视察。先后察看大庙沟、二仙沟、龙江河、里圩河等8条黑臭河沟，询问整治工作进展情况。

【检查区政府部门预算公开情况】 5月19日，区人大常委会财经工委、区财政局、区审计局相关人员，及部分区人大代表组成专业检查组，预先检查区各部门2016年预算公开情况。听取区财政局关于2016年政府及部门预算编制批复和公开情况介绍，并在集中公开网站上检查区各部门2016年预算公开编制说明及明细附表。5月25日，区人大常委会副主任华峰，财经工委、各街道人大工委负责人，区人大各代表组财经联络员及部分代表，检查2016年区本级预算公开情况，听取财经工委专业检查组关于部门预算公开检查情况介绍，以及区财政局关于2016年政府及部门预算公开情况汇报，并对区本级财政2016年预算批复及公开情况进行网络检查。

【《南京市少数民族权益保障条例》执法检查】 5～6月，区人大常委会成立由副主任张克勤为组长，部分常委会委员、部分区人大代表为成员的执法检查组，开展全区贯彻实施《南京市少数民族权益保障条例》（以下简称《条例》）情况执法检查。区人大常委会第三十九次主任会议讨论通过执法检查方案，明确执法检查指导思想、组织领导、检查重点和内容、步骤安排以及工作要求。5月31日，执法检查组召开第一次全体会议，集中学习《条例》相关规定，听取区政府关于《条例》实施情况汇报，研究部署执法检查工作。6月3日，区人大常委会对贯彻落实《条例》情况开展集中执法检查。实地察看阅江楼街道多伦路社区、苏果超市三牌楼店和清真马祥兴菜馆，围绕基层民族工作、清真食品制作和销售等进行持证视察检查，对照《条例》规定现场了解执行情况。6月15日，区人大常委会召开执法检查座谈会，区人大常委会副主任张克勤出席并讲话。执法检查组全体成员，区教育局、区民政局、区财政局、区市场监督管理局、区城市管理局、区商务局、区文化局、区民族宗教事务局负责人参加座谈。

【中等职业教育工作调研视察】 6月2日，区人大常委会主任王根宝，副主任华峰、刘人、蓝绍森、张克勤、张晓燕、朱滨及部分区人大代表视察区中等职业教育工作，区政府副区长郭明雁，区教育局、南京商业学校主要负责人陪同。实地察看南京商业学校幕府校区、郭家山新校区、嫩江路北校区，要求加强协调配合，推动嫩江路北校区三期工程早日动工，推进郭家山新校区地块拆迁工作；加强信息宣传，让中等职业教育成为新鼓楼的新名片。

【法治宣传教育工作视察】 6月23日，区人大常委会主任王根宝、副主任蓝绍森及部分区人大常委会委员视察区法治宣传教育工作。实地察看宝塔桥街道依山郡社区法治文化阵地建设情况，以及鼓楼区青少年社会实践基地生命安全法治实践教育场馆设施；召开座谈会，听取情况汇报。通过视察，提出“七五”普法工作意见。

【下关滨江商务区建设及停车设施建设视察】 7月12日，区人大常委会主任王根宝，副主任张克勤、朱滨及部分区人大代表视察下关滨江商务区建设、停车设施建设和管理情况，区副巡视员张发轩陪同。实地察看深业滨江半岛、中冶盛世滨江项目建设情况，及江汉路立体停车场、延安路路边停车设施管理情况，要求推进重要民生工程，想方设法挖掘停车资源，加大建设投入力度，不断增加车位供给；强化科学管理，提高停车场地利用效率，打造出工作特色亮点。

【民事行政检察工作调研】 7月15日，区人大常委会主任王根宝，副主任刘人、蓝绍森以及相关工作委负责人调研区人民检察院民事行政检察监督工作。观看典型案例庭审视频介绍，召开座谈会，听取专项工作汇报，要求加强探索试点和宣传引导，增强民行检察工作影响力，创造新经验，树立新标杆。

【棚户区改造工程项目及重要产业培育工作视察】 8月10日，区人大常委会主任王根宝，副主任华峰、刘人、张克勤及部分区人大代表，实地察看伍佰村棚户区改造工程项目和中储智慧运输物流电子商务平台产业培育工作，了解进展情况。区政府副区长沈吉鸿，区建设房产和交通局、区征收办、区财政局及小市街道、幕府山街道主要负责人陪同视察。针对视察情况，要求加快伍佰村棚户区改造工程项目扫尾工作，将棚户区改造项目作为重要的民生工程扎实推进；对“互联网+”模式的物流新兴产业做好扶持工作，加大协调和推进力度，为区域经济发展增强后劲。

【《中华人民共和国食品安全法》贯彻落实及小区出新工作视察】 8月18日，区人大常委会主任王根宝，副主任刘人、蓝绍森、朱滨及部分区人大代表，实地察看北京西路2号、汽轮六村等老旧小区出新，以及第一泉酒家、苏果超市中央北路店等商家贯彻落实《中华人民共和国食品安全法》实施工作。针对视察情况，要求强化组织协调，形成工作合力；创新管理方式，形成老旧小区长效管理机制。加强食品经营者的自觉意识、守法意识和品牌意识；加大整治力度，创新监管方式，提高执法水平；加强社会宣传，营造氛围，提升执法效能。区政府副区长沈吉鸿，区建设房产和交通局、区市场监督管理局负责人陪同。

【法院信息化建设工作视察】 8月22日，区人大常委会主任王根宝，副主任刘人、蓝绍森、张克勤、张晓燕、朱滨，区人大常委会工作机构、办事机构相关负责人视察区人民法院信息化建设工作。实地察看区人民法院诉讼服务中心、审判法庭、档案管理中心、速裁庭办公室等场所，要求加强创新管理，提高队伍素质，强化服务水平，创造更高业绩。

【疾病控制和预防工作调研视察】 9月22日，区人大常委会主任王根宝，副主任刘人、蓝绍森、张克勤、朱滨及部分区人大代表调研视察全区疾病预防控制工作，区政府副区长梁春燕陪同。实地察看区疾病预防控制中心、东南大学附属中大医院及挹江门社区卫生服务中心，要求加强组织领导疾病防控工作水平，健全传染病疫情和突发公共卫生事件监测预警体系，加强基础设施和人才队伍建设，加强疾病防控工作宣传教育，运用微信、微博等新媒体，多途径、多形式开展疾病防控工作宣传，营造全社会参与疾病防控工作氛围。

【检查区政府部门财政决算公开情况】 10月8日，区人大常委会财经工委组织部分人大代表及区财政局、区审计局相关人员，组成专业检查组，初步检查区2015年部门决算公开情况。10月18日，区人大常委会副主任华峰，财经工委委员，区人大各街道代表组财经联络员及部分代表召开财经会议，检查2015年区本级决算公开情况，全区各部门决算信息公开的及时性、完整性和细化程度等与往年相比更趋完善，总体情况良好，要求拓展政府信息公开渠道，保障群众知情权；提高人大代表参与度，行使监督权力，提出代表意见建议。

【代表建议办理及为民办实事重点项目实施工作视察】 10月21日，区人大常委会组织部分区人大代表视察代表建议办理和为民办实事重点项目实施工作。区人大常委会主任王根宝，副主任华峰、张克勤、张晓燕、朱滨，部分常委会委员和区人大代表参加；区政府副区长周文中，区发改局、区建设房产和交通局、区科技局、区教育局、区民政局等部门及新厦集团负责人陪同。实地察看并了解文景花园保障房二期、华宏A中学、工人新村社区鹤颜发展服务中心、南邮青创空间、脑科医院家属区二次供水改造等工作情况。

【市人大鼓楼区组代表检查市政府部门预算执行情况】 10月21日，区人大常委会受市人大财经委（预算工委）委托，由副主任华峰任组长，市人大常委会办公厅副巡视员王云，部分市人大鼓楼区组代表，市区人大常委会财经工委（预算工委）相关预算审查专家等组成检查组，检查市工商局2016年部门预算执行情况。12月6日，预先审查市卫计委2016年部门预算执行情况和2017年预算草案，为召开市人代会代表审查相关内容做准备。市人大财经委主任委员谢跃进、区人大常委会副主任华峰、市人大科教文卫工作委副主任王利民，部分市人大鼓楼区组代表，市人大预算审查专家委员会成员等参加。

【服务台资企业工作视察】 11月10日，区人大常委会组织视察区政府对台服务工作。区人大常委会主任王根宝、党组书记陆敏，副主任刘人、蓝绍森、张克勤、朱滨，区人大常委会民宗侨台委部分组成人员参加视察。区政府副区长王红陪同。实地察看康轩文教集团、常乐幼儿园等台资企业，要求增强责任感和使命感，落实各项为台服务工作，优化发展环境，加强经济交流合作，强化主动服务、细节服务和人性化服务，提升服务水平和实效；挖掘区域内历史文化资源，利用妈祖庙会等载体和平台，在教育、人文、社会等方面与台开展交流研讨，促进两岸文化交流与融合。

【公安工作视察】 11月29日，区人大常委会组织视察区公安工作。常委会主任王根宝、党组书记陆敏，副主任张克勤、张晓燕参加，区领导车道正陪同。实地察看公安鼓楼分局盐仓桥警务工作站、大数据情报指挥中心、行政服务中心、DNA刑事技术室、刑侦合成作战室、图侦中心等场所，要求抓好队伍建设，加大投入力度，在平安建设上再上新台阶，在服务保障全区经济社会发展上创造新业绩。

【人大代表集中视察】 12月27日，区人大常委会组织新一届区人大代表开展人代会前集中视察活动，区领导王根宝、陆敏、沈吉鸿、蓝绍森、张克勤、张晓燕、朱滨、王红等参加。代表们分两组分别视察南邮e联u盟、保障房建设、下关科技创业特别社区、第二十九中学幕府山初级中学、滨江片区建设、银城红日养老公寓、清江河整治、小区出新及二次供水改造、北京西路环境综合整治先行示范区等全区经济和社会发展重点项目。 （黄燕平）

12月27日，区人大常委会组织代表集中视察下关科技创业特别社区

重要活动

【街道人大工作交流会】 3月14日，区人大常委会召开街道人大工委工作会议，部署年内区人大代表闭会期间工作计划安排，并为主任会议听取各街道人大工委工作汇报作相关准备。6月13日，区人大常委会召开街道人大工作交流会，区人大常委会副主任张晓燕，人事代表联络委员会(简称人代联委)、各街道人大工委负责人及联络员30余人参会。实地察看挹江门街道模范西路社区代表活动室，参观丁山社区“红色记忆”电影文化馆。8月11日，区人大常委会召开街道人大工作现场交流会，实地察看小市街道“人大代表之家”，了解东井亭社区“人大代表活动室”建设情况。

【宁汉渝“三市六区”人大工作联席会】 5月18日，宁汉渝“三市六区”人大常委会联席会举行第二十八次会议，来自南京市玄武区、鼓楼区，武汉市武昌区、江岸区，重庆市渝中区、北碚区人大常委会的50余名代表出席。会议围绕加强预决算审查和监督、强化代表履职管理和服务、加强基层人大工作和建设等主题交流研讨。鼓楼区和武昌区就会议承办举行交接仪式。区人大常委会组织参会者视察苏宁睿城社区服务中心、苏宁慧谷、滨江风光带、下关历史陈列馆等场所。

【《南京市住宅物业管理条例》贯彻实施动员培训会】 6月13～16日，区人大常委会组织参加市人大常委会《南京市住宅物业管理条例》贯彻实施动员培训会。区政府区长、分管副区长，区人大常委会主任，区建设房产和交通局、各街道办事处主要负责人参加动员会；区建设房产和交通局、各街道及社区居委会分管负责人，物业服务企业、开发建设单位，业主委员会(物业管理委员会）主任等700余人分别参加政府、公司和业主序列培训会。

【《区人大常委会关于审计查出问题整改工作的监督办法》出台】 6月30日，区人大常委会第二十八次会议审议通过《南京市鼓楼区人民代表大会常务委员会关于审计查出问题整改工作的监督办法》(简称《办法》)。《办法》共十四条,主要内容包括:总则、适用范围、审计查出问题整改工作的执行要求、整改工作报告的审议监督、制度建设和责任追究、信息公开和附则。

【区人大代表换届选举】 8月29日,区第一届人大常委会第二十九次会议审议通过《关于区人民代表大会换届选举的决定》《关于成立区选举委员会的决定》,任命21名鼓楼区选举委员会组成人员:主任王根宝,副主任陆敏、贾慧、张晓燕、王红,委员祁敏、吴艳、吴更新、吴霁宁、沈伟新、张晓艳、陈华、陈福泉、武刚、尚东明、姜宏斌、郭磊、盛皓、巢伟平、樊向前、薛宏森。选举委员会下设办公室,办公室主任由张晓燕兼任,副主任由陈福泉、陈华、姜宏斌、唐坚、盛捷担任。9月21日,区选举委员会召开第一次会议,讨论通过《关于区人民代表大会代表选举日的决定》《关于设立选举工作领导小组的决定》和《区人民代表大会换届选举工作实施计划》,决定"南京市鼓楼区第二届人民代表大会代表选举日为2016年11月24日"。9月23日,召开区人大换届选举工作会议,学习贯彻中央和省、市委换届选举工作会议精神,部署区人大换届选举工作。区领导张一新、王根宝、陆敏、董伟、贾慧、梁春燕、张晓燕、王红、周越古、衡阳、杨建萍、车道正等出席。区选举委员会成员,区各相关部门主要负责人,各街道党工委、人大工委主要负责人,驻区有关大专院校、武警部队负责人参加会议。9月28日,区人大召开换届选举工作培训会,市人大常委会人代联委主任李建授课。区选举委员会办公室各工作组成员,各街道、社区、驻区大单位,区教育系统、驻区高校等选举工作负责人及工作人员参加培训。10月12日,区选举委员会召开第二次会议,听取关于代表名额分配问题说明,讨论通过选区划分方案和选民登记办法,审批各选举工作领导小组成员名单,并部署下一阶段选举工作。10月20日,区选举委员会召开第三次会议,审批各街道及教育系统各选区选举工作小组成员名单,听取选民登记核对初步情况汇报。11月4日,区选举委员会召开第四次会议,讨论确定政党、团体联合提名代表候选人名单及下达选区初步安排意见;听取各选区选民登记情况通报;听取选民资格审查情况报告,审核被依法剥夺和停止行使选举权利人员备案报告,以及确认无法行使选举权利人员报告、无法取得联系人员报告。全区13个街道和90多所中小学、15所高校划分为169个选区,建立选民登记站520个,登记选民84.21万人,登记率96.6%。11月16日,区选举委员会召开第五次会议,讨论通过《关于召开代表候选人与选民见面会的规定》,审核批准2个选区提前选举,确定正式代表候选人名单。区内产生初步代表候选人1591名,达到应选代表名额的4.3倍,最终确定540名正式代表候选人名单,于11月17日统一公布。各选区召开代表候选人与选民见面会,540名代表候选人与1万余名选民代表见面。11月24日,全市区镇两级人大代表换届选举投票日。全区设立投票站700个、流动票箱60个,选民74.47万人参加投票,投票率88.4%。省四套班子领导分别在宁海路街道第一、第二选区,及湖南路街道第十一选区投票。省人大常委会副主任赵鹏、市人大常委会副主任李琦视察区投票选举情况,实地察看南京艺术学院选区、华侨路街道石头城社区选区和石榴园投票站。11月25日、29日,区选举委员会召开第六次、第七次会议,听取关于各选区投票选举情况报告,审核选举结果,确认169个选区选举结果有效,371名代表当选有效。连同解放军选区选举产生的5名代表,区376名新一届人大代表全部依法选举产生。

【新一届区人大代表履职培训】 12月14~15日,区人大常委会组织新一届区人大代表开展履职培训,区领导陆敏、翁俊军、张晓燕出席,320余名代表参加培训。市人大常委会财政经济委员会主任委员谢跃进、人事代表联络委员会主任李建分别就学习贯彻《中华人民共和国预算法》、履行人大代表预算审查职责、人大代表依法执行代表职务等作辅导。

9月23日,全区人大代表换届选举工作会议在鼓楼大厦举行

【人大代表建议办理】 2016年，区一届人大四次会议期间，代表提出建议93件（其中5件为议案转建议）；闭会期间，代表提出建议5件。是年，交办建议98件。至年底，建议全部办结。98件建议中，解决或基本解决84件，占85.7%；建议被采纳或所提建议纳入计划逐步解决8件，占8.2%；受政策或客观条件所限暂时难以解决而向代表作出解释6件，占6.1%。建议办结率、回复率100%。满意和基本满意97件，满意和基本满意率99%。不满意1件，为阅江楼街道代表组代表傅志刚提出"关于复建中山码头广场公厕"建议，该建议不符合市人大常委会审议通过的"下关滨江商务区控制性详细规划修编方案"有关要求，未被采纳。期间，下关滨江商务区管理委员会和相关街道负责人与代表多次沟通解释，并向区政府办公室和区人大常委会人代联委提交书面报告。

【"双接待"活动】 2016年，区人大常委会开展主任会议成员接待常委会委员、委员接待代表"双接待"活动。主任会议成员和常委会委员定期到街道和社区，听取人大代表对区人大和"一府两院"工作的意见和建议。3～7月，区人大常委会主任王根宝，副主任华峰、刘人、蓝绍森、张克勤、张晓燕，分别联系吴兆兰、秦厚荣、姜蕴、章晓兰等11名常委会委员，在小市、中央门、华侨路、幕府山、宝塔桥、挹江门6个街道开展"双接待"活动，接待戴美林、马春宁等28名区人大代表。活动中，代表们围绕加快铁北片区发展、破解危房拆改难题、加强教育配套规划设计、强化建议办理实效、黑臭河整治、老旧小区管理、社区建设等提出意见和建议。（黄燕平）

人事任免

【概况】 2016年，区人大常委会按照法律赋予的职权，依法行使人事任免权，根据有关人事任免法律、法规，依法任免国家工作人员129人（其中任命70人，免职59人）。区级领导任命5人，免职7人，区管中层领导任命35人，免职25人。

【第一届人大常委会人事任免】 1月13日，第二十四次会议决定：任命刘军为区人民政府副区长；接受曹路宝辞去区人民政府区长职务，接受吴勇强辞去区人民政府副区长职务；决定刘军代理区人民政府区长职务。任命汤忠胜为区人大常委会凤凰街道工作委员会主任，免去区人大常委会幕府山街道工作委员会主任职务；免去邵娟区人大常委会华侨路街道工作委员会主任职务。任命徐淮舟为区建设房产和交通局局长，免去其区住房和建设局局长职务；任命田伟民为区审计局局长、李艳为区商务局局长；任命唐伯才为区卫生和计划生育局局长，免去其区卫生局局长职务；任命廖建华为区民族宗教事务局局长、王丽为区人民政府法制办公室主任；任命尚东明为区国有资产监督管理办公室主任，免去其区审计局局长职务；免去杨杨区投促局局长、单友方区人口和计划生育局局长职务。

6月30日，第二十八次会议决定：任命尚东明为区财政局局长，免去其区国有资产监督管理办公室主任职务；任命王正源为区卫生和计划生育局局长、陶相中为区国有资产监督管理办公室主任；免去许小卫区财政局局长、唐伯才区卫生和计划生育局局长职务。

8月29日，第二十九次会议决定：任命刘文影、孙燕、李蕊、林冬华、苗军、周磊、徐小菲、贾亚东为区人民法院审判员。免去邢嘉栋区人民法院审判员、审判委员会委员、民事审判第五庭庭长职务；免去郭俊卿区人民法院审判员职务；免去黄欣安区人民法院人民陪审员职务。任命李丽媛为区人民法院刑事审判第一庭副庭长；任命孙军为区人民法院民事审判第一庭庭长；任命胡斌兵为区人民法院小额速裁庭庭长；任命刘文影为区人民法院民事审判第一庭副庭长；任命乔延彬为区人民法院民事审判第二庭庭长；任命刘春晓、鹿海彬为区人民法院民事审判第二庭副庭长；任命尚贞华为区人民法院民事审判第三庭庭长；任命徐沛、张智为区人民法院民事审判第三庭副庭长；任命武加庆、张广鲁为区人民法院民事审判第四庭副庭长；任命傅蓉为区人民法院民事审判第五庭庭长；任命李义军为区人民法院知识产权庭庭长；任命鲍蓉蓉、朱大亮为区人民法院民事审判第五庭副庭长；任命蒋浩为区人民法院行政审判庭副庭长；任命嵇娟为区人民法院少年及家事纠纷审判庭庭长；任命贾亚东为区人民法院少年及家事纠纷审判庭副庭长；任命张谦为区人民法院立案庭庭长；任命李彭为区人民法院审判监督庭庭长。免去胡斌兵区人民法院刑事审判第一庭副庭长职务；免去邓友华区人民法院刑事审判第二庭副庭长职务；免去李子木区人民法院民事审判第一庭庭长职务；免去嵇娟区人民法院小额速裁庭副庭长职务；免去方澄滢区人民法院民事审判第一庭副庭长职务；免去孙军区人民法院民事审判第二庭庭长职务；免去张旭区人民法院民事审判第二庭副庭长职务；免去乔延彬区人民法院民事审判第三庭庭长职务；免去皮轶之区人民法院民事审判第三庭副庭长职务；免去陈欣、李义军区人民法院民事审判第四庭副庭长职务；免去刘桂占区人民法院民事审判第五庭副庭长职务；免去李杰区人民法院少年及家事纠纷审判庭庭长职务；免去傅蓉、张谦区人民法院少年及家事纠纷审判庭副庭长职务；免去李彭区人民法院行政庭副庭长职务；免去朱晓斌区人民法院立案庭庭长职务；免去蒋浩区人民法院立案庭副庭长职务；免去陈池区人民法院审判监督庭庭长职务；免去孙燕区人民法院民事审判第四庭副庭长职务。

11月7日，第三十一次会议决定：任命郭磊为区人大常委会办公室主任；任命吴玉萍为区人大常委会民族宗教侨台事务工作委员会主任；任命张珂为区人大常委会预算工作委员会主任；任命孙焰艳为区人大常委会华侨路街道工作委员会主任；任命唐涛为区人大常委会宁海路街道工作委员会主任；任命刘晓军为区人大常委会中央门街道工作委员会主任，免去其区人大常委会建宁路街道工作委员会主任职务；任命杨宸为区人大常委会江东街道工作委员会主任，免去其区人大常委会宝塔桥街道工作委员会主任职务；任命刘国青为区人大常委会热河南路街道工作委员会主任；任命傅豫梅为区人大常委会阅江楼街道工作委员会主任；任命许杰为区人大常委会建宁路街道工作委员会主任；任命田志荣为区人大常委会宝塔桥街道工作委员会主任；任命周自堂为区人大常委会幕府山街道工作委员会主任；任命张庆信为区人大常委会环境资源城乡建设工作委员会副主任；任命花放为区人大常委会信访办公室副主任。免去姜宏斌区人大常委会办公室主任职务；免去姚彤区人大常委会财政经济工作委员会主任职务；免去陈兵区人大常委会阅江楼街道工作委员会主任职务；免去彭健区人大常委会幕府山街道工作委员会副主任职务。任命王辉为区环境保护局局长；任命周小明为区金融发展办公室主任。免去潘永吉区环境保护局局长职务。

12月26日，第三十四次会议决定：免去周文中、郭明雁、梁春燕、张凯区人民政府副区长职务。任命盛捷为区人大常委会研究室主任，免去其区人大常委会办公室副主任、信访办公室主任职务；任命徐军为区人大常委会教育科学文化卫生委员会主任，免去其区人大常委会教育科学文化卫生工作委员会主任职务；任命李国栋为区人大常委会环境资源城市建设委员会主任，免去其区人大常委会环境资源城乡建设工作委员会主任职务；任命唐坚为区人大常委会人事代表联络委员会主任，免去其区人大常委会人事代表联络工作委员会主任职务；任命吴玉萍为区人大常委会民族宗教侨务台湾事务委员会主任，免去其区人大常委会民族宗教侨台事务工作委员会主任职务；任命花放为区人大常委会办公室副主任，免去其区人大常委会信访办公室副主任职务；任命张庆信为区人大常委会环境资源城市建设委员会副主任，免去其区人大常委会环境资源城乡建设工作委员会副主任职务；任命龚雪奎为区人大常委会人事代表联络委员会副主任，免去其区人大常委会人事代表联络工作委员会副主任职务。

12月29日，第三十五次会议决定：任命高军玲、冯泉为区人民政府副区长。免去盛皓区人民法院审判员、审判委员会委员、副院长职务；免去李佳萱、齐海、韩建国区人民法院审判员职务。任命朱赫为区人民检察院检察员、检察委员会委员、副检察长。接受杨建萍辞去区人民检察院检察长、检察委员会委员、检察员职务。决定朱赫代理区人民检察院检察长职务。（黄燕平）

南京市鼓楼区人民政府

重要会议

【区政府常务会议】 2016年，鼓楼区人民政府召开区政府常务会议9次，研究各类议题53个，内容涉及财税经济、民生保障、城市建设、重大项目、人才引进、综合改革、文化建设、社会建设、环境保护等方面。

【区长办公会议】 2016年，鼓楼区政府召开区长办公会议17次，研究经济建设、民生保障、城市建设与管理、公共服务等各类议题90个。

2016年鼓楼区区政府常务会议纪要大纲一览表

表44

序号	会议届次	日　期	纪　要　大　纲
1	第30次	2月22日	1.关于琅琊路小学玉泉路校区改造工程项目 2.关于开放学校体育场地增加设备及人员经费 3.关于2009年房屋整治及小区出新工程配套资金 4.关于伍佰村棚户区改造项目国开行借款划转及付息事宜 5.关于中波发射台迁建项目委托贷款事宜 6.关于2016年政府主要工作目标任务分解方案
2	第31次	4月11日	1.关于2016年一季度全区经济形势分析 2.关于年度全区教育建设、装备项目及资金安排 3.关于二季度低收入住房困难家庭租赁补贴资金拨付 4.关于向南京线路器材有限公司预拨付部分土地收储款有关事宜 5.关于2016年第一批公开发行地方政府置换债券资金拨付 6.关于全区3月份工作完成情况及4月份工作安排

续表 44

序号	会议届次	日　期	纪　要　大　纲
3	第32次	5月9日	1.关于组团参加南京市第21届运动会 2.关于2016年一季度代征代扣手续费返还 3.关于2015年度区机关、街道干部住房补贴拨付 4.关于全区4月份工作完成情况及5月份工作安排
4	第33次	6月13日	1.关于原下关区住房合作社事业身份退休职工财政补贴工资部分纳入区财政统筹 2.关于古林公园环境整治项目工程尾款拨付 3.关于区旅游开发公司融资贷款置换 4.关于亚信科技(南京)有限公司房屋租赁扶持资金拨付 5.关于2016年垃圾分类工作经费追加有关事宜 6.关于全区行政事业单位清产核资专项经费申请 7.关于全区5月份工作完成情况及6月份工作安排
5	第34次	7月11日	1.关于2016年第二批城市建设资金安排 2.关于全区行政机关和事业单位个人所得税代扣代缴有关事宜 3.关于垫付下关科技创业特别社区发展有限公司到期银行项目贷款有关事宜 4.关于拨付2016年度上半年医疗费及下半年周转备用金 5.关于2015年度楼宇政策兑现有关事宜 6.关于下关大厦机房改造建设方案 7.关于全区6月份工作完成情况及7月份工作安排
6	第35次	8月9日	1.关于2016年软博会鼓楼专场活动筹备 2.关于全区网格化环境监管人员配备 3.关于拨付大方巷加油站补偿费用 4.关于拨付老水关桥桥体拆建项目资金 5.关于给予2015年街道、板块、部门财税奖励 6.关于相关企业上市挂牌奖励兑现有关事宜 7.关于给予相关企业扶持有关事宜 8.关于全区7月份工作完成情况及8月份工作安排
7	第36次	9月19日	1.关于全区城市工作四个行动计划(环境综合整治、城市品质提升、交通秩序治理、市民文明素质提升)实施方案 2.关于紫博办公楼项目房屋销售政策 3.关于2016年上半年全区综合目标考核及兑现有关事宜 4.关于全区2016年教育系统资产处置 5.关于购置市场监管执法制服有关事宜 6.关于全区建议提案办理 7.关于全区8月份工作完成情况及9月份工作安排
8	第37次	10月17日	1.关于金陵汇文学校建设项目审计结算 2.关于鼓楼区2015年度市区总部企业复核奖励及2016年区级总部企业申报奖励 3.关于滨江沿线渔船网具等捕捞工具处置实施办法 4.关于全区9月份工作完成情况及10月份工作安排
9	第38次	11月28日	1.关于2017年全区城市建设管理任务计划 2.关于2017年市重大项目 3.关于2017年全区重点民生项目计划 4.关于2017年全区国民经济与社会发展目标编制 5.关于传达部署近期安全生产工作上级要求及岁末年初安全生产工作有关事宜

2016年鼓楼区区长办公会议纪要大纲一览表

表 45

序号	会议届次	日　期	纪　要　大　纲
1	第69次	1月18日	1.关于向宁波银行融资贷款有关事宜 2.关于拨付全区干洗行业挥发性有机污染物整治项目奖励补助经费 3.关于拨付全区治安监控点位采购安装租赁服务(二期)第二周期费用

续表 45

序号	会议届次	日　期	纪　要　大　纲
2	第 70 次	1 月 25 日	1.关于 2016 年国民经济和社会发展目标任务、为民办实事重点项目分解 2.关于 2016 年全区重大项目计划编排 3.关于 2016 年“济困送温暖”慰问活动实施方案 4.关于滨江商务区基础设施建设有关事宜 5.关于城河村危旧房改造项目交行贷款展期有关事宜 6.关于拨付 2015 年度“平安 E 门”项目补助资金
3	第 71 次	2 月 1 日	1.关于全区网格化环境监管实施方案 2.关于全区进一步开展“群租房”整治工作的实施意见 3.关于华宏 A 地块配建中学装修工程项目 4.关于市场监管局 2014 年绩效考核奖励发放 5.关于拨付龙江泵站建设工程资金 6.关于企业扶持有关事宜
4	第 72 次	3 月 14 日	1.关于全区街巷、院落保洁市场化工作经费核拨 2.关于下关科技创业特别社区发展有限融资 3.关于 2015 年养老服务相关补贴支付 4.关于区政府办公室固定资产调整 5.关于 2016 年建议提案交办工作
5	第 73 次	3 月 21 日	1.关于全区公务员及事业单位职工健康体检项目调整 2.关于 2016 年度一季度独生子女伤残死亡家庭特别扶助金拨付 3.关于区城建公司归还银行到期项目贷款 4.关于宁颐公司增资及合作有关事宜
6	第 74 次	3 月 28 日	1.关于区商业总公司地方政府债券利息拨付 2.关于行政机关行政应诉工作规则及行政机关负责人出庭应诉办法有关事宜 3.关于鼓楼区参加第九届中国留学人员南京国际交流与合作大会方案 4.关于全区社工补充调整有关事宜 5.关于中小微企业贷款扶持基金管理办法 6.关于核拨河西片区提升改造工程款 7.关于上岸渔民补偿安置经费拨付 8.关于更新室外健身器材及塑胶地面铺设项目 9.关于 2015 年度区“12345”“96180”政务热线工作总结表彰大会 10.关于 2015 年投资项目跟踪审计 11.关于机关事业单位住房公积金和住房(提租)调整
7	第 75 次	4 月 5 日	1.关于区知识产权服务业集聚发展试验区资金扶持办法 2.关于城建项目资金安排 3.关于伍佰村危旧房改造征收实施配套资金拨付 4.关于外贸稳增长扶持奖励办法 5.关于对口支援资金拨付有关事宜
8	第 76 次	4 月 19 日	1.关于全区安全隐患排查治理实施方案 2.关于 2016 年大气污染防治实施方案 3.关于 2016 年综合目标考核办法 4.关于财税考核管理办法 5.关于给予国信证券等 4 家企业 2015 年扶持款有关事宜 6.关于 2016 南京妈祖文化旅游节暨纪念妈祖诞辰 1056 周年系列活动方案 7.关于拨付美国旧金山湾区委员会南京办事处 2016 年度服务经费有关事宜
9	第 77 次	4 月 29 日	1.关于全区 2016 年防汛工作 2.关于全区 2016 年春节“济困送温暖”慰问活动专项审计调查报告和 2016 年度审计项目计划安排 3.关于民政系统职工住房补贴发放 4.关于拨付 2016 年上半年政法大楼建设费用
10	第 78 次	5 月 26 日	1.关于全区供给侧结构性改革工作实施意见 2.关于全区 2016 年度行政审批制度改革工作要点 3.关于拨付南邮物联网与应用创新创业培育工程建设经费事宜 4.关于拨付省、市级众创空间奖励资金事宜

续表 45

序号	会议届次	日　期	纪　要　大　纲
11	第 79 次	6 月 20 日	1.关于拨付事业单位住房公积金、提租补贴和住房补贴调整经费事宜 2.关于全区 2016 年省转贷地方政府债券安排及区本级预算调整方案报告起草 3.关于拨付伍佰村危旧房改造征收实施配套资金事宜 4.关于拨付河西地区河道引水补水费用事宜 5.关于与博西集团签订定制楼宇协议相关事宜的区长办公会议纪要
12	第 80 次	7 月 1 日	1.关于全区安全生产隐患排查及整改工作 2.关于全区防汛工作 3.关于滨江商务区管委会借款支付南京交通工程公司拆迁补偿款 4.关于拨付防坠网及警示标志设置工作经费 5.关于发放教育系统 2016 年度教职工住房补贴 6.关于建发公司支付 2016 年上半年占用财政资金利息事宜 7.关于企业(博西、苏逸)定制楼宇协议
13	第 81 次	7 月 1 日	1.关于区检察院检察办案、专业技术用房功能调整改造事宜 2.关于热河南路街道办公房装修改造事宜 3.关于幕府山街道便民服务中心及五塘一段社区服务中心装修改造事宜 4.关于宝船公园免费开放工作方案
14	第 82 次	7 月 22 日	1.关于迎接国家卫生城市复审有关工作 2.关于 2016 年金治会鼓楼区专场活动筹备事宜 3.关于全区 2016 年上半年国民经济与社会发展计划执行情况、2015 年区本级财政决算草案报告及 2016 年上半年全区财政预算执行情况、鼓楼区 2015 年度区本级财政预算执行和其他财政收支审计情况 4.关于申请拨付微型消防站建设经费 5.关于给予张丽杰行政开除处分事宜
15	第 83 次	8 月 22 日	1.关于 2016 年全区经济与社会发展目标调整 2.关于在智梦园共建"华讯方舟军民融合创客中心"事宜 3.关于区属事业单位绩效工资总量调控管理办法
16	第 84 次	10 月 28 日	1.关于鼓楼区残疾人居民社会保险补贴办法 2.关于有关企业扶持事宜 3.关于全区 11 月份工作完成情况及 12 月份工作安排
17	第 85 次	12 月 12 日	1.关于全区妇女儿童发展规划(2016~2020) 2.关于申请增补社区辅警经费 3.关于建宁路社区卫生服务中心固定资产处置事宜 4.关于《政府工作报告》起草有关事宜 5.关于全区 2016 年国民经济和社会发展计划执行情况与 2017 年计划草案 6.关于全区 2016 年预算执行情况及 2017 年预算草案 7.关于全区 2015 年度本级预算执行和其他财政收支审计查出问题整改有关事宜 8.关于进一步鼓励和扶持青年大学生创业的实施意见

【经济社会发展总结表彰暨动员部署大会】 3 月 5 日，鼓楼区召开经济社会发展总结表彰暨动员部署大会。全体区领导，受表彰的先进集体、先进个人和"建设鼓楼突出贡献单位"，区机关各部门、各街道、各直属单位负责人参加，区委常委、副区长周文中主持。区长刘军总结 2015 年全区经济社会发展工作，部署 2016 年主要任务。区委副书记陆敏宣读 2015 年经济社会发展先进集体、先进个人和"建设鼓楼突出贡献单位"表彰决定。承担目标任务的部门、产业功能板块及各街道负责人向刘军递交经济和社会发展目标责任书。区发改局等 6 家单位发言交流。区委书记杨学鹏提出做好 2016 年工作要求。

【城市建设管理工作动员大会】 3 月 20 日，鼓楼区召开 2016 年城市建设管理工作动员大会。区领导杨学鹏、刘军、沈吉鸿、张凯、朱滨、王开琳出席，区有关部门、单位负责人，各街道、社区负责人，区建设、城管(水务)、执法大队、征收部门干部 500 余人参加。区委常委、副区长沈吉鸿主持。区长刘军总结 2015 年城市建设和管理工作，部署 2016 年主要任务。区建设局等单位及各街道向刘军递交城建城管目标责任书，区建设局、城管(水务)局、征收办、江东街道、幕府山街道 5 家单位发言。区委书记杨学鹏提出做好城市建设和管理工作要求。

【经济形势分析会】 4月16日，鼓楼区召开全区一季度经济形势分析会，区四套班子主要领导、区委常委、区政府全体领导，各街道党政主要负责人和分管负责人，承担经济任务和综合考核目标的相关部门、板块负责人参加会议。区委常委、常务副区长周文中主持。区发改局汇报全区经济运行情况，区统计局汇报主要经济指标监测分析情况，区财政局汇报财政收入情况及各板块、行业主管部门、市场监管系统组织收入完成情况，区商务局汇报外向型经济运行及招商引资情况。区委书记杨学鹏、区长刘军提出做好经济工作要求。

【区政府全体（扩大）会议】 7月16日，区政府召开全体(扩大)会议，全面总结回顾上半年各项工作，部署下半年主要任务。区政府全体领导，区人大常委会、区政协相关领导，以及区政府工作部门和有关单位主要负责人参加。区长刘军提出做好下半年各项工作要求：更大力度提升经济发展水平，更大力度提升区域环境品质，更大力度提升民生幸福指数，更大力度提升干事创业精气神。同时，刘军强调并部署防汛工作。（李　亮）

服务型政府建设

【概况】 2016年，鼓楼区推进依法行政，深化行政审批制度改革，加大政府信息公开力度，提高依法、科学、民主决策水平。完善建议提案信息系统建设，320件省、市、区人大代表建议和政协提案全部办结，满意率99.4%。健全完善政务服务体系，落实“马上就办”和“限时办结”清单，加强政务热线办理流程标准化建设，全年办理群众诉求9.22万件，按时办结率99.8%。

开展“两学一做”学习教育，继续抓好群众路线教育实践活动，“三严三实”专题教育整改方案落实，贯彻执行中央、省市作风建设规定，加大重要节日、重点场所、敏感领域的监督力度，加强公务用车管理，规范公务接待活动，“四风”问题整治得到进一步巩固。

依法加大审计力度，从严开展财政预算执行、政府投资、经济责任、专项资金等审计，强化整改审计发现的问题，切实提高审计监督效能。

【服务效能提升】 2016年，区政府在上年全面实行企业设立多证联办的基础上，按照全省统一部署要求，全面推进落实“三证合一、一照一码”登记制度，进一步完善“三证合一”工作。抓好窗口和办公硬件建设，督促相关并联审批部门充实人员、提升效能，缩短审批时限，提高服务效率，为工业企业和重点投资项目审批搭建高效便捷“绿色通道”。以方便企业和群众办事为原则，4次调整服务窗口设置，开设为中小微企业提供免费代账服务窗口。全年两个大厅办理各类事项10.88万件，其中企业服务大厅办理6.41万件，居民大厅办理4.47万件；提供各类咨询服务12万余人次。鼓楼区在年终市政务服务管理系统考核中排名第三位。

【区街联动构建服务网络】 2016年，区政府在加强区政务服务中心建设的同时，把街道便民服务中心标准化建设列为当年度重点工作。至年底，除中央门、幕府山、热河南路3个街道因装修、迁址等原因暂缓建设外，其他10个街道均完成便民服务中心建设任务，并统一使用市政务服务管理系统，形成以区政务服务中心为龙头，以人社、住建部门分中心为补充，以街道便民服务中心为延伸，具有鼓楼特色的功能明确、层级清晰、横向到边、纵向到底的政务服务网络，使政务服务更加利企便民。

【办单能力培训】 2016年，区政府结合“两学一做”学习教育，引导全区“12345”工单承办人员，增强宗旨意识和为民办实事的责任意识，采取集中培训、上门培训、跟班培训等方式，加强全区“12345”工单承办人员业务培训。至9月底，开展上门培训12次，组织交流培训7次，有效提高工单承办人员思想、业务素质和群众诉求工单办理能力。

【标准化建设试点】 2016年，区政府提升政务热线整体服务水平，用标准化为热线工作提质提效，在宁海路街道进行“12345”政务热线工作标准化试点。先后协调市场监管局、市标准化院专家，召开试点推进商讨会，起草标准化文本，制定南京市地方标准《街道投诉举报处置规范》并申报成功，5月份通过专家组标准化立项论证，纳入2016年社会管理服务标准建设目录，并按照要求进行第一稿标准修定。

【跟踪督办难题工单】 2016年，区政务办针对疑难复杂、推诿扯皮诉求工单，协调督办，现场办公，就地办理。全年现场督办62次，有效解决诉求难题；至12月底，负责组织签收“12345”政务热线工单7.93万件，区内有效办结7.26万件，按时办结率100%，综合满意率91.79%。受理“96180”热线系统工单8964件，其中省长信箱56件、市长信箱833件、区长信箱250件、网络问政1108件、其他渠道诉求44件；“96180”受理1375件，“12345”三方通话5298件，按时办结率99.95%，综合满意率94.25%。（钱　靖）

电子政务

【概况】 2016年，鼓楼区推进“大”“云”“移”“智”四方面信息化重点项目建设，加强网络管理与信息安全工作，提升管理与服务保障水平，保障全区政务网络、门户网站、办公电脑、业务系统正常运行，提升服务各级领导科学决策和服务全区经济及各项社会事业发展的能力，为全区各部门提供信息技术支撑。年内，鼓楼区建设“鼓楼区企业公共信用基础数据库”，完成120家社区网络并网改造工作，组织开发政务数据公开智能检索平台，建设“i鼓楼服务直通车平台”，指导部门信息化项目建设，做好门户网站群平台迎查工作，举办网络安全知识和业务职能培训，近600人次参训。

【核心网络升级改造建设】 1～3月，区电子政务办公室按照市信息中心统一部署，在全市率先完成鼓楼区120家居委会网络并网改造工作。4月，完成全区各部门现有VPN宽带统一升级改造工作，带宽上网速率从不到20M提升至100M。5月，完成鼓楼、下关两中心通讯环网建设，当环网任意一段通信链路因意外损坏时将不会对全区电子政务应用的通信造成影响。全区核心网络升级改造后，每年可节约全区宽带租赁费约60万元。

【软件正版化工作】 3月，鼓楼区按照国家、省市相关要求，全面开展软件正版化工作。及时调整该区使用正版软件工作领导小组，明确组织领导，加快软件正版化工作的落实与推进。梳理原鼓楼区和下关区于2005年和2011年批量采购的正版授权操作系统和办公软件的使用情况；通知全区各单位，督查统计操作系统、办公软件和杀毒软件的正版化情况，汇总全区72家单位的统计，拟定操作系统和办公软件的采购计划，并于8月份采购第一批正版操作系统和办公软件，提升全区办公软件的正版化率。

【诚信体系信用云平台建设】 2016年，区电子政务办公室与区发改局密集调研平台建设需求，以信息化手段对企业信用数据归集整理，建设“鼓楼区企业公共信用基础数据库”；建立与省市公共信用信息数据库互换机制，实现信用信息制度化共享；建设信用信息基础应用，并依托官方门户网站，实现行政许可和行政处罚7日双公示，提供企业黑红黄名单公示、信用信息查询和信用报告等社会化服务。8月，完成系统建设，并投入试运行；9月，开始全区培训推广；11月，完成项目验收工作。

【下关大厦中心机房整体改造】 2016年，鼓楼区针对两区合并后各部门对计算存储资源的需求与日俱增，现有机房条件不能满足全区电子政务发展需要状况，整合与扩充信息化设施，本着有序、灵活分布的原则，逐步建设一个物理上分散、逻辑上统一的分布式云数据中心，全面改造下关大厦10楼机房，作为鼓楼大厦4楼机房承载空间的延伸。10月，完成项目招标并开始施工；12月30日，机房主体改造完工。

【政务云服务平台更新升级】 2016年，区电子政务办公室在云服务平台一期项目基础上，评估云平台资源池化技术的运行安全，并根据评估结果进行相应的安全防护加固措施，同时对平台软件系统更新升级，提高平台承载力和运行效率。全年向区政府办、区档案局、区卫生局、区人社局等7家单位提供“云”端的虚拟计算、存储及系统软件等平台资源，相当于少采购标准服务器14台，节省经费逾50万元。

【电子印章系统升级改造】 2016年，区电子政务办公室与区政府办、区委机要局就区电子印章系统（电子印章系统主要应用于电子政务公共平台，旨在保障流转公文的完整性、可靠性、不可否认性并可实现授权访问，使得盖有电子印章的公文与实际盖章文件具有同等法律效力）升级改造事宜达成一致意见，在产品调研基础上形成升级改造方案并面向社会招标。4月，形成招标文件，后因市委机要局在该项目上有统一部署，意向招标暂停。11月，经调整需求后进行招标；12月27日，该项目开发工作完成。

【智能检索平台扩展建设】 2016年，区电子政务办公室组织开发政务数据公开智能检索平台。该平台具备智能语义分析、数据挖掘和人机交互等功能，能够基于知识库自动将公众自然语言转换为政务专业术语，通过互联网和移动互联网搭建公众与政府互动交流的信息平台，实现快捷、准确、全面智能交互服务。围绕该项目的推广，区电子政务办公室完成试运行、验收和运维工作：多渠道试用，除在门户网站试运行，还把智能搜索平台嵌入i鼓楼微门户、i鼓楼服务直通车微信平台供公众试用；提高知名度，在项目验收时，邀请区外专家参加，打响智能检索平台的知名度；扩展使用范围，除了在门户网站首页放置搜索栏，还将搜索栏布置到每个街道、部门的网站的首页，方便公众搜索使用。

【“i鼓楼服务直通车”应用推广】 2016年，随着移动互联网的快速发展，“互联网+”概念越来越深入人心，应用移动互联网应用服务机关和公众的需求愈加突出。区电子政务办应用微信平台的跨平台优势，建设“i鼓楼服务直通车平台”，由“i鼓楼政务平台”和“i鼓楼公众平台”组成，分别服务机关和公众。围绕推广宣传该项目，区电子政务办主要采取口碑推广，在试运行期间，邀请区内几家街道部门试用，做好服务，积累口碑；专家推广，在项目验收时，邀请市信息中心等市内知名专家组成专家组，获得一致好评；多渠道推广，在门户网站、i鼓楼微门户等平台放置二维码，方便公众扫描登录使用。至12月底，“i鼓楼政务平台”实现全区推广使用，流转公文5000余件，“i鼓楼公众平台”有数千人次关注。

【指导部门信息化项目建设】 2016年，区电子政务办公室指导协调4个单位信息化项目建设。配合区卫生局完成区域卫生信息化平台二期项目的安装调试、测试运行以及硬件设备初验等工作。协助区商务局制定楼宇信息及招商项目管理系统方案，组织项目招标、项目技术支持和相关协调工作，4月完成项目招标，进入实施阶段。帮助区人大网站群整合，进行栏目框架整合，将区级人大网站与13个街道人大子站整合形成统一的网站群，实现网站模块化制作。指导档案局编制全区档案信息化发展“十三五”规划，协助其完成档案互联网查询系统的设计开发以及档案系统的等级保护工作。

【门户网站群平台迎查工作】 按国家、省市政府网站普查工作的统一部署，2016年的普查工作检查方式变为市里每月普查、省里每季度抽查、国办不定期抽查。区电子政务办通过研究一季度的抽查通报，发现普查标准的执行发生两点重要变化：信息更新要求变化。2015年检查要求网站首页栏目达到每2周更新至少1篇信息，2016年要求所有栏目达到每2周更新至少1篇信息。政府信息公开平台变化。2015年主要检查政府网站，对政府信息公开平台检查较松，2016年重点检查政府信息公开平台。区电子政务办公室针对变化采取措施，保证门户网站群平台迎查顺利。与分管政府信息公开的区政府办沟通，在4月份发布的一季度《鼓楼区门户网站信息维护工作通报》中，通报当年政府网站普查工作要求的新变化，对门户网站群信息维护工作提出具体要求；对2周内子站信息未更新的单位，采取QQ群通知、电话督促、分管领导约谈和发送正式整改通知四级督促提醒体制，（发出10余份整改通知）；提醒部门街道梳理子站栏目，保留能够保障信息更新的栏目，帮助多家单位缩减、归并子站栏目，确保子站达到普查信息更新要求。前三季度，鼓楼区通过检查。9月，该区按照省市要求，推进门户网站集约化建设工作。至11月，完成制定方案、关停子站等工作，并按集约化建设要求逐步梳理整合子站。

【网络与信息安全工作】 2016年，区电子政务办公室完成区政务网主机安全漏洞扫描及安全加固工作，检测主机150个、域名139个，针对发现的主机漏洞和web漏洞整改加固升级，提升区政务网及重要信息系统的安全性。分别开展并完成对鼓楼区门户网站信息系统和全区政务网络安全应急演练，加强各相关科室及维护工程师的协同配合和处理网络故障的应急能力；同时上线试运行日志收集分析系统，完善全区网络安全防护体系。按照市有关部门要求，完成全区网络安全专项自查工作，通过公安机关网络安全执法检查。自查整改，消除系统安全隐患，遏止各类事件苗头，确保各网站和相关业务系统安全平稳运行。加强鼓楼大厦、下关大厦中心机房和服务器安全巡检工作，全面检查政务网软硬件设备以及空调、消防、强弱电等设备，重点检查主链路设备策略及日志，排除可能存在的风险，及时消除隐患。

【网络安全知识和业务技能培训】 2016年，区电子政务办公室组织召开门户网站信息维护员培训会，对区机关各部门网络安全管理人员进行网络与信息安全技术培训年度轮训。同时采取上门集中讲解、一对一指导等培训方式，全年培训近600人次，有效提高各部门网络安全意识及相关业务系统操作水平。

【电脑网络维护工作】 2016年，区电子政务办公室加强电脑网络维护工作，提升区级机关电脑维护服务水平，规范技术人员服务程序，提高人员服务质量。全年完成电脑维护近1100台次，故障平均响应时间不超过半个工作日，故障修复率99.6%，服务满意率96%以上；解决各部门网络使用问题1000余次，区政务网无等级网络事故发生。

【信息化系统维护】 2016年，区电子政务办公室加强鼓楼大厦、下关大厦中心机房和服务器安全巡检工作，实时监控两个机房运行状态，一周两次实地巡查机房硬件设施运行情况，发现问题及时解决。做好全区2个核心数据库平台、33个重点信息系统和130余台服务器的运行维护工作，保证全年系统无故障运行时间超过99.8%。及时更新维护全区统一用户系统的机构与人员信息，保证各业务系统中的用户信息与实际情况一致，全年更新维护800余次。 （葛 枫）

人事人才

【第九届“中国留学人员南京国际交流与合作大会”鼓楼专场活动】 4月26～27日，第九届中国留学人员南京国际交流与合作大会（简称“留交会”）、2016年度南京321计划创业大赛总决赛在南京国际博览中心举行。鼓楼区举办“创业南京”——鼓楼区模范马路科技创新街区主题展和以“创聚鼓楼·创享未来”为主题的鼓楼专场活动，宣传鼓楼人文特点、产业规划、人才政策、载体环境及创业成功典型等，吸引海内外人才及优秀技术、项目与鼓楼区洽谈对接、集聚资源。除大赛组委会统一活动外，鼓楼区举办“鼓楼创业行活动”，组织参观考察下关特别创业社区、鼓楼区文化发展中心，向海内外人才介绍该区特有的投资环境、

4月27日，鼓楼区举办"创聚鼓楼，创享未来——第九届南京留交会鼓楼专场活动"

扶持政策及优质的服务平台。留交会现场对接400余人，参加创业行活动200余人，达成落户意向50余人。

【迎接财政部检查组津贴补贴专项检查】 5月22日~6月7日，财政部驻天津专员办检查组专项检查鼓楼区2008年以来规范津贴补贴实施情况。内容包括2008年以来津贴补贴情况、国家保留的项目、改革性补贴项目、2015年全区津贴补贴实施情况表的统计、2005~2015年公务员工资收入水平的统计等。形成上报34张津贴补贴相关情况调查表，同时将鼓楼区津贴补贴文件汇编成册，共80个文件286页。

【鼓楼区第一期高层次创业训练营开营】 10月18日，区人社局、江苏省生产力促进中心联合主办鼓楼区第一期高层次人才创业训练营开营仪式暨第一期公开课在省生产力促进中心举行，40家企业报名参营。省生产力促进中心自10月起组织为期一年的免费培训，内容包括创业公开课、导师团一对一辅导、资源对接活动和创业大赛评选活动等培育服务。线上联合"小鱼儿网"开发"鼓楼区321企业专题部落"，展示企业家风采，推广企业产品和服务，优先匹配互联网人力资源，实现企业众包最低成本最短路径；线下开展以营销为主的案例培训、企业家交流沙龙、资本和媒体的对接等。

【人才引育】 2016年是启动"创业南京计划"的开局之年。全区有243名人才在高层次申报网站提交申报信息，214人通过资格评审，91人进入综合评审环节，经过第三方综合答辩后，40人最终入选区级高层次创业人才计划。2016年度高层次创业人才引进计划市级申报最终入选19人，超额完成市下达的12人指标。是年，鼓楼区的朗坤智慧科技股份有限公司、江苏四新科技应用研究所有限公司入选南京市高端人才团队引进计划。同年，申报人力资源和社会保障部（简称人社部）2016年度留学人员科技活动项目择优资助经费项目3个、人社部2016年中国留学人员回国创业启动支持计划优秀项目2个、2016年度江苏省"六大人才高峰"计划1人、江苏省留学回国人员创新创业优秀项目2个。

【人才申报入选服务】 2016年，区人力资源和社会保障局（简称区人社局）遴选2012年以来成立企业的优秀人才，挖掘潜在优质人才企业资源，参加并借助南京留交会、广交会、深交会等人才交流大会资源，引进具有真实创业意愿，能够在鼓楼扎根发展的科技型企业。充实鼓楼区专家资源库，打造鼓楼特色专家队伍。成立项目小组优化申报计划书，确保申报质量；邀请风险投资家、企业家、专业技术人员为申报人提供综合答辩技能模拟培训；协助入选者办理企业选址、工商登记等手续，做好政策兑现服务。

【"321"企业中期评估】 2016年，鼓楼区对全区领军型科技创业人才前8批319家企业走访调研，采取实地考察、听取汇报、座谈交流及指导建议等形式，为企业定制个性化帮扶方案。整体上看，"321"落地企业成长变化趋势明显，创业项目逐步从研发走向市场，逐步实现产品销售。

链接：

"321企业"：入选"南京创业人才321计划"的企业，此处特指领军型科技创业人才企业。"南京创业人才321计划"：用5年时间，引进3000名领军型科技创业人才，重点培养200名科技创业家，加快集聚100名国家"千人计划"创业人才。

【专业技术人员职称评审和考试】 2016年，区人社局开展全区专业技术人员职称初定和中、高级职称推荐申报工作。办理各行业申报专业技术职称701人次，经初定审批和省市职称部门组织专家评审，全区新增专业技术人员568人，其中高级职称97人，中级职称220人，初级职称251人。会同区财政、卫生行业主管部门，按照职称属地化管理原则，受理4877人报名参加全国会计初、中级专业技术资格考试；受理777人报名参加全国卫生初、中级资格考试。

【专业技术人员继续教育】 2016年，区人社局审核808名专业技术人员继续教育及学分,579人通过,通过率72%;对区继续教育培训基地通过考试并成绩合格的289名教师继续教育培训进行证书审核确认。

【公开招聘事业单位工作人员】 2016年,全区247人通过面向社会公开招聘进入区属事业单位工作。首次采取全市随军家属定向招聘的方式,完成2015年度市人社局下达鼓楼区的3名随军家属政策性安置任务。

【事业单位岗位设置和人员聘用】 2016年,区人社局根据社会功能、职责任务和因事设岗的要求,区属27家事业单位重新进行岗位设置和备案。全年批准区属事业单位岗位聘任123家1619人,其中专业技术岗位1554人,占晋级人数的95%。另有98人区内事业单位间交流。

【事业单位人员年度考核】 2016年,区人社局开展2016年度全区事业单位工作人员考核工作。全区应参加考核人数8882人,实际参加考核人数8801人,因健康等原因未参加年度考核81人。在参加考核的8801人中,考核优秀等次1330人、合格等次7241人,分别占参加考核人员15.11%和82.27%。基本合格等次4人,不合格等次9人;未定等次217人,其中试用期208人,处分期2人,立案调查期未下结论7人。

【公务员管理】 2016年,区人社局对2015年度招录6名公务员进行登记,调配99名行政机关工作人员,办理提前退休3人,辞去公职4人。年内,指导13个政府部门及5个街道开展科级干部竞争上岗工作,任免干部363人,其中军转干部初任定职27人,通过交流转任、民主推荐、竞争上岗等担任科职、副科职领导干部269人,晋升科级非领导职务67人。

在街道公务员中开展职务与职级并行工作,25人晋升职级,其中14人晋升正处级,11人晋升副处级。举办新进人员培训班,50名新进人员参加。依托"中国南京公务员学习网"加强业务培训,全区2534人参加,2488人通过,通过率98.2%。

【公务员年度考核】 2016年,区人社局根据《公务员考核规定(试行)》和《江苏省公务员考核实施办法》,对全区2019名科级以下机关工作人员进行2015年度考核。其中,优秀310人,称职(合格)1667人,不称职2人,不定等次28人(试用期公务员及其他),长期病假未参加考核12人。经区委区政府研究决定,评为优秀的公务员给予嘉奖,对2013~2015年连续3年考核优秀的59名公务员记"三等功"。

【工资福利】 2016年,区人社局完成机关事业单位工作人员各类工资审批1.64万人次。开展机关在职工作人员交通补贴的调整补发工作和车改补贴调整工作。完成各街道110名职务与职级并行人员工资调整的审批工作和131人次的工资套改工作。布置开展机关事业单位住房公积金和住房(提租)补贴的调整工作。

【机关事业单位人员退休】 2016年,区人社局执行机关事业工作人员退休制度,核定258人,其中机关87人,事业单位171人。机关事业单位达到法定退休年龄或申请提前退休人员,按照管理权限办理相关退休手续。完成"事改企"单位环卫所离岗退养人员相关事宜。

【人才交流】 2016年,区人才交流服务中心新增代理单位243家,共有人事代理单位837家,人事代理1.2万人。452名应届毕业生办理网上签约、毕业生接收;为代理单位员工落户118人;办理迁出44人;共有户籍总数864人。为单位和个人开具证明545份;接收档案1955份,转出档案530份,寄出机要档案223份。为15家人事代理单位办理人才引进16人。与南京市人才中心共同举办"江北新区高校毕业生专场招聘会""南京毕业生就业市场江宁地区高校毕业生公益招聘会""南京毕业生就业市场仙林地区高校毕业生公益招聘会"等4场;组织驻区企业参加各类高校招聘会45场,用人单位151家拿出2140多个岗位,参会毕业生及各类人才达2.5万人次,就业意向达成率79%。

【军队转业干部工作】 2016年,区人社局完成营以下及专业技术军转干部计划安置工作。参加军转干部双向选择洽谈会,接收简历312份,经筛查比对人员信息、择优面试后接收18名行政编人员。年内,接收76名自主择业军转干部,并及时纳入医保。全年为鼓楼区管理服务的自主择业军转干部缴纳医疗保险费190余万元,为区属困难企业军转干部发放地方性补贴42万元。配合市区相关部门做好企业军转干部思想稳定工作。

【行政审批与产业发展】 2016年,全区人力资源服务业税收指标5401万元,公共收入3085万元。全年完成税收总额5819万元,完成率108%,同比增长24%;公共收入3251万元,完成率105%,同比增长21%。年底,从事人力资源业务合法登记机构98家。具有人力资源许可证企业67家,2015年人力资源许可证年检注销5家,新审批10家,年审合格62家。具有劳务派遣许可证企业80家,其中外地企业在鼓楼区开设分公司有9家,新审批10家,2015年度劳务派遣单位核验70家,其中9家未参检,3家申请注销,58家核验合格,新审批企业免检。具有人力资源许可证及劳务派遣许可证的45家，派遣用工3.7万人。人力资源机构总注册资金2.3亿元，从业人员587人。完成人力资源许可年审、劳务派遣许可核验及江苏省职业资格证培训等工作。引进南京乐梦人力资源管理有限公司落户南京财经大学现代服务园科技楼，注资并实收1000万元。配合南京市公积金管理中心开展为期两周的人力资源机构职工公积金缴存情况执法检查，抽查企业12家，鼓楼区缴存率领先。南京鸿兴达人力资源开发服务有限公司、江苏恒馨源服务外包有限公司获2015年度“江苏省诚信人力资源服务机构”称号。

（吴婉榕）

中国人民政治协商会议南京市鼓楼区委员会

【概况】 2016年，政协鼓楼区委员会（简称区政协）履行政治协商、民主监督、参政议政职能，为全区经济社会发展作贡献。区政协一届四次全体会议期间，政协委员、政协主席会针对劳动就业保障、文化事业发展、科技创新驱动、商务商贸发展、民族宗教事务、人民防空建设与管理、社会治安管理、街道综合服务功能、区政府为民办实事项目推进落实情况等议题开展视察。政协常委会听取区政府、区人民法院、区人民检察院上半年工作、区纪委关于全区党风廉政建设、区文明办关于全区精神文明建设和区政府办关于2016年提案办理等情况通报。各专委会根据界别特点针对性地开展调研视察活动。年内，区政协出版《鼓楼揽胜》《鼓楼胜境》等画册和文史读物。完成调研报告《加快鼓楼铁北片区改造建设》，完成理论研究论文20余篇，收集上报社情民意信息229篇，《加强消费品质量安全监管的几点建议》等46篇信息被市级以上政协采用，《关于建筑业营改增的问题与建议》被全国政协采用。组织驻区的全国及省、市、区四级政协委员，走进社区开展民主协商活动23次。收到委员提案225件，立案201件，全部办结，满意率99.5%。

【“人间幻相，墨海寻真”画展开幕】 5月26日上午，区政协主席王隆京出席“人间幻相，墨海寻真”——殷作安、王钧、王自能3位艺术家画展开幕式。此次展出作品60多幅，其作品风格迥异，各具特点，体现出艺术家们在长期的艺术探索中，汲取多种艺术语言的精华，在艺术追求的道路上，甘于沉寂和创造精神。

【颜真卿书画院成立25周年名家书画展开幕式】 5月28日上午，区政协主办，区文化局、南京颜真卿书画院承办，南京颜真卿纪念馆、南京七贤书画院、南京崇德书画院、鼓楼区小型博物馆协会协办的“南京颜真卿书画院成立25周年名家书画展开幕暨作品集、文集首发式”在南京图书馆举行。开幕式上，区政协副主席周越古代表区委区政府肯定书画院25年来为弘扬传统文化、繁荣鼓楼文化作出的贡献。南京颜真卿书画院院长周积寅代表该院向南京图书馆赠送书画展作品集和文集。

【南京妈祖文化交流协会换届】 6月29日，南京妈祖文化交流协会召开换届大会。市政协副主席陆平贵、区委书记张一新、区政协主席王隆京、区委副书记陆敏、区人大副主任刘人、区政府副区长梁春燕出席，南京市政协港澳台侨外事委员会、市文广新局、市旅游委、市台办、市台联、市侨联相关领导及退休领导俞明、李中越应邀参加。会议听取南京妈祖文化交流协会筹备工作报告，审议通过南京妈祖文化交流协会第一届理事会工作报告，修改并通过南京妈祖文化交流协会章程，选举产生南京妈祖文化交流协会第二届理事会理事及会长、副会长、秘书长、名誉会长、顾问等，完成换届任务。

（刘　浩）

政协会议

【政协一届四次全体会议】 1月13日，区政协一届四次全体会议开幕。区四套班子领导、区人民法院院长、区人民检察院检察长，全体政协委员出席；区政协离退休老领导，区委区政府部门负责人应邀列席。区政协副主席周越古主持会议。区政协主席王隆京作常委会工作报告。区委书记杨学鹏到会讲话，简要介绍2015年及“十二五”时期鼓楼区经济社会发展取得的主要成绩，肯定区政协在过去5年尤其是上年工作，并提出要求：深入学习，大力宣传，凝聚“十三五”发展共识；围绕中心，服务大局，推动鼓楼转型创新发展；关注民生，反映民意，坚守改善民生责任担当；与时俱进，提升能力，开创政协工作新局面。

1月15日，区政协召开一届四次会议第二次全体大会，区政协副主席沈桂明主持。区委书记杨学鹏、区政府代区长刘军、区委副书记陆敏及区政府部分领导参加。会上，孙克强、胡宗仁、崔曙平3名委员分别围绕鼓楼区实施“十三五”规划、加快建设法治政府、推进海绵城市建设发言交流；区政协综述会议期间委员们的建言献策情况。杨学鹏对委员们建言献策给予高度评价，认为建议分析深刻、观点独到，提出的新思路、新举措具有针对性和实践性，对区委区政府科学决策、破解发展中的热点难点问题具有重要参考价值。

同日，区政协一届四次会议举行第三次全体会议，区四套班子领导应邀出席。区政协副主席王开琳主持。会议表彰一届三次会议33件优秀提案以及82名参政议政积极分子，听取区政协一届四次会议提案征集情况的报告，审议通过区政协一届四次会议决议。区政协主席王隆京在闭幕讲话中号召全体政协委员增强责任意识，发挥协调联系、汇聚力量、建言献策、服务大局的积极作用，为促进鼓楼发展提出意见和建议；围绕区“十三五”规划纲要，主动履职，积极建言，为争创首善之区、建设幸福鼓楼作出新贡献。会议完成各项议程。

【区政协一届常委会议】 2016年，区政协召开一届常委会议6次。

第十五次常委会议于1月6日召开。区政协主席、副主席、秘书长及常委出席，区政协各专委会主任和街道政协工委主任列席。区委副书记陆敏、区纪委常务副书记朱建宁、区委宣传部副部长范利云应邀参加。区政协主席王隆京主持。会议分别听取全区慈善事业发展情况通报、全区党风廉政建设情况通报和全区精神文明建设情况通报；协商讨论区政协一届四次会议筹备工作、会议议程（草案）、日程（草案）、常委会工作报告和提案工作报告；协商通过委员调整工作，一届四次会议执行主席、秘书长人选建议名单，一届四次会议表彰参政议政积极分子名单和优秀提案名单。

第十六次常委会议于1月14日召开。会议听取15个委员组对区委书记杨学鹏讲话、区政协常委会工作报告、区政协常委会提案工作报告、区政府工作报告及其他报告讨论情况汇报；协商通过区政协提案委员会关于区政协一届四次会议提案初步审查情况的报告（草案）及区政协一届四次会议决议（草案）。

第十七次常委会议于3月23日召开。区政协主席、副主席、秘书长及常委出席，区政协各专委会和街道政协工委主任列席，政协主席王隆京主持。会上，传达学习全国、省市政协相关会议精神；通报提案立案及交办情况；审议通过《区政协2016年常委会工作要点》。

第十八次常委会议暨“一府两院”政情通报会于8月9日召开。政协主席王隆京、党组书记周文中，副主席周越古、王开琳、杨秀英及区政协常委、专委会主任等出席。会上，区长刘军、区人民法院院长衡阳、区人民检察院检察长杨建萍分别向与会委员通报上半年主要工作情况及下一步工作打算。

第十九次常委会议于11月10日召开。政协主席王隆京，副主席周越古、王开琳、张尊建、杨秀英，秘书长李增平、副秘书长万贵祥、彭广军及区政协常委出席，区政府办主任林建、各街道政协工委主任列席。会上，区政府办汇报2016年提案办理情况及一届政协以来全部提案办理情况。区政协提案委主任就提案工作情况作说明，部分政协委员围绕区政府提案办理工作提出意见和建议。会议根据区委提名，协商通过区政协系统相关人事任免安排；王隆京介绍政协换届筹备相关情况，着重介绍新一届委员协商推荐程序。

第二十次常委会议于12月22日下午召开。会议听取区纪委关于全区党风廉政建设情况通报；听取区委统战部关于区政协二届委员提名情况及建议名单汇报。协商决定区政协工作机构调整及相关人事任免；审议并通过区政协二届一次全会的议程和日程、区政协一届委员会常委会工作报告和提案工作报告以及2016年度优秀提案表彰名单；书面审议区文明办关于全区精神文明建设情况通报。常委们讨论大会议程、日程以及两个工作报告，提出意见和建议。会议要求政协办公室根据常委意见建议修改两个工作报告，并按程序办理有关人事任免事项。区政协主席王隆京、党组书记周文中，副主席周越古、王开琳、张尊建、沈桂明、甘卫华以及秘书长、副秘书长、各专委会主任、各街道政协工委主任参加会议。

【区政协一届主席会议】 2016年，区政协召开一届主席会议7次。

第三十三次主席会议于3月16日召开，会议围绕鼓楼区人力资源和社会保障工作开展视察调研。区政协驻会主席，区委常委、区政府副区长周文中，区政协正副秘书长、相关专委会主任及部分政协委员参加调研。与会人员参观服务大厅、就业管理中心、社会保险征缴和劳动监察仲裁等各个业务处室现场工作，听取区人社局局长张国强工作汇报。与会委员就社会养老保险征缴等问题，与具体承办单位探讨交流。

第三十四次主席会议于4月12日召开，视察调研全区文化工作，区政协主席会议成员、部分政协委员参加。与会人员视察区云谷山庄社区文化场所、宁海路海洋馆、将军馆、颐和路12片区的文化活动开展情况和建设情况；听取区文化局近年来全区文化工作情况及年度工作安排。委员们就增强社区文化工作活力、提高公共文化服务水平、加强文化阵地建设、提高文化队伍领导水平等方面提出意见和建议。

第三十五次主席会议于5月25日召开。主席会成员视察中国电科院南京分院、南京海纳医药科技股份有限公司等科技企业，了解企业科技创新工作成果以及遇到的困难。听取区科技局关于全区科技工作情况汇报，与会委员就留住区内科技创新型企业、加强企业有效服务、搭建知识产权交易平台、多渠道为中小企业融资等问题与区科技局领导交流，并提出意见建议。

第三十六次主席会议于8月24日召开，视察调研委员提案办理工作。区政协主席会议成员、区政府副区长童晓佳、相关专委会主任及颜祥林、巢璐、曹伟、高珍、潘宁5位区政协委员参加。与会人员视察铁路北街186号江苏纸联楚宜回收站，了解再生资源利用情况，察看郑和南路白云亭文化艺术中心附近高架桥路段隔音屏建设情况、三汊河道胜堂日常工作开展情况。座谈交流中，区商务局、区民宗局分别汇报各单位近年来工作开展情况及提案办理情况，区政协提案委还就全区提案办结情况作相关介绍和说明。5位委员对各单位提案办理情况表示满意，并提出相关建议和意见。

第三十七次主席会议于10月27日召开。政协主席王隆京、副主席沈桂明，区领导张发轩，区政协正副秘书长和部分委员参加。与会人员参观苏宁睿城社区服务中心，对现代化程度高、综合性服务好的苏宁睿城社区中心赞不绝口。在人防指挥中心，观看人防教育宣传片，近距离了解人防事业发展历程和辉煌成就。

第三十八次主席会议于11月29日下午召开。与会人员视察华宏A第二十九中学分校以及保障房项目文景花园的建设与运行情况，听取区发改局关于鼓楼区2016年为民办实事重点项目实施情况的汇报，了解为民办实事项目进展情况。与会人员肯定区政府2016年为民办实事项目所取得的成效，并希望坚持为民务实导向，继续关注教育、医疗、保障房安置等民生问题。

第三十九次主席会议于12月22日上午召开，听取区委统战部关于区政协二届委员提名情况及建议名单的汇报。审议通过区政协二届一次全会的议程和日程；审议并原则通过区政协一届委员会常委会工作报告和提案工作报告；审议确定2016年度优秀提案表彰建议名单。会议要求政协办公室根据主席会意见再次修改两个报告，并将上述事项提请政协第二十次常委会议审议通过。（刘　浩）

视察活动

【视察伍佰村危旧房改造项目】 5月17日，区政协组织部分委员视察伍佰村危旧房改造项目。了解房屋征收进展、房源安排、群众反映等情况，对该项目征收过程中的全流程“七个公开”以及民政救济同步跟进等做法给予肯定；部分法律界委员与征收负责人交流房屋征收过程中遇到的法律问题。

【视察莫愁新寓小学】 10月14日上午，区政协教卫文体委部分委员参观视察莫愁新寓小学，区政协副主席周越古、教卫文体委主任罗瑛应邀参加。委员们一行观看学生课间的特色啦啦操表演，参观校园大舞台、园林角、书法园、童诗社和休闲吧，查看心理咨询室、科学实验室和多功能教室，并与学生们一起进行学校特有的“雕版画”制作互动。

【视察公安鼓楼分局】 12月1日下午，区政协主席王隆京、副主席周越古、王开琳一行视察公安鼓楼分局工作。王隆京一行先后到仙霞路社区警务室、龙江警务站、分局行政服务中心、DNA刑事技术中心、大数据情报指挥中心等地，了解社区技防、社会面巡防、窗口服务、刑事技侦以及大数据指挥调度等公安警务工作；听取公安工作和机关作风建设情况汇报。座谈中，部分委员提出意见建议。

【政协委员大视察活动】 12月27日下午，区政协组织全区政协委员开展大视察活动。区领导王隆京、周文中、陈平、陶顺生、周越古、王开琳参加。全体委员乘车从区政府出发，分两条线路先后视察环境综合整治示范区（北京西路）、模范西路小区二次供水改造项目、清江河整治现场、银城红日养老院、文景花园保障房建设、下关科创特别社区、第二十九中学幕府山初级中学、南邮e联u盟等地。委员们边走边看边议，切身感受该区新变化。

（刘　浩）

调研与交流

【鼓楼铁北片区发展调研】 3月1日上午，区政协召开推进鼓楼铁北片区发展调研课题组会议。区政协主席王隆京、副主席王开琳，课题组成员市规划设计院院长张正康、省社科院财贸研究所所长孙克强、省城市发展研究所副所长崔曙平、区政协办公室主任万贵祥、区住建局工委书记徐晓华、小市街道工委主任仇建军、区发改局副局长张珂、区政协人口资源环境（城市建设）委员会副主任高庆等参加。

7月27日下午，区政协推进鼓楼铁北片区发展课题组再次讨论调研报告。就鼓楼铁北片区交通改善、环境提升、公共服务、产业选择等问题交流意见，并提出建议，进一步完善调研报告，向区委区政府建言献策提供有力支撑。

【重庆北碚区政协到区调研】 3月15日，重庆市北碚区政协副主席黄万成一行到区调研名人故居保护与利用。区政协副主席周越古、办公室主任万贵祥、文史委主任范利云陪同调研。调研组实地参观颐和路12片区、扬子饭店等民国建筑，双方探讨和交流重要民国建筑保护和利用及历史文化街区的发展工作。

【王隆京率团赴墨竹工卡县考察】 6月13～18日，区政协主席王隆京受区委委托，率区委常委、统战部部长丁健生，区人大常委会副主任蓝绍森，副区长张凯等区四套班子领导代表团赴拉萨市墨竹工卡县学习考察并看望慰问援藏干部。代表团与墨竹工卡县四套班子领导交流座谈，听取墨竹工卡县经济社会发展及南京市援建工作情况介绍。王隆京代表考察团一行对墨竹工卡县在全面实施“三大民生工程”和“六大发展战略”过程中,经济社会发展所取得的成就表示祝贺;高度赞赏墨竹工卡县地域辽阔、资源丰富,始终保持良好的发展态势;对援藏干部克服个人及家庭困难,和当地干部、群众一道共同为加快地区经济社会发展所作出的贡献表示由衷钦佩。考察团代表区委区政府向墨竹工卡县捐赠援建资金 50 万元。

【浙江省苍南县政协到区调研】 7 月 28 日,浙江省苍南县政协副主席黄邦领一行到区调研政协委员队伍建设管理和委员换届工作。区政协副主席王开琳、副秘书长满在理陪同调研,双方探讨和交流发挥委员主体作用,加强委员队伍管理等工作。 (刘　浩)

民主党派

【概况】 2016 年,鼓楼区中国国民党革命委员会(民革)、中国民主同盟(民盟)、中国民主建国会(民建)、中国民主促进会(民进)、中国农工民主党(农工党)、九三学社、中国致公党(致公党)、台湾民主自治同盟(台盟)8 个民主党派设有基层委员会 4 个、总支 9 个、支部 93 个,党派成员 2357 人。党派成员在区人大中有 25 名人大代表;在区政协中有 1 名副主席、126 名政协委员。全区副处实职以上民主党派干部 29 人。是年,鼓楼区各民主党派基层组织,依据各党派组织特性,结合各自工作特点,开展调研视察、组织换届等特色工作。

【中国国民党革命委员会南京市鼓楼区总支委员会】 3 月 31 日,在区委统战部举行的“鼓楼区 2015 年度民主党派调研工作表彰大会”上,民革鼓楼总支主委许安秀作为民革总支代表领取相关奖项。民革鼓楼总支 12 篇调研报告获奖,其中总支副主委崔曙平的《南京建筑业发展调查与评估报告》获一等奖;《江苏省城市管理综合执法调研报告》《关于在城管执法中建立信息共享机制的调研与思考》等 11 篇调研文章获优秀奖;民革鼓楼总支获优秀组织奖。6 月 25～26 日,民革鼓楼总支与民革芜湖市委会部分支部共同开展“观故居,走多党合作之路”主题教育活动,推动两地友好总支交流学习。8 月 3 日中午,民革鼓楼总支主委许安秀率领总支部分成员,带着香皂、毛巾、风油精、花露水等防暑降温慰问品,赴幕府山街道开展“关爱环卫工人”活动,慰问奋战在高温一线的环卫工人,为他们送去一份关爱,一份清凉。

【中国民主同盟南京市鼓楼区总支委员会】 3 月 25 日下午,民盟南京市委在三宝科技集团举行首届青年盟员盟史知识竞赛活动,民盟鼓楼二总支派出以领队徐令和队员夏凌、王者权、龙章勇组成的代表队参赛,获竞赛二等奖。7 月 26 日下午,民盟鼓楼二总支召开 2016 年调研课题专题会议。主委杨秀英要求各支部盟员发动起来,积极参与配合,争取早日提交高质量的调研报告。8 月 16 日下午,民盟鼓楼二总支主委杨秀英带队,盟市委妇委会副主任刘敏、总支委员苏真和律师管京如赴区人民法院开展“帮扶单亲家庭、关怀他们的生活状况”调研。9 月 23 日,民盟南京鼓楼区基层委员会成立大会召开,区委常委、统战部部长丁健生,民盟市委专职副主委戴云,区委统战部副部长厉东芳,民盟市委组织处处长黄跃华、市委统战部党派处副处长郑晓伟出席。鼓楼区 100 余位民盟盟员代表参加。会议由黄跃华主持,大会宣布民盟南京鼓楼区基层委员会成立,邵蔚为主任委员。这是民盟在全市范围内成立的第一个基层委员会,下设民盟鼓楼一总支和民盟鼓楼二总支,直属民盟南京市委。10 月 30 日上午,民盟鼓楼医院集团支部 12 位盟员,在民盟鼓楼区基层委员会主委邵蔚和副主委戴玉田的带领下,驱车百余公里,前往南京市儿童福利院高淳分院为孤残儿童义诊。

【中国民主建国会南京市鼓楼区总支委员会】 7 月 22 日,民建鼓楼五支部、二支部与区金融办共同筹划,江苏泰和律师事务所主办“拟挂牌企业法律、税务实务分享会”企业服务活动,吸引驻区 50 余家拟上市企业的老总及高管参与,受到与会企业称赞和肯定。10 月 20 日,民建鼓楼总支组织部分企业家及全体总支委员,赴重庆万州区开展“对口帮扶和慈善关怀”联系活动,实地考察投资环境和项目,并开展慈善关怀献爱心活动。鼓楼民建企业家实地考察万州经济开发区建设展览馆和高峰园区,参观鼓楼区支援建设的公共服务中心项目。现场举行慈善捐助仪式,总支主委黄艳捐款 1500 元,其他会员每人捐款 800 元,向孤寡和困难移民捐赠 1 万元现金及近万元的南京云锦围巾等慰问品。座谈会上,区发改局领导代表区政府转交 2016 年度援建项目资金。

【中国民主促进会南京市鼓楼区总支委员会】 1 月 18 日,民进南京工程学院支部委员焦良葆率 7 名青年教师,带着崭新的棉被及水果、鲜花,到戴家巷社区托老所,给那里的孤寡老人送去新年慰问。1 月 27 日,鼓楼民进第八中学支部、第五十中学支部参加由长阳花园社区党委举办的“温暖无限　互助有你”互助文化活动。该支部主动与社区党组织联系,共同筹划共建计划,多次深入小区、走进家庭,关注社区建设采集社情民意。4 月14 日下午,民进南京金陵汇文学校支部成立大会在金陵汇文学校会议室举行。任命丁晨为支部主委，杜开春为组织委员，平元超为宣传委员。市政协副秘书长、民进市委专职副主委陶琪，区委统战部副部长厉东芳，区教育工委书记柴耘，中共金陵汇文学校党委书记顾道红、校长张爱平，民进鼓楼基层委员会主委郇向飞、民进市委组织处处长李建富等出席会议。

【中国农工党南京市鼓楼区基层委员会】 4月9～10日，农工党血液中心支部赴寿县参观学习，了解寿县的抗战历程，学习抗洪抢险"模范战士"王永才烈士的光荣事迹，增强支部党员的节俭意识，营造风清气正的良好氛围。5月17日下午，农工党鼓楼二院支部与社区结对共建，组织医学专家在大方巷社区举办健康讲座并现场义诊。6月15日下午，农工党血液中心支部换届。农工党血液中心支部主委谈维主持会议，农工党南京市委秘书长庞玉梅、办公室主任杨帆出席。血液中心支部有成员12人，实到9人。按照支部选举程序，选举产生新一届支部委员会：主任委员谈维，副主任委员兼组织委胡文静，副主任委员（分管退休支部）张益红，宣传委员张正宝。6月17日下午，农工党鼓楼小教支部换届。支部有成员36人，实到26人。农工党南京市委秘书长庞玉梅、区委统战部副部长厉东芳、区教育局工委书记柴耘参加会议。按照支部选举程序，选举产生新一届支部委员会：主委陆东梅，副主委王义梅、陈佐华，组织委员王吉怀，宣传委员李锦莉。

【九三学社南京市鼓楼区基层委员会】 10月15日上午，九三学社鼓楼区一支社换届。九三学社鼓楼区基层委员主委刘晓晖主持会议，支社社员及九三学社南京市委员会专职副主委蒯建华、组宣处处长顾苑，区委常委、统战部部长丁健生，统战部副部长厉东芳参加会议。按照支部选举程序，选举产生新一届支部委员会：徐国建任主任委员，孔强卫、王金泽任副主任委员，刘扬、马淼任委员。11月6日，九三学社鼓楼区基层委员会联合挹江门街道，在铁路北街市民广场举办第28届"国际科学与和平周"走进社区活动。南京鼓楼医院、南京市儿童医院、南京市脑科医院数名专家现场义诊，宣传健康养生知识。鼓楼区一支社、二支社的律师社员现场开展法律咨询。

【中国致公党南京市鼓楼区总支委员会】 2016年，致公党鼓楼总支与中央门街道工委结对共建以来，心系社区困难群体，再次发动党员缴纳特殊党费，帮助社区困难归侨侨眷。1月22日上午，致公党鼓楼总支委员走访慰问工人新村社区两户困难侨眷家庭及天正和鸣社区一户困难归侨家庭。3月4日下午，中央门街道观音里社区党委联合致公党鼓楼综合支部的党员开展"传承雷锋精神·参与志愿服务"活动，为市民提供城市管理、医疗咨询、血型检测、法律咨询、心理咨询等服务项目。6月8日上午，区政协委员、致公党鼓楼总支委员叶青与区禁毒办、公安鼓楼分局禁毒大队人员，到中央门街道戒毒康复办公室，实地调研"提高街道专职禁毒社工待遇及加投人身意外伤害保险"提案办理落实情况。12月7日上午，致公党鼓楼总支与区统计局开展对口联系活动，致公党主委王琦明介绍致公党鼓楼总支工作情况，区统计局局长谢秋平介绍区统计局工作职能。双方协商2017年两支部联合调研课题的总体思路。

【台湾民主自治同盟南京市鼓楼区支部委员会】 1月17日下午，台盟鼓楼支部联合中央商场山西路店走进结对共建社区——劝业路社区，给该社区10户困难家庭送去大米和食油，并组织书法家为该小区居民写"福"字送春联，受到社区居民欢迎。

（陈　宇）

5月17日，农工党二院支部在大方巷社区举办名医进社区健康讲座

工商联

【概况】 2016年，鼓楼区工商业联合会（简称区工商联）立足城区特点，以"党组为核心、执委会为表率、商会为主阵地、青企会为生力军"，推进各级组织建设，扩大统战工作向商会的有效覆盖，形成"思想联心、组织联合、制度联建、活动联办、党建联动"工作局

面，各项工作力争先进，先后被授予2015年度省工商联系统先进集体、"全国'五好'县级工商联"。区工商联所属的南京钢贸商会、鼓楼路桥商会被授予2015年度全省工商联商会组织先进集体。区工商联的社情民意、信息宣传工作均获得全市工商联系统一等奖。

【区工商联一届四次执委会】 1月22日下午，区工商联(总商会)召开一届四次执委会议。区委统战部副部长、工商联党组书记张敏主持。区工商联主席、总商会会长郭金东总结2015年工作，部署2016年主要任务。区工商联专职副主席牛维祥通报会费收支情况。区人大常委会副主任刘人通报鼓楼区"五个文明"建设发展情况。区政府副区长王红代表区委区政府肯定工商联工作。

【探索"互联网+"培训模式】 3月起，区工商联探索"互联网+"培训新方式，整合执委企业资源，借助"微课"形式，开展有针对性培训，增强地区非公有制经济代表人士"互联网+"理念，提高经营管理水平，促进相互交流与学习，助推企业转型与发展。

【调研浙江小微企业商会】 3月23日上午，区委常委、统战部部长丁健生，副部长、工商联党组书记张敏，区工商联专职副主席牛维祥率队到浙江小微企业商会调研新形势下商会组织建设发展状况。在参观商会办公场所及浙江微商滨江商务区后，听取浙江小微企业商会会长朱建红、党支部书记叶建铜关于商会运作情况介绍，了解存在的困难，肯定其发展成绩。

【鼓楼"科创企业税收服务联盟"成立】 3月29日，鼓楼国家大学科技园管委会联合区工商联、鼓楼国税局、鼓楼地税局，在江东软件城举办高新技术企业税收优惠政策专题培训会，并举行"科创企业税收服务联盟"揭牌仪式，来自全区各园区80余家企业的上百名代表参加会议。区工商联专职副主席牛维祥带队，组织8家企业见证了该活动。新建立的科创企业税收服务联盟通过建立三大机制（快速响应机制，对接"营改增"；便捷办税机制，服务更添"获得感"；深度合作机制，提升效能"1+1+1>3"）助力企业发展，为科技创新创业企业提供便捷的办税服务。此外，区税务部门通过建立定期调研走访制度，主动收集政策执行中存在的问题和经营发展中的诉求，及时向上级部门反馈政策执行情况，帮助企业化解税收风险，确保税收政策落到实处。

【"和谐劳动关系进园区"活动】 3月30日，鼓楼区协调劳动关系三方委员会成员单位区人社局、区总工会、区工商联，会同下关科技创业特别社区，共同举办"2016首善鼓楼和谐劳动关系进园区送法活动"。区委统战部副部长、工商联党组书记张敏参加。区劳动就业管理中心、区社会保险管理中心、区劳动保障监察大队、区劳动人事争议仲裁院和区人社局劳动关系科、社会保险科等相关科室派出业务骨干，围绕就业创业政策、社会保险经办、劳动保障维权、员工申诉与劳动争议处理、工伤保险认定、工资集体协商等方面集中授课，案例分析与现场互动相结合，旨在构建规范有序、公正合理、互利共赢、和谐稳定的新型劳动关系，依法推动劳动保障法律法规和规章的贯彻实施，规范用人单位劳动用工行为，维护劳动者合法权益。4月8日下午，"首善鼓楼和谐劳动关系进园区"第二期活动在源泉科技园区举办。区劳动就业管理中心、区社会保险管理中心、区劳动保障监察大队、区人社局调解仲裁科、社会保险科、法制监察与劳动关系科6个部门负责人为企业宣讲政策，内容涉及就业创业优惠政策、企业社会保险经办及年度基数申报、企业劳动纠纷的处理及劳动保障书面审查、如何规范企业人事管理及降低劳动争议风险、工伤认定的相关政策、企业签订集体合同等。到会企业40余家，其中青年大学生企业15家，现场发放劳动法规宣传资料40余份。

【鼓楼青年创业大讲堂】 4月20日下午，区委统战部、区工商联、区青企会主办，鼓楼国家大学科技园管委会、区科技局等单位协办的"鼓楼青年创业大讲堂"首场活动举行。区委常委、统战部部长丁健生，区政府副区长王红，以及有关部门领导、基层商会部分会员100余人参加。区青企会执行会长冯强主持，会长于辉致辞，丁健生、王红为"鼓楼青年创业大讲堂"揭牌。活动邀请五星控股集团董事长汪建国主讲《互联网下传统企业转型的实践与思考》。邀请青企会3位理事分享经验：北京市高朋(南京)律师事务所管理合伙人张金岭的《企业法律风险防控》；南京九致信息科技有限公司总经理丁艳的《企业如何对待知识产权》；小鱼儿网董事长冯强的《我和小鱼儿的故事》。江苏青创空间企业管理有限公司总经理王薇介绍鼓楼区青创空间情况。

【基层商会秘书长会议】 5月6日上午，区工商联召开全区基层商会秘书长会议，全区30多位商会秘书长及秘书参加。区工商联专职副主席牛维祥宣讲《中国共产党统一战线工作条例(试行)》，学习传达总书记习近平参加全国政协十二届四次会议在民建、工商联界委员联组会的讲话精神。各商会秘书长交流情况；区民政局社会组织科科长张东升讲解商会社团注册登记等政策规定。区委统战部副部长、区工商联党组书记张敏布置处置和清理非法集资的有关工作。

【黄荣到区调研】 5月17日，全国工商联专职副主席黄荣一行到鼓楼区，专题调研"国务院促进民间投资政策措施落实情况第三方评估工作"，考察区工商联主席单位江苏金浦集团。参观金浦化工园，着重了解金浦集团年内投资情况，肯定企业积极转型升级、加快"走出去"发展取得的成绩。市委统战部副部长、市工商联党组书记毛卫华，市工商联副主席钱卫冰，区委常委、统战部部长丁健生，副部长、工商联党组书记张敏陪同调研并座谈。

【鼓楼区企业家大讲堂】 5月26日，"鼓楼区企业家大讲堂"暨工商联执委三四联组活动在下关特别社区星火众创工厂举行。区委统战部副部长、工商联党组书记张敏，专职副主席牛维祥，飞元集团董事长侯军，副主席汤建华等26名执委参加。张敏主持并介绍工商联全年活动安排和开展"精准服务"的打算。省人大代表、区工商联副主席、飞元集团董事长侯军介绍企业"走出去"赴德国发展情况以及对外投资发展的体会；区国税局副局长严维国介绍"营改增"有关政策和实施中应注意的问题；南京紫米网络科技有限公司董事长孙刚介绍企业产品；美国旧金山湾区管委会驻南京办事处介绍商务活动的对接情况。

【基层商会会长沙龙】 7月5日，区委统战部、区工商联在黄河大厦举办首次基层商会会长沙龙，全区20多家基层商会会长参加。该沙龙是继市工商联商会会长沙龙之后，首个区级工商联举行的活动。市工商联副主席郑德巍、会员处处长黄国平，区委常委、统战部部长丁健生应邀出席。区委统战部副部长、工商联党组书记张敏主持。区工商联专职副主席牛维祥传达总书记习近平3月4日重要讲话精神，学习《中国共产党统一战线工作条例(试行)》有关精神。市中小企业服务中心主任丁波介绍政府对中小企业扶持政策的有关内容和申报方式。在互动交流发言中，各位会长围绕"如何当好会长"，畅谈商会发展情况、特色做法、心得体会，并讨论相关扶持政策实际落地、让企业得实惠等热点话题。张敏布置下半年商会换届、民政注册、星级商会创建等工作。郑德巍肯定此次活动的意义和成效，希望该区基层商会经常交流，相互学习提高、资源共享、促进合作，加强自身建设，积极创建"五有五好"基层商会。丁健生对会长们提出3点希望。

【"五好"工商联调研会】 9月19日，全国工商联会员部到鼓楼区工商联召开专题座谈会，开展"领导班子好、会员发展好、商会建设好、作用发挥好、工作保障好"的"五好"县级工商联建设情况调研。全国工商联会员部组织处副处长薛葵等人，省工商联会员处调研员杨春清、黄丽娟，市工商联党组成员、副主席钱卫冰等人，南京市7个区工商联有关负责人参加座谈。各区汇报各自创建的做法和经验、存在的困难和问题，并交流深化建设的设想和思路。薛葵表示，南京市"五好"县(区)工商联建设工作抓得好，力度强，把此项工作放在突出位置，抓在手上、放在心上，有很多创新做法和经验值得好好梳理。

【执委企业获市级文明单位称号】 10月，南京市精神文明建设指导委员会发文，通报表彰2013～2015年度市级文明单位、文明社区、文明村镇。辖区苏宁环球、南京汽轮电机集团、下关城市建设开发、巨鲨显示科技、奥派信息产业、新城市商业置业、大千生态景观7家区工商联执委企业获"市级文明单位"称号。

【执委创投中心落户南邮科技园】 11月1日，区工商联副主席单位飞元企业集团创投中心正式入驻南邮国家大学科技园。南京邮电大学副校长颜晓红，区委常委、统战部部长丁健生，飞元企业集团董事长侯军，区工商联党组书记张敏，以及区金融办、区科技局、中央门街道工委、鼓楼高校科技园管委会、区青企会、南财大科技园、南工大科技园、长江科技园等部门和企业领导参加揭牌入驻活动。

【非公有制经济代表人士综合评价联席会】 11月14日鼓楼区召开非公有制经济代表人士综合评价联席会。市委统战部经济处主任孔若飞、全区非公有制经济代表人士综合评价工作领导小组15个成员单位领导及联络员参加会议。会上，孔若飞传达有关文件精神，介绍开展非公有制经济代表人士综合评价工作的有关要求。区委常委、统战部部长丁健生出席会议并提出3点要求：提高做好非公有制经济代表人士综合评价工作重要性的认识；增强全局观念，建立健全各部门齐抓共管的工作协调机制；把握标准，确保按时保质保量完成工作任务。

【产学研交流对接会】 11月30日，南京鼓楼国家大学科技园管委会、区工商联、区科技局与南京大学联合举办产学研对接交流活动（校企双向行活动）。此次活动以"创新驱动、合作共赢"为主题，旨在发挥驻区高校科教资源优势，继续深化校企产学研合作，帮助鼓楼区企业不断提升自主创新能力。50余家电子信息、软件开发、物联网等领域的企业在活动现场与南京大学人工智能技术、大数据技术、图像及视频处理技术等领域的专家面对面交流，咨询企业技术难题，探讨产学研合作路径，并初步达成合作意向。

（牛　勇）

侨联台联

【“华侨华人创新创业服务中心”成立】2月23日，鼓楼区华侨华人创新创业服务中心（简称“中心”）揭牌仪式在下关科技创业特别社区“星火众创工厂”举行。省侨办副主任徐开信，市侨办副主任谈德荣，区委常委、统战部部长丁健生共同揭牌。省市区相关部门负责人和鼓楼区华侨华人企业代表出席揭牌仪式。中心的成立是该区侨务工作进园区的一项探索，中心依托“星火众创工厂”为载体，为回国创业的华侨华人提供办公基本配套、产业扶持配套、企业开办等项服务，让华侨华人回国创业更加顺利、高效。揭牌仪式后，徐开信一行参观下关科创特区和星火众创工厂，并与园区华侨华人创新创业代表交流。

【丁健生率团赴台考察交流】4月，应台湾海峡两岸民间交流协会邀请，区委常委、统战部部长丁健生率团一行6人，赴台进行为期6天的考察交流。在台期间，考察团先后参观考察在区注册投资的台资企业南京康轩文教集团台北总部及康桥双语学校新冈校区、妈祖祭祀场所镇澜宫等单位，并与新北市永和区公所对口交流。考察团一行受到台湾方面欢迎，双方交流和探讨学校教育理念、教学管理、基层管理与服务等方面工作，深入了解台湾地区文化教育、妈祖民间信仰、社会管理与服务工作，受益匪浅。

【康轩文教图书有限公司捐书助学】辖区企业南京康轩文教图书有限公司开发的《科学小超人》是一套以生活化的科学实验带领孩子动手操作的儿童学习宝盒，孩子可以读、可以玩，体会自己动手做的乐趣，是台湾地区基础教育的品牌产品。4月1日～5月29日，南京凤凰书城、市关工委、团市委、南京康轩文教图书有限公司共同举办“希望来吧”公益捐书活动，给南京市“希望来吧”14个据点的小朋友送去资源丰富的图书。该活动在南京各大幼儿园以及小学校园中推广，只要参与者捐出3本儿童读物，则可以换取一本全新的《科学小超人》学习宝盒以及《科学小超人》代金券100元。

【台湾新北市永和区代表团到区考察】5月9～10日，台湾新北市永和区里长联谊总会副总会长许承炀一行24人到鼓楼区参观考察。10日下午，新北市永和区保安里、秀林里分别与鼓楼区丁山社区、石头城社区举行友好社区（里）签约仪式，结为友好社区。双方结对签约，加强在社工、志工团队服务建设、扶贫帮困、慈善救助、环境保护等方面交流，特别是促进宁台两地基层民众的交流，共同为两岸和平发展作出贡献。台湾新北市永和区代表团还参观丁山社区以“一站两馆五中心”为主体的为民服务工作阵地。

【央媒记者团考察丁山社区侨务工作】5月26日，央媒记者团一行20人到丁山社区参观考察。省侨办副主任杜伟，市侨办副主任谈德荣，区委常委、统战部部长丁健生，副部长、区侨办主任厉东芳等陪同考察。央媒记者团一行参观社区侨务宣传橱窗和以“一站两馆五中心”为主体的侨务工作阵地，观看“侨馨影院”播放的涉侨电影，听取社区侨务工作情况介绍，对社区近年来开展特色侨务工作给予高度关注。

【澳大利亚珀斯市招商团到区参观访问】6月12日，澳大利亚珀斯市副市长詹姆斯带领招商团一行到区参观颐和路民国文化街区。6月14日，区侨办牵头举办“南京鼓楼－珀斯企业交流洽谈会”。西澳大利亚州首府珀斯市副市长James Limnions带领企业代表团一行23人及驻区企业家近百人参加洽谈会，区政府副区长童晓佳、市侨联党组书记周雯及省市侨办相关领导出席。周雯、珀斯市副市长James Limnions先后就推进南京—珀斯经贸合作发表讲话；区商务局推介区域投资环境及产业发展情况；澳方

6月14日，区侨办牵头举办“南京鼓楼—珀斯企业交流洽谈会”

企业代表进行项目路演并与驻区企业开展一对一交流洽谈。南京市与珀斯市于1998年结为友好城市。此次活动是珀斯市首次派企业代表团到鼓楼区考察。

【蒋根煌到区参访】 8月22日,台湾新北市新庄区里长联谊会一行在新北市议长蒋根煌率领下到鼓楼区参访。先后参观阅江楼、天妃宫、挹江门街道丁山社区,参观以"一站两馆五中心"为主体的社区服务工作阵地。代表团对社区硬件设施、管理理念、服务内容及《丁山社区报》赞不绝口。区委常委、统战部部长丁健生,副部长、区台办主任厉东芳,挹江门街道工委书记石英参加座谈交流。双方表示加强联系,互相学习借鉴好的工作方法。

【新北市议员率团到区访问】 10月18日,台湾新北市议员连裴璠一行18人到区参观阅江楼景区。客人们登上阅江楼,被阅江楼恢弘的气势、精美的设计所折服。代表团一行听取关于南京的介绍,对南京、对中国的历史文化产生浓厚兴趣。区有关负责人还向客人们介绍鼓楼区的区位优势,并与他们交流社区管理中的热点问题,希望两岸交流交往不断增加,不断深入。

【"凝侨心聚侨力共圆中国梦"活动】 11月8日,区侨联、中央门街道主办的"凝侨心聚侨力共圆中国梦"——纪念中国侨联成立60周年活动在三牌楼社区市民广场举行。区委统战部副部长、区侨台办主任厉东芳,中央门街道工委书记翁晓泳、副书记史国以及区侨联部分委员出席。厉东芳介绍区侨联近年来所取得的成绩,并表示将进一步解放思想,拓宽工作思路,创新工作举措,提升工作水平,打造工作亮点,通过整合资源,凝心聚力,多措并举,协调推进,促进全区侨联工作再上新台阶。社区文艺团体吉祥艺术团为在场归侨侨眷和居民表演节目。

【为台服务汇报】 11月28日,区台办主任厉东芳受区政府委托,在区第一届人大常委会第四十五次主任会议上作《区政府关于为台服务工作的情况汇报》。汇报内容:发挥鼓楼区资源优势,开展文化宣传服务;搭建服务平台,助推台资企业发展;主动协调解决实际困难。区人大常委会主任王根宝肯定区对台工作在宣传政策、挖掘资源优势、开展交流联络、维护台商权益等方面所取得的成绩。对下一步台办工作提出要求:坚持围绕大局,提升为台服务工作重要性的认识;优化发展环境,加强与台经济领域的交流和合作;挖掘对台交流资源,提升服务水平和实效。

【市侨办调研区侨务工作】 12月20日,参加全市侨务工作务虚会的市侨办领导以及各区侨办主任一行30人,在市侨办主任王薇带领下,到鼓楼区参观挹江门街道丁山社区侨务工作阵地、归国留学人员创业企业江苏吉锐生物技术有限公司,听取鼓楼国家大学科技园"搭建平台,为华侨华人创新创业营造温馨家园"情况汇报。区委常委、统战部部长丁健生陪同调研。

(童　萍)

【侨联工作获殊荣】 2016年,宁海路街道仙霞路社区被国侨办授予2016年度全国社区侨务工作明星社区;鼓楼国家大学科技园被授予2016年度全国社区侨务工作示范单位。区侨办被省侨办授予江苏省侨务工作示范单位;湖南路街道云南路社区被省侨办授予江苏省社区侨务工作示范单位。江苏吉锐生物技术有限公司获中国侨联第六届新侨创新创业"中国侨界贡献奖(创新人才)"殊荣。

(曹秀林)

人民团体

总工会

【概况】 2016年,鼓楼区总工会紧盯制约工会工作创新发展的难点、堵点、热点问题,切实履行自身职能、响应党政需求、呼应职工诉求,立足当下、谋划长远,团结带领全区广大职工为建设"首善之区、幸福鼓楼"作出新贡献。

工会组织规范化建设有新进展。年内,6个街道成立总工会,7个街道总工会完成换届工作;工会信息服务管理平台建设进展顺利,全区工会组织架构愈加合理和规范,为工会工作"普惠职工会员"打下良好基础。至年底,全区有基层工会1304家(其中独立基层工会1096家,联合基层工会208家),基层工会涵盖单位9177家,工会会员18.04万人。

工会维权工作有新进步。高温时节,区总工会为全区19家单位6700余名职工发放防暑降温物品48万元;全年发放要约书2300余份,协助签订工资集体合同和集体合同900余份,涵盖企业7000余家。签订区域、行业工资集体协商合同20份,涵盖企业3756家;为53件劳动纠纷案件提供法律援助。女职工权益保护专项合同与集体合同同步签订率100%,女职工参与协商率100%。

职工帮扶济困有新成效。全年筹集资金60.2万元,帮扶困难职工近300人次;筹措资金82.5万元,为全区1.45万名一线职工和困难职工办理康惠意外伤害等保险,在会参保赔付177人次,赔付总额37万余元。

推进创业、创优新举措。组织参加全市"大众创业、万众创新"立功竞赛活动,鼓楼区1人被评为2016年度首批扶持创业创新先进个人;区总工会被评为南京市“安康杯”竞赛优胜单位；参加市职工职业（行业）技能大赛女职工信息应用技能竞赛，区女职工代表队获得第四名。举办（联办）招聘会3场，累计达成就业意向1000余人；为27名创业者提供创业贷款286万元。全年创业带动再就业1000余人，区内有18家企业入选南京市创业创新二次创业基地，6人编入《南京市总工会百人创业实录》。

职工文化建设有新成绩。区总工会组队参加南京市第21届运动会，获得职工部综合奖一等奖和体育道德风尚奖，在区县工会中总成绩排名第一。联合区体育局、区级机关工委举办羽毛球、乒乓球、篮球、游泳等竞技体育比赛、趣味运动会以及歌咏比赛，举办职工摄影展、职工征文、竞技体育等活动。是年，新增省级“职工省屋”1家、省级“书香企业”1家、市级“职工书屋”1家、市级“女职工周末学校”2家、“优秀阅读组织”2家。顺利启动鼓楼区职工文体活动中心建设工作，为2017年工会阵地建设提档升级打下良好基础。

【女职工读书活动】 3月起，区总工会在全区女职工中开展以“智慧女性、幸福家庭”为主题的“荐书、读书、品书、讲书”系列读书活动。各基层工会及女职工委员会利用品书会、读书征文、朗诵比赛、读书笔记展览、读书心得交流、好书点评等形式，促进读书活动不断深化，营造相互交流、共享乐趣的氛围。广大女职工踊跃参与读书活动，涉猎面广，涵盖文学、历史、经济、管理、哲学、时政等内容。活动中，女职工撰写读书笔记、心得体会，畅谈感悟，分享收获与快乐。活动开展4个月，收到女职工提交的读书征文290余篇，展现新时期该区女职工风采。

【爱心母婴室】 8月中旬~9月底，区总工会调研全区“爱心母婴室”工作，采取问卷调查和现场观摩两种方式，问卷覆盖5家母婴室，收到问卷400余份。从调研情况来看，母婴室运作良好，发挥应有功能；从长效化管理来说，事业单位明显好于企业单位。是年，配合市总工会“爱心母婴室”工作，鼓楼区新建2家“爱心母婴室”，为职业女性安然度过女性特殊生理阶段提供人性化温馨服务，切实维护女职工特殊利益。

【工会建设】 2016年，区总工会实施建会行动计划，召开13个街道工会专职副主席、工职人员专题会议，推进以“两新”组织为重点的25人以上、生产经营1年以上的非公企业的工会组建工作。全年新建独立工会72家，涵盖法人单位352家，新增工会会员5422人。

落实市总工会有关南京工会会员信息采集管理相关规定，结合该区工会实际，召开街道系统专门工作会议，制定相关实施方案，做好工会会员实名制信息采集工作，实名录入会员7.71万人，实名认证会员1.43万人。继续做好全总非公法人数据库建设工作。至年底，数据库建会率98.35%，职工入会率97.54%，农民工入会率99%，完成全年工作目标任务。

【模范职工之家建设】 2016年，区总工会以争先创优为抓手，激发基层工会组织活力。南京市天正小学、南京市第十二中学、南京华泰基础建设开发有限公司、香格里拉大酒店（南京）有限公司4家工会被评为市级模范职工之家；热河南路街道办公室工会小组、市实验幼儿园工会后勤小组、区级机关工会区工会机关小组、南京广厦置业（集团）有限公司天将项目部工会小组4家单位被评为市级模范职工小家。高国宁、朱翠萍、顾军获市优秀工会工作者表彰。

【工会队伍建设】 2016年，区总工会加强干部队伍建设，规范完善工会干部协管工作，完成全区13个街道工会主席、副主席增替补工作。完成省市总工会干部调训任务，参加培训17场136人次；开展工会会员信息数据和工会财务培训203人；组织工会女干部素质提升专项培训；开展新任系统、街道工会副主席、基层工会主席上岗培训受训51人。

【安康杯竞赛】 2016年，区总工会组织全区开展安康杯劳动竞赛活动，挑选249家企事业单位参加全市安康杯竞赛。南京双楼建设有限公司、区总工会、南京市天河实验寄宿学校被评为2015年度南京市“安康杯”竞赛优胜单位；南京海克医疗设备有限公司海克技术部、宁海路街道劳动和社会保障所被评为2015年度南京市“安康杯”竞赛优胜班组。

【关爱劳模】 2016年，区总工会分类分项统计全区劳模信息数据，规范全区175名劳模的信息库资料。组织发放劳模慰问金及困难劳模建档申报和补助金发放工作，全年发放金额30余万元。组织60余名劳模分两批赴无锡工人太湖疗养院疗养。组织全区2016年度省劳模和市五一劳动奖章双奖评选、表彰及宣传活动，全区4人评为省劳模，5人被授予南京市五一劳动奖章，1家单位被授予南京市五一劳动奖状。

【职工法律援助】 2016年，区总工会贯彻“绿色通道”精神，开展法律援助和宣传活动。至12月底，完成法援案件53件；参与4次广场法律咨询宣传活动，发放各类宣传书籍1200余册，制作展板5块。做好企业职工辞退报备工作，全年报备40余份，涉及职工70余人。接待处理来信来访11起。做好平安鼓楼创建工作，被区委区政府评为2015年法制建设先进单位。

【开展“四送活动”】 2016年，区总工会通过“四送行动”将关爱困难职工行动落在实处。“春送健康”行动：为300余名困难女职工送价值300元的妇科体检，计9万余元。“夏送清凉”行动：开展“2016年度志愿服务农民工系列活动”，为200名鼓楼环卫所困难民工保洁员或环卫工赠送保健清凉洗化用品“爱心包”；开展妇科、内科、口腔科、中医科等义务体检或咨询。“秋送助学”行动：为95个特困职工家庭孩子送助学金，计15.3万元。“冬送温暖”行动：为150余名困难职工每人购买120元医疗互助保险，为100名困难职工送10万元温暖资金和价值2万余元的节日大礼包。是年，上级下拨帮扶资金34万元，区财政配套资金11.48万元；本级工会经费投入资金10.78万元，从社会各界筹集帮扶资金4万元，专项资金实行全口径预算和决算，并严格预算使用。

【职业培训】 2016年，区总工会多渠道帮助困难职工实现再就业。依托快易洁家政有限公司进行家政培训，组织举办各类培训班5期，培训650人次；协调配合区就业管理中心组织电脑、电焊、家政等培训班8期；在“迎三八”“庆五一”“金秋助学”相关活动中，与区人社局、区妇联联合举办招聘会3场，达成就业意向1000余人。全年为职工提供就业信息2100余条，为职工提供就业咨询1790余人次，为下岗职工、进城务工人员和毕业大学生提供就业服务。

【女职工周末学校】 2016年，区总工会推进社区女职工周末学校建设，健全和完善工作内容，规范办学标准。通过赠送书籍、举办讲座、开展竞赛、组织培训等方式，促进女职工队伍整体素质提升。全年向基层女职工发放《女性健康知识手册》《和谐婚姻家庭指导手册》《低碳健康生活手册》《主妇营养师》等资料8000多本，举办女性健康生活、职场礼仪、美容、心理疏导等专题知识讲座2场，培训女职工700多人(次)；举办女职工工作业务、法律法规知识、职业技能等专题培训班2期，培训女工干部、女职工200多人次。全区36所市级女职工周末学校开展教学活动90场(次)，参与学习女职工5000多人（次)；新建2家市级周末学校。

【“中国梦·劳动美”主题宣传活动】 2016年，区总工会结合五一国际劳动节、省劳模评选和文明职工评比等工作，开展学习先进模范人物活动，宣传先进模范人物创业创新和无私奉献精神。是年，有4人当选省劳动模范，4人被授予南京市五一劳动奖章，1人获“南京市文明职工”称号，并通过新闻报道、网络媒体、事迹报告、图片展等广泛宣传。弘扬“工匠”精神，坚持聚焦基层一线的劳动者，重点展示他们的创新创造、“六小”革新和精湛技艺，举办“鼓楼区工会第三届摄影图片展”，收到摄影作品400余幅(张)，坚持把镜头聚焦到生产一线“工匠”们的精彩瞬间，受到职工称赞。

【职工文化活动】 2016年，区总工会坚持全区性活动与基层自身职工活动开展相结合，联合区体育局、区级机关工委举办包括羽毛球、乒乓球、篮球、游泳等4场大型体育比赛，做到每季度一场，每场参与人数500人左右。各基层工会组织结合自身特点和职工爱好，开展登山、走城墙、趣味运动会等活动百余场。组织参加南京市第21届运动会暨市总工会第15届运动会，获综合奖一等奖和体育道德风尚奖。

【职工文化阵地建设】 2016年，区总工会以职工文化阵地建设扩容提质为抓手，促进职工读书活动和书香企业的建设。全年新增市级“职工书屋”1家、“优秀阅读组织”2家。启动区职工文体活动中心建设工作，严格履行各项程序，坚持规范公平的市场化运作，完成前期调研论证、审批立项、功能规划、网上申报、代理甄选等工作，并进入工程设计。职工文体活动中心的建设，为全区工会阵地建设提档升级打下良好基础。 （牟蜀华）

共青团鼓楼区委员会

【概况】 2016年，共青团南京市鼓楼区委员会(简称团区委)各级团组织全力参与首善之区实践，融入幸福鼓楼建设，完成各项目标任务。年内，召开共青团南京市鼓楼区一届四次全委(扩大)会议、共青团南京市鼓楼区第二次代表大会、南京市鼓楼区第一次少代会、2015年度区级“青年文明号”考核验收工作会议等；先后接待天津团市委一行到“宝船社区·青少年之家”参观调研、美国青年领导人代表团一行到睿城社区青少年之家访问交流、拉萨创业青年及致富带头人代表团一行20余人赴鼓楼科技园参观考察。举办首届鼓楼“青年YOU创杯”创业创意大赛、南京市暨鼓楼区庆祝少先队建队67周年主题活动等。至年底，全区有基层团(工)委45个、基层团总支14个、基层团支部1061个、共青团员1.59万人。

【团区委一届四次全委（扩大）会议】 3月3日下午，团区委一届四次全委(扩大)会议召开，团区委委员、候补委员及各街道、系统、中学60余名团干部参加。大会以视频形式展示2015年全区共青团工作，表彰2015年度鼓楼区信息宣传工作先进单位、先进个人及优秀调研论文，机关工委团工委、南京市第十二中学团委、江东街道团工委作工作交流发言。团区委副书记邵睿作全委会工作报告，重点明确2016年总体思路和工作任务。会议审议并通过《共青团南京市鼓楼区一届四次全委会关于一届委员会委员、候补委员卸职递补确认案》。

【市少工委六届四次全委会在区召开】 3月24日，南京市少工委六届四次全委会在鼓楼区金陵汇文学校小学部报告厅召开。团省委少年部部长张志方、团市委副书记王慧、市教育局副巡视员杨林国出席。少先队专家顾问团、市级机关成员单位、各区少工委委员及部分骨干辅导员140余人参加。市少工委副主任何水作工作报告；杨林国肯定2015年全市少先队工作取得的成绩，并提出下一阶段开展少先队工作的意见。会议审议并通过中国少年先锋队南京市工作委员会委员和副主任卸职递补确认案。金陵汇文学校少先队员代表通过社团展示、情景剧表演展示少先队特色工作。大会上，金陵汇文中学被授予“五星级队室”及“优秀少先队集体”。

【天津团市委到区“宝船社区·希望来吧”调研】 3月31日上午，共青团天津市委员会（简称天津团市委）副书记李强率天津团市委考察团到鼓楼区“宝船社区·青少年之家”参观调研。团省委权益部部长陶莉，团市委副书记吕璟，团区委副书记邵睿、陈昕陪同接待。考察团先后参观青少年之家各个功能区，了解运作状况，观看成长微电影，并就新时期团建工作发展沟通交流。

【“青年文明号”验收工作】 4月18日，团区委召开2015年度区级“青年文明号”考核验收工作会议，并由团区委副书记陈昕牵头成立验收组，通过听取各单位汇报、查看创建资料等形式，检查验收18家区级青年文明号创建集体。会上，各创建集体结合自身特色就青年文明号形象标识、档案资料、文化建设、思想认识、青年活动开展情况等方面汇报和展示。验收组听取汇报，并与创建集体的青年代表座谈交流，在各单位自查的基础上，对创建情况现场打分，18家创建单位均验收合格。

【首届“青年YOU创杯”创业创意大赛】 4月26日，区科技局和团区委联合举办首届鼓楼“青年YOU创杯”创业创意决赛落下帷幕。来自驻区高校、青年创业团队的12个项目进入总决赛，决赛分视频展示、项目路演、专家点评3个环节，展示各创业团队的合作精神、项目优势和创业智慧。一分钟团队荣膺大赛一等奖，锐派体育、E合作社、延误宝等团队分获大赛二等奖、三等奖。

【少年先锋队鼓楼区第一次代表大会】 6月8日，少年先锋队鼓楼区第一次代表大会召开，团市委书记林武平、区长刘军、区人大常委会主任王根宝、区政协主席王隆京、区委副书记陆敏，区委常委、宣传部部长董伟等出席开幕式。大会听取并审议通过《系上红领巾　少年勇担当　为实现中华民族伟大复兴的中国梦时刻准备着》工作报告。林武平致辞，肯定鼓楼区少先队工作取得的优异成绩，勉励少先队员们早日成长为实现民族复兴和城市梦想的栋梁之才。刘军对全区少年工作者和少年儿童提出希望：胸怀远大理想，立志报效家乡；勤于学习探索，增强实践技能；锻造品德意志，弘扬时代新风。其间，全体代表与嘉宾欣赏“系上红领巾”主题汇报演出。

【美国青年领导人代表团到区访问】 8月19日，应全国青联邀请，美国德克萨斯州众议员戴德·费伦率美国青年领导人代表团一行8人到鼓楼区睿城社区青少年之家访问交流。团省委副书记王伟、区政府副区长王红等陪同访问。该访问团由“美国青年政治领袖理事会”组派，成员由美国民主、共和两党人士组成，涵盖州议员、政府事务高级主管、公共事务机构领导人。代表团一行参观社区综合服务大厅、青年社会组织孵化中心、青少年之家和自闭症儿童原生绘画室等，其间还进行“纸上行旅活字印刷”“航模社团”“面塑”“亲子白局”等项目互动。鼓楼区志愿者工作室的书法家们

4月26日，首届鼓楼“青年YOU创杯”创业创意大赛举行

现场手书一副"中美友善"作品赠送给美国代表团。

【拉萨创业青年及致富带头人代表团到区考察】 9月12日，拉萨创业青年及致富带头人代表团一行20余人到鼓楼科技园参观考察。团市委副书记石磊、团区委书记樊向前及鼓楼国家大学科技园工委副书记姜涛陪同。代表团一行参观考察园区江东软件城和入驻企业南京巨鲨显示科技有限公司。江东软件城招商部向代表团一行介绍软件城的总体规划、载体规模、产业方向、特色优势等基本情况。

【市暨鼓楼区庆祝少先队建队67周年主题活动】 10月12日下午，南京市暨鼓楼区庆祝少先队建队67周年"传承红色旗帜　争当先锋少年"主题活动在南京市金陵汇文学校举行，团市委书记林武平等嘉宾，与少先队员们共同参与此次盛会。现场长廊展出来自全区各校的百幅精美手抄报作品。活动现场颁发暑期"红领巾阅读成长活动"优秀组织奖及优秀征文作品一等奖、二等奖、三等奖若干名。同日，鼓楼区少工委在全市率先成立学校少工委，相关领导为首批成立校级少工委的20所学校现场授牌。

【团区委第二次代表大会】 11月14日，共青团南京市鼓楼区第二次代表大会召开。区委书记张一新、团市委书记林武平、区政府区长刘军、区人大常委会主任王根宝、区政协主席王隆京、区人大常委会党组书记陆敏，区政协党组书记、副区长周文中，区委副书记董伟，区委常委、组织部部长贾慧等领导出席大会开幕式。全区227名团员代表参加。林武平祝贺大会召开，肯定团区委近年来的工作成绩。团区委书记邵睿代表共青团南京市鼓楼区第一届委员会向大会作《改革不忘初心　创新继续前进　引领青年奋力抒写幸福鼓楼的跨越篇章》工作报告，选举产生共青团南京市鼓楼区第二届委员会。张一新向全区团员青年提出：希望青年与时代共奋进，树立首善、第一的高远志向；希望青年与区域同成长，成为幸福鼓楼栋梁之材；希望青年与历史相辉映，展示文明鼓楼精神风范；希望青年与未来齐跨越，争做创新鼓楼先锋楷模。区委副书记董伟、区人大常委会副主任蓝绍森、区政府副区长王红、区政协副主席周越古等领导出席大会闭幕式。

10月12日，南京市暨鼓楼区庆祝少先队建队67周年"传承红色旗帜　争当先锋少年"主题活动在南京市金陵汇文学校举行

【龙翔调研"青春·志部落"】 12月15日上午，市委常委、副书记龙翔调研区青少年之家"青春·志部落"，区委书记张一新、团市委书记林武平、区委副书记董伟陪同调研。龙翔一行参观位于青岛路社区的"青春·志部落"，听取团区委书记邵睿对志部落的运行流程、管理模式、特色项目及活动等方面介绍。他肯定"青春·志部落"工作，同时希望团区委利用阵地，发挥平台功能，为辖区更多青少年提供特色化服务。

【"鼓楼号"青少年综合服务平台打造】 2016年，鼓楼区升级打造青少年志愿服务类综合服务平台"宝船社区青少年之家"、青少年书香阅读类综合服务平台"青岛路梧桐书院"、青年社会组织孵化类综合服务平台"睿城社区青少年综合服务中心"和中学生团建服务类综合服务平台"南大附中团员发展活动室"。全年各项平台累计服务青少年5000余人次，服务时长7000小时。鼓楼区青少年之家被团中央评为首批全国示范性"青年之家"综合服务平台，睿城社区青少年之家被认定为团中央2016年支持建设的"青年之家"综合服务平台。　（张　媛）

妇女联合会

【概况】 2016年，鼓楼区有女性40.99万人，0～17岁少年儿童10.64万人。区妇女联合会(简称区妇联)有下属街道妇联13个、系统妇女工作委员会12个、社区妇联120个，妇女儿童活动中心1个。是年，加强区、街、社三级妇联组织网络建设，完成社区妇联换届选举工作。在金陵饭店楼宇社区成立鼓楼区首家楼宇妇联，妇女儿童发展重点指标和实事项目纳入区政府"十三五"规划纲要。率先在全市设立女性社会组织培育发展、女性创业就业、单亲特困母亲帮扶、春蕾助学4个专项资金60万元，并纳入财政预

8月26日，金陵饭店楼宇社区妇联成立

算。实施妇女儿童公益服务微创投项目11个。与南京大学社会学院合作，编制《鼓楼区"十三五"妇女发展规划》《鼓楼区"十三五"儿童发展规划》。全年接待妇女群众上访127件，调解处理率99%以上；实施"缘之园"婚姻家庭辅导项目，服务群众1628人。是年，在南京市"十三五"妇女儿童发展论文征集活动中，区妇联报送的《南京市困境儿童救助保护制度及实践研究——以鼓楼区为例》论文获评一等奖。区妇联先后获江苏省"三八"红旗集体、江苏省"平安家庭"创建活动先进集体、南京市残疾人就业服务先进单位、南京市妇联系统2014～2015年度信息工作先进集体等称号。1户家庭获第十届全国五好文明家庭、"2016全国最美家庭"；2户家庭被授予"江苏最美家庭"，11户家庭被评为南京市"最美家庭"。

【微公益创投项目评估暨项目管理培训班】 2月19日，区妇联特邀专家督导团南京邮电大学人文学院社会工作系教授崔效辉，在江东街道苏宁睿城社区对微公益创投项目主要负责人培训，讲解项目的服务人群、服务方法及服务指标、预期目的等内容。街道、社区及区妇联干部近40人参加。7月22日，区妇联举办微公益创投项目中期评估暨项目管理培训班，区妇联全体工作人员，入选项目街道、社区妇联及11个项目负责人40余人参加培训，11个项目负责人分别作项目中期自评报告，交流分享各自经验。中期评估考评组分别就目标完成、项目效益、实施范围等方面考核点评。

【妇女权益维护】 3月1日，《中华人民共和国反家庭暴力法》在全国施行。区妇联围绕省市妇联"爱Ta护家，共享和谐"主题，联合"缘之园"婚姻家庭服务中心，在白云亭社区同步开展《让爱住我家——反对暴力，和谐家庭》专题讲座，各街道妇女干部、社区工作者、相关媒体60余人参加。专业律师解读反家暴法相关法律条款，分析家暴案例，并就大家提问答疑解惑。区妇联主席祁敏部署反家暴工作。现场发放《中华人民共和国反对家庭暴力法》释义、《中华人民共和国反对家庭暴力法》简明读本、"爱Ta护家，共享和谐"反家暴宣传手册等。继续实施婚姻家庭纠纷调解项目，在中央门街道三牌楼社区及热河南路街道白云亭社区建立2个社区婚姻家庭辅导室，实施"缘之园"婚姻家庭辅导项目。全年服务群众1628人，其中调解离婚夫妻251对，172对调解成功，劝和率69%；新婚夫妻辅导520对，婚姻法律咨询43对。加强与相关部门合作，推进家庭暴力法律告诫制度，社会化、实事化推动婚姻家庭纠纷调解工作。结合"七五"普法规划重点，进一步强化维权，向不同妇女群体广泛宣传《中华人民共和国反对家庭暴力法》《中华人民共和国婚姻法》等法律法规，向群众发放《维护妇女权益法律法规宣传手册》《江苏省实施妇女权益保障法》等宣传资料和宣传手册。参与平安鼓楼建设，与"宁姐工作坊"联合开展普法讲座6场。是年，区妇联接待处理群众来信来访来电127件。

【三八国际劳动妇女节106周年纪念活动】 3月8日上午，区妇联、区委宣传部、区文化局在白云亭文化艺术中心联合举办"致敬平凡·寻找最美"庆祝三八国际劳动妇女节106周年活动。区委副书记陆敏、区人大常委会副主任张晓燕、区政府副区长王红、区政协副主席王开琳、区委宣传部常务副部长陈华、区妇联主席祁敏、区文化局工委书记张永，各街道、各系统妇女干部、群众代表，最美家庭，巾帼文明岗、星参加活动。大会表彰"鼓楼区十佳最美家庭"和45户"鼓楼区最美家庭"；表彰鼓楼区第二届"十佳巾帼文明岗"和28个"巾帼文明岗""十佳巾帼岗位明星"和35名"巾帼岗位明星"。区领导为最美家庭、巾帼文明岗、巾帼岗位明星颁发荣誉证书。

【陈晓霞到区视察】 6月29日，全国妇联儿童工作部部长陈晓霞、省妇联副主席常胜梅、市妇联主席宋晓辉一行到区江东街道睿城社区考察妇女儿童工作。区人大常委会副主任张晓燕、区妇联及江东街道主要负责人陪同。陈晓霞一行考察妇女儿童之家、四点半学校、机器人培训中心、公益图书馆、传统文化工作坊、社会组织发展中心等妇女儿童特色工作，参观社区卫生服务中心及乐龄老年中心等特色服务场所。对社区发挥妇女儿童工作阵地作用，为儿童和青少年提供精神文化服务和公益志愿服务等一站式、菜单式、综合式服务工作表示满意，肯定鼓楼区妇女儿童工作取得的成效。

【北京市青少年法律援助与研究中心项目组到区调研】 7月21日，北京市青少年法律援助与研究中心“基层儿童服务和保护体系研究项目”调研组，到江东街道睿城社区调研，考察参观睿城社区综合服务中心和社区儿童服务项目，与社区工作人员、社会组织负责人和社区儿童及家长代表进行访谈。调研组还面向社区工作者、儿童和家长发放100多份调查问卷。省政府妇儿工委办公室主任宗振芬、市政府妇儿工委办公室副主任张萍、区政府妇儿工委办公室主任卢是玥陪同调研。

【省妇联到区调研】 10月21日上午，全省儿童家庭监护缺失社会干预试点工作专项调研南京座谈会在鼓楼区举行。省妇联副主席崔娟带领省妇联儿童部一行3人、省民政厅社会事务处处长王龙佳一行2人到幕府山街道云谷山庄社会事务受理中心，开展儿童家庭监护缺失社会干预试点工作专项调研。市妇联主席宋晓辉、副主席魏群、区委副书记董伟、区妇联主席祁敏、幕府山街道领导及相关部门人员参加座谈。调研组一行参观考察云谷山庄社区妇女儿童之家建设情况，听取街道妇联主席姜晓薏关于街道困境儿童干预工作专题汇报，检查评估乐众社会组织“爱心小屋”开展社区家庭教育、困境儿童帮扶项目工作实效。崔娟一行还到睿城社区参观社区文体活动中心，并重点查看社区妇女儿童之家运营情况。

【沈跃跃到区视察调研】 11月29日，全国人大常委会副委员长、全国妇联主席沈跃跃率全国妇联调研组到区视察调研妇女儿童工作。全国妇联副主席、书记处书记张晓兰随同调研。省委常委、组织部部长王炯，省人大常委会副主任史和平、省妇联主席缪志红，市委副书记龙翔、市人大常委会副主任李琦、市妇联有关领导、区委书记张一新等陪同调研。沈跃跃一行实地察看江东街道睿城社区综合服务中心、妇女儿童活动中心、社会组织发展中心、妇女儿童之家、康复托养中心等，肯定鼓楼区妇联基层组织建设“三到家”（让妇女群众平时能看得到家，有困难时能找得到家，关键时能用得到家）“四个身边”（组织妇女群众加入身边的组织、参加身边的活动、运用身边的阵地、关心身边的人和事）的做法以及社区妇联发挥阵地作用，服务妇女儿童等工作。

【南京女媒体工作者联谊会集中采访活动】 12月8日，市妇联、区委组织部与区妇联联合举办“走基层、访妇情、看她风采”——南京女媒体工作者联谊会集中采访活动，新华社江苏分社、《人民日报》江苏分社、《经济日报》及《中国妇女报》江苏记者站等17家新闻媒体参加活动。区委常委、组织部部长贾慧陪同。首先参观党性教育基地——颐和路社区将军馆和宁海路街道海洋国防教育馆，走访石城金康老年护理院，走进江东街道长阳花园社区，聚焦社区党建创新点——“互助合作社”与“微心愿”，交流吸引居民“小家”参与社区“大家”建设、弘扬邻里互助的道德风尚、增强社区党组织凝聚力等方面工作。

【幸福婚姻家庭咨询指导服务基地落地白云亭社区】 12月14日，中国婚姻家庭研究会和珍爱网主办的“幸福婚姻家庭在社区”宣传倡导服务活动——“幸福婚姻家庭咨询指导服务基地”落地鼓楼区白云亭社区。中国婚姻家庭研究会联合珍爱网于2014年启动“中国幸福婚姻家庭系列项目”，为期3年，在全国设立28个社区试点，依托社区、妇女之家、婚姻家庭矛盾调处机构等，开展幸福婚姻在社区宣传倡导服务活动。在南京，该项目由市区妇联指导，“缘之园”婚姻家庭服务中心承接，负责具体运作。启动仪式上，区妇联主席祁敏介绍项目内容，市

12月14日，“幸福婚姻家庭在社区”项目在热河南路街道白云亭文化艺术中心启动

妇联副主席魏群回顾并肯定"缘之园"婚姻家庭服务中心主要工作。省妇联权益部部长康莉代表主办方向白云亭社区授牌。

【妇联基层组织建设】 2016年,区妇联在拥有石榴财智中心、红山创意园、银杏树养老服务中心妇联组织的基础上,又在金陵饭店楼宇社区成立鼓楼区首家楼宇妇联。召开金陵饭店楼宇社区妇联第一次妇女代表大会,选举产生金陵饭店楼宇社区妇联第一届执委会及主席、副主席、兼职副主席。年底,完成社区妇联换届选举工作,女性进"两委"的社区比例达100%。换届后,有街(镇)妇联主席13名、副主席13名;妇联主席由街道副书记或民政主任担任(区管副处职领导)。街道副主席在任职期间,享受正科长经济和政治待遇。社区妇联总人数549人,其中妇联主席120人,专职副主席120人,兼职311人。是年,区妇联继续延伸工作触角,将女性社会组织作为妇联组织拓展的新领域,吸引女性社会组织落户妇女儿童之家,实施妇女儿童公益服务项目,牵头实施公益社工项目11个,投入资金34.65万元,以互联互动、协同协作的形式,联系和服务广大妇女。

【最美家庭评选】 2016年,区妇联举办"幕府山脚呈芬芳 最美家庭绽光彩"纪念2016年国际家庭日活动,弘扬传承和谐家风、和美家庭及和乐人生。联合区委宣传部在"鼓楼微讯"通过新浪微博及腾讯微信平台同步开展寻找"最美家庭"活动,线上线下有机结合,评选出一批夫妻和睦、尊老爱幼、科学教子、勤俭节约、邻里互助和热心公益的"鼓楼区十佳最美家庭"和45户"鼓楼区最美家庭",其中挹江门街道丁山社区刘镇吾家庭获"'最具人气'最美家庭"称号。与区委宣传部、区文化局联合举办"致敬平凡·寻找最美"为主题的纪念三八国际劳动妇女节106周年活动,5户普通家庭讲述"鼓楼最美家庭"中的良好家风感人故事。马连平家庭获第十届全国五好文明家庭,并获评"2016全国最美家庭";刘镇吾、夏金瑜家庭被授予"江苏最美家庭"。刘镇吾、张高云等11户家庭被评为2016年南京市"最美家庭"。

【"书墨飘鼓楼·书香润万家"阅读活动】 2016年,区妇联在全区开展"书墨飘鼓楼·书香润万家"及"我爱我家·同悦书香"亲子阅读活动,营造读书家庭化、学习经常化家庭阅读氛围。组织参加市妇联以"书香润万家 亲子共成长"为主题的"书香家庭"展示活动。区妇联选树的徐亚莲家庭获评全国"书香家庭"和第二届江苏省"书香家庭"。黄震昌等5户家庭被评为南京市"书香家庭"。

【女性创业就业工作】 2016年,区妇联与区人社局联合举办"三八架金桥·春风送岗位"女性专场招聘会,40余家单位提供部门经理、营业员、收银员、会计、物业管理、促销员、美容师、客服等1337个岗位,达成意向录用约50人。全年走访调查826名妇女,推荐贷款87人,为43人办理小额担保贷款,计496万元,带动女性就业34人。举办家政、插花、电脑等技能培训班34期,1698名妇女参加培训,315人取得相关证书。举办"舞动指尖"创就业手工编织中级培训班,带动妇女实现灵活就业。鼓楼区巾帼创业明星宋爱霞为辖区有创业就业意愿的50名女性、阳光妈妈提供为期两个月的手工毛衣编织培训。是年,建宁路街道"七彩人生"金牌手工坊被授予"省级巾帼示范来料加工基地";宁海路街道劳动和社会保障所等4家单位被推荐为2015~2016年度省级"巾帼文明岗";宝塔桥街道依山郡社区等6家单位获南京市"巾帼文明岗",李向红等6人被评为南京市"巾帼创业明星"。区人民检察院未成年人刑事检察科等10家单位获区第二届"十佳巾帼文明岗",区人才队伍建设办公室等28家单位被评为区第二届"巾帼文明岗"。王宁等10人获区第二届"十佳巾帼岗位明星",王红等35人获区第二届"巾帼岗位明星"。

【关爱青少年活动】 2016年,区妇联与区文化局、区图书馆、爱读亲子成长指导中心联合举行亲子阅读·促进家庭和睦项目启动仪式,30余户家庭参加。现场以"阅读,一颗幸福的种子"和"实体童话世界的乐趣"为主题,给在场家长朋友开讲座并进行原创故事、诗歌分享及电子贺卡制作活动。举办以"快乐快乐 放飞梦想"为主题的"鼓楼区第三届亲子节暨湖南路地区第16届亲子游戏节",向家长普及科学育儿、幼儿保健常识。组织家长集中收看家庭教育指导讲座视频"梦享成长家教讲座";组织家长和孩子收看由北京师范大学教授于丹主讲的《中小学生心理健康与学习习惯》教育专题节目。举办"好家风·伴我行"传统家训文化校园、社区体验活动,邀请新华网、江苏频道资深教育编辑庞雪汀,为孩子与家长们讲述司马光、邓廷桢和周恩来等历史名人治家教子、修身正己的故事,引导孩子们正确理解传承良好家风的意义。开展"足球种子"青少年足球圆梦计划申请工作,鼓楼区2所学校通过省儿童少年福利基金会的审查和资格认定。承接市妇联"贫困单亲母亲及其子女社会融合服务"及"点燃幸福的火种——流动困境儿童的关爱"项目。

【巾帼助困活动】 2016年,区妇联组织开展"巾帼助困送温暖"活动,筹集资金10.6万元,走访慰问13个街道265户贫困单亲母亲和困难家庭。组织15名享受政府低保政策或边缘的单身母亲、外来务工女性和她们的春蕾女儿，参加市妇联2016年“爱牵母女心 电影送温情”迎春联欢会。开展“春蕾计划”助学活动，资助124名“春蕾女童”，发放助学款3.72万元。为1名孤儿争取到省儿童少年福利基金会“关爱贫困孤儿”慈善救助款1000元；为2名贫困女童争取到市妇联定向资助“春蕾女童”资助款1000元。组织2名贫困单亲家庭子女参加市2016年困难女职工子女“热爱南京、共享蓝天”夏令营活动。开展“春蕾圆梦”行动，发放圆梦助学金4.8万元。区、街、社三级妇联经过严格审核筛选，24名品学兼优的高中及大学女学生新生，受益“春蕾圆梦”行动。开展重阳送温暖活动，慰问看望银杏树老年人服务中心连锁店湖南路街道养老院的老人们，送上手工编织中级班学员编织的毛衣及慰问品。为5名患病困难儿童申报省儿童少年福利基金会儿童大病救助。

【“十三五”妇女儿童发展规划编制】 2016年，区妇联与南京大学社会学院合作，在全区开展问卷调查、个案访谈、调研座谈会的基础上，编制《鼓楼区“十三五”妇女发展规划》《鼓楼区“十三五”儿童发展规划》，从妇女与经济、妇女与决策和管理、妇女与教育科技、妇女与文化、妇女与健康、妇女与社会保障、妇女与法律及妇女与环境八个方面确定“十三五”时期妇女发展的主要目标和具体策略措施；从儿童与健康、儿童与教育科技、儿童与文化、儿童与法律、儿童与福利及儿童与环境等六个方面确定“十三五”时期儿童发展的主要目标和具体策略措施。撰写《南京市鼓楼区妇女发展状况调研报告》《南京市鼓楼区儿童发展状况及对策调研报告》。

【妇女儿童经费保障】 2016年，鼓楼区坚持政府主导，强化政府主体责任，将妇女儿童发展的重点指标和实事项目纳入区政府“十三五”规划纲要，加强对妇女儿童工作的经费保障，率先在全市设立“女性社会组织培育发展”“女性创业就业”“单亲特困母亲帮扶”“春蕾助学”4个专项资金60万元，并纳入财政预算。区级层面落实妇女“人均一元钱”的工作经费并列入财政预算。是年，区妇联工作经费81万元，全部用于做项目或直接服务妇女群众办实事。

【微公益创投项目】 2016年，区妇联在全区13个街道120个社区调查研究的基础上，立项评估，确定组织实施11个微公益创投项目。其中，家庭文明类：“模拟家庭生活之道”“巾帼圆梦行动”；亲子教育类：“做好亲子阅读促进家庭和睦”“困境儿童及新市民子女圆梦‘微心愿’”；心理健康类：“从‘心’出发——妇女儿童家庭综合服务项目”“‘关怀来自深刻的理解’——关爱失独与单亲母亲”“缘来珍惜 共建家园”；志愿者服务类：“多多快乐购”；妇女儿童类：“兆兰儿童爱心小屋——系统保护 平等成长”“兆兰儿童爱心小屋——小候鸟共享蓝天”“青少年及新市民工作服务”。作为年内重点项目，区妇联投入资金34.65万元，由专家督导团对11个项目进行跟踪、指导和服务。11个项目服务惠及2600名妇女儿童。

【“舞动指尖”创业就业手工编织（中级）培训班】 2016年，区妇联依托幕府山街道云谷山庄社区“妇女儿童之家”，与南京鼓楼幕燕社会工作服务中心合作，举办“舞动指尖”创业就业手工编织（中级）培训班，邀请区巾帼创业明星宋爱霞为辖区有创业就业意愿女性、阳光妈妈免费培训，帮助妇女实现灵活就业，下岗失业女性及单亲贫困母亲50余人参加。该培训共10个课时，每周2次，时间跨度1个多月，课程主要围绕手工编织技巧、编织色彩搭配等内容。10月21日，区妇联把学员编织的40件毛背心、价值2000余元的慰问品送到银杏树老年人服务中心连锁店湖南路街道养老院的老人手中。 （包桂林）

街道社区

Subdistrict Community

华侨路街道

【基本情况】 华侨路街道地处鼓楼区东南部、新街口商圈西北角，东沿中山路、广州路、上海路，南临汉中路，西接秦淮河、明城墙、石头城风光带，北沿北京西路、虎踞路、汉口西路，面积3.64平方公里，下辖7个社区居委会，常驻居民2.48万户7.8万人。街道办事处驻牌楼巷55号。

2016年，该街道实现地区生产总值163.5亿元，同比增长9.2%；服务业增加值完成157.5亿元，同比增长10.2%；一般预算收入13.4亿元，同比增长23%；完成社会消费品零售总额104.74亿元，同比增长10.4%。全社会固定资产投资11.78亿元，完成率131%；城镇居民人均可支配收入6.08万元，同比增长9.1%；完成公共收入13.32亿元，同比增长24%。

7月，完成党代表选举，23人当选中国共产党南京市鼓楼区第二次代表大会正式代表；9月，完成7个社区党组织换届；11月，完成区人大换届，26人当选鼓楼区第二届人民代表大会正式代表；12月，完成7个社区居委会换届选举。

是年，街道城市管理工作在全区城市管理月度考核中连续4次名列第一。

【经济发展】 2016年，华侨路街道完成税收26.83亿元，同比增长18%，其中公共收入13.32亿元，同比增长24%。区街共管企业完成税收13.24亿元，同比增长10.3%，公共收入6.31亿元，同比增长22%；属地企业完成税收13.59亿元，同比增长42%；公共收入7亿元，同比增长25%。一般公共预算收入完成13.4亿元，同比增长23%，位于全区前列。个体零散税征收655.8万元。人均可支配收入、GDP等指标位居全区前列。6名科技创业人才入选创业南京人才项目。新增到账千万元以上大项目10家，其中南京苏盐健康厨房、南京辉瑞制药新增为总部型企业。全年完成专利申请1092件，其中发明专利509件；专利授权519件，其中发明专利授权172件。

【环境整治】 2016年，华侨路街道对12个老旧小区进行拆除违建、立面和楼道出新、道路铺设、车棚整修等。全年拆除违建199处、约6000平方米。完成怡景花园等11个小区二次供水改造任务，改善3431户居民用水品质。打击使用、销售来源不明食品原料和食品等非法经营行为，出动城管执法中队1万人次，检查食品小门店、小饭馆、小作坊、小摊贩314家，其中食品小门店84家，小饭馆174家，小作坊14家，小摊贩42家；整治倚门出摊、超范围经营户2463家，劝阻占道经营2603摊次。逐街逐巷清理违规户外广告，拆除大型户外广告502处，清除"牛皮癣"及街头小广告3476处，印制"门前三包"责任书2100余份，"门前三包"书面告知率、责任落实率100%。新划道路停车泊位65个。打造新街口片区的延安路、沈举人巷、高家酒馆等街巷停车秩序示范点。

【民生保障】 2016年，华侨路街道在册低收入保障家庭211户321人，低收入保障边缘家庭49户114人，发放低收入保障金231.24万元、低收入保障边缘户补助金5.97万元，发放苏果卡券45.75万元；临时困难救助16人5300元，发放20世纪60年代下放回宁人员补贴29.97万元；实现再就业1600人，帮扶困难人员就业232人，培育自主创业320人，创业带动就业2116人，在职职工培训2000人，再就业培训347人，扶持青年大学生创业88人。全年新制市民卡2531张，发放小额贷款150万元，办理居民医保1100人，办理社保补贴743人110多万元，办理大龄失业保险金89人，办理就业登记证1541人。办理低保户家庭住房保障1户、低收入家庭住房保障22户、中低收入家庭公租房保障18户。

【社区建设】 2016年，华侨路街道推进家庭适老化设施改造，引进区鹤颜服务发展中心、南京携才居家养老服务中心2家社会养老组织，社区提供无偿用房近500平方米，为周边居民提供养老服务800余人次。打造广州路社区"子午书巷公益图书馆"、龙蟠里社区"夕阳希望乐园"特色社区，深化石头城社区"家园文化"、虎踞关社

8月5日，华侨路街道广州路社区"子午书巷图书馆"揭牌

区“微信平台－虎踞党员”品牌效应。全年开展图书借阅、知识讲座、文化沙龙等各类主题活动上百场，服务群众2万人次；组织引导居民通过民主协商，解决怡景花园小区污水管道改造问题。结合社工师考试，组织安排3次培训。至年底，有10名社工通过社工师资格考试；街道有持证社工43人，持证率59.7%。开展星级文明和谐社区创建，经综合考评、群众满意度测评等，评选区四星级社区2个、区三星级社区5个。12月，完成7个社区居委会换届选举，产生新一届社区居民委员会主任7人、副主任7人、委员21人。其中，女性成员17人，党员18人，大专及以上文化程度18人。

【平安建设】 2016年，华侨路街道与辖区内管单位、社区签订综治平安创建责任书37份。安装单元安全防盗门50樘、居民小区监控10个；在慈悲社、豆菜桥等停车场设立守望岗10个；组织社区“365民情站”“治安巡防队”“平安志愿者便民服务队”等志愿者1万余人次，开展治安巡逻、平安宣传；完成G20峰会、“南马”等重大活动和赛事期间稳控工作；化解拉萨路门面房经营扰民、虎踞关60号小区学区划分等4起省市重点工程建设过程中与居民产生的矛盾，召开议事会30场次、对话60场，搭建沟通平台；完成虎踞路40号60多户居民搬迁稳控工作，实施居民楼纠偏加固工作。全年排查各类矛盾纠纷254件，调处成功250件，成功率98.4%；辖区可防性侵财案件立案321起，同比下降40%。

【老龄服务】 2016年，华侨路街道发放80岁以上老人高龄补贴3019人203.79万元；为老人提供助餐服务2100人次。举办退休人员社会化活动84场，异地人员验证389人，为纳入社会化管理退休人员过集体生日12场，为464名年满70、80、90周岁退休人员发放生日慰问金7.44万元，为186名重病老人发放慰问金5.58万元，为131人办理丧葬抚恤金，发放退休人员社会化各类慰问费664人15万元。为4052名退休人员健康体检服务。为纳入社区管理的企业退休人员“夏送清凉”，发放毛巾礼盒1.09万盒。

【“虎踞党园”微信平台】 2016年，华侨路街道虎踞关社区党委通过“互联网＋党建”模式，运用新媒体“虎踞党园”微信平台，增强网络阵地，先后收集各类意见建议36条，解决群众合理诉求7件，帮助困难群众实现微心愿20余个。7月，“虎踞党园”微信平台获南京市社会建设创新优秀案例。

【“家园文化”品牌服务】 2016年，华侨路街道石头城社区围绕“家园文化”品牌，倡导“让你的家驻入社区 让社区成为你的家”理念。组织河海大学志愿者举办“世界水日”“中国水周”活动，与部队、驻区单位联办“粽叶飘香庆端午 军民鱼水一家亲”迎端午广场文艺演出、“石城美丽中秋月 圆圆满满合家欢”迎中秋联欢会等主题活动7场，1200人次参加。该社区7个特色文化场馆全年接待800人次。

链接：

石头城社区“家园文化”品牌创建于2008年，建有社区历史文化馆、全家福馆、胡家芝剪纸艺术陈列馆等7个特色场馆。社区历史文化馆建于2007年，系当时全国第一家社区历史文化馆。场馆先后接待过中共中央政治局委员、全国总工会主席王兆国，全国妇联党组书记、副主席、书记处第一书记宋秀岩等各级领导。7个特色场馆内展品均来自社区居民家庭，被居民称为自家的“公共客厅”。

（毛超林）

宁海路街道

【基本情况】 宁海路街道地处鼓楼区中心，是省委、省政府、省政协及区委区政府所在地。东沿中山北路、上海路，西至秦淮河，南北分别以汉口西路、模范中西路为界，面积3.68平方公里，下辖9个社区居委会，户籍居民2.91万户13万人。街道办事处驻水佐岗64号。

2016年，宁海路街道完成地区生产总值157.1亿元，同比增长9.1%，其中服务业增加值完成156.4亿元，同比增长10.1%。社会消费品零售总额完成56.65亿元，同比增长10.4%；完

6月8日，区计生协、石头城社区等单位联办“粽叶飘香庆端午 军民鱼水一家亲”广场文艺汇演

11月17日，宁海路街道召开第五选区人大代表候选人与选民见面会

成固定资产投资8.07亿元；一般预算收入10.3亿元，同比上升59%；城镇居民人均可支配收入5.39万元，同比增长8.9%。

7月，完成党代表选举，12人当选中国共产党南京市鼓楼区第二次代表大会正式代表；9月，完成9个社区党委（党总支）换届；11月，完成区人大换届，31人当选鼓楼区第二届人民代表大会正式代表；12月，完成9个社区居委会换届选举。

是年，宁海路街道获全国军民共建社会主义精神文明先进单位、全国社区教育示范街道、省文明单位、省创先争优先进基层党组织、市先进基层党组织、市文明单位等称号。

【经济发展】 2016年，宁海路街道实现税收19.1亿元，同比增长7.4亿元；完成公共收入10.3亿元，同比增长3.8亿元，其中区街共管企业完成税收12.2亿元，同比增长5.7亿元；属地企业完成税收6.9亿元，同比增长1.7亿元。一般公共预算收入完成10.3万元，同比增长59%。完成三乐电子微波器件研发及产业化项目规划专项验收、竣工验收工作；完成北京西路57号省财政厅地下停车库项目桩基围护、降水井施工工程。引进阿拉丁健康管理有限公司、江苏第六季酒店管理有限公司、南京科技广场文化产业投资有限公司3家注册资金超千万元企业。1人通过区级创业南京人才评审，并按要求完成落户及市级申报工作。

【环境综合整治】 8月，宁海路街道实施鼓楼区城市综合管理改革试点，制定《宁海路街道全域城市综合管理实施方案》，在城市管理信息化指挥中心、片线结合网格化管理模式、联合执法队伍、环卫保洁服务外包、城市管理微信公众平台五个方面实施。原宁海路地区综合治理中队回归街道管辖，中队有执法人员31人。完成古平岗1号、古平岗27－37号等4个小区1500户居民房屋出新，对19个小区近2000户居民房屋实施二次供水改造，清运建筑垃圾600余吨、杂物700余吨；取消老菜市附近道路临时泊位，安装道路街巷隔离护栏800余米，配合完成宁夏路10号地下停车场建设。化解中商万豪、天津新村、星汉花园业主和物业矛盾5起。

【民生保障】 2016年，宁海路街道有低收入保障220户319人、低收入保障边缘32户76人。全年发放低收入保障金268.76万元、低保边缘户生活救助金4.07万元；发放苏果卡券51.87万元；临时救助困难群众59户4.77万元，为9户因病支出型贫困家庭发放救助金3.33万元。组织失业人员再就业培训14期410人。全年援助就业困难人员304人，其中稳定就业104人；培育自主创业390人，其中大学生创业76人，创业带动就业2497人。新增城镇就业2819人，实现再就业1133人。全年新制市民卡2789张，办理居民医保1.21万人，办理社保补贴2976人，办理大龄失业保险金108人，办理就业登记证2117人。办理低保户家庭住房保障11户、低收入家庭住房保障19户、中低收入家庭公租房保障8户。

【社区建设】 2016年，宁海路街道有社区服务中心720平方米，设社区事务受理中心、劳动和社会保障中心、培训中心、图书室等。社区有教育讲师团8个、文体团队32支，各类志愿者1.5万人，文化活动场所3000多平方米。全年开展培训20场次，600余人次参与；举办文化活动110场次，500余人次受益。建设社区中心厨房和配送中心，服务1600余人次。4月23日，宁海路街道海洋国防教育馆、颐和路社区将军馆新馆开馆；9月，建仙霞路社区新办公用房250平方米并投入使用。街道有持证社工46人，持证上岗率48%。开展星级文明和谐社区创建，经群众满意度测评、区综合考评等，评选区五星级社区1个、区四星级社区3个、区三星级社区5个。12月，完成9个社区居委会换届选举，产生新一届社区居民委员会主任9人、副主任11人、委员61人。其中，女性成员43人，党员45人，大专及以上文化程度36人。

【平安建设】 2016年，宁海路街道排查中小企业单位安全隐患2132家次，查出一般安全隐患67处，全部整改到位。开展综治平安创建宣传月活动，发放各类宣传品、宣传册1.5万份，出黑板报78幅，张贴悬挂宣传画360幅，悬挂横幅79条，发放和张贴《辖区综治及平安建设工作一封信》9000多张。排查各类矛盾纠纷400余件，其中重大矛盾纠纷18起，涉及金额320余万元，化解积案6件。安装单元安全防盗门65樘。至年底，辖区可防性侵财案件立案73起，同比下降39%。

【《人民政协报》基层政协工作座谈会召开】 4月7日，《人民政协报》基层政协工作座谈会在宁海路街道召开，旨在探讨为民履职新思路和新方法。《人民政协报》新闻研究部主任秦志勇，市政协副秘书长缪端，宁海路街道、湖南路街道政协委员代表等20余人出席。会上，区政协副主席周越古介绍区政协工作，两个街道分别介绍街道政协工作情况，朱昱等市区政协委员交流履职情况。

4月7日，《人民政协报》基层政协工作座谈会在宁海路街道召开。图为与会人员参观颐和路社区将军馆

【"两馆"开馆】 4月23日，颐和路社区将军馆和宁海路街道海洋国防教育馆开馆。国家海洋局局长王宏、黄莉新等省市领导、南京军区原司令员向守志等老将军出席开馆仪式，并为新馆揭牌。开馆仪式上，宣读中国人民解放军东部战区政委郑卫平贺信。省市领导、中国新四军研究会代表、青少年、基层官兵、社区群众代表200余人参加仪式。中央电视台、《解放军日报》《新华日报》等中央和省市媒体予以报道。

新扩建"两馆"位于宁海路54号，均为迁址重建。将军馆原址位于颐和路社区，该社区住着向守志、朱文泉、傅奎清、张玉华、甄申、彭勃等30多位戎马一生、功勋卓越的共和国老将军。新将军馆面积416平方米，分为序厅、沙场雄威、将军晚年生活3部分。新海洋国防教育馆面积1100平方米，分为序厅、海洋历史篇、海洋形势篇、海洋资源篇、海洋国策篇、辽宁舰航母专题馆、海洋社区篇等8部分。至年底，"两馆"接待参观约3万人次。

【市综治工作讲师团赴基层培训启动仪式】 7月22日，市综治工作讲师团赴基层培训工作启动仪式在街道举行。市委常委杨学鹏，市委政法委副书记、市综治办主任曹谦荣等领导出席，市综治讲师团成员代表、全市各区综治办主任、鼓楼区各街道综治办主任、宁海路街道各社区综治负责人和综治社工80多人参加。启动仪式结束后，讲师团就"社会治安防控体系建设"进行第一次专题培训。

【赵鹏到街道视察调研】 10月13日，省人大常委会副主任赵鹏到苏州路社区视察选民登记工作。了解社区选民登记信息上传情况，听取街道和社区关于人大换届选举工作进展情况汇报。省市相关领导、区委书记张一新等陪同。

【在职党员支部社区报到】 2016年，宁海路街道承接来自省市区机关报到的在职党支部236个、党员5982人，90%以上为省级机关报到支部。在职党员支部深入社区，为居民群众开展党的理论政策、法律常识讲座30余场次。与社区108户困难家庭、独居老人结对，定期走访慰问。

（李　雪　何　震）

湖南路街道

【基本情况】 湖南路街道东至中山路、中央路，南至广州路，西至上海路、云南路、江苏路、山西路，北至中山北路、虹桥、童家巷。区域面积2.65平方公里，下辖8个社区居委会，户籍居民2.6万户8.6万人。有党组织131个、党员3760人。街道办事处驻青云巷27号。

2016年，湖南路街道完成地区生产总值126.5亿元，同比增长9.3%，其中服务业增加值完成125.8亿元，同比增长10.3%。社会消费品零售总额完成112.91亿元，同比增长9.9%；完成固定资产投资1.55亿元；一般预算收入17.62亿元，同比增长35%；城镇居民人均可支配收入6.62万元，同比增长8.4%。

7月，完成党代表选举，10人当选中国共产党南京市鼓楼区第二次代表大会正式代表；9月，完成8个社区党委（党总支）换届；11月，完成区人大换届，32人当选鼓楼区第二届人民代表大会正式代表；12月，完成8个社区居委会换届选举。

是年，街道获江苏省文明单位、省“六五”普法先进集体，南京市文明单位、创建全国双拥模范城有功单位、幸福家庭建设示范单位、优秀家庭教育指导服务机构。

【经济发展】 2016年，湖南路街道完成税收33.77亿元，同比增长27%，公共收入完成17.62亿元，同比增长35%，公共收入完成总量增幅在13个街道分列第一、第三。区街共管和属地企业（扣除房地产企业）完成税收33.77亿元，增收7.1亿元，同比增长27%，完成进度110%；完成公共收入17.62亿元，增收4.6亿元，同比增长35%，完成进度118%；属地企业完成税收12.45亿元，增收1.49亿元，同比增长14%；完成公共收入6.67亿元，增收3480万元，同比增长6%。全年完成专利申请1021件，完成率100%，其中发明专利677件；专利授权564件，其中发明专利授权317件。至年底，投资18亿元的湖南路地下商业街项目完成约10亿元投资额，路面恢复单向通车；投资5.5亿元的新城吾悦广场主体封顶，完成约1亿元投资额，地下室负一层在建；0405片地块完成挂牌出让。

【环境治理】 2016年，湖南路街道重新铺设傅厚岗片区1292.37平方米道路，出新围墙1.01万平方米。拆除违建256处6641.5平方米，其中计划内（“9322”菜单）拆违19处4483平方米，日常拆违控违29处436.5平方米（其中新违建22处400.5平方米），马台街、平安里、三条巷等8个小区出新拆违208处1722平方米。拆除各类门头广告51处372.5平方米。协调小区出新施工矛盾110余起；完成塘湾和童家巷5号～9号危旧房改造房屋征收工作。完成天福园小区、汉口路61号等5个小区二次供水改造项目。在16个无物管老旧小区成立物业自治管理委员会。复划机动车泊位802个、非机动车泊位40个、黄网线160处、禁停黄线5500米，安装护栏1460米。

【民生保障】 2016年，湖南路街道有低收入保障220户325人，发放低保救助金248.1万元；有低保边缘户41户82人，发放低保边缘救助金3.88万元。临时救助17人次，发放救助金4.2万元。119项公共服务事项在便民服务中心一门受理“一站办结”。新增城镇就业2909人，实现再就业1510人，援助困难人员就业289人，培育自主创业670人；创业带动就业2685人，扶持青年大学生创业165人，再就业培训406人，新增高技能人才109人。全年新制市民卡3125张，办理居民医保850人，办理社保补贴624人，办理大龄失业保险金130人，办理就业登记证1450人。办理低保户家庭住房保障16户、低收入家庭住房保障36户、中低收入家庭公租房保障申请35户。

【社区建设】 2016年，湖南路街道开展“写春联　送春联”、“闹元宵　猜灯谜”“为独居老人过大年”“包粽子　忆端午”“听党的话，跟党走”书画展、重阳节敬老活动、“爱在春天里相约云南路”“相约圣诞”等主题活动245场次，参与或受益群众3万人次。召开社区议事会、院落自治会、居民代表会议等123次，确定28类288项实事项目，至年底，落实268项。成立大方巷社区居家养老服务中心，有固定床位6张，餐位30个；与南京携才居家养老服务中心合作，为社区老人提供中餐和晚餐；组建“聪灵托残所”，特教老师开展志愿服务，为残疾老人、特别是听障老人提供日间照料、心理抚慰和身体康复教育服务，全年服务老人300余人次。发挥马台街“和文化”、青岛路“青春驿站”、傅厚岗“民主自治”、丁家桥“双拥共建”特色社区工作特长；完成南秀村“中外共融”国际化社区硬件建设和社会组织初步筛选；完成裴家桥社区“法律工作站”硬件建设，打造法律帮扶特色社区。组织社工论坛等培训10场。街道有持证社工59人，持证上岗率47.4%。在创鼓楼区星级文明社区考评中，获评区五星级社区2个、区四星级社区6个。全年群众满意度测评列全区13个街道第一名。12月，完成8个社区居委会换届选举，产生新一届社区居民委员会主任8人、副

10月9日，丁家桥社区举办重阳节温馨饺子宴活动

主任 8 人、委员 34 人。其中，女性成员 35 人，党员 32 人，大专及以上文化程度 32 人。是年，云南路社区获省科普示范社区、省三社联动示范单位、省侨务工作示范单位。

【平安建设】 2016 年，湖南路街道整合社区、楼宇、小区物业安保人员等在内的社区平安创建志愿者、义务巡逻队等治安防范力量，完成 1908 名平安志愿者实名登记工作。8 个社区均建成一支 20 人以上常态化群防群治综治队伍。新增 9 个实行自治管理小区，新建、整修车棚 25 间，新安装监控 94 处，新安装单元防盗门 56 樘，设立平安守望岗 10 处。接收处理信访件11 件，接待来访 31 批次 37 人次。司法所接待群众 335 批 528 人次，调解矛盾纠纷 306 起，调解成功率 100%。全年发放宣传资料 8000 余份，张贴宣传画 600 张，悬挂横幅 121 条，制作展板 30 余块。开展法制宣传活动 120 场次，解答法律咨询 92 人次。调处湖南路地下商业街和新城吾悦广场两个在建项目矛盾纠纷 204 件。解除社区帮教 14 人，纳入帮教 19 人；社区矫正在册 28 人，其中缓刑 24 人，假释 2 人，暂予监外执行 2 人，没有一人出现重新犯罪现象。社区服刑人员受教育 361 人次，参加公益劳动 344 人次。走访家庭 66 户 210 余人，成立帮教小组 9 个，帮教率 100%。是年，辖区可防性侵财案件立案 1853 起，同比下降 38.56%（其中：湖南路派出所立案 984 起，同比下降 36.6%；鼓楼派出所立案 869 起，同比下降 40.6%）。

【傅厚岗片区环境综合整治】 2016 年，湖南路街道邀请专业人员规划设计傅厚岗片区。出新铺设片区路面 1292.37 平方米，出新门头 58 处，出新围墙 1.01 万平方米，外墙清洗 910 平方米，绿化修剪整形 800 平方米，补植苗木 900 平方米，树池整治 36 处，清理“三乱”452 处，规范门前三包 324 次，拆除违建 15 处，施划禁停线 1260 米。傅厚岗片区的高云岭、傅厚岗道路作为标准化示范单元，通过 2016 年南京市标准化公共空间验收。

【首家社区 24 小时自助图书馆建成】 12 月，南秀村社区 24 小时自助图书馆建成并投入运行。该图书馆根据《鼓楼区“十三五”文化事业发展规划》建设，成为南京市主城区首批、鼓楼区首家社区 24 小时自助服务图书馆。该图书馆位于金银街 17-2 号，面积 100 平方米，藏书 3000 册。设有图书自助借还、期刊阅览、电子阅览、多功能媒体活动室等服务窗口，面向社区群众，24 小时免费服务，体现社区现代图书馆智能化、数字化和人性化特色。该馆运行以来，平均每天接待读者 20 余人次，受到南京大学留学生、社区群众欢迎与好评。 （白广文）

中央门街道

【基本情况】 中央门街道位于鼓楼区东北部，东到中央路，南到童家巷，西到中山北路，北沿福建路、护城河，区域面积 3.37 平方公里，下辖 12 个社区居委会，户籍居民 3.87 万户，常住人口 12.9 万人。辖区内有两院院士 6 人、享受国务院津贴 17 人、全国中青年突出杰出人才 35 人。街道办事处驻三牌楼大街 138 号。

2016 年，街道完成地区生产总值 86 亿元，同比增长 9.4%，其中服务业增加值完成 69 亿元，同比增长 10.4%。社会消费品零售总额完成 46.36 亿元，同比增长 10.2%；完成固定资产投资 1.65 亿元，完成进度 110%；完成一般预算收入 6.66 亿元，同比增长 54%；城镇居民可支配收入 4.28 万元，同比增长 8.9%。

7 月，完成党代表选举，12 人当选中国共产党南京市鼓楼区第二次代表大会正式代表；9 月，完成 12 个社区党委（党总支）换届；11 月，完成区人大换届，30 人当选鼓楼区第二届人民代表大会正式代表；12 月，完成 12 个社区居委会换届选举。

是年，街道获创建全国双拥模范城有功单位、2013～2015 年度市级文明单位、2016 年全国红十字防灾避险知识竞赛活动优秀组织奖、2016 年南京全国科普日活动优秀组织单位。

12 月，南秀村社区建成南京市主城区首批、鼓楼区首家社区 24 小时自助图书馆并投入运行

【经济发展】 2016年，中央门街道完成税收12亿元，同比增长60%；完成公共财政收入6.66亿元，同比增长54%，其中区街共管企业完成税收4.7亿元，公共财政收入2.92亿元，同比增长307%；属地企业完成税收7.3亿元，实现公共财政收入3.74亿元，同比增长4%。创业南京人才引进计划申报12人，3人入选区级创业南京人才计划，其中1人入选市级创业南京人才计划。完成专利申请1206件，其中发明专利906件；专利授权总量651件，其中发明专利授权412件。完成金茂广场二期核心筒地连墙施工，固定资产投资4.5亿元；完成40户居民阳光权补偿工作；南京科技广场二期施工至地上7层，固定资产投资3000万元。

【环境综合整治】 2016年，中央门街道完成凤凰和鸣苑、汇林绿洲三期等3个小区病媒生物防治标准化小区创建，建毒饵站2385个、诱蝇笼393个。组织开展健康教育和爱国卫生宣传活动3次，张贴健康宣传画129张。整治脏乱小区126个，取缔西瓜圃桥、南昌路3户违章经营摊点违建用房；规范三牌楼大街、江西路、芦席营等路段7户占道经营秩序，成立"南昌路水果店自治联盟"；以"督查通报"形式，下发每日工作通报9期，督查社区整改问题142个。强拆许家桥19号2间近50平方米违法建筑，拆除金川河沿岸21户508平方米违建，完成长江新村7号、新模范马路20号、新模范马路34号、建设新村、童家巷60号～80号、马家街43巷6个小区32幢1263户居民违建普查工作，建立一户一档资料，逐户宣传政策，张贴发送"致出新小区居民一封信"2000份，全年拆除6个出新小区违建224处1946平方米。组织金川河沿岸新门口、工人新村、青石村、三牌楼4个社区60名护河队志愿者，以及73841部队20名官兵、东华集团党支部、南京邮电大学等驻区单位，以"爱河、护河，共建美好家园"为主题，举办"护卫金川河誓师大会"，在4个沿河社区分段设立4块公示牌，向社会公示黑臭河道整治责任主体、养护责任人和监督举报电话。会同区公安、环保、市场监督管理等部门，解决中央环保督察组转办工单3批次，涉及5家餐饮店油烟扰民、1户居民噪音扰民共6件环保督办工单。

【民生保障】 2016年，中央门街道有低保家庭478户793人、低收入保障边缘家庭70户155人，全年发放低保救助金514万元、低保边缘救助金7.43万元，发放苏果卡券10.24万元。落实《关于南京市困难残疾人生活补贴和重度残疾人护理补贴发放管理办法》新政，为140户低保家庭发放生活补贴18.55万元，为205户困难家庭发放生活补贴29.66万元，为443名重残人员发放护理补贴67.07万元。为优抚对象发放各类优抚金总计293.76万元、慰问金3.86万元。发放独生子女伤残死亡补助金264人次45.98万元。为73户低保家庭及低收入困难家庭办理医疗救助、临时救助等各类救助16万元。协助处理"6·23"和会街闪爆事故，发放23万元受灾人员临时救助金。新增城镇就业3836人，实现再就业2210人，培育自主创业333人，创业带动就业2257人，其中大学生创业69人，新增残疾人就业12人。新制市民卡2748张，在职职工培训2130人，城镇失业人员职业培训400人，新增市高技能人才121人，小额担保贷款4人80万元。办理失业金首次申领1141人，办理大龄失业保险金申报431人，新办就业证2350人，办理灵活就业补贴发放3368人。群众文化服务设施面积1.52万平方米，主办各类活动93场。纳入社区管理企业退休人员2.22万人，体检服务1.15万人，夏送清凉2.21万人。审核上报住房保障材料104户。其中，公共租赁补贴3户、共有产权24户、公共租赁住房77户。

【社区建设】 2016年，中央门街道在汇林绿洲、观音里、青石村等社区推进智慧平台试点基础上，与智汇神州信息发展有限公司开展"智慧社区综合信息与电子商务服务平台"试点，在汇林绿洲周边采集2000多商家企业信息，周边商圈超市、便利店、早餐店、小餐馆等商业网点63家加入"一刻钟商圈内"，实现延伸服务功能。模范马路社区引进苏膳居家生活馆社会组织，打造"中医养生"特色，为社区居民提供中医保健、中医按摩、水疗等特色服务，开办以来，提供老年服务7000多人次。街道有持证社工55人，持证上岗率49.11%。开展星级文明和谐社区创建，经综合考评、群众满意度测评等，获评区五星级社区1个、区四星级社区6个、区三星级社区5个。12月，完成12个社区居委会换届选举，产生新一届社区居民委员会主任12人、副主任12人、委员50人。其中，女性成员45人，党员46人，大专及以上文化程度41人。

【平安建设】 2016年，中央门街道组建6500名平安志愿者队伍，成立平安志愿工作站，设立平安守望岗54个，有南京市第一届最美平安志愿者姜春田、南京市第二届最美平安志愿者彭鑫、第二届群众最喜爱的人民警察刘宇翔等一批平安创建工作典型。开展"七五"普法、加强地区安全感等各类宣传活动25场，2000多人参与。全年受理调处各类矛盾296起，调结率100%；处理各类群体性矛盾17起，化解信访积案3起；安装单元防盗门102樘、防爬刺600个，新增100个视频监控点位，新建改建车棚14间；在工人新村小区率先试点安装人脸和车牌识别系统，在2次公共安全感满意度测评中位列全区第一，辖区可防性侵财案件立案140起，同比下降53%。是年，街道获南京市平安建设工作先进集体、市信访工作先进街道、市信访基层建设工作先进单位称号。

【社区协商】 2016年，中央门街道探索社区协商民主新模式，创新开办"社区协商每月一课"讲坛和社区"云协商"平台。平台用微信、QQ等现代交流工具把社区协商利益主题和相关参与者用群的形式进行线上交流，最终达成一致并致力于推进问题解决。街道领导及12个社区书记、主任和区民政局有关人员组成课题组，"以案说商"，从议题征集、选题、准备、协商全过程，用社区成功或失败案例解读社区协商，使与会人员感悟和汲取经验教训，共同提高协商质量。3月，新门口社区分享"百家宴"协商经验；4月，工人新村社区分享"小区物业费上涨"协商经验；5月，观音里社区分享"金茂汇"噪音扰民协商案例等。全年举办讲坛4场次，线上线下协商解决各类问题127件，1.62万人次参与。天正和鸣社区"云协商"工作实践在《南京日报》专题报道。

【便民服务中心装修改造】 4月，中央门街道改造便民服务中心，重新铺设屋面防水、下水管网、水电设施；7月，"一站式"政府服务分中心内部建设施工，至年底，完成装修改造。中心设有社区养老(助残)服务站、慈善超市、综合调解室、教育康复培训室、多功能活动室等场所，东柏果园社区卫生服务站、润和养老、独立空间、萤火虫助残社等社会服务机构入驻。

【"6·23"和会街闪爆事故处置】 6月23日凌晨3点零8分，和会街51-12号麻香序餐厅(注册登记是鞠记餐厅)因液化气泄漏发生爆炸，造成22人轻微伤、24辆汽车不同程度受损，100多户居民门窗、家具等物品受损事故。闪爆事故发生后，街道启动应急救灾工作预案，安置受损居民食宿，调集多支施工队伍，对涉及居民家的受损门窗和部分设施进行修缮、更新及重装；协调自来水公司，重新安装与铺设居民家中自来水管和屋外下水管道；协调港华燃气公司，帮助恢复爆炸点附近的燃气管道；所有门窗、部分设施修缮抢险全部完成，水、电、气全部恢复正常。13户居民(6单元1户、7单元12户)采取租房、投亲等过渡安置，其余居民全部返家居住。同时，协调市房屋安全鉴定处，多次上门查看、现场勘测、采集数据、综合分析，对51号4~7单元房屋作气体爆炸后结构安全鉴定，并根据相关要求，加固和会街51号7单元1楼爆炸点梁柱，加固修复二楼、三楼受损楼板。6月29日，根据市房屋安全鉴定处出具的房屋安全鉴定报告，暂停使用爆炸点所在的7单元，对受损结构构件加固性维修。街道牵头区安监局、区市场监督管理局中央门分局、区环保局、区建交局、鼓楼国税局、鼓楼地税局、区城管大队、区消防大队、中央门派出所等部门主要负责人，先后召开8次专题工作会议，摸底排查和会街66家餐饮店基本资料，约谈餐饮店店主、房屋产权人16人次；中央门派出所出警20次；组建30人市场监督执法队伍，驻守和会街，采取"日间来回巡查、夜间延长值守时间"方式，加大违停车辆查处力度，规范街面市容、交通秩序，使爆炸点附近8家重点餐饮店在整改工作完成前处于停业状态。与7家(51号楼下5家：张罗记、马老汉、喜佳佳、韦一烧烤、天府鱼锅，51号楼对面2家：东北炖、相聚欢)餐饮店签订转行或搬离协议。11月，专项整治辖区内餐饮场所燃气安全，"九小"〔小型医院、小型歌舞娱乐场所、小型学校(幼儿园)、小型旅馆(宾馆)、小型商场、小型餐饮场所、小型生产加工厂、小型美容洗浴场、小型人流密集场所〕场所从业人员安全知识培训1000余人。对爆炸点附近6家下挖地坪商户下发整改通知书，责令店家限期回填或强制回填。至年底，和会街闪爆事故进入7单元受损结构构件加固性维修阶段。

【为民服务专项资金使用】 2016年，中央门街道使用为民服务专项资金240万元，实施环境类、活动类、管理类、公益类项目274个，新建维修车棚16间，新建维护小区广场7个，绿化补种修建64处，培育文化活动团体30个，开展文化体育、传统节庆活动103场，开展志愿服务267场，安装民情信箱或公示栏12个，成立居民自治队伍17支，开发使用社区信息平台12个，开展法律援助44场，开展共驻共建活动17场，开展便民家政服务25场，惠及居民20余万人次。

【政务服务热线办理】 2016年，中央门街道处理"12345"工单2753件，办结率100%，群众满意率92.62%；办理"96180"工单321件，其中区长信箱4件，市长信箱28件，网络问政18件，普通诉求工单98件，综合满意率93.27%。

【获创建全国双拥模范城有功单位称号】 2016年，中央门街道成立由驻区53家单位参与的双拥协会，建设双拥共建文化长廊1处，街道、社区网站设置国防教育、拥军专栏。与南京政治学院研究生14队连续10年举办军校研究生"党课进社区"活动，30多名博士、硕士研究生担任社区"政治指导员""党课辅导员"，为社区开党课、讲座、报告会百余场，听众万余人次。帮助部队解决官兵实际困难，在就业安置、技能学习、政策落实等方面及时跟踪服务，街道连续9次被评为南京市双拥模范街道。9月6日，街道获评南京市创建全国双拥模范城有功单位并记三等功一次，新门口社区党委书记王卫平获有功个人并记三等功一次。

（李万昕）

挹江门街道

【基本情况】 挹江门街道地处鼓楼区西北部，东以中山北路、福建路、钟阜路为界，南至模范中路、模范西路，西临古城墙，北与阅江楼、建宁路两街道办事处交界，面积3.34平方公里，下辖9个社区居委会，居民2.5万户、8.9万人。街道办事处驻萨家湾89号。

2016年，该街道实现地区生产总值63.2亿元，同比增长8.7%，其中服务业增加值55.8亿元，同比增长10%；一般预算收入属地企业完成2.86亿元，同比增长21%；共管企业完成税收1.06亿元，同比增长73%；完成社会消费品零售总额43.39亿元，同比增长10.5%。全社会固定资产投资6.05亿元，完成率100.8%；城镇居民人均可支配收入4.82万元，同比增长9.1%。

7月，完成党代表选举，12人当选中国共产党南京市鼓楼区第二次代表大会正式代表；9月，完成9个社区党委（党总支）换届；11月，完成区人大换届，25人当选鼓楼区第二届人民代表大会正式代表；12月，完成9个社区居委会换届选举。

是年，街道获江苏省“六五”普法先进集体、省健康单位、省基层党员冬训工作示范街道、2013～2015年度南京市文明单位、南京市创建全国双拥模范城有功单位（集体三等功）、法治南京建设先进单位、南京市城市治理工作优胜街道、南京市统战宣传工作先进单位、2015～2016年度鼓楼区机关作风建设优秀单位。模范西路社区获省和谐社区建设示范社区，钟阜路社区获省健康社区、南京市优秀家长学校等称号。

【经济发展】 2016年，挹江门街道完成属地企业一般公共预算收入2.86亿元，同比增长21%，全口径税收5.7亿元，同比增长22%；共管企业完成一般公共预算财政收入1.06亿元，同比增长73%，全口径税收2.43亿元，同比增长10%，成为全区仅有的两个属地、共管企业均完成年度目标街道之一。完善街道企业服务联盟建设，开展专项视察、专业推介、咨询交流等活动。全年新增企业442家，累计注册资本52.68亿元，其中注册资本在1000万元以上企业6家。拓展引进人才渠道，强化与企业、高校院所、专业机构、省市部门对接，服务保障人才创新创业，2人被评为区级高层次创业人才，并代表鼓楼区参加南京市高层次创业人才综合评审。推进南京财经大学科技园等楼宇园区建设，做好楼宇平台数据动态监测，按楼宇园区性质专人对接服务。做好南京财经大学科技园一期4.7万平方米招商引资工作，引进南京高广科技有限公司、南京运享通信息科技有限公司、南京泽烨金典教育科技有限公司等企业90家，全年租赁税征收81万元。

【环境综合整治】 2016年，挹江门街道健全网格化管理责任，强化包片领导和社区巡查责任，落实“门前三包”管理等各项措施，实现中山北路、虎踞北路、模范中（西）路标准化管理。全年暂扣各种广告牌灯箱54个，查处占道经营等违规行为1067起。完成模范西路片区4个小区66幢住宅楼出新工作、镇江路51号等11个小区二次供水改造工作、华严岗片区危旧房改造收尾工作、金阜雅苑等3个小区垃圾分类示范小区创建工作，解决虎踞北路方源金陵酒店南侧坡道护坡文化墙墙顶松动问题、华严岗山金城路一侧滑坡整治等工作。完成6个单元楼梯过道亮化工程，协调解决萨家湾24号～27号电梯落实长效管理问题，新修建车棚10处605平方米，墙面出新1600余平方米，修补破损地面11处1172平方米，粉刷楼道5处792平方米，新设置宣传栏143平方米。清运杂物约2500吨、建筑垃圾约5800吨。加强停车管理。至年底，收费133.78万元，实施违停贴单5236起。拆除、改造旱厕4座。是年，街道在全区城市治理考核中，2次位列第一名，1次位列第二名，2次位列第三名，获南京市城市治理工作优胜街道称号。

【民生保障】 2016年，挹江门街道有低保家庭300户485人、低保边缘家庭62户158人，全年发放低保金370.05万元、低保边缘户生活救助金7.61万元。慰问特困残疾人，发放慰问金11.26万元。投入180万元，落实年度为民办实事项目，包括环境类163个、活动类90个、管理类35个、公益类30个；完成新建维修车棚、新建维护小区广场、绿化补种修剪、开展文体传统节庆活动、成立群众自治维权队伍、开展法律援助、便民家政服务等318个服务项目。全年举办16期再就业帮扶培训班，在职职工培训2035人，完成全年指标102%；再就业培训403人，完成全年指标106%。新增城镇就业2687人，实现再就业1640人，援助就业困难人员280人，培育自主创业700人，创业带动就业2000人，扶持青年大学生创业150人，新增高技能人才137人，小额担保贷款8笔170万元。全年新制市民卡717张，发放小额贷款170万元，办理居民医保2584人，办理社保补贴280人160万元，办理大龄失业保险金128人，办理就业登记证1854人。办理低保家庭住房保障7户、低收入家庭住房保障31户、中低收入家庭公租房保障36户。

【社区建设】 2016年，挹江门街道加强社区民主协商探索，利用党建议事会、社区居民代表大会和社区议事园等载体，发挥社区 QQ 群、微博、微信群等媒介作用，发动居民参与社区治理。围绕小区整治改造、停车管理、矛盾调处等问题，召开议事会 100 余场，解决福建路社区萨家湾二次供水、电梯改造、丁山社区休闲场地使用等 41 个问题。健全自治队伍建设，发展由自管组织负责人、楼幢长、义务治安巡逻员、楼道认领员、文明引导员等组成的各类在册志愿者 3000 余人。推进特色社区创建，以“立德树人、幸福社区”为主题，打造以鲁迅文化、特色服务和活力生活为内容的三位一体特色社区。推进居家养老服务建设，完成社区居家养老服务中心 5 家，筹备钟阜路社区及鲁迅园社区中心厨房建设，适老化改造家庭 2 户，以“六助”（助餐、助医、助洁、助行、助浴、助急）为主要内容养老服务覆盖率 90%。街道有持证社工 32 人，持证上岗率 37.6%。开展星级文明和谐社区创建，经综合考评、群众满意度测评等，获评区五星级社区 1 个、区四星级社区 5 个、区三星级社区 3 个。12 月，完成 9 个社区居委会换届选举，产生新一届社区居民委员会主任 9 人、副主任 9 人、委员 41 人。其中，女性成员 28 人，党员 38 人，大专及以上文化程度 21 人。

是年，模范西路社区获省和谐社区建设示范社区，钟阜路社区获省健康社区、省民主法治示范社区、南京市优秀家长学校等称号。

【平安建设】 2016 年，挹江门街道依托南京“鼓楼法律人在行动”微信公众平台，开展“互联网 + 法制宣传”行动。利用板报、橱窗、横幅、社区网站及电子显示屏等进行常规宣传的同时，集中 20 天时间组织社区干部走访居民家庭、驻地单位和个体工商户 5768 家，面对面答疑解惑。开展居民、警官和平安志愿者说平安活动，社区民警定期深入社区，开展以防盗、防扒窃、防骗、防抢为主要内容的宣传活动 15 场次。全年排查各类矛盾纠纷 252 次，调解各类矛盾纠纷 166 件，调解成功 164 件，成功率 98.7%。协调推进重点信访积案化解工作，介入调处虹桥新城市广场二期拆迁、接龙房、阳光权、道路规划、虹桥中心商住楼火灾、模范西路快速路改造、国睿科技园变电站建设、回龙桥 13 号 1 幢危房重建等矛盾。全年辖区发案 1293 起，同比下降 42.56%，其中刑事案件 580 起，同比下降 51.38%，治安案件 713 起，同比下降 32.61%。是年，街道工委书记石英获市级平安建设先进个人称号，综治科科长龙恒明获市级平安建设先进个人、市平安志愿者协会优秀工作者荣誉。丁山社区获市平安建设先进社区，丁山社区平安志愿服务队获市最佳平安志愿者组织。

【双拥共建】 2016 年，挹江门街道成立街道双拥协会，9 个社区成立双拥服务站，实现“社区双拥工作站全覆盖”。街道利用双拥协会服务站平台，开展各项双拥共建活动。学雷锋活动日，街道联合南京政治学院举办大型广场服务活动，服务内容包括义诊、小家电维修、法律咨询、理发、营养膳食咨询等 11 个服务项目 32 个服务摊点，发放各类宣传册 300 份。邀请南京政治学院政治机关工作系博士秦明泉作“永远的雷锋，永恒的精神”报告会，全体街道干部、社区工作者、部分居民 156 人参加。开展拥政爱民、拥军优属活动，到部队开展慰问共建活动 31 场次，解决辖区部队干部子女入学、入托问题 6 个，组织退役士兵参加就业专场招聘会 1 场次。邀请区文化馆专职人员指导驻地部队排练文艺节目。街道连续 11 年为赴边学员送行。6 月，双拥协会联合钟阜路社区服务站，组织拥军志愿者亲手制作串珠“红苹果”，赠送给南京政治学院赴边 40 名学员，祝福他们工作、生活平安顺利。是年，街道被市委市政府评为创建全国双拥模范城有功单位，获集体三等功。

【居家养老服务建设】 2016 年，挹江门街道建成钟阜路社区仁孝（AAA 级）、模范西路社区慧智（AAA 级）、模范西路社区汇康（AAA 级）、丁山社区汇康（AA 级）、回龙桥社区汇康（AA 级）5 个居家养老服务中心。建成钟阜路社区 2 号院安康年居家养老服务站，筹备钟阜路社区及鲁迅园社区中心厨房建设，适老化改造家庭 2 户（妙峰庵社区、察哈尔路社区），以“六助”为主要内容的养老服务覆盖率 90%。至年底，街道辖区内有养老机构 9 家，服务面积 3.11 万平方米，床位 1486 张，入住 968 人。

3 月 1 日，挹江门街道与南京政治学院联合举办学雷锋志愿服务广场活动

【鲁迅文化特色社区建设】 2016年，挹江门街道鲁迅园社区以“传承鲁迅文化，构建幸福家园”为主题，聘请南京师范大学附属中学高级教师、南京鲁迅纪念馆第一任馆长徐昭武担任社区“鲁迅文化”活动总顾问，建设鲁迅文化长廊，成立鲁迅书屋，举办鲁迅文化交流会、读书会，学习鲁迅文化，开拓创新，不断进取，探索新思路、新模式，营造鲁迅文化气息，形成健康向上、文明祥和的社区氛围。社区立德树人讲堂定期开展活动，以讲座、诵读、讲故事、摄影、绘画书法等形式，吸引群众广泛参与社区活动，以特色激发活力，以活动凝聚人心。全年开展活动22场次，530人次参加。

【景泰蓝手工艺传承】 2016年，挹江门街道福建路社区景泰蓝画手工坊的手工画制作，成为该街道全民终身学习项目。手工坊选送《花开富贵》《富贵凝香》等10幅作品参加鼓楼区全民终身学习暨社区教育成果展。手工坊于2013年4月20日成立至2016年年底，授课150次，培养景泰蓝画制作能手300人。至年底，在学50人。是年，景泰蓝画手工制作成为南京市第八中学校本课程，手工坊成为孩子们的第二课堂。 （张莉莉）

江东街道

【基本情况】 江东街道地处南京河西地区北部，东依秦淮河，南以集庆门大街西延、江东软件城为界与建邺区接壤，西临长江，北以定淮门大街为界与热河南路街道相望，面积5.95平方公里。下辖9个社区居委会及4个公司。户籍居民3.74万户9.41万人(含水上公安分局)。街道办事处驻江东北路101号。

2016年，街道实现地区生产总值31.9亿元，同比增长9.2%，其中服务业增加37亿元，同比增长10.1%；完成社会消费品零售总额56.03亿元。同比增长10.8%。全社会固定资产投资监测目标为9亿元，完成2.79亿元。人均可支配收入6.37万元，同比增长8.8%。

7月，完成党代表选举，9人当选中国共产党南京市鼓楼区第二次代表大会正式代表；9月，完成9个社区党委(党总支)换届；11月，完成区人大换届，27人当选鼓楼区第二届人民代表大会正式代表；12月，完成9个社区居委会换届选举。

10月20日，手工坊老师王玉英为第八中学学生们讲授景泰蓝手工画制作

是年，街道获南京市创建全国双拥模范城有功单位、省关心下一代工作先进集体、市城市治理优胜街道、示范农民工综合服务中心、创业担保贷款信用街道、南京市文明单位等荣誉。

【经济发展】 2016年，江东街道完成税收10.2亿元，同比增长14.7%，其中公共收入5.02亿元，同比增长10.7%；区街共管企业完成税收2.11亿元，同比下降13%；公共收入0.94亿元，同比下降24%；属地企业完成税收8.08亿元，同比增长25%；公共收入4.08亿元，同比增长24%。一般公共预算收入完成5.02亿元，同比增长10.7%。全年上报专利申请222件，专利授权189件，其中发明专利申请59件，发明专利授权完成14件。完成江苏亿尔医疗设备有限公司、南京乐曼医疗科技有限公司、江苏正安消防检测评估服务有限公司征收关系变更。申报南京高层次创业人才项目7个，入选区级和市级“高层次人才项目”2个，申报江苏省“双创”人才项目2个，入选1个。11月1～15日，作为江苏省唯一街道代表，完成国家5%人口抽样调查工作。

【环境治理】 2016年，江东街道完成41个小区60公里雨污分流管道建设任务。完成腾飞园、港龙园、金舟花园、临江新寓、江东北路109号小区出新任务；完成36个小区二次供水设施改造调查摸底，完成15个小区二次供水设施改造。指导66个管理单元(单位)落实标准化创建措施，7条道路通过验收。整治倚门开店651起，罚款5.07万元。发放违停贴单8673张，对银城菜场闽江路停车场调整泊位收费标准，实施包月点定价竞岗；规范门前三包1800余起，查处15起，罚款5100元。治理黑臭河，在银城街路段安装监控摄像头22处；拆除违建70处940平方米。每周对辖区内8家在建工地进行一次扬尘防控检查。组织300余人次，开展卫生整治18次，清理小区楼道内乱贴乱画100余处。对辖区内70余家小区物业进行城市长效综合治理小区管理考核、专项检查考核和病媒防制工作；指导4个小区成立业主委员会、2个小区建立物业管委会。全年处理物业管理诉求1000余件、各类信访诉求40余件，召开矛盾协调会70余次，调处小区欠缴公摊水电费矛盾40余起，维修60余起。

【民生保障】 2016年，江东街道有低收入保障家庭160户264人、低收入保障边缘家庭22户45人，全年发放低保金176.30万元、边缘救助金2.12万元，发放苏果卡券41.68万元、物价补贴5.02万元、医疗救助金7.06万元。成立街道慈善分会，完善一站式服务救助平台功能，临时救助9.54万元，医疗支出型贫困救助5.78万元，教育救助7750元，未成年困境儿童救助1.8万元，残疾人两项补贴(生活补贴和护理补贴)54.57万元。全年新增城镇就业2549人，实现再就业1360人，援助困难人员就业260人。新增社会组织15家。发放小额贷款60万元，办理居民医保1.24万人，办理社保补贴4506人次675万元，办理大龄失业保险金127人，办理就业登记证2253人。办理低保户家庭住房保障8户、低收入家庭住房保障18户、中低收入家庭公租房保障34户。

【社区建设】 2016年，江东街道完成清河新寓、江滨新寓、宝船3个社区适老化改造。至年底，有AA级养老服务站4家、AAA级养老服务站3家。助餐服务实现区域全覆盖，助餐年服务18万人次；其他服务包括老年助餐、助医服务、老年代购、助行、助急服务24万人次，办理老年卡730人。

12月20日，党员干部教育培训教学点揭牌仪式在江东街道宝船社区廉洁文化体验馆举行

在9个社区推动社区协商工作。8月，宝船社区廉洁文化体验馆设立为党性教育阵地，睿城社区区域化党群服务中心设立为党员活动阵地。完成社工考核评议，12月底进行“全科社工”考试，街道有持证社工59人，持证上岗率59%。开展星级文明和谐社区创建，经综合考评、群众满意度测评等，获评区四星级社区3个、区三星级社区5个、区二星级社区1个。12月，完成9个社区居委会换届选举，产生新一届社区居民委员会主任9人、副主任9人、委员37人。其中，女性成员21人，党员16人，大专及以上文化程度14人。

【平安建设】 2016年，江东街道完善稳控措施和应急处置预案53件，清理整治群租房58起，安装单元安全防盗门122樘(指标数56扇)，设立“平安守望岗”82个，招募、培训平安志愿者600余人。接待地铁四号线施工居民房屋受影响信访10余次。全年接待到访群众2000余人，排查矛盾纠纷296件(其中重大纠纷38件)，处置和解决257件。是年，辖区可防性侵财案件立案221起，同比下降36%。

(唐　迪)

凤凰街道

【基本情况】 凤凰街道地处南京河西地区北部，东临秦淮河，南沿汉中门大街，西至江东北路，北至草场门大街，面积3.85平方公里，下辖12个社区居委会，有户籍居民4.35万户、常住人口14.8万人。街道办事处驻嫩江路59号。

2016年，街道完成地区生产总值22.5亿元，同比增长9.3%，其中服务业增加值21.3亿元，同比增长10.3%；完成社会消费品零售总额31.13亿元，同比增长10.3%；完成固定资产投资0.23亿元，完成率4.6%；一般预算收入1.35亿元，同比增长22%；城镇居民人均可支配收入7.08万元，同比增长8.7%。

7月，完成党代表选举，9人当选中国共产党南京市鼓楼区第二次代表大会正式代表；9月，完成12个社区党委(党总支)换届；11月，完成区人大换届，25人当选鼓楼区第二届人民代表大会正式代表；12月，完成12个社区居委会换届选举。

是年，街道社区教育服务中心获

2016年度江苏省标准化社区教育中心，街道红十字会获江苏省红十字会基层组织工作先进集体称号。

【经济发展】 2016年，凤凰街道完成全口径税收2.24亿元，同比增加0.34亿元，同比增长18%，序时进度为102%。完成公共收入1.35亿元，同比增加0.24亿元，同比增长22%，序时进度为105%。专利申请182件，完成进度150.41%，其中专利授权106件，完成进度104.96%；发明专利申请68件，完成进度138.78%，其中发明专利授权28件，完成进度75.68%。四个季度人均可支配收入绝对值7.08万元，同比增长8.7%（目标增长8.5%），全区排名第11位。完成社会消费品零售总额31.13亿元，同比增长10.3%，全区排名第八位；完成地区生产总值22.5亿元，同比增长9.3%，全区排名第二位；服务业增加值21.3亿元，同比增长10.3%，全区排名第二位。4～5月，完成25家记账户走访和新增5户记账户上报工作；全年完成91家网上直报单位走访、6家新增"四上"企业（规模以上工业企业、房地产企业，资质等级以上建筑业企业，限额以上批发零售业、住宿和餐饮业企业，规模以上服务业企业）单位申报任务。新引进注册资金1000万元以上企业32家，其中注册资金到账6家，引进3家世界及中国500强企业入驻中海大厦。

【环境整治】 2016年，凤凰街道完成劲顺花园等6个小区41幢房屋出新，整改餐馆4家，建设工地扬尘监管2家。开展标准化宣传，悬挂横幅11条，利用店家电子屏播放标语14条。拆除新违建2778平方米、存量违建1635平方米；整治占道经营1000余次，取缔占道经营蔬菜瓜果卡车，扣车32台次，其中联合交警五大队查扣5台次。完成凤凰西街263号和花开园小区旱厕改造。新增收费道路停车场点1处、泊位26个，复划龙园西路（停车文明示范岗）道路泊位线58个。

【民生保障】 2016年，凤凰街道有低收入保障家庭416户654人、低收入保障边缘62户133人，全年发放低收入保障金458万元、低保边缘户生活救助金6.3万元，发放苏果卡券102万元。春节慰问低保户433户684人，慰问金额66.30万元；慰问低保边缘户62户134人，慰问金额5.42万元；慰问其他边缘困难家庭445户445人，慰问金额8.9万元；发放临时救助56户1.86万元，大病救助10户4.30万元。因病支出型贫困家庭临时生活救助4户4人，救助金额2.47万元。残障行走训练康复服务240人次，为残疾人募捐轮椅20张，发放残疾人家庭彩电9台、洗衣机2台、电风扇9台、电饭煲9台、收音机26台。参加"博爱送万家"活动，救助困难人员50人2.5万元，大病救助困难家庭1户0.46万元。全年新制市民卡3828张，发放小额贷款20万元，办理居民医保1739人，办理社保补贴3382人、大龄失业保险金129人，办理就业登记证2057人，申报低收入家庭住房保障46户。

【社区建设】 2016年，凤凰街道在教工新村引入南京携才居家养老服务中心社会组织，建立凤凰老年配餐中心，莫愁新寓、苏城苑、凤凰花园成立配餐点，至年底，900多名老年人受益于助餐服务。为独居困难老人增装"安康通、康惠通"10部。6月，鼓政〔2016〕111号批复，同意凤凰街道办事处设立凤凰熙岸社区居民委员会，至年底，继续筹建。年内，组织45岁以下社工参加专职社工职业资格培训2次（期），街道有持证社工50人，持证上岗率49%。开展星级文明和谐社区创建，经综合考评、群众满意度测评等，获评区四星级社区1个、区三星级社区10个。完成11个社区居委会换届选举，产生新一届社区居民委员会主任11人、副主任11人、委员55人。其中，女性成员67人，党员41人，大专及以上文化程度43人。

【平安建设】 2016年，凤凰街道在莫愁新寓、教工新村和凤凰西街3个社区开通"小喇叭"工程，3000余人次志愿者参与，每天晚上7:30～9:30在小区巡逻喊话，提醒居民注意防火防盗；在白云园社区阳光广场、莫愁新寓广场等开展"深化平安建设，提升群众安全感"主题宣传活动，1800余人次参加，悬挂宣传横幅260余条，出黑板报24块，发放宣传资料1.6万份，义诊500余人次。开展普法教育活动6次，5000余人次受教育。为无物管老旧小区安装单元安全防盗门96樘；修缮新建自行车棚6处，安装监控100处、防爬刺200多个。全年调解各类纠纷136起，调解成功率100%，处理回复上级信访转办件33件，接待群众到访180余起，接受回复电话访120余起，矛盾化解率98%。辖区可防性侵财案件立案76起，同比下降32.7%。8月，街道司法所获南京市"六五"普法先进集体称号。

【社区协商】 2016年，凤凰街道建成教工新村社区"和善堂社区协商工作室"、凤凰二村社区"睦邻议事厅"，在全街道推行社区协商制度。探索1+N+X社区协商模式：〔1，即1个社区协商平台：主要以社区服务点为平台，社区书记（主任）牵头负责，搭建社区协商的组织领导、工作协调、促进多方参与社区协商的管理工作；N，即N个社区协商参事员组成社区智库：主要由辖区单位、业主委员会、物业管理公司、社会团体、驻地部队代表，律师、人大代表、政协委员、党员代表、楼幢长、居民代表、社会名人、大众传媒人员、社区民警、技术专家等组建成社区协商参事员智库。社区参事员身份可以是专职、兼职、志愿者，有针对性地参与社区协商具体事务的咨询工作；X，即X个组团式社区协商队伍参与社区协商服务工作]。至年底，该模式在11个社区推行，建立社区智库11个，收录社区参事员300多人，协商解决涉及居民公共事务、公益事业类社区事务1200多件。

【老旧小区物业管理】 2016年，凤凰街道参与指导23个小区管理，其中业主委员会换届选举小区14个，成立首届业主委员会小区4个，业委会增补委员小区2个，成立物业管理委员会小区3个。处理"12345"政府服务热线派发工单779件，接待业主投诉426件，回复率100%、满意率98%。受理小区物业管理业务咨询310件，牵头召开物业协调会52次，化解华阳家园、曲水文华、西城岚湾等小区业主委员会换届矛盾15起。

【政府热线平台建设】 2016年，凤凰街道接收"12345"政务热线诉求工单2920件、"96180"工单258件，按时办结率100%；办结提速率90.78%以上，列全区第二位；综合满意率94.23%，综合得分748.28；信息宣传附加得分17.5分，获全区第一名，主协办得分8分。总成绩(含中队)全区街道组第三名。

【凤凰安养中心获评AAAA级机构】 2016年，南京市残联委托南京市残疾人托养服务协会对全市112家托养服务机构进行服务规范化评估。11月12日，鼓楼区凤凰安养中心获评南京市残疾人托养服务规范化AAAA级机构。该安养中心位于凤凰二村10幢，面积400平方米，由凤凰安养中心社会组织运作管理，主要服务于16～60周岁智力障碍和轻度精神障碍对象。有30人接受中心提供的文化娱疗、工疗、生活技能培训、日间照料、康复训练等服务。 (郑晓刚)

热河南路街道

【基本情况】 热河南路街道东至明城墙，西临长江，南至定淮门大街，北至中山北路，面积5.1平方公里，水域面积2.37平方公里。下辖9个社区居委会，有户籍居民2.45万户，人口8.18万人。街道办事处驻热河南路92号。

2016年，该街道实现地区生产总值33.7亿元，同比增长9%，其中服务业增加值32.6亿元，同比增长10%。社会消费品零售总额完成57.68亿元，同比增长10.1%。全社会固定资产投资5.77亿元，完成率115%，一般预算收入1.73亿元，同比增长6%。城镇居民人均可支配收入6.04万元，同比增长8.8%。

7月，完成党代表选举，10人当选中国共产党南京市鼓楼区第二次代表大会正式代表；9月，完成9个社区党委(党总支)换届；11月，完成区人大换届，23人当选鼓楼区第二届人民代表大会正式代表；12月，完成9个社区居委会换届选举。

是年，街道获2013～2015年度省市文明单位、南京市城市治理工作先进单位、南京市社会建设十佳案例、创建全国双拥模范城有功单位等荣誉。 (陈贯源)

【经济发展】 2016年，热河南路街道完成税收3.09亿元，同比增长6%，其中公共收入1.88亿元，同比下降11%；区街共管企业完成税收0.23亿元，同比下降60%，公共收入0.15亿元，同比下降69%；属地企业完成税收2.87亿元，同比增长23%，公共收入1.73亿元，同比增长6%。引进企业133家，注册资金8.2亿元，其中引进1000万元以上企业23家，企业实到注册资本10家。完成专利申请43件，其中发明专利14件；完成专利授权23件，其中发明专利授权4件，均超额完成目标任务。引进17名人才参加"创业南京"高层次人才项目申报，4人入选鼓楼区"创业南京"人才计划，超额完成全年目标任务。有序推进金陵湾、中海桃园、当代万国府、复兴大厦、客车厂地块以及南医大二附院6个项目。其中，金陵湾项目二期4号、5号楼室内工程基本完工，室外工程开始施工；二期9号楼主体结构验收完成，三期1号楼主体结构封顶，进行预售，2号、3号楼主体施工。中海桃园地块所有楼栋主体施工；酿造厂万国府项目桩基施工；复兴大厦B区主体验收、A区主体施工，裙楼基本完工；南医大二附院桩基工程结束。 (刘尚业)

【环境综合整治】 2016年，热河南路街道实施4个老旧小区改造出新，涉及违建200余处2175平方米，100%拆除。专项整治依门出摊、占道经营、夜市摊点等，整治夜排挡97批次，暂扣经营工具230余套，取缔占道经营1200处，整改倚门出摊1000余次，取缔无证洗车点3家。拆除违规、破旧店招店牌27处，拆除各类违建16处670余平方米。查处偷倒垃圾事件4起，罚款1.5万元。推进卫生城市创建，投入人力约5000人次，清理卫生死角35处，清运各类积存垃圾300余车，安排专人清理、粉刷开放楼道433处。开展清江河黑臭河道整治，拆除沿河违建2处40平方米，清理各类杂物6车，修筑围墙护坡150米，补种草皮200平方米，成立护河志愿者小分队，落实6家企业单位雨污分流工程，排查周边污水排放单位、门店187家，迎接省、市专项检查小组各1次。出动防汛应急分队30余人，成功处置7月3日晚，长江堤防南京三汉河段(树人学校)水位上涨出现的渗漏险情。是年，

街道被评为2016年南京市城市综合治理“优胜街道”。（张广亮）

【民生保障】 2016年，热河南路街道有低收入保障家庭417户614人、低收入保障边缘家庭74户168人，新进低保家庭36户43人，停发保障金56户93人，全年发放低收入保障金431.39万元、低保边缘户生活救助金8万元，发放苏果卡券97.6万元。帮助1286人实现再就业，其中援助困难人员再就业222人；培训自主创业317人，带动就业2532人；开设培训班9期，提供就业岗位1761人次，注册10家公益组织。慈善实物救助167人，折合人民币3.1万元；慈善现金救助76人次3.44万元。办理老年证706张，为80岁以上高龄人员发放高龄补贴1867人128万元，新增安康通3户。11月，街道联合南京电视台在小桃园公园举办“爱老助老进社区”广场活动；为2户困难家庭和桃花源居家养老服务中心进行适老化改造。全年新制市民卡2940张，发放小额贷款50万元，办理居民医保431人，办理大龄失业保险金102人，办理就业登记证1260人，办理社保补贴722人。受理低收入住房保障申请155户；组织153户家庭选择经济适用房，165户领取租赁补贴，120户轮候公租房。

【社区建设】 2016年，热河南路街道完成二板桥、姜圩路两社区新办公用房搬迁工作，新办公用房面积分别为420平方米、360平方米，较原面积分别增加310平方米、130平方米。姜圩路“子衿学堂”特色社区进入施工阶段，引进“扶步学堂”“爱读亲子阅读”“24小时社区书屋”等社会组织，为居民提供优质服务。制定《热河南路街道专职社工考核办法》《热河南路街道专职社工考勤管理办法》，组织社区书记、主任，社会事务科人员赴上海、苏州考察学习，提升社工参与社区建设能力。开展星级文明和谐社区创建，经综合考评、群众满意度测评等，获评区五星级社区1个、区四星级社区4个、区三星级社区4个。小桃园社区“有一说一”工作室获南京市社会建设创新十佳案例。12月，完成9个社区居委会换届选举，产生新一届社区居民委员会主任9人、副主任9人、委员43人。其中，女性成员45人，党员39人，大专及以上文化程度31人。（周长春）

【平安建设】 2016年，热河南路街道规范统一9个社区综治工作运行机制，构建9个一级、55个二级、157个三级网格，布设安全守望岗100个，新安装单元安全防盗门64樘、监控探头170个，群众安全感满意率95%。处理矛盾纠纷310余起，化解集访性问题12件，化解信访积案7起。开展广场法律宣传活动5次，发放宣传材料3500余份。排查受理各类民事纠纷300件，采用调解与诉讼相结合方式化解二板桥500号居民与边城房地产开发公司矛盾。至年底，辖区可防性侵财案件立案254起，同比下降40%。（丁新乔　徐春海）

【老旧小区电梯自管】 2016年，姜圩路54号楼电梯维修并正常使用。姜圩路54号楼电梯因产权单位破产，缺乏与维保公司签约电梯产权人，致使电梯无法维修而停运一年多，给居民生活带来诸多不便。热河南路街道出面协调，召开10多次议事会和协调会。7月，选出7位代表组成楼幢“电梯自管服务站”，分工负责财务、协调、材料办理等事务。由南京市三法律师事务所证明，电梯自管服务站获电梯使用权和所有权，全权负责电梯管理。至年底，服务站与维保公司签约，维修费用居民自筹，服务站成员通过市电梯管理员培训，电梯得到维修并正常使用。此案例受到市区安监部门认可。是年，街道获评市特种设备管理先进单位。（钱海波）

【“桃源印象”艺术节文化惠民工程】 2016年，热河南路街道工委联合《金陵瞭望》杂志社，实施“桃源印象”艺术节——系列文化惠民工程。街道以“同享受、共参与”为宗旨，与社区、驻街单位互动。3月，“桃源印象”艺术节在小桃园公园市民广场开幕，邀请南京电视台节目主持人吴晓平主持，秦淮区白下昆曲社演员和街道文艺爱好者联袂演出。举办“华彩热南”建党95周年书画联展，收集市青年美术家协会、区书法家协会、区政协书画协会及社区书画爱好者书画作品100余幅，选出60幅作品在清江花苑社区书画室展出。7～9月，开展“桃源之夏”主题活动，每周五晚，在小桃园公园广场播放流行电影或红色革命电影；艺术节期间还举办“书香桃源”读书沙龙、“相约桃花源”文化交友、“桃花源”杯羽毛球大赛、“桃源奇石会”“桃花深处”居民摄影展、“我眼中的桃花源”征文大赛等，3000人次受益。（郗小红）

阅江楼街道

【基本情况】 阅江楼街道地处南京主城滨江核心区域，东起大桥南路与建宁路街道相接，南至中山北路与热河南路街道、挹江门街道相接，西临江边路长江岸线，北到煤炭港与宝塔桥街道相接，辖区面积3.74平方公里，下辖8个社区居委会，有户籍居民2.1万户5.4万人。街道办事处驻北祖师庵45号。

2016年，街道实现地区生产总值95亿元，同比增长9%，其中服务业增加值85.1亿元，同比增长9.9%；固定资产投资1.96亿元，同比增长130%；完成社会消费品零售总额59.94亿元，同比增长10.6%。城镇居民人均可支配收入6.18万元,同比增长9%。

7月,完成党代表选举,10人当选中国共产党南京市鼓楼区第二次代表大会正式代表;9月,完成8个社区党委(党总支)换届;11月,完成区人大换届,25人当选鼓楼区第二届人民代表大会正式代表;12月,完成8个社区居委会换届选举。

是年,街道被评为2013～2015年度市级文明单位,南京市创建全国双拥模范城有功单位,记集体三等功一次。

【经济发展】 2016年,阅江楼街道属地企业实现全口径税收16.73亿元,同比增长16%,完成率103%;公共收入9.04亿元,完成率79%,下降8%。新增企业158家,注册资本22.98亿元,其中1000万元以上企业23家,注册资本20.7亿元。推进世茂滨江二期9号楼拆迁、10号楼主体施工、11号楼封顶;长江峰景二期主体施工,申请开盘销售。网上申报"创业南京"人才11人,1人通过区综合评审,公司注册落地。全年完成专利申请257件,完成率100%,其中发明专利96件;专利授权95件,其中发明专利授权20件。

【环境综合整治】 2016年,阅江楼街道拆除违建141处1911.5平方米。整治街巷14条,翻新街巷两侧墙面1420平方米,清理卫生死角1450处、垃圾3817.31吨,新增诱蝇笼140个、毒饵站450个;悬挂爱国卫生宣传横幅100余条,张贴宣传画360张,发放鼓楼区环保宣传教育知识手册《践行绿色生活我们正在改变》2000余份,开展健康防病知识讲座9次,举办爱国卫生月活动、食品药品安全宣传活动、禁止燃放烟花爆竹宣传、"门前三包"宣传月活动各1次。联合区工商、安监等部门,取缔16家无证照经营户和31个无证照流动经营摊点;规范倚门出摊1866处,车辆违停贴单1214张,新增39家城市治理标准化验收单位。是年,城市管理综合考核和"12345""96180"热线工单办理工作居全区中队组第一名。

【民生保障】 2016年,阅江楼街道有最低生活保障家庭1022户1689人、最低生活保障边缘家庭48户111人。年内,发放保障金1269.13万元;春节慰问困难居民1079户1807人,发放慰问金172.69万元。组织企业退休人员免费体检3698人次,发放市民卡1300张,救助孤儿3人次。组织残疾人职业技能培训3场,培训30人次。新增就业人员2031人,新增高技能人才培养59人,单位社会保险净增缴费205人,城乡居民养老保险参保新增631人。发放小额贷款40万元,办理居民医保8000人,办理社保补贴674人、67.4万元,大龄延长优惠通过128人,办理失业金申领500人,办理就业登记证1323人。完成为民服务项目149个,支出113.9万元,涉及小区绿化、道路整修、下水改造、楼梯扶手维修、养生教育等方面。办理低保户家庭住房保障26户、低收入家庭住房保障20户、中低收入家庭公租房保障13户。

【社区建设】 2016年,阅江楼街道打造新民门社区"阅生活"综合服务体,同步推进盐大街特色社区建设。搭建"一中心三平台"(便民服务中心,街道辖区内以明城墙为界,打造城墙以东老旧小区创意公共服务站平台、城墙以西拆迁片区创新公共服务平台及沿江风光带高档住宅区代办点服务平台),完成便民服务中心升级改造,建立"一站式"服务大厅120平方米。建立以"两长六员"(党小组组长1人,楼栋长1人,企业单位服务员、调解员、文明宣传员、治安员、卫生员、监督员各1人)为架构的网格管理模式;推行社区"微网格"治理服务,成立社区协商工作小组8个,涵盖"两代表一委员"、民建会员、律师、财务等专业人士95人。建立居民院落委员会、小区业主委员会、小区管委会、小区议事协商会等自治组织21个,解决小区、单位内群众反映棘手问题200余件。街道有持证社工48人,持证上岗率65.8%。开展星级文明和谐社区创建,经综合考评、群众满意度测评等,获评区四星级社区1个、区三星级社区7个。12月,完成8个社区居委会换届选举,产生新一届社区居民委员会主任8人、副主任8人、委员46人。其中,女性成员43人,党员34人,大专及以上文化程度34人。是年,多伦路社区社工李敏获"全市第二届全科社工技能大赛"第一名。

【平安建设】 2016年,阅江楼街道在沿街商铺及小区设立"平安守望岗"60余个,街面巡逻志愿者每天120人;新增监控探头100对,为老旧小区安装单元安全防盗门30樘。推进群众安全感满意度入户宣传工作,走访居民家庭2000余户、个体工商户450户,公众安全感满意度92.5%。成立群众民调队伍17支,可防性案件下降26%;处理个体信访积案3件,化解群体信访事件5件,处理网络信访事项12件,约谈信访重点人员25人次。建立社区司法行政服务站8个,全年为社区学校及干部发放法律书籍1054册。开展矛盾调解进社区活动,司法调处矛盾纠纷507件,调解成功505件,调解成功率99.6%。是年,辖区可防性侵财案件立案44起,同比下降27.8%。

【外滩·社区书琅落成】 4月,阅江楼街道世茂滨江社区与公益平台"悦江读书会"携手共创"外滩·社区书琅",成为南京市首家公益书琅。书琅为社区居民提供数千册图书报刊,定期举办各类讲座、DIY(亲手制作)互动等文化交流活动17场次。书琅占地面积200平方米,分为亲子、儿童、青少年、

4月28日，阅江楼街道创建世茂滨江社区“外滩·社区书琅”

成年4个主题阅读区，拥有文学艺术、自然科学、幼儿绘本等各类图书2000余册，面向社区2000多户居民免费开放，至年底，接待500人次。

【双拥“五共体系”品牌】 2016年，阅江楼街道与驻区部队创立党建共促、文化共办、环境共创、稳定共保、文明共建“五共体系”品牌，辖区所有公共文化体育设施向部队官兵开放，为部队官兵办理借书证50张。在社区开设“国防双拥课堂”，开国防教育课2次；与部队联手开展环境整治行动5次；开展“军民同庆闹元宵”“粽叶飘香情满军营”“中秋月、军地情”等共建活动16场。携手辖区部队开展防汛抗洪和抢险救灾，参与“慈善一日捐”活动，募集善款近5万元，帮扶困难家庭300多户。按时足额发放抚恤金、优待金、补助金等141.65万元。在南京市创建全国双拥模范城评比中，街道被市委市政府、南京警备区评为有功单位，记集体三等功一次。

【星级志愿者“积分制”管理】 2016年，多伦路社区携手昕多多公益发展服务中心创立星级志愿者“积分制”管理制度，为志愿者的服务时长划定星级，并给予相应积分，志愿者每年可凭积分在“多多星积分超市”兑换蔬菜瓜果、生活用品以及享受代购服务。至年底，参与“积分制”管理社区志愿者203人，“多多星积分超市”吸收兑换服务商户12家。

【曹玉琴当选“南京好市民”】 2016年，阅江楼街道新民门社区居民曹玉琴当选第15届“南京好市民”。曹玉琴，女，1935年12月生，中共党员，鼓楼区新民门社区二级支部委员，原南京市棉毛纺织加工厂退休职工。2004年，曹玉琴和刘宝玉(原长征医院护士长)组建“曹玉琴健康工作室”，12年来一直坚持每周定期为社区居民提供免费量血压等健康服务，建立健康档案200余人，受惠居民2万余人。

(李为洁)

曹玉琴健康工作室为新民门社区居民免费量血压

建宁路街道

【基本情况】 建宁路街道地处南京长江大桥南端，东起中央门立交桥，与玄武区相邻；南至护城河，与中央门街道、挹江门街道相邻；西至阅江楼景区建宁桥，与阅江楼街道相邻；北至沪宁铁路，与宝塔桥街道、小市街道相邻。辖区面积2.32平方公里，下辖8个社区居委会，有户籍居民2.47万户5.66万人。街道办事处驻安乐村244号。

2016年，街道实现地区生产总值30.6亿元，同比增长9.1%，其中服务业增加值29.5亿元，同比增长10.1%。完成社会消费品零售总额91.41亿元，同比增长10.7%；固定资产投资1.14亿元；一般预算收入1.5亿元，同比下降1.1%。城镇居民人均可支配收入5.96万元，同比增长8.5%。

7月，完成党代表选举，9人当选中国共产党南京市鼓楼区第二次代表大会正式代表；9 月 29 日，完成 8 个社区党委（党总支）换届；11 月 24 日，完成区人大换届，19 人当选鼓楼区第二届人民代表大会正式代表；12 月 10 日，完成 8 个社区居委会换届选举。

是年，街道获全国红十字防灾减灾避险知识竞赛一等奖、江苏省 AAAA 级数字档案室。四平路社区宋爱霞获得第九届国际残疾人职业技能竞赛金奖。

【经济发展】 2016 年，建宁路街道完成税收 2.53 亿元，同比增长 7%，其中公共收入 1.51 亿元，同比增长 0.8%。区街共管企业完成税收 0.27 亿元，同比下降 3%，公共收入 0.14 亿元，同比下降 8%；属地企业完成税收 2.26 亿元，同比增长 8%，公共收入 1.37 亿元，同比增长 1%。一般公共预算收入完成 1.37 亿元，同比增长 1%；个体零散税征收 0.12 亿元。完成专利申请 74 件，完成率 112%，其中发明专利 24 件；专利授权 31 件，其中发明专利授权 2 件。

【环境治理】 2016 年，建宁路街道完成 6 个老旧小区 22 栋房屋出新任务，改造 4 个小区二次供水设施。拆除乱搭乱建 297 处 3630 平方米。拆除楼顶违规广告 15 处，整治问题广告牌 86 块，整治出新陈旧破损门头店招 57 家，约 1000 平方米。清理街巷 18 条、沿河大埂 1000 余米、铁路沿线 1 条、楼道 898 栋、牛皮癣 6 万余处、卫生死角 1300 余处、院落杂物 2737 处、车棚屋顶 92 处、蚊蝇滋生地 1437 处，清运垃圾 2300 余吨，修复补建灭鼠毒饵站 976 处。加强垃圾分类宣传引导，辖区垃圾分类覆盖率 85%，分拣率 60%以上。淘汰 84 辆“黄标车”。4 条道路通过标准化验收。集中整治鲁民路停车秩序，增设公共停车位 20 个。铺设路面、地坪、地面硬化 4000 余平方米。铁院路通过停车示范道路达标验收。联合工商部门取缔无证餐饮店 10 家。开展新民路美食一条街环境综合整治活动，新建、改建文化景观墙 16 处 4000 余平方米。

【民生保障】 2016 年，建宁路街道有低收入保障家庭 413 户 715 人、低收入保障边缘家庭 19 户 48 人，全年发放低收入保障金 588.8 万元、低保边缘户生活救助金 2.3 万元，发放苏果卡卷 113.92 万元。慰问特困残疾人 134 人次，发放慰问金 7.1 万元；临时救助 90 人次，发放救助金 7 万元；服务优抚对象 64 人，发放抚恤补助金 46.1 万元、伤残军人春节慰问金 4.2 万元；发放四级以上伤残军人护理费和参战退役、回乡军人定补费 12.6 万元。组织失业人员再就业培训 14 期350 人次（技能培训班 320 人次、创业培训班 30 人次）。援助就业困难人员182 人，其中稳定就业 182 人；培育自主创业 250 人，其中大学生创业 74 人，创业带动就业 1857 人。新增城镇就业 1716 人，实现再就业 893 人。新制市民卡 1521 张，办理居民医保 462 人，办理社保补贴 852 人，办理大龄失业保险金 286 人，办理就业登记证 493 人。办理低保户家庭住房保障申请 7 户、低收入家庭住房保障申请 42 户、中低收入家庭公租房保障申请 6 户。

【社区建设】 2016 年，建宁路街道在安乐村 244 号建成集为民服务、劳动保障等功能为一体的便民服务中心，面积 116 平方米。建成 AAA 级社区居家养老服务站 3 个，设立助餐服务点 2 个，全年用餐 10.14 万人次。老年人办卡 1560 人。建成 0～3 岁婴幼儿早期发展指导站 1 个。街道有持证社工 59 人，持证上岗率 47.4%。开展星级文明和谐社区创建，经群众满意度测评、区综合考评等，获评区三星级社区 5 个、区二星级社区 3 个。12 月，完成 8 个社区居委会换届选举，产生新一届社区居民委员会主任 8 人、副主任 8 人、委员 24 人。其中，女性成员 24 人，党员 30 人，大专及以上文化程度 28 人。

【平安建设】 2016 年，建宁路街道与 8 个社区及列管单位签订综治平安创建责任书 30 余份。在 8 个社区建立 32 支小喇叭巡逻队，重点整治中央门商贸区等地段，开展巡逻 1200 人次，安装单元防盗门 66 樘。组织综治平安创建宣传活动 5 次，散发宣传资料 1.4 万份，制作标语牌 80 块、展板 48 块。开展法制宣传活动 30 场次，解答法律咨询 700 人次。40 名社区矫正对象无一脱管、漏管和重新犯罪。排查各类矛盾纠纷 459 件，涉及赔偿金额 110 余万元，调解成功率 100%。是年，辖区可防性侵财案件立案 202 起，同比下降 59.9%。

【宋爱霞获国际残疾人职业技能竞赛金奖】 3 月，建宁路街道四平路社区居民宋爱霞获第九届国际残疾人职业技能竞赛金奖。宋爱霞，女，1967 年 10 月出生，肢残二级。自幼患小儿麻痹症致双腿残疾，但她从小就喜欢手工艺。2009 年创办“七彩人生手工坊”，是原下关区郑和南路一带手工编织名人，曾在国内残疾人职业技能竞赛中多次获奖。2016 年，在第九届国际残疾人职业技能竞赛中，宋爱霞获手工编织第一名，新华网等多家媒体予以报道。

【建宁路街道总工会成立】 10 月 31 日，建宁路街道召开街道总工会成立暨第一次会员代表大会，街道、社区和辖区企业工会会员代表 62 人参加。会议采取无记名投票方式，选举产生街道总工会第一届工会委员会委员 11 人、经费审查委员会委员 3 人、女职工委员会委员 3 人。

【双拥工作】 2016年，建宁路街道建成滨江花园社区双拥主题馆，组织社区与中国人民解放军政治学院一大队和武警南京支队签订“双拥共建协议书”，走访慰问部队5次；送文化进军营4次，服务官兵1200余人；开国防教育课5次，参加学习1600人次；组织少年军校学员进军营军训3次，参加训练180人次。组织开展学雷锋便民服务8次，上门给17户重度残疾军人提供特色服务；春节开展拥军优属送年画、送春联活动，走访慰问98人次。年内，接收14名退伍军人，全部纳入职业技能培训学习，并实行市场化安置。组织专场就业招聘会6次，开展送岗位上门服务4次，为退伍军人提供免费送岗服务安置就业7人。

（邵太宝）

宝塔桥街道

【概况】 宝塔桥街道位于鼓楼区西北部，东起水关桥，南起煤炭港，西至长江边，北至五塘村，面积7.48平方公里，其中陆地面积5.9平方公里。下辖12个社区居委会以及金大农工商总公司，有户籍居民2.61万户11.2万人。街道办事处驻燕江路58号。

2016年，街道完成地区生产总值53.9亿元，同比增长8.8%，其中服务业增加值完成23.1亿元，同比增长10.1%。社会消费品零售总额完成20.93亿元，同比增长10.5%。完成固定资产投资0.34亿元。人均可支配收入5.96万元，同比增长8.5%。

7月，完成党代表选举，10人当选中国共产党南京市鼓楼区第二次代表大会正式代表；9月，完成12个社区党组织换届选举；11月，完成区人大换届，32人当选鼓楼区第二届人民代表大会正式代表；12月，完成12个社区居委会换届选举。

是年，街道获南京市创建全国双拥模范城有功单位、全国红十字防灾避险知识竞赛一等奖、全市“六五”普法先进集体称号。

【经济发展】 2016年，宝塔桥街道实现税收1.56亿元，同比增长15.6%，其中公共收入0.81亿元，同比增长16.8%。区街共管企业完成税收0.94亿元，同比下降23%，公共收入0.59亿元，同比下降4%。属地企业完成税收0.62亿元，同比增长13.6%，公共收入0.23亿元，同比增长12.4%。引进企业221家，新增注册资本6.89亿元。其中，引进注册资本1000万元以上企业33家，实际到账2.76亿元。对接各类有意申报人才112人，其中18人参加申报，6人通过技术评审，2人通过综合评审并落地注册。引进2名领军型科技创业人才，服务对接历届入选人才企业104批次，发放下拨人才创业扶持资金250万元；帮助申报入选人才子女就学1人，审批企业扶持资金使用款项52笔73万元。申请专利总量83件，其中发明专利申请总量16件；专利授权44件，其中发明专利授权8件。华能滨江总部基地——数码港2号楼实施销售；3号楼建成地面二层；二期项目进入全面支护桩基施工。新增中冶和记洋行旧貌改造项目并启动。

【环境综合整治】 2016年，宝塔桥街道打击使用、销售来源不明食品原料和食品等非法经营行为，规范持照经营，取缔无照经营。出动城管执法中队120人次，登门检查食品来源凭证，明确食品溯源要求，检查食品小门店、小饭馆、小作坊、小摊贩189家，其中食品小门店62家、小饭馆68家、小作坊4家、小摊贩55家。驱赶无证流动食品小摊贩100余起，取缔流动摊点、占道经营户1267家；整治倚门出摊、超范围经营户823家，劝阻占道经营2125摊次。逐街逐巷清理违规户外广告，拆除大型户外广告25处、门头店招100多块，清除“牛皮癣”及街头小广告2823处，印制“门前三包”责任书800余份，“门前三包”书面告知率、责任落实率100%。拆除违建152处9385.95平方米。其中，调查并拆除大庙沟违建55处、面积3277平方米，拆除二仙沟违建69处、面积3487平方米，清理各类垃圾杂物1800余吨。联合交警六大队开展辖区主次干道和支路街巷停车秩序管理。排查地质灾害隐患点13处，其中特大型隐患点1处（燕江路142号边坡），处理燕江路142号、上元里181号护坡，雨季疏散40余户。

【民生保障】 2016年，宝塔桥街道有最低生活保障户877户1547人，新进线38户，退线62户，发放保障金816.73万元；有低保边缘家庭42户93人，新进线3户，退线7户，发放保障金3.53万元；发放苏果卡183.83万元。春节慰问在册低保户906户98.54万元；发放孤儿生活费7.55万元；慰问大屠杀幸存者、孤儿等12人1.4万元；发放20世纪60年代下放回宁人员补贴1.94万元；发放物价补贴19.04万元。区配套慰问在册低保户906户49.2万元、低保边缘户46户4.09万元；两节（元旦、春节）慰问各类困难群众516户10.32万元。办理特困家庭大重病医疗救助14人1.76万元；临时救助6人2.18万元；慈善救助121人10.44万元；救助贫困家庭12户，其中发放生活救助金4.26万元、医疗救助金4.78万元。新制市民卡1513张，办理居民医保1190人，办理社保补贴1187人，办理大龄失业保险金142人，办理就业登记证2220人。办理低保户家庭住房保障12户、低收入家庭住房保障32户、中低收入家庭公租房保障16户。

【社区建设】 2016年，宝塔桥街道优化社区治理服务资源，合并幕府西路社区和恒盛嘉园社区公共服务站，在幕府西路社区设置“中心站”，服务覆盖幕府西路以南、铁路桥以东片区。恒盛嘉园社区原有社区公共服务站作为“中心站”延伸点，提供代办、陪办、协办服务，实行“前台即办、前台受理+后台办理”服务模式，全年服务2.44万人次。结合社工师考试，组织安排5场次培训，至年底，有10名社工通过社工师资格考试；持证上岗社工51人，持证率46%。开展星级文明和谐社区创建，经群众满意度测评、综合考评等，获评区四星级社区3个、区三星级社区6个、区二星级社区3个。完成12个社区居委会换届选举，产生新一届社区居民委员会主任12人、副主任13人、委员45人。其中，女性成员23人，党员17人，大专及以上文化程度15人。

【平安建设】 2016年，宝塔桥街道与7家部门、21家驻街单位、12个社区、6所中小学校签订综治工作目标责任书46份；签订流动人口、禁毒工作等专项工作目标责任书37份。各单位分解签订三级目标责任书203份，签订率100%。以“深化平安建设，提升群众安全感”为主题，召开警情通报会、警民恳谈会130余场，入户走访3167家；安装单元安全防盗门60樘，投入1万余元安装防爬刺100多个，对辖区内60个盗窃高发案小区易攀爬部位涂抹黄油20桶。排查各类矛盾纠纷550次，接待群众1047批次2015人次，受理纠纷275件，调处成功273件，成功率99.3%。是年，辖区可防性侵财案件立案276起，同比下降24.4%。

【群众文化活动】 2016年，宝塔桥街道建成鼓楼区睦邻中心、象山和园综合服务楼2处公共文化设施、近7000平方米，接待群众4.79万人次。组织群众文化活动178场，其中结合重大节日、重要纪念日开展大型广场活动10场。端午划龙舟大赛获全区第二名；社区秧歌舞蹈队参加“国邦金服”杯南京第二届广场秧歌舞大赛鼓楼片区预选赛获一等奖。完成幕府西路“书香社区”申报，获南京市群众体育工作先进集体称号。

【老龄服务】 2016年，宝塔桥街道发放80岁以上老人高龄补贴2537人14.31万元；引进仁爱社区居家养老服务中心，按AAA级标准配置设施，配专职工作人员4人、其他上门服务工作人员若干人，为社区老人提供健康咨询、修脚、康复理疗、理发、助餐、日间照料等养老服务，全年服务1.87万人次。组织1.77万名纳入社区管理人员开展门球赛、祝寿会等各类活动20多场；为年满70、80、90周岁退休人员272人发放生日慰问金4.85万元，为重病老人201人发放慰问金6.03万元，为145人办理丧葬抚恤金。组织7000多名退休人员健康体检。为纳入社区管理退休人员1.8万人“夏送清凉”，发放毛巾礼盒1.77万盒。

【中冶和记洋行项目启动】 2016年，宝塔桥街道启动中冶和记洋行项目。项目东至金川河西路，南至滨江路，西至规划道路，北至江边路，系滨江风光带最优质观景位置。项目定位：商业、低密度豪宅、江景高层、滨江特色商业街、湾区办公、星级酒店等多种业态一体的大型城市综合体。用地面积7.68万平方米，建筑面积30万平方米，总投资7.85亿元。南京临江老城改造建设投资有限公司承建。 （黄　河）

小市街道

【基本情况】 小市街道地处鼓楼区东北角，东起安怀东路，与栖霞区相接，南起沪宁铁路，与玄武区相接，西起幕府南路，北起北崮山路、金碧路、孙家洼路，紧邻南京火车站、小红山长途客运站，是南京城北“窗口”区域、鼓楼铁北核心片区，辖区面积3.92平方公里。下辖9个社区居委会，有户籍居民2.11万户5.6万人、居住小区76个。街道办事处驻黄家圩路36号。

2016年，小市街道实现地区生产总值42.9亿元，同比增长8.8%，其中服务业增加值21亿元，同比增长10.2%。完成社会消费品零售总额38.85亿元，同比增长10%。全社会固定资产投资14.05亿元，完成率100.4%。城镇居民人均可支配收入4.87万元，同比增长8.9%。

7月，完成党代表选举，12人当选中国共产党南京市鼓楼区第二次代表大会正式代表；9月，完成9个社区党委（党总支）换届；11月，完成区人大换届，22人当选鼓楼区第二届人民代表大会正式代表；12月，完成9个社区居委会换届选举。

是年，街道获省关心下一代工作先进集体、市级文明单位、市创业担保贷款信用街道、南京区街镇最佳新媒体传播奖、市街道（镇）志愿服务总站首批示范点、市“星级基层商会”等荣誉，河路道社区获评2013～2015年度江苏省文明社区称号。

【经济发展】 2016年，小市街道实现税收6.2亿元，其中属地企业2.4亿元，区街共管企业3.8亿元。实现公共收入3.1亿元，同比增长1.2%，其中属地企业完成1.22亿元，同比增长5%，区街共管企业完成1.82亿元，下降1%。辖区三大传统行业钢贸、制造业和交通仓储业去产能供给侧调整，逐步减少份额；软件设计等电子商务服务业和健康服务业稳步增长，税盘比重从11%上升到18%，税收增长30%。多方搭建平台为新兴产业在上市、融资、科创、培训等方面提供服务，南京紫米网络科技有限公司、南京铁马信息技术有限公司等5家企业列入新三板上市后备企业名录；对接20余名科技创业人才，组织14人申报省市人才引进计划。年内，完成专利申请146件、发明专利申请36件，完成专利授权82件。新注册企业279家，其中注册资本1000万元以上企业56家，注册资本38亿元。

是年，火车站北广场融创都会商业综合体A楼主体完成验收，B楼主体施工全部完成；中能建能源装备产业园项目一期住宅楼进入主体3层施工，中储电子商务区一期（喜年中心）进行土建工程，进入二期销售；中储电子商务区二期（智慧物流创新园）申领规划许可和施工许可。“智慧物流电子商务平台”投入运营，至年底，交易金额20亿元。

【环境整治】 2016年，小市街道协调推进翠庭路一期、安怀东路、红山南路西延西段、中央北路环境综合整治和小市垃圾中转站复建等城建项目；改造和取缔小市村82号、小市街、百灵街旱厕。完成张王庙68号大院、河路道70号～72号小区等9个老旧小区62幢楼房出新任务，出新建筑面积约20万平方米；推进安怀村250号筒子楼消险加固工作和312幢老旧楼房楼道灯亮化安装工程。开展卫生城市复审环境整治行动，清除垃圾杂物257车、菜地37处、招贴3150多处。全年拆除违建400余处7400余平方米；对和燕路、中央北路、燕亭路等重点路段开展大规模市容整治行动280余次，清除“三乱”（垃圾乱扔、摊点乱摆、车辆乱停）1万余处；处理各类停车投诉60件，开具非收费路段违停处罚单9358张。完成路面整修、修剪险树、完善公共设施等114个实事项目。

【民生保障】 2016年，小市街道有最低生活保障家庭416户668人、低收入保障边缘家庭35户85人，全年发放低收入保障金444.04万元、低收入保障边缘户补助金4万元。慰问困难残疾人213人次，发放慰问金10.6万元；优抚对象672人次，发放抚恤补助金197万元、伤残军人慰问金179万元，发放四级以上伤残军人护理费和参战退役、回乡军人定补费18万元。年内，组织纳入社会管理的企业退休人员免费体检6787人，新纳入社会化服务管理老人669人；新增城镇就业2544人，完成127.2%；实现再就业1394人，完成126.73%；帮扶困难人员就业285人，完成135.71%；培育自主创业234人，完成111.43%；创业带动就业1862人，完成116.38%；扶持青年大学生创业62人，完成124%。新制市民卡2377张，完成194.75%。组织再就业培训300人，完成100%；新增高技能人才75人，完成115.38%。发放小额贷款95万元，办理居民医保1832人，办理社保补贴884人约120万元，办理大龄失业保险金746人，办理就业登记证1569人。3000平方米小市便民服务中心投入使用，开展养老、助小、助残、人口和家庭服务等10余项内容。办理低保户家庭住房保障17户、低收入家庭住房保障73户、中低收入家庭公租房保障98户。

【社区建设】 2016年，，小市街道完成张王庙特色社区建设、东门街人口文化广场、线路新村0～3岁早教等项目。致诚社会服务中心、社工之家、安怀村社会服务中心等社会组织运作良好，苏膳、康居、心莲等服务型社会组织品牌效应显现，5000人次受益。辖区公共文化和体育设施网络健全，公共文化设施面积9899平方米。街道有持证社工40人，持证上岗率60%。开展星级文明和谐社区创建，经群众满意度测评、区综合考评等，获评四星级社区2个、三星级社区5个、二星级社区2个。12月，9个社区完成换届选举，产生新一届社区居民委员会主任9人、副主任9人、委员47人。其中，女性成员45人，党员42人，大专及以上文化程度30人。

【平安建设】 2016年，小市街道完成1493家“九小场所”（小餐馆、小理发店、小浴室、小旅店、小歌舞厅、小网吧、小洗车店、小修理店、小废品收购站）信息登记。结合重点节日、重大活动、安全生产月，排查辖区600多家工贸企业安全隐患，整治安全隐患13起。与辖区94家成员单位和300多门面点签订责任书；组建3700余人平安志愿者队伍，开展“三红”（红帽子、红袖标、红马甲）志愿巡防，沿街商铺设立80个守望岗。安装单元安全防盗门63樘，完成率100%；安装监控探头135个。全年接待到访居民125批次720人、信访居民327人。受理调处各类民事纠纷323起，成功319起，制作协议书178份，纠纷受理率100%，调解成功率99%。妥善处置安怀村250号、紫峰能源项目等群体事件，化解何某信访积案，上访人数同比下降43%。全年开展普法活动27场次，发放宣传资料6000余份。是年，辖区可防性侵财案件立案256起，同比下降57.78%。

【黄莉新参加小市街道主题党日活动】 7月13日，省委常委、市委书记黄莉新到小市街道，参加市委办公厅第二党支部和东井新村社区党委举办的“两学一做”主题党日活动。市委常委陈勇、区委书记张一新、市委办公厅二支部全体党员以及小市街道相关负责人、东井新村社区党员代表等30余人参加活动。黄莉新带领全体党员重温入党誓词、同唱《没有共产党就没有新中国》歌曲，听取社区党建特色项目介绍，并以普通党员身份，与参会党员们畅谈学习总书记习近平“七一”重要讲话感想体会。黄莉新向社区党员解读“强富美高”新南京建设目标路径和政策措施，鼓励社区及机关党员"不忘初心，继续前进"。党日活动后，黄莉新上门慰问社区困难儿童家庭。

【河路道社区获评省级文明社区】 9月，河路道社区获评江苏省文明社区。该社区开展环境整治、小区出新和为民办实事项目，探索老旧小区自治管理，改善老旧小区环境面貌。成立"社区帮扶团""小河便民服务站"，为老弱病残等特殊群体提供帮助和服务。发挥"小河之声"艺术团、"小河舞蹈队"等特色团体作用，丰富居民精神文化生活。全年举办各类活动40余场次，服务居民3200人次。

【小市街道综合服务中心投入使用】 2016年，小市街道3000平方米综合服务中心投入使用。该中心尝试公共服务全外包模式，引进致诚社会工作服务中心、小青柠青少年服务中心、润和养老服务中心等社会组织管理。舞蹈房、乒乓球室、健身室、绘本馆等每日开放，满足居民日常活动需求，每日活动达200余人次。全年举办大型主题活动58场，惠及5000余人次。

（张　欣）

幕府山街道

【基本情况】 幕府山街道位于鼓楼区东北部，东邻栖霞区燕子矶街道，南接小市街道，西连宝塔桥街道，北靠长江，辖区面积7.14平方公里，下辖8个社区居委会。有户籍居民1.32万户3.43万人。辖区内有小学校2所、在册企事业单位850家。街道办事处驻中央北路168号。

2016年，街道完成地区生产总值10亿元，同比增长8.9%，其中服务业增加值完成9.2亿，同比增长9.8%。社会消费品零售总额完成7.53亿元，同比增长9.8%；完成固定资产投资2.02亿元；一般预算收入0.68亿元，同比增长18%。城镇居民人均可支配收入3.89万元，同比增长9.0%，全区街道排名第三位。

7月，完成党代表选举，9人当选中国共产党南京市鼓楼区第二次代表大会正式代表；9月，完成8个社区党委（党总支）换届；11月，完成区人大换届，16人当选鼓楼区第二届人民代表大会正式代表；12月，完成8个社区居委会换届选举。

是年，街道获江苏省反邪教警示教育示范点，南京市创建全国双拥模范城有功单位，2013～2015年度南京市文明单位。云谷山庄社区获评全国文网电视优秀服务基层点；五塘新村一段社区获评江苏省和谐社区建设示范社区、2013～2015年度南京市文明社区；五塘新村二段社区获评2013～2015年度南京市文明社区，被南京市第21届运动会组织委员会授予南京市群众体育工作先进集体。

【经济发展】 2016年，幕府山街道完成税收1.28亿元，同比增长22%，其中公共收入0.68亿元，同比增长18%，全区街道排名第七位。区街共管企业完成税收0.23亿元，同比下降33%，完成公共收入0.11亿元，同比下降41%；个体零散税征收40万元，全区街道排名第十位。申报创业南京人才6名，通过区级评审2人。完成专利申请119件，完成率132%，其中发明专利17件；专利授权27件，其中发明专利授权8件。

【环境治理】 2016年，幕府山街道完成五塘村96号、白云新寓等7个小区出新任务。出新中，召开居民议事会21场次，拆除违章搭建3900多平方米，屋面防水工程1.7万平方米，铺设排水管7600米，粉刷外墙6万平方米。出新小区成立小区业主委员会（管委会）6个。整治卫生死角400余处，清理垃圾380余吨；整治重点油烟污染扰民餐饮店4家，取缔占道摊点420多起，取缔恶意占道摊点8次，拆违95处2200平方米，清理"三乱"5800多处。

【民生保障】 2016年，幕府山街道有最低生活保障家庭264户409人、低保边缘家庭25户59人，发放保障金325.74万元、边缘户生活救助金2.56万元；发放苏果卡券64.43万元；发放残疾人两项补贴708人次、慰问金55.64万元；街道慈善救助191人8.67万元。组织失业人员再就业培训10期330人次，全年援助就业困难人员166人，其中稳定就业2人；培育自主创业240人，其中大学生创业73人，创业带动就业2165人。新增城镇就业1545人，实现再就业849人。新制市民卡1580张，办理居民医保1687人，办理社保补贴557人，办理大龄失业保险金69人，办理就业登记证550人。办理低保户家庭住房保障申请32户、低收入家庭住房保障申请237户、中低收入家庭公租房保障申请96户。

【社区建设】 2016年，幕府山街道云谷山庄社会事务受理中心实施鼓楼区首家社会体制治理改革试点，采用高校协调创新模式，推动社区从单纯议事到开展协商的转变。五塘新村一段社区"和协商"和云谷山庄社区"云协商"模式，在协商主体、协商形式、协商内容等方面探索，81篇案例汇编成册。打造五塘和园特色社区，以"和文化"为理念，营造和谐温馨社区氛围，五塘新村一段社区新增350平方米养老服务面积。至年底，街道有AAA级社区居家养老服务中心1个，AA级2个。依托"知行学吧"平台，每月开设社工学堂，培训10场810人次。街道有持证社工41人，持证上岗率67.3%。社工胡迎春、袁静、徐青入围鼓楼区第二届全能社工比赛前10名，胡迎春在面试环节蝉联鼓楼区第一名，并代表鼓楼区参赛，获南京市第一名。开展微公益创投项目征集，6家社会组织7个公益创投项目入围，街道给予资金支持13.1万元。开展星级文明和谐社区创建，经群众满意度测评、区综合考评等，获评区四星级社区1个、区三星级社区6个、区二星级社区1个。12月，完成8个社区居委会换届选举，产生新一届社区居民委员会主任8人、副主任8人、委员24人。其中，女性成员31人，党员26人，大专及以上文化程度16人。

【平安建设】 2016年，幕府山街道在8个社区成立平安志愿者服务队，各志愿者队均有300多名平安志愿者。街道常年拥有3000余名志愿者参加活动，设立治安守望岗50个；在51个自然小区组建51支小喇叭义务宣传队，每支队伍4人组成；举办平安创建、提升公众安全感、禁毒、反邪教等宣传活动12场次，散发宣传资料2000余份，制作标语牌56块、展板8块。安装单位安全防盗门62樘。街道和社区有9个人民调解委员会以及街道所属物业、医患、劳动保障3个行业调解委员会，开展矛盾纠纷排查280次，化解社会矛盾纠纷56件；街道（含驻派出所）、社区10个人民调解室接待群众到访514批1133人次，受理各类矛盾纠纷356起，调处成功349起，调解成功率98%。是年，辖区可防性侵财案件立案34起，同比下降15%。街道被江苏省政法委员会确定为鼓楼区首家“江苏省反邪教警示教育示范点”，并被推荐参加全国“无邪教示范街道”评选。

【街道获创建全国双拥模范城有功单位称号】 9月，幕府山街道与驻地部队省军区第一干休所、73921部队被市委市政府、南京警备区表彰为创建全国双拥模范城有功单位。年内，街道投入6万元打造北崮山社区双拥文化宣传阵地，建立双拥文化墙，成立街道双拥工作协会，驻地部队、企事业单位、社会组织43家成员单位参加。成立社区双拥服务站8个，并完成注册登记。全年，街道社区与部队及驻地单位开展军地书法等双拥活动45场次，做到月月有活动，节日有走访，平时常联系。春节、元宵节、端午节、中秋节等传统佳节，街道社区组织干部群众到部队走访慰问，550人次参与，社区邀请部队官兵参加社区联谊共建活动25场次。

【省三星级档案室创建】 12月16日，鼓楼区档案局局长张云霞组成专家组，测评幕府山街道创省三星级档案室工作。专家组认为，街道档案工作组织管理严密，制度健全，档案收集、资料丰富、整理规范；管理有序，信息化达到要求；档案利用有记录、有效果，编研材料品种多，发挥街道档案工作为机关管理、为基层党员教育和基层社区群众服务作用。档案室以97分成绩通过江苏省三星级档案室测评验收。

【五佰村危旧房改造】 2016年，幕府山街道协助做好五佰村危旧房改造工作。五佰村是20世纪80年代市政府为南京下放回城居民建造的过渡性安置房，大多为两层红砖红瓦结构，百姓戏称“红楼”。进入21世纪，五佰村“红楼”被列入“危旧房屋”范围。2015年，区政府将五佰村危旧房列入2016年拆迁改造项目，涉及危旧房屋40幢、2.36万平方米，被拆迁居民268户1563人。街道受理该项目共有产权房申请173户、公共租赁房87户，办理低保80户，未出现办理低保和住房证明等问题纠纷。

【五塘新村一段获评省和谐社区建设示范社区】 2016年，五塘新村一段社区有住宅73幢、住户2680户，约7500人，流动人口1418人；有党总支1个、党支部4个。社区评选“每月一星”12人次、“和美家庭”8户、“文明楼幢”3个；成立“我爱我家园志愿服务队”，有成员90名，吸纳居民志愿者广泛参与，增强邻里间互帮互助。至年底，社区有志愿服务队4支，注册志愿者1388人，通过完善社区“一站式”服务体系，提高社区服务居民的能力和水平；开展“平安创建”活动，维护社区治安秩序，各类矛盾纠纷调解成功率保持在96%以上，没有发生一起民事转刑事案件。社区有文化活动队伍4支，坚持参加文化活动居民300余人，每年举办各种文体活动近百场次。是年，社区被评为江苏省和谐社区建设示范社区、2013~2015年度南京市文明社区。

【陈孝友当选南京好市民】 2016年，幕府山街道居民陈孝友当选第15届南京好市民。陈孝友，男，66岁，云谷山庄社区居民。2008年8月被查出患有癌症，同年10月进行手术治疗。手术后的陈孝友积极参加社区各类活动，每周都为社区“希望来吧”外来工子女和留守儿童上书法课。有水工、电工、木工特长的他，只要居民需要，无论哪家，他都是有求必应，帮助解决困难。每年志愿服务时间超1000小时，累计时间近1万小时。

（曹　辉　赵金龙）

鼓楼年鉴 2017

人物

Figures

新任区级领导

张一新

男，汉族，1963年1月出生，江苏丹阳人，1979年8月参加工作，1988年6月加入中国共产党，研究生学历、硕士学位。1979年8月丹阳市化工厂工人；1982年9月江苏省广播电视大学汉语言文学专业大专学习；1985年8月丹阳市工业局帮助工作；1986年9月南通市委党校学习；1988年9月丹阳市委党校教师；1989年8月南京市雨花台区委农工部干部；1992年6月雨花台区委农工部调研科科长；1993年3月雨花台区政府办公室副主任；1997年6月雨花台区政府办公室副主任、体改委主任；1997年12月雨花台区委常委、宣传部部长；2004年12月雨花台区委常委；2005年1月雨花台区委常委、区政府副区长；（其间：2001年5月—2005年3月兼雨花经济开发区管委会主任，主持开发区工作）；2007年6月雨花台区委副书记、区政府副区长（援藏任西藏墨竹工卡县县委书记）；2010年4月雨花台区委副书记、区政府代区长；2011年1月雨花台区委副书记、区政府区长；2011年8月雨花台区委副书记、区政府区长，中国（南京）软件谷管委会主任、工委副书记；2013年3月雨花台区委书记、区政府区长，中国（南京）软件谷管委会主任、工委书记；2014年3月雨花台区委书记，中国（南京）软件谷工委书记；2016年6月鼓楼区委书记。

刘　军

男，汉族，1969年10月出生，江苏句容人，1992年8月参加工作，1991年11月加入中国共产党，研究生学历、硕士学位。1985年9月镇江师范学校普师专业学习；1988年9月南京师范大学政教系思想政治教育管理专业大学学习；1992年8月南京师范大学团委常委、办公室主任；1994年3月南京师范大学党委宣传部秘书；1998年2月南京师范大学团委副书记（主持工作）；1998年12月南京师范大学团委书记（副处级）；（其间：1996年9月—1999年6月南京师范大学经济法政学院思想政治教育专业在职研究生学习，获法学硕士学位）；2000年5月南京师范大学团委书记（正处级）；2000年11月南京市栖霞区委常委、宣传部部长（其间：2002年1月—2003年2月兼任栖霞区尧化街道工委书记）；2003年12月栖霞区委常委、组织部部长（其间：2005年6月—2005年9月江苏省高级管理人才经济研究班赴德国海德堡大学学习；2009年4月—2010年9月兼任江苏生命科技创新园管委会主任）；2010年9月南京市人才办主任；2010年11月南京市委组织部副部长、市人才办主任；2014年2月南京市委组织部常务副部长；2016年1月鼓楼区委副书记，区政府区长；2016年2月鼓楼区委副书记，区政府区长、党组书记。

赵小华

男，汉族，1974年4月出生，江苏泰兴人，1996年8月参加工作，1995

年3月加入中国共产党，大学学历、硕士学位。1992年9月中国矿业大学测量工程专业大学学习；1996年8月南京市地籍信息中心助理工程师；2000年4月南京市地籍信息中心副科级；（其间：1998年10月—2002年7月借调市国土资源局土地利用处帮助工作）；2002年7月南京市国土资源局干部；2003年8月南京市国土资源局土地利用处副主任科员；2003年12月下关区房地产管理局副局长；2005年5月南京市国土资源局土地利用处副处长；2006年2月南京市国土资源局耕地保护处副处长（主持工作）；2006年4月南京市国土资源局耕地保护处处长；（其间：2002年8月—2006年10月东南大学控制工程专业硕士学位学习）；2011年6月六合区委常委；2011年8月六合区委常委，区政府党组成员；2012年2月六合区委常委，区政府党组成员，六合现代农业产业园区管委会党组书记；2012年4月六合区委常委，区政府党组成员、六合经济开发区党工委书记、六合现代农业产业园区管委会党组书记；2012年8月六合区委常委，区政府党组成员、六合经济开发区党工委书记；2016年4月鼓楼区委常委、区纪委书记。

贾　慧

女，汉族，1967年3月出生，江苏南京人，1989年8月参加工作，1987年7月加入中国共产党，大学学历、硕士学位。1985年9月南京师范专科学校政教专业大专学习；1987年9月扬州师范学院政教专业大学学习；1989年8月南京师范专科学校教师；1995

年6月南京师范专科学校、教院团委副书记；1998年11月南京师范专科学校、教院团委书记；（其间：1997年9月—1999年6月南京师范大学马克思主义理论与思想政治教育专业法学硕士学习）；2000年8月南京晓庄学院团委书记；2002年7月南京晓庄学院学生工作处处长；（其间：2002年1月—2002年8月南京晓庄学院院长助理）；2004年8月南京晓庄学院招生与就业工作处处长；2007年10月南京市妇联副主席；2007年12月南京市妇联副主席、党组成员；2016年7月鼓楼区委常委、组织部部长。

翁俊军

男，汉族，1972年4月出生，江西南昌人，1990年9月参加工作，1992年4月加入中国共产党，研究生学历、硕士学位。1990年9月解放军信息工程学院学员；1994年9月解放军信息工程学院研究生队学员；1996年12月江西省军区通信站指挥自动化工作站助理工程师；1998年12月南京军区政治部文化工作站影像室正连职干事；2001年7月南京军区政治部干部部科技干部处副营职干事；2001年12月南京军区政治部干部部科技干部处正营职干事；2004年3月南京军区政治部干部部福利处正营职干事；2004年12月南京军区政治部干部部福利处副团职干事；2007年12月南京军区政治部干部部干部工资福利处正团职干事；2010年1月陆军第一集团军防空旅代理副政治委员；2012年3月江苏省南京市鼓楼区人武部政委；2016年7月鼓楼区委常委、区人武部政委。

许扬汶

男，汉族，1974年5月出生，安徽桐城人，1996年8月参加工作，2000年11月加入中国共产党，研究生学历、硕士学位。1992年9月南京大学计算机专业大学学习；1996年8月南京市外经贸委外资管理处干部；1998年2月南京市外经贸委外资管理处科员；2001年3月南京市外经贸局外资管理处副主任科员；2001年12月南京市外经贸局外资管理处处长助理；2002年4月南京市外经贸局外资管理处主任科员、处长助理；（其间：2000年9月—2003年6月南京大学工商管理专业硕士研究生学习）；2005年1月南京市外经贸局外资管理处副处长（其间：2007年5月—2008年2月商务部外国投资管理司挂职锻炼）；2009年8月南京市外经贸局投资促进处副处长、市投资促进中心副主任；2010年6月南京市投资促进委员会科技创新招商处副处长；2010年12月南京市投资促进委员会科技创新招商处处长（其间：2012年5月—2012年7月雨花台区信访局挂岗锻炼，2012年7月—2013年5月挂职任江苏高淳经济开发区管委会主任助理、工委委员）；2013年5月南京高新技术产业开发区副主任、工委委员；2016年12月鼓楼区委常委。

高军玲

女，汉族，1976年5月出生，江苏南京人，1996年8月参加工作，1996年7月加入中国共产党，党校研究生学历、学士学位。1996年8月南京市栖霞区太平村学校教师；1998年12月栖霞区教委团工委书记；2002年1月栖霞区迈皋桥办事处主任助理；2003年12月栖霞区迈皋桥办事处副主任；2008年2月栖霞区教育局工委副书记、纪工委书记；2010年6月栖霞区八卦洲街道工委副书记、办事处主任；2012年7月栖霞区迈皋桥街道工委副书记、办事处主任；2012年12月栖霞区西岗街道工委书记；2016年12月鼓楼区政府副区长。

冯　泉

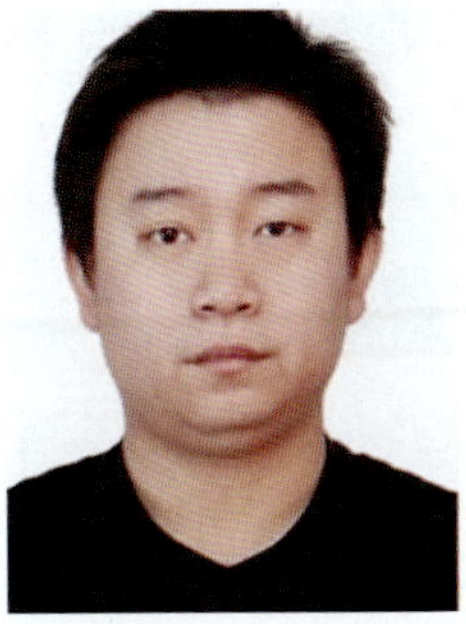

男，汉族，1978年8月出生，江苏南京人，1999年12月参加工作，民盟盟员，大学学历、硕士学位。1996年9月南京动力高等专科学校会计电算化专业大专学习；1999年7月待业；1999年12月南京市光华路办事处财税科干部（其间：2001年6月江苏省高等教育自学考试经济管理专业大学毕业）；2003年4月南京市光华路办事处财税科科员；2004年5月白下区统计局副科长；2005年10月白下区统计局工交投资科副科长；2006年6月白下区统计局工交投资

科科长；2006年12月白下区统计局局长助理、工交投资科科长；2007年7月白下区监察局副局长；（其间：2006年3月—2009年5月东南大学公共管理专业公共管理硕士学习）；2010年5月白下区发展和改革局副局长；2011年10月白下区投资促进局局长；2013年2月南京白下高新技术产业园区管委会常务副主任（正处）；2013年4月南京白下高新技术产业园区管委会常务副主任（正处职）；2014年10月秦淮区科技创业特别社区管委会（南京白下高新技术产业园区管委会）副主任兼产业和人才处处长；2015年9月南京瑞金科技创业创新街区管委会主任，南京白下高新技术产业园区管委会载体发展处处长；2016年4月南京白下高新技术产业园区管委会副主任、科技人才处处长；2016年12月鼓楼区政府副区长。

朱 赫

男，汉族，1963年7月出生，山东腾县人，1984年7月参加工作，1993年6月加入中国共产党，研究生学历、博士学位。1981年9月金陵职业大学法律专业大专学习；1984年7月南京市检察院干部、书记员；1988年4月南京市检察院科员级助理检察员，副科级助理检察员（其间：1990年9月—1993年7月南京大学函授经济法专业大学学习）；1995年4月南京市检察院监所检察处助理检察员（正科级）；1995年5月南京市检察院监所检察处检察员；（其间：1993年9月—1995年8月南京大学研究生课程进修班进修）；1999年2月—2002年5月南京市检察院监所检察处副处长（其间：2000年9月—2001年1月第十一期中青年干部培训班培训）；1998年7月挂职任栖霞区检察院检察长助理；2002年5月南京市检察院反贪局综合处处长；2007年7月南京市检察院大案要案侦查指挥中心办公室主任；2008年9月南京市检察院反贪污贿赂局副局长；2009年12月高淳县检察院代检察长；2010年1月高淳县检察院检察长、党组书记；2012年3月秦淮区检察院代检察长、检察长、党组书记；2013年3月秦淮区检察院筹备组组长；2013年4月秦淮区检察院检察长、党组书记；2016年12月鼓楼区检察院代理检察长。

许小卫

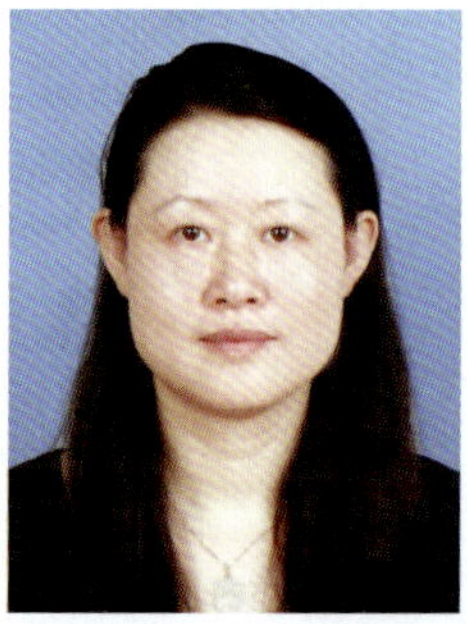

女，汉族，1968年11月出生，安徽桐城人，1987年6月参加工作，1996年10月加入中国共产党，研究生学历、硕士学位。1987年6月南京市鼓楼区挹江门街道干事、团工委副书记（其间：1989年8月—1992年6月中央党校函授学院经济管理专业大专学习）；1995年3月鼓楼团区委副书记；1996年9月鼓楼团区委书记(其间：1996年9月—1998年6月南京大学国际商学院政治经济学专业研究生课程进修班学习）；2002年6月鼓楼区财政局副局长、区税源经济工作领导小组办公室副主任；（其间：2000年8月—2002年12月中央党校函授学院法律专业大学学习）；2008年2月鼓楼区物价局局长；（其间：2007年3月—2009年11月中央广播电视大学会计学专业大专学习）；2010年9月鼓楼区财政局局长（其间：2010年9月—2012年6月昆明理工大学工商管理专业硕士研究生学习）；2013年4月鼓楼区财政局局长；2016年4月南京鼓楼国家大学科技园党工委书记。

王 前

男，汉族，1968年6月出生，河南镇平人，1987年9月参加工作，1991年3月加入中国共产党，大学学历、硕士学位。1985年9月南京市中等专业学校法律专业中专学习；1987年9月鼓楼区司法局干部（其间：1988年12月江苏省高等教育自学考试法律专业大专毕业）；1995年3月鼓楼区司法局公证处副主任；1997年11月鼓楼区司法局法制宣传科副科长兼公证处副主任(其间：1998年4月南京大学成人教育经济法专业大学毕业）；1998年4月鼓楼区司法局法制宣传科副科长兼公证处主任；1998年7月鼓楼区司法局公证律师管理科科长兼公证处主任；2001年12月鼓楼区政府法制办公室副主任；（其间：1999年9月—2002年6月南京大学法律硕士专业学习）；2008年4月鼓楼区莫愁街道工委副书记、办事处主任；2009年5月鼓楼区凤凰街道工委副书记、办事处主任；2011年12月鼓楼区征收安置办公室主任、工委副书记；2012年9月鼓楼区委办公室主任；2013年4月鼓楼区委办公室主任；2016年4月南京市下关滨江商务区党工委书记。

滕献忠

男，汉族，1971年1月出生，江苏张家港人，1992年8月参加工作，1994年11月加入中国共产党，党校

研究生学历、学士学位。1988年9月中国人民大学国民经济计划与管理系价格学专业大学学习；1992年8月下关区委办公室试用期干部；1993年9月下关区委办公室秘书；1996年5月下关区计经委主任助理；1996年12月白云亭市场发展公司副总经理；1998年4月下关区商业局副局长、商业发展总公司副总经理；2001年12月下关区商业贸易局副局长；2005年1月下关区商务局副局长；2005年7月下关区商务局局长、工委副书记；2006年12月下关区商务局局长、工委副书记，区农副产品批发市场建设办公室主任；2008年10月下关区阅江楼街道工委书记、人大工委主任；（其间：2006年9月—2009年7月江苏省委党校政治学理论专业研究生学习）；2011年8月下关区阅江楼街道工委书记、人大工委主任，南京市下关滨江开发改造指挥部指挥长助理（挂职）；2012年7月下关区委办公室副主任、政研室主任、依法治理办公室副主任，下关滨江指挥部指挥长助理；2013年4月南京市下关滨江指挥部指挥长助理、商务区管委会工企居民迁建处处长；2014年7月南京市下关滨江指挥部指挥长助理、商务区管委会副主任；2016年4月南京鼓楼国家大学科技园管委会主任、工委副书记。

何　建

男，汉族，1977年4月出生，山东苍山人，1995年10月参加工作，2000年8月加入中国共产党，党校研究生学历。1993年9月江苏省人口学校管理专业中专学习；1995年10月南京市鼓楼区计划生育委员会科员（其间：1997年6月江苏省高等教育自学考试社会管理专业大专毕业）；2000年3月鼓楼团区委科员；2001年1月借调鼓楼区委610办公室帮助工作；2002年4月鼓楼区委610办公室科员；2002年11月鼓楼区委610办公室教育转化科副科长；2003年3月鼓楼团区委副书记（2004年2月主持工作）；2005年6月鼓楼团区委书记（其间：2003年6月江苏省高等教育自学考试汉语言文学专业大学毕业；2003年9月—2006年7月江苏省委党校政治经济学专业研究生学习）；2006年9月鼓楼区挹江门街道工委副书记、办事处主任；2009年8月鼓楼区中央门街道工委副书记、办事处主任；2011年5月鼓楼区江东街道工委书记、江东新区管委会主任助理；2012年9月鼓楼区发展和改革局局长（其间：2012年9月—2012年11月南京市青年干部培训班学习）；2013年4月鼓楼区科技园区管委会办公室主任、工委副书记、科技园区建设发展有限公司总经理、南京模范路科技创新园区有限公司董事长、南京鼓楼科技产业有限公司董事长；2014年3月鼓楼区科技园区管委会办公室主任、工委副书记；2014年7月鼓楼区科技创业特别社区管委会副主任；2016年1月南京鼓楼国家大学科技园管委会副主任；2016年4月南京市下关滨江商务区管委会主任、工委副书记。

新闻人物

【全国优秀共产党员——汪永进】 南京师范大学地理科学学院教授、博士生导师、自然地理学科带头人、同位素实验室主任，2016年7月获全国优秀共产党员称号。

汪永进，男，汉族，1959年4月出生，江苏常州人。1982年获南京大学地质系岩矿专业学士学位，1987年获南京大学地质系沉积岩石学硕士学位。1987年起，在南京师范大学地理系任教；1988年赴美国匹兹堡大学行星地球科学系研修古地磁学。2000年获南京师范大学自然地理学博士学位。主要从事洞穴沉积和气候环境演变研究，构建二十万年来中国石笋同位素气候地层学相对完整的研究体系。2002年获全国百篇优秀博士论文奖。2005年被聘为教育部长江学者特聘教授，并获江苏省“优秀教育工作者”称号。2008年获第五届国际气候变化喀斯特记录杰出贡献奖，2010年获“全国先进工作者”称号，2013年获教育部自然科学奖一等奖，2014年获国家自然科学奖二等奖。

【全国五一劳动奖章——宫衍平】 国网江苏省电力公司南京供电公司运维检修部带电作业班班长，2016年4月获全国五一劳动奖章。

宫衍平，男，汉族，1966年2月生，江苏南京人，中共党员，大专学历。他从学徒工成长为带电检修高级技师、国网技能专家，担任国家电网公司兼职培训师。带电抢修、消缺减少主网停电5000小时，所带班组连续29年无违章作业、无人身轻伤事故、无人员责任事故。编制多项“输电线路带电作业技术指导书”，其中“耐热导线带电作业技术导则”成为江苏省电力公司企业标准。率先在江苏省开展500千伏及220千伏长江大跨越输电线路的带电检修，带队完成8条500千伏新建线路339.7千米、430基杆塔的验收和投运准备工作。和班组攻关团队开展技术革新10多项，QC成果7项，发表论文5篇，获2件发明专利和11件实用新型专利授权。先后获南京市劳动模范、江苏省电力公司优秀班组长、江苏省电力公司安全生产先进个人、江苏省五一劳动奖章等荣誉，所带领的输电带电作业班多次获全国优秀质量管理小组称号。

【全国五一劳动奖章——肖滕祥】 南京港（集团）有限公司工程技术部部长，2016年4月获全国五一劳动奖章。

肖滕祥，男，汉族，1967年7月生，江苏东海人，中共党员，大学本科，高级工程师。1990年进入南京国际集装箱有限公司工作。完成对岸桥、龙门吊等二手进口设备技术改造和零配件国产化等项目100余项，节省费用500万元，解决设备故障频发、维修难度大等问题；小改小革、修旧利废活动284项，节省资金86万元。推进集装箱场桥“油改电”项目的实施、船舶岸基供电技术的运用、流动设备液化天然气应用、绿色照明光源在港区的运用；推进船舶使用岸电技术在全港老码头的改造和应用。2003年获南京市劳动模范，2005年获交通部全国交通系统劳动模范，2007年获长航十大杰出青年等称号。

【中国青年五四奖章——王欣然】 南京大学电子科学与工程学院教授、博士生导师，2016年5月获中国青年五四奖章、第14届中国青年科技奖。

王欣然，男，汉族，1981年9月生，山东济南人。2000年进入南京大学物理学专业学习。2004年获美国斯坦福大学全额奖学金，分别于2009年与2010年获斯坦福大学电子工程硕士、物理学博士。2011年入选首批中组部青年千人计划，回南京大学工作。他在“未来电子信息材料替代研究及相关领域”处于国际领先水平，多项研究成果发表在Science、Nature及子刊等顶级学术期刊，总引用超过12000次。主持参与科技部973项目、国家科技重大专项、国家自然科学基金面上项目等国家级科研项目近10项。2013年获国家杰出青年科学基金；2014年获江苏青年五四奖章，入选教育部长江学者奖励计划特聘教授。

【中国青年科技奖——赖文勇】 南京邮电大学教授、博士生导师、印刷电子研究所所长，2016年5月获第14届中国青年科技奖。

赖文勇，男，汉族，1980年11月生，广东紫金人。1999年9月进入华南理工大学本科学习。2007年，从复旦大学先进材料研究院高分子化学与物理专业毕业，获理学博士学位。2007年7月，进入南京邮电大学工作。期间，曾在英国帝国理工大学塑料电子中心、昆士兰大学有机光电子中心、美国加州大学圣巴巴拉分校有机聚合物固体研究中心访学交流。长期致力于有机电子、印刷电子领域的研究工作，在国际高水平期刊发表论文120余篇，获发明专利40余项。入选国家高层次人才特殊支持计划（万人计划）科技创新领军人才、国家创新人才推进计划中青年科技创新领军人才、国家青年973首席科学家、国家长江学者奖励计划青年学者、国家优秀青年科学基金获得者、教育部新世纪优秀人才、江苏特聘教授（重点支持类）、江苏省杰出青年基金获得者、江苏省333高层次人才培养工程等人才项目。获江苏省青年五四奖章、江苏省有突出贡献的中青年专家、江苏省创新争先奖、江苏省十大青年科技之星等称号。

【全国优秀科技工作者——余钟波】 河海大学教授、博士生导师，2016年5月获第7届全国优秀科技工作者称号。

余钟波，男，汉族，1964年11月生，江西上饶人。1983年获河海大学工程地质及水文地质专业学士学位，1992年获美国南密西西比大学水文地质专业硕士学位，1996年获美国俄亥俄州立大学水文和水文地质专业博士学位。1996～1997年在美国宾夕法尼亚大学做博士后。1999年，在美国内华达大学任助理教授，2004年，美国内华达大学副教授；2009年，美国内华达大学教授。主要从事气候变化、水文水资源方面的研究。主持30多项国内外重大科研项目，包括首批国家重点研发计划、国家基础研究发展计划（973计划）、教育部“长江学者奖励计划”创新团队、江苏省创新团队、中国国家自然科学基金、美国国家自然科学基金项目、美国能源部以及农业部资助项目等。获国家科学技术进步二等奖1项和大禹水利科学技术一等奖等省部级奖项6项。

【全国优秀科技工作者——应汉杰】 南京工业大学教授、博士生导师，2016年5月获第7届全国优秀科技工作者称号。

应汉杰，男，汉族，1969年7月生，浙江慈溪人。1998年，南京化工大学博士毕业；2012年，University of Minnesota高级访问学者。主要研究方向为生物催化剂筛选与改造、辅因子代谢工程、生物过程强化与集成技术。承担科技部863计划重大项目、多项国家973计划子课题、国家杰出青年科学基金、教育部长江学者和创新团队发展计划、"十一五"国家科技支撑计划重点项目、江苏省科技成果转化专项资金、江苏省科技厅自然科学基金重点专项等。拥有授权专利160余项，PCT专利5项，发表论文280余篇，SCI收录160余篇、获国家技术发明奖二等奖2项、省部级科学技术奖一等奖3项。入选教育部长江学者特聘教授、教育部创新团队带头人、首批国家高层次人才特殊支持计划科技创新领军人才、国家863领域主题专家、国家杰出青年基金获得者、"万人计划"首批杰出人才、全国优秀教师、新世纪百千万人才工程国家级人选、江苏省333高层次人才培养工程第一层次培养对象，享受国务院政府特殊津贴。

【全国优秀科技工作者——胡永红】 南京工业大学教授、博士生导师，2016年5月获第7届全国优秀科技工作者称号。

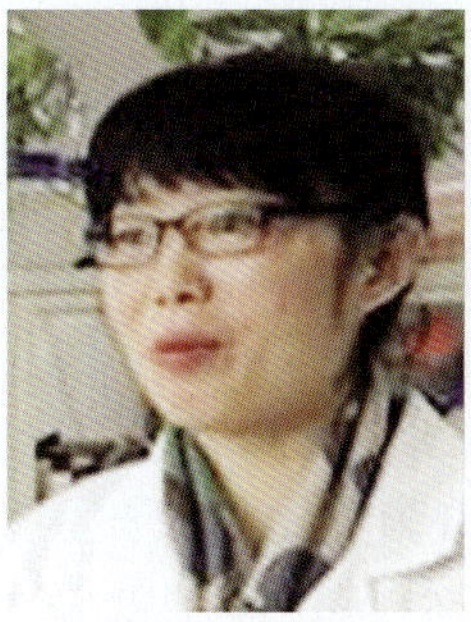

胡永红，女，汉族，1968年6月生，江苏南通人。1986年9月在南京化工学院学习，1999年6月获工学博士学位。1993年5月进入南京工业大学工作。曾担任江苏省第十二次、第十三次党代会代表，江苏省第十二次妇女代表大会代表，江苏省化学化工学会常务理事、青年工作委员会主任委员，南京生物工程学会副理事长。主持完成国家863项目、国家自然科学基金、国家重点研发计划在内的省部级项目30余项。获国家科技进步一等奖、中石化科技进步一等奖、中国优秀专利奖、江苏省科学技术一等奖等省部级以上奖项35项，获授权发明专利32项。出版专著7部，发表论文100余篇，《科学引文索引》(SCI)收录64篇。曾获江苏省有突出贡献中青年专家、首席工程师、霍英东基金会优秀青年教师奖、江苏省教育工作先进个人等称号。

【全国优秀科技工作者——陈　琪】 南京医科大学教授、博士生导师、党委书记，2016年5月获第7届全国优秀科技工作者称号。

陈琪，男，汉族，1958年10月生，江苏南通人。1978～1982年在南京医学院学习；1982～1984年，任南京医学院病理生理教研室技师；1984～1987年在南京医学院病理生理学专业学习，获硕士学位；1990～1993年在奥地利格拉茨大学医学生化所留学，获博士学位。1987年进入南京医科大学病理和病理生理学系任教，先后任南京医科大学动脉粥样硬化研究中心副主任，基础医学院副院长、院长，南京医科大学副校长、党委常委。2002年1月，任南京医科大学校长、党委常委；2010年4月，任南京医科大学党委书记、校长。2014年4月，任南京医科大学党委书记。获国家自然科学基金重点项目、国家自然科学基金面上项目多次资助，在国内外发表论文200多篇，被《科学引文索引》(SCI)引用200多次，研究成果先后获得省级以上各种奖励13次、国家专利1项。

【第10届中国医师奖——孔祥清】 南京医科大学第一临床医学院院长、博士生导师，江苏省人民医院心内科主任，2016年5月获第10届中国医师奖。

孔祥清，男，汉族，1966年9月生，南京高淳人。1987年7月，获南京医科大学临床医学学士学位；1990年7月，获南京医科大学内科学(心血管病)硕士学位；2001年3月，获德国亚琛工业大学儿科心脏病学博士学位。领衔发明国际首个对称型室间隔缺损封堵器及生物陶瓷封堵器并应用于临床，产品推广到全球30余个国家和地区，获2014年国家技术发明奖二等奖。在国家863计划课题资助下，成功研制国内首个自主设计的介入主动脉瓣和肺动脉瓣装置，该瓣膜产品在越南完成世界首例经皮自膨式肺动脉瓣植入病例，两款瓣膜产品获科技部中国创新创业大赛生物医药组第一名。获国家自然科学基金委重大科学仪器项目资助，攻关国际首个高血压无创治疗设备研发。获中国发明专利授权

6项，发表科研论文170篇，SCI收录23篇。主编出版医学专著2部，副主编专著1部，参编临床专著8部。2014年，获第六届全国优秀科技工作者、江苏省有突出贡献的中青年专家称号。2015年，入选国家百千万人才，并获有突出贡献中青年专家称号；享受国务院政府特殊津贴。

【第10届中国医师奖——杨永峰】 南京市第二医院副院长、主任医师，2016年5月获第10届中国医师奖。

杨永峰，男，汉族，1972年9月生，河南林州人。博士毕业于中南大学湘雅医学院内科学专业。从事临床工作20年，多次参加突发传染病救治，先后参加人感染高致病性禽流感、甲型H1N1流感、H7N9禽流感等救治。2015年3～5月，作为中国（江苏）援塞抗疫医疗队副队长和临时党支部书记，与45名队员一起赴塞拉利昂抗击埃博拉出血热，埃博拉确诊病例的治愈率达80%。2009年获南京市劳动模范，2011年获南京市中青年拔尖人才称号，2014年获江苏省卫生拔尖人才称号，2015年获江苏省优秀共产党员、国家抗击埃博拉先进个人等称号。

【亚洲基础设施投资银行新徽标和标志物设计者——何方】 南京艺术学院副教授、硕士生导师，2016年设计完成亚洲基础设施投资银行新徽标和标志物。

何方，女，汉族，1978年生，江苏南京人。毕业于南京艺术学院，先后获得硕士、博士学位。2003年留校任教，主要教授实验性设计、主题性设计等课程。2006年评为江苏省高校“青蓝工程”优秀青年骨干教师，2009年被江苏省委评为“新长征突击手”，2011年江苏省公派访问学者赴荷兰学术交流，2013年江苏省333高层次人才培养工程培养对象。她设计的百余件作品被采用，包括南京奥林匹克博物馆标志设计、亚青会官方海报设计等。

【2016年全国学生喜爱的大学校长——刘伟冬】 南京艺术学院教授、博士生导师、院长，2017年1月当选2016年全国学生喜爱的大学校长。

刘伟冬，男，汉族，1960年12月生，江苏南通人。1984年获南京师范大学外文系英国文学与语言专业学士学位，同年考取南京艺术学院美术系外国美术史专业研究生；1987年获硕士学位并留校任教。先后担任美术系史论教研室副主任，院务办副主任，教务处副处长、处长，成人教育学院、高等职业学院院长等职。2014年任南京艺术学院院长、党委副书记。1992～1993年，到美国蒙大拿州立大学艺术学院进修学习；1997年8～11月，德国卡塞尔大学艺术学院作高级访问学者；1998年10～12月，美国西佛吉尼亚大学艺术学院作高级访问学者；2002年8月，作为江苏省政府工作小组成员赴波兰、乌克兰和俄罗斯进行文化学术交流。1998年获江苏省普通高校优秀中青年骨干教师称号，2002年入选江苏省“青蓝工程”学科带头人，2008年入选江苏省333高层次人才培养工程第二批中青年科技领军人才。

【中国女子排球队队长——惠若琪】 南京师范大学体育科学学院硕士研究生、中国女子排球队队长，2016年8月随中国女排夺得第31届夏季奥林匹克运动会女排冠军。

惠若琪，女，汉族，1991年3月生，辽宁大连人。2010年，南京师范大学体育教育本科专业学习；2014年，南京师范大学攻读硕士学位。2006年入选江苏队，2007年入选中国女排集训大名单。2011年在国家队中成为绝对主力，并和队友拿到亚锦赛冠军和世界杯季军；2013年，担任中国女排第15任队长，身披12号球衣；2014年，所在团队获女排世锦赛亚军；2015年，所在团队获亚洲女排锦标赛冠军。

逝世人物

【有机化学家、化学教育家——胡宏纹】 胡宏纹（1925～2016），男，汉族，1925年3月出生，四川广安人，中共党员。1942年9月在中央大学化学系学习；1946年7月，本科毕业留校任教；1950年9月～1952年9月，哈尔滨工业大学研究生班进修；1952年9月～1954年7月，大连工学院研究生班进修并留校任有机化学教研组副主任；1954年7月，任南京大学讲师；1957年9月～1959年8月，莫斯科大学化学系进修并获副博士学

位;1963年3月,任南京大学副教授、有机化学教研室副主任;1978年10月,任南京大学教授、有机化学教研室主任;1984年,任博士生导师;1995年10月,当选中国科学院院士。他从事有机化学的教学与科研工作,在有机合成新反应、新方法和新试剂的研究方面取得卓越成就,在国内外学术刊物发表论文170余篇,获国家教委科技进步二等奖、江苏省科技进步二等奖等奖项。为中国化学教育事业的发展做出杰出贡献,所著《有机化学》于1961年被选为全国统编教材,历经50余年再版4次,总印数超过50万册,曾获国家教委优秀教材一等奖。1990年被江苏省教委评为优秀研究生导师。2016年5月19日,因病在南京逝世,享年91岁。

【无机化学家、化学教育家——游效曾】 游效曾(1934~2016),男,汉族,1934年1月出生,江西南昌人,中共党员。1955年7月,武汉大学化学系毕业;1957年7月,南京大学研究生毕业并留校任助教;1962年9月~1964年9月,教育部在吉林大学主办的物质结构讨论班学习;1978年12月,任南京大学讲师;1979年7月,任南京大学副教授;1980年6月~1982年7月,美国威斯康星大学、伊利诺大学和佛罗里达大学进修;1984年1月,任南京大学配位化学研究所所长;1985年11月,任南京大学教授;1986年,任南京大学博士生导师;1991年11月,当选中国科学院院士。他毕生致力于无机化学的基础研究,在中国开拓光电功能配合物新领域,参与创建中国第一个配位化学研究所和配位化学国家重点实验室,两次获科技部国家重点实验室金牛奖,为中国配位化学的发展作出杰出贡献。在国内外学术刊物发表论文1000余篇,获国家自然科学二等奖1项、三等奖1项,获何梁何利科学与技术进步奖,亚洲化学联合会基础研究报告奖,原苏联科学院无机化学研究所秋加叶夫奖等。2005年被评为全国优秀博士论文导师。2016年11月,因病在南京逝世,享年83岁。

先进集体先进个人名录

2016年区属单位获市级以上(含市级)表彰的先进集体一览表

表46

单　　位	荣　　誉	授予部门	授予时间
鼓楼区	2016~2020年度全国科普示范县(市、区)	中国科协	2016年2月
区工商联	全国"五好"工商联	中华工商联合会办公厅	2016年5月
区残工委	全国残疾人工作先进单位	国务院残工委	2016年9月
区科协	2011~2015年全国全民科学素质工作先进集体	中组部等九部委	2016年8月
区教育局	2015年全民终身学习活动周成功组织奖	全民终身学习活动周工作小组中国成人教育协会	2016年1月
区民政局	社区协商"六化"模式获2015年度中国社区治理十大创新成果提名奖	民政部	2016年6月
南京鼓楼国家大学科技园管委会	2016年全国侨务工作示范单位	国务院侨办	2016年11月
华侨路街道	2016年全国红十字防灾避险知识竞赛活动最佳组织奖	中国红十字会	2016年7月
湖南路街道	2016年全国红十字防灾避险知识竞赛活动最佳组织奖	中国红十字会	2016年7月
建宁路街道	2016年全国红十字防灾避险知识竞赛活动最佳组织奖	中国红十字会	2016年7月
幕府山街道	全国文网电视优秀服务基层点入围	文化部	2016年9月

续表46

单　　位	荣　　誉	授予部门	授予时间
江东街道腾飞园社区	全国科普示范社区	中国科协、财政部	2016年6月
鼓楼区	2011~2015年全省普法工作先进城市和先进县(市、区)	省政府	2016年8月
鼓楼区	江苏省人口协调发展先进县(区)	省政府办公厅	2016年4月
区人大办	2016年度《人民与权力》杂志通联先进集体	省人大常委会研究室	2016年12月
区政府办	2015年度全省政务信息工作先进单位	省政府办公厅	2016年5月
区法制办	2016年全省政府法制工作成绩突出单位	省法制办	2016年1月
区委老干部局	2015年度老干部工作优秀调研成果	省委老干部局	2016年5月
区关工委	江苏省关心下一代工作先进集体	省关工委、省精神文明建设指导委员会办公室	2016年6月
区委统战部	2015年全省统战工作实践创新成果	省委统战部	2016年2月
区侨办	江苏省侨务工作示范单位	省侨办	2016年12月
区工商联	2016年全省县(市、区)工商联先进集体	省工商联	2017年1月
区科协	2016年度"县级科协创新发展能力提升计划"优秀单位	省科协	2017年2月
区教育局	第三批"江苏省部门统计示范点"	省统计局	2016年1月
区民政局	社区协商"六化"模式获2015年度江苏省基层社会治理十大创新成果(一等奖)	省民政厅	2016年6月
区民政局	2015~2016年度全省老龄宣传工作先进单位	省老龄办	2016年8月
区环保局	2015年环境信访工作成绩突出奖	省环保厅	2016年3月
区环保局	"生态文明建设宣传一条街"活动优秀奖	省环保厅	2016年9月
鼓楼地税局	2016年度省级职工书屋	省总工会	2017年1月
鼓楼地税局	2016年度系统税收执法督察案例二等奖	省地税局	2016年12月
区计生协	全省计划生育系列保险工作先进单位	省计生协	2016年12月
区人防办	全省人民防空先进城市(县、市、区)	省国防动员委员会	2016年9月
区人防办	民防工作先进单位	省民防局	2016年2月
区档案局	全省档案系统先进集体	省档案局	2016年2月
阅江楼风景区管理委员会	2013~2015年度江苏省文明单位	省精神文明建设指导委员会办公室	2016年9月
华侨路街道	全省社区矫正"严格执法、严格管理"集中整治活动先进集体	省司法厅	2016年1月
宁海路街道	2013~2015年度江苏省文明单位	省精神文明建设指导委员会办公室	2016年9月
湖南路街道	2011~2015年度全省普法工作先进单位	省委宣传部、省法制宣传教育工作领导小组办公室、省司法厅	2016年8月
湖南路街道	2013~2015年度江苏省文明单位	省精神文明建设指导委员会办公室	2016年9月
凤凰街道	江苏省红十字会基层组织工作先进集体	省红十字会	2016年12月
凤凰街道	2016年度江苏省标准化社区教育中心	省教育厅	2016年12月
热河南路街道	2013~2015年度江苏省文明单位	省精神文明建设指导委员会办公室	2016年9月

续表 46

单　　位	荣　　誉	授予部门	授予时间
建宁路街道	江苏省 AAAA 级数字档案室	省档案局	2016 年 12 月
挹江门街道	江苏省基层党员冬训工作示范街道	省委组织部、省委宣传部	2016 年 7 月
挹江门街道	2011~2015 年全省普法工作先进单位	省委宣传部、省司法厅、省法制宣传教育工作领导小组办公室	2016 年 8 月
幕府山街道	江苏省反邪教警示教育示范点	省人民政府防范和处理邪教问题办公室	2016 年 4 月
幕府山街道五塘新村一段社区	江苏省和谐社区建设示范社区	省民政厅	2016 年 3 月
湖南路司法所	江苏省优秀司法所	省司法厅	2016 年 1 月
湖南路街道人民调解委员会	江苏省人民调解委员会规范化建设示范点	省司法厅	2016 年 2 月
挹江门街道丁山社区	江苏省远程教育示范基地	省委组织部、省委宣传部	2016 年 7 月
挹江门街道模范西路社区	江苏省和谐社区建设示范社区	省民政厅	2016 年 3 月
江东街道腾飞园社区	江苏省科普示范社区(2015~2017 年)	省科协	2016 年 7 月
江东街道社教办	2016 年江苏省社区教育实践创新工作项目	省社会教育服务指导中心	2016 年 5 月
江东街道睿城社区	江苏省和谐社区建设示范社区	省民政厅	2016 年 3 月
江东街道劳动和社会保障所	2015 年度示范农民工综合服务中心	省农民工工作领导小组办公室	2016 年 5 月
江东街道关工委	江苏省关心下一代工作先进集体	省关工委、省精神文明建设指导委员会办公室	2016 年 6 月
江东街道聚福园社区	食品药品安全科普宣传站	省食品药品监督管理局	2016 年 10 月
小市街道河路道社区	2013~2015 年度省级文明社区	省文明办	2016 年 9 月
小市街道关工委	江苏省关心下一代工作先进集体	省关工委、省精神文明建设指导委员会办公室	2016 年 6 月
区司法局	创建全国双拥模范城有功单位	市委、市政府、南京警备区	2016 年 7 月
区民政局	创建全国双拥模范城有功单位	市委、市政府、南京警备区	2016 年 9 月
区人社局	创建全国双拥模范城有功单位	市委、市政府、南京警备区	2016 年 9 月
湖南路管委会	2013~2015 年度市级文明单位标兵	市委、市政府	2016 年 9 月
华侨路街道	创建全国双拥模范城有功单位	市委、市政府、南京警备区	2016 年 9 月
湖南路街道	创建全国双拥模范城有功单位	市委、市政府、南京警备区	2016 年 9 月
中央门街道	创建全国双拥模范城有功单位	市委、市政府、南京警备区	2016 年 9 月
挹江门街道	创建全国双拥模范城有功单位	市委、市政府、南京警备区	2016 年 9 月
挹江门街道	2015 年度法治南京建设先进单位	市委、市政府	2016 年 5 月
江东街道	创建全国双拥模范城有功单位	市委、市政府、南京警备区	2016 年 9 月
热河南路街道	创建全国双拥模范城有功单位	市委、市政府、南京警备区	2016 年 9 月
阅江楼街道	创建全国双拥模范城有功单位	市委、市政府、南京警备区	2016 年 9 月
幕府山街道	创建全国双拥模范城有功单位	市委、市政府、南京警备区	2016 年 9 月

2016年区属单位获市级以上(含市级)表彰的先进个人一览表

表47

姓　名	性别	工作单位	荣　誉	授予部门	授予时间
金亚琴	女	区民宗局	2016年度《中国统一战线》宣传标兵	中央统战部宣传办公室	2016年12月
张　芳	女	江苏宁诚律师事务所	全国法律援助工作先进个人	司法部	2016年9月
宋爱霞	女	七彩人生手工坊	第九届国际残疾人职业技能竞赛金奖	中国残联办公厅	2016年8月
纪明敏	男	区委办	江苏省机要系统先进个人	省委机要局	2016年2月
李　亮	男	区政府办	2015年度江苏省政务信息工作先进个人	省政府办公厅	2016年5月
肖朝晖	女	区人大办	2016年度《人民与权力》杂志通联先进个人	省人大常委会研究室	2016年12月
魏国琴	女	区关工委	江苏省关心下一代工作先进个人	省关工委、省精神文明建设指导委员会办公室	2016年6月
崇宗平	男	区科协	江苏省科协系统先进个人	省科协	2015年6月
陈春保	男	区教育局	江苏省促进义务教育均衡发展先进个人	省政府	2016年6月
赵　鑫	男	鼓楼地税局	2016年江苏省政务服务先进个人	省政务中心办公室	2017年2月
常　炜	女	鼓楼地税局	2016年营业税和基金费专项工作先进个人	省地方税务局营业税和基金管理处	2017年1月
史丽宁	女	区档案局	江苏省档案系统先进工作者	省档案局	2016年2月
王　艺	女	热河南路街道	江苏省先进工作者	省政府	2016年4月
杨晓峰	男	宁海路司法所	最美司法所所长	省司法厅	2016年8月
马　丽	女	江东街道清河新寓社区	2015年江苏省1%人口抽样调查先进个人	省人口抽样调查领导小组办公室	2016年6月
吴　娜	女	区委办公室	南京市双拥工作先进个人	市委、市政府、南京警备区	2016年9月
李秀文	男	区民政局	创建全国双拥模范城有功个人(三等功)	市委、市政府、南京警备区	2016年9月
陈贡全	男	区民政局	创建全国双拥模范城有功个人(三等功)	市委、市政府、南京警备区	2016年9月
娄　勇	男	区民政局	创建全国双拥模范城有功个人(三等功)	市委、市政府、南京警备区	2016年9月
张　伟	男	华侨路街道	2015~2016年度南京市机关作风建设先进个人	市委、市政府	2017年2月
倪娅红	女	热河南路街道	2016年防汛抗洪有功个人(二等功)	市委、市政府	2016年8月
王启伦	男	热河南路街道	2015~2016年度南京市机关作风建设先进个人	市委、市政府	2017年2月
徐晓庆	女	幕府山街道	创建全国双拥模范城先进个人(三等功)	市委、市政府、南京警备区	2016年9月
王卫平	女	中央门街道新门口社区	创建全国双拥模范城有功个人(三等功)	市委、市政府、南京警备区	2016年9月

鼓楼年鉴 2017

大事记

Chronological Events

1 月

6 日 根据区政府改革方案（鼓委发〔2016〕29 号），区卫生局和区人口和计划生育局整合为区卫生和计划生育局。

11 日 省委常委、市委书记黄莉新参加并指导区委常委会“三严三实”专题民主生活会。

12 日 政协南京市鼓楼区第一届委员会第四次会议召开中共党员委员大会。

13 日 政协南京市鼓楼区第一届委员会第四次会议开幕。

区第一届人大常委会召开第二十四次会议，决定任命刘军为区人民政府副区长，决定接受曹路宝辞去人民政府区长职务，决定刘军代理区人民政府区长职务。

14 日 区第一届人民代表大会第四次会议在南京政治学院礼堂开幕。

16 日 区第一届人民代表大会召开第四次全体会议暨闭幕式。

19 日 “2016 江苏新媒体创客联盟·创客峰会”在模范路智梦园举行。

20 日 省妇联副主席顾敏带领发展部党支部党员，到区江东街道睿城社区开展“牵手话发展、互助共成长”主题活动。

21 日 区举办“幸福鼓楼 魅力社工”2015 年社工风采展演。

区召开教育系统负责干部大会。

22 日 省委第八巡视组向鼓楼区反馈巡视情况。

湖南路管委会召开新湖板块楼宇经济工作座谈会。

25 日 市委副秘书长、市委改革办常务副主任孙惟勤一行到区调研全面深化改革工作。

区慈善协会举办“情暖寒冬·织爱行动·向鼓楼环卫职工捐赠围巾”公益倡议活动。

26 日 区召开迎接国家卫生城市复审工作动员大会。

27 日 区举办新春投资环境推介会。

29 日 区召开军民迎春座谈会。

31 日 中央文明办专项督查组到宁海路街道实地考察。

是月 金桥市场获“中国驰名商标”称号。

2 月

1 日 “迎新春暨《鼓楼揽胜》画册发行式”书画展开幕式在南京下关历史陈列馆举行。

2 日 省长石泰峰到区清凉门苏果超市视察市场供应情况。

区召开负责干部大会。

3 日 省军区司令员李大清、政委曹德信慰问区敬老院老人。

5 日 区委书记杨学鹏、区长刘军、副区长王红到宁海路街道颐和路社区走访慰问老将军向守志、朱文泉及社区困难居民。

区长刘军，区委常委、宣传部部长董伟走访慰问 2015 年度“中国好人”柏翠云。

16 日 区召开机关作风建设大会。

17 日 区召开旅游集聚区建设工作会。

19 日 区召开 2016 年安全生产暨消防工作大会。

22 日 区召开政法工作会议。

区政府和市建委联合召开湖南路地下商业街工程建设专题协调会。

23 日 市委常委、宣传部部长徐宁，市委宣传部副部长潘谷平以及市文广新局、南京日报社、市文投集团负责人一行，到法眼宗祖庭南京清凉寺调研佛教文化与旅游资源结合工作。

“鼓楼区华侨华人创新创业服务中心”揭牌仪式在下关科技创业特别社区星火众创工厂举行。

24 日 区召开关心下一代工作“双先”表彰大会。

25 日 省民政厅党组成员、省老龄办主任夏春青，常务副主任王虹森一行到区调研老龄工作。

南京开林园林绿化工程有限公司工会举行“全国模范职工之家”授牌仪式。

区召开功能板块经济工作分析会。

26 日 区召开健康服务业发展座谈会。

3 月

1 日 以省信访局副巡视员周宁为组长，市信访局副巡视员、市联席办副主任黄建中为副组长的省市联合工作组一行 6 人到区调研指导信访工作。

2016 年度人力资源和社会保障工作会议召开。

3 日 省委常委、市委书记黄莉新到区调研。黄莉新一行参加鼓楼区 2016 年重大项目集中开工仪式，实地察看民国首都电厂遗址公园、南京长航国际航运中心、下关历史陈列馆、华能滨江总部基地、幕府山新兴产业区等产业文化项目，对项目建设提出指导意见。

省物价局副局长祝井贵一行到区调研深化价格改革和落实省物价工作会议精神情况。

2016 年南京市小学教学工作会议在区召开。

副市长胡万进一行到清凉寺调研。

5 日 区召开经济社会发展总结表彰暨动员部署大会。

8 日 “致敬平凡·寻找最美”——

鼓楼区纪念“三八”国际劳动妇女节106周年活动在白云亭文化艺术中心举行。

9日 省食品药品监督管理局局长胡晓抒、副市长孙建友、市食品药品监督管理局局长唐富春一行到区赤壁路小学山西路校区视察智慧食堂e+管理平台运行情况。

11日 区召开卫生和计划生育工作大会。

15日 “文明旅游在心中——鼓楼区3·15旅游者大联欢”活动在白云亭文化艺术中心举行。

郑州市中原区人大常委会副主任李喜安一行到区调研交流代表工作。

17日 厦门市委考察团一行到江东街道睿城社区参观学习。

19日 南京市2016年首场清明社区公祭活动在区民国首都电厂遗址公园举行。

20日 区召开2016年城市建设管理工作动员大会。

21日 兰州市城关区区委常委、宣传部部长张淼一行到区调研宣传思想文化及教育工作。

北京市宗教局宗教二处处长索燕一行到区考察调研基督教日常事务管理工作。

22日 区建议提案交办暨培训工作会召开。

24日 省妇联副主席顾敏一行到区调研妇女工作。

26日 第九届国际残疾人职业技能竞赛闭幕式暨颁奖典礼在法国波尔多湖畔展览中心举行，区残疾人宋爱霞获得金牌。

28日 市委常委、统战部部长徐锦辉到区调研党外干部队伍建设工作及中央统战工作会议精神落实情况。

29日 市委常委、宣传部部长徐宁，省文化厅副巡视员徐循华一行到区调研文化产业发展工作。

鼓楼文创协会成立大会暨文化产业工作推进会召开。

盐城市大丰区人大常委会主任吴家祥、副主任江波一行到区考察交流预算审查监督工作。

30日 市委巡视整改督查四组在副市长黄澜的带领下，实地督查鼓楼区关于中央第十二巡视组和省委第三巡视组反馈意见整改“回头看”和自查自纠情况。

4月

6日 湖南省委统战部副部长龙建湘一行到区考察调研基督教江苏路堂。

7日 副市长孙建友一行到区调研医患纠纷人民调解工作。

《人民政协报》基层政协工作座谈会在宁海路街道召开。

7~8日 北京市西城区区委书记卢映川率党政代表团到区考察旧城保护、建设和改造工作。

8日 法国海外留学人员创业者协会ACECE代表团一行到区交流考察。

9日 区召开重大项目推进会。

14日 区召开中小学、幼儿园校园安全管理工作会议。

山东滨州市人大常委会副主任李国强一行到区考察调研人大代表履职、档案管理工作。

15日 全市基层妇联组织研讨会在江东街道睿城社区召开。

西安市碑林区人大常委会副主任吴耀等一行到区考察调研全口径预决算监督及税收征管工作。

16日 南通市崇川区党政代表团到区考察狮子山风景区和长江沿线开发建设工作。

17日 市委常委、宣传部部长徐宁视察宁海路街道“两馆”建设。

19日 市长缪瑞林到鼓楼幼儿园专题调研教育工作。

北京市政府原副秘书长、中关村管委会区域创新合作顾问戴卫一行到江东软件城和智梦园，考察鼓楼区科技园区建设发展及创业创新情况。

20日 区政府与南京宁华世纪置业有限公司联合举办朗廷酒店入驻江山汇签约仪式。

鼓楼青年创业大讲堂首场活动举行。

22日 由市委政法委副书记、综治办主任曹谦荣带队的市委政法委调研组到区调研社区平安建设工作。

区召开2015年度公益社会组织表彰会。

23日 颐和路社区将军馆、宁海路街道海洋国防教育馆开馆。

26日 第九届中国留学人员南京国际交流与合作大会在南京国际博览中心举行。

区众创空间工作推进会暨“青年YOU创杯”创业创意大赛在南京财经大学现代服务业科技园举办。

27日 国家审计署科研所副所长彭新林一行到区调研《中华人民共和国审计法》修订工作。

区举办“创·聚鼓楼，创·享未来——第九届南京留交会鼓楼专场活动”。

29日 2016年南京妈祖文化旅游节在阅江楼风景区天妃宫启幕。

5月

4日 区召开全面深化改革工作推进大会。

6日 区举办第26次“全国助残日”暨“爱在金陵”残疾人文艺汇演活动。

7日 第三届区级机关趣味运动会举行。

9~10日 台湾新北市永和区里长代表团到区参观阅江楼、天妃宫和丁山社区，在丁山社区举行友好社区(里)签约仪式。

10 日 区志友分会成立仪式暨《鼓楼志友颂》首映式活动。

省作协原副主席赵本夫到小市街道调研。

11 日 2016 年鼓楼区防震减灾应急疏散演练活动在小市街道燕亭路复地新都广场举行。

12 日 区召开参加南京市第 21 届运动会代表团成立暨动员大会。

16 日 以 2016 年全国物联网技术协同创新成果发布与技术转移对接会为平台的校企双向行活动在南京邮电大学举行。

南京警备区政委张宁点验鼓楼区民兵应急连。

17 日 全国工商联专职副主席黄荣一行到区专题调研“国务院促进民间投资政策措施落实情况第三方评估工作”。

市长缪瑞林及市领导刘以安、翁国玖、赵晶夫一行到秦淮区、鼓楼区现场检查棚户区改造工作，并在鼓楼区召开全市棚户区改造工作座谈会。

山东威海市环翠区政协副主席张华龙一行到区学习考察文史工作经验。

18 日 山东潍坊市坊子区考察团到区参观考察下关科技创业特别社区。

宁汉渝“三市六区”人大常委会联席会第 28 次会议在区举行，来自南京市玄武区、鼓楼区，武汉市武昌区、江岸区，重庆市渝中区、北碚区等 6 个城区人大常委会的 50 余名代表出席。

区“征兵宣传高校行”活动在中国药科大学、河海大学、南京邮电大学和南京财经大学全面展开。

19 日 重庆市渝中区人大常委会副主任、党组副书记谭彬奇一行到区调研停车管理工作。

21 日 解放军南京政治学院全国地市领导国防专题研修班学员参观颐和路社区将军馆和宁海路街道海洋国防教育馆。

23 日 省委常委、市委书记黄莉新到江东街道宝船片区视察社区检察工作。

25 日 省人民检察院检察长刘华视察区人民检察院社区检察工作。

区举行青少年“追寻革命足迹，做可靠接班人”活动暨江苏省青少年实践教育基地揭牌仪式。

区举办 2016 年鼓楼·南艺校企对接会暨“环南艺”众创空间校园专场活动。

26 日 南京创客孵化器在模范路科技创新街区南邮大厦召开发布会并正式运营。

27 日 国家发改委价监局局长张汉东一行到区调研农副产品平价商店执行价格政策情况。

28 日 南京图书馆举行南京颜真卿书画院成立 25 周年名家书画展开幕暨作品集、文集首发式。

31 日 省政协副主席、省政府妇儿工委主任许津荣，市委常委、常务副市长、市政府妇儿工委主任刘以安率省市民政、卫计委、财政、妇联等妇儿工委成员单位负责人到江东街道睿城社区视察妇女儿童工作。

市人大常委会副主任林克勤一行到区调研换届选举工作。

6 月

1 日 省委常委、市委书记黄莉新一行到区金蓓蕾幼儿园、琅琊路小学和特殊教育学校，与孩子共庆“六一”。

2 日 杭州市残联理事长钟文静一行到区鼓馨托养中心、凤凰托养中心等残疾人托养机构参观调研。

5~9 日 市委常委、区委书记杨学鹏率区党政代表团赴新疆维吾尔自治区伊犁哈萨克自治州学习考察。

8 日 中国少年先锋队南京市鼓楼区第一次代表大会开幕。

13 日 省军区副司令员鞠华带领省军区联合工作组到区检查调研。

14 日 庆祝红军长征胜利 80 周年百名将军书画展在白云亭文化艺术中心开幕。

“南京鼓楼—珀斯企业交流洽谈会”在阅江楼游客服务中心举行。

15 日 广州市海珠区政协副主席邓玲一行到区调研困难群体公益帮扶工作。

16 日 模范路科技创新街区 Youth Space 青创空间“在青创——预见未来”发布会在南邮大厦举行。

南京鼓楼国家大学科技园商务楼宇定制签约仪式在江东软件城举行。

20 日 区召开区管正职以上干部大会，市委常委、组织部部长郭腊军主持会议并宣读省市委决定，任命张一新为鼓楼区委书记，免去杨学鹏鼓楼区委书记职务。

22 日 市委常委、常务副市长刘以安到区视察南京长江国际航运物流服务中心项目。

23 日 民政部副部长高晓兵到区视察养老工作。

24 日 区级机关举办“七一”表彰暨庆祝建党 95 周年合唱大赛决赛。

27 日 南京清凉寺与清凉山公园“清凉寺遗址保护及展示工程”用地协议正式签署。

28 日 市长缪瑞林、副市长华静、市政府秘书长翁国玖、副秘书长许明到区调研养老工作。

29 日 纪念建党 95 周年表彰大会暨“繁星闪耀——鼓楼党员微故事”宣讲会在鼓楼大厦机关礼堂举行。

区教育系统举行纪念中国共产党建党 95 周年庆祝大会暨南京市“十二五”教育科学规划党建课题研究启动仪式。

30 日 市长缪瑞林到区视察城市建设管理工作。

“颂歌献给党——庆祝中国共产党成立 95 周年文艺汇演”在古南都饭店举行。

7月

4日 鼓楼开放大学建设推进会暨揭牌仪式在南京市广播电视大学鼓楼分校举行。

6日 省公安厅党委副书记、副市长、市公安局局长孙建友一行到区视察社区平安建设工作。

12日 省药监局副局长朱勤虎一行到区调研创建国家食品安全城市工作。

13日 省委常委、市委书记黄莉新到小市街道参加"两学一做"主题党日活动。

16日 区召开迎接中央环境保护督察工作部署会。

20日 市人大常委会主任、党组书记陈绍泽到区督查中央和省市委关于加强县乡(区镇)人大工作和建设相关文件精神贯彻落实情况。

22日 市综治工作讲师团赴基层培训工作启动仪式在宁海路街道举行。

28日 浙江省苍南县政协副主席黄邦领一行到区调研政协委员队伍建设管理和委员换届工作。

29日 中国共产党南京市鼓楼区第二次代表大会开幕。

30日 中国共产党南京市鼓楼区第二次代表大会举行第二次全体会议。

31日 中国共产党南京市鼓楼区第二次代表大会举行第三次全体会议。

中共南京市鼓楼区第二届委员会召开第一次全体会议。

8月

2日 市委副书记龙翔，区领导张一新、刘军、陆敏、董伟、翁俊军、王红集中走访慰问南京政治学院官兵。

3日 市委宣传部副部长潘谷平带领市文化发展专项资金考察组，到区江苏福佑艺术设计有限公司进行项目评审实地考察。

5日 旺旺集团携手新华报业传媒集团在丁山社区举行慈善捐赠仪式。

9日 区召开环境综合整治动员大会。

15日 中央十大媒体记者到区携才便民养老服务中心采访。

17日 南京海事局安置入驻南京长江国际航运物流服务中心签约仪式在滨江商务区举行。

19日 美国德克萨斯州众议员戴德·费伦率美国青年领导人代表团一行8人到区睿城社区综合服务中心访问交流。

19~20日 福州市委常委、鼓楼区委书记薛侃，副书记、区政府代区长朱训志率领党政代表团到区考察科技创新、社会治理等方面工作。

22日 省委常委、市委书记黄莉新对城区黑臭河道整治工作进行检查调研，实地查看区清江东沟等河道。

9月

1日 卫生计生委基层司到区调研社区卫生服务中心工作。

第12届中国(南京)国际软件产品和信息服务博览会鼓楼专场活动——鼓楼区"互联网+"创新成果推介会在江东软件城举行。

2日 市委副书记龙翔到区调研。

7日 安徽省石台县政协副主席郑孝和一行到区考察历史文化传承等工作。

8日 省教育厅厅长沈健到南京市第二十九中学龙蟠里校区和琅琊路小学，走访慰问部分一线教育工作者。

9日 纪念第17个"世界急救日"宣传活动在芳草园小学凤凰校区举行。

区举行第32个教师节表彰大会暨文艺汇演活动。

区举重运动员胡丹丹在里约热内卢残奥会女子举重50公斤级比赛中夺得金牌，并打破世界纪录。

10日 华讯方舟股份有限公司副董事长兼总经理吴光胜一行到区考察投资环境。

12日 区举办2016南京金洽会鼓楼区专场活动——以"开放、互联、创新、共享"为主题的现代产业投资推介会。

18日 省宗教局会同省委统战部、省公安厅组成联合调研组到区调研基督教地下教会和堂点活动情况。

19日 2016年全国科普日宣传活动在山西路广场启幕。

市委常委、市纪委书记沈文祖一行到区调研。

20日 第二届鼓楼好人节——德行鼓楼巡讲巡演活动在南京商业学校举行。

25日 全省县(市)、区委新任统战部部长培训班40多名学员到区参观考察中央门街道观音里社区统战工作和下关科技创业特别社区的"华侨华人创新创业服务中心"。

26日 中央统战部常务副部长张裔炯率中央统战工作领导小组第五调研检查组到区调研检查贯彻落实中央统一战线重大决策部署情况。

27日 市政协副主席陆平贵到区视察法律援助工作。

贵州省编办副主任欧阳志国一行到区考察调研市场监督管理"三合一"整合工作和综合执法体制改革情况。

南京市鼓楼实验中学举行"尊万世师表，做仁爱之人"纪念孔子诞辰2567周年活动。

28日 南京鼓楼区软件信息产业发展——深圳招商说明会在深圳湾

木棉花酒店举办。

庆祝建党95周年暨纪念红军长征胜利80周年书画展在白云亭文化艺术中心开幕。

10月

6日 南京大学附属中学举行“百廿年、附中梦”为主题的120周年校庆庆典活动。

8日 省政协副主席许津荣带队到区慰问省劳模吴文芬和烈士遗属高龄老人花春香，并视察苏宁睿城社区日间照料中心。

9日 敬老助老系列活动在古林公园举办。

11日 省体育产业集团到区调研体育场馆综合体项目选址工作。

合肥市包河区政法委考察组到宁海路街道考察交流综治信访工作。

12日 区敬老月系列活动之“企业退休人员集体祝寿会、颁奖会”在青春剧场举行。

13日 省人大常委会副主任赵鹏到宁海路街道苏州路社区视察选民登记工作。

南京—湾区创新与投资对接洽谈会举办。

15日 省委副书记、市委书记吴政隆到幕府山街道五佰村棚户区项目改造现场，了解项目推进情况。

18日 2016江苏省大众创业万众创新活动周鼓楼专场——南京鼓楼科创空间成立暨首届鼓楼旅游创客大赛成果预展活动，在南京财经大学现代服务业科技园举办。

21日 省委副书记、市委书记吴政隆到区白云亭文化艺术中心，实地察看文化馆和图书馆等，与剪纸传承人陈耀交流。

省妇联副主席崔娟一行到区幕府山街道云谷山庄社会事务受理中心调研。

省司法厅副厅长万力到区视察公共法律服务中心。

26日 “共建融合·共享发展”2016社会建设与发展研讨会的国内部分城市市委研究室有关领导、部分城市社建系统领导参观睿城社区综合服务中心。

28~30日 区参加在南京国际展览中心举行的第八届中国南京文化创意产业交易会。

11月

12日 袁枚雕像落成仪式在绿地广场举行。

14日 共青团南京市鼓楼区第二次代表大会召开。

16日 鼓楼区作为全市主城区代表接受省书香城市建设实地测评。

24日 省人大常委会副主任赵鹏、市人大常委会副主任李琦及省市人大常委会人代联委负责人到区视察选举投票工作。

25日 纳米比亚霍马斯省省长劳拉·麦克拉德率团到区参观红十字生命安全体验馆。

28日 内蒙古鄂尔多斯市伊金霍洛旗政协副主席张子珍一行到区考察学习青少年校外教育和学前教育。

30日 省军区政委曹德信一行到湖南路街道调研模范女子民兵连建设情况。

重庆新世纪游轮公司副总裁叶桦一行到区考察滨江邮轮旅游项目。

是月 国务院残疾人工作委员会授予鼓楼区“全国残疾人工作先进单位”称号。

12月

6日 市委常委、政法委书记徐锦辉，副书记、市综治办主任曹谦荣一行到挹江门街道丁山社区调研指导社区平安创建工作。

8日 “文化惠民再出发”标准化体系发布会暨鼓楼示范点揭牌仪式在白云亭文化艺术中心举行。

受国家知识产权局委托，省知识产权局对鼓楼区国家知识产权强县工程试点工作进行考核验收。

15日 市委副书记龙翔到区调研青少年之家“青春·志部落”。

19日 中组部组织二局副巡视员谢玉峰一行到区实地调研城市基层党建工作。

26日 中共南京市鼓楼区第二届委员会召开第二次全体（扩大）会议。

29日 “阅江楼”杯鼓楼旅游创客大赛颁奖仪式在阅江楼景区游客服务中心举行。

31日 市委常委、统战部部长陈勇，副市长胡万进、市民宗局党组书记李兰一行到清凉寺检查元旦撞钟祈福安全工作。

鼓楼年鉴 2017

附录

Appendix

2016年统计资料

经　济

2016年鼓楼区区级财政、税收完成情况

表48　　单位:万元

指　标　名　称	2016年	同比增幅(±%)
国税局小计	985779	31.8
地税局小计	681614	-4.2
财政局小计	59078	-1.9
税收收入小计	1615447	14.7
非税收入小计	111025	-1.3
财政总收入合计	1726472	15.1
一般预算收入合计	941220	8.7

2016年鼓楼区地区生产总值完成情况

表49　　单位:亿元

指　标　名　称	2016年	同比增幅(±%)
地区生产总值	1123.03	9.0
第二产业	84.93	-2.3
工　业	40.66	-6.9
其中:规模上工业	40.36	-6.9
建筑业	44.41	2.0
第三产业	1038.11	10.1
交通运输仓储业	44.96	0.5
批发和零售业	247.45	6.0
住宿和餐饮业	21.57	3.9
金融业	106.88	16.0
房地产业	74.31	7.3
其他服务业	542.79	12.6
其中:信息传输、计算机服务和软件业	74.49	17.8

2016年鼓楼区开放型经济目标完成情况

表50　　单位:亿美元

指　标　名　称	实　绩	区目标	区目标完成率(%)	市目标	市目标完成率(%)
服务外包执行额	22.59	11.7	193.1	22.50	100.4
服务外包离岸执行额	12.23	5.7	214.6	12.00	102.0
对外承包劳务营业额	15.75	7.9	199.4	15.75	100.0
外贸出口	29.54	29.0	101.9	35.50	83.3

2016年鼓楼区固定资产投资、基本建设项目完成情况

表51　　单位:万元

固定资产投资指标	实　绩	同比增幅(±%)	基本建设项目指标	实　绩	同比增幅(±%)
全社会固定资产投资额	2514366	-9.2	全年完成投资额	1188447	-20.2
一、基本建设	1188447	-20.2	其中:工业投资	8463	-71.0
二、房地产开发	1325919	2.7	大专院校校舍建设投资	142667	-78.8
			城市建设投资	112555	301.3
			新开工项目(个)	49	75.0
			全年施工项目面积(平方米)	119466	-79.3

2016年鼓楼区房地产开发投资完成情况

表52

指标名称	实　绩	同比增幅(±%)	指标名称	实　绩	同比增幅(±%)
1.房地产开发投资额(万元)	1325919	2.7	新开工面积(平方米)	695487	-48.0
其中:住　宅	699371		其中:住宅	571012	-26.6
办公楼	216054	-16.8	竣工面积	310059	-81.0
商业用房	313663	21.8	其中:住宅	135916	-88.0
其　他	96831	30.1	3.商品房销售面积(平方米)	505844	-37.2
2.房屋建筑面积(平方米)			其中:住宅	422085	-40.7
施工面积	3816687	-21.6	4.房屋销售额(万元)	1231726	4.0
其中:住　宅	1894738	-23.5	其中:住宅	1070477	2.6

2016年鼓楼区社会消费品零售总额完成情况

表53　　单位:亿元

指　标　名　称	实　绩	同比增幅(±%)
社会消费品零售总额	884.80	10.3
按行业类别分组		

续表 53

指标名称	实绩	同比增幅(±%)
一、限额以上批发和零售业	402.45	9.6
1.批发业	121.55	18.1
2.零售业	280.90	6.2
二、限额以上住宿和餐饮业	26.90	3.5
1.住宿业	12.92	6.4
2.餐饮业	13.97	0.9

备注:社会消费品零售总额为市统计局反馈数

2016年鼓楼区城镇住户调查主要指标情况

表 54

指标名称	单位	实绩	2015年	同比增幅(±%)
家用汽车	辆/百户	42.1	39.7	6.0
家用电脑	台/百户	112.1	113.6	-1.3
固定电话	部/百户	78.0	83.2	-6.3
移动电话	部/百户	209.8	212.0	-1.0
现住房总建筑面积	平方米/人	37.7	36.6	3.0
恩格尔系数	%	25.8	25.6	0.2
教育文化娱乐支出占消费支出比重	%	16.8	16.0	0.8
居民可支配收入	元/人	54791.0	50526.5	8.4
其中:消费支出	元/人	33035.7	30838.9	7.1
1.食品	元/人	8519.6	7888.5	8.0
2.衣着	元/人	2753.7	2559.2	7.6
3.居住	元/人	6187.1	6134.7	7.7
4.家庭设备用品及服务	元/人	2159.5	2027.7	6.5
5.医疗保健	元/人	1904.4	1657.5	14.9
6.交通和通信	元/人	4914.8	4667.5	5.3
7.教育文化娱乐服务	元/人	5543.6	4918.8	12.7
8.其他商品和服务	元/人	1053.0	985.0	6.9

2016年鼓楼区分板块固定资产投资额完成情况

表 55　　单位:万元

板块名称	年度目标	实绩	完成率(%)
下关滨江商务区	55	78.28	142.3
江东软件城	12	13.63	113.6
模范马路创新街区	15	12.03	80.2
幕府山新产业区	15	16.27	108.5

续表 55

板　块　名　称	年度目标	实　绩	完成率(%)
新街口-湖南路商务商贸区	15	17.32	115.5
中央门商贸区	15	16.42	109.5
历史文化街区	3	0.36	12.0

2016 年鼓楼区分板块限额以上零售额完成情况

表 56

板　块　名　称	限额以上零售额增幅(±%)
下关滨江商务区	39.02
新街口—湖南路商务商贸区	8.35
中央门商贸区	18.86

2016 年鼓楼区分板块标准以上服务业增加值完成情况

表 57　　单位:万元

板　块　名　称	2016 年	同比增幅(±%)
下关滨江商务区	562074	10.0
江东软件城	104575	10.2
模范马路创新街区	466777	10.2
幕府山新产业区	29430	10.1
新街口—湖南路商务商贸区	1904200	10.3
中央门商贸区	83211	10.0

2016 年鼓楼区各街道一般预算收入完成情况

表 58　　单位:万元

街　道	2016 年	同比增幅(±%)	街　道	2016 年	同比增幅(±%)
合　计	369219	14	凤　凰	13541	22
华侨路	70095	25	热河南路	17321	6
宁海路	35221	22	阅江楼	18799	3
湖南路	66650	6	建宁路	13680	1
中央门	37416	4	宝塔桥	8124	27
挹江门	28598	21	小　市	12245	5
江　东	40752	24	幕府山	6777	18

2016年鼓楼区各街道统计指标完成情况

表59

街道	人均可支配收入		全社会固定资产投资		地区生产总值		服务业增加值		社会消费品零售额	
	绝对值（元）	同比增幅（±%）	绝对值（亿元）	完成率（%）	绝对值（亿元）	同比增幅（±%）	绝对值（亿元）	同比增幅（±%）	绝对值（亿元）	同比增幅（±%）
华侨路	60817	9.1	11.78	130.9	163.5	9.2	157.5	10.2	104.74	10.4
宁海路	53882	8.9	8.07	115.3	157.1	9.1	156.4	10.1	56.65	10.4
湖南路	66168	8.4	1.55	103.5	126.5	9.3	125.8	10.3	112.91	9.9
中央门	42793	8.9	1.65	110.2	86.0	9.4	69.0	10.4	46.36	10.2
挹江门	48189	9.1	6.05	100.8	63.2	8.7	55.8	10.0	43.39	10.5
江东	63675	8.8	2.79	31.0	41.9	9.2	37.0	10.1	56.03	10.8
凤凰	70822	8.7	0.23	4.6	22.5	9.3	21.3	10.3	31.13	10.3
热河南路	60446	8.8	5.77	115.3	33.7	9.0	32.6	10.0	57.68	10.1
阅江楼	61817	9.0	1.96	130.7	95.0	9.0	85.1	9.9	59.94	10.6
建宁路	59577	8.5	1.14	57.1	30.6	9.1	29.5	10.1	91.41	10.7
宝塔桥	40959	8.8	0.34	23.0	53.9	8.8	23.1	10.1	20.92	10.5
小市	48687	8.9	14.05	100.4	42.9	8.8	25.0	10.2	38.85	10.0
幕府山	38931	9.0	2.02	28.8	10.0	8.9	9.2	9.8	7.53	9.8

人　口

2014~2016年鼓楼区土地面积与户籍人口密度一览表

表60

年份	土地面积（平方公里）	人口密度（人/平方公里）	年末户数（户）	年末人口数（人）			性别比（以女性为100%）
				合计	男	女	
2014年	54.18	17264	311046	935336	468590	466746	100.40
2015年	54.18	17183	312772	930524	464951	465573	99.87
2016年	54.18	17070	314488	924870	461218	463652	99.48

2016年鼓楼区户籍人口机械变动情况

表61　　单位：人

指标名称	总人数	男	女
出生	7906	4147	3759
死亡	4991	2809	2182
省外迁入	5534	—	—
省内移入	7391	—	—
迁往省外	6004	—	—
迁往省内	8134	—	—

2014~2016 年鼓楼区户籍人口自然变动一览表

表 62

年　份	出　生		死　亡		自然增长	
	人数(人)	出生率(‰)	人数(人)	死亡率(‰)	人数(人)	增长率(‰)
2014 年	7697	8.20	5203	5.60	2493	2.70
2015 年	6971	7.47	5396	5.75	1602	1.72
2016 年	7906	8.55	4991	5.40	2915	3.15

2016 年区委区政府主要文件目录

区委发文

鼓委发〔2016〕15 号　中共南京市鼓楼区委关于建立中共鼓楼区委建设房产和交通工作委员会及徐晓华等同志职务任免的通知

鼓委发〔2016〕16 号　中共南京市鼓楼区委关于建立中共鼓楼区委卫生和计划生育工作委员会及徐昕等同志职务任免的通知

鼓委发〔2016〕17 号　中共南京市鼓楼区委关于重新组建中共鼓楼区委商务工作委员会及陈庆贵等同志职务任免的通知

鼓委发〔2016〕29 号　中共南京市鼓楼区委南京市鼓楼区人民政府关于南京市鼓楼区人民政府职能转变和机构改革的实施意见

鼓委发〔2016〕37 号　中共南京市鼓楼区委南京市鼓楼区人民政府关于印发《鼓楼区 2016 年国民经济和社会发展主要指标和重点任务目标分解方案》的通知

鼓委发〔2016〕41 号　中共鼓楼区委鼓楼区人民政府关于表彰 2015 年度机关作风建设先进单位的决定

鼓委发〔2016〕43 号　中共鼓楼区委鼓楼区人民政府关于表彰 2015 年度鼓楼区法治建设先进单位、先进个人的决定

鼓委发〔2016〕44 号　中共鼓楼区委鼓楼区人民政府关于表彰 2015 年度鼓楼区社会治安综合治理暨平安建设先进单位、先进个人的决定

鼓委发〔2016〕45 号　关于印发《关于加强社会主义协商民主建设的实施意见》的通知

鼓委发〔2016〕48 号　中共南京市鼓楼区委南京市鼓楼区人民政府关于表彰 2015 年区经济社会发展先进集体、先进个人的决定

鼓委发〔2016〕49 号　中共南京市鼓楼区委南京市鼓楼区人民政府关于表彰 2015 年度建设鼓楼突出贡献单位的决定

鼓委发〔2016〕61 号　关于印发《鼓楼区 2016 年政治建设工作目标》的通知

鼓委发〔2016〕64 号　关于调整人民政府党组成员的通知

鼓委发〔2016〕66 号　关于印发《鼓楼区 2016 年生态文明建设工作目标》的通知

鼓委发〔2016〕67 号　关于印发《鼓楼区 2016 年社会建设工作目标》的通知

鼓委发〔2016〕81 号　中共南京市鼓楼区委全面深化改革领导小组 2016 年工作要点

鼓委发〔2016〕83 号　中共南京市鼓楼区委南京市鼓楼区人民政府关于印发《鼓楼区 2016 年综合目标考核办法》的通知

鼓委发〔2016〕84 号　关于同意召开中国少年先锋队南京市鼓楼区第一次代表大会的批复

鼓委发〔2016〕85 号　中共南京市鼓楼区委南京市鼓楼区人民政府关于表彰 2015 年机关工作人员年度考核中记三等功和嘉奖人员的决定

鼓委发〔2016〕95 号　中共南京市鼓楼区委南京市鼓楼区人民政府关于深入推进社区平安建设的实施意见

鼓委发〔2016〕96 号　中共南京市鼓楼区委南京市鼓楼区人民政府关于表彰"幸福鼓楼"2015 社区文化艺术节先进集体的决定

鼓委发〔2016〕109 号　关于推进供给侧结构性改革的实施意见

鼓委发〔2016〕111 号　中共南京市鼓楼区委关于表彰优秀共产党员、优秀党务工作者和先进基层党组织的决定

鼓委发〔2016〕113 号　中共南京市鼓楼区委南京市鼓楼区人民政府财税管理考核办法(试行)

鼓委发〔2016〕121 号　鼓楼区关于 2016 年上半年贯彻

执行中央八项规定精神情况的报告

鼓委发〔2016〕136 号 中共南京市鼓楼区委南京市鼓楼区人民政府关于成立中央环保督查工作鼓楼区协调领导小组的通知

鼓委发〔2016〕137 号 关于中共鼓楼区第二次代表大会和中共鼓楼区第二届委员会第一次全体会议、中共鼓楼区第二届纪律检查委员会第一次全体会议选举结果的报告

鼓委发〔2016〕138 号 关于鼓楼区出席中国共产党南京市第十四次代表大会代表选举结果情况的报告

鼓委发〔2016〕157 号 中共南京市鼓楼区委南京市鼓楼区人民政府关于表彰奖励 2015～2016 学年度名师、名校长的决定

鼓委发〔2016〕178 号 中共南京市鼓楼区委关于成立鼓楼区委巡察工作领导小组的通知

鼓委发〔2016〕199 号 中共南京市鼓楼区委南京市鼓楼区人民政府转发《区委宣传部、区司法局关于在全区公民中开展法治宣传教育的第七个五年规划（2016～2020年）》的通知

鼓委发〔2016〕202 号 中共南京市鼓楼区委南京市鼓楼区人民政府关于调整区机关作风和行业作风建设工作领导小组成员的通知

鼓委发〔2016〕222 号 中共南京市鼓楼区委关于提名赵晶夫同志为南京市第十五届人民代表大会代表候选人的通知

鼓委发〔2016〕230 号 中共南京市鼓楼区委南京市鼓楼区人民政府关于鼓楼区“十三五”期间保障性住房建设工作的请示

区政府发文

鼓政〔2016〕5 号 区政府关于印发鼓楼区国民经济和社会发展第十三个五年规划纲要的通知

鼓政〔2016〕8 号 区政府关于深入推进依法行政加快建设法治政府工作的自查报告

鼓政〔2016〕12 号 区政府关于印发鼓楼区政府行政复议委员会工作规则的通知

鼓政〔2016〕23 号 区政府关于调整鼓楼区安全生产委员会的通知

鼓政〔2016〕24 号 区政府关于印发鼓楼区 2016 年为民办实事重点项目责任分解表的通知

鼓政〔2016〕25 号 区政府关于印发鼓楼区 2016 年重大项目计划表、鼓楼区 2016 年政府投资项目计划表的通知

鼓政〔2016〕29 号 区政府关于表彰 2015 年度安全生产工作优秀单位和先进个人的决定

鼓政〔2016〕38 号 区政府关于印发 2016 年政府主要工作目标任务分解方案的通知

鼓政〔2016〕41 号 区政府关于印发《鼓楼区开展南京市住宅物业管理条例小区试点工作实施意见》的通知

鼓政〔2016〕42 号 区政府关于印发鼓楼区 2016 年城市规划建设和管理任务计划的通知

鼓政〔2016〕51 号 区政府关于表彰 2015 年度鼓楼区 12345、96180 政务热线群众诉求办理工作先进单位、进步单位和先进个人的决定

鼓政〔2016〕52 号 区政府关于印发鼓楼区行政机关负责人出庭应诉办法的通知

鼓政〔2016〕53 号 区政府关于印发鼓楼区行政机关行政应诉工作规则的通知

鼓政〔2016〕70 号 区政府关于印发鼓楼区特邀行政执法监督员工作规则的通知

鼓政〔2016〕71 号 鼓楼区人民政府关于报批《中国长江航运集团南京金陵船厂“3·30”起重伤害事故调查报告》的请示

鼓政〔2016〕97 号 区政府关于印发鼓楼区网格化环境监管实施方案的通知

鼓政〔2016〕102 号 关于中国长江航运集团南京金陵船厂“3·30”起重伤害事故调查报告的批复

鼓政〔2016〕108 号 区政府关于印发鼓楼区 2016 年大气污染防治实施方案的通知

鼓政〔2016〕112 号 区政府关于印发鼓楼区水污染防治工作实施方案的通知

鼓政〔2016〕114 号 区政府关于印发鼓楼区 2016 年度地质灾害防治方案的通知

鼓政〔2016〕115 号 区政府关于印发鼓楼区推进人民防空改革发展实施方案的通知

鼓政〔2016〕123 号 关于申请对中国长江航运集团南京金陵船厂“3·30”起重伤害事故结案销号的请示

鼓政〔2016〕126 号 区政府关于进一步做好为农民工服务工作的实施意见

鼓政〔2016〕201 号 区政府关于表彰鼓楼区 2015～2016 学年度先进教育工作者的决定

鼓政〔2016〕205 号 鼓楼区政府关于明确南京商业学校和下关中等专业学校正式合并的请示

鼓政〔2016〕206 号 鼓楼区人民政府玄武区人民政府关于 2016 年度行政区域界线联合检查情况的报告

鼓政〔2016〕210 号 区政府关于印发鼓楼区国民经济和社会发展第十三个五年规划纲要主要目标和重点任务的分工方案的通知

鼓政〔2016〕219 号 鼓楼区人民政府建邺区人民政府

关于2016年度行政区域界线联合检查情况的报告

鼓政〔2016〕234号　区政府关于进一步做好新形势下就业创业工作的实施意见

鼓政〔2016〕236号　鼓楼区政府关于申请国家知识产权强县工程试点区届满验收的请示

鼓政〔2016〕240号　关于申请2016年度南京市重要近现代建筑保护和利用三年行动计划市级补助资金的请示

鼓政〔2016〕250号　区政府关于印发鼓楼区"十三五"教育发展规划的通知

2016年新闻报道题录

《新华日报》

人大代表为人民　1月13日　11版

立足岗位竞风流　履职为民展风采　1月14日　12版

南京鼓楼区：争做"强富美高"排头兵　1月29日　10版

南京鼓楼区357亿元项目开工　3月4日　5版

"两馆"图片新闻　4月19日　5版

南京社区将军馆海洋国防教育馆新馆开馆　4月24日　2版

与将军为邻，我们的征途是星辰大海　4月25日　头版

南京鼓楼：传承红色记忆增强公民海洋意识　4月25日　8版

幸福鼓楼文化飘香浸润人心　6月6日　4版

面向全国找标杆，南京鼓楼三年迈大步　7月28日　8版

南京鼓楼：打造中心典范之区　7月29日　6版

聚焦产业提升能级　走出省会城区发展新路　9月12日　6版

鼓楼区人大换届选举含金量高　11月13日　12版

江苏伟达：去白俄罗斯投资的时机正好　11月15日　10版

《南京日报》

打造两大众创示范空间　创新型经济持续发力　1月7日　头版

务实创新　积极实践　激活基层人大工作活力　1月13日　A5

协商民主在基层，鼓楼政协在行动　1月13日　A8

首善之区　幸福鼓楼的"黄金五年"　1月14日　A6、A7

名校分校落户保障房小区　1月15日　A3

新起点上，奋力"争首善、当表率"　1月15日　头版

争首善　当表率　建设"强富美高"新鼓楼　1月18日　A12、A13

驻区高校与科技园区"线上"无缝对接　1月2日　A9

鼓楼区法学会昨成立　2月2日　A2

提振精气神　争创新佳绩　2月17日　A5

鼓楼5所学校试点智慧食堂管理　2月2日　A4

加快滨江开发　加强生态保护　进一步提升鼓楼发展综合竞争力　3月4日　头版

鼓楼区30个重点项目昨集体开工　3月4日　A7

推动滨江、铁北片区改造提升早见成效　3月7日　头版

鼓楼区创新社会组织"党建+"模式　3月16日　A2

姜圩路小区内30多家违建商铺被强拆　3月22日　A5

鼓楼区摸底"黑臭河"用上无人机　3月23日　A5

鼓楼区率先打造文化产业发展中心　3月3日　头版

鼓楼文创产业风生水起　3月3日　A5

鼓楼区35人荣登"中国好人榜"　4月1日　A3

鼓楼今年新增51个公共自行车站点　4月6日　A5

鼓楼区今年出新82个老旧小区　4月7日　A3

中共南京市鼓楼区委关于巡视整改情况的通报　4月7日　A9

5个集装箱垒起"南艺下午茶"　4月15日　A6

白云亭公益剧坊座无虚席　4月18日　A3

宁海路街道将军馆、海洋馆新馆建成　4月19日　A3

鼓楼区精心"烹制"文化惠民"大餐"　4月21日　A4

腾出办公用房扩建"两馆"获点赞　4月25日　头版

"两馆"换新颜　4月25日　A6

鼓楼大众创业、万众创新翻开新篇章　4月26日　A3

鼓楼区成立众创空间联盟　4月27日　头版

首家公益书琅亮相世茂滨江社区　4月29日　A4

推动产业转型升级　培育鼓楼发展新动能　5月3日　头版

挹江门街道为9位抗战老兵拍纪录片　5月4日　A6

年轻团干开展爱国主义教育　5月5日　头版

传承红色文化的责任不能忘却　5月13日　头版

全市首支"人防讲师团"在鼓楼区成立　5月13日

A4
300多居民参与滨江"健步走" 5月16日 A3
模范路科技创新街区转型升级再发力 5月16日 A6
300多项创新成果发布 企业与高校"一拍即合" 5月17日 A3
鼓楼串起红色景点推"研学之旅" 5月19日 A6
鼓楼阅江楼整治违规经营,彰显管理智慧 5月2日 A5
鼓楼区启动科普宣传周活动 5月2日 A6
鼓楼区举办第五届校园健身操大赛 5月25日 A10
撮合校企"联姻" 鼓楼区帮文创企业揽才 5月26日 A3
创客孵化器落户鼓楼区 5月27日 A8
鼓楼两社区争创全国防震减震示范社区 5月31日 A6
小桃园社区300多党员家庭"亮身份" 6月1日 A3
湖南路街道举办亲子游戏节 6月2日 A6
鼓楼区连续13年举办社区文化艺术节 6月6日 头版
打造"文化鼓楼"名片 共享"文化惠民"成果 6月6日 A4
鼓楼29个社区试点环卫作业社会化 6月7日 A5
鼓楼:三项利民惠民举措获赞 6月7日 A10
"无人船"测数据助力黑臭河整治 6月8日 A5
鼓楼"抱团"打造"小型博物馆群" 6月12日 A3
首个高校民国电影馆落户鼓楼 6月16日 A3
鼓楼区举行中小学践行"社会主义核心价值观"巡礼 6月20日 A4
保障房小区配建中学 6月27日 A4
鼓楼区举办建党95周年表彰活动 6月27日 A4
纪实摄影童书《巴天人的孩子》作者来宁 6月27日 A12
鼓楼区党员微故事宣讲感动众人 7月1日 A9
鼓楼社区协商"六化"模式获评全国社区治理创新成果 7月7日 A7
鼓楼区建成7家省级以上大学科技园 7月15日 头版
楼顶垃圾成堆,一星期解决"顽疾" 7月15日 A3
老当益壮的基层"螺丝钉" 7月18日 头版
小市街道综合服务中心正式投用 7月19日 A4
"鼓楼青年创业大讲堂"开讲 7月21日 A3
3条创业大街打造南京双创新名片 7月25日 头版
幕府山脚下,老厂房变身绿色创业园 7月25日 A5
新鼓楼三年新跨越 7月28日 A5
"首善之区、幸福鼓楼"开启5年新征程 7月29日 A4
鼓楼:立足中心城区,厚植产业发展新优势 7月31日 头版
"十三五",鼓楼区建设"强富美高"首善之区 8月5日 A6
热河南路街道青少年体验模拟法庭 8月7日 A7
出实招,切实转变城市发展方式 8月8日 头版
社区回归本位成"居民当家人" 8月8日 A4
青岛路社区上演咖啡"拉花秀" 8月8日 A4
湖南路街道整治重点路段违法停车 8月9日 A7
鼓楼引进40个高层次创业人才项目 8月16日 A4
鼓楼区已建463个平安守望岗 8月22日 A4
大力推进黑臭河道整治 持续改善城区水环境质量 8月23日 头版
园区升级为功能区引领"产城融合" 8月24日 头版
鼓楼区设立"雨污分流咨询点" 8月24日 头版
清死角拆违建,穿梭于垃圾与尘土中 8月24日 A7
鼓楼区启动首届旅游创客大赛 8月25日 A7
用爱心和耐心将迷途者拉出泥潭 8月25日 A7
名校分校落户保障房小区 8月25日 A8
云智慧产业园落户模范路科创街区 9月1日 头版
驻区高校带来百余项"互联网+"创新成果 9月2日 A2
湖南路西向东方向恢复通车 9月2日 A9
争创首善之区 实现跨越发展 9月3日 头版
精准扶贫,鼓楼推进"百企帮百村" 9月5日 A6
微微一"铲"很清城 9月7日 A7
鼓楼区金洽会吸引一批大单 9月8日 头版
鼓楼精心构建现代产业体系 全力打造投资创业乐土 9月12日 A6、A7
小区兴建养老院缘何频频受阻 9月12日 A10
鼓楼区举办现代产业投资推介会 9月13日 头版
石头城遗址公园将在两年内建成 9月13日 A3
鼓楼一社会组织将原生艺术工作室开进社区 9月19日 A4
第二届鼓楼好人节启动 9月21日 A5
鼓楼两社区获"全国科普示范社区" 9月22日 A6
安全知识进社区 9月22日 A2
鼓楼区征集2017年为民办实事项目 10月1日 A5
"造血式"扶贫助困难群众甩掉"穷帽子" 10月1日 A5
全国首创心脏复苏急救操在鼓楼13个街道推广

10月1日　A5
旧金山湾区高端创新项目来宁寻合作　10月14日　A5
4高端创业项目落户鼓楼众创空间　10月18日　头版
鼓楼区科创空间挂牌成立　10月19日　A2
宁海路街道担纲制定《街道举报投诉处置规范》　10月2日　A8
鼓楼区一年新增1万多名老人　10月2日　A4
鼓楼打造创新驱动新引擎　厚植产业发展新优势　10月31日　A6、A15
鼓楼:争创首善之区　建设幸福鼓楼　11月7日　头版
鼓楼区人大换届选举含金量高　11月13日　A3
鼓楼首次网络直播区团代会　11月15日　A6
鼓楼阅江楼街道探索"城管下社区"　11月2日　头版
大方巷片区换"新衣"提"颜值"　11月22日　A3
鼓楼区国税局:清廉从税、诚信履职　11月22日　A10
沿街商户上"黑榜"　贷款买房受影响　11月24日　A6
法治南京建设走基层首场活动走进鼓楼　11月24日　A6
"我帮您"服务群众零距离　11月25日　A5
鼓楼商务提升服务保民生　积极处理12345工单　11月25日　A9
在"民生大餐"中体味"微幸福"　11月28日　A5
河路道"村长"管出文明社区　11月29日　A4
依托"两馆"特色载体宁海党建品牌越擦越亮　11月3日　A6
傅厚岗将打造民国文化街区　12月1日　A3
社区电影文化馆成党史教育基地　12月1日　A6
社区大小事　咱们商量着来　12月2日　A6
孙松龄:办社区报十年写了数十万字　12月2日　A7
祁凤霞:小区里的"热心大姐"　12月5日　A7
寓治理于服务　睿城激发社区新活力　12月6日　A5
拓展双拥新内涵　共建暖暖"鱼水情"　12月7日　A5
鼓楼区养老服务助浴点增至36个　12月8日　A7
"十分钟体育健身圈"提档升级进行时　12月8日　A8
环卫工加薪三成,上岗时禁干副业　12月8日　A8
"小组织"释放为民服务"大能量"　12月9日　A5
鼓楼:三举措力保遏制腐败高压态势　12月9日　A9

《扬子晚报》

芳草园小学中海分校今年交付开办　1月15日　A4
鼓楼区旅社联手拒绝"低价团"　3月29日　A37
宁海路街道海洋国防馆和将军馆迁到宁海中学对面免费开放　4月19日　A28
颐和路新增两个免费好去处　4月25日　A11
鼓楼区市场监管局党工委举办"颂歌献给党"文艺汇演　7月1日　A27
打造古都特色风貌核心区　"品味"南京看鼓楼　7月3日　A7
居民志愿者轮流到社区"值班"　8月25日　A22
虎踞关社区曾有个"带钱上班"的社区主任　9月2日　A26
南京聋人的"代言人"朱俊芳　9月3日　A8
马台街将打造"城市集市"　9月14日　A22
鼓楼科创空间成立,提供创业"集成服务"　10月19日　A22
宁海、凤凰、中央门街道百岁老人多　10月2日　A21
鼓楼区大力扶持文创产业发展　11月21日　A13
两班倒16小时不间断　鼓楼推出"门前三包"加强版管理　11月24日　A23
鼓楼区为老旧小区装防盗门　刑事案件发案率下降　12月9日　A22
鼓楼区市场监管局举办"向人民群众汇报"活动　12月1日　A28

《南京晨报》

鼓楼教育优化布局调整公布　1月15日　A03
南京民国建筑可打造三大街区　1月21日　A04
地铁玄武门站与金茂广场建地下通道　3月4日　A11
鼓楼城管严控+疏导　破解12345举报违停难题　3月29日　A11
鼓楼文化产业协会成立　3月3日　A30
宁海路街道海洋国防教育馆和颐和路社区将军馆本月将免费开放　4月19日　A30
为救白血病姐姐　妹妹捐干细胞15年　4月1日　A06
5号线近了,山西路片区将整体"更新"　9月2日　A02
软博会鼓楼区专场活动举行　9月2日　A30

除高空"牛皮癣"神器亮相鼓楼　9月7日　A07
马台街小吃一条街又要回来了　9月13日　A06
鼓楼区已进入高龄化社会　10月2日　A02
在网上买画，还能"无条件退货"　11月22日　A30
加强版"门前三包"乱停乱放要被罚　11月24日　A10

《现代快报》

南京鼓楼8所名校开办筹办公办分校　1月15日　封6
老旧的"安怀村250号"140户蜗居多年等搬迁　1月18日　B1
海洋国防馆、将军馆搬到一处　4月19日　B6
"集装箱"里喝喝咖啡，工作就搞定　5月26日　B2
鼓楼区未来五年将打造"南京外滩"　7月3日　B3
旅游创客大赛，万元奖金等你拿　8月25日　B6
湖南路南半幅月底通车，公交暂不恢复　8月26日　B3
明年办哪些民生实事　10月1日　B4
牛！南京大妈跳广场舞学急救　10月1日　B4
鼓楼全面进入高龄化社会　10月2日　B2
"门前三包"不力将纳入诚信黑名单　11月24日　B2

《金陵晚报》

民国海军医院修缮完毕　1月18日　A09
鼓楼今年整治13条黑臭河　3月7日　B13
鼓楼繁星闪耀　他们的故事感动你我　7月3日　A23
15个互联网＋项目落户鼓楼　9月2日　B15
山西路百货大楼地块要变身　9月3日　A03
鼓楼人爱读书　全国都能排上号　9月13日　A03
中外大学生滨江风光带骑行　9月21日　B11
老旧小区出新改造"我"做主　10月2日　B23
新征程新跨越　描绘幸福鼓楼新蓝图　10月31日　T16
青创空间为创业者提供孵化平台　11月21日　B04
上网动动手指　就把艺术品拍回家　11月22日　B06
大服务中心打造"小市全生活"　12月8日　A02

《江南时报》

鼓楼开展"寻找最美家庭"征集活动　2月26日　A04
鼓楼区评出10户"最佳最美家庭"　3月4日　A06
"德性鼓楼"举办首场巡讲巡演　4月1日　A05

狮戏绣球　　季仁洲　摄

鼓楼年鉴 2017

索引

Index

索引说明

1. 本索引采用主题分析索引方法。

2. 依据首字汉语拼音字母顺序排列，首字音调相同按第二字音序排列。

3. 类目、分目、副分目用黑体字，标引词数字表示内容所在页码或参见页码，数字后的字母 a、b、c 表示从左至右内容所在栏别。

4. "彩页""大事记""附录"中的内容均未作索引。

5. 为便于检索，标引词前的"2016 年""鼓楼区"均作省略，个别易产生歧义的除外。

A

B

C

D

E

F

G

H

I

J

K

L

M

N

P

Q

R

S

T

V

W

X

Y